S. FISCHER

Richard Powers

DIE WURZELN
DES LEBENS

Roman

Aus dem Amerikanischen von
Manfred Allié und Gabriele Kempf-Allié

S. FISCHER

Dieses Buch ist ein Roman. Namen, Personen, Orte und
Ereignisse entspringen der Phantasie des Autors und sind Teil der Fiktion.
Jede Ähnlichkeit mit Ereignissen oder Orten, realen Personen,
lebendig oder tot, ist rein zufällig.

Erschienen bei S. FISCHER
3. Auflage November 2018

Die Originalausgabe erschien 2018 unter dem Titel
»The Overstory« bei W. W. Norton & Company, New York, USA
Copyright © 2018 by Richard Powers

Für die deutschsprachige Ausgabe:
© 2018 S. Fischer Verlag GmbH, Hedderichstr. 114,
D-60596 Frankfurt am Main

Satz: Dörlemann Satz, Lemförde
Druck und Bindung: CPI books GmbH, Leck
Printed in Germany
ISBN 978-3-10-397372-3

Für Aida.

INHALT

Die größte Freude, die Wiesen und Wälder bescheren, ist die Ahnung einer geheimen Beziehung zwischen den Menschen und der Welt der Pflanzen. Ich bin nicht allein, ich bleibe nicht unbemerkt. Sie nicken mir zu, und ich ihnen. Das Winken der Äste im Sturm ist neu für mich und zugleich alt. Es überrascht mich, und doch ist es nicht unbekannt. Die Wirkung ist wie die eines erhabeneren Gedankens, eines höheren Gefühls, das sich einstellt, gerade als ich glaubte, ich sei in Denken und Trachten gerecht.

RALPH WALDO EMERSON

Wir können uns die Erde als ein Lebewesen vorstellen; nicht wie die Alten sie sahen – als Göttin mit einem Bewusstsein, mit Sinn und Verstand –, aber lebendig wie ein Baum. Ein Baum, der in Stille besteht; der sich nie regt, außer wenn der Wind ihn wiegt, der aber doch unablässig sein Zwiegespräch mit dem Licht der Sonne und dem Erdboden führt. Der aus Sonnenlicht und Wasser und den Nährstoffen der Mineralien wächst und sich wandelt. Und all das so unauffällig, so unmerklich, dass mir der alte Eichenbaum am Dorfanger noch genau der gleiche scheint wie zu Kindertagen.

JAMES LOVELOCK

Der Baum … er beobachtet dich. Sieh einen Baum an, er hört dir zu. Er hat keine Finger, er spricht nicht. Aber das Blatt dort … es wird größer, es wächst in der Nacht. Wenn du schläfst, träumst du etwas. Der Baum und das Gras tun das auch.

BILL NEIDJIE

WURZELN

Zuerst war da nichts. Dann war da alles.

Dann, in einem Park oberhalb einer Stadt im Westen nach Sonnenuntergang, schwirrt die Luft vor Botschaften.

Eine Frau sitzt auf dem Erdboden, an den Stamm einer Kiefer gelehnt. Sie spürt die harte Rinde im Rücken, hart wie das Leben. Die Luft ist erfüllt vom Duft der Nadeln, das Herz des Waldes von einer Kraft, einem Summen. Ihre Ohren stimmen sich ein auf die tiefsten Schwingungen. Der Baum spricht, in Worten aus einer Zeit, zu der es noch keine Worte gab.

Er sagt: Sonne und Wasser, das sind Fragen, die das Antworten lohnen, und das bis in alle Ewigkeit.

Er sagt: Eine gute Antwort muss man viele Male neu erfinden, immer wieder von Grund auf.

Er sagt: Jedes Fleckchen Erde braucht eine neue Art, es zu fassen. Zu erfassen. Es gibt mehr Möglichkeiten, sich zu verzweigen, als ein Bleistift aus Zedernholz je entdecken wird. Ein Ding kann überallhin reisen, einfach indem es an Ort und Stelle bleibt.

Genau das tut die Frau. Rings um sie her regnen Signale herab wie Samenkörner.

Die Themen des heutigen Abends sind bunt und vielfältig. Die krummen Äste der Erlen erzählen von Katastrophen aus alter Zeit. Blasse Blütendolden der Goldschuppenkastanien streuen ihren Staub; bald werden Stachelfrüchte aus ihnen. Pappeln erzählen weiter, was der Wind ihnen flüstert. Kaki- und Walnussbäume legen ihre Köder aus, Vogelbeeren leuchten in blutroten Dolden. Uralte Eichen raunen ihre Wettervorher-

sage. Hunderterlei Arten von Weißdorn können nur darüber lachen, dass man sie alle beim selben Namen nennt. Lorbeerbäume versichern, dass selbst der Tod nichts ist, was einem den Schlaf rauben muss.

Etwas im Duft dieses Abends fordert die Frau auf: Schließe die Augen und denke an eine Weide. Die Trauer, die du siehst, ist Einbildung. Stell dir einen Akaziendorn vor. Ganz gleich, was du vor Augen hast, es ist nicht spitz genug. Was ist das, was da gerade eben über dir hängt? Was schwebt über deinem Kopf – *in diesem Augenblick?*

Bäume, noch weiter entfernt, stimmen ein: Nichts, was deine Phantasie je aus uns macht – mystische Mangroven auf ihren Stelzen, ein Muskatnussbaum wie das Blatt eines Spatens, die knorrigen Rüssel des Elefantenbaums, der indische Salbaum, so raketengerade –, wird uns gerecht. Ihr seht uns niemals ganz. Die Hälfte seht ihr ohnehin nicht, mehr als die Hälfte. Es steckt immer noch genauso viel unter dem Erdboden wie darüber.

Das ist das Schlimme an den Menschen, die Wurzel allen Übels. Das Leben läuft an ihnen vorbei, unbemerkt. Direkt nebenan, direkt hier. *Neuer Humus, der sich bildet. Der Kreislauf des Wassers. Austausch von Nährstoffen. Das Wetter. Entstehung der Atmosphäre. Nahrung und Schutz und Wohnung für mehr Gattungen von Geschöpfen, als Menschen überhaupt zählen können.*

Ein Chor aus lebendigem Holz singt für die Frau: Hättest du auch nur ein klein wenig mehr Sinn für das Grün, dann hätten wir so viel Bedeutsames für dich, du würdest darin ertrinken.

Die Kiefer, an die sie gelehnt sitzt, sagt: Hör mir zu. Es gibt da etwas, das musst du hören.

NICHOLAS HOEL

 Jetzt ist Kastanienzeit.
Die Leute schleudern Steine gegen die mächtigen
Stämme. Ringsum gehen die Früchte zu Boden, ein
himmlischer Hagel. An unzähligen Orten geschieht
das am heutigen Sonntag, von Georgia bis Maine.
Oben in Concord ist auch Thoreau dabei. Für seine
Begriffe bewirft er mit seinen Steinen ein fühlendes
Wesen, nicht ganz so empfindsam wie er selbst, aber doch ein Blutsverwandter. *Alte Bäume sind unsere Eltern, und die Eltern unserer Eltern
vielleicht. Wer die Geheimnisse der Natur ergründen will, muss lernen,
menschlicher zu werden ...*

Auf dem Prospect Hill in Brooklyn juchzt Jørgen Hoel, erst vor kurzem ins Land gekommen, vor Glück über den Segen, der mit jedem
Wurf herabprasselt. Jeder Treffer eine Schaufel voll Essen. Männer huschen hin und her wie Diebe, füllen Kappen, Säcke, Hosenaufschläge
mit den aus ihren Stachelschalen befreiten Kastanien. Da ist er also, der
sagenhafte Wohlstand Amerikas – nur eine unter den vielen Segnungen
eines Landes, in dem selbst das, was von Bäumen fällt, geradewegs von
Gottes Tafel stammt.

Der Norweger und seine Freunde aus der Brooklyner Marinewerft
rösten ihre Beute über großen Freudenfeuern auf einer Waldlichtung.
Das Hochgefühl, wenn sie die angekohlten Kastanien schmecken, ist
kaum in Worte zu fassen: süß und würzig, mächtig wie glasierte Kartoffeln, erdig und geheimnisvoll, alles zugleich. Die klettigen Hülsen

15

stechen, aber ihr *Nein* ist eher Spiel als echtes Hindernis. Die Kastanien *wollen* heraus aus ihrer Stachelhaut. Jede bietet sich gern zum Essen an, damit andere umso weiter verbreitet werden.

Am selben Abend macht Hoel, berauscht von Röstkastanien, Vi Powys einen Heiratsantrag, einem irischen Mädchen aus der Reihenhaussiedlung – alles ganz aus Kiefernholz – zwei Blocks von seinem eigenen Quartier, am Rande von Finn Town. Binnen dreitausend Meilen im Umkreis gibt es keinen, der etwas dagegen einwenden könnte. Sie heiraten noch vor Weihnachten. Als der Februar kommt, sind sie Amerikaner. Im Frühling blühen wieder die Kastanien, lange zottige Kätzchen, tanzen im Wind wie Schaumkronen auf dem graublauen Hudson.

Mit der Staatsbürgerschaft kommt der Drang in die unberührte Wildnis. Das junge Paar packt seine Habe und macht sich auf den langen Weg durch die Kiefernwälder des amerikanischen Ostens, von da in die dunklen Buchenwälder von Ohio, durch die lichten Eichenwälder des Mittleren Westens bis zu dem Siedlungsgebiet nicht weit von Fort Des Moines im neuen Staat Iowa, wo die Behörden jedem, der den Boden bestellen will, ein Stück gestern erst vermessenes Land geben. Ihr nächster Nachbar wohnt zwei Meilen weit fort. In diesem ersten Jahr pflügen und bepflanzen sie vier Dutzend Morgen. Mais, Kartoffeln und Bohnen. Die Arbeit ist knochenhart, aber es ist ihre. Besser als Kriegsschiffe zu bauen, egal für welches Land.

Dann kommt der Präriewinter. Die Kälte fordert alles, was sie an Willen zum Überleben haben. Das Blut gefriert ihnen in den Adern, nachts in der zugigen Blockhütte. Jeden Morgen müssen sie das Eis in der Schüssel aufhacken, wenn sie sich auch nur das Gesicht waschen wollen. Aber sie sind jung, frei und entschlossen – ihr Leben gehört ihnen allein. Der Winter bringt sie nicht um. Noch nicht. Die schwarze Verzweiflung in ihrem Herzen wandelt sich unter dem gewaltigen Druck zu Diamant.

Als wieder Saatzeit ist, ist Vi schwanger. Hoel hält sein Ohr an ihren Bauch. Sie lacht, als sie sein ehrfürchtiges Gesicht sieht. »Was sagt es?«

Er antwortet in seinem ungeschliffenen, holprigen Englisch: »Will essen!«

Im Mai findet Hoel in der Tasche der Jacke, in der er um die Hand seiner Frau angehalten hat, sechs vergessene Kastanien. Er steckt sie in die Erde des westlichen Iowa, in der baumlosen Prärie rund um ihre Hütte. Die Farm liegt Hunderte von Meilen außerhalb des natürlichen Verbreitungsgebiets der Amerikanischen Kastanie, Tausend fort von der Pracht von Prospect Hill. Von Monat zu Monat fällt Hoel die Erinnerung an die grünen Wälder des Ostens schwerer.

Aber das ist Amerika; dort reisen nicht nur die Menschen, sondern auch die Bäume weiter als irgendwo sonst. Hoel pflanzt, gießt, und er sagt sich: *Eines Tages werden meine Kinder an diesem Stamm rütteln, und dann bekommen sie Essen geschenkt.*

Ihr Erstgeborenes stirbt noch als Säugling, getötet von etwas, das noch nicht einmal einen Namen hat. Mikroben sind noch nicht entdeckt. Gott allein nimmt die Kinder, holt selbst Seelen, die noch nichts weiter als Platzhalter sind, aus dieser Welt in die andere, ganz wie Sein unerforschlicher Ratschluss es will.

Eine von den sechs Kastanien keimt nicht. Aber die anderen fünf Sämlinge hält Jørgen Hoel am Leben. Das Leben ist ein Zweikampf zwischen dem Schöpfer und Seiner Schöpfung. Hoel entwickelt sich zum Experten in diesem Kampf. Seine Bäume zu beschützen ist nur ein kleiner Krieg, verglichen mit den anderen, die er Tag für Tag auszufechten hat. Am Ende des Frühlings sprießt es überall auf seinen Feldern, und die tüchtigsten unter seinen Sämlingen sind schon zwei Handbreit hoch.

Vier Jahre vergehen, und die Hoels haben inzwischen drei Kinder und fast schon ein Kastanienwäldchen. Es sind spindeldürre Gerten, die braunen Stämmchen voller Korkwarzen. Die üppigen, bauchigen, sägezähnigen, stark geäderten Blätter lassen die Zweiglein, an denen ihre Knospen treiben, winzig wirken. Von diesen Anfängern abgesehen, und von ein paar vereinzelten einheimischen Eichen in den Auen, ist die Farm eine Insel in einem Meer aus Gras.

Selbst die mageren Baumkinder haben schon ihren Nutzen:

Aufguss aus Schösslingen gegen Herzbeschwerden,
Blätter der Baumkinder heilen Wunden,
kalter Rindensud stillt Blutungen nach der Geburt,
gewärmte Galläpfel lassen den Nabel eines Neugeborenen schrumpfen,
mit braunem Zucker aufgekochte Blätter dienen als Hustensaft,
Blattwickel gegen Verbrennungen,
Blätter, mit denen redselige Matratzen sich stopfen lassen,
ein Auszug gegen Verzweiflung, wenn die Qual zu groß wird ...

Jahre kommen und gehen, magere und fette. Der Durchschnitt ist eher
kärglich, aber Jørgen findet trotzdem, dass es aufwärts geht. Jedes Jahr
nimmt er ein weiteres Stück Land unter den Pflug. Und die zukünftige
Arbeiterschar der Hoels wird immer größer. Dafür sorgt Vi.

Die Bäumchen gedeihen wie von Zauberhand. Kastanien wachsen
schnell: *In dem Zeitraum, in dem eine Esche einen Baseballschläger
produziert, produziert eine Kastanie eine Kommode.* Man beugt sich
zu Boden, um einen Schössling zu betrachten, und er sticht einem ins
Auge. Risse in der Rinde winden sich in Spiralen um den Stamm, wenn
er sich auf seinem Weg gen Himmel um die eigene Achse dreht. Im
Wind flirren die Zweige zwischen dunklem und hellerem Grün. Knospen schwellen und platzen auf, immer auf der Suche nach mehr Sonne.
Sie wiegen sich in der feuchten Augustluft, so wie Hoels Frau manchmal
ihre einst bernsteingelbe Mähne schüttelt. Als der Krieg das nächste Mal
das junge Land heimsucht, ragen die fünf Stämme schon höher auf als
der, der sie gepflanzt hat.

Der gnadenlose Winter des Jahres '62 will ihnen ein weiteres Kind
nehmen. Dann begnügt er sich mit einem Baum. Der Älteste, John,
bringt im Sommer darauf einen weiteren um. Der Junge kommt nicht
auf den Gedanken, dass der Baum es nicht überleben könnte, wenn er
ihm die Hälfte seiner Blätter als Spielgeld abreißt.

Hoel zieht seinen Sohn an den Haaren. »Na? Wie gefällt dir das, hm?«
Er schlägt ihn mit der flachen Hand. Vi muss dazwischengehen, damit
das Prügeln aufhört.

'63 werden die Männer eingezogen. Die jungen und unverheirateten
zuerst. Jørgen Hoel, mit dreiunddreißig, einer Frau, kleinen Kindern

und ein paar Hundert Morgen, bekommt Aufschub. Er hilft nie dabei, Amerika zu retten. Er hat mit der Rettung eines kleineren Landes genug zu tun.

Derweil schreibt in Brooklyn der Dichter und Krankenpfleger der sterbenden Union: *Ein Grasblatt ist nicht geringer als das Tagwerk der Sterne.* Jørgen liest diese Worte nie. Für ihn sind Worte Blendwerk. Sein Mais, seine Bohnen, sein Kürbis – allein was wächst, offenbart den wortlosen Geist Gottes.

Ein weiterer Frühling, und die drei verbliebenen Bäume schwelgen im Glanz ihrer cremefarbenen Blüten. Die Kätzchen verströmen einen beißenden Geruch, nach Wild, sauer, wie alte Schuhe oder schmutzige Unterwäsche. Dann kommt ein Fingerhut voll süßer Früchte. Selbst diese noch so kleine Ernte erinnert den Mann und seine verbrauchte Frau an das Manna, das einst vom Himmel fiel und sie zusammenbrachte, eines Nachts in den Wäldern östlich von Brooklyn.

»Irgendwann werden es Körbevoll sein«, sagt Jørgen. In Gedanken macht er bereits Brot daraus, Kaffee, Suppen, Kuchen, Soßen – all die Dinge, die, wie die Indianer wussten, dieser Baum schenken kann. »Den Überschuss verkaufen wir in der Stadt.«

»Den schenken wir den Nachbarn zu Weihnachten«, beschließt Vi. Aber es sind die Nachbarn, die den Hoels beim Überleben helfen müssen, in der schrecklichen Dürre jenes Jahres. Ein weiterer Kastanienbaum stirbt, in einem Sommer, in dem man nicht einmal für die Zukunft einen Tropfen Wasser erübrigen kann.

Jahre vergehen. Die braunen Stämme werden allmählich grau. In einem zundertrockenen Herbst fällt die eine Hälfte des letzten Kastanienpaars einem Blitzschlag zum Opfer, eine der wenigen Erhebungen, die in der flachen Prärie dem Blitz ein Ziel bieten. Holz, aus dem man alles hätte machen können, von der Wiege bis zum Sarg, geht in Flammen auf. Es bleibt nicht einmal genug für einen dreibeinigen Schemel.

Weiter treibt die letzte Kastanie ihre Blüten. Aber es ist keine zweite mehr da, die ihren Rufen antworten kann. Meilenweit im Umkreis gibt es keinen Partner, und eine Kastanie hat zwar männliche und weibliche Blüten, kann sich aber nicht selbst befruchten. Doch dieser Baum birgt ein Geheimnis in dem schlanken, lebendigen Zylinder unter seiner

Rinde. Seine Zellen verfolgen eine uralte Regel: *Halte still. Warte ab.* Etwas in dem letzten Überlebenden weiß, dass man selbst das eiserne Gesetz des Jetzt überdauern kann. Er hat eine Aufgabe. Eine Aufgabe für die Sterne, aber doch an die Erde gebunden. Oder, wie der Gärtner für die Gräber der Unionssoldaten schreibt: *Lass deine Seele kühl und gefasst vor einer Million Universen stehen.* So kühl und gefasst wie ein Stück Holz.

Die Farm überlebt das Walten von Gottes Willen. Zwei Jahre nach Appomattox stellt Jørgen zwischen Pflügen, Eggen, Pflanzen, Pikieren, Jäten und Ernten auch noch das neue Haus fertig. Ernten werden eingebracht, Ernten werden verzehrt. Hoel-Söhne legen sich an der Seite des ochsenstarken Vaters ins Zeug. Töchter werden Ehefrauen auf den Farmen im Umland. Dörfer entstehen. Aus dem Feldweg, der an dem Hof vorbeiführt, wird eine richtige Straße.

Der jüngste Sohn arbeitet in der Gemeindeverwaltung von Polk County. Der Mittlere bei einer Bank in Ames. Der älteste Sohn, John, bleibt auf der Farm und übernimmt sie, als die Eltern alt werden. John Hoel setzt ganz auf Geschwindigkeit, auf Fortschritt und Maschinen. Er kauft einen Dampftraktor, der pflügen und dreschen, mähen und binden kann. Der Traktor stößt bei der Arbeit lautes Gebrüll aus, ein Geschöpf losgelassen aus der Hölle.

Für die letzte verbliebene Kastanie geschieht all das, während sie ein paar Risse entwickelt, einen Zollbreit Jahresringe anlegt. Der Baum wird üppiger. Die Spiralen auf der Rinde winden sich aufwärts, wie der Fries der Trajanssäule. Auch weiterhin verwandelt er mit seinen Schöpfkellenblättern Sonnenlicht in Materie. Er hält nicht nur durch; er wächst und gedeiht, ein grüner Globus, strotzend vor Kraft und Gesundheit.

Und so finden wir Jørgen Hoel im zweiten Juni des neuen Jahrhunderts, im Bett eines eichengetäfelten Zimmers im Obergeschoss des Hauses, das er gebaut hat, einem Schlafzimmer, das er nicht mehr verlassen kann, und er schaut zum Gaubenfenster hinaus auf den Schwarm aus Laub, wie er schwimmt und schimmert in der Sonne. Der Dampftraktor seines Sohns grollt weit draußen auf dem Acker, aber Jørgen

Hoel hält es für die ersten Anzeichen eines heraufziehenden Gewitters. Licht durch die Zweige gefiltert tanzt auf seiner Gestalt. Etwas an diesen grünen, gezackten Blättern, ein Traum, den er einmal hatte, eine Vision von Überfluss und Wohlstand, lässt den Erntesegen noch einmal rund um ihn her prasseln.

Er fragt sich: Warum dreht und windet sich die Rinde, bei einem Baum, der so groß und so gerade ist? Kann es mit der Drehung der Erde zusammenhängen? Versucht er, damit die Aufmerksamkeit der Menschen zu erlangen? Siebenhundert Jahre zuvor bot in Sizilien eine Kastanie von zweihundert Fuß Umfang einer spanischen Königin und ihren einhundert Rittern Zuflucht vor dem Tosen des Unwetters. Dieser Baum wird, um hundert und mehr Jahre, den Mann überleben, der noch nie von ihm gehört hat.

»Weißt du noch?«, fragt Jørgen die Frau, die seine Hand hält. »Prospect Hill? Was haben wir geschmaust an dem Abend!« Mit dem Kinn weist er auf die Äste, die Blätter, das Land dahinter. »Das habe ich dir geschenkt. Und du hast mir – all das hier geschenkt! Das Land. Mein Leben. Meine Freiheit.«

Aber die Frau, die seine Hand hält, ist nicht seine Ehefrau. Vi ist schon vor fünf Jahren gestorben, an einer Lungenentzündung.

»Schlaf jetzt«, sagt seine Enkelin und legt seine Hand wieder zurück auf seine erschöpfte Brust. »Wir sind alle hier, gleich unten.«

John Hoel begräbt seinen Vater unter dem Kastanienbaum, den dieser gepflanzt hat. Ein drei Fuß hoher Gusseisenzaun umgibt nun den kleinen Friedhof. Der Baum, der sich darüber erhebt, spendet großzügig seinen Schatten, den Lebenden wie den Toten. Der Stamm ist inzwischen so dick, dass John ihn nicht mehr umarmen kann. Die untersten Äste stehen auf einer Höhe, an die er nicht mehr reicht.

Die Kastanie der Hoels wird zum Wahrzeichen, zu der Art Baum, die die Farmer einen *Wächterbaum* nennen. Familien orientieren sich beim Sonntagsausflug daran. Die Einheimischen nehmen ihn als Markierung, um Reisenden den Weg zu weisen, den einsamen Leuchtturm im wogenden Ährenmeer. Die Farm gedeiht. Inzwischen haben sie Geld genug, um Saatgut zu kaufen, sie können züchten und vermehren. Jetzt, wo sein Vater nicht mehr da ist und seine Brüder eigene Wege gehen, hindert niemand mehr John Hoel an seiner Jagd nach immer neuen Maschinen. Sein Geräteschuppen füllt sich mit Mähern, Worflern, Bindern. Er reist nach Charles City, um sich die ersten Traktoren mit Zweizylinder-Benzinmotor anzusehen. Als Telefonleitungen gelegt werden, schafft er sich einen Apparat an, auch wenn er ein Vermögen kostet und niemand in der Familie weiß, was er damit anfangen soll.

Der Sohn von Einwanderern wird Opfer der Krankheit namens Fortschritt, lange bevor es ein Heilmittel gibt. Er kauft sich einen Fotoapparat, eine Kodak Brownie. *Sie drücken den Knopf, wir machen den Rest.* Zum Entwickeln und Abziehen muss er den Film nach Des Moines schicken, ein Verfahren, das ihn bald ein Vielfaches der zwei Dollar kostet, die er für die Kamera bezahlt hat. Er fotografiert seine Frau im Baumwollkleid, mit einem zerknitterten Lächeln über die Kurbel der neuen Wäschemangel gebeugt. Er fotografiert seine Kinder an den Hebeln des Mähdreschers, auf dem Rücken der alten Zugpferde neben den Mähwalzen. Er fotografiert seine Familie im österlichen Feststaat, behütet von Hauben, gewürgt von Schleifen. Als er nichts anderes in seinem briefmarkengroßen Stück Iowa mehr zu fotografieren hat, richtet John seine Kamera auf die Hoelsche Kastanie, die genauso alt ist wie er.

Vor ein paar Jahren hat er seiner jüngsten Tochter zum Geburtstag ein Zoopraxiskop geschenkt und war schließlich der Einzige, der noch damit spielte, lange nachdem sie es leid geworden war. Jetzt beschäftigen diese Geschwader flügelschlagender Gänse ihn in seinen Gedanken, die Paraden wilder Mustangs, die zum Leben erwachen, wenn die gläserne Trommel sich dreht. Er ersinnt, erfindet ein Projekt. Er beschließt, während der Jahre, die ihm noch gegeben sind, den Baum in Bildern festzuhalten, damit er ihn darauf wachsen sehen kann, so schnell wie er es mit seiner menschlichen Ungeduld gern sähe.

Er baut sich in seiner Werkstatt ein Stativ. Dann wuchtet er einen alten Mühlstein auf eine Anhöhe nicht weit vom Haus. Und am ersten Frühlingstag des Jahres 1903 stellt John Hoel die Brownie auf das Stativ und nimmt ein Ganzporträt seines Wächterbaums auf, der Kastanie, die eben die ersten Knospen zeigt. Auf den Tag genau einen Monat später, von derselben Stelle, zur selben Stunde, macht er eine weitere Aufnahme. Am einundzwanzigsten jedes Monats steht er dort oben auf der Anhöhe. Es wird zum Ritual, selbst bei Regen und Schnee und in mörderischer Hitze, seine eigene ganz persönliche Liturgie in der Kirche des Gottes der gedeihenden Natur. Seine Frau zieht ihn gnadenlos damit auf, ebenso seine Kinder. »Er wartet drauf, dass der Baum was Interessantes tut.«

Wenn er die zwölf Schwarzweißbilder des ersten Jahres auf einen Stoß legt und mit dem Daumen durchblättert, hat er für seine Mühen nicht viel vorzuweisen. Von einem Augenblick auf den anderen hat der Baum plötzlich Blätter. Im nächsten opfert er sie schon wieder dem immer trüberen Licht. Abgesehen davon, sind die Äste einfach nur da. Aber Farmer sind geduldige Menschen, geprüft von der Grausamkeit der Jahreszeiten, und wären nicht die Träume vom Wachsen und Gedeihen ihre tägliche Qual, dann würden wohl nur die wenigsten in jedem neuen Frühling neu pflügen. Am 21. März 1904 steht John Hoel wieder auf seinem Hügel, als wären auch ihm noch die hundert oder zweihundert Jahre gegeben, in denen er festhalten kann, was die Zeit dem bloßen Auge für immer verbirgt.

Zwölfhundert Meilen weiter östlich, in der Stadt, in der John Hoels Mutter Kleider genäht und sein Vater Schiffe gebaut hat, schlägt das Unglück unbemerkt zu. Der Mörder schleicht sich aus Asien ein, im Holz chinesischer Kastanienbäume, die für schicke Gärten importiert werden. Ein Baum im Zoologischen Garten der Bronx färbt sich schon im Juli herbstlich wie im Oktober. Blätter rollen sich ein, verdorren zu Zimtbraun. Ringe von orangeroten Flecken breiten sich auf der aufgedunsenen Rinde aus. Schon bei der leichtesten Berührung gibt das Holz nach.

Binnen nur eines Jahres zeigen sich orangerote Flecken auf Kastanienbäumen überall in der Bronx – die Fruchtkörper eines Parasiten, der seinen Wirt bereits umgebracht hat. Jede befallene Stelle setzt eine Horde von Sporen frei, und Regen und Wind verteilen sie. Die Gärtner der Stadt machen zum Gegenangriff mobil. Sie hacken angegriffene Äste ab und verbrennen sie. Von Pferdewagen aus besprühen sie die Bäume mit einer Mischung aus Kalk und Kupfersulfat. Das Einzige, was sie damit bezwecken: Die Äxte, mit denen sie die befallenen Äste abschlagen, verbreiten die Sporen noch weiter. Ein Wissenschaftler am New Yorker Botanischen Garten identifiziert den Schädling als eine bisher unbekannte Pilzart. Er publiziert seine Ergebnisse, dann flieht er vor der Sommerhitze an einen weniger heißen Ort. Als er ein paar Wochen später zurückkehrt, ist in der ganzen Stadt keine einzige Kastanie mehr einen Rettungsversuch wert.

In erschreckendem Tempo breitet der Tod sich über Connecticut und Massachusetts aus, rückt jedes Jahr über Dutzende von Meilen vor. Hunderttausende von Bäumen fallen der Seuche zum Opfer. Fassungslos sieht das ganze Land zu, wie Neuenglands Kastanienpracht zugrundegeht. Der Baum, der das Holz für die Gerbereien lieferte, für Eisenbahnschwellen, Eisenbahnwaggons, Telegrafenstangen, für Zäune, Häuser, Scheunen, feine Schreibtische, Esstische, Klaviere, Packkisten, Zellstoff, der als Brennholz diente, unbegrenzt Schatten spendete und Nahrung als Geschenk gab – der wichtigste Baum für die Holzindustrie im Land – verschwindet.

Pennsylvania versucht, eine mehrere hundert Meilen breite Schneise als Barriere quer durch den Staat zu schlagen. In Virginia, am Nordrand der größten Kastanienwälder des Landes, wird der Ruf nach religiöser Erneuerung laut, einer Austreibung der Sünden, für die Gott die Menschen mit dieser Seuche straft. Der Inbegriff eines Baums in Amerika, das Rückgrat der Ökonomie ganzer ländlicher Regionen, der biegsame, beständige Mammutbaum des Ostens mit seinen drei Dutzend Einsatzgebieten in der Industrie – jeder vierte Baum eines Waldes, der sich zweihundert Millionen Morgen weit von Maine bis hinunter zum Golf von Mexiko erstreckt – ist dem Untergang geweiht.

Im westlichen Iowa hört man nichts von der Seuche. Am Einundzwanzigsten jedes Monats kehrt John Hoel zu seinem Hügel zurück, bei jedem Wetter. Der Pegel der Hoelschen Kastanie, die Hochwassermarke ihrer Blätter, steigt weiter. *Der Baum will etwas da oben*, denkt der Farmer bei sich, sein einziger Ausflug in die Philosophie. *Der hat was vor.*

In der Nacht vor seinem sechsundfünfzigsten Geburtstag wacht John um zwei Uhr morgens auf und fährt mit der Hand über die Bettdecke, als suche er etwas. Seine Frau fragt, was los ist. Mit zusammengebissenen Zähnen antwortet er: »Das ist gleich vorbei.« Acht Minuten später ist er tot.

Die Farm geht an seine beiden ältesten Söhne über. Der Ältere, Carl, will das Fotoritual, das nichts als Unkosten verursacht, beenden. Frank, der Jüngere, lässt nicht zu, dass ein ganzes Jahrzehnt obskurer Forschungen seines Vaters vergebens war, und macht mit den Aufnahmen weiter, mit der gleichen Unbeirrtheit, mit der der Baum seine Krone jedes Jahr höher in den Himmel reckt. Gut einhundert weitere Fotos entstehen, und allmählich enthüllt der kürzeste, langsamste, ehrgeizigste Stummfilm, der je in Iowa gedreht wurde, die Absichten des Baums. Das Daumenkino der Aufnahmen zeigt, wie der Porträtierte sich reckt, den Himmel nach etwas abtastet. Einer Gefährtin vielleicht. Mehr Licht. Der Erfüllung seines Kastanienlebens.

Als schließlich auch Amerika seinen Teil zum großen Weltenbrand beiträgt, wird Frank Hoel mit dem Zweiten Kavallerieregiment nach Frankreich geschickt. Seinem neunjährigen Sohn Frank junior nimmt er das Versprechen ab, bis zu seiner Rückkehr weiter Aufnahmen zu machen. Es ist ein Jahr der großen Versprechen. Was dem Jungen an Phantasie fehlt, macht er durch Gehorsam wett.

Das schiere, blinde Schicksal lässt den älteren Frank die Hölle von Saint-Mihiel überleben, nur um ihn in den Argonnen, bei Montfaucon, von einer Mörsergranate in Stücke reißen zu lassen. Es bleibt nicht genug von ihm, um es zum Begraben in eine Kiste aus Kiefernholz zu stecken. Seine Hinterbliebenen schnüren aus Kappe, Pfeife, Taschenuhr eine Zeitkapsel und bestatten sie auf dem Familienfriedhof unter dem Baum, von dem er allmonatlich ein Bild gemacht hat, für viel zu kurze Zeit.

Hätte Gott eine Brownie, dann hätte Er einen weiteren Kurzfilm aufnehmen können: Die Seuche, wie sie einen Moment lang auf dem Kamm der Appalachen innehält, bevor sie ins Herz des Kastanienlands einfällt. Schon die Kastanienbäume des Nordens waren majestätisch. Aber die des Südens sind Götter. Meile um Meile stehen sie dort, der Vollkommenheit nah. In den Carolinas sind die Stämme älter als die Vereinigten Staaten, zehn Fuß dick, hundertzwanzig hoch. Ganze Wälder blühen, wogende weiße Wolken. Hunderte von Bergdörfern entstehen aus dem schönen, gleichmäßig gemaserten Holz. Bis zu vierzehntausend Schindeln lassen sich aus einem einzigen Baum schneiden. Was an Essbarem knöcheltief herabregnet, ernährt ganze Gemeinden, jedes Jahr ein fettes Jahr.

Jetzt liegen die Götter im Sterben, und zwar alle. Auch noch so viel menschlicher Einfallsreichtum kann die Katastrophe nicht aufhalten, die über den Kontinent hereinbricht. Die Seuche verbreitet sich entlang Kammlinien, lässt die Wälder auf den Höhen einen nach dem anderen absterben. Jemand, der in einem Ausguck oberhalb der südöstlichen Bergwelt der Vereinigten Staaten säße, könnte zusehen, wie die Baumstämme sich in grauweiße Gerippe verwandeln, als schwappe eine Welle der Zerstörung über sie hinweg. Holzfäller schlagen im Laufschritt ein Dutzend Staaten kahl, um abzuernten, bevor der Pilz kommt. Die erst im Aufbau begriffenen Forstbehörden ermuntern sie dazu. *Lasst uns wenigstens noch etwas aus dem Holz machen, bevor alles verlorengeht.* Und mit dieser Rettungsmission bringen die Männer jeden Baum um, der vielleicht das Geheimnis des Widerstands in sich getragen hätte.

Eine Fünfjährige in Tennessee, die die ersten orangeroten Flecken in ihrem Zauberwald entdeckt, wird ihren eigenen Kindern nichts mehr zeigen können, außer Bildern. Sie werden nie den Baum in ihrem vollen Blätterkleid sehen, niemals die Bilder, Klänge, Gerüche der Kindheit ihrer Mutter kennen. Aus Millionen toter Stämme wachsen Schösslinge, die weiterkämpfen, Jahr um Jahr, bis schließlich auch sie an der Infektion sterben, die nie aufhört, gerade weil die störrischen Schösslinge sie bewahren. Bis 1940 hat der Pilz auch die letzten Bäume zerstört, am äußersten Rand im südlichen Illinois. Vier Milliarden Bäume im natürlichen Verbreitungsgebiet verschwinden ins Reich der Legende. Von ein paar wenigen heimlichen Widerstandsnestern abgesehen, sind die einzigen überlebenden Kastanienbäume die, die Siedler in weit entfernten Gegenden gepflanzt haben, so weit fort, dass selbst der Wind die Sporen nicht bis dorthin tragen konnte.

Frank Hoel junior hält das Versprechen, das er seinem Vater gegeben hat, lange nachdem der Vater zu unscharfen, schemenhaften Schwarzweißerinnerungen verblasst ist. Jeden Monat legt der Junge ein weiteres Foto in die Schachtel aus Balsamholz. Der Junge wächst. Bald ist er ein Mann. Er behält das Ritual bei, so wie die ganze Familie Hoel jedes Jahr den Olafstag feiert, ohne dass noch jemand weiß, was da gefeiert wird.

Unter einem Übermaß an Phantasie hat Frank junior nicht zu leiden. Nicht einmal das denkt er: *Gut möglich, dass ich diesen Baum hasse. Aber auch gut möglich, dass ich ihn mehr liebe, als ich meinen Vater geliebt habe.* Solcherart Gedanken können einem Mann, der im Grunde keine eigenen Sehnsüchte hat, nichts bedeuten; er ist im Schatten dieses Dings geboren, er ist daran gekettet, wird auch in seinem Schatten sterben müssen. Er denkt: *Dieses Ding hat hier nichts zu suchen. Es ist niemandem nütze, es sei denn, wir machen Holz daraus.* Aber dann gibt es auch wieder Monate, in denen erscheint seinem staunenden Auge beim Blick durch den Sucher die immer mächtigere Krone geradezu als der Inbegriff der Bedeutsamkeit.

Im Sommer steigt Wasser durch das Gewebe des Baums auf und wird von Millionen winziger Mäulchen auf der Unterseite der Blätter wieder ausgehaucht; hundert Gallonen – knapp vier Hektoliter – pro Tag entlässt die luftige Baumkrone in den feuchten Äther von Iowa. Im Herbst erfüllen die gelben Blätter Frank junior mit Sehnsucht. Im Winter knarren und ächzen die kahlen Äste über den Schneewehen, die stumpfen Knospen geradezu sinister, wie sie im Warten verharren. Aber jedes Frühjahr bringen die blassgrünen Kätzchen und die cremefarbenen Blüten den jungen Frank zum Nachdenken, auch wenn er nicht einmal wüsste, wie er diese Gedanken nennen soll.

Der dritte Fotograf der Familie Hoel macht weiter seine Aufnahmen, genauso wie er weiter zur Kirche geht, obwohl er schon lange überzeugt ist, dass die Gläubigen nur mit Märchen abgespeist werden. Das sinnlose Fotoritual gibt dem Leben des jüngeren Frank einen blinden Zweck, den nicht einmal das Farmen ihm verleihen kann. Es ist seine allmonatliche Übung, das Wahrnehmen von etwas, das das Wahrnehmen nicht lohnt, ein Geschöpf so beständig und so beharrlich wie das Leben selbst.

Während des Zweiten Weltkriegs überschreitet der Stoß Fotos die

Fünfhundertermarke. Eines Nachmittags nimmt Frank ihn zur Hand und blättert ihn durch. Er selbst fühlt sich immer noch wie der Junge, der mit neun Jahren seinem Vater ein unbedachtes Versprechen gegeben hat. Der Baum dagegen ist im Zeitrafferbild kaum wiederzuerkennen.

Als alle erwachsenen Bäume im natürlichen Verbreitungsgebiet der Kastanie fort sind, wird der Baum der Hoels zur Sehenswürdigkeit. Ein Dendrologe, ein Baumkundler, reist eigens aus Iowa City an, um nachzuforschen, ob die Gerüchte wahr sind: eine Kastanie, die dem Holocaust entgangen ist. Ein Journalist des *Register* schreibt einen Artikel über ihn, Inbegriff des Baums in Amerika, einer der letzten seiner Art. *Östlich des Mississippi gibt es über zwölfhundert Ortschaften, in deren Namen das Wort »Chestnut« vorkommt. Aber Sie müssen schon bis ins ländliche Iowa reisen, um einen solchen Baum noch mit eigenen Augen zu sehen.* Ganz normale Leute, mit dem Auto unterwegs auf der neuen Schnellstraße von New York nach San Francisco, die am Rande der Hoel'schen Farm eine Schneise ins Land schneidet, sehen nur eine Insel aus Schatten in dem einsamen Flachland, in dem es sonst nichts gibt als die endlose Weite von Mais und Soja.

In der bitteren Kälte des Februars 1965 geht in der Brownie etwas zu Bruch. Frank junior ersetzt sie durch eine Instamatic. Der Stapel wird dicker als jedes Buch, das er je zu lesen versucht hat. Aber jedes einzelne Foto dieses Stoßes zeigt nur den einen einsamen Baum, wie er der überwältigenden Einsamkeit trotzt, die der Mann so gut kennt. Immer wenn er auf den Auslöser drückt, liegt die Farm hinter Franks Rücken. Auf den Fotos sieht man sie nicht: die Zwanziger, die alles andere als golden für die Hoels waren. Die Wirtschaftskrise, in der sie zweihundert Morgen verlieren und die Hälfte der Familie nach Chicago geht. Die Radioshows, die schuld daran sind, dass es zwei Söhne von Frank junior nicht auf der Farm hält. Den Hoel, der im Südpazifik umkommt, und die zwei Hoels, die schuldbewusst zurückbleiben. Die Parade der John Deeres und der Caterpillars im Traktorschuppen. Die Scheune, die eines Nachts abbrennt, unter den Schreien der hilflosen Tiere. All die glücklichen Hochzeiten, Taufen, Schulabschlüsse. Das halbe Dutzend Ehebrüche. Die beiden Scheidungen so traurig, dass selbst die Singvögel schweigen. Den Sohn, der erfolglos für das Parlament kandidiert. Den

Gerichtsstreit zwischen Vettern. Die drei unvermuteten Schwangerschaften. Den langen Kleinkrieg der Hoels gegen den protestantischen Pfarrer und die halbe Gemeinde. Die Nachwirkungen von Heroin und Agent Orange, die Neffen aus Vietnam mitbringen. Den vertuschten Inzest, die heimliche Trunksucht über Generationen, die Tochter, die mit ihrem Englischlehrer durchbrennt. Die Krebsfälle (Brust, Dickdarm, Lunge), die Herzerkrankungen, den Arbeiter, dem eine Förderschnecke die Haut von der Hand reißt, das Kind einer Cousine, das am Abend des Abschlussballs mit dem Auto umkommt. Die unzähligen Tonnen Chemikalien mit Namen wie Rage, Roundup oder Firestorm, das patentierte Saatgut, gezüchtet, um Pflanzen hervorzubringen, die sich nicht vermehren. Die Goldhochzeitsreise nach Hawaii und die katastrophalen Folgen. Lebensabende in Arizona und Texas. Generationen von Groll, Mut, Ausdauer und überraschender Großzügigkeit – alles, was Leute *die Geschichte* nennen, ist in dem Zeitrahmen geschehen, den diese Fotos abdecken. In hundertfacher Wiederkehr der Jahreszeiten zeigen die Bilder immer nur diesen einzelnen Baum, seine rissige Borke, die sich nun beinahe schon zum mittleren Lebensalter hinaufgeschraubt hat, Wachstum nach dem Zeitmaß des Holzes.

Die Tage der Hoel-Farm sind gezählt – die sämtlicher kleiner Farmen im westlichen Iowa. Die Traktoren werden zu riesig, die Bahnwaggonladungen Stickstoffdünger zu teuer, die Konkurrenz zu groß und zu tüchtig, die Gewinnspannen zu klein, der Boden ist durch die immergleichen Aussaaten ausgelaugt; der Betrieb wirft nicht mehr genug ab, um davon zu leben. Jedes Jahr gibt ein weiterer Nachbar auf, sein Land wird von den gewaltigen, gnadenlos produktiven Monokulturfabriken geschluckt. Wie Menschen überall im Angesicht der Katastrophe stolpert Frank Hoel junior gutgläubig weiter. Er verschuldet sich. Er verkauft oder verpachtet Land. Er lässt sich auf Verträge mit den Saatgutkonzernen ein, auf die er sich nicht einlassen sollte. Nächstes Jahr, da ist er sich sicher – *nächstes Jahr*, da tut sich etwas, und das ist die Rettung; so ist es doch schon immer gewesen.

Alles in allem fügt Frank junior siebenhundertfünfundfünfzig Fotos zu den einhundertsechzig hinzu, die sein Vater und sein Großvater aufgenommen haben, Bilder des einsamen Riesen. Am Einundzwanzigsten des letzten Aprils seines Lebens schafft es Frank junior nicht mehr aus dem Bett, und sein Sohn Eric nimmt vierzig Minuten Autofahrt auf sich, kommt zur Farm und steigt auf den Hügel, um noch ein weiteres Schwarzweißbild zu machen, jetzt ganz ausgefüllt von dem Baum in seiner Pracht. Eric zeigt dem alten Herrn den Abzug. Das ist einfacher, als wollte er versuchen, seinem Vater zu sagen, dass er ihn liebt.

Frank junior verzieht das Gesicht, als hätte er auf eine Bittermandel gebissen. »Hör mal. Ich habe mein Versprechen gegeben, und das habe ich gehalten. Aber du bist niemandem was schuldig. Lass den Blödsinn sein.«

Ebenso gut hätte er der mächtigen Kastanie befehlen können, sie solle aufhören zu wachsen.

Ein Dreivierteljahrhundert schwirrt in fünf Sekunden Daumenkino vorbei. Nicholas Hoel blättert den Tausendbilderstoß durch, hofft, dass sich ihm die geheime Bedeutung dieser Dekaden offenbart. Er ist fünfundzwanzig und wieder einmal kurz zu Besuch auf der Farm, auf der er bisher jedes Weihnachtsfest seines Lebens verbracht hat. Er hat Glück, dass er es überhaupt dorthin geschafft hat, bei all den Ausfällen. Schneestürme peitschen von Westen her übers Land, und überall bleiben die Flugzeuge am Boden.

Er ist mit seinen Eltern im Auto gekommen, die Großmutter besuchen. Morgen werden weitere Verwandte eintreffen, von überallher aus dem Staat. Mit der Revue der Bilder kommen auch die Erinnerungen an die Farm zurück: die Feiertage seiner Kindheit, der ganze Clan, der zum Truthahnessen oder Weihnachtsliedersingen zusammenkam, Flaggen am Mittsommertag, Feuerwerk. Irgendwie steckt das alles in dem Baum, der beim Blättern zum Leben erwacht, die Familientreffen rund ums Jahr, die Tage, an denen die Cousins und Cousinen gemeinsam loszogen, zu Abenteuer oder Langeweile im Maisfeld. Wenn er rückwärts blättert, kommt es Nicholas vor, als lösten die Jahre sich ab wie Tapete unter Wasserdampf.

Immer gab es Tiere. Zuerst die Hunde – besonders der dreibeinige, der sich vor Begeisterung beinahe überschlug, wenn der Wagen von

Nick und seinen Eltern in den langen Kiesweg bog. Dann der heiße Pferdeatem, das überraschend harte Fell der Kühe. Schlangen, die sich durch die Stoppelfelder wanden. Ein zufällig entdeckter Kaninchenbau, unten am Briefkasten. Einmal im Juli waren unter der Veranda halbwilde Katzen hervorgekommen, rochen nach Geheimnis und saurer Milch. Die toten Mäuse, die sie als kleine Geschenke auf die Schwelle der Hintertür legten.

Es sind archetypische Szenen, die dieser Fünfsekundenfilm ins Gedächtnis ruft. Der Maschinenschuppen mit seinen großen Geräten und unbekannten Werkzeugen. Die Küche voller Hoels, die alle den Modergeruch des schrundigen Linoleums einatmeten, und die Eichhörnchen polterten dazu in der Wandfüllung, in ihren verborgenen Nestern. Stunden mit der Schaufel, mit zwei jüngeren Cousins; mit uralten Spaten, Stiele aus Birnenholz, hatten sie gegraben, immer tiefer, denn Nick hatte ihnen versichert, sie würden binnen kurzem auf Magma stoßen.

Er sitzt im oberen Stock am Rollschreibtisch seines verstorbenen Großvaters und studiert das Projekt, das nun schon vier Generationen derer, die es betrieben, überlebt hat. Unter all dem Plunder, der sich im Hoel'schen Farmhaus angesammelt hat – den hundert Keksdosen und Schneekugeln, der Schachtel auf dem Dachboden mit den alten Schulzeugnissen seines Vaters, dem Harmonium, gerettet aus der Kirche, in der sein Urgroßvater getauft worden war, dem uralten Spielzeug seines Vaters und seiner Onkel, einem Tischkegelspiel aus poliertem Kiefernholz und einer unglaublichen Stadt, in der sich alles mit Magneten unter den Straßen bewegen lässt –, ist dieser Stoß Fotos seit jeher der eine Schatz gewesen, von dem er nie genug bekommen konnte. Jedes Bild für sich zeigt nur den Baum, auf den er so oft gestiegen ist, dass er es am Ende mit geschlossenen Augen tun konnte. Aber beim Blättern wächst unter seinem Daumen eine korinthische Säule aus Holz, regt sich, schüttelt sich frei. Ein Dreivierteljahrhundert läuft ab, in der Zeit, in der man ein Tischgebet spricht. Einmal, als er als Neunjähriger zu Ostern auf der Farm war, blätterte Nick den Stoß so oft durch, dass sein Großvater ihm einen Klaps hinter die Ohren gab und die Schachtel mit den Bildern auf das oberste Brett des Schranks stellte, in dem es immer nach Mottenkugeln roch. Kaum waren alle Erwachsenen außer Sichtweite, da stand

Nick auch schon wieder auf dem Stuhl und hatte von neuem die Bilder in der Hand.

Es ist sein Erbe, das Symbol der Familie. In der ganzen Gegend gab es keine andere, die einen Baum hatte wie den der Hoels. Und keine andere hatte etwas auch nur annähernd so Kurioses vorzuzeigen wie das Mehrgenerationen-Fotoprojekt. Aber die Erwachsenen hatten sich anscheinend verschworen, nicht zu verraten, was es mit diesem Projekt eigentlich auf sich hatte. Weder seine Großeltern noch sein Vater konnten ihm sagen, wozu das dicke Daumenkino da war. Sein Großvater sagte: »Ich habe es meinem Vater versprochen, und der seinem.« Derselbe Mann sagte bei anderer Gelegenheit aber auch: »Da sieht man die Dinge ganz anders, nicht wahr?« Und das stimmte.

Auf der Farm fing Nick mit dem Zeichnen an. Hingekritzelte Jungenträume – Raketen, exotische Autos, marschierende Soldaten, Phantasiestädte; von Jahr zu Jahr wurden sie reicher an Details. Dann folgten unruhigere Motive nach eigenen Beobachtungen in der Natur – das Gestrüpp der Haare auf einem Raupenrücken, die unwetterdrohenden Isobaren in der Maserung der Fußbodendielen. Und auf der Farm, berauscht vom Daumenkino, zeichnete er zum ersten Mal Äste. Am Nationalfeiertag, während alle anderen Hufeisen warfen, lag er auf dem Rücken im Gras und blickte hinauf in die Kuppel des Baumes. Es steckte ein geometrisches Prinzip hinter diesem Sich-immer-weiter-Verzweigen, ein Gleichgewicht im Verhältnis von Dicke und Länge, die über alles, was er als Künstler zustande brachte, hinausging. Beim Zeichnen fragte er sich, wie sein Verstand wohl beschaffen sein müsste, wenn er die Hunderte von Lanzettblättern jedes einzelnen Astes unterscheiden und sie ebenso leicht erkennen wollte wie die Gesichter seiner Cousins und Cousinen.

Noch einmal blättert er durch den Zauberfilm, und schneller, als der schwarzweiße Broccoli wieder zum himmelhohen Giganten wächst, wird aus dem Neunjährigen, dem sein Großvater einen Klaps versetzt, ein Teenager, der sich in Gott verliebt; der zu Gott, wenn auch meist erfolglos, betet, Er solle ihn davor bewahren, beim heraufbeschworenen Bild Shelly Harpers zu masturbieren; der Gott überwindet und zur Gitarre findet, für einen halben Joint eingelocht wird, zu sechs Monaten

Schikane in einem Jugendknast bei Cedar Rapids verurteilt, und der dort – wo er stundenlang alles skizziert, was er durch das Drahtgitter seines Zellenfensters sehen kann – begreift, dass es sein Schicksal sein wird, den Rest seines Lebens mit der Erschaffung von Merkwürdigkeiten zu verbringen.

Das würde bei seiner Familie nicht leicht durchzusetzen sein. Die Hoels waren Farmer, betrieben Futterhandlungen, verkauften landwirtschaftliche Geräte wie sein Vater, gnadenlos praktisch denkende Menschen, ganz in der Logik der Landwirtschaft verwurzelt, Leute, die bei der Arbeit nie nachließen, Tag für Tag, Jahr um Jahr, und nie fragten, warum sie das taten. Nick stellte sich auf eine große Auseinandersetzung ein, eine Szene wie in den Romanen von D. H. Lawrence, die ihm halfen, die Highschool zu überstehen. Wochenlang probte er, und sein Hals war wie zugeschnürt, wenn er sich vorstellte, wie absurd seine Bitte war: *Dad, ich möchte gern alle Vernunft in den Wind schlagen und auf deine Kosten einen Beruf ergreifen, der nie im Leben ein brauchbares Stück Arbeit hervorbringen wird.*

An einem Abend im Vorfrühling versuchte er es. Sein Vater lag auf dem Sofa der geschlossenen Veranda, so wie meistens am Abend, und las in einer Biographie von Douglas MacArthur. Nick setzte sich neben ihn, auf einen Lehnstuhl. Eine sanfte Brise wehte durch die Latten und brachte sein Haar durcheinander. »Dad? Ich will auf die Kunstakademie.«

Sein Vater lugte über den Rand des Buches, als mustere er die toten Leiber seiner Familie auf dem Schlachtfeld. »Hab mir schon gedacht, dass so was kommt.« Und schon war Nick fort, losgelassen an einer Leine, die bis zur Hochbahn von Chicago reichte, mit der Erlaubnis, sich selbst anzusehen, wie viel seine Träume wert waren.

Auf der Schule in Chicago lernte er einiges:

1. Die Geschichte der Menschheit war die Geschichte eines immer zielloseren Hungers.
2. Kunst war ganz anders, als er gedacht hatte.
3. Die Leute machten alles, was man sich überhaupt nur vorstellen konnte. Mikroskopisch kleine Porträts auf einer Bleistiftspitze.

In Kunststoff gegossenen Hundedreck. Landschafts-
installationen, die man für kleine Länder hätte halten können.
4. Da sieht man die Dinge ganz anders, nicht wahr?

Seine Mitstudenten lachten ihn aus für seine kleinen Bleistiftskizzen
und die hyperrealistischen Trompe-l'œil-Gemälde. Aber er machte damit weiter, jedes Semester neu. Und im dritten Jahr kannten ihn alle,
manche bewunderten ihn sogar auf ihre gehässige Art.

In einer Winternacht seines letzten Studienjahrs, in seinem besen-
kammergroßen Zimmer in Rogers Park, hatte er einen Traum. Eine Studentin, in die er verliebt war, fragte ihn: *Was willst du eigentlich wirklich
machen?* Er reckte die Hände gen Himmel, hob nur die Schultern. Ein
blutender Fleck erschien auf jeder Handfläche. Aus diesen Blutmalen
wuchsen zwei Stämme, verzweigten sich. Er schlug verzweifelt danach,
wurde wach. Er brauchte eine halbe Stunde, bis sein Herzschlag sich
wieder beruhigt hatte und ihm aufging, welche Stämme er da gesehen
hatte: die Zeitrafferbilder von dem Kastanienbaum, den sein Urururgroßvater, der Norweger, den es nicht in seiner Heimat gehalten hatte,
vor hundertzwanzig Jahren gepflanzt hatte; und auch der war durch seine
eigene Schule der Volkskunst gegangen, das Flachland im westlichen
Iowa.

Nick sitzt am Schreibtisch, blättert noch einmal durch den Stapel
aus Fotos. Letztes Jahr hat das Art Institute ihn mit dem Stern-Preis für
Skulptur ausgezeichnet. Dieses Jahr räumt er Regale für ein berühmtes
Chicagoer Kaufhaus ein, das schon seit einem Vierteljahrhundert vor
sich hin siecht. Immerhin hat er einen akademischen Grad erworben,
der ihn dazu berechtigt, abartige Kunstobjekte zu produzieren, die seinen Freunden peinlich sind und an denen Fremde Anstoß nehmen. In
Oak Park gibt es einen Lagerraum vollgestopft mit Pappmaché-Kostü-
men für Straßentheater und mit den surrealen Requisiten für eine Show,
die auf einer Bühne außerhalb von Andersonville herauskam und nach
drei Abenden abgesetzt wurde. Aber mit fünfundzwanzig möchte der
Sproß einer alten Farmersfamilie gern glauben, dass er seine besten Arbeiten noch vor sich hat.

Noch ein Tag bis Heiligabend. Morgen werden ganze Horden von

Hoels einfallen, und seine Großmutter ist schon ganz aufgeregt. Das ganze Jahr über freut sie sich auf diesen Tag, an dem das alte, zugige Haus sich mit ihren Nachkommen füllt. Die Farm gibt es nicht mehr, nur noch das Haus auf seinem kleinen Hügel wie einer Insel. Sämtliches Land der Hoels ist an Firmen verpachtet, die ihre Geschäfte von Büros Hunderte von Meilen entfernt führen. Der Boden von Iowa ist an sein industrielles Ende gekommen. Aber ein Weilchen, einen Feiertag lang, wird sich alles um eine wundersame Geburt, um den Heiland in der Krippe drehen, wie es bei den Weihnachtsfesten der Hoels schon seit hundertzwanzig Jahren war.

Nick geht wieder nach unten. Es ist Vormittag, seine Großmutter und seine Eltern sitzen am Küchentisch, wo es Berge von Nusskringeln gibt und die Dominosteine immer dünner werden. Draußen ist es mehr als nur bitterkalt. Gegen die Polarluft aus dem Norden, die durch die Zedernplanken der Wände dringt, hat Eric Hoel den alten Propangas-Heizofen bis zum Anschlag aufgedreht. Im Kamin prasselt ein Feuer, Lebensmittel stehen zur Speisung der Fünftausend bereit, und auf einem neuen Fernseher so groß wie Wyoming läuft ein Fußballspiel, das niemanden interessiert.

Nicholas sagt: »Also, wer kommt mit nach Omaha?« Im Joslyn-Museum gibt es eine Ausstellung zur amerikanischen Landschaftsmalerei, nur eine Stunde Fahrtzeit. Als er die Idee am Vorabend aufbrachte, schienen die älteren Herrschaften interessiert. Jetzt wenden sie den Blick ab.

Seine Mutter lächelt, es tut ihr leid für ihn. »Ich glaube, mir steckt eine Erkältung in den Knochen, Schatz.«

Sein Vater fügt hinzu: »Hier ist es gerade so schnuckelig warm, Nick.« Die Großmutter döst zum Zeichen der Zustimmung.

»Na gut«, sagt Nicholas. »Dann bleibt eben hier hocken. Zum Essen bin ich zurück.«

Schnee weht über die Interstate, weiterer fällt vom Himmel. Aber er ist ein Mann aus dem Mittelwesten, und sein Vater wäre nicht sein Vater, wenn er nicht nagelneue Winterreifen aufgezogen hätte. Die Ausstellung ist spektakulär. Allein schon die Bilder von Sheeler versetzen Nick in eine Ekstase aus Seligkeit und Neid. Er bleibt im Museum, bis die Aufseher ihn vor die Tür setzen. Als er geht, ist es schon dunkel; die Schneewehen kräuseln sich um seine Stiefel.

Er bahnt sich einen Weg zurück zur Interstate, von da geht es im Schneckentempo nach Osten. Die Straße ist nicht mehr zu sehen, nur Weiß in Weiß. Alle, die so dumm sind, überhaupt zu fahren, hängen sich an das Rücklicht des Vordermanns, eine Prozession in Zeitlupe. Die Spur, durch die Nick schlittert, hat nur noch eine sehr abstrakte Beziehung zu der Straße darunter. Die Warngeräusche, die der Randstreifen abgeben soll, ersticken im Schnee.

Unter einer Brücke gerät er auf ein Stück blankes Eis. Der Wagen schlittert zur Seite. Er gibt dem Slalom nach, lenkt den Wagen wie einen Drachen, bis er ihn wieder auf gerader Linie hat. Immer wieder wechselt er zwischen Fern- und Abblendlicht, kann nicht entscheiden, was bei dieser Schneewand weniger blendet. In nur einer Stunde legt er fast zwanzig Meilen zurück.

In dem schneeschwarzen Tunnel spielt sich eine Szene ab wie bei einer Wärmebildaufnahme in einer Polizeidoku. Ein entgegenkommender Sattelschlepper rutscht über die Mittellinie und stellt sich quer, steht wie ein verwundetes Tier, keine hundert Meter vor Nick auf seiner Seite der Straße. Er versucht einen Schlenker darum und gerät rechts auf die Böschung. Die rechte Seite des Hecks macht Bekanntschaft mit der Leitplanke, die vordere Stoßstange streift den hintersten Lastwagenreifen. Schlingernd kommt er zum Stehen; er zittert am ganzen Leibe, so stark, dass er nicht mehr weiterfahren kann. Er bugsiert den Wagen auf einen Parkplatz, wo es schon vor gestrandeten Autofahrern wimmelt.

Am Toilettenhäuschen gibt es ein Münztelefon. Er will zu Hause anrufen, aber er kommt nicht durch. Der Abend vor Weihnachten, und überall im Staat hat der Schnee die Leitungen zerstört. Seine Eltern werden krank vor Sorge um ihn sein. Aber das einzig Vernünftige ist, im Wagen ein paar Stunden zu schlafen, bis alles vorbei ist und die Schneepflüge wegräumen, was Gott ihnen hingekackt hat.

Kurz vor Tagesanbruch fährt er weiter. Es schneit nur noch wenig, und in beide Richtungen tasten sich Autos voran. Im Kriechgang Richtung Heimat. Das schwierigste Stück ist die kleine Steigung am Ende der

Schnellstraßenausfahrt. Er bewältigt sie im Zickzack, dann kommt die Straße zurück zur Farm. Sie ist vollkommen zugeweht. Die Hoel'sche Kastanie, unter einer Säule aus Schnee, sieht er schon aus der Ferne, der einzige Kirchturm bis zum Horizont. Im Haus leuchten zwei kleine Lichter, die Fenster im oberen Stock. Er kann sich gar nicht vorstellen, dass sie schon so früh auf sind. Jemand muss die ganze Nacht auf ihn gewartet haben.

In der Auffahrt liegt dick der Schnee. Die alte Schneefräse seines Großvaters steht noch im Schuppen. Eigentlich hätte sein Vater schon mindestens zweimal damit auf- und abfahren sollen. Nick will sich durch die Schneewehen kämpfen, aber es geht nicht. Er lässt den Wagen stehen und geht das letzte Stück zu Fuß. Als er durch die Haustür kommt, schmettert er los: »*Oh, the weather outside is frightful!*« Ach, das Wetter da draußen ist schrecklich. Aber unten ist keiner, der sich mit ihm amüsiert.

Später wird er sich fragen, ob er es da schon wusste, gleich als er das Haus betrat. Doch nein: Er muss erst bis zum Fuß der Treppe gehen, wo sein Vater liegt, kopfunter, die Arme unnatürlich verrenkt, ein Gebet an den Fußboden. Mit einem Schrei geht Nick in die Knie, um seinem Vater zu helfen, aber dem kann niemand mehr helfen. Er springt wieder auf und stürmt die Treppe hinauf, zwei Stufen auf einmal. Inzwischen hat er ja längst begriffen, er weiß alles, was er wissen muss. Oben liegen die beiden Frauen im Bett, und nichts wird sie je wieder wecken – sie schlafen an diesem Weihnachtsmorgen in himmlischer Ruh.

Alles um seine Beine, seinen Leib beginnt zu schwimmen. Er ertrinkt wie ein Insekt im Bernstein. Er stürzt wieder nach unten, wo der Gasofen noch immer auf vollen Touren läuft, Kohlenmonoxid ausstößt, das aufsteigt, sich unsichtbar ansammelt unter der Decke, die Nicks Vater erst vor kurzem so schön neu isoliert hat. Nick schafft es zur Haustür, strauchelt auf den Stufen und stürzt in den Schnee. Er wälzt sich in dem eiskalten Weiß, keucht, kommt wieder zu sich. Als er die Augen aufschlägt, blickt er in das Geäst des Kastanienbaums, der dort steht und wacht, einsam, mächtig, abstrakt und kahl in der weißen Wüste, seine untersten Äste hebt, sein großes Rund schüttelt. Der ganze Baum knarrt im Windstoß dieses Augenblicks, als wolle er sich von dem Moment, so unbedeutend, so vergänglich er auch ist, eine Notiz in seinen Jahresringen machen, etwas, das die Äste und Zweige in ihre Gebete einschließen können, wenn sie ihre Zeichen geben, wenn sie winken unter dem unvorstellbar blauen Winterhimmel des Mittelwestens.

MIMI MA

 Von dem Tag im Jahr 1948 an, der Ma Sih Hsuin sein Dritter-Klasse-Ticket für die Überfahrt nach San Francisco beschert, spricht sein Vater nur noch Englisch mit ihm. Erzwungene Übung, zu seinem eigenen Guten. Das schulmeisterliche Kolonialenglisch seines Vaters wickelt sich wie Wollfäden um das praktische Pidgin, das Sih Hsuin als Elektrotechniker gelernt hat.

»Mein Sohn. Höre mich an. Wir sind dem Untergang geweiht.«

Sie sitzen in dem Büro im Obergeschoss des großen Hauses in Schanghai, halb Handelskontor, halb Wohnhaus der Familie. Die Laute des geschäftigen Treibens auf der Nanjing Road dringen durchs Fenster, und nach Untergang sieht es nirgendwo aus. Aber Ma Sih Hsuin ist kein politischer Mensch, und er hat die schwachen Augen eines Mannes, der zu viele Rechenaufgaben bei Kerzenschein gelöst hat. Sein Vater – Kunstgelehrter, meisterlicher Kalligraph, Patriarch mit einer Haupt- und zwei Nebenfrauen – verfällt wie stets in bildliche Ausdrucksweise, er kann nicht anders. Sih Hsuin sind Metaphern peinlich.

»Diese Familie hat es so weit gebracht. Von Persien bis zum Athen von China, könnte man sagen.«

Sih Hsuin nickt, obwohl er selbst es nie so sagen würde.

»Wir Hui-Muslime, wir haben alles genommen, was dieses Land uns vor die Füße geworfen hat, haben es abgepackt und damit gehandelt. Das Haus hier, unser Handelshaus in Hangzhou … Denke daran, was wir alles überstanden haben. Die Widerstandskraft der Ma!«

Ma Shouying blickt hinaus in den Augusthimmel, sieht in Gedanken all die Krisen, die die Ma Trading Company schon überstanden hat. Die Ausbeuter der Kolonialzeit. Den Taiping-Aufstand. Die Zerstörung der Maulbeerplantagen, der Seidenproduktion der Familie, durch Taifune. Die Revolution von 1911, das Massaker von '27. Jetzt schaut er in die düstere Ecke des Raums. Leichen in jedem Keller, Gespenster, deren Namen nicht einmal der philosophierende Magnat, der einen Pilger angeheuert hat, um für ihn nach Mekka zu ziehen, laut auszusprechen wagt. Er legt eine Hand flach auf den mit Papieren übersäten Tisch. »Nicht einmal die Japaner konnten uns brechen.«

Von Geschichte bekommt Sih Hsuin Pickel, von diesem ewigen Auf und Ab. In vier Tagen soll er in die Vereinigten Staaten aufbrechen, als einer von nur einer Handvoll chinesischer Studenten, die 1948 ein Visum bekommen haben. Schon seit Wochen studiert er Landkarten, liest sich immer wieder die schriftliche Zusage durch, übt die Aussprache rätselhafter Namen: *U. S. S. General Meigs. Greyhound Supercoach. Carnegie Institute of Technology.* Schon seit anderthalb Jahren besucht er die Vormittagsvorstellungen in den Kinos, übt mit Gable Clark und Astaire Fred seine neue Sprache.

Deshalb antwortet er auch in englischer Sprache, denn er ist stolz darauf. »Wenn Vater wollen, ich bleiben.«

»*Hier*bleiben? Du verstehst überhaupt nicht, was ich sagen will.«

Die Art, wie sein Vater ihn anstarrt, ist wie ein Gedicht:

Warum hast du innegehalten
an dieser Gabelung des Weges
und reibst dir die Augen?
Du hast keine Ahnung,
stimmt's, Junge?

Shouying hievt sich vom Stuhl hoch und tritt ans Fenster. Er blickt hinunter auf die Nanjing Road, die wie eh und je danach giert, Profit aus dem Irrenhaus zu schlagen, das man die Zukunft nennt. »Du wirst die Rettung unserer Familie sein. In einem halben Jahr sind die Kommunisten hier. Dann werden wir alle … Du musst der Wahrheit ins Auge sehen, mein Sohn. Du bist nicht zum Geschäftsmann geschaffen. Du solltest dein Leben lang auf die Ingenieursschule gehen. Aber deine Schwestern und Brüder? Deine Cousins und Cousinen, deine Tanten und Onkel? Kaufleute der Hui, wohlhabende Leute. Wir werden uns keine drei Monate halten, wenn der Untergang kommt.«

»Aber die Amerikaner. Sie versprechen.«

Ma Shouying kehrt an den Schreibtisch zurück und fasst den Jungen unters Kinn. »Mein Sohn. Mein naiver Sohn mit seinem Heimchen als Haustier und seinen Brieftauben und dem Kurzwellenradio. Der Goldene Berg frisst dich bei lebendigem Leibe.«

Er lässt das Gesicht seines Sohns wieder los und führt ihn den Flur hinunter ins Gelass des Buchhalters, wo er die Gittertür aufschließt und einen Aktenschrank beiseiteschiebt; dahinter kommt ein Tresor zum Vorschein, von dessen Existenz Sih Hsuin nichts wusste. Shouying zieht drei in Satintücher geschlagene Holzladen heraus. Selbst Sih Hsuin weiß, was dort zu finden ist: der Wohlstand der Familie Ma über Generationen, von der Seidenstraße bis nach Schanghai, umgewandelt in bewegliche Habe.

Ma Shouying nimmt Händevoll Glitzerdinge heraus, betrachtet sie einen Moment, dann wirft er sie zurück. Schließlich findet er, wonach er sucht: drei Ringe wie kleine Vogeleier. Drei Jade-Landschaften, die er ans Licht hält.

»Sieh die Farbe!«, haucht Sih Hsuin. Die Farbe der Gier, des Neids, der Frische, des Wachstums, der Unschuld. Grün, grün, grün, grün und grün. Aus einem Beutel, den er an einer Schnur um den Hals trägt, holt Shouying ein Uhrmacherglas. Er hält die Jaderinge ans Licht und betrachtet sie; er weiß, dass er sie zum letzten Mal sieht. Er reicht den ersten Ring Sih Hsuin, der ihn anstarrt, als wäre es ein Stück Marsgestein. Ein Baumstamm aus Jade, Äste in die Tiefe gestaffelt.

»Du lebst dein Leben zwischen drei Bäumen. Der eine steht hinter dir. Das ist der Lotusbaum – der Baum des Lebens deiner persischen Vorväter. Der Baum an der Grenze des siebten Himmels, die niemand überschreiten darf. Aber ein Ingenieur kann mit der Vergangenheit nicht viel anfangen, nicht wahr?«

Die Worte verwirren Sih Hsuin. Er hat keinen Sinn für den Sarkasmus seines Vaters. Er will den ersten Ring zurückreichen, aber sein Vater ist schon mit dem zweiten beschäftigt.

»Ein weiterer Baum steht vor dir – Fusang. Ein magischer Maulbeerbaum weit im Osten, wo das Elixier des Lebens gehütet wird.« Er schließt die Hand um die Lupe und blickt auf. »Nun, du fährst ja jetzt nach Fusang.«

Er reicht ihm den Jadering. Ein solches Wunder an Einzelheiten, es ist nicht in Worte zu fassen. Ein Gewirr von Blattwerk, darüber ein fliegender Vogel. An den knorrigen Ästen hängt eine Reihe Seidenraupenkokons. Der Schnitzer muss mit einer mikroskopisch kleinen Nadel mit Diamantspitze gearbeitet haben.

Shouying drückt sein glasbewehrtes Auge ganz nah an den letzten Ring. »Der dritte Baum umgibt dich auf allen Seiten: das Jetzt. Die Gegenwart. Und wie die Gegenwart selbst wird er dich begleiten, wohin du auch gehst.«

Er reicht den Ring seinem Sohn, und der fragt: »Welche Art Baum?«

Sein Vater nimmt von einer weiteren Kiste das Tuch ab. Dunkellackiertes Holz lässt sich an zwei Scharnierleisten aufklappen, und zum Vorschein kommt eine Bildrolle. Er knüpft das Band der Rolle auf, schon seit langem ist es nicht mehr gelöst worden. Ausgebreitet zeigt sie eine Reihe von Porträts, uralte Männer, deren Haut faltiger ist als ihre Gewänder. Einer stützt sich auf einen Stab in einer Waldlichtung. Einer späht durch ein schmales Fenster in einer Mauer. Einer hockt unter einer gekrümmten Kiefer. Sih Hsuins Vater pocht mit dem Finger auf die Luft darüber. »Diese Art.«

»Wer sind Männer? Was die machen?«

Sein Vater betrachtet die Schriftzeichen; so alt, dass Sih Hsuin sie nicht lesen kann. »*Luóhàn*. Arhats. Adepten, die die vier Stadien der Erleuchtung durchmessen haben und jetzt im Zustand der reinen, wissenden Freude existieren.«

Sih Hsuin wagt nicht, etwas so Wertvolles zu berühren. Gewiss, seine Familie ist reich – so reich, dass viele von ihnen ein Leben in Muße führen. Aber reich genug, um *so etwas* zu besitzen? Es ärgert ihn, dass sein Vater solche Schätze geheimgehalten hat, und Sih Hsuin hat kein Talent zum Ärgerlichsein. »Wie kommt, ich nichts wissen davon?«

»*Jetzt* weißt du es.«

»Was soll tun?«

»Ich muss wirklich sagen, dein Englisch ist entsetzlich. Ich will nur hoffen, jene, welche dich Elektrizität und Magnetismus lehrten, waren tüchtiger als deine Sprachlehrer.«

»Wie alt ist? Tausend Jahre? Älter?«

Beschwichtigend legt er dem jungen Mann die Hand auf die Schulter. »Höre mich an, mein Sohn. Den Wohlstand einer Familie zu bewahren ist keine leichte Aufgabe. Ich habe mich entschlossen, es auf diese Art zu tun. Ich hatte mir vorgestellt, dass wir diese Dinge um uns scharen, ihnen Schutz bieten. Wäre die Welt wieder zur Vernunft gekommen, hätten wir ihnen ein Zuhause gesucht – ein Museum irgendwo, in dem jeder Betrachter unseren Namen verbunden hätte mit …« Er weist mit dem Kinn auf die Luóhàns, stillvergnügt an der Schwelle zum Nirwana. »Tue damit, was du willst. Sie gehören dir. Vielleicht werden sie dir eines Tages offenbaren, was sie von dir wollen. Vor allem kommt es darauf an, dass sie nicht in die Hände der Kommunisten fallen. Die Kommunisten werden sich den Hintern damit abwischen.«

»Ich soll nach *Amerika* bringen?«

Sein Vater wickelt die Rolle auf, bindet das zerschlissene Band wieder behutsam um den Zylinder. »Ein Muslim aus dem Land des Konfuzius kommt in die christliche Festung Pittsburgh, mit einer Handvoll buddhistischer Bilder von unschätzbarem Wert. Wer fehlt noch?«

Er legt die Bildrolle wieder in ihre Holzkiste, und diese reicht er dann seinem Sohn. Als er sie annimmt, verliert Sih Hsuin einen der Ringe. Mit einem Seufzer bückt sich sein Vater, hebt das wertvolle Stück wieder vom staubigen Fußboden auf. Er nimmt Sih Hsuin die beiden anderen Ringe aus der Hand.

»Die können wir in Mondkuchen backen. Bei der Rolle … Da müssen wir uns etwas einfallen lassen.«

Sie schieben die Laden mit den Juwelen wieder in den Tresor und rücken den Aktenschrank davor. Dann verschließen sie die Gittertür des Buchhaltergelasses, danach die Bürotür, und gehen nach unten. Dort bleiben sie noch einmal stehen, auf der Nanjing Road, die nur so wimmelt von der Geschäftigkeit der Kaufleute, und das, obwohl das Ende der Welt naht.

»Ich bringe zurück«, sagt Sih Hsuin, »wenn Schule erledigt. Wenn wieder alles sicher hier.«

Sein Vater blickt die Straße hinunter und schüttelt den Kopf. Auf Chinesisch, wie zu sich selbst, sagt er: »Du kannst nicht zurückkehren zu etwas, das es nicht mehr gibt.«

Mit zwei Überseekoffern und einem aus Pappe nimmt Ma Sih Hsuin den Zug von Schanghai nach Hongkong. Dort teilt man ihm mit, dass sein Gesundheitszeugnis, ausgestellt vom amerikanischen Konsulat in Schanghai, nicht gut genug für den Schiffsarzt ist, der gegen Zahlung von fünfzig Dollar Sih Hsuin ein weiteres Mal untersucht.

Die *General Meigs* ist eben erst von der Navy außer Dienst und den American President Lines für den Passagierverkehr auf dem Pazifik zur Verfügung gestellt worden. Sie ist eine kleine Welt für sich mit fünfzehnhundert Bewohnern. Sih Hsuins Koje liegt auf einem der Decks für Asiaten, drei Stockwerke unter Tage. Über ihm sind die Europäer, in der Sonne, in Liegestühlen, mit livrierten Kellnern, die ihnen gekühlte Getränke servieren. Sih Hsuin muss zusammen mit Dutzenden weiterer Männer duschen, unter Eimern, splitternackt. Das Essen ist ekelhaft, dreht ihm beinahe den Magen um – aufgequollene Würste, matschige Kartoffeln, zermahlenes Kuhfleisch mit Salz. Aber Sih Hsuin hält durch. Er wird nach Amerika fahren, zum großen Carnegie-Institut, und ein Diplom als Elektroingenieur erwerben. Selbst das elende Asiatenquartier ist ein Luxus – kein Bombenhagel, keine Vergewaltigungen, keine Folter. Er sitzt stundenlang auf seiner Pritsche, lutscht Mangokerne, kommt sich dabei wie die Krone der Schöpfung vor.

Sie legen in Manila an, dann Guam, dann Hawaii. Nach einundzwanzig Tagen erreichen sie San Francisco, das Tor zum Zauberland Fusang. Sih Hsuin steht in der Schlange der Ankömmlinge mit seinen zwei Überseekoffern und dem dünnen aus Pappe; auf allen dreien steht in Schablonenschrift sein englischer Name. Von jetzt an ist er Sih Hsuin

Ma – sein altes Ich auf den Kopf gestellt, links herum getragen wie eine extravagante Jacke. Bunte Flicken bedecken den Koffer – Aufkleber des Schiffes, ein rosafarbener Wimpel der Universität von Nanking, ein orangefarbener vom Carnegie-Institut. Er fühlt sich beschwingt, amerikanisch, möchte die ganze Welt umarmen mit Ausnahme der Japaner. Der Zollbeamte ist eine Frau. Sie mustert seine Papiere. »Ma, ist das Ihr Vor- oder Ihr Nachname?«

»Familienname. Ist Muslimname. Hui.«

»Ist das eine Sekte oder so was?«

Lächelnd nickt er mehrere Male. Sie kneift die Augen zusammen. Eine Schrecksekunde lang denkt er, sie hat ihn ertappt. Bei seinem Geburtsdatum hat er gelogen, den 7. November 1925 hingeschrieben. Tatsächlich ist er am siebten Tag des elften Monats geboren – nach dem Mondkalender. Er hat keine Ahnung, wie man das umrechnet.

Sie fragt ihn nach Dauer, Zweck und Zielort seiner Reise, obwohl das alles schon in seinen Papieren steht. Sih Hsuin kommt zu dem Schluss, dass die ganze Unterhaltung nur eine Prüfung ist, um zu sehen, ob er sich auch gemerkt hat, was er aufgeschrieben hat. Sie zeigt auf einen der Überseekoffer. »Könnten Sie den bitte aufmachen? Nein – den anderen.«

Sie inspiziert den Inhalt der Proviantkiste: drei Mondkuchen, in einem Nest aus tausendjährigen Eiern. Als die Gruft geöffnet wird, muss sie würgen. »Himmel. Machen Sie das wieder zu.«

Sie wühlt in den Kleidern, zwischen Lehrbüchern, hält bei einem Paar Schuhe inne, deren Sohlen er selbst repariert hat. Sie findet die Holzbox mit der Bildrolle; Sih Hsuin und sein Vater sind zu dem Schluss gekommen, dass Sichtbarkeit das beste Versteck ist. »Was ist da drin?«

»Souvenir. Chinesische Malerei.«

»Aufmachen, bitte.«

Sih Hsuin verschließt seinen Verstand. Er denkt an seine Brieftauben, an das Planck'sche Wirkungsquantum, an alles, nur nicht an dieses gefährliche Meisterwerk, das ihn im besten Falle Einfuhrzoll weit höher als sein Stipendium für vier Jahre bescheren wird, im schlimmsten eine Verhaftung wegen Schmuggels.

Die Beamtin verzieht das Gesicht beim Anblick der Arhats. »Was sind das denn für welche?«

»Heilige Männer.«

»Und was haben die?«

»Sind glücklich. Sehen Wahrheit.«

»Was denn für eine Wahrheit?«

Sih Hsuin weiß so gut wie nichts über chinesischen Buddhismus. Seine Vorstellungen von der englischen Sprache sind mehr als verschwommen. Jetzt soll er dieser amerikanischen Zollbeamtin den Begriff der Erleuchtung erklären.

»Wahrheit ist: Menschen sind so, so klein. Und Leben so, so groß.«

Sie schnaubt. »Und darauf sind die gerade gekommen?«

Sih Hsuin nickt.

»Deswegen sind sie glücklich?« Sie schüttelt den Kopf und winkt ihn durch. »Na dann viel Glück in Pittsburgh.«

Aus Sih Hsuin wird Winston Ma: eine einfache Ingenieurslösung. In Mythen verwandeln Menschen sich in alles Mögliche. Vögel, andere Tiere, Bäume, Blumen, Flüsse. Warum nicht in einen Amerikaner namens Winston? Und aus Fusang – dem östlichen Märchenland seines Vaters – wird in den Jahren nach Pittsburgh schließlich Wheaton, Illinois. Winston Ma und seine junge Ehefrau pflanzen einen schon recht großen Maulbeerbaum in ihren kahlen Garten. Es ist nur ein einzelner Baum, aber zweigeschlechtlich, aus einer Zeit älter als die Trennung in Yin und Yang; der Baum der Erneuerung, der Baum der Weltachse, der hohle Baum, der das heilige Tao beherbergt. Es ist der Baum der Seidenraupen, mit dem die Familie Ma ihr Vermögen erworben hat, ein Baum zu Ehren seines Vaters, dem man nie erlauben wird, ihn zu sehen. Winston steht an der Stelle, an der sie den Baum gepflanzt haben, betrachtet den schwarzen Erdkreis zu seinen Füßen wie ein Versprechen. An seinen Händen klebt noch Erde, aber er wischt sie nicht ab, nicht einmal an den Arbeitshosen. Seine Frau Charlotte, Spross einer verarmten Pflanzerfamilie aus dem Süden, die einst Missionare nach China geschickt hat, sagt zu ihm: »Es gibt ein chinesisches Sprichwort. ›Wann ist die beste Zeit, um einen Baum zu pflanzen? Vor zwanzig Jahren.‹«

Der chinesische Ingenieur lächelt. »Das ist gut.«

»›Wann ist die zweitbeste Zeit? Jetzt.‹«

»Ah! Okay!« Jetzt lächelt er wirklich. Vor dem heutigen Tag hat er nie etwas gepflanzt. Aber das Jetzt, die zweitbeste Zeit, ist lang. Das ändert alles.

Unzählige Male vergeht ein Jetzt, jedes Mal kommt ein neues. Und schon beim nächsten essen drei kleine Mädchen unter ihrem Frühstücksbaum Cornflakes. Es ist Sommer. An dem Maulbeerbaum hängen klebrig die Beeren. Mimi, die Älteste, inzwischen neun, sitzt mit ihren kleinen Schwestern zwischen zerdrückten Früchten, rote Flecken auf ihrem Kleid, und beklagt das Schicksal der Familie. »An allem ist Mao schuld.« Ein Sonntagmorgen im Sommer des Jahres 1967, Musik von Verdi dröhnt aus dem abgeschlossenen Schlafzimmer ihrer Eltern, wie jeden Sonntag, an den Mimi sich erinnern kann. »Mao, das Schwein. Ohne den wären wir Millionäre.«

Amelia, die Jüngste, ganz damit beschäftigt, ihre Cornflakes zu einem Brei zu zermatschen, hält einen Moment inne. »Wer ist Mao?«

»Der schlimmste Gangster aller Zeiten. Der hat alles gestohlen, was Opa hatte.«

»Jemand hat Opa bestohlen?«

»Nicht Opa Tarleton. Opa Ma.«

»Wer ist Opa Ma?«

»Der chinesische Opa«, sagt Carmen, die Mittlere.

»Den habe ich noch nie gesehen.«

»*Keiner* hat ihn gesehen. Nicht mal Mom.«

»Und Dad auch nicht?«

»Er ist in einem Arbeitslager. Da stecken sie die Reichen hin.«

Carmen sagt: »Warum spricht er nie chinesisch? Das ist doch verdächtig.« Eins der vielen Geheimnisse, mit denen ihr Vater sich so reichlich umgibt.

»*Mir* hat Dad meine Pokerchips gestohlen, als ich beinahe gewonnen hätte.« Amelia gießt Milch aus ihrer Schale an den Baum, um ihn zu füttern.

»Schluss mit dem Geplapper«, kommandiert Mimi. »Wisch dir das Kinn ab. Und lass das sein. Du vergiftest noch die Wurzeln.«

»Was arbeitet Dad eigentlich?«

»Der ist Ingenieur. Bist du blöd!«

»*Das* weiß ich. ›Dem Ingeniör ist nichts zu schwör.‹ Und dann soll ich jedes Mal lachen.«

Mimi duldet keine Dummheiten. »Du weißt genau, was er arbeitet.« Ihr Vater arbeitet an der Entwicklung eines Telefons, so klein wie ein Aktenkoffer, betrieben mit einer Autobatterie. Eins, das man überall mit hinnehmen kann. Die ganze Familie hilft bei den Testreihen. Sie müssen sich in der Garage in den Chevy setzen – *ins Telefonhäuschen*, sagen sie –, jedes Mal, wenn sie ein Ferngespräch führen wollen.

»Findet ihr nicht auch, im Labor ist es gruselig?«, fragt Carmen. »Wie man sich immer beim Pförtner anmelden muss, als wäre es ein großes Gefängnis?«

Mimi sitzt reglos da und horcht. Verdi dröhnt aus dem Schlafzimmerfenster ihrer Eltern, im oberen Stock. Sie dürfen unter dem Baum frühstücken, aber immer nur sonntags. An einem Sonntagmorgen könnten sie bis nach Chicago spazieren, und keiner würde es merken.

Carmens Blick folgt dem von Mimi. »Was meinst du, was die da oben *machen*, den ganzen Vormittag?«

Mimi schüttelt sich. »Gehst du bitte auf eine andere Frequenz? Ich *hasse* es, wenn du mir nachspionierst.«

»Meinst du, die fassen sich an, ganz nackt?«

»Sei nicht eklig.« Mimi stellt ihr Schälchen ab. Sie muss sich Klarheit verschaffen, und zum Nachdenken braucht sie Überblick. Mit pochendem Herzen setzt sie den Fuß auf die unterste Astgabel des Maulbeerbaums. *Meine Seidenplantage*, sagt ihr Vater immer. *Nur dass ich keine Raupen habe.*

»Du sollst da nicht hochklettern«, ruft Carmen. »Keiner darf das. Das sage ich!«

»Ich zerquetsche dich wie eine Laus.«

Darüber muss Amelia lachen. Mimi bleibt im Steigbügel stehen. Rings um sie her hängen die Früchte. Sie isst eine. Die Maulbeeren sind süß, wie Rosinen, aber sie mag sie nicht mehr; sie hat schon so viele davon gegessen, in ihrem jungen Leben. Die Äste wachsen kreuz und quer. Es bringt sie ins Grübeln, weil die Blätter so unterschiedlich sind. Herzförmig, Finger wie beim Pfadfindergruß. Manche sind auf der Unterseite pelzig, und ihr schaudert davor. Wozu braucht ein Baum Haare? Alle Blätter sind gekerbt, mit drei Hauptadern, wie die drei Mädchen. Sie fasst nach einem Blatt und rupft es ab, obwohl sie genau weiß, welches Entsetzen sie jetzt gleich packen wird. Dickes, milchiges Baumblut sickert aus der Wunde. Das, stellt sie sich vor, muss der Stoff sein, aus dem die Raupen irgendwie die Seide machen.

Jetzt weint Amelia. »Hör auf! Du tust ihm weh. Ich höre ihn schreien!«

Carmen blickt hinauf zum Fenster, in das Mimi gern schauen möchte. »Ist Dad überhaupt Christ? Wenn er mit uns in die Kirche geht, spricht er diese Jesus-Sachen nie mit.«

Ihr Vater ist etwas Fremdes, Fernes, das weiß Mimi. Er ist ein kleiner, lieber, gutmütiger, stets lächelnder muslimischer Chinese, der die Mathematik mag, amerikanische Autos, Wahlen, Camping. Jemand, der langfristig denkt und Vorräte von Sonderangeboten im Keller anlegt; der noch am Abend bei der Arbeit sitzt und dann bei den Zehnuhrnachrichten im Fernsehsessel einschläft. Jeder mag ihn, besonders die Kinder. Aber er spricht niemals chinesisch, nicht einmal in Chinatown. Dann und wann erzählt er einmal etwas über die Zeit, bevor er nach Amerika kam, wenn er Karamelleis gegessen hat oder an einem kühlen Abend am Lagerfeuer in einem Nationalpark. Wie er in Schanghai Heimchen als Haustiere hatte, und Tauben. Wie er einmal einen Pfirsich rasiert und den Flaum einer Dienerin in die Bluse gesteckt hat, damit es juckte. *Lacht nicht. Ich habe heute noch schlechtes Gewissen, auch wenn tausend Jahre her.*

Aber Mimi wusste doch so gut wie nichts über den Mann, bis zum gestrigen Tag, einem grässlichen Samstag, an dem sie weinend vom Spielplatz zurückkam.

»Was passiert? Was du gemacht?«

Sie verschränkte die Arme, baute sich vor ihm auf. »Stimmt es, dass die Chinesen alle Kommunisten sind und dass sie Ratten essen und Mao verehren?«

Da endlich redete er mit ihr, eine Geschichte aus einer anderen Welt.

Vieles verstand Mimi nicht. Doch mit seinen Worten verwandelte ihr Vater sich in eine Figur aus einem der Schwarzweißkrimis, die es spätabends im Fernsehen gab, mit finsteren Ecken, gruseliger Musik, tausend Gestalten. Er erzählte ihr von den Gelehrten, die in den Vereinigten Staaten gestrandet und per Gesetz zu amerikanischen Staatsbürgern geworden waren. Er sprach von anderen Chinesen, die mit ihm ins Land gekommen waren, darunter einer, der später mit dem größten Preis ausgezeichnet worden war, den ein Wissenschaftler bekommen konnte. Mimi war schwer beeindruckt: Die Vereinigten Staaten und die Kommunisten stritten sich um den Verstand ihres Vaters.

»Dieser Mao. Mir schulden eine Menge Geld. Wenn zurückzahlen, alle gehen ganz groß essen. Beste Ratte, die du je geschmeckt hast!«

Da weinte sie wieder, bis er ihr versicherte, dass er nie eine Ratte auch nur von Nahem gesehen habe, bevor er nach Murray Hill in New Jersey gekommen war. Er nahm sie in den Arm. »Chinesen essen alles Mögliche. Aber Ratten nicht so gern.«

Er nahm sie mit in sein Arbeitszimmer. Dort zeigte er ihr Dinge, die sie auch jetzt, einen Tag später, noch gar nicht begreifen kann. Er schloss den Aktenschrank auf und holte ein hölzernes Kästchen hervor. Darin lagen drei grüne Ringe. »Mao keine Ahnung. Drei Zauberringe. Drei Bäume – Vergangenheit, Gegenwart, Zukunft. Glück für mich, dass ich drei zauberhafte Töchter habe.« Er tippte sich an die Schläfe. »Dein Vater, der überlegt sich so was.«

Er nahm den Ring, den er *die Vergangenheit* nannte, und steckte ihn Mimi versuchsweise an den Finger. Das verschlungene Blattwerk aus grünem Stein zog sie magisch an. Die Schnitzerei reichte bis tief hinein – Zweige, einer unter dem anderen. Unvorstellbar, dass jemand etwas so Winziges schnitzen konnte.

»Ganz aus *Jade*.«

Sie schüttelte die Hand, und der Ring fiel zu Boden. Ihr Vater kniete sich hin, hob ihn auf und legte ihn wieder zurück in das Kästchen. »Zu groß. Warten auf später.« Das Kästchen schob er wieder in den Aktenschrank, und den verschloss er. Dann holte er von ganz hinten im Wandschrank eine Lackschatulle hervor. Er stellte den Kasten auf seinen Zeichentisch und löste feierlich Verschlüsse und Band. Zwei Umdrehungen der Rollengriffe, und vor ihr ausgebreitet lag China, das Sagenland, in dem die unbekannte Hälfte ihres Stammbaums lag. In Reihen von oben nach unten purzelten chinesische Bildzeichen, loderten wie Flämmchen. Jeder Tuschestrich leuchtete, als hätte sie ihn eben erst selbst gezogen. Es kam ihr unmöglich vor, dass jemand so schreiben konnte. Aber ihr Vater konnte es, wenn er wollte.

Auf die fließenden Worte folgte eine Parade von Männern, alle verhutzelt und doch rund. Lachende Gesichter, aber von Falten durchfurcht. Sie sahen aus, als hätten sie schon jahrhundertelang gelebt. Ihre Augen lächelten über den besten Witz aller Zeiten, ihre Schultern beugten sich unter der Last von etwas, das zum Tragen zu schwer war.

»Wer sind die?«

Ihr Vater betrachtete die Gestalten. »Die Männer hier?« Seine Lippen verzogen sich zu einem Lächeln genau wie auf den Bildern. »*Luóhàn*. Arhats. Kleine Buddhas. Haben Leben gelöst. Letzte Prüfung bestanden.« Sie reckte das Kinn zu ihm hoch. Wenn er lächelte, sah man das Gold an seinem Schneidezahn blitzen. »Superhelden von China!«

Sie wand sich aus seinem Griff und studierte die Heiligen. Einer saß in einer kleinen Höhle. Einer trug eine rote Schärpe und Ohrringe. Einer hielt an der Kante eines hohen Kliffs inne, hinter ihm verschwammen Felsen und Nebel. Einer stand an einen Baum gelehnt, genau wie Mimi sich am nächsten Tag an ihren Maulbeerbaum lehnen würde, als sie ihren Schwestern davon erzählte.

Ihr Vater wies auf die Traumlandschaft. »China. Sehr alt.« Mimi berührte den Mann unter dem Baum. Ihr Vater zog ihre Hand beiseite und küsste ihr die Fingerspitzen. »Zu alt zum Anfassen.«

Sie starrte den Mann an, dessen Augen alles wussten. »Superhelden?«

»Sehen jede Antwort. Keine Schmerzen, nie mehr. Kaiser kommen und gehen. Ching, Ming, Yüan. Kommunisten genauso. Kleiner Floh auf großen Hund. Aber der Bursche hier?« Er schnalzte mit der Zunge, hob den Daumen, als wollte er sagen, dass diese kleinen Buddhas die waren, auf die man sein Geld setzen sollte, wenn man nur langfristig genug dachte.

Bei diesem Schnalzen erhob sich eine halbwüchsige Mimi über ihren eigenen neunjährigen Schultern, um aus großer Höhe die Arhats zu betrachten, aus einer Entfernung von Jahren. Und über dem staunenden Teenager erhob sich eine weitere, wiederum ältere Frau. Die Zeit war nichts, was in einer geraden Linie vor ihr lag. Es war eine Säule aus konzentrischen Kreisen mit ihr selbst im Mittelpunkt, und die Gegenwart schwebte draußen am äußersten Rand. Zukünftige Varianten ihrer selbst warteten über und hinter ihr, kehrten alle in dieses Zimmer zurück, um noch einmal einen Blick auf diese Handvoll Männer zu werfen, die das Leben gelöst hatten.

»Sieh die Farbe!«, sagte Winston, und all ihre späteren Identitäten fielen rund um Mimi in sich zusammen. »Schon merkwürdiges Land, China.« Er wickelte die Rolle wieder auf und legte sie in ihrer Schatulle zurück an ihren Platz am Boden des Wandschranks.

Mimi im Maulbeerbaum kommt es vor, als müsse sie nur noch ein ganz kleines Stück weiter aufsteigen, dann könnte sie durchs Schlafzimmerfenster spähen und erkennen, welche Wirkung Verdi auf ihre Eltern hat. Doch am Erdboden unter ihr bricht die Revolution los. »Du sollst da nicht hochklettern!«, brüllt Amelia. »Runter mit dir!«

»Halt die Klappe«, gibt Mimi zurück.

»*Dad!* Mimi sitzt in der Seidenplantage!«

Mimi springt wieder herab, landet haarscharf neben ihrer kleinen Schwester. Sie hält der Kleinen den Mund zu. »Sei still, dann zeige ich dir was.«

Und mit dem absoluten Gehör der Kindheit wissen beide Schwestern sofort: Dieses Etwas ist das Ansehen wert. Schon im nächsten Moment schleichen sie sich, ein Geheimkommando unter Deckung des brandenden Opernchors, ins Arbeitszimmer ihres Vaters. Der Aktenschrank ist abgeschlossen, aber Mimi öffnet die glänzende Schatulle. Das Bild, das die Rolle auf Winstons Zeichentisch preisgibt, zeigt die Gestalt eines alten Mannes, wie er dasitzt unter einem knorrigen, geduldigen Baum.

»Nicht anfassen! Das sind unsere Vorfahren. Und die sind *Götter*.«

Nichts im Leben mag der chinesische Elektroingenieur, der mit seinen Kindern in die Garage geht, damit sie auf einem Autotelefon größer als ein Julklotz Ferngespräche mit den Großeltern in Virginia führen kön-

nen, lieber als seine Ausflüge in die Nationalparks. Die Hälfte des Jahres
verbringt Winston Ma damit, das Urlaubsritual, das alljährlich im Juni
abgehalten wird, vorzubereiten; er markiert Landkarten, merkt Passagen
in Reiseführern an, hält akribisch seine Erkenntnisse fest in Generationen von Notizbüchern, probiert merkwürdige Forellenfliegen aus, die
wie winzige chinesische Neujahrsdrachen aussehen. Wenn der November kommt, ist der Tisch im Esszimmer schon so mit Materialien zur
Vorbereitung bedeckt, dass die Familie ihr Thanksgiving-Mahl – Mu-
scheln mit Reis – in der Frühstücksecke verzehren muss. Und wenn die
Urlaubzeit da ist, geht es los, zu fünft in ihrem himmelblauen Chevy
Biscayne, mit Dachgepäckträger und einer Rückbank breit wie ein Kon-
tinentalschelf, ohne Klimaanlage und mit einer Thermosflasche Frucht-
saft mit Eiswürfeln; Tausende von Meilen weit geht der Treck zu den
Parks von Yosemite, Zion, Olympic oder noch weiter.

Dieses Jahr fahren sie wieder zu seinem geliebten Yellowstone-Park.
Jeder Campingplatz an der Strecke bekommt einen Eintrag in Winstons Notizbüchern. Er schreibt sich die Nummer auf, dazu Bewertungen
nach einem ganzen Dutzend Kriterien. Die Daten wird er im Laufe des
Winters auswerten, um für das nächste Jahr eine noch perfektere Route
zu planen. Die Mädchen müssen auf dem Rücksitz auf ihren Musikins-
trumenten üben. Mimi mit ihrer Trompete und Carmen mit der Klari-
nette fällt das leichter als der kleinen Amelia mit ihrer Geige. Sie haben
nicht daran gedacht, Bücher einzupacken. Zweitausend Meilen ohne etwas zu lesen. Die beiden älteren Mädchen starren ihre kleine Schwester
über Dutzende von Meilen quer durch Nebraska an, bis Amelia nicht
mehr kann und anfängt zu weinen. Das vertreibt die Zeit.

Charlotte versucht gar nicht mehr, die Kinder in Schach zu halten.
Noch hat niemand Verdacht geschöpft, aber der Abstieg an einen Ort
tief in ihrem Inneren hat bereits begonnen, und mit jedem Jahr, das
vergeht, wird die Distanz größer. Sie sitzt auf dem Beifahrersitz, liest
für ihren Mann die Landkarte, summt dabei Nocturnes von Chopin vor
sich hin. Das ist der Anfang ihrer Demenz, die stillschweigende Engels-
geduld auf diesen endlosen Autofahrten.

Drei Tage campieren sie am Slough Creek. Die beiden jüngeren Mädchen spielen stundenlang Schwarzer Peter. Mimi geht mit ihrem Vater

fischen. Die gemeinsame Freude an der Mühelosigkeit, mit der die Angel ausgeworfen wird, die lange Parabelbahn der Leine, wenn sie durch die Luft schnellt, der vierstufige aufsteigende Rhythmus, in dem die gestreckte Hand bei zehn und zwei Uhr kurz innehält, die kleinen Wellen, die sich bilden, wenn die künstliche Fliege die Wasseroberfläche erreicht, der Anflug von Schrecken bei dem Gedanken, dass tatsächlich etwas anbeißen könnte, das Zucken des Fischmauls, wenn es aus dem Wasser auftaucht; das sind Dinge, die sie verzaubern, und das wird für immer so bleiben.

Ihr Vater steht knietief in der kalten Strömung – der Inbegriff der Freiheit für ihn. Er prägt sich ein, wo die Sandbänke sind, schätzt die Fließgeschwindigkeit des Wassers ab, studiert die Beschaffenheit des Bodens, hält Ausschau nach der Brut – all die Gleichungen mit mehreren Unbekannten, die man lösen muss, wenn man denken will wie ein Fisch – und in seinem Bewusstsein während all der Zeit nichts anderes als das schiere Glück darüber, dass er dort stehen und angeln kann. »Warum verstecken sich Fische?«, fragt er seine Tochter. »Was die machen?«

So wird sie ihn im Gedächtnis behalten, mit den Gummistiefeln im Wasser, glücklich in seinem Element. Beim Fischen hat er das Leben gelöst. Beim Fischen besteht er die letzte Prüfung, wird zum nächsten Arhat, reiht sich ein unter diejenigen auf der geheimnisvollen Bildrolle tief unten in seinem Schrank, die Mimi über die Jahre immer wieder heimlich hervorgeholt hat. Inzwischen ist sie alt genug, um zu wissen, dass die Männer auf den Bildern nicht ihre Vorfahren sind. Aber wenn sie ihren Vater so sieht, im Fluss, erfüllt und im Frieden, dann muss sie doch denken: *Er ist ihr Nachfahr.*

Charlotte sitzt auf einem Campingstuhl am Ufer. Ihre einzige Aufgabe besteht darin, die Leinen der beiden Angler zu entwirren, mikroskopisch kleine byzantinische Knoten zu lösen, stundenlang. Winston betrachtet den Sonnenuntergang über dem Wasser, verfolgt, wie das Gold des Schilfs sich zu Graubraun wandelt. »Sieh die Farbe!« Und wieder, ein paar Minuten später, zu sich selbst geflüstert, als das Kobalt des Himmels schon schwindet: *Sieh die Farbe!* In seinem Spektrum gibt es Farben, die kein anderer sehen kann.

Sie halten zum Picknick am Ufer eines kleinen Sees, ein klein wenig abseits der Straße hinter Tower Junction. Mimi und Carmen suchen nach Steinen, aus denen sie Schmuckstücke basteln können. Charlotte und Amelia beginnen eben ihre siebzehnte Halmapartie. Winston sitzt auf einem Klappstuhl und bringt seine Notizbücher auf den neuesten Stand. Plötzlich bewegt sich nicht weit vom Tisch etwas. Amelia brüllt: »Bär!«

Charlotte springt auf, das Spielbrett fliegt im hohen Bogen. Sie packt ihre jüngste Tochter und sprintet mit ihr in den See. Der Bär trottet auf die beiden Steinsammlerinnen zu. Mimi mustert das Tier – massige Schulterpartie oder eher flache Stirn? Bei Grizzlies muss man das eine tun, bei Schwarzbären genau das Gegenteil. Der eine klettert auf Bäume, der andere nicht. Sie weiß nicht mehr, welcher welcher war. »Rauf da!«, ruft sie Carmen zu, und sie klettern jede auf eine Kiefer.

Der Bär, der die beiden in zwei kurzen Sprüngen erreichen könnte, verliert das Interesse. Er steht am Seeufer und überlegt, ob es ein Tag zum Schwimmen sein könnte. Er betrachtet die Frau, die bis zur Brust im Wasser steht und ihre kleine Tochter in die Höhe hält, als wolle sie sie in dem See taufen. Er wartet ab, was die Zweibeiner, bei denen man nie weiß, woran man ist, wohl als Nächstes tun. Er trottet hinüber zu Winston, der stocksteif am Campingtisch sitzen geblieben ist und Aufnahmen mit seiner Nikon macht. Die Kamera klickt und sirrt – das einzige japanische Objekt, dessen Besitz er sich gestattet.

Winston steht auf, als das Tier sich nähert. Und dann fängt er an, mit dem Bären zu reden. Auf Chinesisch. Ein einfaches Klohäuschen steht auf dem Picknickplatz, die Tür offen. Winston bewegt sich darauf zu, redet weiter mit dem Bären, lockt ihn. Der Bär ist verdutzt, er muss die gesamte Lage neu überdenken. Eine Traurigkeit steigt in ihm auf. Er setzt sich hin, fuchtelt mit den Tatzen.

Winston redet weiter. Mimi kann nur staunen über die fremdartigen Töne, die da über die Lippen ihres Vaters kommen. Winston holt eine Handvoll Pistazien aus der Tasche und wirft sie in das Häuschen. Der Bär trottet hin und sieht nach, froh über ein wenig Unterhaltung. »Einsteigen«, flüstert Winston vernehmlich. »Schnell!« Sie laufen zum Wagen, und der Bär schaut sich nicht einmal um. Winston hält aber doch noch, um Tisch und Stühle einzusammeln. Die haben ihn gutes Geld gekostet, die lässt er nicht einfach stehen.

Am Abend, auf einem Campingplatz in der Nähe von Norris, stellt Mimi ihm ehrfurchtsvoll eine Frage. Für sie ist ihr Vater ein vollkommen neuer Mensch geworden. »Hast du keine Angst gehabt?«

Er lacht verlegen. »Meine Zeit noch nicht gekommen. Nicht meine Geschichte.«

Bei den Worten läuft es ihr kalt den Rücken hinunter. Wie kann er seine Geschichte kennen, schon vor der Zeit? Aber das fragt sie ihn nicht. Stattdessen fragt sie: »Was hast du zu ihm gesagt?«

Er legt die Stirn in Falten. Hebt die Schultern. Was soll man zu einem Bären anderes sagen? »Mich entschuldigt! Ihm gesagt, Menschen sind dumm. Alles vergessen – woher sie kommen, wohin sie gehen. Ich sage: Keine Sorge. Menschenart verschwindet von dieser Welt, schon sehr bald. Bären bekommen wieder bestes Bett ganz für sich.«

In Holyoke wird Mimi eine LBS: Lesbe bis Schulabschluss. Das ist an der Hälfte der schicken Mädchencolleges so üblich, mal mehr, mal weniger. Versuch und Irrtum nennen sie das. Spaßig, sündhaft, süß, bieder und zugleich verrucht – eine gute Übung. Für das Leben zum Beispiel. Oder was sonst nach der Schule kommt.

Drei Semester lang belegt sie Amerikanische Poesie des 19. Jahrhunderts und trinkt nachmittags Tee in South Hadley. Besser als Wheaton. Aber dann kommt ein Apriltag, an dem sie Abbotts *Flächenland* liest, im zweiten Jahr für einen Überblickskurs mit dem Titel »Transzendenz«, und an die Stelle gelangt, an der der Erzähler, A. Square, aus seiner eigenen Dimension herausgehoben wird in die Weite des Raumlandes. Die Wahrheit geht ihr auf wie eine Offenbarung: Das Einzige auf der Welt, was die Beschäftigung lohnt, ist das, was man messen kann. Sie muss Ingenieur werden, genau wie ihr Vater vor ihr. Da muss sie nicht einmal überlegen. Sie *ist* ja schon Ingenieurin, ist es von klein auf gewesen. Und genau wie bei Abbotts Quadrat wollen ihre Freundinnen in Holyoke sie noch im selben Augenblick, in dem sie nach Flachland zurückkehrt, am liebsten in die Klapsmühle stecken.

Sie wechselt nach Berkeley. Für Technische Keramik die beste Uni, die sie findet. Der Ort existiert in allen Dimensionen der Zeit. Zukünftige Herrscher des Universums studieren direkt neben unverbesserlichen Revoluzzern, die überzeugt sind, dass das Goldene Zeitalter des menschlichen Geistes schon seit einem ganzen Jahrzehnt vorbei ist.

Sie gedeiht, die wiedergeborene Mimi, in den Augen der Welt eine kleine Kasachin mit einem programmierbaren Taschenrechner, und nach dem Urteil vieler das süßeste Geschöpf, über dessen Lippen je die Hall-Petch'sche Gleichung gekommen ist. Sie mag die gespenstische Stimmung, wie bei den *Frauen von Stepford*. Sie sitzt im Eukalyptushain, zwischen Bäumen, die in der trockenen Hitze knacken, löst Gleichungen, sieht den Demonstranten zu, mit ihren Spruchbändern, sämtliche Slogans in Großbuchstaben. Je besser das Wetter, desto zorniger die Forderungen.

Im Monat vor der Abschlussprüfung wirft sie sich mit einem umwerfenden Businesskostüm in Schale – glatt, grau, professionell, unaufhaltsam wie ein nordkalifornisches Erdbeben. Bei acht Industrievertretern spricht sie vor, drei bieten ihr eine Stelle an. Sie nimmt einen Posten als Expertin für Formguss in einer Firma in Portland an, weil sie dort die besten Aussichten zum Reisen hat. Sie schicken sie nach Korea. Sie verliebt sich in das Land. Binnen vier Monaten kann sie mehr Koreanisch, als sie je Chinesisch gelernt hat.

Auch ihre Schwestern hält es nicht am Ort. Carmen landet in Yale und studiert Wirtschaftswissenschaften. Amelia findet eine Stelle als Pflegerin für verletzte Tiere in einem Wildpark in Colorado. Zu Hause in Wheaton wird der Maulbeerbaum der Mas von allen Seiten bedrängt. Schmierläuse überziehen ihn mit ihrem Wattegespinst. Seine Zweige wimmeln von Schildläusen, unverwundbar, egal mit welchem Mittel ihr Vater es probiert. Bakterien lassen die Blätter schwarz werden. Die Eltern sind nicht in der Lage, das Ding zu retten. Charlotte, immer tiefer in ihrem Nebel versunken, schlägt vor, einen Priester zu holen, der den Baum besprechen soll. Winston wälzt alle bekannten Nachschlagewerke und füllt seine Notizbücher mit Spekulationen in makelloser Druckschrift. Doch jede neue Jahreszeit bringt den Baum der Kapitulation näher.

Winston ruft Mimi an, als sie nach einer weiteren Koreareise wieder zurück in Portland ist. Er meldet sich aus dem Telefonhäuschen der Familie, der Garage des Hauses Ma. Seine Erfindung ist mittlerweile nur noch so groß wie ein Wanderstiefel und so zuverlässig und sparsam im Energieverbrauch, dass das Labor schon Lizenzen an andere vergibt. Aber Winston macht es keine Freude, seiner Tochter zu erzählen, dass sein Lebenswerk endlich zur Vollendung kommt. Er kann von nichts anderem reden als vom Misserfolg des Maulbeerbaums.

»Der Baum. Was der machen?«

»Was fehlt ihm denn, Dad?«

»Farbe schlecht. Alle Blätter fallen.«

»Hast du mal den Boden untersucht?«

»Meine Seidenplantage. Am Ende. Nie einen einzigen Faden produziert.«

»Und wenn du es einfach noch mal neu versuchst?«

»Beste Zeit, einen Baum zu pflanzen? Vor zwanzig Jahren.«

»Genau. Und du hast immer gesagt, die zweitbeste Zeit ist jetzt.«

»Falsch. Zweitbeste Zeit vor neunzehn Jahren.«

Nie zuvor hat Mimi diesen stets fröhlichen, unendlich einfallsreichen Mann so niedergedrückt gehört. »Du solltest verreisen, Dad. Fahr mit Mom zum Camping.« Aber sie sind gerade erst von einer Reise zurück, zehntausend Meilen zu den Lachsflüssen Alaskas, die Notizbücher sind mit Beobachtungen in allen Einzelheiten gefüllt, deren Auswertung Jahre dauern wird.

»Gib mir mal Mom.«

Ein Geräusch – die Wagentür öffnet und schließt sich, dann die Tür zur Garage. Nach einer Weile sagt eine Stimme: »*Salve filia mea.*«

»Mom? Was zum Teufel?«

»*Ego Latinam discunt.*«

»Mom, tu mir das nicht an.«

»*Vita est supplicium.*«

»Gib mir wieder Dad, Dad? Alles in Ordnung bei euch da draußen?«

»Mimi. Meine Zeit bald gekommen.«

»Was soll das heißen?«

»Arbeit alles fertig. Seidenplantage am Ende. Fische jedes Jahr weniger, immer ein paar weniger. Was soll machen, jetzt?«

»Was redest du denn da? Du machst, was du immer gemacht hast.«
Stellst Listen der Campingplätze für das nächste Jahr auf, Tabellen mit
Vor- und Nachteilen. Stapelst in deinem Keller Seife und Dosensuppen
und Cornflakes, alles, was es irgendwo gerade im Sonderangebot gibt.
Schläfst jeden Abend bei den Zehnuhrnachrichten ein. Die Freiheit.
»Ja«, sagt er. Aber sie kennt die Stimme, die sie geprägt hat. Was immer
dieses Ja bedeuten soll, es ist gelogen. Sie nimmt sich vor, ihre Schwestern anzurufen und über die Krise in Wheaton zu beratschlagen. Eltern
am Ende. Was sollen sie tun? Aber ein Ferngespräch an die Ostküste
kostet zwei Dollar pro Minute, wenn man kein magisches Schuhtelefon
hat. Sie nimmt sich vor, den beiden zu schreiben, am Wochenende. Aber
am Wochenende ist die Konferenz zu Sinterkeramikverfahren in Rotter-
dam, und danach denkt sie an die Briefe nicht mehr.

Im Herbst, während seine Frau im Keller Latein lernt, setzt sich Winston
Ma, früher Ma Sih Hsuin für alle, die ihn kannten, unter den kranken
Maulbeerbaum, hält sich, wozu Verdis *Macbeth* aus dem Schlafzimmerfenster schallt, eine Smith & Wesson 686 mit hölzernem Griff an die
Schläfe und lässt den Sitz seines unendlichen Seins über die Betonplatten des Gartens spritzen. Er hinterlässt keinen Abschiedsbrief; nur die
kalligraphische Abschrift eines zwölfhundert Jahre alten Gedichts von
Wang Wei liegt auf Pergament ausgebreitet auf dem Tisch seines Arbeitszimmers:

Ein alter Mann, will ich
nichts als Frieden.
Die Dinge dieser Welt
bedeuten nichts.
Ich kenne keine gute Art zu leben
und verliere mich immer wieder neu
in meinen Gedanken, meinen uralten Wäldern.
Der Wind, der die Kiefern wiegt,
löst mir den Gürtel.
Der Bergmond leuchtet mir
bei meinem Lautenspiel.

Du fragst: Wie steigt ein Mensch auf, wie fällt er in diesem Leben?
Das Lied des Fischers strömt dahin tief unter dem Fluss.

Mimi ist in San Francisco auf dem Flughafen, auf dem Weg zu einer Betriebsbesichtigung in Seattle. Sie schlendert die Ladenzeile entlang, als inmitten des Lautsprechergeplärrs plötzlich ihr Name ertönt. Sie spürt eine Kälte, ihr Haar richtet sich auf. Noch bevor die Leute am Serviceschalter ihr den Telefonhörer reichen, weiß sie es. Und auf dem ganzen Heimweg nach Illinois überlegt sie: *Warum kenne ich das alles schon? Warum fühlt es sich alles so sehr an wie* Erinnerung?

Ihre Mutter begreift von alldem nichts. »Dein Vater will uns nicht weh tun. Er hat seine eigenen Vorstellungen. Manches davon verstehe ich nicht. Er ist einfach so.« An dem Ort, von dem diese Worte kommen, ist der Knall, den sie im Keller gehört hat, nur eine unter den vielen möglichen Weggabelungen der sich verzweigenden Zeit. Sie wirkt so sanft, so friedlich in ihrer Verwirrung, so tief unter der Oberfläche des dahinströmenden Flusses, dass Mimi gar nicht anders kann, als ihre unwirkliche Ruhe zu teilen. Was ihr Vater unvollendet gelassen hat, muss Mimi zum Abschluss bringen. Niemand hat die Stelle angerührt, außer denen, die Leiche und Waffe mitgenommen haben. An Steinen und Baumstamm klebt Hirnmasse wie eine neue Schneckenart. Mimi verwandelt sich in einen Putzroboter. Eimer, Schwamm, Seifenlauge für die bespritzte Veranda. Sie hat ihre Schwestern nicht rechtzeitig alarmiert, sie hat nicht verhindern können, was vor ihren Augen geschah. Aber immerhin das hier kann sie tun – hinter dem Haus saubermachen, ein für allemal. Die Arbeit verändert sie. Der Wind löst ihr das Haar. Sie betrachtet das Blut auf den Betonplatten, die Fetzen des weichen Gewebes, in dem einmal seine Gedanken wohnten. Sie sieht ihn neben sich stehen, sieht, wie er staunt über die Flecken im Gras, sein eigenes Hirn. *Sieh die Farbe!* Du willst wissen, wie die Menschen aufsteigen und fallen in diesem Leben? Genau so.

Sie setzt sich unter den kranken Maulbeerbaum. Der Wind peitscht die grobgezahnten Blätter. Die Rinde ist von Falten durchfurcht, wie die

Falten in den Gesichtern der Arhats. Ihre Augen brennen, sie spürt eine Verwirrung wie die eines Tiers. Selbst jetzt noch ist der Boden übersät von Früchten; Früchten, heißt es in den Legenden, gefärbt vom Blut eines Selbstmörders aus Liebe. Worte brechen aus ihr hervor, spröde, blechern. »Dad. *Daddy!* Was du machen?«

Dann die stummen Schreie.

Carmen und Amelia treffen ein. Noch ein letztes Mal sitzt das Trio beisammen. Sie haben keine Erklärung. Es wird nie eine geben. Der Mensch auf der Welt, von dem sie es am allerwenigsten erwartet hätten, ist auf eine unmögliche Reise gegangen, ohne sie. Anstelle einer Erklärung haben sie nur Erinnerung. Immer wieder legen sie einander die Hand auf die Schulter und erzählen, wie es früher war. Die Opern am Sonntagmorgen. Die endlosen Autofahrten. Besuche im Labor, wo der winzige Mann die Gänge hinabschwebte, der Liebling all seiner riesenhaften weißen Kollegen, der glückliche Schöpfer einer drahtlosen Zukunft. Sie kommen wieder auf den Tag, an dem alle vor dem Bären die Flucht ergriffen. Ihre Mutter, wie sie im Wasser stand und Amelia hoch über ihren Kopf hielt. Ihr Vater, der mit dem Tier auf Chinesisch sprach – zwei Geschöpfe, nicht ganz von derselben Gattung, in ihrem gemeinschaftlichen Wald.

Sie halten eine kleine Andacht, eine Andacht aus Erinnerung und Entsetzen. Aber sie tun es im Haus. Mimis Schwestern wollen den Garten nicht betreten. Sie bringen es nicht einmal über sich, den alten Frühstücksbaum anzusehen, die Seidenplantage ihres Vaters. Mimi erzählt ihnen, was sie weiß. Der Anruf. *Meine Zeit bald gekommen.*

Amelia nimmt sie in den Arm. »Es ist nicht deine Schuld. Du konntest das nicht wissen.«

Carmen sagt: »*Das* hat er zu dir gesagt, und du hast dich nicht bei uns gemeldet?«

Charlotte sitzt dabei, lächelt ein wenig. Es ist, als sei die Familie immer noch auf einem Campingausflug, als säße sie am Seeufer und löste auch noch die kleinsten Knoten in der Angelschnur ihres Mannes. »Es quält ihn, wenn ihr drei euch streitet.«

»Mom.« Mimi brüllt die Frau an. »Mom. Jetzt reicht es. Sei vernünftig. Er ist nicht mehr da.«

»Nicht mehr da?« Charlotte legt die Stirn in Falten, bei so viel Einfalt ihrer Tochter. »Was redest du denn da? Ich sehe euren Vater doch wieder.«

Die drei Mädchen nehmen den Papierkram in Angriff, die Formulare, die sie ausfüllen müssen. Der Gedanke war Mimi nie gekommen: Die Bürokratie endet nicht mit dem Tod. Der Arm der Verwaltung reicht über das Grab hinaus, noch über Jahre, bringt die Überlebenden immer wieder mit Hürden zu Fall, ein Hindernisrennen, im Vergleich zu dem die Zeit vor dem Tode das reinste Kinderspiel war. Mimi sagt zu den anderen: »Wir müssen seine Sachen aufteilen.«

»Aufteilen?«, fragt Carmen. »Du meinst unter *uns*?«

Amelia sagt: »Sollten wir das denn nicht Mom …?«

»Ihr seht doch, wie es ihr geht. Sie ist ja überhaupt nicht hier.«

»Kannst du mal einen Augenblick aufhören, dich auf alle Probleme zu stürzen?«, fährt Carmen sie an. »Wieso muss es denn jetzt sofort sein?«

»Ich möchte gern, dass die Dinge geregelt sind. Für Mom.«

»Indem du sein Zeug auf den Müll wirfst?«

»Es verteile. Jedes Stück an die Richtige.«

»Als würdest du eine große quadratische Gleichung lösen.«

»Carmen. Wir müssen uns darum kümmern.«

»Wieso? Willst du Mom das Haus unter dem Hintern verkaufen?«

»Ja, glaubst du denn, sie schafft das allein, in ihrer Verfassung?«

Amelia legt den Arm um beide. »Vielleicht könnten wir es ja noch ein Weilchen vertagen, hm? Die Zeit, die wir alle zusammen sind, ist so kurz.«

»Jetzt sind wir alle hier«, beharrt Mimi. »Wer weiß, wie lange es dauert, bis das wieder mal so ist. Lasst es uns doch einfach tun.«

Carmen befreit sich aus der Umarmung. »Du kommst also zu Weihnachten nicht nach Hause?« Aber etwas an ihrem Ton könnte ebenso gut die Unterschrift unter einem Geständnis sein. *Zu Hause*, das ist jetzt da, wohin ihr Vater gegangen ist.

Charlotte klammert sich an ein paar Sachen, die ihr lieb sind. »Das ist sein Lieblingspullover. Nein, nehmt nicht die Gummistiefel. Das hier sind die Hosen, die er immer beim Wandern anhat.«

»Es geht ihr gut«, sagt Carmen, als die drei allein sind. »Sie kommt zurecht. Sie ist nur ein bisschen komisch.«

»In ein paar Wochen kann ich wieder herkommen«, bietet Amelia an. »Nach dem Rechten sehen. Mich vergewissern, dass alles in Ordnung ist.«

Carmen dreht sich zu Mimi hin, knapp vor einem Wutausbruch. »Komm ja nicht auf die Idee, sie ins Heim zu stecken.«

»Ich komme auf überhaupt keine Idee. Ich versuche nur, mich um alles zu kümmern.«

»Dich kümmern? Hier. Zwanghaftigkeit, das ist doch was für dich. Bedien dich. Elf Notizbücher mit Bewertungen über jeden Campingplatz, auf dem wir je gewesen sind. Die kannst du alle haben.«

Drei Opernheldinnen stehen über einen silbernen Teller gebeugt. Darauf liegen drei Ringe aus Jade. Jeder Ring ist ein geschnitzter Baum, und jeder verzweigt sich zu einer der drei Erscheinungsformen der Zeit. Der erste ist der Lotusbaum, der Baum an der Grenze zur Vergangenheit, über die niemand zurückkehren darf. Der zweite ist die Gegenwart, eine schlanke, gerade Kiefer. Der dritte ist Fusang, die Zukunft, ein magischer Maulbeerbaum weit im Osten, wo das Elixier des Lebens verborgen liegt.

Amelia macht große Augen. »Welche von uns bekommt welchen?«

»Es gibt eine gute Art, auf die wir das machen können«, sagt Mimi. »Und ein Dutzend schlechte.«

Carmen seufzt. »Welches ist die gute?«

»Halt den Mund. Schließ die Augen. Wir zählen bis drei, und dann nimmt jede einen.«

Auf Drei berühren drei Arme sich leicht, dann findet jede der jungen Frauen ihr Schicksal. Als sie die Augen wieder öffnen, ist der Teller leer. Amelia hat ihre ewige Gegenwart, Carmen ihre dem Untergang geweihte Vergangenheit. Und Mimi hält den dünnen Stamm dessen in der Hand, was erst noch kommen soll. Sie streift den Ring über den Finger. Er ist ein wenig groß – ein Geschenk aus einer Heimat, die sie nie zu Gesicht bekommen wird. Sie dreht die Unendlichkeit ihres Erbes um den Finger wie ein Sesam-öffne-dich. »Jetzt die Buddhas.«

Sie verstehen sie nicht. Aber Amelia und Carmen haben ja auch nicht die letzten siebzehn Jahre lang über diese Bildrolle nachgedacht.

»Die *Luóhàn*«, sagt Mimi, spricht den Namen falsch aus. »Die Arhats.« Sie breitet die Rolle auf dem Tisch aus, an dem ihr Vater immer seine Forellenfliegen gebastelt hat. Die Bilder sind älter, fremdartiger, als sie alle drei sie im Gedächtnis hatten. Als sei jemand mit Farbe und Tusche daran zugange gewesen, jemand aus einer Welt jenseits der hiesigen. »Wir könnten sie versteigern lassen. Das Geld teilen.«

»Mensch, Mimi«, sagt Amelia. »Hat er uns denn nicht schon genug Geld hinterlassen?«

»Oder Mimi behält sie einfach für sich. Das wäre doch weise.«

»Wir könnten sie einem Museum stiften. Im Gedenken an Sih Hsuin Ma.« Der Name klingt aus Mimis Mund hoffnungslos amerikanisch.

Amelia sagt: »Das wäre schön.«

»Und wir könnten es steuerlich absetzen, für den Rest unseres Lebens.«

»Diejenigen von uns, die Einkünfte haben«, höhnt Carmen.

Amelia rollt das Bild mit ihren schlanken Fingern wieder auf. »Also, wie machen wir es?«

»Ich weiß nicht. Wir sollten es erst mal schätzen lassen.«

»Das kannst du machen, Mimi«, sagt Carmen. »Du weißt doch immer, wie man Sachen regelt.«

Die Polizei gibt ihnen die Waffe zurück. Juristisch gesehen gehört sie ihnen, sie haben sie geerbt. Allerdings sind sie alle drei nicht auf dem Waffenschein eingetragen. Keine weiß, was sie damit machen sollen. Sie liegt in ihrer Holzkiste auf dem Büfett, riesengroß und bedrückend schwer. Man muss sie vernichten; sie ist so etwas wie der Ring, den man in den Krater eines Vulkans schleudern muss. Aber wie?

Mimi fasst sich ein Herz und nimmt die hölzerne Kiste. Sie wirft sie hinten in den Gepäckkorb ihres Schulfahrrads, das all die Jahre bei ihren Eltern im Keller gestanden hat. Dann strampelt sie die Pennsylvania Road hinunter zu dem Waffenladen in Glen Ellyn, aus dem die Pistole stammt. Sie hat keine Ahnung, ob die so etwas zurückkaufen. Es ist ihr egal. Sie könnte sie einer wohltätigen Organisation stiften. Das Ding lastet höllisch schwer auf dem Gepäckträger, sie will es los sein. Autos überholen sie, die Fahrer gereizt. Die Gegend ist zu wohlhabend für Erwachsene auf Fahrrädern. Die Kiste sieht aus wie ein winziger Sarg.

Dann ein Streifenwagen. Sie versucht, sich unauffällig zu benehmen, so normal, wie die Mas immer gern sein wollten. Der Wagen kriecht hinter ihr her; im Mittagslicht sind die Blinklichter nicht zu sehen. Einmal geht die Sirene, eine Viertelsekunde, ein Hickser von größtmöglicher Autorität. Schwankend kommt Mimi zum Stehen, kippt dabei beinahe um. Obligatorische Gefängnisstrafe für unerlaubten Waffenbesitz. Waffe gerade erst von Spuren menschlichen Gewebes gesäubert. Ihr Herz schlägt dermaßen, dass sie das Blut unter der Zunge schmecken kann. Der Polizist kommt zu ihr, dahin, wo sie sich über die Lenkstange kauert. »Sie haben hinten an der Kreuzung kein Handzeichen gegeben.«

Ihr Hirn vibriert auf seinem Stamm. Sie kann nur nicken.

»Immer brav Handzeichen geben. Das ist Vorschrift.«

Dann ist Mimi in O'Hare, wartet auf ihren Rückflug nach Portland. Immer wieder hört sie ihren Namen aus den Flughafenlautsprechern. Jedes Mal fährt sie hoch, jedes Mal verbinden die Silben sich doch zu einem anderen Wort. Der Flug hat Verspätung. Und weitere Verspätung. Sie sitzt da, dreht den Jadebaum um ihren Finger, zehntausendmal. Die Dinge dieser Welt bedeuten nichts, mit Ausnahme dieses Ringes und der unendlich wertvollen uralten Rolle in ihrem Bordgepäck. Sie will nichts als Frieden. Aber das ist der Ort, an dem sie jetzt leben muss: im Schatten des gekrümmten Maulbeerbaums. Mit dem unerklärlichen Gedicht. Dem Lied des Fischers.

ADAM APPICH

Ein Fünfjähriger malt im Jahr 1968 ein Bild. Was ist darauf zu sehen? Zunächst einmal eine Mutter – die, die ihm Papier und Stifte gibt, die zu ihm sagt: *Mal mir was Schönes.* Dann ein Haus mit einer Tür, in der Luft schwebend, mit einem Schornstein, über dem sich der Rauch kräuselt. Dann vier Appich-Kinder in absteigender Reihenfolge, wie Messbecher bis hinunter zum Kleinsten, Adam. Seitlich daneben, weil Adam nicht weiß, wie er sie hinter dem Haus darstellen soll, vier Bäume: Leighs Ulme, Jeans Esche, Emmetts Eisenbaum und Adams Ahorn, alle als identische grüne Wolken gemalt.

»Wo ist Daddy?«, fragt seine Mutter.

Adam schmollt, aber er zeichnet ihn noch dazu. Er malt seinen Vater, wie er genau dieses Bild in seinen Strichfingern hält und darüber lacht. *Das sollen Bäume sein? Mach die Augen auf! Sieht so etwa ein Baum aus?*

Jetzt fügt der Künstler, von Natur aus gewissenhaft, auch noch die Katze hinzu. Dann noch die Krötenechse, die Emmett im Keller hält, weil das Klima dort reptilienfreundlicher ist. Dann die Schnecken unter dem Blumentopf und die Motte, die aus einem Kokon geschlüpft ist, den eigentlich ein ganz anderes Tier gesponnen hatte. Dann die Samen von Adams Ahorn, kleine Hubschrauberflügel, und den Stein, den sie auf dem Pfad gefunden haben und der vielleicht ein Meteorit ist, auch wenn Leigh sagt, es ist Schlacke. Und noch Dutzende weiterer Dinge, lebendige und beinahe lebendige, bis nichts mehr auf das Blatt Packpapier passt.

Er reicht seiner Mutter das fertige Bild. Sie drückt Adam an sich, und das vor den Augen der Grahams, der Nachbarn, die auf einen Drink herübergekommen sind. Auf dem Bild sieht man es nicht, aber seine Mutter drückt ihn nur an sich, wenn sie einen in der Krone hat. Adam wehrt sich gegen die Umarmung, damit das Bild nicht zerknittert wird. Schon als Baby war es ihm unangenehm, wenn jemand ihn anfasste. Jede Umarmung ein kleiner, zärtlicher Kerker.

Die Grahams lachen, als der Junge davonflitzt. Vom Treppenabsatz hört Adam seine Mutter noch flüstern: »Er ist sozial ein bisschen retardiert. Seine Lehrerin sagt, wir müssen das im Auge behalten.«

Er findet, das Wort klingt nach etwas ganz Besonderem, einer Überbegabung womöglich. Etwas, weswegen andere sich vorsehen müssen. In der Sicherheit des Jungenzimmers ganz oben im Haus fragt er Emmett (der ist acht, fast schon erwachsen): »Was ist retardiert?«

»Zurückgeblieben.«

»Und was ist das?«

»Nicht ganz normal.«

Das findet Adam okay. Die Normalen waren ihm schon immer verdächtig. Die mochten sich selbst für die Größten halten, aber das waren sie nicht, ganz und gar nicht.

Das Bild hängt auch Monate später noch am Kühlschrank, als ihr Vater nach dem Essen die vier Kinder um sich schart. Alle versammeln sich in der Bastelecke mit dem dicken Flokati, den Schlagballtrophäen, handgefertigten Aschenbechern, bergeweise Skulpturen aus Makkaroni. Alle liegen ausgestreckt rund um ihren Vater, der den *Kleinen Baumführer* studiert. »Wir bekommen einen neuen Sprössling.«

»Was ein Sprössling?«, erkundigt sich Adam flüsternd bei Emmett.

»Ein junger Baum. Wenn er frisch aus der Erde kommt.«

Leigh prustet. »Das ist ein Schössling. Ein Sprössling ist ein Baby.«

»Klugscheißer«, antwortet Emmett. Es ist ein so bildhafter Ausdruck, dass Adam ihn mit sich herumschleppen wird bis weit ins Erwachsenenleben. Oft wird er an diesen Augenblick der Gehässigkeit denken, wenn seine Schwester Leigh ihm in den Sinn kommt.

Ihr Vater erstickt den Streit im Keim und legt ihnen die Kandidaten vor. Da wäre der Tulpenbaum, schnellwachsend und langlebig mit prachtvollen Blüten. Die kleinwüchsige, schlanke Schwarzbirke, mit einer Borke, die abblättert und aus der man Kanus machen kann. Die Schierlingstanne, lang und spitz mit unzähligen kleinen Zapfen. Außerdem bleibt sie immer grün, sogar im Schnee.

»Die Tanne«, entscheidet Leigh.

Jean fragt: »Wieso?«

»Muss ich denn für alles eine Erklärung haben?«

»Kanus«, befindet Emmett. »Versteht sich doch wohl von selbst.«

Adams Gesicht wird so rot, dass die Sommersprossen schon fast verschwinden. Den Tränen nahe, unter dem Druck unmöglicher Verantwortung, im Bemühen, die anderen vor schrecklichen Fehlern zu bewahren, ruft er: »Was ist, wenn wir es falsch machen?«

Sein Vater blättert weiter in dem Buch. »Wie meinst du das?«

Jean antwortet für ihn. Selbst als er noch gar nicht sprechen konnte, hat sie schon für ihren kleinen Bruder gedolmetscht. »Er will sagen: Was ist, wenn es nicht der richtige Baum für den Sprössling ist?«

Ihr Vater verscheucht diese lästige Idee wie eine Fliege. »Wir müssen einfach nur einen schönen aussuchen.«

Das ist für Adam, den Tränen nah, nicht genug. »Nein, Dad. Leigh ist ein Miesepeter genau wie ihre Ulme. Jean ist direkt und anständig. Emmett musst du nur ansehen – der ist wie Eisen. Und mein Ahorn wird genauso rot wie ich.«

»Das sagst du nur, weil du schon weißt, welcher Baum zu wem gehört.«

Genau das wird Adam einmal seinen Erstsemestern in Psychologie predigen; da wird er schon älter sein als sein Vater jetzt an diesem Abend, an dem sie einen Baum für den ungeborenen Charles aussuchen. Die Frage wird er zu seinem Beruf machen: Cueing, Priming, Framing, Bestätigungsfehler und Fehlschlüsse – all diese Ungereimtheiten der Programmierung im Gehirn dieses kompliziertesten unter allen Großsäugern.

»Nein, Daddy. Wir müssen den richtigen finden. Wir können nicht einfach irgendeinen aussuchen.«

Jean streicht ihm übers Haar. »Keine Sorge, Dammie.« Die Esche ist ein edler Baum, sie spendet Schatten, steckt voller Heil- und Stärkungsmittel. Sie breitet die Arme ihrer Äste wie ein Kandelaber. Aber ihr Holz brennt sogar, wenn es noch grün ist.

»Kanus, was denn sonst«, poltert Emmett. Eher zerschellt an Eisenholz die Axt, als dass der Holzfäller ihn zu Fall bringt.

Wie üblich hat ihr Vater die Wahl längst getroffen. »Schwarznuss ist gerade im Angebot«, sagt er, und das ist das Ende der Demokratie. Und wie der Zufall es will, könnte nichts in der Baumwelt Amerikas besser zu dem passen, was aus dem Säugling Charles noch werden soll: ein riesengroßes, aufrechtes, ebenmäßiges Geschöpf, mit Nüssen so hart, dass man sie nur mit einem Hammer zertrümmern kann. Ein Baum, der den Boden unter sich vergiftet, damit nichts anderes dort wächst. Aber ein Holz so schön, dass Diebe es stehlen.

Der Baum trifft früher ein als das Baby. Unter Flüchen und Vorwürfen zerrt Adams Vater den in Sackleinen gewickelten Wurzelballen zu dem Loch, das er in das vollkommene Grün des Rasens gestochen hat. Adam steht zusammen mit seinen Geschwistern am Rand der Grube und sieht, dass da ein großer Fehler geschieht. Er kann gar nicht glauben, dass keiner eingreift.

»Warte, Dad! Du musst den Sack abnehmen, sonst erstickt der Baum. Die Wurzeln können nicht atmen.«

Sein Vater stößt nur ein Grummeln aus und wuchtet weiter. Adam wirft sich in das Loch, um den Mord zu verhindern. Das ganze Gewicht des Wurzelballens landet auf seinen stockdürren Beinen, er schreit auf. Sein Vater brüllt das schlimmste Wort, das man brüllen kann. Er packt den lebendig begrabenen Adam am Arm und reißt ihn aus der Grube, zerrt ihn über den Rasen und schleudert ihn auf die Veranda. Dort liegt der Junge, mit dem Gesicht auf den Betonplatten, heult, doch nicht vor Schmerz, sondern des unverzeihlichen Verbrechens wegen, das dem Baum seines ungeborenen Bruders angetan wird.

Charles kommt von der Entbindungsstation nach Hause, ein hilfloses dickes Bündel. Monat für Monat wartet Adam, dass die erstickte Schwarznuss stirbt und seinen kleinen Bruder mitnimmt, seinerseits erstickt von der Decke mit Clownsmotiven darauf. Aber beide bleiben am

Leben, für Adam nur ein Beweis dafür, dass das Leben ihnen etwas zu sagen versucht, dass aber niemand zuhört.

Vier Frühlinge darauf, als die ersten Bäume ausschlagen, streiten die Appich-Kinder sich darüber, wessen Baum der schönste ist. Solche Auseinandersetzungen gibt es auch, wenn die Blüten kommen, später die Früchte, die herbstliche Farbenpracht. Gesundheit und Kraft, Größe und Schönheit: Alles kann Anlass zum Streit sein. Jeder Kinderbaum hat seine Vorzüge: das Rautenmuster der Eschenrinde, die langen, fein gegliederten Blätter der Schwarznuss, die Hubschraubersamen des Ahorns, die bauchige Silhouette der Ulme, die Muskelstränge in der Rinde des Eisenbaums.

Adam, inzwischen neun, veranstaltet eine Wahl. Oben in einen Eierkarton schneidet er einen Schlitz, das ist die Wahlurne. Fünf Zettel, fünf Bäume. Jedes Kind stimmt für seinen eigenen. Sie machen einen zweiten Wahlgang. Emmett kauft dem vierjährigen Charles seine Stimme mit einem halben Butterkeks ab, und Jean stimmt diesmal für Adams Ahorn, aus einem Motiv, das man nur Liebe nennen kann. Jetzt steht Eisenholz gegen Ahorn. Der Kampf ist erbittert. Jean hilft Adam, Pamphlete zu schreiben. Leigh wird Wahlkampfleiterin bei Emmett. Als Slogan bearbeiten Leigh und Emmett einen Vers, den sie in einem alten Highschooljahrbuch ihres Vaters gefunden haben:

Mag auch dein Werk bescheiden sein
und schlecht bezahlt dazu,
sogar der mächt'ge Eisenbaum
war einst ein Pimpf wie du.

Adam kontert mit einem Plakat, das Jean für ihn malt:

Süße, lass es Ahorn sein,
du weißt, in Kanada
gibt's davon sogar Wein.

»Ich weiß nicht, Dammie.« Jean, drei Jahre älter, hat den Finger eher am Puls der Wählerschaft. »Womöglich verstehen die das gar nicht.«
»Es ist lustig. Alle mögen es, wenn es lustig ist.«
Sie verlieren die Wahl, drei zu zwei. Zwei Monate lang schmollt Adam.

Mit zehn ist Adam schon ein Einzelgänger. Für die Kids ein gefundenes Fressen. Sein Bruder nimmt ihn mit auf eine Wanderung und gibt ihm einen Becher Pisse auf Eis zu trinken. Im Park machen die anderen ihm weis, seine Kopfhaut sei von zu vielen Kartoffelchips grün geworden. Er stürzt nach Hause zu seiner Mutter, die schimpft ihn für seine Leichtgläubigkeit. Er begreift einfach nicht, warum Leute so etwas tun. Die Einfalt macht ihn nur zu einem noch beliebteren Ziel.

Die meiste Zeit bleibt er für sich. Doch selbst das ödeste Grundstück dieser Vorstadt beherbergt Millionen von Geschöpfen. Er hält sich an die *Golden Guides*. Mit dem goldenen Naturführer zur Welt der Insekten und einem Glas mit Luftlöchern im Deckel wird auch der langweiligste Sonntagnachmittag zum Sammlertraum. Bewaffnet mit dem goldenen Führer zur Welt der Fossilien kommt er zu dem Schluss, dass die Unregelmäßigkeiten in den Steinplatten vor dem Haus die Zähne von Ichthyosauriern sind, ausgestorben lange bevor Säuger auch nur so etwas wie Kuriositäten am Waldboden waren. Der goldene Führer zu Teichen und Tümpeln, zum Weltall, zu Steinen und Mineralien, Reptilien und Amphibien: Menschen spielen da im Vergleich kaum eine Rolle mehr.

Monatelang sammelt er Material. Eulengewölle und Vogelnester. Die abgestreifte Haut einer Kornnatter, mitsamt Schwanzspitze und Augenhaut. Katzengold, Rauchquarz, silbergrauer Glimmer, dessen Schichten sich ablösen lassen wie Papierbögen, und ein Stück Feuerstein, von dem er sicher ist, dass es sich um eine steinzeitliche Pfeilspitze handelt. Jedes Objekt wird mit Fundtag und -ort versehen. Die Sammlung breitet sich über das ganze Jungenzimmer und dann den Flur hinunter bis zur Spielecke aus. Selbst im Wohnzimmer, eigentlich sakrosankt, tauchen Ausstellungsstücke auf.

An einem späten Winternachmittag kommt er aus der Schule und stellt fest, dass sein gesamtes Museum im Ofen brennt. Mit einem Schreckensschrei stürzt er durchs Zimmer.

»Liebling«, eröffnet ihm seine Mutter, »das war doch alles Müll. Verschimmelter Müll, voll mit Ungeziefer.«

Er schlägt zu. Sie weicht einen Schritt zurück, als sie den Schmerz spürt, Hände vor dem Gesicht, und starrt den Jungen an. Sie kann es nicht glauben, aber der Schmerz ist Beweis genug. Sie begreift nicht, was in ihren Sohn gefahren ist, der ihr mit sechs Jahren einmal das Geschirrtuch aus der Hand genommen und gesagt hat, das mache er von jetzt an für sie.

Am Abend erfährt Adams Vater von der Ohrfeige. Er erteilt dem Jungen eine Lektion, bei der er sein Handgelenk verdreht, bis es bricht. Erst am späten Abend merken sie, dass der Knochen gebrochen ist, als das Gelenk dick und blau anschwillt und aussieht wie etwas aus dem Golden Guide zu den Schalentieren.

An dem Samstag im späten Frühling, als der Gips abgenommen wird, klettert Adam in seinen Ahorn, so hoch er nur kann, und kommt erst nach dem Abendessen wieder herunter. Das Licht im Inneren der Laubkrone hat die Farbe einer noch nicht ganz reifen Limone. Es ist ein bitterer Trost, über die Dächer der Nachbarhäuser zu schauen und zu wissen, um wie viel besser das Leben hoch über dem Erdboden ist. Die Blätter winken ihm mit ihren fünf Fingern, Hände im sanften Wind. Sie produzieren ein Geräusch wie ein leichter Regen, ein Schauder aus Tausenden von kleinen Knospenschuppen. Hoch über seinem Kopf knabbern Eichhörnchen an dem Blütensegen, lutschen den Saft aus und lassen die Reste der Dolden, ein rötlichgelbes Bukett, zu Boden rieseln. Adam zählt fünfzehn verschiedene Krabbelwesen, die allein auf seinem einen gesprenkelten Ast unterwegs sind, von Mehlwürmern bis zu flachen Plättchen mit Beinen so winzig, dass sie kaum zu sehen sind, alle auf der Suche nach Nektar. Vögel mit schwarzbrauner Haube huschen hin und her, verzehren den Eiersegen, den Käfer und Schmetterlinge überall auf den Zweiglein zurücklassen. Ein Specht bohrt tief unten in dem Loch, das er im vergangenen Jahr auf der Jagd nach Larven in den Stamm geklopft hat. Ein großartiges Geheimnis, und keiner in seiner Familie wird es je erfahren: Es gibt mehr lebendige

Wesen auf seinem Baum, auf diesem einen Ahorn, als Menschen in ganz Belleville.

Viele Jahre später wird Adam an diese Wache zurückdenken, von einem Sitz in sechzig Metern Höhe auf einem Mammutbaum, von wo er auf ein Grüppchen Menschen hinabblickt, die von dort oben nicht größer wirken als eine Versammlung von Käfern, eine demokratische Mehrheit, die ihn am liebsten tot sähe.

Als er dreizehn ist, färben sich die Blätter an der Ulme seiner Schwester Leigh gelb, lange bevor es Herbst wird. Adam ist der Erste, dem auffällt, dass sie verdorren. Die anderen sehen längst nicht mehr hin. Einer nach dem anderen haben sie die Gesellschaft grüner Dinge verlassen und leben jetzt ganz in der lauteren, schrilleren Welt anderer Menschen.

Die Krankheit, die Leighs Baum umbringt, ist schon seit Jahrzehnten unterwegs zu ihnen. Damals, als Leonard Appich, beschwingt vom Optimismus der fünfziger Jahre, für sein erstes Kind einen Baum pflanzte, hatte die Ulmenkrankheit bereits in Boston, New York, Philly und New Haven, einst Stadt der Ulmen, gewütet. Aber das schien so weit fort. Binnen kurzem würde, da war der Mann überzeugt, die Wissenschaft ein Heilmittel finden.

Der Pilz ließ die Bäume von Detroit sterben, als die Kinder noch klein waren. Kurz darauf war Chicago an der Reihe. Der beliebteste Alleenbaum Amerikas, der, der mit seiner bauchigen Gestalt aus Boulevards große Tunnel machte, verließ diese Welt. Jetzt ist die Krankheit auch in den Außenbezirken von Belleville angekommen, und auch Leighs Baum fällt ihr zum Opfer. Adam mit seinen vierzehn Jahren ist der Einzige, der um ihn trauert. Sein Vater flucht, weil das Fällen ihn Geld kostet. Leigh selbst nimmt es kaum zur Kenntnis. Sie ist auf dem Sprung zum College – Bühnentechnik am Illinois State.

»Das sieht dir ähnlich, Dad, ausgerechnet eine Ulme. Du hattest mich sogar schon auf dem Kieker, als ich noch gar nicht auf der Welt war.«

Adam rettet ein Stück Holz, bekommt es von den Männern, die den Stumpf ausfräsen. Er geht damit in den Keller, hobelt es glatt, dann beschriftet er es mit Brandstempeln. Das Zitat hat er aus einem Buch: *Ein Baum ist eine Brücke zwischen Erde und Himmel. Brücke* verschmiert er, *Erde* und *Himmel* sind beide retardiert. Er überreicht es Leigh trotzdem, als Abschiedsgeschenk. Sie lacht über das Ding und umarmt ihn. Nach ihrem Auszug findet er es in den Kisten mit Sachen für die Heilsarmee.

Dies ist der Herbst – 1976 –, in dem Adam seine Vorliebe für Ameisen entdeckt. An einem Samstag im September sieht er, wie sie über den Bürgersteig beim Nachbarn ziehen und ein fallen gelassenes Bonbon in ihr Basislager schleppen. Ein ellenlanger rostroter Zottelteppich. Die Ameisen zwängen sich durch Hindernisse, klettern einer über den anderen. Ihr Masseneinsatz kann es mit jeder von Menschen geplanten Aktion aufnehmen. Adam setzt sich dazu, auf den Rasen, längsseits dieser lebendigen Woge. Ameisen vom Rand des Gewimmels schwärmen über seine Socken aus, die dürren Schienbeine hinauf. Über die Ellenbogen erklimmen sie die Ärmel seines Shirts. Sie erkunden die Hose, kitzeln ihn an den Hoden. Es macht ihm nichts aus. Je länger er hinsieht, desto mehr Muster erkennt er. Und was da alles *los* ist! Es gibt keinen Kommandanten bei dieser Mobilisierung der Massen, so viel scheint sicher. Und trotzdem transportieren sie ihre klebrige Beute ausgesprochen koordiniert in ihr Nest. Ein Plan, obwohl es niemanden gibt, der plant. Pfade, auch wenn niemand sie vermessen hat.

Adam geht zum Haus zurück, holt Notizbuch und Fotoapparat. Da kommt ihm eine Idee. Er bittet Jean um ein wenig Nagellack. Seine Schwester ist im Lauf der Jahre dümmlich geworden, untergegangen im Strudel der Mode. Aber trotzdem würde sie auch weiterhin für ihren kleinen Bruder Dammie alles tun. Sie hat ja selbst ihre Golden-Guides-Zeit erlebt. Aber jetzt haben die Menschen sie fest in ihren Klauen, und sie wird sich nie wieder daraus befreien.

Sie gibt ihm fünf Farben, ein Regenbogen von Scharlach bis Kobalt. Wieder am Ort des Geschehens macht er sich ans Werk. Ein winziger Klecks »Smokin' Rose« kommt an den Hinterleib eines der Transportarbeiter. Nacheinander versieht er Dutzende weiterer Ameisen mit Zeichen in derselben Farbe. Danach nimmt er sich die nächste Gruppe vor, diesmal in »Neat Peach«. Später am Vormittag ist bereits das ganze

Spektrum an Nagellacktönen im Einsatz. Schon bald offenbaren die verschiedenfarbigen Flecken eine Polonaise von überirdischer Schönheit. Diese Gemeinschaft hat etwas in ihrem Besitz, eine Eigenschaft; Adam weiß nicht, wie er es nennen soll. Ein Ziel. Einen Willen. Eine Art Bewusstsein – etwas, das so anders als menschliche Intelligenz ist, dass die Intelligenz es nicht einmal zur Kenntnis nimmt.

Emmett kommt vorbei, mit Angelrute und Ködern, und sieht ihn dort im Gras sitzen, wie er Aufnahmen macht, etwas zeichnet in seinem Notizbuch. »Machst'n du da für'n Scheiß?«

Adam stellt sich taub, arbeitet einfach weiter.

»So stellst du dir einen gelungenen Samstag vor? Kein Wunder, dass bei dir keiner durchblickt.«

Adam *blickt* auch bei den anderen nicht *durch*. Sie sagen Dinge, um zu verbergen, was sie meinen. Sie streiten sich um nutzloses Zeug. Er hält den Kopf gebeugt und zählt weiter.

»He! Krabbeltier – *ich rede mit dir!* Wieso hockst du da im Dreck?«

Adam ist verblüfft, aber Emmetts Stimme beweist es: Sein Bruder hat Angst vor ihm. Seinem Notizbuch flüstert er zu: »Wieso quälst du Fische?«

Ein Fuß zuckt, Adam kassiert einen Tritt in die Rippen. »Fische *spüren* nichts, Blödmann.«

»Das *weißt* du nicht. Du kannst es nicht beweisen.«

»Soll ich dir mal einen Beweis zeigen?« Emmett bückt sich, rupft eine Handvoll Gras ab und stopft es seinem Bruder in den Mund. Adam spuckt das Gras einfach wieder aus. Emmett geht seiner Wege, schüttelt nur mitleidig den Kopf, wieder einmal Gewinner in einem Wettstreit, bei dem er der einzige Kontrahent war.

Adam analysiert seine lebendige Landkarte. Nach einer Weile zeigt ihm das Zeitrafferbild der farbkodierten Ameisen allmählich, wie Signale weitergegeben werden können, ohne dass irgendwo jemand steht und signalisiert. Er verschiebt das Bonbon ein Stück. Er schubst Ameisen weg. Er errichtet Barrieren und misst die Zeit, bis die Ameisen sich neu organisieren. Als sie das Bonbon geholt haben, legt er an verschiedenen Stellen Krümel von seinem Mittagsbrot aus und wartet, wie lange es dauert, bis auch die verschwunden sind. Der Staat ist schnell und tüchtig – an Gerissenheit, wenn es darum geht, zu bekommen, was sie brauchen, stehen sie den Menschen in nichts nach.

Die Glocken der Episkopalkirche schlagen nüchtern ihren Alarm. Sechs Uhr – Zeit für alle abtrünnigen Appiche, sich zum Abendessen zu Hause einzufinden. Die Ausbeute des Tages sind zwölf Kritzelseiten Notizen, sechsunddreißig Fotos mit Zeitstempel sowie eine halbfertige Theorie; für keins von den dreien würde er auf dem freien Markt auch nur ein kaputtes Jo-Jo bekommen.

Den ganzen Herbst hindurch verbringt er alle Zeit, die er nicht in der Schule ist, Rasen mäht oder Softeis verkauft, mit dem Studium der Ameisen. Er legt Tabellen an, zeichnet Schaubilder. Seine Achtung vor der Schlauheit dieser Tiere kennt keine Grenzen. Flexibles Verhalten unter sich wandelnden Bedingungen: Wie sollte man das anders nennen als verdammt clever?

Zum Ende des Jahres macht er beim örtlichen Wissenschaftswettbewerb für Schüler mit. *Einige Beobachtungen über Verhalten und Intelligenz von Ameisenstaaten.* Überall im Saal gibt es Beiträge, die mehr hermachen, und solche, bei denen der wissenschaftliche Anteil eindeutig von den Vätern der Schüler stammt. Aber kein anderer Kandidat hat sich seinen Gegenstand so angeschaut wie er.

Die Preisrichter fragen: »Wer hat dir dabei geholfen?«

»Niemand«, antwortet er, mit vielleicht zu großem Stolz.

»Deine Eltern? Biologielehrer? Ein großer Bruder, große Schwester?«

»Von meiner Schwester habe ich den Nagellack.«

»Hast du die Idee irgendwoher? Hast du ein anderes Experiment nachgestellt und gibst die Quelle nicht an?«

Die Vorstellung, dass womöglich schon jemand anderes ein solches Experiment durchgeführt hat, trifft ihn wie ein Hieb.

»Diese Messungen hast du alle selbst vorgenommen? Und vor vier Monaten hast du angefangen? In den *Ferien*?«

Jetzt kommen ihm Tränen. Er hebt nur die Schultern.

Er bekommt keinen Preis – nicht mal die Bronzemedaille. Die Preisrichter sagen, es fehlt das Verzeichnis der verwendeten Schriften. Eine Bibliographie ist bei den eingereichten Unterlagen ausdrücklich gefordert. Aber Adam kennt den wahren Grund. Sie glauben, seine Idee sei gestohlen. Sie können sich nicht vorstellen, dass ein Kind monatelang an etwas arbeitet, das es sich selbst ausgedacht hat, mit keinem anderen Motiv als der Freude daran, so lange hinzusehen, bis man etwas sieht.

In den Frühlingsferien fährt seine Schwester Leigh mit ein paar Freundinnen in den Süden, nach Lauderdale. Am zweiten Abend steigt sie an einem Muschelimbiss an der Seepromenade in ein rotes Ford-Mustang-Cabrio zu einem Typen, den sie drei Stunden zuvor kennengelernt hat. Niemand sieht sie je wieder.

Ihre Eltern sind verzweifelt. Zweimal fliegen sie nach Florida. Sie schreien Vertreter des Gesetzes an, geben massenhaft Geld aus. Monate vergehen. Es gibt keinerlei Spur. Adam begreift, dass es auch nie eine geben wird. Der, der seine Schwester hat verschwinden lassen, ist gerissen, sorgfältig, ein Mensch. Intelligent.

Leonard Appich will nicht aufgeben. »Ihr kennt Leigh doch alle. Ihr wisst, wie sie ist. Sie ist wieder mal durchgebrannt. Es gibt keine Trauerfeier, solange wir nicht eindeutig wissen, was aus ihr geworden ist.«

Eindeutig wissen. Aber sie wissen es. Adams Mutter hält dem Mann Leighs Worte vom vergangenen Frühling vor. *Du hattest mich sogar schon auf dem Kieker, als ich noch gar nicht auf der Welt war.* Da gibt es ein Muster, und daran klammert sie sich. »Du hast eine Ulme für sie gesetzt, obwohl die überall schon seit Jahren starben? Was hast du dir dabei ge*dacht?* Du hast sie nie leiden können, nicht wahr? Und jetzt liegt sie vergewaltigt und ermordet in einer Baugrube, und wir werden nie wissen, wo!«

Lenny bricht ihr den Arm; nur ein Unfall. Notwehr, erzählt er jedem, der ihm zuhört. Da geht es Adam auf: Die Menschheit ist krank, schwerkrank. Mit dieser Spezies geht es zu Ende. Ein fehlgeschlagenes Experiment. Bald wird die Welt wieder einer gesunden Intelligenz gehören, einer kollektiven. Einer, die Staaten bildet, Völker.

Jean fährt mit ihren Brüdern in den Wald, ein Schutzgebiet. Dort halten sie zu dritt die Trauerfeier ab, die ihr Vater ihnen nicht gestatten will. Sie zünden ein Lagerfeuer an und erzählen sich Geschichten. Wie Leigh mit zwölf Jahren fortgelaufen war, weil Dad ihr eine Ohrfeige verpasst hatte, als sie leise *Arschloch* sagte. Leigh mit vierzehn, wie sie die ganze Familie dafür, dass alle sie hassten, damit bestraft hatte, dass sie nur noch in ihrem Anfängerspanisch mit ihnen sprach. Leigh, wie sie mit achtzehn Emily Webb gespielt hatte, zu den Lebenden zurückgekehrt, um noch einmal ihren zwölften Geburtstag zu erleben. Ein ergreifendes Gespenst; der ganzen Highschool hatten die Tränen in den Augen gestanden.

Adam nimmt die Gedenktafel aus Ulmenholz, die er für seine Schwester gebastelt hatte, und wirft sie ins Feuer. *Ein Baum ist eine Brücke zwischen Erde und Himmel.* Ulme ist kein gutes Feuerholz, aber es brennt doch ohne viel Überredungskunst. All seine ungelenken Wörter erstrahlen, bevor sie in dem großen Schwarz verschwinden – zuerst *Baum*, dann *Brücke*, dann *Erde*, dann *Himmel*.

Der Wissenschaftswettbewerb kuriert Adam Appich ein für allemal von dem Wunsch, Feldforschungen zu betreiben. Er lässt die Ameisen hinter sich. Seine Führer, die Golden Guides, setzt er auf dem Bürgersteig aus. Was er an Museumsstücken vor dem Staubsauger seiner Mutter versteckt hat, wirft er nun freiwillig in den Müll. Kinderkram.

Highschool, das sind vier Jahre im finsteren Bunker. Nicht dass er keine Freunde oder keinen Spaß gehabt hätte. Genau genommen hat er sogar zu viel davon. Abende, an denen sie sich besaufen und dann nackt im Wasserspeicher oberhalb der Stadt baden. Ganze Wochenenden in Hobbykellern bei Würfelpartien oder Diskussionen über die esoterischen Regeln von Rollenspielen mit fettleibigen anämischen Kind-Männern, die ganze Koffer voller einträglicher Sammelkarten mit sich umherschleppen. Die Kreaturen in den Spielen sind Verirrungen der Natur. Rieseninsekten. Monsterbäume. In den Spielen geht es immer nur darum, sie zu vernichten.

»Testosteron«, erklärt sein Vater. Der fürchtet sich inzwischen vor dem schlaksigen Jungen, und Adam weiß es. »Hormonsturm, und kein rettender Hafen in Sicht.«

Am liebsten würde Adam ihm in die Fresse schlagen, aber er weiß, dass sein Alter recht hat. Es gibt auch Mädchen, aber er wird nicht schlau aus ihnen. Sie stellen sich dumm, so eine Art Tarnbemalung.

Still, zurückhaltend, geheimnisvoll. Sie sagen das Gegenteil von dem, was sie meinen, um zu sehen, ob man sie durchschaut. Das wollen sie. Und *wenn* man sie durchschaut, ist es auch wieder nicht richtig.

Er organisiert Überfälle auf die benachbarte Highschool, ausgeklügelte nächtliche Operationen, bei denen Meilen von Klopapier auf den Zweigen der Lindenbäume landen. Noch monatelang baumeln die Streifen dort wie riesige weiße Blüten. Er fährt auf seinem Mountainbike daran vorüber und kommt sich wie ein genialer Guerillakünstler vor.

Er und ein Freund kartieren die Schule, den Supermarkt, die Bankfiliale. Sie überlegen, was sie an Ausrüstung bräuchten, um einen Überfall zu machen. Die Pläne werden konkreter. Sie erkundigen sich nach Waffenpreisen, nur zum Spaß. Ein Spiel genau nach Adams Geschmack: Planung, Logistik, Ressourcenmanagement. Für seinen Freund ist es nur noch einen Schritt vom wahren Glauben entfernt. Adam beobachtet diesen labilen Jungen, fasziniert. Ein Samenkorn, das falsch herum auf dem Erdboden landet, korrigiert den Fehler – U-förmige Bögen von Wurzel und Keim –, bis die Richtung stimmt. Aber ein Menschenkind kann wissen, dass die Richtung falsch ist, und sich trotzdem sagen, dass man es doch mal probieren kann.

Er entwickelt Talent darin, das absolute Minimum dessen zu ermitteln, was notwendig ist, um die Versetzung zu schaffen. Keinem Erwachsenen gesteht er mehr von sich zu als das, was er unbedingt geben muss. Die Mutter wundert sich über die Zeugnisse im freien Fall. »Was ist los, Adam? Du bist doch besser als das!« Aber die Stimme ist tonlos, abgespannt. Jean verfolgt seinen Niedergang. Sie schimpft mit ihm, reißt Witze, fleht ihn an. Dann macht sie sich selbst auf zum College, in Colorado. Jetzt ist niemand mehr da, dem er noch Rechenschaft schuldet.

Leigh kommt nie zurück. Die Suche von Adams Vater verläuft im Sande. Seine Mutter schluckt immer größere Mengen Kodein. Sie klappert die Drugstores von sämtlichen Städten im Umkreis ab. Sie kocht nicht mehr und putzt nicht mehr. Für Adam ist das keine Beeinträchtigung. Er passt sich an, folgt den Gesetzen der Evolution. Das Überleben der Überlebenden.

Ein Freund sagt etwas im Spaß – *Drei Dollar, wenn du mir die Mathe-aufgaben machst* –, und schon hat Adam leichtverdientes Taschengeld. So leicht sogar, dass er bald Reklame macht. Aufträge angenommen in allen Bereichen mit Ausnahme der Fremdsprachen, in gewünschter Qualitätsstufe, geliefert zu jedem Zeitpunkt. Es dauert eine Weile, bis er das richtige Preisniveau findet, aber als das geregelt ist, ziehen die Kunden mit. Er experimentiert mit Mengenrabatten und Subskriptionen. Bald ist er erfolgreicher Kleinunternehmer. Seine Eltern sind erleichtert, als sie sehen, dass er wieder Hausaufgaben macht, stundenlang jeden Abend. Ihnen gefällt, dass er sie nicht mehr dauernd wegen Geld angeht. Eine Win-win-win-Situation. Die Morgenröte Amerikas, der freie Markt funktioniert noch, wie er soll, und jeden Abend beim Schlafengehen ist Adam dankbar, dass er in eine Kultur von Unternehmern hineingeboren ist.

Er arbeitet schnell und verlässlich. Jeden Auftrag liefert er termingerecht. Bald hat er den angesehensten, zuverlässigsten Hausaufgabenlieferservice an der ganzen Harding High. Seine Arbeit macht ihn beinahe beliebt. Das meiste von dem Geld hortet er. Nichts, wofür er es ausgeben könnte, macht ihm so viel Spaß wie ein Blick auf den Kontoauszug und dazu die Rechnung, wie viel Dollar auf jeden übers Ohr gehauenen Pädagogen kommen.

Allerdings fordert anspruchsvolle Arbeit auch ihre Opfer. Er ist gezwungen, alle möglichen interessanten Dinge zu lernen, die ihn eigentlich nicht interessieren sollten.

Im Frühherbst seines letzten Highschooljahres sitzt Adam in der Stadtbibliothek, saugt sich ein Psychologiereferat für einen Klassenkameraden aus den Fingern, der sogar noch weniger von den Zweifüßlern versteht als er. *Zitieren Sie mindestens zwei Bücher.* Ja dann. Er hievt sich von seinem Platz und schlurft zur entsprechenden Regalstelle. Er arbeitet schon seit Stunden, alles flimmert ihm vor den Augen. In dem trüben Bibliothekslicht stehen die Bände da wie Häuserzeilen, gerade groß genug für ein Volk aus Pfeifenreinigern.

Ein Buchrücken springt ihn an. Neongrüne Buchstaben auf schwarzem Grund schreien: *Der Affe in uns*, von Rubin M. Rabinowski. Adam wuchtet den dicken Band aus dem Regal und lässt sich in einen Lehnstuhl gleich daneben fallen. Die Seite, auf der das Buch aufklappt, zeigt ein Bild mit vier Karten:

Die Bildunterschrift lautet:

Jede dieser Karten hat einen Buchstaben auf der einen Seite und eine Zahl auf der anderen. Stellen Sie sich vor, jemand erklärt Ihnen, dass sich bei jeder Karte mit einem Vokal auf der einen Seite eine gerade Zahl auf der Rückseite befindet. Welche Karte oder Karten müssten Sie umdrehen, um herauszufinden, ob diese Behauptung stimmt?

Jetzt ist er hellwach. Dinge mit klaren, präzisen, eindeutigen Antworten sind das Gegengift gegen das Dasein der Menschen. Er löst das Rätsel auf der Stelle, ist sich vollkommen sicher. Aber als er die Lösung nachschlägt, ist seine Antwort falsch. Zuerst glaubt er, in der Antwort im Buch stecke ein Fehler. Dann geht ihm auf, was von Anfang an hätte klar sein sollen. Er sagt sich, dass er einfach erschöpft ist von der stundenlangen Arbeit an den Aufgaben anderer Kids. Er war nicht bei der Sache. Wenn er besser aufgepasst hätte, wäre er auf die richtige Lösung gekommen.

Er liest weiter. In dem Buch heißt es, nur vier Prozent der durchschnittlichen Erwachsenen gäben die richtige Antwort.

Und mehr noch: Fast drei Viertel derjenigen, die falsch geantwortet haben, finden Ausflüchte dafür, dass sie nicht auf die naheliegende Antwort gekommen sind, wenn man sie ihnen zeigt.

Er sitzt in dem Sessel, versucht sich zu erklären, warum er gerade genau das getan hat, was fast jeder andere Mensch auch tut. Unterhalb der ersten Kartenreihe gibt es eine zweite.

32 Rum Coke 17

Hier lautet die Unterschrift:

*Jede dieser Karten steht für eine Person in einer Bar. Die eine Seite zeigt
ihr Alter, die andere ihr Getränk. Wenn Alkohol nur an Personen ab 21 aus-
geschenkt werden darf, welche Karte oder Karten müssten Sie umdrehen,
um herauszufinden, ob niemand gegen das Gesetz verstößt?*

Die Antwort ist so offensichtlich, dass Adam sich nicht einmal die Mühe
machen muss, danach zu suchen. Diesmal kennt er die Lösung, genau
wie drei Viertel aller durchschnittlichen Erwachsenen. Dann kommt der
Clou. Die beiden Aufgaben sind identisch. Er lacht laut auf und zieht
damit die Blicke der grauhaarigen Besucher auf sich, die zu so später
Stunde die Bibliothek bevölkern. Menschen sind doof. An dem Organ,
auf das diese Gattung so ungeheuer stolz ist, hängt ein großes altes
Schild mit der Aufschrift AUSSER BETRIEB.

Adam kann das Buch nicht aus der Hand legen. Immer wieder führt
es ihm vor Augen, wie der sogenannte Homo sapiens selbst an den einfachsten logischen Aufgaben scheitert. Andererseits ist diese Gattung
schnell und gewitzt, wenn es darum geht, wer dazugehört und wer nicht,
wer oben ist und wer unten, wen man mit Lob überschütten soll und wen
erbarmungslos bestrafen. Die Fähigkeit, einfache Verstandesleistungen
zu erbringen? Mangelhaft. Die Fähigkeit, einander zu jagen? Außerge-
wöhnlich, herausragend geradezu. In Adams Hirn tun sich ganz neue
Räume auf, warten nur darauf, dass er sie einrichtet. Er blickt erst von
dem Buch auf, als die Bibliothek schließt und man ihn hinauswirft.

Zu Hause liest er weiter bis tief in die Nacht. Am nächsten Morgen hat
er das Buch schon beim Frühstück wieder in der Hand. Er verpasst beinahe den Bus, vergisst sogar die fälligen Hausaufgaben für seine Kundschaft. Zum ersten Mal seit der Gründung seines Mogelladens bekommt
sein guter Ruf einen Kratzer. In den ersten drei Stunden hat er den *Affen*

in uns aufgeschlagen unter dem Pult, macht sich im Verborgenen weiter schlau. Er schließt die Lektüre vor dem Mittagessen ab und fängt gleich noch einmal von vorn an.

Das Buch ist so überzeugend, dass Adam sich in den Hintern beißen könnte, dass er das alles nicht längst selbst gesehen hat. Menschen schleppen ererbte Verhaltensmuster und Vorurteile mit sich herum, primitive Relikte früherer Entwicklungsstufen, die ihren eigenen, überholten Gesetzen folgen. Was auf den ersten Blick aussieht wie unberechenbare, willkürliche Entscheidungen, sind in Wirklichkeit Strategien, die vor langer Zeit entwickelt wurden, um andere Arten von Problemen zu lösen. Wir sind allesamt gefangen in den Körpern gerissener, machtgieriger Gesellen, die nehmen, was sie nur kriegen können – sind, wie wir sind, um in der Savanne dadurch zu überleben, dass jeder den anderen in Schach hält.

Tagelang versetzt ihn das Buch in eine Art seligen Taumel. Er stellt sich vor, wie er, bewaffnet mit den Verhaltensmustern, die das Buch beschreibt, Experimente mit sämtlichen Mädchen der Schule durchführt, ihnen einen Klecks Nagellack auf den Absatz tupft, um anschließend jede ihrer Bewegungen verfolgen zu können. Das Beste ist das zwölfte Kapitel, »Überzeugen«. Wenn er das zu Beginn seiner Schulzeit gelesen hätte, wäre er jetzt Schulsprecher auf Lebenszeit. Die bloße Idee, dass das menschliche Verhalten – sein ewiger Widersacher – nach verborgenen, aber durchschaubaren Mustern abläuft, die genauso schön sind wie alles, was er je an Insekten beobachtet hat, beschwingt ihn. Seit dem Verschwinden seiner Schwester hat er sich nicht mehr so leicht und so heiter gefühlt.

Als die Zeit kommt, schafft er die Prüfung fürs College. Seine analytischen Fähigkeiten liegen über der Neunzig-Prozent-Marke, doch mit seinem Notendurchschnitt kommt er gerade mal auf Platz 212 unter 269 Kandidaten. Kein College, das etwas auf sich hält, wird so jemanden nehmen.

Sein Vater winkt ab. »Geh zwei Jahre aufs Junior College. Da fängst du als unbeschriebenes Blatt noch mal von vorn an.«

Aber Adam braucht kein unbeschriebenes Blatt. Er braucht nur jemanden, der bei dem Blatt, das er schon beschrieben hat, zwischen den Zeilen lesen kann. An einem Sonntagmorgen vor den Winterferien setzt er sich an den Esstisch und verfasst einen Brief. Er kommt sich nun beinahe wieder so vor wie damals, als er seine Beobachtungen in einem Notizbuch festhielt. Draußen vor dem Fenster stehen die noch verbliebenen Geschwisterbäume. Er erinnert sich, wie er früher geglaubt hat, es gebe eine magische Verbindung zwischen den Bäumen und den Kindern, für die sie gepflanzt wurden. Wie er sich selbst als Ahorn sah – vertraut, offen, leicht zu erkennen, stets bereit, sein süßes Blut zu spenden, Blüten von oben nach unten in den ersten Sonnentagen des Frühlings. Er hat diesen Baum geliebt, seine Ehrlichkeit. Dann hat er sich verwandelt, unter dem Einfluss der Menschen. Er setzt den Stift oben auf der Seite an und schreibt:

Professor R. M. Rabinowski
Psychologisches Institut
Fortuna College, Fortuna, Kalifornien

Sehr geehrter Herr Professor Rabinowski,
Ihr Buch hat mein Leben verändert.

Er berichtet von einer regelrechten Bekehrung: Für einen Jungen, der auf die abschüssige Bahn geraten ist, wird die zufällige Begegnung mit einem brillanten Verstand zur Rettung. Er beschreibt, wie *Der Affe in uns* etwas in ihm geweckt hat, auch wenn diese Erweckung vielleicht zu spät kam. Er erzählt, wie er die Schule einfach nicht ernst nehmen konnte, bis er an dieses Buch geriet, und jetzt wohl über Jahre auf dem Community College wird pauken müssen, bis er überhaupt eine Chance auf ein Psychologiestudium bekommt. Aber so sei es eben, schreibt er. Er stehe in der Schuld des Professors, und wie Rabinowski selbst auf Seite 231 sage: »Wer freundlich ist, mag zwar auf Gegenleistung hoffen, doch der Freundlichkeit tut das keinen Abbruch.« Vielleicht könne ja auch ihm eine unverhoffte Freundlichkeit den Weg doch noch verkürzen.

Draußen vor dem Fenster wiegt sich sein Ahorn im Wind. Die Äste schimpfen ihn aus. Wenn er nicht so verzweifelt wäre, würde er vor Scham feuerrot. Er treibt das Spiel weiter, spickt seinen Brief mit einem halben Dutzend Taktiken, die er in Kapitel 12, »Überzeugen«, gefunden hat. Seine Dankesbekundungen machen sich vier von den sechs Grundprinzipien zunutze, die beim Gegenüber bestimmte Handlungsmuster auslösen: Reziprozität, Verknappung, Bestätigung und den Appell an Verbindlichkeit. Die Tatsache, dass es ein Bettelbrief ist, verbirgt er mit einem weiteren Trick aus Kapitel 12:

> Wenn du willst, dass dir jemand hilft, musst du ihn davon überzeugen, dass er dir bereits unendlich viel geholfen hat. Jeder Mensch wird alles daransetzen, nicht hinter das Erreichte zurückzufallen.

Seine Eltern sind baff, aber Adam trifft es nicht völlig unvorbereitet, als ein Antwortbrief des Verfassers von *Der Affe in uns* eintrifft. Professor Rabinowski schreibt, das Fortuna College sei ein kleines, unabhängiges Lehrinstitut für unkonventionelle Studenten, die einen intensiven, kritischen Zugang zur Wissenschaft suchten. Beim Aufnahmeverfahren lege man keinen großen Wert auf Highschoolnoten; vielmehr suche man nach anderen Belegen für besondere Motivation. Professor Rabinowski verspricht Adam nichts, aber er versichert ihm, dass man sein Ansinnen wohlwollend prüfen wird. Adam müsse nur ein Bewerbungsschreiben verfassen, das gut genug ist.

An diesen förmlichen Brief ist eine nicht unterschriebene Karteikarte angeheftet. Darauf steht in hastig hingekrakelter blauer Tintenschrift: »Und schmier mir ja nicht noch einmal Honig ums Maul.«

RAY BRINKMAN UND DOROTHY CAZALY

Sie sind nicht schwer zu finden: zwei Menschen, denen Bäume so gut wie gar nichts bedeuten. Leute, die selbst im Frühling ihres Lebens eine Eiche nicht von einer Linde unterscheiden können. Zwei Leute, die nie einen Gedanken an das Thema Bäume verschwendet haben, bis eines Tages ein ganzer Wald, meilenweit, über die Bühne eines winzigen Zimmertheaters in St. Paul marschiert, im Jahr 1974.

Ray Brinkman, ein junger Jurist, Fachgebiet geistiges Eigentum. Dorothy Cazaly, Gerichtsstenographin bei einer Kanzlei, die mit der seinen zusammenarbeitet. Er kann den Blick nicht von ihr lassen, wenn sie die Aussagen mitschreibt. Die stille, fließende Schönheit ihres Händeballetts findet er umwerfend. Die Apassionata, gespielt mit dem Schwung ihrer Finger.

Sie spürt, dass er sie ansieht, und fordert ihn mit einem Blick zum Geständnis auf. Er gesteht. Besser, als wenn er noch an seinem Schmachten, vor lauter Bewunderung stirbt. Sie ist bereit, mit ihm auszugehen, wenn sie bestimmen darf, wohin. Er unterschreibt, hat keinen Begriff davon, was im Kleingedruckten steht. Sie wählt ein Vorsprechen im Theater, eine Laienaufführung von *Macbeth*.

Warum gerade das? Sie sagt, *darum*. Eine Laune. Eine Schrulle. Freiheit. Aber Freiheit gibt es natürlich nicht. Das Einzige, was es gibt, sind uralte Prophezeiungen, welche die Saat der Zeit durchschauen und sagen: Dies Korn sprosst und jenes nicht.

Für *Laien*aufführung lies *angsteinflößend*. Das Vorsprechen ist eine Jagd auf Ungeheuer, nur ohne Taschenlampe. Keiner der Kandidaten hat seit der Highschool auf einer Bühne gestanden. Aber sie schrauben ihren Mut bis zum höchsten Grad, und am Ende ringen sie dem Abend doch noch ihren schwer masochistischen, nervenzerreißenden Spaß ab.

»Puh«, sagt er, als sie den Saal hinter sich lassen. »Meine Güte, was *war* das?«

»Ich wollte schon immer gern tun, als könnte ich schauspielern. Ich brauchte nur einen Komplizen.«

»Was machen wir als Zugabe?«

»Das darfst du aussuchen.«

»Und nächstes Mal etwas, das die Nerven nicht ganz so strapaziert?«

»Wie wär's mit Klippenspringen?«

Und tatsächlich: Beide bekommen ihre Rolle. Sie waren ja schon auserwählt, bevor sie sich bewarben. So funktioniert das im Mythos. Macduff und Lady Macbeth.

Ray ruft Dorothy an, in heller Panik. Als hätte er mit der Schrotflinte seines Vaters gespielt und gerade sei ein Schuss losgegangen. »Wir müssen doch die Rollen nicht wirklich annehmen, oder?«

»Das sind Ama*teure*. Die rechnen fest damit.«

Gerade mal eine Woche zusammen, und sie kennt bereits genau den wunden Punkt, auf den sie den Finger legen muss. Der Mann hat ein geradezu abartiges Verantwortungsbewusstsein. Fühlt sich krankhaft verpflichtet gegenüber den Hoffnungen und Erwartungen seiner Mitmenschen. Und die Lady ist brutal genug für zehn von seiner Sorte. Sie gibt ihm klipp und klar zu verstehen: ohne *Macbeth* kein weiteres Rendezvous. Beide nehmen ihre Rolle an.

Dorothy ist ein Naturtalent. Ray dagegen: Selbst die Besetzungschefin fürchtet am Abend der ersten Leseprobe, dass sie vielleicht doch einen Fehler gemacht hat. Dorothy beobachtet ihn ehrfürchtig. Der Mann ist der beste schlechteste Schauspieler, der ihr je begegnet ist. Er spricht einfach nur seine Zeilen, mit schlaksiger Unverfrorenheit und umwerfender Naivität, als trage er die Argumente für seine eigene Existenz vor, im Debattierclub am Ende der Zeit.

Sie leiht aus der Stadtbibliothek alles aus, was sie zum *Method Acting* findet, überhaupt zur Schauspielerei. Er sucht Deckung hinter Stoizismus. »Ich kann von Glück sagen, wenn ich mir auch nur den Text merken kann.«

Nach zwei Wochen hat er schon fast den Bogen raus. Nach dreien kommt er in Schwung.

»Das ist unfair«, sagt sie. »Hast du heimlich geübt?«

Ja, das hat er; erst jetzt geht es ihm auf. Er hat es sich nie klargemacht, aber die Juristerei selbst ist ja Theater, und das schon lange, bevor man im Gerichtssaal auf der Bühne steht. *Eine* große Begabung hat Ray: Er kann sich selbst spielen, und das mit furchteinflößender Intensität. Das macht aus ihm im Lauf der kommenden Jahre einen äußerst erfolgreichen Prozessanwalt für Copyright- und Patentangelegenheiten. Und hier und jetzt präsentiert diese Begabung Macduff als eigentümlich hypnotische Gestalt. Einfach nur indem er dasteht, mit seinem unerschütterlichen Ernst, scheint er in unmittelbarem Kontakt mit dem Willen des Schicksals.

Dorothy hat ihre eigene übersinnliche Kraft, schon seit Kindertagen: Sie kann im Spiel der Muskeln rund um Mund und Augen eines Menschen lesen und mit absoluter Gewissheit sagen, wann er lügt. Als Stenographin oder Lady Macbeth nützt es ihr nicht viel. Aber diese Gabe ist es, deretwegen sie die Unschuld dieses Mannes ausloten will bis auf den Grund. Fünf Wochen Proben, drei Abende die Woche, danach ist sie überzeugt: Ray Brinkman ist tatsächlich ein Mann, der Frau und Kinder ihrem Schicksal überlassen würde, auf einer Burg am Ende der Welt, nur um sein gottverlassenes Reich zu retten.

Es ist eine Aufführung ganz im Stil der Siebziger. Ganz Watergate. Der Eintritt ist frei, und das Publikum bekommt, wofür es gezahlt hat. An drei aufeinanderfolgenden Abenden fährt Lady Macbeth umlodert von furchterregenden Flammen zur Hölle. Drei Abende hintereinander schaffen Macduff und seine Mannen, als Bäume verkleidet, Birnams Wald über den weiten Weg bis Dunsinan. Tatsächlich ziehen Bäume über die Bühne. Eichen, eichene Herzen, Armeen, Schiffe, alles aus Eiche, Stützpfeiler und Türsturz am Haus der Historie. In ihren Händen halten die Männer große Äste, und während der ahnungslose Macbeth sich der Prophezeiung wegen in Sicherheit wähnt, gleiten seine Angreifer mit solcher Langsamkeit über die Bretter, dass es wirkt, als stünden sie still. Und an jedem dieser Abende hat Ray fast eine Ewigkeit Zeit, zu überlegen: *Etwas geschieht mit mir. Etwas Schweres, Großes, Langsames, etwas, das aus weiter Ferne kommt und das ich nicht begreife.*

Er hat keine Ahnung. Das, was es da auf ihn abgesehen hat, ist eine Gattung mit mehr als sechshundert Arten. Etwas Vertrautes, Vielgestaltiges, das sich von den Tropen bis hinauf zum gemäßigten Norden niederlässt, der Inbegriff des Baumes, der Baum an sich. Dick, dicht, knorrig, fest verwurzelt in der Erde, Heimat für eine unvorstellbare Fülle an Lebendigem. Dreihundert Jahre Kommen, dreihundert Jahre Stehen, dreihundert Jahre Vergehen. Die Eiche.

Eichen heuern ihn an, als Teilzeitkraft in ihrem Kampf gegen das Menschenungeheuer. Der wackere Macduff verbirgt sich hinter den Ästen, die man ihnen abgesägt hat (*Zahlreiche Lebewesen sind bei dieser Produktion zu Schaden gekommen*), immer besorgt, ob ihm die nächste Textzeile einfällt, betet, dass es ihm auch an diesem Abend gelingen möge, über den Thronräuber zu triumphieren, und wundert sich über die seltsamen, ungleichmäßigen, gelappten Formen, die seine Tarnung wirken lassen wie die Buchstaben eines außerirdischen Alphabets, jede dieser Glyphen sieht aus, als liege eine Botschaft darin. Er kann den Text auf diesem Spruchband nicht lesen. Der Verfasser ist ein Etwas mit fünfhundert Millionen Wurzelspitzen. Der Spruch lautet: Eiche *und* Tür *kommen vom selben alten Wort.*

Nach der Party anlässlich der letzten Vorstellung landen Ray und Dorothy zusammen im Bett. Bis dahin haben Schauspiel und Dorothys Launen es spannend gemacht. Aber jetzt kommt für ihn doch noch der Sprung von der Klippe. Es ist dunkel genug, dass bei beiden die schrillsten der vielen Alarmglocken in ihrem Inneren schweigen. Aber das Kerzenlicht reicht doch, dass sie in seinem Gesicht, eine Handbreit entfernt von dem ihren, noch immer die winzig kleinen Muskeln um seine Augen erkennen kann.

»Wie ist dein Verhältnis zu deinen Eltern? Hattest du jemals rassistische Gedanken? Hast du je etwas in einem Laden gestohlen?«

»Ist das ein Verhör? Warum folterst du mich?«

»Darum.« Ihr ganzes Gesicht zuckt wie eine mexikanische Springbohne.

Er wälzt sich auf den Rücken und blickt zur Zimmerdecke. »Ich habe noch nie so auf der Bühne gestanden. Ein Gefühl, als spräche man zu den Göttern.«

»Findest du das auch?«

Und dann: »Meinst du, wir haben eine Zukunft?«

Sie stützt sich auf die Ellenbogen, damit sie ihm wieder ins Gesicht sehen kann. »Wir? Du meinst die Menschheit?«

»Klar. Aber zuerst wir beide. Dann kommen die anderen.«

»Ich weiß nicht. Woher soll ich so etwas wissen?«

Er hört den Ärger in ihrer Stimme und bildet sich ein, dass er ihn versteht. Er fährt tastend über die Bettdecke, sucht ihre Hand. »Mir scheint, es war uns vorherbestimmt.«

»*Das hier?*« Die gnadenlose Lady M. verspottet ihn. »Schicksal, meinst du?«

Ihm ist, als gleite er von neuem in Zeitlupe über die Bühne, gletschergleich, in seiner Verkleidung als Birnams Wald. »Ich habe ein gutes Einkommen. Noch fünf Jahre und sämtliche Schulden sind abgezahlt. Ehe du dich's versiehst, haben sie mich schon zum Partner gemacht.«

Sie schließt die Augen. In ein paar Jahren werden die Bomben fallen, die Erde ist leergefressen, und die letzten Menschen verlassen den Planeten in Raketen nach Nirgendwo.

»Du müsstest nicht arbeiten, wenn du nicht willst.«

Sie richtet sich auf, stützt sich dabei auf sein Brustbein, pinnt ihn fest. »Moment mal. Meine Güte. Ist das ein Heiratsantrag?«

Er legt den Kopf schief, sieht sie herausfordernd an. Eichenes Herz.

»Weil wir *ein Mal* miteinander geschlafen haben?« Auch ohne ihr feines Gespür sähe sie, wie weh der Spott ihm tut. »Warte. Ich bin doch nicht deine *Erste?*«

Er erstarrt, festgefroren, auf halbem Wege über die Bühne. »Vielleicht hättest du mich das vor zwei Stunden fragen sollen.«

»Ja, aber trotzdem … heiraten?« Allein schon das Wort fühlt sich in ihrem Mund fremdartig an, barock. »Ich kann nicht einfach so heiraten. Ich muss noch … ich weiß auch nicht! Zwei Jahre lang mit dem Rucksack Südamerika erkunden. Ins Village ziehen und Drogen nehmen. Eine Affäre mit einem Leichtflugzeugpiloten haben, der heimlich für die CIA arbeitet.«

»Einen Rucksack habe ich. In New York gibt es auch Patentanwälte. Bei dem Piloten weiß ich nicht so recht.«

Ein Angriff aus dem Hinterhalt; sie lacht, schüttelt den Kopf. »Das ist nicht dein Ernst, oder? Es *ist* dein Ernst? Ja, was zum –« Sie lässt sich zurück in die Kissen fallen. »Ja, zum Teufel, sage ich. Ihr Auftritt, Macduff!«

Sie lieben sich noch einmal. Und damit ist es ein Versprechen. In der Stille danach spürt sie Tränen auf seiner Wange. »Was hast du?«

»Alles in Ordnung.«

»Ich mache dir eine Heidenangst, stimmt's?«

»Nein.«

»Du lügst. Zum ersten Mal belügst du mich.«

»Vielleicht.«

»Aber du liebst mich.«

»Vielleicht.«

»›Vielleicht‹? Was soll das nun wieder heißen?«

Etwas Großes, Schweres, Langsames, etwas, das aus weiter Ferne kommt und das er nicht begreift, enthüllt ihm allmählich, was es bedeuten kann. Und das will er ihr nun zeigen.

Rays Prophezeiung bewahrheitet sich. Nach nur fünf Jahren ist er schuldenfrei. Kurz darauf wird er Teilhaber der Kanzlei. Was er anpackt, gelingt ihm: Er macht Leute ausfindig, die Diebstahl an geistigem Eigentum begehen, und sorgt dafür, dass sie es in Zukunft unterlassen oder dafür zahlen. Seine Ernsthaftigkeit hat etwas Hypnotisches, sein Eintreten für Fairness und Rechtschaffenheit. *Sie bereichern sich durch etwas, das einem anderen gehört. So kann die Welt nicht funktionieren.* Fast immer schlägt die Gegenseite eine außergerichtliche Einigung vor.

Auch Dorothys Prophezeiung ist nicht ganz falsch. Es fallen tatsächlich Bomben. Wenn auch nur mittelgroße, überall auf der Erde, gerade klein genug, dass niemand von dem Planeten flüchten muss. Vorerst behält sie ihre Stelle, schreibt auf, was Menschen unter Eid aussagen, schreibt so schnell, wie sie sprechen. Das Geheimnis ist, dass man nicht darauf achtet, was die Worte bedeuten. Aufmerksamkeit verlangsamt das Tempo.

Ein halbes Dutzend Jahre vergeht wie im Flug. Sie trennen sich. Sie kommen wieder zusammen, als sie bei einer Amateurproduktion von *You Can't Take It With You* das Liebespaar spielen. Dann bekommt sie erneut kalte Füße. Nach einer vierwöchigen Wanderung durch die Appalachen, bei der sie zusammen fünfhundert Meilen zurückgelegt haben, kommt das nächste Eheversprechen. Dann wieder per Handzeichen beim Fallschirmspringen.

Im Durchschnitt bringen sie es auf fünf Monate. Als sie sich zum vierten Mal von ihm trennt, ist es eine so traumatische Erfahrung, dass sie ihre Arbeit kündigt und wochenlang untertaucht. Ihre Freunde sind nicht bereit, Ray Auskunft zu geben. Er fleht sie an, bettelt um eine Telefonnummer – irgendein Lebenszeichen. Er gibt ihnen lange Briefe für sie, doch sie behaupten, sie wüssten nicht, wohin sie sie bringen sollen. Dann eine kurze Notiz von ihr, keine Entschuldigung, aber auch nicht verletzend. Sie will nicht verraten, wo sie sich aufhält, beschreibt nur die tödliche Klaustrophobie, die mörderische Panik, die sie bei dem Gedanken überfällt, dass sie ein rechtlich bindendes Dokument unterzeichnen soll, das ihr Verhalten und den Ablauf ihres restlichen Lebens bestimmt.

Ich will mit Dir zusammen sein. Das weißt Du. Deswegen sage ich auch immer wieder ja. Aber ein juristischer Akt? Rechte und Besitzansprüche? Ach, Ray, ich wünschte, Du wärst ein korrupter Arzt oder ein bankrotter Geschäftsmann. Ein windiger Immobilienmakler. Egal was, bloß kein Anwalt für Eigentumsrecht.

Er schreibt an die Absenderadresse – ein Postfach in Eau Claire – und versichert ihr, dass Sklaverei überall auf der Welt abgeschafft ist. Sie wird nie irgendjemandes Eigentum sein. Er wird seinen Beruf ihretwegen nicht aufgeben; mit Urheber- und Patentrecht kennt er sich aus. Es ist eine notwendige Arbeit, der Motor des Wohlstands auf der Welt, und er ist gut auf seinem Gebiet. Vielleicht sogar mehr als das. Aber wenn er sich entscheiden solle, ob er lieber den Gedanken an eine Ehe mit ihr aufgeben wolle oder den Gedanken, in einer weiteren Laienaufführung mit ihr zu spielen, könne er auf sein Recht auf Einspruch auch jetzt gleich verzichten.

Komm einfach zurück, und dann leben wir in Sünde, mit getrennten Autos, getrennten Bankkonten, getrennten Häusern, getrennten Testamenten.

Kaum hat er ihr das geschrieben, steht sie vor der Tür seines Bungalows, spätabends, mit zwei Tickets nach Rom. Natürlich bleiben neugierige Nachfragen im Büro nicht aus, doch zwei Tage später startet er mit ihr in die Nicht-Flitterwochen. Am dritten Abend in der Ewigen Stadt, wo der Prosecco in Strömen fließt und die Lichter so wunderbar funkeln, zwischen den bröckelnden Altertümern und den verfluchten Straßenmusikanten, unter den Linden mit ihren majestätischen Kronen und weißen Lichterketten, die sich um die anmutigen Äste schlingen, fragt sie ihn – »Ach verdammt, hör mal, Ray?« –, ob er ihr rechtmäßig erworbenes Eigentum sein will, per Vertrag für immer an sie gebunden. Am Ende werfen sie Münzen über die Schulter in den Trevi-Brunnen. Keine allzu originelle Idee, und vermutlich schulden sie jemandem Tantiemen dafür.

Rechtzeitig zum Oktoberfest sind sie zurück in St. Paul. Sie schwören einander, niemandem etwas zu verraten, alles abzustreiten. Aber ihre Freunde riechen den Braten, gleich als das Paar mit seligem Grinsen in der Öffentlichkeit erscheint. Was ist denn in Rom mit euch beiden passiert? *Nicht der Rede wert.* Man braucht kein besonderes Talent zum Gesichterlesen, um zu sehen, dass das eine faustdicke Lüge ist. Hat man euch ins Gefängnis gesteckt oder was? Habt ihr etwa geheiratet? Ihr habt geheiratet, stimmt's? Ihr seid ver*heir*atet!

Und es ändert sich nicht das Geringste. Dorothy zieht wieder ein. Sie besteht auf getrennter Buchführung, darauf, dass jede gemeinsame Ausgabe exakt zwischen ihnen geteilt wird. Aber wenn sie durch seine wunderschöne Bibliothek, das Esszimmer und den Wintergarten wandert, flüstert etwas in ihrem Hinterkopf: *Wenn es so weit ist, wenn die Brutzeit kommt, wenn ich den Kopf verliere und mich fortpflanzen will, dann gehört all das hier meinen Kindern!*

Zum ersten Hochzeitstag schreibt er ihr einen Brief. Beim Formulieren lässt er sich Zeit. Er kann die Worte unmöglich aussprechen, also legt er sie auf den Frühstückstisch, bevor er zur Arbeit geht.

Du hast mir etwas gegeben, das ich mir nie hätte vorstellen können, bevor ich Dich kennenlernte. Als hätte ich das Wort »Buch« gehabt, und dann hättest Du mir eines geschenkt. Ich hatte das Wort »Spiel«, und Du hast mir gezeigt, wie man spielt. Ich hatte das Wort »Leben«, und dann kamst Du und sagtest: »Oh! Du meinst das hier.«

Er sagt ihr, es gibt nichts auf Erden, was er ihr zum Hochzeitstag schenken kann, als angemessenen Dank für alles, was er von ihr bekommen hat. Es sei denn, etwas Lebendiges. *Hier ist mein Vorschlag.* Er weiß nicht, wie er auf die Idee gekommen ist. Er hat die Prophezeiungen vergessen, die bei seinem ersten Ausflug auf die Bühne von draußen auf ihn einströmten, so bedächtig und so bedeutsam, damals, als er einen Mann spielen musste, der einen Baum spielen muss.

Dorothy liest die Worte, im Auto, auf dem Weg zum Gericht, wo sie am Nachmittag protokollieren soll.

Lass uns jedes Jahr, und zwar möglichst auf den Tag genau, zur Baumschule fahren und etwas für den Garten aussuchen. Ich verstehe nicht das Geringste von Pflanzen. Ich weiß nicht, wie sie heißen oder wie man sie pflegt. Ich könnte ein Grünzeug nicht vom anderen unterscheiden. Aber ich kann es lernen, so wie ich alles andere neu kennenlernen musste – mich selbst, meine Vorlieben, meine Abneigungen, die Breite und Höhe und Tiefe meines Lebens – neu erkunden an Deiner Seite.

Nicht alles, was wir pflanzen, wird angehen. Nicht jede Pflanze wird gedeihen. Aber gemeinsam können wir denen zusehen, die in unserem Garten Wurzeln schlagen.

Als sie das liest, verschwimmt es ihr vor den Augen; sie fährt gegen den Bordstein, und das Auto macht so heftig mit einer Linde der Allee Bekanntschaft, dass die ganze Front eingedellt ist.

Nun ist die Linde, wie sich herausstellt, ein radikaler Baum, einer Eiche so unähnlich wie eine Frau einem Mann. Die Linde ist der Liebling der Bienen, der Friedensbaum, dessen Säfte und Tees Anspannungen und Ängste aller Art beschwichtigen – *lindern* – können, ein Gewächs wie kein anderes, denn im Katalog der hunderttausend Arten auf Erden gibt es nur einen einzigen Baum, dessen Blüten und winzig kleinen, harten Früchte an einem wie ein Surfbrett geformten Tragblatt hängen, das keinem anderen Zweck zu dienen scheint, als diesen Baum einzigartig zu machen. Die Linden werden sie holen kommen, und es beginnt mit diesem Hinterhalt. Doch es wird Jahre dauern, bis sie ihnen ganz gehört.

Die Platzwunde über dem rechten Auge, da, wo sie mit dem Kopf gegen das Lenkrad geprallt ist, muss mit elf Stichen genäht werden. Ray eilt aus dem Büro ins Krankenhaus. Vor lauter Panik schrammt er im Parkhaus den BMW eines Arztes, hinten an der Stoßstange. Tränen stehen ihm in den Augen, als man ihn ins Behandlungszimmer führt. Sie sitzt mit verbundenem Kopf auf einem Stuhl und versucht zu lesen. Sie sieht alles doppelt. Der Markenname der Mullbinden sieht für sie aus wie *Johnson & Johnson & Johnson & Johnson*.

Ihre Augen leuchten auf, als sie ihn erblickt – ihn und seinen Doppelgänger. »RayRay! Schatz! Was hast du?« Er stürzt auf sie zu, sie weicht erschrocken zurück. Dann versteht sie. »Ganz ruhig. Keine Sorge. Ich gehe nicht weg. Lass uns etwas pflanzen.«

DOUGLAS PAVLICEK

Die Bullen tauchen kurz vor dem Frühstück in Douglas Pavliceks winziger Einzimmerwohnung in East Palo Alto auf. Echte Polizisten – ein schöner Zug. Realismus, könnte man sagen. Sie bezichtigen ihn des bewaffneten Raubüberfalls und klären ihn über seine Rechte auf. Verstoß gegen die Paragraphen 211 und 459 des Strafgesetzbuchs. Er kann sich das Grinsen nicht verkneifen, als sie ihn filzen und ihm Handschellen anlegen.

»Finden Sie das lustig?«

»Nein. Nein, natürlich nicht.« Na, vielleicht ein klein wenig.

Weniger lustig wird es dann, als die Nachbarn im Schlafanzug auf ihre Balkons treten und zusehen, wie die Beamten Douggie abführen und in den bereitstehenden Streifenwagen verfrachten. Er lächelt – *Nicht, was ihr denkt* –, aber mit den Händen hinter dem Rücken gefesselt kommt es nicht ganz so rüber. Einer der Beamten schubst ihn auf den Rücksitz. Die hinteren Türen haben innen keine Griffe. Die Beamten melden per Funk seine Verhaftung. Alles fühlt sich nach einem alten Film an, *Stadt ohne Maske*, etwas in dieser Art, obwohl der Soundtrack an diesem strahlenden kalifornischen Augustmorgen und mit der Aussicht auf fünfzehn Dollar pro Tag gar nicht so düster klingt. Er ist neunzehn, seit zwei Jahren Waise, hat gerade seinen Job als Regaleinräumer im Supermarkt verloren und lebt von der Lebensversicherung seiner Eltern. Fünfzehn Dollar pro Tag, zwei volle Wochen lang, das ist eine Menge Knete, und er muss nichts dafür tun.

Auf der Polizeiwache – der *echten* Polizeiwache – werden seine Fingerabdrücke genommen, er wird entlaust und bekommt dann die Augen verbunden. Sie schubsen ihn wieder in den Wagen und fahren ihn durch die Gegend. Als sie ihm die Augenbinde abnehmen, ist er im Gefängnis. Aufseherzimmer, Büro des Direktors, mehrere Zellen. Seine Füße sind aneinandergekettet. Alles sehr ausgeklügelt, überzeugend. Er hat keine Ahnung, wo er ist, im wirklichen Leben. Ein Bürogebäude oder so etwas. Die Leute, die die Show veranstalten, improvisieren, genau wie er.

Sämtliche Wärter und die meisten Gefangenen sind bereits da. Douggie wird Gefangener 571. Die Wärter sind einfach nur »Sir«, mit Schlagstock und Trillerpfeife, Uniform und Sonnenbrille. Für bezahlte Freiwillige machen sie arg großzügigen Gebrauch von ihren Stöcken. Identifizieren sich mit ihrer Rolle, wollen sich bei den Experimentatoren beliebt machen. Sie ziehen Doug aus und stecken ihn in einen Kittel. Sie wollen ihm seinen Stolz nehmen, aber Douglas kommt ihnen zuvor, denn er hat keinen. Mehrere Male an diesem Abend müssen sie antreten – Zählappell, rituelle Demütigung. Zum Abendessen gibt es Fleischklopse. Besser als alles, was er in letzter Zeit gegessen hat.

Kurz bevor das Licht gelöscht wird, macht der Gefangene 1037 Randale – das Schmierentheater geht ihm auf die Nerven. Die Wärter knüppeln ihn nieder. Eins ist schon jetzt klar: Es gibt nette Wärter, strenge Wärter und völlig durchgeknallte Wärter. Jeder setzt noch einen drauf, wenn andere dabei sind.

Kaum ist Douggie – 571 – eingeschlafen, da wird er auch schon von seiner Pritsche gezerrt; ein weiterer grundloser Appell. Halb drei Uhr nachts. Von da an wird er hellhörig. Ihm kommt der Verdacht, dass es bei dem Experiment um etwas ganz anderes geht als um das, was sie ihm gesagt haben. In Wirklichkeit sind sie etwas viel Ungeheuerlicherem auf der Spur. Aber er muss ja nur die nächsten vierzehn Tage überleben. Zwei Wochen lang hält ein Mensch alles aus.

Am zweiten Tag gerät in Zelle eins eine kleine Auseinandersetzung zum Thema Würde außer Kontrolle. Es fängt als Kabbelei an und schaukelt sich hoch. Einige Gefangene – 8612, 5704 und noch ein paar weitere – verbarrikadieren sich in der Zelle, indem sie ihr Bett quer vor die Tür schieben. Die Wärter holen sich Verstärkung von der Nachtschicht.

Junge Männer schubsen sich gegenseitig an, ein Nahkampf rund um die Bettgestelle. Jemand schreit: »Das ist doch nur gespielt! Verdammt nochmal, es ist doch alles nur gespielt!«

Oder vielleicht doch nicht? Die Wärter schlagen den Aufstand mit Feuerlöschern nieder, legen die Anführer in Ketten, stecken sie ins Loch. Einzelhaft. Kein Essen für die Aufständischen. Essen, machen die Wärter den Gefangenen klar, ist ein Privileg. Douggie isst. Er weiß, was Hunger ist. Nummer 571 hat nicht vor, wegen ein paar Amateurschauspielern Hunger zu leiden. Die anderen können durchdrehen, wenn sie sich das zum Zeitvertreib aussuchen. Aber ihn hält keiner von seiner warmen Mahlzeit ab.

Die Aufseher richten eine Vorzugszelle ein. Wenn ein Gefangener aussagen will, was er über den Aufstand weiß, kann er an einen angenehmeren Ort umziehen. Wer kooperiert, darf sich waschen und die Zähne putzen und bekommt sogar bessere Verpflegung. Privilegien sind nichts für den Gefangenen 571. Sicher, er weiß, was gut für ihn ist, aber ein Spitzel ist er nicht. Tatsächlich lässt sich keiner der Gefangenen auf das Angebot mit der Vorzugszelle ein. Noch nicht.

Die Aufseher gehen dazu über, die Gefangenen regelmäßigen Leibesvisitationen zu unterziehen. Rauchen wird zum besonderen Privileg. Toilettengänge ebenso. Entweder benutzt man den Eimer, oder man kneift für die nächsten zwei Tage die Arschbacken zusammen. Es gibt zermürbende, stundenlange, sinnlose Arbeitsaufträge. Es gibt Zählappelle zu nachtschlafender Zeit. Man wird gezwungen, fremde Toiletteneimer auszuleeren. Jeder, der beim Grinsen erwischt wird, muss mit ausgebreiteten Armen »Amazing Grace« singen. Nummer 571 wird nach jedem noch so kleinen Verstoß gezwungen, Hunderte von Liegestützen zu machen.

Der Wärter, den die Gefangenen John Wayne nennen, sagt: »Was wäre, wenn ich dir sagen würde, du sollst den Fußboden ficken? Fünf einundsiebzig, du bist Frankenstein. Und du, 3401, bist Frankensteins Braut. Jetzt küsst euch gefälligst, ihr Arschlöcher.«

Niemand – weder die Aufseher noch die Gefangenen – fällt je aus der Rolle. Es ist Irrsinn. Diese Leute sind gefährlich; sogar 571 sieht das. Jeder Einzelne von ihnen, allesamt außer Kontrolle. Und sie ziehen ihn da mit hinein. Allmählich kommen ihm Zweifel, dass er das zwei Wochen lang durchhalten kann. Seine Einzimmerwohnung, in der er bei Schummerlicht die Stellenanzeigen studieren kann, kommt ihm mittlerweile schon luxuriös vor.

Nach einem kleinen Zwischenfall beim Zählappell dreht der Gefangene 8612 vollkommen durch. »Ruft meine Eltern. Lasst mich hier raus!« Aber das geht nicht. Er muss seine zwei Wochen absitzen, genau wie alle anderen. Er tobt. »Das ist ein *echtes* Gefängnis hier. Wir sind *echte* Gefangene.«

Alle sehen, was 8612 macht; er tut, als sei er übergeschnappt. Der Mistkerl will sich davonmachen und die anderen in der Scheiße sitzenlassen, egal, wie viele Tage es noch dauert. Dann wird aus dem Spiel auf einmal Ernst.

»Meine Güte, ich verglühe! Mir geht es *scheiße*. Ich will hier raus. Jetzt sofort!«

Es ist nicht das erste Mal, dass Doug mit ansieht, wie jemand durchdreht. Er hat es schon einmal erlebt, auf der Highschool in Twin Falls. Jetzt sieht er es wieder. Allein schon das Zusehen bringt ihn fast um den Verstand.

8612 wird weggeschafft. Die Aufseher sagen nicht, wohin. Das Experiment darf nicht beeinträchtigt werden. Das Experiment muss weiterlaufen. Es gibt nichts, was 571 sich sehnlicher wünscht, als selbst rauszukommen. Aber das kann er den anderen nicht antun. Seine Mithäftlinge würden ihn ewig hassen, so wie er jetzt 8612 hasst. Es ist Wahnsinn – der Beweis für einen letzten Rest Stolz, den er sich gar nicht mehr zugetraut hätte –, aber er will nicht, dass 571 das Gesicht verliert. Er will nicht, dass irgendein Psychologe, der hinter seiner verspiegelten Scheibe sitzt und alles auf Video aufzeichnet, sagen kann: *Ach, der da – ja, den haben wir auch kleingekriegt.*

Ein Priester kommt zu Besuch, ein katholischer Gefängnisgeistlicher. Ein echter Priester, von draußen. Alle Gefangenen müssen zu ihm in den Besprechungsraum. »Wie heißt du?«

»Fünf-einundsiebzig«

»Weshalb bist du hier?«

»Angeblich wegen bewaffnetem Raubüberfall.«

»Und was unternimmst du, um deine Entlassung zu beschleunigen?«
Die Frage bohrt sich durch das Rückgrat von 571 und nistet sich in
seinen Gedärmen ein. Er soll etwas unternehmen? Und wenn er das
nicht tut – wenn er nicht begreift, was man von ihm erwartet? Können
die ihn dann über den vereinbarten Zeitraum hinaus in diesem Dreck-
loch festhalten?

Der nächste Tag stellt alle Gefangenen auf eine harte Probe. Die Wärter machen sich einen Spaß aus ihrer Verzweiflung. Sie zwingen die
Gefangenen, nach Hause zu schreiben, aber sie diktieren ihnen den Text.
Liebe Mom. Ich hab's verbockt. Ich bin ein Schwein. Einer schreit 819 an,
dafür, dass er ein Häufchen Elend ist, und das gibt dem Jungen den Rest.
Die da oben schikanieren ihn schon seit dem ersten Aufstand, und jetzt
stecken sie ihn ins Loch. Seine Schluchzer sind im ganzen Gefängnis zu
hören. Die übrigen Insassen werden zum Appell auf den Flur beordert.
Die Wärter lassen sie im Chor sprechen: *Der Gefangene 819 ist ein übler
Hund. Heute Abend bleibt mein Kackeimer ungeleert, und er ist schuld
daran. Der Gefangene 819 ist ein übler Hund. Heute Abend bleibt mein
Kackeimer ungeleert, und er ist …*

Ein neuer Gefangener, 416 – als Ersatzmann für 8612 gekommen –,
organisiert einen Hungerstreik. Ein paar Gefangene schließen sich ihm
an, andere beschimpfen ihn, weil er Unruhe stiftet. Wenn es Ärger gibt,
haben alle darunter zu leiden. Fünf-einundsiebzig weigert sich, Stellung
zu beziehen. Er macht nicht mit, aber er ist auch kein Kapo. Alles läuft
aus dem Ruder. Die Gefangenen gehen sich gegenseitig an die Gurgel.
Er kann es sich nicht leisten, sich da hineinziehen zu lassen. Er beteuert
immer wieder, dass er neutral ist. Aber Neutralität gibt es nicht.

John Wayne bedroht 416. »Iss verflucht nochmal die Wurst da, Junge,
oder du wirst es bereuen.« Vier-sechzehn schmeißt die Wurst auf den
Boden, und dort rollt sie durch den Dreck. Schon im nächsten Augenblick werfen sie ihn ins Loch, mit der schmutzigen Wurst in der Hand.
»Und du bleibst hier, bis du sie aufgegessen hast.«

Eine Lautsprecherdurchsage: Wenn ein Gefangener bereit ist, für die
Nacht seine Bettdecke herzugeben, darf 416 wieder raus. Wenn nicht,
bleibt 416 die Nacht über in Einzelhaft. Fünf-einundsiebzig liegt im Bett,
unter seiner Decke, und denkt: *Das ist nicht echt. Verflucht nochmal, es*

ist doch alles nur gespielt. Vielleicht sollte er sich gegen die Experimentatoren wehren, egal, was sie von ihm wollen. Er wäre ein Held, ein Superheld. Aber die anderen machen so was ja auch nicht. Alle warten doch
nur, dass *er* diese Nacht friert. Er enttäuscht die anderen nicht gern, aber
er ist doch nicht schuld daran, dass 416 seine bescheuerte Show abgezo-
gen hat. Sie hätten auch einfach zwei Wochen absitzen und sich zu Tode
langweilen können, dann wäre alles in Ordnung gewesen.

Er liegt da, hat es die ganze Nacht über warm, aber schlafen kann er
nicht. Die Gedanken kreisen in seinem Kopf. Er überlegt: Und wenn es
doch alles echt ist? Wenn sie ihn für zwei Jahre hier einsperren, für zehn,
für zweihundert? Achtzehn Jahre wegen fahrlässiger Tötung, wie der
betrunkene Highschoollehrer, der den Gremlin seiner Eltern über den
Haufen gefahren hat, als die beiden von ihrem Tanzabend zurückka-
men? Hinter Gitter gesteckt wie Millionen von Unsichtbaren in diesem
Land, an die er noch nie einen Gedanken verschwendet hat? Da wäre er
nichts. Er wäre nicht einmal 571. Die echten Machthaber könnten alles
aus ihm machen.

Am nächsten Morgen gibt es eine eilig einberufene Besprechung.
Aufseher und Gefängnisdirektor werden von ihren Auftraggebern ein-
bestellt. Einem von diesen neunmalklugen Wissenschaftlern ist inzwischen doch aufgegangen, dass es nicht anständig ist, wenn Menschen
sich so verhalten. Das ganze Experiment ist schlicht und einfach kriminell. Sämtliche Gefangenen sollen freigelassen werden, begnadigt, nach
nur sechs Tagen aus ihrem Albtraum befreit. *Sechs Tage.* Kaum vorstellbar. Fünf-einundsiebzig könnte ja kaum noch sagen, was er vor einer
Woche überhaupt *war*.

Die Experimentatoren sprechen mit sämtlichen Teilnehmern, bevor
sie sie wieder raus in die Welt entlassen. Aber die Opfer sind so über-
dreht, dass sie keinen klaren Gedanken fassen können. Die Aufseher
verteidigen sich, die Gefangenen toben vor Wut. Douggie – *Douglas
Pavlicek* – bildet da keine Ausnahme; er fuchtelt mit dem Finger. »Die
Leute, die das hier veranstaltet haben – diese sogenannten Psychologen –, die gehören allesamt hinter Gitter; die haben gegen alles verstoßen, was Anstand ist.« Aber seine Decke hat er nicht herausgerückt. Er
wird jetzt für alle Zeit der bleiben, der nicht Partei ergriffen hat, der

seine Decke nicht hergeben wollte, nicht einmal bei einem armseligen zweiwöchigen Rollenspiel-Experiment.

Er taucht auf aus dem Verlies, kehrt wieder zurück an die strahlend schöne Luft von Zentralkalifornien. Eine sanfte, nach Jasmin und Schirmkiefern duftende Brise lässt sein Hemd wehen, fährt ihm in die Haare. Jetzt weiß er, wo er ist: im Psychologischen Institut, auf dem Campus des Geldsacks Stanford. Das Land des Wissens, des Geldes und der Macht, mit seiner endlosen Palmenallee und den düster drohenden Steinarkaden. Das Bonzenkloster, das er nie ohne Angst betreten hat, noch nicht einmal, um dort eine Besorgung zu machen; immer auf der Hut, damit die anderen nicht merkten, dass er nicht dorthin gehört.

Sie geben ihm seinen Scheck über neunzig Dollar und fahren ihn zurück zu seiner Einzimmerwohnung in East Palo Alto. Er verschanzt sich in seinem Privatbunker, tunkt Maischips in Bier und hockt vor seinem winzigen Schwarzweißfernseher mit den Hörnern aus zusammengeknüllter Alufolie als Antenne. Da sieht er drei Wochen später einen Bericht über die rund hundert Hubschrauber, die die Vereinigten Staaten bei einem schlecht organisierten Einsatz in Laos verloren haben. Er hatte nicht mal gewusst, dass die US-Army überhaupt in Laos war. Er stellt seine Bierdose auf die alte Drahthaspel, die ihm als Couchtisch dient, aber ihm kommt es vor, als hinterlasse er diesen Wasserkranz auf jemandes Kiefernholzsarg.

Als er aufsteht, schwindelt ihm; jetzt ist ihm wieder zumute wie in der Nacht, in der 416 im Loch saß. Er fährt sich mit den Fingern durch die üppigen Locken, die sich schon früh und in Massen von seinem Schädel verabschieden werden. Irgendwas ist derzeit ganz eindeutig nicht in Ordnung, und das schließt ihn mit ein. Er will nicht in einer Welt leben, in der manche Einundzwanzigjährigen umkommen, damit andere Einundzwanzigjährige Psychologie studieren und über gescheiterte Experimente schreiben können. Auch er weiß, dass der Krieg verloren ist. Aber das ändert nichts. Am nächsten Morgen steht er schon vor der Tür, als das Rekrutierungsbüro am Broadway aufmacht. Geregelte Arbeit, und endlich ehrlich.

In den Jahren, die auf diesen Eintritt in die Armee folgen, ist Tech Sergeant Douglas Pavlicek bei mehr als zweihundert Frachtflügen im Einsatz. Als Lademeister verstaut er tonnenweise Sperrmaterial und hochexplosiven Sprengstoff im Bauch einer C-130. Er setzt Geschütze selbst dann noch am Boden ab, wenn der Beschuss so heftig ist, dass die Luft ringsum vibriert. Er belädt Frachtmaschinen mit M35-Lastwagen, mit Transportpanzern und Paletten mit Militärrationen und nimmt beim Rückflug Leichensäcke an Bord. Jeder, der auch nur ein bisschen aufmerksam ist, weiß, dass das Unternehmen längst gescheitert ist. Aber in Douglas Pavliceks Psychohaushalt hat Aufmerksamkeit einen geringeren Stellenwert als Beschäftigung. Solange er eine Arbeit hat, mit der er die Stunden ausfüllen kann, und seine Kameraden das Radio auf R&B lassen, ist es ihm egal, wie lang es dauert, bis sie diesen sinnlosen Krieg verlieren.

Seine Neigung dazu, bei Flüssigkeitsmangel in Ohnmacht zu fallen, trägt ihm den Spitznamen Koma ein. Er vergisst oft zu trinken – tagsüber jedenfalls. Nach Sonnenuntergang, wenn er auf allen vieren auf der Jomsurang Road in Khorat oder in den labyrinthischen Rotlichtvierteln von Patpong und Petchburi in Bangkok, der Stadt der Engel, unterwegs ist, fließen Mekhong und Singha in Strömen. Der Schnaps macht ihn lustiger, ehrlicher, dann ist er nicht so ein Scheißkerl und führt schon einmal mit Fahrradrikschafahrern tiefschürfende philosophische Gespräche über den Sinn des Lebens.

»Du jetzt gehen nach Hause?«

»Noch nicht, mein Guter. Der Krieg ist noch nicht vorbei!«

»Krieg vorbei.«

»Für mich nicht. Erst wenn der letzte Mann das Licht ausgeknipst hat.«

»Alle sagen, Krieg vorbei. Nixon. Kissinger.«

»Mann, ich scheiße auf diesen Kissinger. Friedensnobelpreis, meine Fresse!«

»Ja. Scheiße auf Le Duc Tho. Alle jetzt gehen nach Hause.«

Douggie weiß nicht mehr so genau, wo das ist.

Wenn er nicht arbeitet, dröhnt er sich mit Thai Sticks zu und spielt stundenlang Bassriffs zur Musik von Rare Earth und Three Dog Night.

Oder er streift durch die Tempelruinen – Ayutthaya, Phimai. Die ramponierten Chedis haben etwas, das ihm Sicherheit gibt. Die umgestürzten Türme, die der Teakwald verschlingt, Reste von Galerien, von denen bald nur noch Schutthalden übrig sein werden. Früher oder später holt sich der Dschungel auch Bangkok zurück. L. A. eines Tages. Und das ist gut so. Nicht sein Fehler. Einfach der Lauf der Geschichte.

Die riesigen Stützpunkte mit ihren Bombergeschwadern werden geschlossen, und die tausend abhängigen Kleinbetriebe, die ohne sie nicht leben können, geraten in Panik. Ganz Thailand weiß, was kommt. Sie haben sich diesen Pakt mit den Weißen Teufeln aufzwingen lassen, und jetzt sieht es aus, als hätten sie aufs falsche Pferd gesetzt. Aber die Thais, denen Douglas begegnet, behandeln ihren Verderber stets freundlich. Er überlegt, ob er bleiben soll, wenn sein Einsatz und der ewige Krieg vorbei sind. Er hat hier gute Zeiten erlebt, da sollte er in den kommenden schlechten dableiben und sich irgendwie revanchieren. Hundert Wörter Thai kennt er schon. *Dâai. Nít nói. Dee mâak!* Aber noch ist es nicht so weit, er gehört weiter zur Crew, auf dem verlässlichsten Transportflugzeug aller Zeiten. Für ein paar Monate ist das auch weiterhin ein sicherer Job.

Er und seine Kameraden bereiten die Hercules für eine weitere Pendelmission nach Kambodscha vor. Seit Wochen schaffen sie Tag für Tag Material nach Pochentong. Jetzt werden aus Nachschublieferungen Evakuierungen. Ein Monat noch, vielleicht auch zwei – bestimmt nicht länger. Der Vietcong überflutet das Land, unaufhaltsam wie der Sommerregen.

Er schnallt sich auf dem Klappsitz an, und es geht los, wie jedes Mal über eine unvermindert üppig-grüne Welt, einen Flickenteppich aus Reisterrassen und umliegendem Dschungel. Vor vier Jahren war es noch auf der ganzen Strecke über die Flüsse hinweg bis zum Südchinesischen Meer überall grün. Dann brachen wie Unwetter die Entlaubungsmittel über das Land herein, Herbizide mit Namen so bunt wie ein Regenbogen, fünfzig Millionen Liter dieses modifizierten Pflanzenhormons namens Agent Orange.

Ein paar Meilen hinter der Grenze der Roten werden sie getroffen. Unmöglich; sämtliche Instrumente hatten freie Bahn bis Phnom Penh angezeigt. Flakgranaten schlagen in Kabine und Laderaum ein. Forman, den Flugingenieur, trifft ein Splitter ins Auge. Eine Granate reißt eine Wunde in die Seite des Navigationsoffiziers, Neilson, und etwas Warmes, Feuchtes quillt heraus, etwas, das besser dringeblieben wäre.

Die ganze Besatzung bewahrt eine gespenstische Ruhe. In ihren Träumen haben sie diesen kurzen Horrorfilm schon oft abgespult, und jetzt ist es tatsächlich so weit. Sie begreifen nicht, was passiert, deshalb funktionieren sie weiter. Sie packen zu, versorgen die Verwundeten und begutachten den Schaden. Zwei dünne, ölig-schwarze Rauchfäden wehen aus zweien der Triebwerke, beide an Steuerbord, und das ist nicht gut. Binnen einer Minute werden aus den Fähnchen dicke Wolken. Straub bringt das Flugzeug mit einer halsbrecherischen Kehrtwende auf Kurs zurück ins rettende Thailand. Gerade mal zweihundert Meilen. Eine Hercules kann auch mit einem einzigen Triebwerk fliegen.

Dann verlieren sie langsam an Höhe, wie eine Ente, die zur Landung auf einem See ansetzt. Aus dem hinteren Teil des Laderaums dringt Rauch. Das Wort kommt aus Pavliceks Mund, bevor ihm seine Bedeutung klar ist: *Feuer!* Und das in einem Flugzeug, das randvoll mit Treibstoff und Munition beladen ist. Er kämpft sich nach hinten zu den um sich greifenden Flammen. Die Paletten müssen raus aus dem Frachtraum, bevor sie Feuer fangen. Zusammen mit Levine und Bragg versucht er die Befestigungsgurte und Halterungen zu lösen. Aus einem Lüftungsrohr, bei dem Treffer beschädigt, pufft glühheißer Dampf und verbrüht ihm die linke Gesichtshälfte. Aber er spürt es nicht einmal. Noch nicht.

Es gelingt ihnen, die gesamte Ladung abzuwerfen. Eine der Paletten explodiert auf dem Weg nach unten. Die ganze Scheiße fliegt in die Luft. Dann schwebt auch Pavlicek erdwärts wie ein geflügeltes Samenkorn.

Meilen tiefer und drei Jahrhunderte früher kroch eine pollenbeladene Wespe durch das Loch an der Spitze einer gewissen grünen Feige und legte Eier überall in den weitverzweigten Blumengärten, dem Labyrinth im Inneren. Jede der siebenhundertundfünfzig Feigenarten der Welt hat ihre eigene Wespenart, die sie befruchtet. Und diese eine Wespe hatte es irgendwie geschafft, genau die Feige zu finden, die ihr bestimmt war. Die Urmutter legte ihre Eier und starb. Die Frucht, die sie bestäubt hatte, wurde ihr zum Grab.

Die geschlüpften Larven dieses Parasiten fraßen sich von innen her durch den Blütenstand. Aber sie vernichteten das Ding, von dem sie lebten, nicht ganz. Die männlichen Tiere paarten sich mit ihren Schwestern, dann starben sie in ihrem süßen Serail. Die weiblichen Tiere krochen aus der Feige und flogen davon, pollenbeladen, trugen das ewige Spiel weiter. Die Feige, die sie verließen, brachte ein rotes Körnchen hervor, kleiner als der Pickel auf der Nasenspitze von Douglas Pavlicek. Ein Bülbül fraß die Feige. Das Körnchen passierte den Darm des Vogels und fiel in einem Klecks gehaltvoller Kacke vom Himmel. Der Klecks landete in der Astgabel eines anderen Baumes, wo Sonne und Regen den Keimling, der daraus wuchs, großzogen, ihm halfen, Millionen von möglichen Toden zu trotzen. Er wuchs; die Luftwurzeln hangelten sich nach unten, umschlangen den Wirt. Jahrzehnte vergingen. Jahrhunderte. Auf Feldzüge mit Kriegselefanten folgten Mondlandungen im Fernsehen und die Wasserstoffbombe.

Der Stamm des Feigenbaums schickte Zweige aus, daran wuchsen die tropfenförmigen Blätter. Aus Zweigen wurden Äste, Ellenbogen, die sich zur Erde hin abwinkelten und neue Stämme bildeten. Mit der Zeit entstand aus dem einen ersten Stamm ein Hain. Die Feige wuchs in die Breite, zu einem ovalen Wald aus dreihundert Haupt- und zweitausend Nebenstämmen. Und doch war das alles ein einziger Banyanbaum. Eine Feige.

Lademeister Pavlicek fällt, Bauch voraus, vom makellos blauen Himmel. Er zischt mit einem solchen Tempo durch die Luft, dass es ihn ganz benommen macht. Das Unheil schwebt hoch über ihm in den Wolken, darum muss er sich nicht mehr kümmern. Alles, was er noch will, ist vergeben, vergessen und weiter fallen. Der Wind bläst ihn, wohin er will, weht ihn über die halbe Provinz Nakhon Ratchasima. Als die Erde

Douglas entgegenstürzt, fokussiert er seine Gedanken. Er versucht, seinen Fallschirm zu einem Reisfeld zu lenken, einer Wasserfläche, aus der kleine, grüne Büschel leuchten. Aber die Leinen verheddern sich, er schießt übers Ziel hinaus, und in dem wilden Strampeln auf den letzten Metern löst sich aus der Pistole im Oberschenkelhalfter ein Schuss. Die Kugel dringt unterhalb der Kniescheibe ein, fährt ihm durchs Schienbein, kommt am Absatz seines Kampfstiefels wieder heraus. Sein Schrei zerreißt die Luft, dann landet sein Leib im Geäst des Banyans, jenes Einbaumwaldes, der in seinem dreihundertjährigen Wachstum gerade noch rechtzeitig gekommen ist, um ihn aufzufangen.

Zweige reißen den Overall auf. Die Seide des Schirms wickelt sich um seinen Körper wie ein Leichentuch. Abschürfungen, Verbrennungen, die Schusswunde, das zerschmetterte Bein – der Flieger verliert das Bewusstsein. Er hängt dort meterhoch über dem Erdboden in Freundesland, kopfunter und breitbeinig in den Armen eines heiligen Baumes, der größer ist als manches Dorf.

Ein Bahtbus mit Pilgern trifft ein; sie wollen dem Baumheiligtum ihre Verehrung erweisen. Durch die Galerie der Luftwurzeln wandeln sie hin zum Hauptstamm, dem einen, der einst den Wirtsbaum hinabkroch, den er schon vor Ewigkeiten erwürgt hat. In den Runzeln dieses knorrigen Stamms steht ein Schrein, bedeckt mit Blumen, Bändern, Glöckchen, von mit Gebeten beschriebenen Papierstreifen, Figürchen aus Wurzelholz und heiligen Schnüren. Einer hinter dem anderen schreiten die Besucher zum Altar, unter der labyrinthischen Pergola der weit ausgreifenden Äste, und singen dazu auf Pali. In den Armen halten sie ihre Gaben – Räucherstäbchen, Döschen mit Gang Gai, Girlanden aus Lotus- und Jasminblüten. Drei Kinder hüpfen voraus, singen einen Lûk-Thûng-Song so schnell, wie ihre Lippen sich nur bewegen können.

Jetzt versammeln sie sich am Schrein. Sie hängen ihre Blumengirlanden zu dem Regenbogen aus anderen Opfergaben, mit dem die Spinnenbeine der Äste ringsum bereits behängt sind. Dann stürzt der Himmel ein, und etwas landet krachend in der Laubkrone zu ihren Häuptern. Räucherstäbchen, Kränze, Suppendöschen fliegen in alle Richtungen. Zwei Pilger gehen vor Schreck zu Boden.

Das Chaos lichtet sich. Alle schauen nach oben. Über ihnen im Baum hängt ein großer Farang, droht jetzt durch die Äste zu brechen und das letzte kurze Stück noch auf den Boden zu stürzen. Sie rufen dem Fremdling etwas zu. Er antwortet nicht. Sie debattieren darüber, wie sie den Mann aus dem Würgegriff von Feigenbaum und Fallschirm befreien sollen. Tech Sergeant Pavlicek schlägt die Augen auf und erblickt rings um sich her Thais, die auf Bänken stehen und ihn anstupsen. Er glaubt, er läge auf dem Rücken, von den Lüften getragen, und Menschen schauten von oben zu ihm herunter, angelten nach ihm unter der spiegelnden Oberfläche. Der Schmerz in Bein und Gesicht ist unerträglich. Er hustet, der Speichel, der aus seinem Mund rinnt, ist rot. Er denkt: *Ich bin tot.*

Nein, korrigiert ihn eine Stimme ganz in der Nähe. *Baum retten Leben.*

Douggie stammelt die drei nützlichsten Silben, die er in den vier Jahren in Thailand gelernt hat. »*Mâi kâo chai.*« Ich verstehe nicht. Dann schwinden ihm wieder die Sinne, und er fährt fort in der langen, zyklischen Arbeit des Fallens. Diesmal stürzt er weiter, bis die Erde unter ihm sich auftut und ihn verschlingt. Er fällt bis tief unter die Erdoberfläche, taucht wohlig ein in die Welt der Wurzeln. Er sinkt bis unter den Grundwasserspiegel, bis an den Anfang der Zeit, in die Höhle eines sagenhaften Geschöpfes, von dessen Existenz er sich nie hätte träumen lassen.

Das örtliche Krankenhaus traut sich an das Bein eines amerikanischen Soldaten nicht heran. Ein Mitarbeiter fährt ihn nach Khorat, in einem korallenroten Mazda, an dessen Antenne ein Wimpel mit dem buddhistischen Radsymbol flattert. Der Wagen klingt wie ein knatterndes Khlong-Boot und zieht auch eine ähnliche Schleppe öligschwarzen Qualms hinter sich her. Vollgepumpt mit Schmerzmitteln sieht Pavlicek auf der Rückbank kilometerweit nichts als Grün vorübergleiten. Die flache, üppige Landschaft, die sanften Hügel. *Im Wasser gibt es Fische; auf den Feldern Reis.* Wenn ein Taifun kommt, wird die ganze Region wie ein Bananenblatt untergehen. In einem Jahr um diese Zeit wird sich

Charlie im Siam Intercontinental aalen. Ein Baum hat ihm das Leben gerettet. Es ergibt keinen Sinn.

Als die Wirkung der Spritzen nachlässt, fleht Pavlicek den Fahrer an, ihn zu töten. Der Fahrer weist nur mit den Händen zum Mund. »No Angrit.«

Douglas' Schienbein wird genagelt. Ein Arzt auf dem Stützpunkt von Khorat flickt ihn notdürftig zusammen und überweist ihn weiter ins Fifth Field Hospital in Bangkok. Sämtliche Kameraden haben den Einsatz überlebt – laut Kampfbericht ist das größtenteils sein Verdienst. Und er – er verdankt sein Leben einem Baum.

Die Air Force hat keine Verwendung für Krüppel. Er bekommt Krücken, ein Air Force Cross – die zweithöchste Tapferkeitsmedaille, die sie zu vergeben haben – und ein Rückflugticket nach San Francisco. Beim Pfandhaus Friendly in der Mission Street versetzt er seine Medaille für fünfunddreißig Dollar. Er kann nicht sagen, ob Friendly damit einen verwundeten Kriegsveteranen unterstützt oder ob sie ihn gnadenlos übers Ohr hauen. Letztlich ist es ihm auch egal. Und damit endet Douglas Pavliceks Versuch, seinen Beitrag zur Rettung der freien Welt zu leisten.

Das Universum ist ein Banyanbaum, bei dem die Wurzeln oben und die Äste unten sind. Dann und wann sickern wieder die Satzfetzen stammaufwärts zu Douglas, als hinge er noch immer kopfüber in der Luft: *Baum retten Leben.* Sie machen sich nicht die Mühe, ihm zu erklären, warum das so ist.

Die Lebensuhr tickt wie ein Countdown. Neun Jahre, sechs Arbeitsstellen, zwei gescheiterte Beziehungen, Nummernschilder aus drei Bundesstaaten, zweieinhalb Tonnen unter den Umständen nur angemessenes Bier und ein stets wiederkehrender Albtraum. Als sich wieder einmal ein Herbst dem Ende zuneigt und der Winter vor der Tür steht, nimmt Douglas Pavlicek einen schweren Hammer und haut eine Reihe von Schlaglöchern in die notdürftig befestigte Straße, die an der Pferderanch vorbei hinunter nach Blackfoot führt. Damit will er die Leute zwingen, langsamer zu fahren, so dass er am Zaun stehen und ihre Gesichter sehen kann. Wenn erst mal der November da ist, kann es eine ganze Weile dauern, bevor er dieses Vergnügen wieder hat.

An einem Samstag ist es soweit, nachdem er die Pferde gefüttert und ihnen vorgelesen hat. Der Trick funktioniert. Wenn das Auto stark genug abbremst, läuft er mit dem Hund nebenher, bis der Fahrer entweder das Fenster herunterkurbelt, um Hallo zu sagen, oder eine Waffe zückt. So kommt es zu ein paar netten Unterhaltungen, echten Begegnungen. Ein Mann hält sogar eine ganze Minute lang an. Douglas ist klar, dass sein Verhalten auf Außenstehende ein wenig exzentrisch wirken muss. Aber das hier ist Idaho, und wenn man seine gesamte Zeit mit Pferden verbringt, weitet sich der Horizont, und man begreift, dass das menschliche Leben nicht mehr ist als ein Maskenball, den man besser nicht für bare Münze nimmt.

Tatsächlich reift in Douggie immer mehr die Überzeugung, dass der größte Fehler der menschlichen Spezies darin besteht, dass sie dazu neigt, das für wahr zu halten, was auf Zustimmung stößt. Den größten Einfluss darauf, was ein Individuum glaubt und was nicht, haben öffentliche Aussagen anderer Individuen. Wenn man drei Menschen zusammen in einen Raum steckt, kommen sie irgendwann zu dem Schluss, dass die Gesetze der Schwerkraft Teufelswerk sind und außer Kraft gesetzt werden müssen, nur weil ein Onkel von ihnen in besoffenem Zustand vom Dach gefallen ist.

Er hat diese Idee an anderen getestet, allerdings ohne nennenswerten Erfolg. Aber ein Stahlsplitter nahe dem vierten Lendenwirbel, die bescheidene Kriegskasse, gespeist aus dem Sümmchen, mit dem sie ihn verabschiedet haben, die (verpfändete) Tapferkeitsmedaille, ein nachträglich verliehenes Purple Heart, das ihn von hinten betrachtet an einen Klodeckel erinnert, und sein handwerkliches Geschick berechtigen ihn zu eigenen Ansichten.

Er humpelt immer noch ein wenig, bei seiner Arbeit mit dem Hammer. Sein Gesicht ist lang geworden und erinnert, in unbewusster Nachahmung der Tiere in seiner Obhut, mittlerweile ein bisschen an ein Pferd. Sieben Monate im Jahr lebt er allein, während die nicht mehr

ganz jungen Besitzer der Ranch sich an ihren übrigen Wohnsitzen aufhalten und anderen Hobbies nachgehen. Er ist auf drei Seiten von Bergen umgeben. Das Einzige, was er im Fernsehen zu sehen bekommt, ist
knisternder Schnee. Trotzdem ist ein Teil von ihm immer noch neugierig, ob es womöglich irgendwo irgendjemanden gibt, der seine wenigen
persönlichen Überzeugungen teilt. Der Wunsch nach Bestätigung: eine
Krankheit, die der ganzen Spezies zum Verhängnis werden wird. Und
dennoch verbringt er den zweiten Samstag im Oktober an der Straße
vor dem Haus, weil er hofft, dass ein ordentliches Schlagloch jemanden
zum Abbremsen zwingt.

Er ist kurz davor, seinen Beobachtungsposten für diesmal aufzugeben
und zurück in die Scheune zu gehen, um mit Häuptling Plenty Coups,
dem belgischen Kaltblut, über Nietzsche zu diskutieren, als ein roter
Dodge Dart mit beinahe schon Schallgeschwindigkeit über die Kuppe
geschossen kommt. Im Angesicht der Kraterlandschaft bremst der Wagen mit einem bemerkenswert gut beherrschten Schlittern ab. Douggie
und der Hund setzen sich in Trab. Als sie auf einer Höhe mit dem Wagen
sind, ist das Fenster schon heruntergekurbelt. Eine Frau mit üppiger roter Mähne beugt sich heraus. Es gibt viel zu bereden, das sieht Douglas
auf den ersten Blick. Sie sind vom Schicksal dazu ausersehen, Freunde
zu werden. »Wieso ist die Straße hier in so einem schlechten Zustand?«

»Aufständische«, erklärt Douglas.

Sie kurbelt das Fenster wieder hoch und tritt aufs Gas, ohne Rücksicht
auf die Stoßdämpfer. Hat keine Sekunde Aufmerksamkeit mehr für ihn.
Schon wieder vorbei. Es versetzt Douglas einen Stich. Wieder ein letzter
Strohhalm. Er findet nicht einmal mehr die Kraft, dem Pferd den nächsten Abschnitt aus *Zarathustra* vorzulesen.

In dieser Nacht fallen die Temperaturen weit unter Null, und die
rauen Schneeflocken traktieren sein Gesicht, als hätte sich die Natur
in einen kalifornischen Peelingsalon verwandelt. Er macht sich auf den
Weg nach Blackfoot und kauft einen Monatsvorrat Obstsalat in Dosen,
für den Fall, dass der Schnee früh kommt und die Straße unpassierbar
macht. Schließlich landet er in einer Billardbar und wirft mit Silberdollars um sich, als wären es billige Unterlegscheiben.

»Verbrennen musst du dich wollen in deiner eignen Flamme«, verkündet er einer größeren Gruppe von Gästen. Also spricht der einstige Gefangene 571, der für alle Ewigkeit dafür büßen muss, dass er seine Decke nicht einem Mitgefangenen gegeben hat, als er es hätte tun sollen. Nach achtzehn Runden Poolbillard kommt er mit mehr Geld zurück, als er ursprünglich dabeihatte. Verbuddelt die Kohle auf der Nordkoppel, da, wo er auch den Rest des Notgroschens versteckt hat, bevor der Boden zu kalt wird zum Graben.

Die Winter hier sind länger als der Geduldsfaden der Zivilisation. Er schnitzt. Bastelt Dinge aus seinem Vorrat an Geweihen: eine Lampe, einen Garderobenständer, einen Stuhl. Er denkt an die Rothaarige und daran, wie wunderbar und unerreichbar Menschen wie sie sind. Er lauscht den Kapriolen der Tiere auf dem Dachboden. Er arbeitet sich durch die Taschenausgabe der Werke von Nietzsche und widmet sich danach den gesammelten Schriften von Nostradamus, verbrennt sie Blatt für Blatt im Holzofen, sobald er die Seite zu Ende gelesen hat. Er striegelt die Pferde, bis ihnen die Haare ausgehen, reitet sie im täglichen Wechsel in der Scheune und liest ihnen Miltons *Verlorenes Paradies* vor; mit Nostradamus will er sie nicht beunruhigen.

Im Frühjahr geht er mit einer .22er raus in den Wald. Aber er bringt es nicht fertig, zu schießen, nicht mal auf einen lahmen Hasen. Mit ihm stimmt etwas nicht, das merkt er genau. Als seine Arbeitgeber im Frühsommer zurückkehren, sagt er ihnen schönen Dank und kündigt. Er weiß nicht, wohin er jetzt soll. Seit seinem letzten Flug als Lademeister sind solche Gewissheiten unmöglicher Luxus.

Er will weiter nach Westen. Das Problem ist, dass der einzige Landstrich, der noch weiter westlich ist, ihm so vorkommt, als läge er wieder in Richtung Osten. Aber er hat seinen alten, doch zuverlässigen F-100, neue Reifen, eine ansehnliche Menge Bargeld, seine Invalidenrente und einen Freund in Eugene. Hübsche, wenig befahrene Straßen führen durch die Berge bis hinüber nach Boise und von da immer weiter. So schön ist ihm das Leben nicht mehr vorgekommen, seit er vom Himmel gefallen und in einem Banyanbaum gelandet ist. Der Radioempfang verschwindet und taucht wieder auf zwischen den Canyons, als kämen die Songs vom Mond. Melancholische Countrymusik geht nahtlos über in Techno. Er hört ohnehin nicht zu. Wie in Trance folgt er meilenlangen Wänden aus Engelmannfichten und Felsentannen. Er hält am Straßenrand, um sich zu erleichtern. Hier draußen in den Bergen könnte er genauso gut auf den Mittelstreifen des Highways pinkeln, und kein Mensch würde sich darum kümmern. Aber wenn man Barbarei einmal zulässt, gibt es schon bald kein Halten mehr; das hat er den Pferden oft genug gepredigt. Er geht von der Straße in den Wald.

Und wie er so dasteht, quasi mit heruntergelassener Hose, den Blick ins Weite gerichtet, und darauf wartet, dass seine Blase die Schleusen öffnet, entdeckt Douglas Pavlicek einen Lichtschein zwischen den Baumstämmen, wo eigentlich nur Schatten sein sollte, bis tief hinein in das Herz des Waldes. Er zieht den Reißverschluss hoch und erkundet die Lage. Dringt tiefer ins Unterholz vor, nur dass der Weg hinein geradewegs ins Freie führt. Schon nach einem kurzen Stück steht er wieder draußen auf einer ... nein, das ist keine Lichtung. Eher eine Mondlandschaft. Vor ihm liegt eine Wüste aus Baumstümpfen. Der Boden ist übersät mit blutroten Schlacken, vermischt mit Sägemehl und Schlagabfällen. In alle Richtungen, so weit das Auge reicht, gleicht die Landschaft einem gerupften Vogel. Gerade so, als hätten außerirdische Todesstrahlen ihr Vernichtungswerk getan und als warte die Welt nur noch auf die Erlaubnis unterzugehen. In seiner Erinnerung gibt es nur eine Erfahrung, die sich annähernd damit vergleichen lässt: die dschungelbedeckten Landstriche, an deren Zerstörung er gemeinsam mit Dow Chemical und Monsanto mitgewirkt hat. Aber hier wurde noch gründlichere Arbeit geleistet.

Er stolpert zurück durch den tarnenden Vorhang aus Bäumen, überquert die Straße und mustert den Wald auf der anderen Seite. Auch dort gleicht der Berghang einer Mondlandschaft. Er startet den Truck und fährt weiter. Dem Augenschein nach führt die Straße durch den Wald, smaragdgrüne Meilen eine nach der anderen. Aber Douglas lässt sich jetzt nicht mehr täuschen. Das hier ist nichts als ein hauchdünner Korridor aus vorgetäuschtem Leben, eine Kulisse, hinter der sich ein Bombenkrater verbirgt, so groß wie ein ganzer Staat. Der Wald ist schiere Staffage, ein raffiniertes Täuschungsmanöver. Die Bäume sind wie ein paar Dutzend Filmstatisten, die engagiert wurden, um eine Massenszene zu beleben und so zu tun, als spiele sie in New York.

Er hält an einer Tankstelle. Nach dem Tanken fragt er den Mann an der Kasse: »Haben die etwa *gerodet*, weiter oben im Tal?«

Der Mann nimmt Douggies Silberdollars. »Kann man wohl sagen.«

»Und das Ganze verstecken sie hinter einem dünnen Vorhang, damit der Wähler nichts merkt?«

»Panoramakorridore heißen die Dinger. Landschaftskosmetik.«

»Aber … ist das nicht alles Staatswald?«

Der Kassierer starrt ihn misstrauisch an, vermutet anscheinend Hintersinn bei einer so dummen Frage.

»Ich dachte, Staatswald steht unter Schutz.«

Der Kassierer schnaubt verächtlich. »Was Sie meinen, sind *Parks*. Nationalparks. Die staatlichen *Wälder* sind zum Abholzen da, zu nichts sonst. Für jeden, der genug zahlt.«

Bei allem Bildungshunger – das ist zu viel. Douglas hat sich zum Ziel gesetzt, jeden Tag etwas Neues zu lernen, aber er wird ein paar Tage brauchen, bis er diesen Neuzugang verdaut hat. Die Wut übermannt ihn, irgendwo kurz vor Horseshoe Bend. Es sind ja nicht nur die Hunderttausende von Morgen, die da vor seinen Augen verschwunden sind, in nicht einmal einem halben Tag. Er kann es verkraften, dass Smokey Bear und Ranger Rick Pensionen einstecken, die die Holzfirmen zahlen. Aber der vorsätzliche, dummdreiste, widerwärtig *wirkungsvolle* Trick mit den Potemkinschen Baumreihen am Highwayrand, dafür möchte er jemanden ins Gesicht schlagen. Meile für Meile Betrug an seiner Seele, und alles nach Plan. Es sieht alles so echt aus, so lebendig, so unschuldig. Er kommt sich vor, als wäre er auf dem Zedernberg, in diesem Gilgamesch-Epos, das er in der Bibliothek der Ranch gefunden und letztes Jahr den Pferden vorgelesen hat. Der Wald vom ersten Schöpfungstag. Und jetzt stellt sich heraus, dass Gilgamesch und sein Freund, der Nichtsnutz Enkidu, schon hier waren und den ganzen Wald verwüstet haben. Die älteste Geschichte der Welt. Man könnte durch den ganzen Bundesstaat fahren und würde davon nie etwas merken. Das ist es, was ihn daran so wütend macht.

In Eugene gibt Douglas einen ansehnlichen Stapel Silberdollars für einen Erkundungsflug mit einer kleinen Propellermaschine aus. »Drehen Sie einfach die größte Runde, die Sie für das Geld drehen können. Ich möchte wissen, wie es hier unten von da oben aussieht.«

Es sieht aus wie der Bauch eines kranken Tieres, das Fell schon für den chirurgischen Eingriff rasiert. Und zwar überall, in alle Himmelsrichtungen. Wenn das im Fernsehen zu sehen wäre, würden die Holzfällerarbeiten schon morgen eingestellt. Auf die Oberfläche zurückgekehrt, die das alles verbirgt, bleibt Douglas drei Tage auf der Couch seines Freundes und sagt kein einziges Wort. Er hat kein Vermögen. Kennt sich in der Politik nicht aus. Ist kein großer Redner. Kein Wirtschaftswissen, kein Geschick im Umgang mit anderen. Alles, was er hat, ist das Bild des Kahlschlags vor Augen, ob diese Augen nun offen sind oder nicht, das Horrorbild von hier bis zum Horizont.

Er hört sich um. Dann verdingt er seine anderthalb guten Beine bei einem Unternehmer, der das geplünderte Land mit neuen Bäumchen bepflanzt. Er bekommt einen Spaten, eine Umhängetasche, wie Johnny Appleseed eine hatte, voll mit Setzlingen, wobei er für jeden ein paar Pennies zahlen muss. Und für jeden gepflanzten Baum, der in einem Monat noch am Leben ist, soll sein Lohn zwanzig Cent sein. Die Douglasie – Amerikas wertvollstes Nutzholz; sicher, warum soll man da nicht einen Forst allein aus Douglasien anlegen? Fünf neugebaute Häuser pro Morgen. Ihm ist klar, dass er über Mittelsmänner für genau die Arschlöcher arbeitet, die die altehrwürdigen Bäume fällen. Aber er muss ja nicht die ganze Holzindustrie niederknüppeln, muss sich überhaupt nicht als Rächer der Wälder fühlen. Er muss einfach nur eine Arbeit haben, von der er leben kann, und die Wunden dieses Kahlschlags heilen, damit der Anblick wieder verschwindet, der sich in sein Bewusstsein bohrt wie ein Käfer ins Splintholz.

Tag für Tag zieht er über die lautlosen, leblosen Hänge. Auf allen vieren kriecht er über den Abfall, den die Holzfäller zurücklassen, verliert den Halt auf diesem Schlachtfeld, muss sich festkrallen, um sich voranzuschleppen in dem Chaos aus Wurzeln, Stöcken, Zweigen, Ästen, Stümpfen und Stämmen, fasrig, zerfleddert, der Fäulnis überlassen auf diesem Friedhof, den niemand pflegt. Er lernt hundert neue Arten zu stolpern. Er bückt sich, sticht eine kleine Kerbe in den Boden, steckt einen Setzling hinein und verschließt das Loch wieder mit einem liebevollen Stupser der Stiefelspitze. Dann das Gleiche mit dem nächsten Baum. Und wieder. Ein Strahlenkranz, ein weit ausgeworfenes Netz. Die Hügel hinauf, hinunter in nackte Schluchten. Dutzende Male in jeder Stunde. Hunderte Male jeden Tag. Tausende und Abertausende pro Woche, bis sein gesamter vierunddreißigjähriger Leib anschwillt, als stecke er voller Schlangengift. Es gibt Tage, da würde er sich das beschädigte Bein mit der Feile absägen, wenn er eine hätte.

Er schläft in den Quartieren der Baumpflanzer, Lager voller Hippies und Illegaler, zähe, liebenswerte Menschen, alle am Ende eines langen Tages zu müde, um noch viel zu reden. Einmal kommt ihm, als er sich am Abend niederlegt, steif vor Schmerz, ein Spruch in den Sinn – Worte, die er einst seinen Schützlingen vorgelesen hat, in seinem früheren Leben als Stallbursche. *Wenn du eine Pflanze in der Hand hältst und man dir sagt: »Der Messias ist da!«, pflanze sie zuerst ein und dann geh, ihn zu begrüßen.* Weder er noch die Pferde hatten viel damit anfangen können. Bisher.

Der Geruch des Holzes überwältigt ihn. Feuchte Gewürzschublade. Muffige Wolle. Verrostete Nägel. Eingelegte Paprika. Düfte, die ihn in seine Kindheit zurückversetzen. Aromen, die ein unerklärliches Glücksgefühl in ihm wecken. Parfüms, die ihn an den Grund eines tiefen Brunnens bannen und über Stunden dort festhalten. Dann das Geräusch, wattig, als halte er das Ohr ans Kissen gedrückt. Das bösartige Fauchen der Kettensägen und Bulldozer, irgendwo in der Ferne. Eine große Wahrheit geht ihm auf: Der Sturz, mit dem ein Baum zu Boden geht, ist spektakulär. Doch das Einpflanzen ist still, und das Wachstum sieht man nicht.

An manchen Tagen herrscht ein geheimnisvoller Nebel, wie im Wald von Avalon. Es gibt Stunden in der Frühe, da bringt die Kälte ihn fast um, Mittage, an denen er die Hitze wie einen Tritt in den halbtauben Hintern spürt. Nachmittage, an denen der Himmel so blau ist, dass er sich auf den Rücken legt und hinaufstarrt, bis ihm die Tränen kommen. Es gibt hämischen, gnadenlosen Regen. Regen mit dem Gewicht und der Farbe von Blei. Verhaltenen Regen, wie ein Vorsprechen mit Lampenfieber. Regen, von dem auf seinen Füßen Moos und Flechten wachsen. Einst standen die Bäume hier dicht an dicht, lange Reihen spitzer Wipfel. Einmal wird es wieder so sein.

Manchmal arbeitet er mit anderen Pflanzknechten, und manche davon sprechen Sprachen, die er noch nie gehört hat. Er stößt auf Wanderer, die ihn fragen, wo der Wald ihrer Jugend geblieben ist. Die wandernden *pineros* kommen und gehen mit der Jahreszeit, die harten Burschen, so wie er, bleiben das ganze Jahr. Die meiste Zeit ist er allein, nur der grausame, leere, aufs Notwendigste reduzierte Rhythmus der Arbeit. Loch stechen, Hinknien, Einstecken, Aufstehen, Andrücken.

Sie sehen so armselig aus, seine kleinen Douglasien. Wie Pfeifenreiniger. Dekor für eine Modelleisenbahn. Sieht man sie von ferne auf dieser menschengemachten Wiese, dann sind sie wie eine Stoppelfrisur auf dem Kopf eines Mannes, der nicht mehr viele Haare hat. Aber jedes der dürren Stämmchen, die er da in die Erde steckt, kennt einen Zaubertrick, den es schon seit ewigen Zeiten gibt. Zu Tausenden pflanzt er sie ein, und er liebt sie und vertraut auf sie, so wie er liebend gern auf seine Mitmenschen vertrauen würde.

Wenn man sie in Ruhe lässt – und das ist der schwierige Teil –, wenn man sie in Ruhe lässt, sie der Luft und dem Licht und dem Regen überlässt, kann jeder Einzelne davon Zehntausende Pfund schwer werden. Jeder, dem er hier zu einem Anfang verhilft, könnte sechshundert Jahre lang wachsen, könnte so groß werden, dass selbst der höchste Fabrikschornstein daneben klein aussähe. Generationen von Nagern, die den Baum niemals verließen, könnten darauf wohnen, und mehrere Dutzend Insektenarten, die nichts anderes im Sinn hätten, als den Wirt seiner Nadeln zu berauben. Er könnte zehn Millionen Nadeln im Jahr auf seine eigenen unteren Äste regnen lassen, aus denen Erdmatten entstünden, hängende Gärten hoch über dem Boden.

Jeder dieser dünnen Stecken könnte im Lauf seines Lebens Millionen von Zapfen produzieren, die kleinen gelben männlichen mit ihren Pollen, die ganze Staaten durchschweben, die hängenden weiblichen mit ihren Mauseschwänzchen, die zwischen den Schuppenringen hervorlugen, ein Anblick, den er mehr liebt als sein eigenes Leben. Und den Wald, den sie wiederherstellen könnten, kann er beinahe schon riechen – harzig, frisch, voller Sehnsucht, der Saft einer Frucht, die keine Frucht ist, ein Duft wie Weihnachten, ein Duft unendlich viel älter als jeder Stall und jede Krippe.

Die gerodete Fläche, die Douglas Pavlicek bearbeitet, ist so groß wie die Innenstadt von Eugene, und von jedem Pflänzchen, das er einsetzt, verabschiedet er sich persönlich. *Halte durch. Hundert Jahre, zweihundert, mehr brauchst du nicht. Ein Kinderspiel für euch. Ihr müsst nur durchhalten, bis wir weg sind. Dann wird niemand mehr da sein, der euch etwas tut.*

NEELAY MEHTA

Der Junge, der einmal mithelfen wird, aus Menschen eine vollkommen neue Spezies zu machen,
sitzt in der Wohnung seiner Eltern oberhalb einer
mexikanischen Bäckerei in San José und schaut
sich auf Video eine Wissenschaftssendung für Kinder an. In der Küche hustet seine rajasthanische
Mutter vom Staub des zerstoßenen schwarzen
Kardamoms, dessen Aroma sich mit dem Zimtduft von *pan fino* und
conchas aus der Bäckerei unten mischt. Draußen im Tal der Herzensfreude breiten die Geister von Mandel-, Kirsch-, Birn-, Walnuss-, Pflau-
men- und Aprikosenbäumen sich noch über Meilen in alle Richtungen
aus, Bäume, die eben erst dem Silizium weichen mussten. Den *Goldenen
Staat* nennen die Eltern des Jungen das Land noch immer.

Der Vater, ein Gujarati, steigt die Treppe herauf, balanciert auf seinen
spindeldürren Armen einen schweren Karton. Vor acht Jahren ist er in
dieses Land gekommen, mit zweihundert Dollar und einem Diplom in
Festkörperphysik in der Tasche, bereit, für zwei Drittel dessen zu arbeiten, was seine weißen Kollegen bekamen. Jetzt ist er der Angestellte
Nummer 276 bei einer Firma, die die Welt neu erfindet. Er schwankt unter dem Gewicht, zwei Treppen hinauf, und summt dazu den Lieblings-
song seines Sohns, den, den sie immer zusammen vor dem Einschlafen
singen: *Joy to the fishes in the deep blue sea, joy to you and me.* Glück für
jeden und für alle, Glück für jedermann.

Der Kleine, der ihn gehört hat, stürmt auf den Treppenabsatz. »Pita!

Was hast du da? Geschenk für mich?« Mit sieben Jahren weiß der kleine Rajput, dass mehr oder weniger die ganze Welt ein Geschenk für ihn ist.

»Lass mich erst einmal hereinkommen, Neelay, bitte-danke. Ein Geschenk, ja. Für uns beide.«

»Ich *wusste* es!« Im Paradeschritt marschiert der Junge rund um den Couchtisch, stapft so fest auf, dass die Newton-Wiege darauf in Schwung gerät. »Ein Geburtstagsgeschenk für mich, elf Tage zu früh.«

»Aber du musst mir helfen, es zusammenzubauen.« Vorsichtig stellt der Vater die Kiste auf dem Tisch ab, schubst den Krempel, der darauf-liegt, einfach auf den Boden.

»Helfen kann ich gut.« Der Junge vertraut darauf, dass sein Vater frühere Vorstöße vergessen hat.

»Man braucht Geduld dazu, und du erinnerst dich ja, Geduld wolltest du lernen.«

»Ich weiß«, versichert der Junge und zupft schon an dem Karton.

»Geduld ist der Schöpfer aller guten Dinge.«

Der Vater fasst den Jungen an beiden Schultern und schiebt ihn so in Richtung Küche. Die Mutter verstellt ihnen den Weg. »Nicht hier rein. Sehr beschäftigt!«

»Sei auch du mir gegrüßt, Moti. Habe den Computerbausatz gekauft.«

»Der Mann sagt mir, er hat den Computerbausatz gekauft.«

»Es ist ein Com*puter*bausatz!«, jubiliert der Junge.

»Das sieht dir ähnlich. Computerbausatz. Dann könnt ihr zwei Jungs ja jetzt spielen.«

»Eigentlich kann man es nicht so richtig Spielen nennen, Moti.«

»Nicht? Dann geht arbeiten. So wie ich.« Unter Juchzern zerrt der Kleine den Vater wieder zurück zum großen Geheimnis. Die Mutter hinter ihnen ruft: »Tausend Wörter Speicher oder vier?«

Der Vater blüht auf. »Vier!«

»Viertausend, hätte ich mir auch denken können. Dann lasst mich jetzt in Ruhe und macht was Schönes.«

Der Junge blickt skeptisch, als die Leiterplatte aus grünem Kunststoff zum Vorschein kommt. »Das ist ein Computerbausatz? Wozu brauchen wir denn da so was?«

Der Vater grinst wie ein Honigkuchenpferd. Der Tag wird kommen, an dem dieses So was das ganze Leben umkrempelt. Er greift von neuem in den Karton und holt das Herzstück heraus. »Da haben wir ihn, kleiner Neelay. Sieh mal!« Er hält einen fingerlangen Baustein in die Höhe, den Mikrochip. Vor Freude wackelt sein Kopf hin und her. Ein Ausdruck, der schon verdächtig nach Stolz aussieht, macht sich auf seinem Asketengesicht breit. »Dein Vater hat mitgeholfen, das zu bauen.«

»Das ist er, Pita? Das ist der Mikroprozessor? Der sieht ja aus wie ein Käfer mit eckigen Beinen.«

»Ja, aber du musst bedenken, was wir alles da hineingepackt haben.«

Der Junge mustert das Ding. Er hat sämtliche Gutenachtgeschichten des Vaters aus den letzten zwei Jahren im Kopf – Epen über heldenhafte Projektleiter und unverwüstliche Ingenieure, denen mehr Missgeschicke passieren als dem weißen Affen Hanuman und seiner gesamten Affenhorde. Die Hirnzellen des Siebenjährigen feuern, bilden neue Synapsen, bauen verzweigte Axone auf, Dendriten, winzige, sich verzweigende Bäumchen. Er grinst, aber vorsichtig, unsicher. »Tausende und Abertausende von Transistoren!«

»Ach, mein kluger kleiner Mann.«

»Lass mich anfassen.«

»Tst, tst, tst. Vorsichtig. Statische Elektrizität. Wir könnten den Burschen hier umbringen, bevor er überhaupt zum Leben erwacht.«

Der Junge schaudert selig. »Er erwacht zum Leben?«

»Wenn ...!« Der Vater hebt beschwörend den Finger. »Wenn wir alle Lötstellen richtig hinbekommen.«

»Und was macht er dann, Dad?«

»Was soll er denn machen, Neelay?«

Vor den Augen des Jungen, den immer größer werdenden Pupillen, verwandelt das Ding sich in einen Dschinn. »Er macht alles, was wir wollen?«

»Wir müssen nur wissen, wie wir das, was wir wollen, in seinen Speicher bekommen. Unsere Pläne.«

»Unsere Pläne tun wir *da* hinein? Wie viele Pläne sollen denn da rein-passen?«

Die Frage bringt den Mann zum Stolpern, so wie einfache Fragen es oft tun. Er steht da, verirrt im Unkraut des Universums, steht ein wenig gebückt, weil die Welt, in der er unterwegs ist, eine stärkere Schwerkraft hat. »Eines Tages passen da vielleicht sämtliche Pläne hinein, die wir haben.«

Sein Sohn schnaubt. »*In das kleine Ding da?*«

Vom obersten Brett des Bücherregals nimmt der Vater das Familien-album. Er blättert kurz, dann ein Triumphruf: »He, Neelay! Komm und sieh dir das an.«

Das Foto ist klein, grün und geheimnisvoll. Ein Bündel Riesenschlan-gen quillt aus zerbröckeltem Stein.

»Siehst du? Auf das Tempeldach dort ist ein winziges Samenkorn gefallen. Jahrhunderte später ist der Tempel vom Gewicht dessen, was daraus wuchs, zusammengestürzt. Und trotzdem wächst es weiter und weiter.«

Ein Geflecht aus Dutzenden von Stämmen wurzelt in dem alten Mau-erwerk. Tentakel tasten sich in die Ritzen, dann sprengen sie den Stein. Eine Wurzel mit mehr Umfang als der Torso von Neelays Vater kriecht über einen Türsturz und hangelt sich wie ein Stalaktit in den Türbe-reich darunter. Die Art, wie diese Pflanze ihre Fühler ausstreckt, ängstigt den Jungen, aber er kann den Blick nicht abwenden. Es hat so viel von einem Tier, wie die Stämme die Ritzen zwischen den Steinen ertasten und ihnen folgen. Wie der Rüssel eines Elefanten. Anscheinend kennen sie ihren Weg genau und verfolgen ihn unbeirrt. Der Junge denkt: *Da ist etwas, das will, auf seine bedächtige und zielstrebige Art, jedes Bauwerk, das die Menschen errichten, in Erde verwandeln.* Aber sein Vater hält Neelay das Foto vor die Nase, als hätte er damit einen Beweis dafür, dass das Schicksal ihnen gewogen ist.

»Siehst du? Wenn Wischnu einen so riesengroßen Feigenbaum in ein Samenkorn *so klein* stecken kann …« Der Mann beugt sich vor, zwickt seinen Sohn in die Spitze des kleinen Fingers. »Dann kannst du dir vorstellen, was wir alles noch in unsere Maschine reinbekom-men.«

Sie brauchen mehrere Tage, um den Inhalt der Kiste zusammenzubauen. Alle Lötstellen gelingen. »Also, Neelay-*ji*. Was soll der kleine Kerl tun?«

Der Junge sitzt da, benommen von der Vielfalt der Möglichkeiten. Sie könnten alles, was ihnen einfällt, auf die Welt loslassen, jede noch so verrückte Idee. Unmöglich ist es nur, sich für etwas zu entscheiden.

Seine Mutter ruft aus der Küche. »Bringt ihm bei, wie man Okra kocht, bitte.«

Sie programmieren ihn so, dass er »Hallo, Welt« sagt, in blinkenden Bildschirmzeichen. Sie lassen ihn »Alles Gute zum Geburtstag, lieber Neelay« sagen. Aus diesen Worten von Vater und Sohn *wird* nun etwas. Der Junge ist eben erst acht geworden, aber in diesem Augenblick ist er da angekommen, wo er hingehört. Er hat eine Möglichkeit gefunden, seine ureigensten Hoffnungen und Träume in etwas zu verwandeln, das tatsächlich *geschieht*.

Von Anfang an entwickeln sich die Geschöpfe, die sie sich ausdenken, weiter. Eine einfache Schleife aus fünf Befehlen ergibt ein wunderhübsch gegliedertes fünfzigzeiliges Bild. Programmschnipsel lassen sich abtrennen und wiederverwenden. Neelays Vater schließt einen Kassettenrecorder an; damit können sie die Arbeit von Stunden binnen weniger Minuten neu laden. Allerdings muss man genau wissen, wie man den Lautstärkeregler einstellt, sonst verpufft alles in einem Lesefehler.

Innerhalb weniger Monate steigen sie von viertausend Bytes Arbeitsspeicher zu sechzehntausend auf. Dann der nächste Sprung vorwärts, auf vierundsechzig. »Pita! Mehr Macht als je ein einzelner Mensch in der ganzen Weltgeschichte gehabt hat!«

Der Junge verliert sich in der Logik seines Willens. Er bringt der Maschine Gehorsam bei, trainiert sie stundenlang wie einen jungen Hund. Sie will ja nur spielen. Schleudere eine Kanonenkugel über den Berg auf deine Feinde. Halte die Ratten von deinem Kornspeicher fern. Drehe das Glücksrad. Spüre jeden Außerirdischen im Quadranten auf und vernichte ihn. Buchstabiere das Wort, bevor das arme Strichmännchen am Galgen baumelt.

Sein Vater sitzt dabei und beobachtet, was er entfesselt hat. Seine Mutter packt mit beiden Händen ihre Blusenzipfel und schimpft jedes männliche Wesen in Hörweite aus. »Sieh dir den Jungen an! Der sitzt nur noch da und tippt. Wie ein Sadhu; im Rausch regelrecht. Er ist besessen davon, das ist schlimmer als Betelkauen.« Die Mutter wird noch jahrelang weiterschimpfen, so lange, bis ihr Sohn mit dieser Arbeit echtes Geld nach Hause bringt. Für eine Antwort hat der Junge keine Zeit. Er schafft neue Welten. Zu Anfang sind sie noch klein, aber sie stammen von ihm.

Beim Programmieren gibt es etwas, das man *Verzweigung* nennt. Das ist das, was Neelay Mehta macht. Damit kann er in neue Körper schlüpfen, sein Leben in jeder Hautfarbe neu leben, allen Rassen, Geschlechtern, Glaubensrichtungen. Er erweckt Leichen zum Leben und verschlingt die Seelen der Neugeborenen. Er schlägt sein Zelt hoch im Blätterdach großer Wälder auf, liegt zerschmettert am Fuße unmöglich hoher Klippen, schwimmt in Planetenmeeren mit einer unendlichen Zahl von Sonnen. Er wird sein Leben im Dienste einer gewaltigen Verschwörung verbringen, die ihren Ausgang im Tal der Herzensfreude nimmt, einer Verschwörung, die sich Zugang zum Verstand der Menschen verschafft und ihn stärker verändert als je etwas seit der Erfindung der Schrift.

Es gibt Bäume, die gehen in die Breite wie ein Feuerwerk, andere wachsen in die Höhe wie Kegel. Bäume, die ohne die kleinste Krümmung dreihundert Fuß hoch in den Himmel schießen. Ausufernd, pyramidenförmig, kugelförmig, säulenförmig, konisch, krumm: Das Einzige, was sie gemeinsam haben, sind die Verzweigungen, als winke Wischnu mit seinen vielen Armen. Unter denen, die so wachsen, sind die Hemmungslosesten die Feigen. Würgebäume, die sich wie ein Mantel um den Stamm eines anderen legen und ihn verschlingen, eine leere Gussform um den zergangenen Leib ihres Wirts. Die Pappelfeige, *ficus religiosa*, der Bobaum des Buddhas, mit Blättern, die in exotischen Träufelspitzen enden. Banyans, die sich breitmachen wie ganze Wälder, mit hundert eigenen Stämmen, die um ihren Platz an der Sonne rangeln. Die Feige, die den Tempel auffrisst, auf dem Foto seines Vaters, lässt den Jungen nicht mehr los. Je mehr Schnipsel wiederverwertbaren Codes sie findet, desto schneller wird sie wachsen, wird jeden nur erdenklichen Fluchtweg abtasten, Ausschau halten nach neuen Gebäuden, die sie verschlingen kann. Während der nächsten zwanzig Jahre wird sie unter Neelays Händen gedeihen.

Dann wird sie blühen, der verspätete Dank des Jungen für ein verfrühtes Geburtstagsgeschenk. Seine Verneigung vor dem dürren kleinen Pita, der den schweren Karton die Treppe hinaufgewuchtet hat. Sein Dank an Wischnu, den er nur von auf billiges Zeitungspapier gedruckten Comicbooks in Hindi kennt, einer Sprache, die zu lesen er nie gelernt hat. Sein Abschied von einer Spezies, die sich vom Menschen in ein Konvolut aus Daten verwandelt. Sein Versuch, die Toten wieder zum Leben zu erwecken und von neuem ihre Liebe zu erringen. So viele Stämme, die von ein und demselben Baum abwärts wachsen. Das Samenkorn, das sein Vater in ihn einpflanzt, wird die Welt verschlingen.

Sie ziehen in ein Haus am Camino weiter unten im Tal, in Mountain View. Drei Schlafzimmer: So viel Luxus findet Babul Mehta verwirrend. Er fährt immer noch ein zwanzig Jahre altes Auto. Aber alle fünf Monate rüstet er die Computer auf.

Ritu Mehta gerät in Panik, jedes Mal wenn eine neue Kiste kommt. »Wo soll das enden? Du treibst uns noch in den Ruin!«

In der Garage sammeln sich so viele alte Gerätschaften an, dass der Wagen nicht mehr hineinpasst. Aber jedes Bauteil, so veraltet es auch sein mag, ist ein Wunder an Komplexität, mehr als der Verstand begreifen kann, geschaffen von Ingenieuren, die wahre Helden sind. Weder Vater noch Sohn können diese Wunderdinge wegwerfen, so unnütz sie mittlerweile auch sein mögen.

Neelay leidet unter dem Schneckentempo des Moore'schen Gesetzes. Er braucht unbedingt mehr RAM, mehr MIPS, mehr Pixel. Ein Zehntel seines jungen Lebens verbringt er mit dem Warten auf die nächste bahnbrechende Erfindung. Im Inneren dieser winzigen austauschbaren Komponenten steckt etwas, das will heraus. Oder, besser gesagt: Es gibt etwas, zu dem man diese störrischen Dinger vielleicht bringen kann, etwas, das die Menschen sich bisher nicht einmal ausmalen können. Und Neelay ist kurz davor, diese Dinge zu finden, zu benennen, wenn er nur das nächste neue Zauberwort findet.

Er jagt über den Schulhof wie ein Spion im Land der Kindheit. Er lernt, was er lernen muss – die immergleichen Sprüche aus einer endlosen Reihe von Fernsehserien, die Jingles all der lästigen kleinen Radiosender, alles über die fünfzehnjährigen Sex-Starlets, nach denen er angeblich verrückt sein muss. Aber wenn er abends zu Hause ist, drehen sich seine Gedanken nicht um Spielplatzgerangel, um die Sticheleien des Schulalltags, sondern um seine Visionen exakt programmierter Befehle, mit denen sich mehr Rechenleistung mit weniger Aufwand erzielen lässt – Datenströme vom Speicher hinein in die Tiefen des Systems und von da wieder zurück, ein Tanz von so betörender Schönheit, dass er gar nicht erst versuchen muss, ihn seinen Freunden zu erklären. Er könnte es ihnen unter die Nase halten, und sie würden nicht begreifen, was er ihnen da zeigt.

Jedes neue Programm ist ein Stollen, den sie in die Welt der Möglichkeiten treiben. Ein Frosch, der versucht, eine vielbefahrene Straße zu überqueren. Ein Affe, der mit Fässern um sich wirft. Mit diesen lächerlich geometrischen Bildschirmbildern purzeln Gestalten aus einer anderen Dimension in Neelays Welt. Und das Zeitfenster, in dem er sie wirklich *sehen* kann, ist winzig klein, bevor die Dinge, die es nie gab, zu Dingen werden, die es schon immer gegeben hat. Ein paar Jahre später wird man Kinder wie ihn wegen Asperger in kognitive Verhaltenstherapie stecken und ihnen das auffällige Verhalten per SSRI austreiben. Aber er weiß etwas, lange bevor die anderen darauf kommen: Die Menschen müssen sich auf etwas gefasst machen. Früher, da mag das Schicksal der Menschheit in den Händen der Wohlangepassten gelegen haben, der Sozialverträglichen, derjenigen, die wussten, wie man Emotionen gezielt einsetzt. Aber all das bekommt jetzt ein Upgrade.

Nicht dass er nicht auch auf altmodische Art massenhaft Bücher verschlänge. Bis tief in die Nacht sitzt er über bewusstseinserweiternden Epen, die ihm die wahren Skandale von Zeit und Raum enthüllen. Generationenraumschiffe als Brückenschlag über die Jahrhunderte. Städte unter Glaskuppeln wie riesenhafte Terrarien. Historie, die sich aufspaltet und weiterläuft in endlosen Parallelwelten. Eine Geschichte entdeckt er, auf die hat er schon ewig gewartet, auch wenn er es gar nicht wusste. Er wird sie sein Lebtag nicht mehr vergessen, auch wenn er sie nie wiederfindet, in wie vielen Datenbanken er auch sucht. Fremde Wesen landen auf der Erde. Es sind mickrige kleine Gesellen, für Außerirdischenverhältnisse. Aber ihr Stoffwechsel läuft in einem Tempo, als gäbe es kein Morgen. Wie Mückenschwärme zischen sie durch die Gegend, so schnell, dass keiner sie sieht – in einem Tempo, dass ihnen eine Erdensekunde vorkommt wie Jahre. Menschen sind in ihren Augen nichts als reglose Skulpturen aus Fleisch. Die Fremden versuchen, mit ihnen zu kommunizieren, aber sie bekommen keine Antwort. Da sie kein Anzeichen intelligenten Lebens finden, pökeln sie starre Statuen ein, Dörrfleisch als Proviant für den langen Heimflug.

Sein Vater ist der einzige Mensch, der Neelay mehr bedeutet als die Dinge, an denen er arbeitet. Die beiden verstehen sich, ohne dass ein einziges Wort fällt. Keiner von beiden ist glücklich, solange sie nicht gemeinsam an einer Tastatur sitzen. Stupser in den Nacken, Stöße mit dem Ellenbogen. Albereien, Gekicher. Und immer der sanfte Singsang, den Kopf schief gelegt: »Sieh dich vor, Neelay-ji. Gib acht! Missbrauche deine Kräfte nicht.«

Das gesamte Universum wartet ja nur darauf, dass man es animiert. Sie beide müssen gemeinsam Möglichkeiten schaffen, aus den kleinsten Atomen. Der Junge will Töne und Melodien, aber seine Maschinen sind stumm. Also erschaffen Neelay und sein Vater ihre eigenen Sägezahnwellen, schalten den kleinen Piezo-Lautsprecher so schnell aus und an, dass er anfängt zu singen.

Sein Vater fragt: »Wo nimmst du nur die Konzentration her?«

Der Junge antwortet nicht. Sie wissen es beide. Wischnu hat alle Möglichkeiten des Lebens in ihren kleinen 8-Bit-Mikroprozessor gesteckt, und Neelay wird nicht von seinem Platz vor dem Bildschirm weichen, bevor er nicht die gesamte Schöpfung befreit hat.

Als Erwachsener wird dieser Junge mit einer einzigen Wischbewegung ein hübsches Icon über ein Display ziehen und in ein Baumdiagramm einbauen können, eine Arbeit, für die er und sein Vater zu ihrer Zeit sechs Wochen lang jeden Abend im Keller zusammengehockt haben. Aber nie wieder wird ihn dieses Gefühl des Unvorstellbaren überkommen, das nur darauf wartet, dass er es sich vorstellt. In der mammut-baumgetäfelten Halle seines Milliarden-Dollar-Bürokomplexes, bezahlt mit Einkünften aus einer Galaxie gleich neben der hiesigen, hängt über viele Jahre eine Tafel mit dem Zitat seines Lieblingsschriftstellers:

Jeder Mensch muss aller Gedanken fähig sein,
und ich bin sicher, dass er es eines Tages sein wird.

Mit elf Jahren bastelt Neelay seinem Pita für Uttarayam, das große Dra-chenfest, einen Drachen. Keinen echten: etwas Besseres. Einen, den die beiden gemeinsam steigen lassen können, ohne dass jemand in Moun-tain View sie deswegen für ungebildete Kuhanbeter hält. Es ist sein erster Versuch mit einer neuen Animationstechnik, die er aus einer hektogra-phierten Hobbyzeitschrift namens *Liebe auf den ersten Klick* kennenge-lernt hat. Es ist eine kluge und schöne Idee. Man skizziert den Drachen zunächst grob in einer Folge von Sprites, und die packt man dann direkt in den Grafikspeicher. Anschließend projiziert man sie gestaffelt auf den Schirm, wie ein Daumenkino. Als sich sein Bild zum ersten Mal bewegt, fühlt er sich wie ein Gott.

Seine große Idee: Er will das Programm so schreiben, dass es selbst wiederum programmierbar wird. Der Benutzer soll die Melodie seiner Wahl eintippen können, einfach mit Zahlen und Buchstaben, und den Drachen damit zum Tanzen bringen. Es ist ein Plan von solchen Di-mensionen, dass sich beim Gedanken daran in Neelays Kopf alles dreht. Sein Pita wird seinen Drachen selbst tanzen lassen, nach einer echten Melodie aus dem Gujarat.

Neelay füllt einen großen Ringordner mit Aufzeichnungen, Diagram-men, Ausdrucken der neuesten Versionen. Neugierig greift sein Vater danach. »Und was haben wir hier, Mr. Neelay?«

»Das darfst du nicht sehen!«

Sein Vater grinst, verneigt sich. Geheimnisse und Geschenke. »Sehr wohl, Neelay, mein Meister.«

Der Junge arbeitet an dem Projekt, wenn sein Vater nicht zu Hause ist. Er nimmt es mit in die Schule, in dieses Labyrinth, dessen sämtliche Gänge zu Folterkammern führen, die Inspirationsquelle für so manches finstere Verlies in seinen späteren Werken. Der schwarze Ordner sieht offiziell aus. Er tut, als nutze er ihn für Notizen, in Wirklichkeit arbeitet er an seiner Programmierung. Seine Lehrer sind zu geschmeichelt, um Verdacht zu schöpfen.

Sein Plan läuft wie am Schnürchen, bis zur fünften Stunde – Amerikanische Literatur mit Ms. Gilpin. Sie lesen Steinbecks *Die Perle*. Neelay mag die Geschichte irgendwie, besonders die Stelle, wo das Baby von dem Skorpion gestochen wird. Skorpione sind großartige Geschöpfe, gerade die ganz großen.

Ms. Gilpin schwadroniert endlos darüber, was die Perle bedeutet. Für Neelay ist es einfach eine Perle. Er zerbricht sich den Kopf über ein *echtes* Problem: Wie sich der tanzende Drachen mit der Musik synchronisieren lässt. Er überfliegt die Seiten des Ausdrucks, und mit einem Mal hat er die Lösung: zwei verschachtelte Schleifen. Als schrieben die Götter es mit dicker Kreide an die Tafel seines Verstands. »Ja, natürlich«, sagt er laut.

Die ganze Klasse lacht. Unmittelbar davor hatte Ms. Gilpin gesagt: »Schließlich wollen wir ja nicht, dass das Baby stirbt, nicht wahr?«

Ms. Gilpins Augen schleudern Blitze. Alle verstummen. »Neelay. Was machst du da?« Es ist besser, gar nichts zu sagen, das weiß er. »Was ist in dem Ordner da?«

»Computeraufgaben.« Wieder lachen alle über so eine verrückte Idee.

»Du bist in einem *Computerkurs*?« Er schüttelt den Kopf. »Bring mir den Ordner.«

Auf halbem Wege nach vorn zum Pult überlegt er, ob er stolpern und sich den Knöchel verstauchen soll. Er händigt ihr seine Notizen aus. Sie blättert darin. Zeichnungen, Flussdiagramme, Programmiersprache. Sie runzelt die Stirn. »Geh wieder auf deinen Platz.«

Er gehorcht. Ms. Gilpin kehrt zu Steinbeck zurück, er bleibt in seinem Schwitzkasten aus Ungerechtigkeit und Blamage. Nach dem Klingeln, als die anderen schon gehen, kommt er wieder an das Pult von Ms. Gilpin zurück. Er weiß, warum sie ihn hasst. Er ist einer von denen, die dafür sorgen werden, dass ihre Art ausstirbt.

Sie schlägt den Ordner auf, ein Rasterbild von grob gepixelten imaginären Drachen. »Was ist das?«

Sie weiß nicht, was das Drachenfest ist, sie kann sich nicht vorstellen, was es heißt, einen Vater wie seinen zu haben. Sie ist blond, aus Vallejo. Maschinen sind ihre Feinde. Nach ihren Begriffen zerstört das wissenschaftliche Denken alles, was wertvoll an der Seele eines Menschen ist. »Computerkram.«

»Du bist ein kluger Junge, Neelay. Warum magst du den Englischunterricht nicht? Keiner kann Sätze so gut aufgliedern wie du.« Sie wartet, hat aber nicht seine Geduld. Sie pocht mit dem Finger auf den Ordner. »Ist das ein Spiel oder so etwas?«

»Nein.« Nicht so, wie sie es meint.

»Macht dir das Lesen denn keinen Spaß?«

Sie tut ihm leid. Sie hat ja keine Ahnung, was echtes Lesen ist. Das Galaktische Imperium und seine Widersacher durchmessen die gesamte Spirale der Milchstraße, sie führen Kriege, die Hunderttausende von Jahren dauern; und da macht sie sich Gedanken um diese drei armseligen Mexikaner.

»Ich dachte, *Ein anderer Frieden* hätte dir gefallen.«

Das hatte er gar nicht so schlecht gefunden. Es hatte ihn sogar gerührt, ein klein bisschen. Aber er weiß nicht, was das mit seinem beschlagnahmten Besitz zu tun haben soll.

»Interessiert dich *Die Perle* denn überhaupt nicht? Da geht es um *Rassismus*, Neelay.«

Er steht nur da und blinzelt, als habe er gerade seinen ersten Kontakt mit einer außerirdischen Intelligenz. »Könnte ich nicht einfach meinen Ordner zurückhaben, wenigstens für eine Weile? Ich bringe ihn auch nicht mehr mit zum Unterricht.«

Nun blickt sie beleidigt. Selbst er kann sehen, dass er sie gekränkt hat. Sie hatte geglaubt, er stünde auf ihrer Seite, aber im Lauf der Wochen hat er sich davongestohlen und ist zum Feind übergelaufen. Sie legt die Hand auf den Ordner und runzelt noch einmal die Stirn. »Vorerst behalte ich den. Bis du und ich wieder wissen, woran wir miteinander sind.«

Nur ein paar Jahre später werden Schüler ihre Lehrer wegen geringerer Anlässe erschießen. Am Ende des Schultags sucht er sie in ihrem Büro auf. Er hat sich ernsthaft vorgenommen, sich zu bessern. »Ich wollte mich entschuldigen, dafür, dass ich in Ihrem Unterricht an meinen Notizen gearbeitet habe.«

»*Gearbeitet*, Neelay? Du hast gearbeitet?«

Sie will ein Geständnis. Sie will, dass er ihr dankt, dafür, dass sie ihn davor gerettet hat, sich mit sündhaftem Spiel zu beschäftigen, während der Rest der Klasse mühsam nach literarischen Perlen taucht. Fünfzig Stunden Arbeit am Drachen für seinen Vater liegen nun zwei Armeslängen entfernt, unerreichbar. Das macht sie mit Absicht. Der Zorn übermannt ihn. »Kann ich jetzt bitte meinen Scheißordner wiederhaben?«

Worte wie eine Ohrfeige. Ihr Blick wird hart, der Krieg ist erklärt. »Das gibt einen Eintrag ins Klassenbuch. Du hast gegenüber deiner *Lehrerin* unflätig geredet. Ich bin gespannt, was deine Eltern dazu sagen.«

Er erstarrt. Seine Mutter wird ihn mit einem einzigen Schlag zu Boden strecken, *jhakta*, ein geschlachtetes Tier.

Ms. Gilpin blickt auf die Uhr. Zu spät, um ihn noch zum Direktor zu schicken. Ihr Freund kommt sie in zehn Minuten abholen. Dann werden sie über die Starrköpfigkeit dieses Inderjungen lachen, mit seinem Ordner voller Hieroglyphen. Darüber, wie er ihr weismachen wollte, er habe nicht gespielt. Jetzt ist sie ganz Respektsperson. »Morgen früh stehst du wieder hier vor diesem Pult, vor dem ersten Klingelzeichen. Dann reden wir über das, was du dir eingebrockt hast.«

Das Blut pocht in den Schläfen des Jungen, seine Augen brennen.

»Du kannst jetzt gehen.« Kurz hebt sie die Augenbrauen, ein Satzzeichen. »Bis morgen früh. Punkt sieben Uhr.«

Er braucht Zeit zum Nachdenken. Also steigt er nicht in den Bus, sondern geht zu Fuß nach Hause. Es ist einer jener unwirklichen Tage, an denen man sich hier auf der Halbinsel fühlt wie im Paradies – mild und heiter, mit einem Duft nach Lorbeer und Eukalyptus. Er trottet den bekannten Weg entlang, gerade mal halb so schnell wie sonst, vorbei an den bescheidenen Mittelschichtbungalows, für die man bald schon anderthalb Millionen zahlen wird, nur um sie anschließend abzureißen und ein neues Haus zu bauen. Er muss sich etwas einfallen lassen. Er ist frech zu seiner Lehrerin gewesen, und nun zerbricht sein ganzes goldenes Leben an diesem einen unanständigen Wort. Diese Respektlosigkeit gegenüber einer Weißen wird seinen Vater zutiefst treffen. *Geduld, Neelay. Zurückhaltung. Weißt du noch? Weißt du noch?* Es wird sich herumsprechen bei den anderen Indern, die hier leben. Die Schande wird seine Mutter umbringen.

Er streift durch die baumgesäumten Straßen, die sich wie Linien eines Fingerabdrucks durch das von drei Schnellstraßen begrenzte Viertel winden. Noch vier Häuserblocks bis nach Hause; hier nimmt er eine Abkürzung durch den Park, in den er jedes Mal geht, wenn seine Eltern ihn an die frische Luft schicken. Der Weg schlängelt sich durch ein Spalier aus tiefhängenden Steineichen, *encinas,* die mit ihren phantastisch geformten Ästen hier schon wachsen, seit Kalifornien der fernste Außenposten des spanischen Reiches war. Wenn er diese Art Baum vorher je zur Kenntnis genommen hat, dann allenfalls im Kino: die Bäume von Sherwood Forest oder in Lorna Doones Badgworthy, Waldkulissen, die frühen Einwanderern Angst einflößen oder Schiffbrüchige vor Herausforderungen stellen. Wenn Hollywood Bäume braucht, sind es jedes Mal diese hier, die einzigen Laubträger weit und breit.

Sie winken ihn zu sich heran, bizarr, traumgleich, grotesk. Ein gewaltiger Ast hängt tief herab, als wolle er sich am Boden zur Ruhe legen. Mühelos schwingt sich Neelay hinauf und sitzt in der Baumkrone, als sei er von neuem sieben Jahre alt. Hier lässt er sein verwirktes Leben Revue passieren. Von hier oben, in dieser verrückten, ausladenden Eiche, von wo er auf den Weg hinunterblickt, auf dem zwei Kinder mit einem Stock nach Kieselsteinen schlagen und eine gebeugte, weißhaarige Frau ihren Dackel spazieren führt, kann er den ganzen Schlamassel mit Ms. Gilpins Augen sehen. Es war ja verständlich, dass sie ihn getadelt hat. Aber sie hat ihm etwas weggenommen, sein *Eigentum.* Von diesem Ausguck betrachtet hat die Misere etwas, das Ms. Gilpin wohl als moralisches Dilemma bezeichnen würde.

Er macht Platz auf dem geschmeidigen Eichenast für die beiden Jungen aus *Ein anderer Frieden.* Er beobachtet sie bei ihren typisch weißen Privatschülerspielen um Liebe und Krieg, auf ihrem Baum über dem Fluss. Tief unten hüpft der braungrüne kalifornische Erdboden immer dann, wenn ein Windstoß die Äste erfasst. Er weiß fast nichts über die

Welt seiner Eltern, aber eins ist so unumstößlich wie ein mathematisches Gesetz. Schande ist für einen Inder schlimmer als der Tod. Vielleicht hat Ms. Gilpin sie schon angerufen und ihnen alles über sein Verbrechen erzählt. Sein Kopf hämmert vor Schmerz bei dem Gedanken, und er hat einen metallischen Geschmack auf der Zunge. Er hört seine Mutter brüllen: *Du gibst dieser Frau mit den Rattenhaaren Anlass dazu, deine ganze Familie zu beschämen?* Bald wird ein fernes Land voller Tanten, Onkel, Cousins und Cousinen wissen, was er getan hat.

Und sein armer Vater, der sich jahrelang unsichtbar gemacht hat, nur um in diesem Goldenen Staat leben und arbeiten zu dürfen: Entsetzt starrt er Neelay an und fragt sich, wie ein Kind so vermessen sein kann, zu glauben, es könne einer amerikanischen Autoritätsperson Widerworte geben und trotzdem weiterleben.

Neelay späht von seinem Eichenhorst hinunter auf den Weg, sein Verstand ein wirres Knäuel von Programmfetzen. Dann durchzuckt ihn ein Gedanke, eine Ahnung, wie es doch noch Frieden geben könnte. Wenn er ein bisschen angeschlagen wäre, könnte er vielleicht auf die Mitleidskarte setzen. Einen verletzten Jungen kann man nicht verprügeln. Ein angenehmer Schauder rieselt ihm den Nacken hinunter, wie bei alten Episoden von *Twilight Zone*. Die Idee ist idiotisch. Er muss das jetzt durchstehen, nach Hause gehen und die Strafe über sich ergehen lassen. Er beugt sich vor, um sich alles noch einmal gut anzusehen, zum vorerst letzten Mal. Seine Eltern werden ihn monatelang nicht mehr rauslassen.

Er seufzt. Setzt den Fuß auf den Ast unter sich, um hinunterzuklettern. Und verliert den Halt.

Er wird jahrelang Zeit haben, sich zu fragen, ob die Äste gezuckt haben. Ob der Baum es mit Absicht getan hat. Auf dem ganzen Weg nach unten schlagen die Äste nach ihm. Sie schleudern ihn hin und her wie eine Flipperkugel. Der Boden schießt ihm entgegen. Er landet mit dem Steißbein auf dem Betonweg, und seine Lendenwirbelsäule bricht.

Die Zeit steht still. Er liegt auf seinem zerschmetterten Rücken und blickt nach oben. Die Kuppel über ihm schwebt in der Luft, eine zersprungene Schale, die jeden Augenblick in einem Scherbenregen auf ihn einprasseln wird. Tausende – Abertausende – sich immer weiter verzweigender Fingerlein falten sich mit ihren grünen Spitzen über ihm, betend und bedrohlich. Rinde zergeht; Holz tritt zutage. Der Stamm verwandelt sich in die Türme einer wuchernden Metropole, ein Netz aus Zellen, pulsierend von Energie und flüssiger Sonne; Wasser steigt auf durch einen Ring aus hauchdünnen Röhren, die gelöste Mineralien in immer enger verzweigten Gefäßen aufwärts und nach außen in die wogenden Spitzen leiten, während zugleich von der Sonne erzeugte Nährstoffe durch andere Röhren in ihrem Inneren nach unten wandern. Ein kolossaler, aufstrebender, ausgreifender, sich reckender Aufzug aus einer Milliarde unabhängiger Teile, der Luft himmelwärts transportiert und den Himmel tief im Erdboden speichert und aus dem Nichts Möglichkeiten schafft: Das vollkommenste Beispiel für ein sich selbst schreibendes Programm, das er sich überhaupt vorstellen kann. Dann setzt der Schock ein; Neelay schließt die Augen und fährt sein System herunter.

Er wacht Tage später im Krankenhaus wieder auf, ans Bett geschnallt, bewegungsunfähig. Schläuche halten Arme und Beine fest. Zwei Keile drücken ihm rechts und links ans Ohr und fixieren seinen Kopf. Er sieht nichts als die Zimmerdecke, und die ist nicht blau. Er hört, wie seine Mutter ruft: »Er hat die Augen geöffnet!« Er versteht nicht, warum sie bei diesen Worten schluchzt, immer wieder neu, als sei etwas Schlimmes daran.

Er liegt da in einer Wolke narkotischen Nichtwissens. Manchmal ist er eine Programmzeile in einem Mikroprozessor größer als eine ganze Stadt. Manchmal ist er ein Reisender in jenem Land der Überraschung, das er später errichten wird, wenn die Maschinen endlich schnell genug sind, um mit seiner Phantasie mitzuhalten. Manchmal angeln monströse, sich immer weiter verzweigende Tentakel nach ihm.

Das Jucken ist nicht auszuhalten. Alles oberhalb seiner Taille ist ein einziges Feuer, und er kann nicht heran. Als er wieder auf der Erde landet, ist seine Mutter da, zusammengesunken auf einem Stuhl neben seinem Bett. Bei der kleinsten Veränderung seines Atems schreckt sie aus dem Schlaf hoch. Sein Vater ist auch da, irgendwie. Neelay macht sich

Sorgen; was werden sie in der Firma sagen, wenn sie merken, dass er nicht an seinem Platz ist?

Seine Mutter sagt: »Du bist von einem Baum gestürzt.«

Er weiß nicht, wie er die Punkte verbinden soll. »Gefallen?«

»Ja«, schimpft sie. »Das hast du angestellt.«

»Warum stecken meine Beine in Röhren? Damit ich nichts kaputtmachen kann?«

Sie fährt mit dem erhobenen Finger hin und her, dann legt sie ihn sich an die Lippen. »Alles wird gut.«

So etwas sagt seine Mutter nicht.

Nach und nach wird die Dosis der Schmerzmittel reduziert. An die Stelle der Medikamente treten Schmerzen. Leute kommen zu Besuch. Der Chef seines Vaters. Die Kartenspielrunde ihrer Mutter. Sie lächeln, als praktizierten sie Gesichtsgymnastik. Ihr Wohlwollen jagt ihm Heidenangst ein.

»Du hast eine Menge durchgemacht«, sagt der Arzt. Aber Neelay hat überhaupt nichts durchgemacht. Sein Körper vielleicht. Sein Avatar. Aber er? Das Programm ist noch genau wie immer.

Der Arzt ist ein freundlicher Mann, dessen Hand zittert, wenn er sich zu ihm aufs Bett setzt, mit Augen, die fest auf eine leere Stelle hoch oben an der Wand blicken. Neelay fragt: »Können Sie nicht die Schraubdinger von meinen Beinen abmachen?«

Der Arzt nickt, aber nicht zustimmend. »Das muss erst noch besser werden.«

»Aber es macht mich verrückt, dass ich sie nicht abnehmen kann.«

»Konzentriere dich ganz auf das Gesundwerden. Dann überlegen wir, was als Nächstes kommt.«

»Könnten Sie mir wenigstens die Stiefel ausziehen? Ich kann nicht mal meine Zehen bewegen.«

Schließlich begreift er. Er ist noch nicht einmal zwölf. Schon seit Jahren lebt er an einem Ort, den er sich selbst eingerichtet hat. Der Gedanke, dass es von nun an unendlich viele schöne Dinge in seinem Leben nicht mehr geben wird, kommt ihm gar nicht. Er hat ja noch den anderen Ort, das Paradies, das er erst noch erschaffen will.

Aber seine Mutter und sein Vater: für die ist es schlimm. Schreckliche

Stunden kommen nun, Tage des Nichtwahrhabenwollens, des verzweifelten Hoffens; Dinge, an die er sich nicht erinnern wird. Über Jahre werden sie immer wieder an Wunderheilungen glauben, alternative Medizin, Hokuspokus. Noch für lange Zeit wird die Liebe seiner Eltern seine Strafe umso schlimmer machen, bis sie schließlich all ihre Hoffnung auf Moksha setzen und endlich einsehen, dass ihr Sohn von nun an ein Krüppel ist.

Nach wie vor liegt er auf dem Streckbett, Tage später. Seine Mutter ist unterwegs, eine Besorgung machen. Vielleicht kein Zufall. Seine Lehrerin kommt zur Tür herein, ganz Wohlwollen und Energie, hübscher, als er sie in Erinnerung hatte.

»Ms. Gilpin. Wow!«

Irgendwas stimmt nicht mit ihrem Gesicht. Aber die Gesichter der Leute kommen ihm neuerdings alle falsch vor, aus seinem neuen Blickwinkel schräg von unten. Sie tritt ganz nah an ihn heran und berührt ihn an der Schulter. Das macht ihm Angst.

»Neelay. Ich bin so froh, dich zu sehen.«

»Ich bin auch froh, Sie zu sehen.«

Sie zittert am ganzen Körper. Er denkt: *Sie hat das mit meinen Beinen schon erfahren. Die ganze Schule weiß es.* Er würde ihr gern sagen: *Davon geht die Welt nicht unter.* Jedenfalls keine, auf die es ankommt. Sie erzählt vom Unterricht, davon, was sie jetzt lesen. *Blumen für Algernon.* Er verspricht, es ebenfalls zu lesen.

»Du fehlst uns allen, Neelay.«

»Hier.« Er zeigt an die Wand, wo seine Mutter die riesige Klappkarte hingeklebt hat, mit den Unterschriften der ganzen neunten Klasse. Das ist zu viel für sie. Er weiß nicht, wie er sie trösten soll. »Ist schon okay«, sagt er.

Mit einem Ruck hebt sie den Kopf, eine irre Hoffnung. »Neelay. Du weißt, ich wollte nie ... Ich wollte doch nicht ...«

»Ich weiß«, sagt er und wünscht sich, sie ginge.

Nun hält sie sich beide Hände vors Gesicht, die Finger gespreizt, und so steht sie auf. Dann greift sie in die Aktentasche und holt den Ringordner mit seinen Notizen heraus. Dem Drachenprogramm für seinen Vater. »Das hier gehört dir. Ich hätte niemals ...«

Vor lauter Glück hört er überhaupt nicht mehr, was sie noch weiter sagt, obwohl er sieht, dass ihre Lippen sich bewegen. Er hatte seine Notizen schon verloren geglaubt; befürchtet, auch die gehörten zu den Dingen aus seinem Leben, bevor der Baum ihn abwarf, Dingen, die er nie zurückbekommen würde.

»Danke. Ach, ich danke Ihnen so sehr!«

Sie stößt einen Schluchzer aus. Als er aufblickt, dreht sie sich schon um und läuft davon. Sein eigener Kummer dauert nur, bis er den Ordner aufschlägt. Dann liegt er nur da, blättert durch die Seiten, und alles fällt ihm wieder ein. So viel Arbeit, so viele gute Ideen – *gerettet*. Gespeichert.

Sechs Jahre vergehen. Die Pubertät verändert Neelay Mehta. Der Junge schießt zu einem grotesken Geschöpf auf: Mit siebzehn Jahren ist er knapp zwei Meter groß, wiegt 68 Kilo, lebt in Symbiose mit seinem Rollstuhl. Sein Leib zieht sich in die Länge. Selbst seine Beine, zu dicken Stöcken verschrumpelt, werden lächerlich lang. Seine Wangen verschieben sich wie Kontinentalplatten, Pickelkolonien besiedeln sein Gesicht. Schwarze Drähte sprießen an seinem zuvor so makellosen Geschlecht. Die Sopranstimme wird zum hohen Tenor. Sein Haar ist so lang wie das eines gläubigen Sikhs, auch wenn er es nicht zum Knoten windet. Er lässt es frei fließen; in wallenden Strängen umrankt es sein längliches Gesicht, reicht hinab bis auf die schmalen Schultern.

Er lebt in seinem Metallgefährt – Kommandosessel in einem Raumschiff, das für alle Zeiten durch die unerforschten Weiten der Gedanken reist. Manche Menschen nehmen zu, wenn sie nicht mehr laufen können. Aber solche Menschen essen. Er braucht am Tag nicht mehr als für fünfzig Cent Sonnenblumenkerne und zwei Dosen koffeinhaltige Limonade. Natürlich verschwendet er selten eine Kalorie. Sobald er sich am Morgen an seinen maßgefertigten Schreibtisch gerollt hat, schlucken sein Computertower und der Röhrenmonitor mehr Energie als er selbst. Seine Finger gleiten über die Tastatur, und die Augen suchen den Bildschirm ab, aber nur das Gehirn verbrennt eine nennenswerte Menge an Glukose, während die Prototypen seiner Geschöpfe entstehen, in Achtzehnstundenschritten, sorgsam, Befehl um Befehl.

Er bekommt einen Studienplatz in Stanford, zwei Jahre vor der Zeit. Der Campus liegt direkt am Camino. Die Informatikabteilung blüht und gedeiht, gedüngt mit den großzügigen Spenden der Firma, für die sein Vater arbeitet. Schon als Zwölfjähriger hat Neelay sich auf dem Campus herumgetrieben. Lange bevor er offiziell sein Studium aufnimmt, ist er dort in Informatikerkreisen so etwas wie ein Maskottchen. *Ihr wisst schon: der lange Inderjunge in dem komischen Stuhl.*

Etwas erblickt das Licht der Welt, entspringt dem Schoß von einem halben Dutzend Gebäuden der »Farm«, wie man die Uni nennt. Überall wachsen Zauberbohnen in den Himmel, quasi über Nacht. Man redet darüber unter Freunden, in dem Computerlabor im Keller, in dem Neelay seine Zeit mit Programmieren verbringt. Sie sind eine schweigsame Truppe, aber sonntagsabends heben die Programmierer lang genug die Köpfe von ihren Do-Loop-Schleifen, um Literflaschen Limonade herumzureichen und Pizza zu vertilgen, und dazu philosophieren sie gern ein wenig.

Einer sagt: »Wir sind der dritte Akt der Evolution.« Dabei kleckert ihm Soße aus dem offenen Mund.

Es ist, als hätten sie alle zur gleichen Zeit dieselbe Idee. Die Biologie war Phase eins, hat sich über Äonen entfaltet. Dann beschleunigte die Zivilisation das Tempo des Wandels auf Zeitspannen von Jahrhunderten. Jetzt gibt es alle zwanzig Wochen eine neue digitale Generation, jedes Unterprogramm macht das nächste noch schneller.

»Chips verdoppeln ihre Transistorzahl alle achtzehn Monate …? Ich meine, überlegt euch doch mal, Leute, wohin das Moore'sche Gesetz *führt.*«

»Angenommen, es gilt für den Rest unseres Lebens. Wir könnten noch sechzig Jahre vor uns haben.«

Die wahnwitzige Rechnung löst hysterisches Kichern aus. Noch vierzigmal Verdoppelung. Stratosphärenhohe Reisberge auf dem sprichwörtlichen Schachbrett.

»Eine trillionenfache Steigerung. Programme, die eine Million Mal komplexer und leistungsfähiger sind als das Beste, was wir heute haben.«

Ernst und nachdenklich halten sie inne. Neelay senkt den Kopf und blickt auf sein unberührtes Stück Pizza, als warte dort eine Aufgabe aus der analytischen Geometrie. »Lebendige Wesen«, sagt er, fast zu sich selbst. »Selbstlernend. Sich selbst erschaffend.« Alle lachen, aber er legt noch nach. »So schnell, dass sie nicht mal merken, dass es uns gibt.«

Anfangs wird unter den Programmierern alles verschenkt. Die reine Menschenfreundlichkeit. Er findet als Samenkorn ein großartiges Programm im gemeinfreien Raum. Das zieht er groß, fügt neue Komponenten hinzu, schaltet sein 1200-Baud-Modem an, wählt sich bei einer lokalen Plattform ein und lädt den Quellcode hoch, so dass ihn jeder, der will, weiter hegen und pflegen kann. Bald vermehren sich seine Geschöpfe auf Servern des gesamten Planeten. Tag für Tag erweitern Menschen in aller Welt den Bestand um weitere Spezies. Es ist eine Neuauflage der Kambrischen Artenexplosion, nur milliardenfach schneller.

Neelay verschenkt sein erstes Meisterwerk, ein quirliges, rundenbasiertes Spiel, bei dem sich ein japanisches Filmungeheuer durch die Großstädte der Welt frisst. Hunderte von Nutzern in einem Dutzend Ländern sind mit Feuereifer dabei, auch wenn sie eine Dreiviertelstunde brauchen, um das Spiel auf den Computer zu laden. Was spielt es schon für eine Rolle, wenn die Freizeit von Spielen aufgefressen wird, so wie Tokio von Ungeheuern? Sein zweites Spiel – Konquistadoren plündern den jungfräulichen amerikanischen Kontinent – ist ebenfalls ein Freeware-Renner. Es bildet sich sogar eine Usenet-Gruppe, eigens für den Austausch von Spielstrategien. Mit jedem Start generiert das Programm eine neue, geologisch realistische Neue Welt. Es macht aus jedem Laufburschen einen erbitterten Cortez.

Seine Spiele finden Nachahmer. Je mehr Menschen diese Sachen stehlen, desto besser fühlt sich Neelay in seinem Rollstuhl. Je mehr er verschenkt, desto reicher wird er. Aus seiner Perspektive, als Schiffbrüchiger in einem Kellerlabor, verfolgt er das Entstehen vollkommen neuer Kontinente. Die Schenkökonomie – das freie Kopieren von fertigen Befehlen – verspricht endlich, den Mangel zu besiegen und den Hunger im Innersten seines Herzens zu stillen. Der Name *Neelay Mehta* wird zu einer Art Legende unter den Pionieren. Nutzer danken ihm in öffentlichen Foren und den Newsgroups für Computerspieler. Collegestudenten unterhalten sich in Chatrooms über ihn wie über eine Figur von Tolkien. Im Internet weiß es niemand, wenn der andere ein gestrandeter, zu groß geratener Freak ist, der sich ohne Maschine nicht vom Fleck rühren kann.

Aber um die Zeit seines achtzehnten Geburtstags tauchen im Paradies bereits die ersten Zäune auf. Ehemalige Menschenfreunde, Verfechter von freien Programmen, fangen an, Urheberrechte geltend zu machen, und kassieren echtes Geld. Sie haben sogar die Stirn, private Firmen zu gründen. Zugegeben, noch vertickern sie allenfalls Floppy Disks in Cellophantüten, aber es ist klar, worauf das hinausläuft. Die Allmende wird eingehegt. Die Schenkökonomie im Keim erstickt.

Bei jedem der wöchentlichen Treffen des Home-Rolled-Club, des Clubs für Selbstgestricktes, prangert er die Verräter an. Er verbringt seine Freizeit damit, eines der berühmtesten kommerziellen Programme nachzubauen und den verbesserten Klon anschließend in die Public Domain zu stellen. Ein Rechtsverstoß? Schon möglich. Aber das ganze sogenannte urheberrechtlich geschützte Eigentum basiert auf Jahrzehnten unbezahlter schöpferischer Tätigkeit. Ein Jahr lang spielt Neelay Robin Hood, versteckt sich mit seinen Gefährten im Wald der Gesetzlosigkeit und campiert unter einer gewaltigen Eiche, die älter ist als die Besitzurkunde für das Land, auf dem sie wächst.

Er arbeitet über Monate an einem Rollenspiel, einer Weltraumsaga, die all seine bisherigen Freeware-Programme in den Schatten stellen soll. Für das Spiel verwendet er 16-Bit-Sprites mit hoher Auflösung, die dank einer Palette von vierundsechzig brillanten Farben ausgesprochen lebendig wirken. Er macht sich auf die Suche nach surrealen Bestiarien, mit denen er seine Planeten bevölkern kann. An einem späten Frühlingsabend sitzt er in der Zentralbibliothek von Stanford und studiert die Titelseiten von Science-Fiction-Magazinen aus der goldenen Zeit der Heftchenliteratur, blättert in den Kinderbüchern von Dr. Seuss. Die Bilder erinnern an die bizarre Pflanzenwelt der Wischnu- und Krischna-Comics seiner Kindheit.

Als er eine Pause braucht, macht er sich auf der Serra Mall auf den

Weg über den Campus, um zu schauen, was das Labor so treibt. Schon fast Sonnenuntergang, in jener wunderbar milden Stimmung, die an diesem Ort neun Monate im Jahr herrscht. Die Fahrt zu seiner Nische im Labyrinth des Labors ist, als navigiere er durch ein Abenteuerspiel. Die grandiose Palmenarkade säumt den ovalen Platz vor dem Hauptgebäude, im weiten Bogen zu seiner Rechten. Links lugen die Gipfel der Santa Cruz Mountains über die Bogengänge, die gern spanische Romanik wären. In einem anderen Leben ist er mit seinen Eltern einmal oben bei Skyline unter den Mammutbäumen spazieren gegangen. Jenseits der Berge, nur eine halbe Stunde mit dem rollstuhlgerechten Kombi, liegt das Meer. Die Strände und Buchten sind für ihn nicht tabu. Es ist erst drei Monate her, dass er zuletzt dort war. Ein paar Freunde mussten ihn ans Wasser tragen und auf dem Sand abstellen. Da hat er dann gesessen, auf die Wellen gestarrt, den Wasservögeln beim Tauchen zugesehen und ihren gespenstisch klagenden Rufen gelauscht. Stunden später, als seine Freunde genug hatten von Schwimmen, Frisbeespielen und Nachlaufen am Strand, war er der Einzige, der gern noch länger geblieben wäre.

Er nimmt die Rampe zum Memorial Court und rollt durch den zentralen Innenhof, vorbei an Rodins lebensgroßen *Bürgern von Calais*. Es wird eine lange Nacht, und er muss sich noch etwas zur Stärkung besorgen. Er lenkt sein Gefährt mitten über den Hof, zur Rückseite der Students' Union, wo die besten Automaten stehen. In Gedanken ganz bei seinen Weltraumplänen, fährt er beinahe in eine Gruppe von japanischen Touristen, die gerade die Kirche fotografieren. Beim Zurücksetzen entschuldigt er sich und rollt über die Zehen einer älteren Frau auf ihrer ersten Auslandsreise. Sie verneigt sich verlegen. Neelay sieht zu, dass er wegkommt, dreht mit dem Rollstuhl eine scharfe Linkskurve, und dann blickt er in die Höhe. In einem autogroßen Pflanzkübel, direkt neben dem Eingang zur Kirche, steht bauchig und elefantös das erstaunlichste Lebewesen, das er je gesehen hat. Es ist genau das, was er für seine intergalaktische Saga gesucht hat. Eine zum Leben erwachte Halluzination aus einem benachbarten Sternsystem am anderen Ende eines Wurmlochs im Weltraum. Die Gärtner müssen es letzte Nacht im Schutz der Dunkelheit hereingeschmuggelt haben. Entweder das, oder er ist seit Monaten jeden Abend daran vorbeigefahren, ohne es ein einziges Mal zu bemerken. Er lenkt seinen Rollstuhl zu dem Baum und lacht. Der Stamm sieht aus wie ein riesiger Bowlingkegel. Die Äste wachsen kreuz und quer und stehen in den verrücktesten Winkeln. Er streckt die Hand aus und berührt die Rinde. Der Baum ist perfekt. Absurd. Gewitzt. Auf einem kleinen Schild steht: BRACHYCHITON RUPESTRIS. QUEENS-LAND-FLASCHENBAUM. Der Name entschuldigt nichts und erklärt noch weniger. Der Baum ist ein Eindringling aus einer anderen Welt, genau wie Neelay.

Er kann sich nicht entscheiden, was unglaublicher ist: der Baum oder die Tatsache, dass er ihm noch nie aufgefallen ist. Am äußersten Rand seines Gesichtsfelds bewegt sich etwas. Da tut sich etwas, hinter seinem Rücken. Er hat das übermächtige Gefühl, dass er beobachtet wird. In seinem Kopf singt ein stummer Chor: *Dreh dich um und schaue. Dreh dich um und erkenne!* Er wendet den Rollstuhl auf dem Fleck. Nichts ist, wie es sein soll. Der ganze Arkadenhof hat sich verändert. Ein Hyperraumsprung, und er landet in einem intergalaktischen Arboretum. Von allen Seiten winken ihm grüne Ausgeburten einer wildgewordenen Phantasie. Kreaturen, die für andere Klimazonen geschaffen sind. Irrsinn jeder Couleur und jeden Kalibers. Dinge aus so fernen Zeiten, dass Dinosaurier im Vergleich dazu junge Spunde sind. So viele mitteilsame, empfindungsbegabte Wesen, dass es ihn schier überwältigt. Er hat nie Drogen genommen, aber so stellt er es sich vor. Cremefarbene und gelbe Federboas; ein purpurner Wasserfall, der sich in nichts auflöst, bevor er den Boden berührt. Bäume wie die Produkte wahnwitziger Experimente grüßen ihn aus acht großen Pflanzkübeln, jeder davon eine Miniatur-Weltraumarche auf dem Weg in eine andere Galaxie.

Neelay steuert den Rollstuhl durch den Innenhof. Sein querschnittsgelähmter Körper spannt sich an, als er merkt, dass er von den schimmernden Figuren, dem im Kreis stehenden Komitee beobachtet wird, wie er die Runde macht. Er kommt an einem weiteren Dr.-Seuss-Ungeheuer vorbei, genauso fremdartig wie das erste. Er liest das Schild: Ein Florettseidenbaum aus den Wäldern Brasiliens, die Tag für Tag um vierzigtausend Hektar schrumpfen. Warzenförmige spitze Stacheln bede-

cken den Stamm, Dornen, die sich entwickelt haben, um Tiere abzuweh-
ren, die seit Millionen von Jahren ausgestorben sind.

Er fährt von einem Pflanzkübel zum nächsten, berührt die Wesen,
schnuppert an ihnen, lauscht dem Rascheln ihrer Blätter. Sie kommen
von tropischen Inseln und aus staubtrockener Savanne, aus versteckten Tälern Zentralasiens, noch bis vor kurzem unberührt. Taschentuchbaum, Jacaranda, Rauhschopf, Kampferbaum, Flammenbaum,
Kaiserbaum, Kurrajong, Rote Maulbeere: unirdisches Leben, das ihm
in diesem Hof aufgelauert hat, während er auf fremden Planeten nach
ihm suchte. Er berührt die Rinde und spürt, wie direkt unter ihrer Haut
Myriaden von Zellen summen und pulsieren wie ganze bewohnte Ster-
nenwelten.

Die japanischen Touristen kehren zurück zu ihrem Bus in der Galvez
Street. Neelay sitzt gebannt in diesem nun wieder leeren Raum, wie ein
Kaninchen vor einem Raubtier. Es sind nur ein paar Sekunden, die er
dort allein ist. Doch die Zeit reicht, dass die außerirdischen Eindringlinge ihm einen Gedanken einpflanzen können, direkt ins limbische
System. Es wird ein Spiel geben, milliardenfach komplexer als alles, was
bisher existiert, eins, das unzählige Menschen überall auf der Welt im
selben Augenblick spielen. Und Neelay ist der, der dieses Spiel erschaffen muss. Er wird seine Schöpfung Stück für Stück entwickeln, in Stufen
wie den Schritten der Evolution, im Lauf der kommenden Jahrzehnte.
Das Spiel wird seine Spieler mitten hinein in eine lebendige, atmende,
brodelnde, animistische Welt versetzen, mit Millionen verschiedener
Arten, eine Welt, die dringend die Hilfe der Spieler benötigt. Und die
Aufgabe der Spieler wird sein, herauszufinden, was diese neue und verzweifelte Welt von ihm will.

Die Bilder verschwinden, sie setzen ihn wieder im Arkadenhof von
Stanford ab. Die Vision, göttlich und dunkelgrün, verblasst zu ihrem
platonischen Schatten aus Holz. Neelay sitzt da, gebannt, versucht festzuhalten, was er gerade gesehen, das Ding, das sein Gehirn irgendwie
aufgeschnappt hat, undeutlich ganz hinten am Ende der Krümmung
des Moore'schen Gesetzes. Er wird das Studium aufgeben müssen.
Für Vorlesungen und Seminare hat er jetzt keine Zeit mehr. Für dieses
Projekt braucht er einen langen Atem. Er wird die putzige kleine Rol-

lenspiel-Weltraumoper, an der er gerade sitzt, zu Ende bringen, dann verkauft er sie. Für echtes Geld, Erddollars. Seine Fans werden empört sein. Sie werden ihn im ganzen Land in sämtlichen Foren als Verräter brandmarken. Aber mit fünfzehn Dollar für dreißig Parsecs ist das Spiel immer noch geschenkt. Der Profit aus seinem ersten Vorstoß in das Leben der Aliens wird den Nachfolger finanzieren, ein Spiel, das die Ambitionen des vorherigen um ein Vielfaches übertrifft. Und so wird er Stück für Stück vorankommen, bis er an dem Ort anlangt, den er gerade gesehen hat.

Er fährt wieder aus dem Arkadenhof heraus, gerade als das Licht hinter den Bergen verschwindet. Die Hügel liegen nun in ihrem eigenen Schatten, Blaufleckenblau wird zum Schwarz des Vergessens. Weiter oben, außerhalb seines Blickfelds, wuchert auf Felszacken die Bärentraub wirft ihre kringelige rostrote Rinde ab. Lorbeerbäume säumen die durch Rodung geschaffenen Wiesen. In den Canyons drängen sich die orangeroten Erdbeerbäume, deren Stämme sich zu cremigem, klebrigem Grün schälen. Steineichen wie die, die ihn zum Krüppel gemacht hat, besiedeln die Felsspalten. Und in den kühlen Korridoren der Bergbäche, mit ihrem Geruch nach Schluff und verrottenden Nadeln, brüten Mammutbäume über einem Plan, dessen Umsetzung tausend Jahre dauern wird – dem Plan, der ihn nun für sich eingespannt hat, auch wenn Neelay glaubt, es sei sein eigener.

PATRICIA WESTERFORD

Wir schreiben das Jahr 1950, und wie der Junge mit Namen Kyparissos, den sie bald entdecken wird, verliebt sich die kleine Patty Westerford in einen zahmen Hirsch. Ihrer ist aus Zweigen gemacht, aber er ist deswegen nicht weniger lebendig als andere. Ebenso gibt es Eichhörnchen aus aneinandergeklebten Walnussschalen, Bären aus den Früchten des Amberbaums, Ungeheuer aus den Schoten des Kentucky-Geweihbaums, Feen mit den Fruchtbechern der Eicheln als Mütze, und ein Kiefernzapfenwesen, das mit zwei Stechpalmenblättern als Flügeln zum Engel wird.

Für diese Geschöpfe baut sie die kunstvollsten Häuser, mit Pilzmöbeln und Gehwegen aus Kieselstein. Sie legt sie in Betten schlafen, deren Decken Blütenblätter der Magnolie sind. Sie wacht über sie wie der Schutzgeist eines Reiches, dessen Städte sich hinter verschlossenen Türen ins Wurzelholz der Bäume schmiegen. Astlöcher werden zu den Jalousieschlitzen von Fenstern, durch die sie, wenn sie mit dem Auge ganz nah herangeht, in die behaglichen Wohnzimmer der Waldwesen spähen kann, der vergessenen Verwandten der Menschen. Dort lebt sie mit ihren Geschöpfen in der winzig kleinen Welt der Phantasie, in der es so viel mehr zu erfahren gibt als in der der Großen. Als der Kopf ihrer kleinen Holzpuppe abgeht, pflanzt sie ihn im Garten ein, sicher, dass ihm ein neuer Körper wachsen wird.

All ihre Zweigleinwesen können sprechen, auch wenn die meisten, genau wie Patty, keinen Anlass für Worte sehen. Sie selbst hat noch bis nach ihrem dritten Geburtstag nie etwas gesagt. Ihre beiden größeren Brüder verdolmetschten ihre geheime Sprache den besorgten Eltern, die sie mittlerweile für geistig zurückgeblieben hielten. Sie fuhren mit Patty zur Klinik in Chillicothe, und bei der Untersuchung fand man eine Missbildung im Innenohr. In der Klinik stülpten sie ihr ein faustgroßes Hörgerät auf, und sie fand es grässlich. Als sie endlich selbst sprach, versteckten die Worte ihre Gedanken hinter einem Lallen, das kein Uneingeweihter verstand. Dass ihr Gesicht flach war, mit fliehender Stirn, machte die Sache nicht besser. Die Nachbarskinder liefen vor diesem Ding davon, das höchstens noch halbwegs als menschlich gelten konnte. Die Bucheckerwesen sind um so vieles nachsichtiger.

Nur ihr Vater begreift die Waldwelt, in der sie lebt, genau wie er jedes ihrer schwerfälligen Worte versteht. Sie ist sein besonderer Liebling, und die beiden Jungs akzeptieren das. Mit ihnen wirft Daddy ein paar Bälle, er liest ihnen Witze vor, die er auf Kaugummibanderolen findet, spielt Fangen mit ihnen. Aber seine größten Talente sind immer für Patty reserviert, seine kleine Botanikerin.

Die Mutter findet so viel Nähe beunruhigend. »Also wirklich. Als hätten sie ihr eigenes Reich für zwei.«

Bill Westerford nimmt Patricia mit, wenn er als landwirtschaftlicher Berater seine Touren zu den Farmen des südwestlichen Ohio macht. Sie darf auf den Beifahrersitz des klapprigen alten Packard mit seiner Verkleidung aus Holzpaneelen. Der Krieg ist vorbei, mit der Welt geht es aufwärts, das ganze Land ist berauscht von den Naturwissenschaften, dem Schlüssel zum besseren Leben, und Bill Westerford nimmt seine Tochter mit, damit sie das Leben kennenlernt.

Pattys Mutter ist gegen diese Reisen. Das Mädchen sollte in der Schule sein. Doch die behutsame Autorität des Vaters setzt sich durch. »Sie lernt nirgendwo mehr als bei mir.«

Jede Meile, die sie zurücklegen, ist Schulunterricht auf Rädern. Er sieht sie an, damit sie ihm die Worte von den Lippen ablesen kann. Sie lacht über seine Geschichten – schwere, unbeholfene Glucker – und antwortet mit Begeisterung auf jede Frage. Welche Zahl ist größer: die der Sterne der Milchstraße oder die der Chloroplasten eines einzigen Maisblatts? Welche Bäume blühen, bevor sie Blätter bekommen, und welche danach? Warum hat ein Baum an der Spitze oft kleinere Blätter als weiter unten? Wenn du deinen Namen in vier Fuß Höhe in eine Buchenrinde schnitzt, wie hoch steht er dann ein halbes Jahrhundert später?

Die Antwort auf diese letzte Frage mag sie ganz besonders: *Vier Fuß.* Immer noch vier Fuß. Er bleibt immer auf vier Fuß Höhe, egal wie groß der Baum wird. Noch ein halbes Jahrhundert später wird sie diese Antwort lieben.

So wandelt sich der Animismus von Eicheln und Bucheckern nach und nach in dessen Nachkommen, die Botanik. Sie bleibt die beste und einzige Schülerin ihres Vaters, aus dem einfachen Grunde, dass außer ihr niemand in der Familie begreift, was er sieht: Pflanzen haben einen Willen, sie sind intelligent, sie verfolgen Ziele, genau wie die Menschen. Auf ihren Fahrten erzählt er ihr von all den geheimnisvollen Wundern, die das Grün wirken kann. Menschen haben keineswegs überall das Kommando. Andere Geschöpfe – größer, langsamer, älter, langlebiger – geben den Ton an, machen das Wetter, nähren uns alle, ja, schaffen die Luft, die wir atmen.

»Bäume sind einfach eine wunderbare Idee. So großartig, dass die Evolution sie immer wieder neu erfindet.«

Er bringt ihr bei, wie man eine Königs- von einer Hickorynuss unterscheidet. Die anderen in ihrer Schule sähen nicht einmal den Unterschied zwischen diesen zwei Hickorys und einer Hopfenbuche. Sie kann es gar nicht glauben. »Die Kids in meiner Klasse sagen, ein Schwarznussbaum sieht genauso aus wie eine Weißesche. Sind die denn *blind*?«

»Pflanzenblind. Adams Fluch. Wir erkennen nur, was aussieht wie wir. Ja, das ist schon traurig, was, meine Kleine?«

Ihr Vater steht ja selbst nicht immer auf gutem Fuß mit dem Homo sapiens. Er gerät zwischen die Fronten – auf der einen Seite anständige Leute, deren traditionelle Farmen es nicht schaffen, sich die Erde untertan zu machen, auf der anderen die Firmen, die ihnen das Arsenal für bedingungslose Herrschaft verkaufen wollen. Wenn der Frust ihn am Ende des Tages übermannt, sagt er mit einem Seufzer, und nur für Pattys schwerhörige Ohren bestimmt: »Ach, kauf mir einen Hügel, weit draußen hinter der Stadt.«

147

Die Gegenden, durch die sie fahren, waren früher einmal ganz mit dunklem Buchenwald bedeckt. »Einen besseren Baum findest du nicht.« Stämmig, weit ausladend und doch voller Eleganz, an der Basis zu einem würdigen Sockel gebreitet. Verteilt großzügig seine Früchte an alle, die sie wollen. Der glatte, weißgraue Stamm fühlt sich eher wie Stein an als wie Holz. Die pergamentbraunen trockenen Blätter bleiben den Winter über am Baum – *Marzeszenz*, erklärt er ihr –, schillern zwischen den benachbarten kahlen Laubbäumen. Elegant mit ihren kräftigen Ästen wie Menschenarme, die Spitzen aufwärts gebogen, erhoben wie darbietende Hände. Duftig und hell im Frühling, doch im Herbst baden die flachen, breiten Zweige die Luft in Gold. »Früher waren sie überall.«

»Und was ist aus ihnen geworden?« Die Worte des Mädchens klingen noch undeutlicher, wenn Traurigkeit auf ihnen lastet.

»Die Menschen kamen.« Hört sie ihren Vater seufzen? Aber sein Blick bleibt starr auf die Straße gerichtet. »Die Buche hat dem Farmer gesagt, wo er pflügen soll. Kalkstein als Untergrund, darüber der beste, schwärzeste Lehm, den er sich für ein Feld nur wünschen konnte.«

Sie fahren von Farm zu Farm, zwischen der diesjährigen Kartoffelfäule und der vom Sturm verwehten Ackerkrume des folgenden Jahres. Er zeigt ihr die unglaublichsten Dinge. Eine Platane hat in ihrem Wachsen die Längsstrebe eines alten Fahrrads, das Jahrzehnte zuvor jemand dort stehen gelassen hat, in ihre Rinde eingeschlossen. Zwei Ulmen halten einander umschlungen, haben sich vereinigt zu einem einzigen Baum.

»Wir wissen so wenig darüber, wie die Bäume wachsen. Fast nichts davon, wie sie blühen und austreiben und ihre Blätter abwerfen und ihre Wunden heilen. Über ein paar wenige haben wir ein klein wenig herausgefunden, aber es fehlt der Zusammenhang. Und nichts auf der Welt hat mehr Zusammenhang, nichts ist geselliger als ein Baum.«

Für Patty ist ihr Vater Erde, Wasser, Luft und Sonne. Er bringt ihr bei, wie man die Bäume sehen muss, zeigt ihr die lebendige Schicht der Zellen unterhalb jedes einzelnen Stückchens Rinde, Zellen, in denen Dinge vorgehen, die noch kein Mensch ergründet hat. Er fährt mit ihr zu einem Grüppchen Laubbäume, das unten im Tal eines gemächlich fließenden Baches der Vernichtung entgangen ist. »Hier. Schau dir das an. Schau dir das *an*!« Ein Gehölz aus schmalen Stämmchen, alle mit großen, hängenden Blättern. Ein Baum wie ein zottiger Hund. Er lässt Patty an den großen löffelförmigen Blättern schnüffeln. Sie riechen beißend, wie Asphalt. Er hebt vom Boden eine dicke gelbe Frucht auf, wie eine eingelegte Gurke, und hält sie ihr hin. Selten hat sie ihn so aufgeregt gesehen. Mit dem Taschenmesser schneidet er die Frucht in zwei Hälften, zeigt das cremige Fruchtfleisch und die schimmernden schwarzen Samen. Als sie probiert, möchte sie vor Freude juchzen, aber sie hat ja den Mund voll. Es schmeckt nach Karamellbonbon.

»Papau! Indianerbanane. Die einzige tropische Frucht, der je die Flucht aus den Tropen gelungen ist. Die größte, beste, unglaublichste, wildeste einheimische Frucht, die dieser Kontinent hervorgebracht hat. Sie wächst wild, hier bei uns in Ohio. Und kein Mensch weiß das!«

Sie beide wissen es. Das Mädchen und ihr Vater. Nie wird sie einer Menschenseele von diesem Ort erzählen. Es bleibt ihr Geheimnis, und jedes Jahr im Herbst kommen sie her, wenn die Präriebananen reif sind.

Sie hört schlecht, sie spricht schlecht, aber dadurch, dass sie diesen Mann beobachtet, lernt Patty trotz allem, dass wahres Glück darin besteht, zu wissen, dass alle menschliche Weisheit bedeutungslos ist, verglichen mit dem Schimmern der Buchenblätter im Wind. Dass alles, was die Menschen wissen, sich wandeln wird, ist nicht minder gewiss als die Tatsache, dass das Wetter von Westen kommt. Es gibt kein *definitives* Wissen. Das Einzige, worauf man sich verlassen kann, sind Bescheidenheit und die eigenen, stets offenen Augen.

Einmal findet er sie im Garten, wie sie aus den Flügelnüssen des Ahorns Vögel bastelt. Er sieht sie mit einem merkwürdigen Ausdruck an. Er hält einen der Samen in die Höhe und weist damit auf den Riesen, der diesen Samen abgeworfen hat. »Ist dir aufgefallen, dass er im Aufwind mehr davon abwirft, als wenn der Wind von oben bläst? Warum ist das so?«

Nichts auf der Welt liebt sie mehr als solche Fragen. Sie überlegt. »Weil sie dann weiter fliegen?«

Er hält sich den Finger an die Nase. »Bingo!« Dann blickt er den Baum an und runzelt die Stirn, lässt sich Dinge durch den Kopf gehen, die ihn immer wieder beschäftigen. »Was meinst du, woher das viele Holz kommt, das er braucht, bis aus diesem hier *das* geworden ist?«

Sie rät. »Aus der Erde?«

»Wie könnte man das herausfinden?«

Gemeinsam denken sie sich ein Experiment aus. In einen Holzkübel auf der Südseite der Scheune schaufeln sie, exakt abgewogen, zweihundert Pfund Erde. Dann holen sie eine dreieckige Buchecker aus ihrem Fruchtbecher, wiegen sie und pflanzen sie ein.

»Wenn dir irgendwo ein Baumstamm mit eingeritzten Zeichen begegnet, ist es immer eine Buche. Die Leute können der Versuchung, auf diese glatte graue Oberfläche zu schreiben, einfach nicht widerstehen. Man muss es ihnen nachsehen. Sie wollen zusehen, wie das Herz mit den Initialen größer wird, Jahr um Jahr. *Liebende, arg wie ihre Flamme, schneiden ins Holz der Liebsten Namen und ahnen nicht, wie sehr sein Reiz den ihrer Schönheit übersteigt!*«

Er erklärt ihr, dass das Wort *Buch* von der Buche herkommt und dass es in vielen anderen Sprachen auch so ist. Wie es in der Ursprache, der gemeinsamen Wurzel all dieser Sprachen, aus den Wurzeln der Buche gewachsen ist. Dass die frühesten Sanskrittexte auf Buchenrinde geschrieben wurden. Patty stellt sich vor, wie aus ihrem winzigen Samen ein Baum wird, bedeckt mit Worten. Aber das Volumen, die Masse eines solchen Buches, woher kommen die?

»Sechs Jahre lang halten wir die Erde in dem Kübel feucht und jäten das Unkraut. Wenn du süße sechzehn wirst, dann wiegen wir den Baum und die Erde neu.«

Sie hört ihn, sie versteht ihn. Das ist Wissenschaft, und tausendmal mehr wert als alles, was einem ein Mensch je schwören könnte.

Mit der Zeit kann sie beinahe ebenso gut wie ihr Vater sagen, was die Früchte eines Farmers welken lässt oder was sie auffrisst. Jetzt stellt er ihr keine Quizfragen mehr, sondern macht sie zur Mitarbeiterin, natürlich nicht vor den Augen der Farmer, aber später, im Auto, wenn sie sich den Luxus leisten können, die neuesten Probleme unter Kollegen zu diskutieren.

Zum vierzehnten Geburtstag schenkt er ihr eine Jugendausgabe von Ovids *Metamorphosen*. Als Widmung schreibt er hinein: *Für meine liebe Tochter, die weiß, wie groß und weit unser Stammbaum in Wirklichkeit ist.* Patricia schlägt das Buch auf, und der erste Satz, den sie liest, lautet:

In neue Gestalten verwandelte Wesen will ich besingen.

Mit diesen Worten ist sie wieder dahin zurückgekehrt, wo Eicheln nur einen Schritt weit von Gesichtern entfernt und Kiefernzapfen zugleich die Körper von Engeln sind. Sie liest das ganze Buch. Die Geschichten sind seltsam, unfassbar, alt wie die Menschheit. Irgendwie sind sie ihr vertraut, als habe sie sie schon gekannt, als sie zur Welt kam. Die Fabeln scheinen nicht so sehr von Menschen zu handeln, die sich in andere lebendige Wesen verwandeln, als von anderen lebendigen Wesen, die gerade im Augenblick der größten Gefahr irgendwie das Wilde im Wesen des Menschen, das nie wirklich fort war, wieder in sich aufnehmen. Inzwischen hat Patricias Körper mit seiner eigenen quälenden Metamorphose begonnen, die Verwandlung in etwas, das sie absolut nicht haben will. Die Rundungen an Brust und Hüften, das Gestrüpp, das zwischen ihren Beinen sprießt, machen auch aus ihr ein Geschöpf wie aus einer urtümlicheren Zeit.

Am besten gefallen ihr die Geschichten, in denen Leute sich in Bäume verwandeln. Daphne, zum Lorbeer geworden, knapp bevor Apoll sie hätte fassen und ihr Gewalt antun können. Die Frauen, die Orpheus zerreißen, festgehalten von der Erde; sie müssen mitansehen, wie ihre Zehen sich zu Wurzeln wandeln, ihre Beine zu holzigen Stämmen. Sie liest von dem Jungen Kyparissos, den Apoll in eine Zypresse verwandelt, damit er bis in alle Ewigkeit seinen getöteten Lieblingshirschen betrauern kann. Das Mädchen wird apfel-, kirsch- und beetenrot bei der Geschichte von Myrrha, verwandelt in einen Myrrhenbaum, weil sie zu ihrem Vater ins Bett gekrochen ist. Und sie weint um das unzertrennliche Paar Philemon und Baucis, das die Jahrhunderte gemeinsam als Eiche und Linde verbringen darf, ihr Lohn dafür, dass sie Fremde beherbergten, die sich als Götter erwiesen.

Ihr fünfzehnter Herbst kommt. Die Tage werden kürzer. Es wird immer früher dunkel, für die Bäume das Signal, dass es Zeit wird, die Zuckerproduktion einzustellen, alle verletzlichen Teile abzuwerfen, das Grün zu verholzen. Die Säfte ziehen sich zurück. Zellen werden durchlässig. Wasser fließt aus den Stämmen ab, das restliche konzentriert sich zu Frostschutzmittel. Das Leben, das gerade unterhalb der Rinde schläft, ist umgeben von Wasser so rein, dass nichts mehr darin ist, was kristallisieren könnte.

Ihr Vater erklärt ihr, wie dieser Trick funktioniert. »Stell dir das nur vor! Sie sitzen hier fest, sie haben keinen anderen Schutz, der Wind tost um sie her, Temperaturen unter Null – aber sie haben gelernt, sich zu schützen.«

Später im selben Winter kommt Bill Westerford von der Arbeit nach Hause, es ist schon dunkel, und der Packard gerät auf einen Fleck Glatteis. Sein Körper wird herausgeschleudert, als der Wagen sich überschlägt und im Graben landet. Acht Meter Flugbahn enden in einem dichten Spalier von Milchorangen, einer Dornhecke, die Farmer vor anderthalb Jahrhunderten dort angepflanzt haben.

Bei der Beerdigung liest Patty etwas aus ihrem Ovid. Der Aufstieg von Philemon und Baucis zu Bäumen. Ihre Brüder denken, sie hat vor Schmerz den Verstand verloren.

Sie lässt nicht zu, dass ihre Mutter etwas wegwirft. Seinen Spazierstock und seinen Strohhut verwahrt sie in einer Art Schrein. Sie hütet seine wertvolle Büchersammlung – Aldo Leopold, John Muir, die botanischen Lehrbücher, die Broschüren zur landwirtschaftlichen Fortbildung, an denen er bei manchen selbst mitgeschrieben hat. Sie findet seine eigene, ungekürzte Ovidausgabe, so voll mit Anmerkungen und Zeichen wie der Stamm einer Buche. Gleich die allererste Zeile hat er unterstrichen, dreifach: *In neue Gestalten verwandelte Wesen will ich besingen.*

Die Highschool bemüht sich nach Kräften, sie umzubringen. Sie spielt Bratsche im Schulorchester, klemmt sich Ahornholz unters Kinn, das die Erinnerung an seine Zeit im Walde heulen lässt. Fotografie und Volleyball. Sie findet zwei Beinahe-Freundinnen, die immerhin begreifen, dass Tiere lebendige Wesen sind, wenn auch nicht Pflanzen.

Sie trägt nie Schmuck, kleidet sich in Flanell und Jeans, hat immer ein Schweizer Taschenmesser dabei und legt sich ihr geflochtenes langes Haar in Kränzen um den Kopf.

Ein Stiefvater stellt sich ein, einer der klug genug ist, ihr nicht hineinzureden. Es gibt eine traumatische Erfahrung, etwas, das mit einem stillen Jungen zu tun hat, der zwei Jahre lang davon träumt, mit ihr auf den Abschlussball zu gehen, ein Junge, dessen Traum getötet werden muss, mit einem Weißeichenpflock durchs Herz.

Im Sommer ihres achtzehnten Jahres, schon auf dem Sprung nach Ostkentucky, wo sie Botanik studieren will, fällt ihr die Buche wieder ein, die draußen bei der Scheune in ihrem Holzkübel wächst. Die Scham spürt sie im ganzen Körper: Wie hatte sie das Experiment vergessen können? Sie hatte es ihrem Vater versprochen und zwei Jahre lang nicht daran gedacht. Die süßen Sechzehn hatte es nicht gegeben.

Einen ganzen Julinachmittag verbringt sie damit, den Baum von Erde zu befreien, jedes Körnchen von den Wurzeln abzustreifen. Dann wiegt sie sowohl die Pflanze als auch die Erde, von der sie sich ernährt hat. Aus einer Buchecker, die nur den Bruchteil einer Unze wog, ist ein Baum gewachsen, der inzwischen schwerer ist als sie selbst. Aber der Boden wiegt praktisch noch genauso viel wie zuvor, gerade mal ein oder zwei Unzen fehlen: Die Masse des Baums stammt fast ganz aus der Luft. Ihr Vater wusste das. Jetzt weiß sie es auch.

Sie pflanzt ihren Versuchsbaum wieder ein, an einer Stelle, an der sie und ihr Vater an Sommerabenden immer gern gesessen und dem gelauscht haben, was andere Leute Stille nannten. Sie denkt an das zurück, was er ihr über diese Baumart erzählt hat. Die Leute schreiben gerne darauf. Man muss es ihnen nachsehen. Aber manche Leute – manche Väter – sind ganz von den Bäumen beschrieben.

Bevor sie von zu Hause fortgeht, ritzt sie mit ihrem Taschenmesser ein winziges Zeichen in die glatte graue Rinde des Buchenbuchs, nur eine klitzekleine Kerbe vier Fuß über dem Boden.

Die Universität von Ostkentucky macht einen anderen Menschen aus ihr. Patricia blüht auf wie eine Pflanze an einem sonnigen Ort. Die Luft der Sechziger knistert, wenn sie über den Campus geht, ein Wetterwechsel, sie riecht es, wie die Tage länger werden, spürt den Duft der Möglichkeit, aus überkommenen Denkmustern auszubrechen, ein frischer Wind, der von den Hügeln herabweht.

Ihr Zimmer im Studentenwohnheim quillt über vor Topfpflanzen. Sie ist nicht die Einzige auf ihrer Etage, die einen Garten zwischen Schreibtisch und Klappbett angelegt hat. Aber nur bei ihr haben die Terrakottatöpfe Etiketten, angeklebte Datenblätter. Wo ihre Freundinnen Schleierkraut und Vergissmeinnicht ziehen, sind es bei ihr Platterbse und Wanzensamen, Pflanzen, an denen sie ihre Experimente durchführt. Allerdings hegt sie auch einen Bonsai-Wacholder, der aussieht, als wäre er tausend Jahre alt, ein stachliges Haikugeschöpf, mit dem sie keinerlei wissenschaftliche Absichten verfolgt.

Manchmal kommen die Mädchen aus dem oberen Stock und sehen nach ihr. Sie haben sie als eine Art Versuchskaninchen adoptiert. *Komm, wir machen Pflanzen-Patty besoffen. Wir verkuppeln Pflanzen-Patty mit diesem Beatnik von den Wirtschaftswissenschaftlern.* Sie amüsieren sich über ihre Ernsthaftigkeit, lachen sie aus für ihre Hingabe. Sie zwingen sie, sich Elvis anzuhören. Sie stecken sie in ein ärmelloses Kleid und toupieren ihr die Haare. Für sie ist sie die Chlorophyllprinzessin. Eine ganz andere Spezies. Sie hört nicht immer, was sie sagen, und selbst wenn, dann versteht sie es oft nicht. Und doch entlocken ihre manischen Geschlechtsgenossinnen ihr ein Lächeln: Sie sind von Wundern umgeben, so weit das Auge reicht, und trotzdem brauchen sie Komplimente zum Glücklichsein.

Im zweiten Studienjahr findet Patty einen Job in der Campusgärtnerei – zwei Stunden, die sie jeden Morgen vor dem Unterricht abzweigt. Bis sie mit Genetik, der Physiologie der Pflanzen und der organischen Chemie durch ist, ist es Abend. Sie sitzt an ihrem Pult, bis die Bibliothek zumacht. Dann liest sie zum Vergnügen, bis ihr die Augen zufallen. Sie versucht zu lesen, was ihre Freundinnen lesen: *Siddharta, Naked Lunch, On the Road.* Aber nichts rührt sie so sehr wie Peatties Naturgeschichten nordamerikanischer Bäume, Bücher aus dem Regal ihres Vaters. Jetzt ist es ihr ewiger Quell der Erquickung. Peatties Sätze verästeln sich wie Zweige, immer der Sonne entgegen:

*Mancher Thron ist zu Asche geworden, manch neues Reich entstanden;
große Ideen wurden geboren, großartige Bilder gemalt, Technik und Naturwissenschaften haben die Welt verändert; und doch kann kein Mensch
sagen, wie viele Jahrhunderte diese Eiche überdauern wird, welche Natio-
nen, welche Überzeugungen längst vergessen sein werden, wenn ihre Zeit
um ist ...*

*Da wo Hirsch und Forelle springen, wo unser Pferd verweilt, um von eiskal-
ten Wassern zu trinken, und wir zugleich auf unserem Rücken die Wärme
der Sonne spüren, da wo jeder Atemzug Freude ist – dort ist das Land, in
dem die Espe gedeiht ...*

Und zum Lieblingsbaum ihres Vaters:

*Sollen andere Bäume ihr irdisches Werk verrichten. Aber haltet die Buche
heilig, wo sie noch eine Heimat hat ...*

Ein Schwan wird sie nie. Aber die, die sich aus dem hässlichen Entlein
des ersten Studienjahres entwickelt, weiß, was ihr wichtig ist und wie ihr
weiteres Leben aussehen soll, und das ist nicht oft so in der Jugend, egal,
in welchem Jahr. Die, denen sie keine Angst macht, kommen und sehen
sie sich genauer an, dieses emsige, unscheinbare, aufrechte Mädchen,
dem es gelungen ist, sich gegen den gnadenlos gleichmachenden Druck
ihrer Umgebung zu behaupten. Zu ihrer Überraschung interessieren
sich sogar Jungs für sie. Etwas an ihr reizt sie. Nicht ihr Äußeres, das
bestimmt nicht, aber etwas an ihrem Schritt, das die Jungs aufblicken
lässt, auch wenn sie nicht sagen könnten, was es ist. Eigenständigkeit der
Gedanken – das hat eine ganz eigene Anziehungskraft.

Wenn Jungs mit ihr ausgehen wollen, schlägt sie ein Picknick auf
dem Friedhof von Richmond vor – eine gute Adresse für Tote seit 1848.
Manchmal ergreifen ihre Verehrer einfach die Flucht, und damit ist die
Sache erledigt. Wenn sie aber dableiben und auf die Bäume zu sprechen kommen, verabredet sie sich wieder mit ihnen. Begehren, schreibt
sie sich auf, ist unendlich vielfältig in seiner Gestalt, der schönste unter
all den klugen Einfällen der Evolution. Und in den Pollenstürmen des
Frühlings wird selbst aus ihr eine durchaus überzeugende Blume.

Ein Junge lässt nicht locker, monatelang. Andy, Hauptfach Englisch. Er spielt mit ihr im Orchester, mag Hart Crane und O'Neill und *Moby-Dick*, auch wenn er nicht erklären kann, weswegen. Er bringt Vögel dazu, sich ihm auf die Schulter zu setzen. Er wartet darauf, dass etwas kommt und seinem ziellosen Leben einen Sinn verleiht. Eines Abend beim Cribbagespiel gesteht er, er könne sich vorstellen, dass sie es ist. Sie nimmt ihn bei der Hand und führt ihn zu ihrem schmalen Bett. Ungeschickt, grün, schälen sie die Kleiderpanzer ab. Zehn Minuten darauf hat sie sich in einen Baum verwandelt, gerade das entscheidende bisschen zu spät für ihre Rettung.

Das wahre Leben beginnt nach dem ersten Examen, auf der Graduate School. Es gibt Vormittage in West Lafayette, da macht es Patricia Westerford schon beinahe Angst, wie viel Glück sie gehabt hat. *Forstwirtschaft.* Sie fühlt sich unwürdig. Von der Purdue University bekommt sie *Geld* dafür, dass sie Kurse besucht, nach denen sie sich seit Jahren gesehnt hat. Sie stellen ihr Unterkunft und Verpflegung, und als Gegenleistung unterrichtet sie jüngere Studenten in Botanik, eine Aufgabe, für die sie wiederum ihrerseits gezahlt hätte. Und ihre Forschungsarbeit verlangt, dass sie ganze Tage in den Wäldern von Indiana zubringt. Für eine Animistin der Himmel auf Erden.

Doch als das zweite Jahr kommt, hat sie bereits gemerkt, dass die Sache einen Haken hat. In einem Seminar zum Thema Forstnutzung verkündet der Professor, dass abgestorbene Bäume und Sturmholz vom Waldboden entfernt und zu Zellstoff verarbeitet werden sollten, um den Wald gesund zu erhalten. Das kommt ihr nicht richtig vor. Für einen gesunden Wald müssen doch auch tote Bäume notwendig sein. Sie waren schließlich von Anbeginn da. Vögel machen ihren Gebrauch davon, kleine Säugetiere, und es wohnen und speisen mehr Insektenarten darin, als die Wissenschaft je gezählt hat. Sie will die Hand heben und mit Ovid einwenden, dass alles Leben sich in neue Gestalten verwandelt. Aber sie kann es nicht mit Forschungsdaten belegen. Alles, was sie hat, ist die Intuition eines Mädchens, das mit dem, was es auf dem Waldboden fand, groß geworden ist, als Kind damit gespielt hat.

Es dauert nicht lange, bis sie begreift. Etwas stimmt in dem ganzen Geschäft nicht, nicht nur in Purdue, sondern überall im Land. Die Männer, denen die amerikanische Waldwirtschaft anvertraut ist, träumen von der Produktion sauberer, gerade gewachsener, normierter Holzstämme in schnellstmöglicher Zeit. Sie reden von *einträglichen* jungen Wäldern und *absterbenden* alten, von *durchschnittlicher jährlicher Zuwachsrate* und von *optimaler Schlagreife*. Es ist keine Frage für sie mehr – diese Männer, die im Augenblick den Ton angeben, müssen abgesägt werden, noch dieses Jahr, spätestens im nächsten. Und aus den gefällten Stämmen der alten Überzeugungen wird dichtes neues Unterholz sprießen. Das wird der Nährboden für sie.

Diese heimliche Revolution predigt sie ihren Studenten. »In zwanzig Jahren werdet ihr zurückblicken und gar nicht glauben können, was in der Forstwirtschaft einmal als Lehrmeinung galt. Alle gute Wissenschaft endet immer mit demselben Refrain: ›*Wieso haben wir das nicht gleich gesehen?*‹«

Sie kommt mit den anderen zurecht. Sie geht zu Barbecues und macht Square Dance, beteiligt sich sogar am Institutsklatsch, und behält doch immer ihr eigenes Reich ganz für sich. Einmal kommt es an einem Abend zu einem wirren, erregten, verstörenden Missverständnis mit einer Frau aus der Pflanzengenetik. Patricia verstaut das peinliche Gefummel in einer Schublade ihres Herzens und holt es nie wieder hervor; nicht einen einzigen Blick wirft sie mehr darauf.

Ein insgeheimer Verdacht trennt sie von den anderen. Sie ist nämlich, ohne dass sie dafür auch nur den kleinsten Beweis in der Hand hat, überzeugt, dass Bäume soziale Wesen sind. Für sie ist es keine Frage: Ortsfeste Pflanzen, die in großen gemischten Gesellschaften wachsen, müssen Wege entwickelt haben, wie sie sich aufeinander einstellen können. In der Natur sind Einzelbäume eine Seltenheit. Aber diese Überzeugung macht sie zur Außenseiterin. Bittere Ironie: Da ist sie nun endlich unter ihresgleichen, und selbst die sehen nicht, was sie so deutlich vor Augen haben.

Purdue bekommt einen der ersten Prototypen eines neuartigen Quadrupol-Massenspektrometers. Ein heidnischer Gott bringt den Apparat geradewegs zu Patrica, als Lohn für ihre Beharrlichkeit. Mit einem solchen Gerät kann sie messen, welche flüchtigen organischen Verbindungen die großen alten Bäume des Ostens in die Luft abgeben und welche Wirkung diese Gase auf ihre Nachbarn haben. Sie unterbreitet die Idee ihrem Doktorvater. Niemand weiß Genaueres über die Substanzen, die die Bäume produzieren. Es ist eine eigene neue grüne Welt, die nur darauf wartet, entdeckt zu werden.

»Was soll dabei Nützliches herauskommen?«

»Möglicherweise gar nichts.«

»Und wieso müssen Sie dazu in den Wald? Warum können Sie nicht die Forschungsareale auf dem Campus nutzen?«

»Sie würden wilde Tiere doch auch nicht im Zoo studieren.«

»Sie glauben also, Bäume auf Kulturflächen verhalten sich anders als Bäume in einem Wald?«

Davon ist sie überzeugt. Aber sein Seufzen spricht eine Sprache so deutlich wie eine behördliche Anordnung: Ein Mädchen, das sich mit Naturwissenschaften beschäftigt, ist wie ein Bär auf einem Motorrad. Möglich, aber grotesk. »Ich reserviere Ihnen einige Bäume im Waldareal. Das vereinfacht die Sache und spart viel Zeit.«

»Ich habe keine Eile.«

»Es ist *Ihre* Dissertation. Ihre Zeit, die Sie vergeuden.«

Das Vergeuden bereitet ihr großes Vergnügen. Die Arbeit ist nicht spektakulär. Sie muss lediglich numerierte Plastiktüten über die Zweigenden streifen, sie mit Klebeband befestigen und in exakt bemessenen Intervallen wieder einsammeln. Das tut sie immer und immer wieder, stumpf und schweigend, Stunde um Stunde, während die Welt um sie her erschüttert wird von Attentaten, Rassenunruhen und Dschungelkrieg. Sie arbeitet den ganzen Tag im Wald, Milben tummeln sich auf ihrem Rücken, Zecken auf ihrem Kopf, im Mund hat sie den Geschmack von modernden Blättern, in den Augen Blütenstaub, um den Kopf ein Tuch aus Spinnweben, Armbänder aus Giftsumach; Steinsplitter bohren sich in ihre Knie, die Nase ist voller Sporen, die Rückseite ihrer Oberschenkel überzogen von einem Braillemuster aus Wespenstichen, und doch frohlockt ihr Herz, weil jeder Tag ihr so viel beschert.

Sie schafft die gesammelten Proben zurück ins Labor und bringt Stunden um Stunden damit zu, Konzentrationen und Molekulargewichte zu ermitteln und zu bestimmen, welcher Baum welche Gase ausgeatmet hat. Es muss Tausende von chemischen Verbindungen geben. Zehntausende. Die endlose Monotonie macht sie ekstatisch. Sie nennt es das Paradox der Wissenschaft. Es ist die stumpfsinnigste Arbeit, die ein Mensch tun kann, und doch regt sie den Verstand so sehr an, dass er erkennt, was es außer ihm selbst da draußen noch gibt. Sie arbeitet bei Sonne und Regen, und der muffige Humusgeruch steigt ihr gnadenlos in die Nase. Da draußen im Wald ist ihr Vater wieder bei ihr, den ganzen Tag. Sie stellt ihm Fragen, und die bloße Tatsache, dass sie sie laut ausspricht, hilft ihr bei der Suche nach der Lösung. Warum wächst ein Baumpilz ausgerechnet auf einer bestimmten Höhe am Stamm? Wie viele Quadratmeter Solarzellen hat ein bestimmter Baum? Wieso gibt es einen so enormen Größenunterschied zwischen dem Blatt einer Felsenbirne und dem einer Platane?

Die Photosynthese, erklärt sie ihren Studenten, ist ein schieres Wunder, eine Meisterleistung der Chemietechnik; sie ist das Fundament für die gesamte Kathedrale der Schöpfung. All der Lärm, der um das Leben auf der Erde gemacht wird, ist nichts als die Begleitmusik zu dieser atemberaubenden magischen Kunst. Das Geheimnis des Lebens: Pflanzen nehmen Licht und Luft und Wasser auf, und die gespeicherte Energie verwenden sie, um alles Erdenkliche daraus zu machen und zu tun. Sie führt ihre Studenten ins Allerheiligste des Mysteriums: Hunderte von Chlorophyllmolekülen formieren sich zu Antennenkomplexen. Unzählige solche Antennenkomplexe bilden Thylakoide. Ein einziger Chloroplast enthält ganze Stapel dieser scheibenförmigen Gebilde. Bis zu hundert solcher Solarkraftwerke liefern die Energie für eine einzige Pflanzenzelle. Ein Blatt kann aus Millionen von Zellen bestehen. In der Krone eines einzigen mächtigen Ginkgobaums raschelt eine Million Blätter.

Zu viele Nullen: Der Blick der Studenten trübt sich. Sie muss sie zurückholen über die hauchfeine Grenzlinie zwischen Benommenheit und Ehrfurcht. »Vor Milliarden von Jahren lernte eine einzige selbstreplizierende Zelle zufällig, wie man einen unwirtlichen Ball aus giftigen Gasen und vulkanischer Schlacke in diesen lebendigen Garten hier verwandelt. Und damit wurde alles möglich, alles, was ihr hofft und fürchtet und liebt.« Sie halten sie für übergeschnappt, aber das ist ihr egal. Ihr genügt es, wenn sie eine Erinnerung in die ferne Zukunft ihrer Studenten vorausschickt, in eine Zukunft, die es ohne die unermesslichen Großzügigkeit grüner Dinge nicht geben wird.

Spätabends, vom Lehren und Forschen zu müde, um noch weiterzuarbeiten, liest sie in ihrem geliebten Muir. *Tausend Meilen zu Fuß bis zum Golf* und *Mein erster Sommer in der Sierra* lassen ihre Seele zur Zimmerdecke schweben und tanzen wie ein Sufi. Sie schreibt ihr Lieblingszitate auf die Umschlaginnenseiten ihrer Notizbücher und liest sie heimlich, wenn Seminarintrigen und die Grausamkeit ängstlicher Menschen ihr zu schaffen machen. Die Brutalität des Alltags kann diesen Worten nichts anhaben.

Wir alle sind Reisende auf der Milchstraße, Bäume und Menschen gemeinsam .. Jede Wanderung durch die Natur beschert uns um vieles mehr, als wir suchen. Der geradeste Weg ins Universum führt durch die Wildnis eines Waldes.

Aus Pflanzen-Patty wird Dr. Pat Westerford; mit dem verkürzten Vornamen verbirgt sie in der Korrespondenz, dass sie eine Frau ist. Ihre Arbeit über Tulpenbäume bringt ihr den Doktortitel ein. Sie zeigt der Welt, dass diese dicken, langen Gebilde aus wasserleitenden Röhren Fabriken sind, produktiver, als je ein Mensch geglaubt hat. *Liriodendron* verfügt über ein ganzes Repertoire an Duftstoffen. Er atmet flüchtige organische Verbindungen aus, die alle erdenklichen Wirkungen haben. Noch versteht sie nicht, wie das System funktioniert. Sie weiß nur, dass es komplex ist, und wunderschön.

Sie zieht ein Forschungsstipendium an der Universität von Wisconsin an Land. Dort in Madison sucht sie nach Spuren Aldo Leopolds und nach der riesigen Robinie mit ihren duftenden Blütentrauben und Samenschoten, dem Baum, der Muir dermaßen beeindruckte, dass er beschloss, sein Leben der Erforschung der Natur zu widmen. Doch die Robinie, die die Welt verändert hat, wurde vor zwölf Jahren gefällt.

Das Stipendium führt zu einer Assistentenstelle. Sie verdient so gut wie nichts, aber sie braucht auch nicht viel zum Leben. Zum Glück kommen die beiden größten Kostenfaktoren, Unterhaltung und Status, in ihrem Budget nicht vor. Und Gratisessen gibt es in den Wäldern überall.

Sie beginnt mit der Erforschung von Zuckerahorn, in einem Wald östlich der Stadt. Ihr Durchbruch kommt, wie so oft, durch einen großangelegten und gut vorbereiteten Zufall. Als Patricia an einem angenehm warmen Junitag in ihr Waldstück kommt, stellt sie fest, dass ein Insektenüberfall einem ihrer mit Tüten bewehrten Bäume schwer zu schaffen macht. Anfangs sieht es so aus, als seien die Messungen der letzten Tage damit verloren. Aber sie improvisiert und behält sowohl die Proben des geschädigten Baums als auch die einiger Ahornbäume in seiner Nachbarschaft. Wieder im Labor, erweitert sie die Liste der chemischen Verbindungen, die sie untersucht. Im Laufe der nächsten Wochen stößt sie auf etwas, das selbst sie noch nicht zu glauben bereit ist.

Ein weiterer Baum in der Nähe wird befallen. Sie führt neue Messungen durch. Wieder zweifelt sie an ihren Ergebnissen. Es wird Herbst, und ihre komplexen Chemiefabriken schließen für den Winter, verstreuen ihre Blätter über den Waldboden. Sie legt ebenfalls eine Winterpause ein, widmet sich ihren Studenten und unterzieht ihre Resultate einer erneuten Prüfung, versucht, die unglaublichen Schlüsse, auf die sie gekommen ist, zu akzeptieren. Sie durchstreift die Wälder und fragt sich, ob sie ihre Ergebnisse publizieren oder das Experiment noch ein weiteres Jahr fortführen soll. Die Eichen in ihrem Wald schimmern noch scharlachrot, die Buchen leuchten in einem Bronzeton. Besser, sie wartet, bis sie ganz sicher ist.

Die Bestätigung kommt im nächsten Frühling. Nach drei weiteren Versuchsreihen ist sie überzeugt. Die befallenen Bäume produzieren Insektizide, um ihr Leben zu retten. Soviel ist unumstritten. Aber die Daten zeigen noch etwas anderes, und davon bekommt sie eine Gänsehaut: Bäume in einiger Entfernung, die von den Armeen der Angreifer verschont geblieben sind, verstärken die eigenen Verteidigungslinien, wenn ein Nachbar unter Beschuss gerät. Irgendetwas *warnt* sie. Sie bekommen Wind von dem drohenden Unheil und treffen Vorbereitungen. Sie überprüft alles, was sich überprüfen lässt, und die Ergebnisse sind immer dieselben. Es gibt nur eine logische Schlussfolgerung: Die befallenen Bäume senden Alarmsignale aus, die andere Bäume riechen. Ihre

Ahornbäume *kommunizieren.* Sie sind über ein drahtloses Netzwerk miteinander verbunden, sind Teil eines gemeinsamen Immunsystems, das sich über ein großes Waldareal erstreckt. Diese gehirnlosen, an ihren Ort gebannten Stämme beschützen sich gegenseitig.

Sie kann es selbst kaum glauben. Aber die Daten bestätigen es immer wieder. Und an dem Abend, an dem Patricia endlich akzeptiert, was die Messergebnisse sagen, beginnt sie am ganzen Körper zu glühen, Tränen kullern ihr über das Gesicht. Soweit sie weiß, ist sie das erste Geschöpf im gesamten, sich ständig fortschreibenden Abenteuer des Lebens, das je einen Blick auf dieses kleine und doch unwiderlegbare Etwas, um das es der Evolution geht, geworfen hat. Das Leben spricht mit sich selbst, und sie hat es dabei belauscht.

Sie formuliert ihren Ergebnisbericht so nüchtern wie möglich. Er besteht vorwiegend aus chemischen Formeln, Angaben zu Konzentrationen und Quoten – ausschließlich das, was der Gaschromatograph verzeichnet. Aber am Schluss ihres Artikels kann sie der Versuchung nicht widerstehen und muss doch noch in Worte fassen, was die Messergebnisse so unmissverständlich verkünden:

Das biochemische Verhalten einzelner Bäume wird uns seinen Sinn wohl erst dann enthüllen, wenn wir sie als Mitglieder einer Gemeinschaft begreifen.

Eine angesehene Zeitschrift nimmt Dr. Pat Westerfords Aufsatz zur Veröffentlichung an. Die Fachkollegen, die ihn begutachten, heben die Augenbrauen, aber ihre Daten sind solide, keiner findet Fehler, lediglich Verstöße gegen den gesunden Menschenverstand. Am Tag, an dem der Artikel erscheint, beschließt Patricia, dass sie damit ihre Schulden an die Welt beglichen hat. Wenn sie schon morgen stirbt, hat sie trotzdem ihren kleinen Beitrag zu dem geleistet, was das Leben an Wissen über sich sammelt.

Die Presse findet Gefallen an ihren Ergebnissen. Eine populärwissenschaftliche Zeitschrift macht ein Interview mit ihr. Sie hat Mühe, übers Telefon die Fragen zu verstehen, und antwortet stockend. Aber sie bringen den Artikel, andere Zeitungen greifen ihn auf. »Bäume reden miteinander.« Ein paar Briefe bekommt sie; andere Forscher in allen Ecken des Landes möchten Einzelheiten wissen. Die Mittelwest-Sektion des forstwirtschaftlichen Berufsverbandes lädt sie zu einem Vortrag ein.

Vier Monate später druckt die Zeitschrift, die ihren Aufsatz veröffentlicht hat, einen von drei führenden Dendrologen unterzeichneten Brief. Die Männer erklären ihre Forschungen für methodisch mangelhaft, ihre Statistiken für nicht schlüssig. Die Abwehrmechanismen der nicht befallenen Bäume könnten auch auf anderem Wege aktiviert worden sein. Oder die Bäume waren bereits von den Insekten befallen, und sie hat es nicht bemerkt. Der Brief macht sich lustig über ihre Theorie, Bäume könnten einander chemische Signale senden:

Auf geradezu peinliche Weise missversteht Patricia Westerford die Einheiten der natürlichen Auslese ... Selbst wenn eine Botschaft auf die eine oder andere Weise »empfangen« wird, folgt daraus keineswegs, dass eine solche Botschaft auch »gesendet« wurde.

In dem kurzen Brief wird viermal der Name *Patricia* genannt, kein einziges Mal der Titel *Doktor*; der taucht erst neben den Namen der drei Unterzeichner auf. Auf der einen Seite zwei Yale-Professoren und ein Stiftungsprofessor an der Northwestern, auf der anderen ein kleiner Assistent in Madison, und der auch noch weiblich: Von da an macht sich keiner in der Branche mehr die Mühe, die Forschungen von Patricia Westerford zu replizieren. Die Forscher, die sie um weitere Auskünfte gebeten hatten, antworten nicht mehr auf ihre Briefe. Die Zeitungen lassen den Sensationsartikeln nun Berichte über die brutale Demontage folgen.

Trotzdem hält Patricia den vereinbarten Vortrag auf der Konferenz der Mittelwest-Forstbehörde in Columbus. Es ist ein kleiner, stickiger Raum. Ihr Hörgerät pfeift von den Rückkoppelungen. Ihre Dias bleiben im Projektor hängen. Alle Fragen sind feindselig. Patricia steht hinter dem Rednerpult, schmettert die Angriffe ab und spürt, wie die alte Sprachhemmung ihrer Kindheit zurückkehrt, Strafe für ihren Hochmut. Drei qualvolle Tage bleibt sie auf der Konferenz, und jedes Mal stupsen die Leute sich an, wenn sie ihnen auf den Gängen begegnet: *Das ist die, die glaubt, Bäume hätten Verstand.*

Madison verlängert ihren Lehrauftrag nicht. Sie bemüht sich um eine Stelle anderswo, aber es ist schon zu spät im Jahr. Nicht einmal zum Reagenzgläserspülen bei anderen Wissenschaftlern nehmen sie sie noch. Keine andere Art schließt sich gegen ihresgleichen so gnadenlos ab wie der Homo sapiens. Ohne Forschungsmöglichkeiten kann sie sich nicht verteidigen. Mit zweiunddreißig verdingt sie sich als Aushilfslehrerin an Highschools. Wenn sie Freunde von früher trifft, murmeln sie Sympathiebekundungen, aber keiner tritt in der Öffentlichkeit für sie ein. Der Sinn weicht aus ihrem Leben wie das Grün aus einem Ahornblatt im Herbst. Nach langen Wochen der Einsamkeit, in denen sie das Geschehene immer wieder vor ihrem geistigen Auge ablaufen lässt, kommt sie zum Schluss, dass es Zeit ist, das Laub abzuwerfen.

Sie ist zu feige, um jenen Bildern nachzugeben, die sich Abend für Abend einstellen, wenn sie versucht, Schlaf zu finden. Der Schmerz hält sie davon ab. Nicht ihr eigener: der Schmerz, den sie damit ihrer Mutter und ihren Brüdern bereiten würde, den wenigen Freunden, die sie noch hat. Nur die Wälder bieten ihr Schutz vor der Allgegenwart der Schande. Sie macht lange Wanderungen auf winterlichen Pfaden, betastet die dicken, klebrigen Knospen der Rosskastanie mit frosttauben Fingern. Der Waldboden füllt sich mit Spuren, als schriebe jemand mit den Füßen Anschuldigungen in den Schnee. Sie lauscht dem Wald, all den Lauten, die ihr seit jeher Kraft gegeben haben. Aber alles, was sie hört, sind die ohrenbetäubenden Weisheiten der Menge.

Ein halbes Jahr verbringt sie am Grunde eines Brunnens. An einem frischen strahlend blauen Sonntagmorgen im Hochsommer findet sie unter einer Eiche in den Niederungen des Token Creek einige noch ungeöffnete Schirme der *Amanita bisporigera*. Die Pilze sind wunderschön, wenn auch ihre Formen den Vertretern der alten Signaturenlehre die Schamesröte ins Gesicht trieben. Sie steckt sie in ihren Pilzbeutel und nimmt sie mit nach Hause. Dort kocht sie sich ein Sonntagsfestmahl: Hühnerfilet in Butter, mit Olivenöl, Knoblauch, Schalotten und Weißwein, gewürzt mit exakt so viel Würgeengel, dass Nieren und Leber ihre Funktion einstellen.

Sie deckt den Tisch und setzt sich zu einer Mahlzeit, die gesünder nicht duften könnte. Das Schöne an diesem Plan ist, dass keiner je etwas davon erfahren wird. Jahr für Jahr gibt es Pilzsammler, die junge *A. bisporigera* für *Agaricus sivicola* halten, sogar für *Volvariella volvacea*. Weder ihre Freunde noch ihre Angehörigen noch die ehemaligen Kollegen werden sich etwas dabei denken: Genau wie ihre Forschungen auf Irrwege geraten sind, so hat sie sich eben auch bei den Pilzen für ihre Mahlzeit vertan. Sie führt eine dampfende Gabelvoll zum Munde.

Etwas lässt sie innehalten. Signale durchströmen ihre Muskeln, subtiler als jedes Wort. *Nicht das. Komm mit. Fürchte dich nicht.*

Die Gabel fällt zurück auf den Teller. Sie erhebt sich von ihrem Platz wie eine Schlafwandlerin. Gabel, Teller, Pilzgericht: alles verwandelt sich vor ihren Augen in einen Anfall von Wahnsinn, dem sie gerade noch einmal entronnen ist. Ein Herzschlag später, und sie kann gar nicht glauben, was sie da in ihrer animalischen Furcht beinahe getan hätte. Um dessentwillen, was andere von ihr dachten, war sie bereit gewesen, einen entsetzlich qualvollen Tod zu sterben. Sie steckt das ganze Essen in den Müllschlucker, bleibt hungrig, ein Hunger, der herrlicher ist als jedes Mahl.

An dem Abend fängt ihr wahres Leben an – eine Ehrenrunde, das lange Leben nach dem Tode. Nichts in den folgenden Jahren kann ihr so viel antun, wie sie sich selbst beinahe angetan hätte. Von da an hat das Ansehen bei den anderen keine Bedeutung mehr für sie. Jetzt hat sie die Freiheit zu experimentieren. Jetzt kann sie wirklich alles entdecken.

Nun fehlt eine Reihe von Jahren. Sicher, von außen betrachtet: Patricia Westerford verschwindet in der Welt der Eintagsjobs. Wuchtet Kisten in Lagerhäusern. Putzt. Gelegenheitsarbeiten, die sie vom nördlichen Mittelwesten durch die Große Ebene in die hohen Berge führen. Sie hat keinen akademischen Posten mehr, keinen Zugang zu Forschungsgerät. Sie bewirbt sich auch nicht mehr um Labor- oder Aushilfsposten, nicht einmal, wenn ehemalige Kollegen sie dazu ermuntern. So gut wie alle alten Freunde gehen davon aus, dass sie als Wissenschaftlerin auf der Strecke geblieben ist. In Wirklichkeit ist sie aber vollauf beschäftigt: Sie lernt eine neue Sprache.

Nur wenig beansprucht ihre Zeit, überhaupt nichts ihre Seele, und so geht sie wieder nach draußen, in die Wälder, das grüne Gegenteil aller Akademikerlaufbahnen. Sie theoretisiert nicht mehr, sie spekuliert nicht mehr. Sie beobachtet einfach, füllt einen ganzen Stoß Notizbücher mit Aufzeichnungen und Skizzen – von Kleidungsstücken abgesehen ihr einziger fester Besitz. Ihre Augen verengen sich zu Schlitzen, ganz Wahrnehmung. Viele Nächte verbringt sie im Freien, liest Muir, unter Fichten und Tannen, verliert sich ganz, immer tiefer hineingelockt vom Duft festländischer Ozeane, schläft auf dicken Flechtenbetten, mit Kissen, ellenbogentief, aus braunen Nadeln, die lebendige Erde unter ihrem Schlafsack, aus der etwas aufsteigt, fließt und in jede ihrer Fasern eindringt, ebenso wie in die riesenhaften Bäume ringsum, die über sie wachen. Die Partikel ihres persönlichen *Selbsts* verbinden sich wieder mit allem, wovon sie abgespalten waren – dem Plan des überbordenden Grüns. *Eigentlich wollte ich nur einen Spaziergang machen, doch dann beschloss ich, bis zum Sonnenuntergang draußen zu bleiben, denn ich merkte, dass ich, indem ich hinausging, in Wirklichkeit hineinging.*

Sie liest Thoreau am abendlichen Holzfeuer. *Soll ich nicht mit der Erde im Einvernehmen sein? Bin ich selbst nicht zum Teil Blätter und Pflanzenerde?* Und: *Wer ist dieser Titan, der Besitz von mir ergreift? Sprecht über Geheimnisse! – Denkt an euer Leben in der Natur – wo wir täglich mit Materie konfrontiert werden, mit ihr in Berührung kommen – Felsen, Bäume, Wind, auf unseren Wangen! Die* feste *Erde! Die* wirkliche *Welt! Die* Vernunft! Berührung! Berührung! Wer *sind wir? Wo* sind *wir?*

Jetzt driftet sie weiter nach Westen. Es ist erstaunlich, wie lange eine kleine Kriegskasse reicht, wenn man erst einmal als Sammler lebt. Dieses Land ist ein wahres Schlaraffenland, überall Nahrung, die man sich einfach nehmen kann. Man muss nur wissen, wo man sucht. Einmal betrachtet sie sich im Spiegel, als sie sich im Waschraum einer Raststätte das Gesicht wäscht, nicht weit von einem Nationalpark in einem Bundesstaat, in den sie gerade zum ersten Mal gekommen ist. Sie sieht unglaublich verwittert aus, viel älter, als sie in Wirklichkeit ist. Verwildert. Nicht mehr lange und die Leute werden Angst vor ihr bekommen. Na, sie hat den Leuten ja schon immer Angst eingejagt. Wütende Menschen, Menschen, die alles Wilde verabscheuen, haben ihr ihre Arbeit genommen. Ängstliche Menschen haben sie ausgelacht, weil sie sagt, dass Bäume einander Botschaften senden. Sie vergibt ihnen allen. Nicht der Rede wert. Was die Leute jetzt am meisten ängstigt, wird sie eines

Tages staunen machen. Und dann werden die Menschen genau das tun, wozu vier Milliarden Jahre sie geformt haben: innehalten und einfach nur sehen, was sie da vor Augen haben.

An einem Nachmittag im Spätherbst steuert sie ihre alte Klapperkiste an den Rand der Panoramastraße, des Fishlake Scenic Byway, ganz im Westen des Colorado-Plateaus, tief im Herzen von Utah. Seit Las Vegas, Hauptstadt der einfältigen Sünder, ist sie auf ihrer Fahrt nach Salt Lake City, Hauptstadt der cleveren Heiligen, den Landstraßen gefolgt. Zitterpappeln recken sich zur Nachmittagssonne, bedecken den Bergkamm, so weit das Auge reicht. *Populus tremuloides.* Wolken aus Goldlaub schimmern an den dünnen zartgrünen Stämmen. Es geht kein Lüftchen, doch die Pappeln beben wie im Wind. Diese Pappeln zittern selbst dann noch, wenn alles andere in vollkommener Ruhe verharrt. Lange flache Stängel lassen die Blätter beim leisesten Hauch vibrieren, und rings um sie her flirren Millionen zweifarbiger Kadmiumindikatoren vor dem Hintergrund aus rechtschaffenem Blau.

Die Orakelblätter geben dem Wind eine Stimme. Sie filtern das trockene Licht und erfüllen es mit Erwartung. Die Stämme sind gerade und gleichmäßig, rau vom Alter an der Basis, dann immer glatter und heller hinauf zu den ersten Ästen. Ringe von blassgrünen Flechten sprenkeln sie wie Flecken auf einer Palette. Es ist, als stünde man in einem weißgrauen Raum, einer Säulenvorhalle zum Jenseits. Die Luft flirrt golden, und der Boden ist bedeckt mit Windbruch und abgestorbenen Klongeschwistern.

Patricia Westerford legt die Arme um ihren Körper, und ohne sichtlichen Grund kommen ihr die Tränen. Die Navajo singen von diesem Baum, der Gesang vom Haus der Sonne. Der Baum, aus dem Herakles einen Kranz gewunden hat, der, den er opferte bei seiner Rückkehr aus der Hölle. Der, aus dessen Blättern sich ein Sud brauen lässt, der die indianischen Jäger vor dem Bösen bewahrte. Dieser in ganz Nordamerika am weitesten verbreitete Baum mit enger Verwandtschaft auf drei Kontinenten kommt ihr mit einem Mal unglaublich selten vor. Sie ist durch Zitterpappelwälder im hohen Norden gewandert, bis hinauf nach Kanada, die letzte Bastion des Laubwalds in Breiten, in denen die Eintönigkeit der Nadelbäume herrscht. Ihren bleichen Sommerschatten hat sie überall in Neuengland in Skizzen festgehalten, im oberen Mittelwesten. Hat zwischen ihnen in den Rockies kampiert, auf heißen, trockenen Felsen hoch über den von der Schneeschmelze brausenden Bächen. Hat Dendroglyphen auf ihnen gefunden, verschlüsseltes Indianerwissen. Hat auf dem Rücken gelegen, mit geschlossenen Augen, in den Bergen des äußeren Südwestens, den Klang dieses unablässigen Bebens tief in ihr Hirn eingeschrieben. Jetzt, wo sie sich einen Weg zwischen den abgebrochenen Zweigen und Ästen sucht, hört sie sie wieder. Kein anderer Baum umgibt sich mit solchen Tönen.

Die Pappeln winken ihr zu, in ihrem unmerklichen Windhauch, und nach und nach sieht sie, was darin verborgen steckt. Über ihrem Kopf, hoch oben auf einem der Stämme, liest sie Kratzspuren, die kryptischen Schriftzeichen der Bären. Aber diese Kratzer sind alt und schwarz vernarbt; schon seit langem haben diese Wälder keinen Bären mehr gesehen. Verschlungene Wurzeln ragen aus der Uferböschung eines kleinen Bachs. Sie studiert sie, den zutage getretenen äußeren Rand eines unterirdischen Röhrensystems, das über Dutzende von Morgen Wasser und Mineralien transportiert, den Hügel hinauf zu anderen, dem Anschein nach eigenständigen Stämmen, oben auf den Felszacken, wo Wasser nicht leicht zu finden ist.

Auf der Anhöhe eine kleine Lichtung, hineingeschnitten mit der Kettensäge. Jemand hat der Natur nachgeholfen. Sie holt die Lupe hervor, die sie am Schlüsselbund trägt, und sieht sich einen der Stümpfe genauer an, um die Zahl der Jahresringe abzuschätzen. Die ältesten gefällten Bäume sind etwa achtzig Jahre alt. Bei der Zahl muss sie lächeln, die Zahl hat etwas Komisches, denn die fünfzigtausend Baumbabys rings um sie her sind Sprossen aus einem Rhizomgeflecht, so alt, dass man es nicht einmal auf die letzten hundert Jahrtausende festlegen kann. Unter der Erde sind die achtzigjährigen Stämme hunderttausend Jahre alt, wenn nicht noch älter. Es würde sie überhaupt nicht überraschen, wenn dieses eine, einzige, riesengroße, kollektive Klonwesen, das aussieht wie ein Wald, schon seit bald einer Million Jahren dort säße.

Deshalb hat sie hier angehalten: Um sich eines der ältesten, größten Lebewesen des Planeten anzusehen. Alles, was um sie her wächst, ist eine einzige männliche Pflanze, deren genetisch identische Stämme eine

Fläche von mehr als vierzig Hektar bedecken. Es ist ein fremdartiges Gewächs, nichts, was sie so ohne weiteres mit dem Verstand erfassen kann. Aber, das weiß Dr. Westerford, das Fremdartige dieser Welt ist allgegenwärtig, und Bäume spielen genauso gern mit den Gedanken der Menschen wie kleine Jungs mit Käfern.

Auf der anderen Straßenseite reicht das Pappelgetümmel hinunter bis zum Fish Lake, wo fünf Jahre zuvor ein chinesischer Flüchtling, ein Ingenieur, mit seinen drei Töchtern kampierte, auf dem Weg zum Yellowstone-Park. Das älteste Mädchen, das seinen Namen nach einer Opernheldin von Puccini trägt, wird schon bald steckbrieflich gesucht werden, wegen Brandstiftung mit fünfzig Millionen Dollar Schaden.

Zweitausend Meilen weiter ostwärts passiert ein Student, ein Bildhauer aus einer Farmersfamilie in Iowa, eben die einzige Zitterpappel des Central Park, ohne sie anzusehen. Dreißig Jahre später wird er noch einmal an diesem Baum vorbeikommen, allerdings nur, weil er der Puccinihdlin geschworen hat, dass er sich nie umbringen wird, egal wie schlimm alles noch kommt.

Weiter im Norden, am geschwungenen Rückgrat der Rockies, baut an genau diesem Nachmittag auf einer Farm bei Idaho Falls ein ehemaliger Flieger, Kriegsveteran, eine Pferdekoppel für einen Freund aus seiner alten Staffel. Der Freund gibt ihm diese Arbeit aus Mitleid, einschließlich Unterkunft und Verpflegung, und der Flieger will sehen, dass er fortkommt, sobald er nur kann. Die Zaunlatten sind aus Pappelholz. Als Bauholz kaum zu gebrauchen, hat es hier seinen Zweck, denn es splittert nicht, wenn ein Pferd dagegentritt.

In einem Vorort von St. Paul nicht weit vom Lake Elmo wachsen zwei Pappeln auf der Südseite des Grundstücks eines Anwalts für Urheberrecht. Er ist sich kaum bewusst, dass sie da sind, und als seine unbekümmerte Freundin fragt, was für Bäume das sind, erzählt er ihr, es seien Birken. Der Tag wird kommen, an dem zwei schwere Schlaganfälle den Anwalt lähmen, und für alle Pappeln, Birken, Buchen, Kiefern, Eichen und Ahornbäume wird er nur noch ein einziges Wort haben, für dessen Aussprache er eine halbe Minute braucht.

An der Westküste, im zukünftigen Silicon Valley, entwerfen ein gujaratisch-amerikanischer Junge und sein Vater simple Pappeln aus klobigen schwarz-weißen Pixeln. Sie programmieren ein Spiel, bei dem der Junge das Gefühl hat, er wandele im Garten Eden.

Pflanzen-Patty kennt all diese Leute nicht. Und doch ist ihrer aller Leben schon seit langem miteinander verwoben, tief in der Erde. Ihre Beziehung zueinander wird sich entfalten, wie die von Figuren in einem Buch. Wenn man erst einmal in der Zukunft angekommen ist, sieht man deutlicher, was in der Vergangenheit war.

Jahre später wird sie selbst ein Buch schreiben, *Der geheime Wald*. Auf der ersten Seite wird zu lesen sein:

> Sie und der Baum in Ihrem Garten haben einen gemeinsamen Ahnen. Vor anderthalb Milliarden Jahren sind Sie und der Baum getrennter Wege gegangen. Aber selbst heute, wo Sie sich so weit von ihm entfernt haben, sind bei ihm und bei Ihnen noch immer ein Viertel aller Gene gleich …

Sie steht auf der Lichtung oben am Hügelkamm und lässt den Blick über die Talsenke dahinter schweifen. Zitterpappeln allüberall; kaum vorzustellen, dass nicht eine einzige davon aus einem Samenkorn gewachsen ist. In diesem Teil des amerikanischen Westens sind in den letzten Jahren nur die wenigsten Pappeln so entstanden. Schon vor langem hat sich das Klima gewandelt und ist den Pappelsamen nun nicht mehr gewogen. Aber die Bäume vermehren sich von der Wurzel her weiter; sie breiten sich aus. Es gibt Pappelkolonien hoch im Norden, und diese Kolonien sind älter als die Gletscher, die diese Gebiete einst bedeckten. Die Bäume stehen still, und trotzdem *wandern* sie – ein immerwährendes Pappelgeschöpf, das sich vor der jüngsten zweimeilendicken Eisschicht zurückzieht, nur um in den Norden zurückzukehren, wenn diese abgeschmolzen ist. Das Leben ist keine Sache des Verstands. Und *Sinn* ist eine viel zu junge Vorstellung, als dass sie wirklich Macht darüber haben könnte. Alles, was auf dieser Erde Dramatisches geschieht, sammelt sich unterirdisch – gewaltige symphonische Chöre, und Patricia ist fest entschlossen, sie noch zu hören, bevor ihre Zeit um ist.

Sie blickt über die Senke und hält Ausschau nach Anzeichen, in welche Richtung dieser Bursche, dieser gewaltige männliche Pappelklon wohl unterwegs ist. Zehn Jahrtausende sucht er die Berge und Täler dieser

Gegend nun schon nach einer Partnerin ab, einer Zitterpappelgigantin, die er befruchten kann. Und dann sieht sie etwas hinter dem nächsten Hügel; ein Schlag in die Magengrube. Mitten im Herzen dieses sich noch immer ausbreitenden Wesens liegt ein Neubaugebiet, Häuser in Reih und Glied entlang frisch gefräster Straßen. Eigentumswohnungen, erst ein paar Tage alt, haben meilenweit das Wurzelsystem dieses Erdenbewohners durchtrennt, eines der prachtvollsten aller Zeiten. Dr. Westerford schließt die Augen. Überall im Westen hat sie sterbende Wälder gesehen. Die Pappeln vertrocknen. Abgegrast von allem, was Hufe hat, ohne die Hilfe verjüngenden Feuers verschwinden ganze Hänge. Jetzt sieht sie, wie ein Wald, der auf diesen Bergen schon wuchs, bevor der erste Mensch sich in Afrika auf den Weg machte, Feriendomizilen weichen muss. Sie sieht es, eine Momentaufnahme in glitzerndem Gold: Bäume und Menschen im Krieg um Land und Wasser und Luft. Und sie kann es hören, lauter als das Rascheln der zitternden Blätter, welche Seite durch ihren Sieg zum Verlierer wird.

In den frühen achtziger Jahren macht Patricia sich auf den Weg nach Nordwesten. Noch gibt es Baumriesen in diesen Staaten, letzte Urwaldinseln von Nordkalifornien bis hinauf nach Washington. Sie will herausfinden, wie unbewirtschafteter Wald aussieht, solange das noch möglich ist. Das westliche Kaskadengebirge an einem feuchten Septembertag: In ihrem bisherigen Leben gab es nichts, was sie auf das, was jetzt kommt, vorbereitet hätte. Aus mittlerer Entfernung betrachtet, ohne einen Anhaltspunkt für die Größenverhältnisse, wirken die Bäume nicht höher als die mächtigsten Platanen und Tulpenbäume im Osten. Doch als sie näher kommt, löst sich diese Täuschung auf, und der Verstand muss kapitulieren. Das Einzige, was sie tun kann, ist schauen und lachen und nochmals schauen.

Schierlingstannen, Riesentannen, Lebensbäume, Douglasien: ein Bollwerk aus gewaltigen Koniferen verliert sich über ihr im Nebel. An Sitka-Fichten wuchern Maserknollen so groß wie ein Auto – Pfund um Pfund Holz, das stärker ist als Stahl. Für den Abtransport eines einzigen Stammes bräuchte man einen Schwerlastwagen. Hier sind selbst Kümmerlinge so gewaltig, dass sie einen Wald im Osten beherrschen würden, und auf jedem Landstück wächst mindestens die fünffache Menge Holz. Zu Füßen dieser Giganten, hier auf der untersten Etage, kommt ihr der eigene Körper lächerlich klein vor, wie die Bucheckerpüppchen, mit denen sie als Kind gespielt hat. Ein Astloch in diesen Säulen aus stoffgewordener Luft könnte ihr als Wohnung dienen.

Knacken und Schnattern stören die feierliche Kathedralenstille. Die Luft ist so dämmergrün, dass sie sich fühlt wie unter Wasser. Es regnet kleine Partikel – Wolken von Sporen, zerrissene Spinnennetze und Säugetierschuppen, vertrocknete Milben, Insektendreck und Vogelfedern … Alles klettert über alles andere hinweg im ewigen Kampf um ein bisschen Licht. Wenn sie zu lange stillsteht, werden Schlingpflanzen sie überwältigen. Sie geht schweigend weiter, zerquetscht bei jedem Schritt zehntausend wirbellose Tiere, sucht nach Fährten an einem Ort, an dem in zumindest einer der heimischen Indianersprachen das Wort für *Fußspur* und das für *Verstehen* ein und dasselbe sind. Die Erde unter ihr gibt nach wie eine durchgelegene Matratze.

Über einen offenen Hügelkamm gelangt sie in eine Senke. Sie lässt ihren Stock vor sich durch die Luft zischen, und im Augenblick, in dem sie den Luftvorhang durchdringt, fällt die Temperatur schlagartig ab. Das Dach aus Baumkronen ist wie ein Sieb, durch dessen Löcher die Sonne kleine Tupfer auf die von Käfern wimmelnden Oberflächen malt. Auf jeden erwachsenen Stamm kommen ein paar Hundert Jungpflanzen am Boden. Schwertfarn, Lebermoose, Flechten und Blätter so klein wie Sandkörner überziehen jeden Quadratzentimeter der feuchten umgestürzten Bäume. Moos wächst so dicht wie ein eigener Wald im Miniaturformat.

Wenn sie auf die rissige Rinde drückt, sinken ihre Finger knöcheltief ein. Ein paar schwungvolle Bewegungen mit dem Stock offenbaren das ganze Ausmaß des Zerfalls. Morsche, von Getier jeglicher Art wimmelnde Stämme rotten hier seit Jahrhunderten vor sich hin. Gotisch-bizarre Baumstümpfe, silbrig glänzend wie umgekehrte Eiszapfen. Nie zuvor hat sie eine so fruchtbare Fäulnis wahrgenommen. Die schiere Masse unaufhaltsam sterbenden Lebens, das sich hier auf engstem Raum drängt, umwoben von Pilzgespinsten und von Tau funkelnden Spinnen-

172

netzen, raubt ihr den Atem. Treppenfluchten aus Pilzterrassen führen seitlich an den Baumstämmen empor. Lachsfarbene Nahrung für die Bäume. Den ganzen Winter über von Nebel durchtränkt, bedeckt eine undefinierbare schwammig-grüne Substanz jeden hölzernen Pfeiler bis über ihren Kopf hinaus mit einem dicken Überzug.

Der Tod ist allgegenwärtig, bedrückend und schön. Sie sieht jetzt, wo die Lehrmeinung der Forstwirtschaft, gegen die sie sich an der Uni so sehr gewehrt hat, ihren Ursprung hat. Beim Anblick dieses glorreichen Zerfalls ist es verzeihlich, wenn man auf den Gedanken kommt, alt mit dekadent gleichzusetzen und diese dicken Schichten der Zersetzung für Zellulosefriedhöfe zu halten, die der verjüngenden Axt bedürfen. Sie begreift, warum ihre Spezies diese undurchdringlichen Dickichte allzeit fürchten wird, Orte, an denen die Schönheit einzelner Bäume einem angsteinflößenden, wahnwitzigen Chaos weicht. Wenn die Geschichte sich verdüstert, wenn der Slasherfilm zum archaischen Horror mutiert, dann ist dies hier der Ort, an den die verlorenen Kinder und die ungeratenen Jugendlichen unweigerlich kommen müssen. Hier gibt es Dinge, die schlimmer sind als Wölfe und Hexen; Urängste, die die Zivilisation auch mit noch so großen Anstrengungen nie wird zähmen können.

Der üppige Wald lockt sie weiter; sie kommt an den Stamm eines gewaltigen Riesenlebensbaums. Sie fährt mit der Hand über die fasrigen Rindenstreifen, die sich von dem geriffelten Stamm lösen, ein Stamm, der es im Durchmesser mit der Höhe eines Hartriegels an der Ostküste aufnehmen könnte. Ein Geruch wie Weihrauch. Die Krone ist abgebrochen, und an deren Stelle erhebt sich ein Kandelaber aus Ästen, gemeinschaftlich zum Stammersatz aufgestiegen. Am Boden klafft im verrotteten Kernholz eine Höhle. Ganze Säugetiersippen könnten darin leben. Aber die Äste in der Höhe, zwölf Stockwerke über ihr, sind auch nach tausend Jahren noch von schuppigen Zweigen schwer, vollgepackt mit Zapfen.

Sie spricht diesen Baum aus der Zypressenfamilie an, mit den Worten der ersten menschlichen Bewohner dieses Waldes. »Spender langen Lebens. Ich bin hier. Hier unten.« Anfangs kommt sie sich albern vor. Aber dann fällt ihr jedes weitere Wort ein wenig leichter als das davor.

»Danke für die Körbe und die Schachteln. Danke für die Mäntel und die Mützen und die Röcke. Danke für die Wiegen. Die Betten. Die Windeln. Kanus. Paddel, Harpunen und Netze. Stangen, Pfähle, Pfosten. Die Bretter und Schindeln, die dem Wetter trotzen. Das Anmachholz, das immer brennt.«

Jedes neue Wort ist Erleichterung, Befreiung. Sie sieht keinen Grund, warum sie jetzt aufhören sollte, und lässt der Dankbarkeit freien Lauf. »Danke für die Werkzeuge. Die Truhen. Die Dielen. Die Paneelen. Die Kleiderschränke. Mehr weiß ich nicht ... Ich danke dir«, sagt sie nach der uralten Formel. »Für all die Gaben, die du geschenkt hast.« Und da sie immer noch nicht aufhören kann, fügt sie hinzu: »Verzeih uns. Wir wussten nicht, wie viel Mühe dich das neue Wachstum kostet.«

Sie findet Arbeit bei der Forstverwaltung. Waldaufseherin. Die Beschreibung ihrer Aufgabe erscheint ihr genauso märchenhaft wie die mächtigen Bäume: Mithelfen, für gegenwärtige und zukünftige Generationen Orte zu pflegen und zu beschützen, an denen der Mensch kein dauerhaftes Zuhause hat, sondern nur Gast ist. Die Wilde Frau muss eine Uniform anziehen. Aber sie bekommt Geld dafür, dass sie allein unterwegs ist, dass sie die willkommene Last eines Rucksacks trägt, dass sie eine Landkarte liest, dass sie Rinnen für den Erosionsschutz zieht, dass sie nach Rauch und Feuer Ausschau hält, Leuten beibringt, keine Spuren zu hinterlassen, sich in den Rhythmus des Landes einzufügen, ganz im Einklang mit den Jahreszeiten zu leben. Ja, und auch dafür, dass sie den Dreck aufsammelt, den die Menschen hinterlassen. Unzählige Papierchen, Tüten, Sixpack-Ringe, Folien, Dosen und Kronkorken, überall auf den Wildblumenwiesen, an den entlegensten Aussichtspunkten, aufgespießt auf den Zweigen edler Tannen, am Grunde kühler Bäche, in der Tiefe eines Wasserfalls. Sie würde ja sogar dafür zahlen, dass sie das tun darf.

Die Aufseherin entschuldigt sich für die Unterkunft, eine Blockhütte am Saum eines alten Lebensbaumhains. Es gibt kein fließend Wasser, und das Ungeziefer ist dem neuen Zweibeiner an Biomasse um ein Vielfaches überlegen. Aber sie lacht nur. »Ihr habt ja keine Ahnung. Ihr habt keine Ahnung. Für mich ist das die Alhambra.«

Für den nächsten Tag steht eine Wanderung von fünfundzwanzig Meilen auf dem Programm. Sie soll die Schrauben der Schellen, mit denen an den Bäumen Schilder mit Wandermarkierungen angebracht sind, lockern, damit die Kambiumschicht Platz zum Wachsen hat. Auf der anderen Seite des Bergkamms gibt es eine große Fichte, deren Rinde eine alte Warntafel der Waldbehörde schon halb verschluckt hat, so dass nun nur noch ACHTUNG zu lesen ist.

Der Abendregen setzt ein. Sie geht auf die Lichtung, lässt es auf sich herabregnen, nur mit einem weiten Baumwollhemd bekleidet, lauscht, wie der Wald seine neuen Zellen bildet. Wieder in der Hütte, zündet sie in der Küche mit einem dicken Überallzünder eine Petroleumlampe an und nimmt sie mit ins Schlafzimmer. Die Klopfzeichen einer Buschschwanzratte signalisieren einen weiteren Anschlag auf ihre wertlosen Besitztümer. Letzte Woche musste ein Paar Haarspangen dran glauben. Jetzt ist es zu dunkel, um zu schauen, was diesmal die Beute war. An der Zinkwanne in der Ecke wäscht sie sich mit kaltem Wasser, dann geht sie zu Bett. Kaum hat sie das Ohr auf das muffige Kissen gelegt, schon ist sie in das Ferienhaus ihrer Kindheit versetzt, wo die Zukunft noch endlos neue Gestalten annimmt, eine schöner als die andere.

Elf selige Monate arbeitet sie dort. Von der Natur wird sie kein einziges Mal bedroht, von verstörten Campern nur zwei Mal. In dem ewigen Regen schimmelt alles. Riesenbäume schlürfen die Sturzbäche auf und setzen sie als Wasserdampf wieder frei. Sporen besiedeln jede feuchte Fläche. Sie hat Fußpilz bis zu den Knien. Manchmal denkt sie beim Einschlafen, dass ihr, wenn sie die Augen wieder aufschlägt, wahrscheinlich Moos auf den Lidern wächst. Tagelang müht sie sich, eine Abstellfläche zu schaffen, rodet ein kleines Stück Gestrüpp. Als das Jahr zu Ende geht, ist die Bresche im Unterholz bereits wieder mit Gesträuch und Schösslingen bedeckt. Ihr gefällt der Gedanke, dass dieses gnadenlose Grün jeden Vorstoß vereitelt, den der Mensch auf sein Terrain versucht.

Sie weiß es nicht, aber während sie Feuerstellen instand setzt und Bierdosen und Klopapier der wilden Camper einsammelt, erscheint in einer Zeitschrift ein Artikel. Es ist eine angesehene Zeitschrift, eine der besten, die die Menschheit zustande gebracht hat. Bäume, heißt es in dem Artikel, kommunizieren über die Luft mit chemischen Signalen. Sie produzieren Heilmittel. Ihre Duftstoffe wecken und warnen die Nachbarn. Sie spüren, wenn eine andere Art sie angreift und fordern Luftunterstützung an. Die Autoren zitieren ihren alten, oft verspotteten Aufsatz. Sie greifen ihre Ergebnisse auf und kommen von da zu bemerkenswerten neuen Schlüssen. Beinahe schon vergessene Worte von ihr schweben nun wieder durch den Äther, setzen andere in Gang, wie ein Hauch Pheromone.

Einmal ist Patricia in einem ihr bis dahin unbekannten Flusslauf im Einsatz, befreit mit der Säge einen entlegenen Waldweg vom Windbruch. Sie sieht, wie sich im Unterholz etwas bewegt – das gefährlichste Wild von allen. Als sie näher kommt, erkennt sie, dass es zwei Feldforscher sind, vagabundierende Wissenschaftler, zwei von einem Grüppchen, das sich jeden Sommer in ein paar billigen Trailern, vollgestopft mit Laborausrüstung, auf einer Lichtung nur ein paar Meilen von ihrer Hütte niederlässt. Diese Zufallsbegegnungen mit Vertetern ihres alten Stamms sind ihr ein Graus. Sie spricht immer so wenig wie möglich mit ihnen. Diesmal bleibt sie zunächst stehen und beobachtet. Zwischen den Stämmen und aus dieser Entfernung wirken die beiden Männer wie Zirkusbären, tapsig auf den Hinterbeinen, in Holzfällerkostüme gesteckt.

Die beiden bahnen sich einen Weg durchs Gebüsch und bleiben schließlich an einer Stelle stehen, die ihr Interesse geweckt hat. Einer der Männer stößt einen leisen Vogelruf aus, macht die Stimme perfekt, geradezu verlockend, nach. Sie hat diesen Ruf im Dunkeln schon gehört, auch wenn sie nie den zugehörigen Vogel erblickt hat. Auf eine so perfekte Nachahmung würde auch sie hereinfallen. Der Mann ruft noch einmal. Und so unglaublich das ist: Er bekommt Antwort. Es folgt ein Duett; der kräftige, kecke, menschliche Lockruf, gefolgt von der trägen doch willigen Antwort des Vogels, der versteckt irgendwo in den Bäumen sitzt. Der Hauch eines Flügelschlags, schon ist die Eule da. Vogel der Weisheit und der Hexenmeister. Es ist das erste Mal, dass Patricia eine *Strix occidentalis* sieht. Der Fleckenkauz: die bedrohte Art, zu deren Rettung die Wissenschaft alten Wald im Marktwert von Milliarden Dollar unter Verschluss nehmen will, den einzigen Lebensraum dieses Vogels. Der Kauz lässt sich, ein Fabelwesen, auf einem Zweig keine drei Schritt von seinen Verführern nieder. Vogel und Männer sehen einander an. Die eine Spezies macht Fotos. Die andere dreht nur den Kopf und blinzelt mit den riesengroßen Augen. Dann ist die Eule wieder fort, gefolgt, nachdem diese sich noch ein paar Notizen gemacht haben, von den Menschen; nur Patricia Westerford bleibt zurück und fragt sich, ob sie die Szene womöglich geträumt hat.

Drei Wochen später ist sie wieder an fast derselben Stelle und rodet invasive Pflanzen. Von den dicken, pelzigen Wurzelsprossen des Götterbaums bleibt an ihren Fingern ein Geruch nach Kaffee und Erdnussbutter zurück. Sie steigt in flottem Tempo einen Serpentinenweg hinauf, und plötzlich tauchen wieder die beiden Männer auf. Sie knien ein Stück weiter oben bei einem umgestürzten Baum. Bevor sie fliehen kann, bemerken sie sie und winken. Jetzt, wo sie sie erwischt haben, kann sie nur zurückwinken und zu ihnen gehen. Der ältere von beiden hat sich schräg auf den Boden gelegt und steckt winzig kleine Wesen in Schraubgläser.

»Borkenkäfer?« Zwei erstaunte Gesichter sehen sie an. Das Leben in toten Stämmen war früher einmal ein Lieblingsthema, da kann sie sich nicht beherrschen. »Ich habe im Studium noch gelernt, dass umgestürzte Bäume nichts als Hindernisse sind; und sie erhöhen die Waldbrandgefahr.«

Der Ältere blickt sie vom Boden her an. »Stimmt, das hat mein Prof auch gesagt.«

»›Die muss man beseitigen, damit der Wald gesund bleibt.‹«

»›Verbrennen, das schafft Sicherheit und Ordnung. Vor allen Dingen müssen sie aus dem Wasser.‹«

»›Wir brauchen Gesetze, die aus so viel Stagnation wieder ein lohnendes Geschäft machen.‹«

Alle drei lachen. Aber es ist eher wie eine Kompresse, die man auf eine

Wunde drückt. *Den Wald gesund erhalten.* Als hätten die Wälder vierhundert Millionen Jahre lang auf uns Anfänger gewartet, damit wir sie heilen. Die Welt sieht weg, und die Wissenschaft ist ihr williger Diener. Wie können so viele intelligente Menschen das Offensichtliche nicht erkennen? Man muss doch nur hinsehen, dann weiß man, dass in toten Stämmen mehr Leben herrscht als zu Lebzeiten des Baums. Aber gegen die Macht der Doktrin haben die Sinne nie eine Chance.

»Na«, sagt der Mann am Boden, »jetzt zeige ich es dem alten Scheißer!«

Patricia lächelt; Hoffnung mischt sich unter ihren Schmerz wie ein Windstoß im Regen. »Was erforschen Sie?«

»Pilze, Gliederfüßer, Reptilien, kleine Säugetiere, Insektenkot, Spinnweben, Schuppen, Erde … Alles, womit wir einen toten Stamm erwischen.«

»Wie lange machen Sie das schon?«

Die beiden Männer tauschen Blicke. Der jüngere reicht dem anderen ein weiteres Schraubglas. »Wir sind jetzt im sechsten Jahr.«

Sechs Jahre, auf einem Gebiet, bei dem die meisten Studien nur wenige Monate dauern. »Wie um alle Welt haben Sie das finanziert bekommen?«

»Wir haben vor, diesen speziellen Stamm hier zu beobachten, bis nichts mehr von ihm übrig ist.«

Diesmal ist ihr Lachen schon ein wenig irrer. Ein Lebensbaumstamm auf dem nassen Waldboden. Die Urururenkel ihrer jetzigen Studenten werden das Projekt zu Ende führen müssen. Seit ihrer Zeit ist die Wissenschaft so verrückt geworden, wie sie nach ihren Begriffen schon immer hätte sein sollen. »Lange vorher wird von *Ihnen* nichts mehr übrig sein.«

Der Mann am Boden setzt sich auf. »Das ist das Beste an der Waldforschung. Bis die Zukunft einem Vorhaltungen machen kann, dass man das Offensichtliche nicht gesehen hat, ist man längst tot!« Er blickt sie an, als sei sie selbst ebenfalls ein lohnendes Forschungsobjekt. »Dr. Westerford?«

Sie blinzelt, nicht minder überrascht als jede Eule. Dann fällt ihr die Dienstmarke auf ihrer Brust ein. Jeder kann ihren Namen lesen. Aber da steht nicht *Doktor*. Das kann er nur aus ihrem vorigen Leben haben. »Verzeihen Sie«, sagt sie. »Ich kann mich nicht mehr erinnern, ob wir uns schon begegnet sind.«

»Begegnet nicht. Aber ich habe Ihren Vortrag gehört, vor Jahren. Auf der Konferenz der Forstbehörde in Columbus. Signalübertragung durch die Luft. Ich war so beeindruckt, dass ich mir sogar einen Sonderdruck Ihres Artikels habe kommen lassen.«

Das war nicht ich, würde sie am liebsten sagen. *Das war eine andere. Jemand, der längst tot und begraben ist.*

»Die haben Sie ganz schön fertiggemacht.«

Sie zuckt mit den Schultern. Der jüngere Wissenschaftler steht dabei wie ein Kind vor den Schaukästen des Smithsonian.

»Irgendwann würde man Ihnen recht geben müssen, das wusste ich.« Ihre Verlegenheit verrät ihm alles. Erklärt, warum sie in einer Waldhüteruniform vor ihm steht. »Patricia. Ich bin Henry. Das hier ist Jason. Kommen Sie mit und sehen Sie sich die Forschungsstation an.« Er sagt es leise und doch eindringlich, als stünde etwas Großes auf dem Spiel. »Sie müssen sich ansehen, was unsere Gruppe macht. Sie müssen doch wissen, was aus Ihrer Arbeit geworden ist, während Sie fort waren.«

Als das Jahrzehnt sich dem Ende zuneigt, macht Dr. Westerford eine Entdeckung, die sie mehr überrascht als jede andere: Es scheint tatsächlich vorstellbar, dass sie Liebe für ihre Mitmenschen übrighat. Nicht für alle; aber sie empfindet tiefe Zuneigung und immergrüne Dankbarkeit zumindest gegenüber den drei Dutzend Mitgliedern der Stammbesetzung, die sie in der Forschungsstation in den Cascades aufnehmen und ihr ein Zuhause geben. Dort verbringt sie Jahre, die glücklicher und produktiver sind, als sie es sich je hätte träumen lassen. Henry Fallows, der wissenschaftliche Leiter der Gruppe, verhilft ihr zu einem Stipendium. Zwei weitere Forschungsteams aus Corvallis setzen sie auf ihre Gehaltsliste. Das Geld reicht kaum, aber man überlässt ihr einen schimmligen Wohnwagen im grünen Ghetto, und sie hat Zugang zum mobilen Labor – Reagenzien und Pipetten, so viel sie braucht. Die Latrinen und Gemeinschaftsduschen sind sündiger Luxus im Vergleich zur Blockhütte der Forstverwaltung, der abendlichen Katzenwäsche auf der eisigen Veranda. Außerdem gibt es warmes Essen in der Kantine, doch an manchen Tagen ist sie so in ihre Arbeit vertieft, dass jemand kommen und sie erinnern muss, dass wieder Essenszeit ist.

Wie Demeters Tochter kehrt ihr akademisches Ansehen allmählich aus den Tiefen der Unterwelt zurück. Eine Reihe von wissenschaftlichen Abhandlungen rehabilitiert ihre ursprünglichen Thesen zur Signalübertragung durch die Luft. Bei einer Pflanzenart nach der anderen entdecken Forscher der nächsten Generation weitere Beweise. Akazien warnen andere Akazien vor umherstreifenden Giraffen. Weiden, Pappeln, Erlen: Sie alle werden dabei ertappt, wie sie einander auf dem Luftweg vor Insektenüberfällen warnen. Die verspätete Anerkennung bedeutet ihr nichts. Sie interessiert sich nicht sonderlich für das, was sich außerhalb dieses Waldes abspielt. Die Welt, die sie braucht, ist hier, unter diesem Dach aus Baumwipfeln – der dichtesten Biomasse des Planeten. Unaufhaltsam graben Bäche sich durch Berge, durch das Geröll, da, wo die Lachse laichen – Wasser so kalt, dass man darin keinen Schmerz mehr spürt. Wasserfälle stürzen über Felskanten mit jadegrünem Moosbezug, übersät von abgebrochenen Ästen. In den Lücken, die sich hie und da in den unteren Etagen des Waldes auftun, tagen heimliche Versammlungen von Himbeeren, Holunderbeeren, Heidelbeeren, Schneebeeren, Igelkraftwurz, Schaumspiere und Bärentraube. Fünfzehn Stockwerke hohe Koniferen wie steinerne Säulen, mit schnurgeraden Stämmen so dick wie ein Auto lang, breiten ihr Dach über alles. Die Luft rings um sie her schwirrt von den unermüdlichen Lauten des Lebens. Der Gesang unsichtbarer Winterzaunkönige. Das mechanische Hämmern der Spechte. Schwirrende Rohrsänger. Flatternde Drosseln. Aufgeregt piepsende Rauhfußhühner auf dem Waldboden. Nachts lassen schaurige Eulenschreie ihr das Blut gefrieren. Und immer singen die Baumfrösche ihr Lied von der Ewigkeit.

In diesem Garten Eden bestätigen die erstaunlichen Entdeckungen der Kollegen ihre sämtlichen Theorien. Lange, beharrliche Beobachtungen widerlegen alles, was man je über Bäume gedacht hat. Kurz zusammengefasst: Der nahrhafte braune Teig des Erdbodens – selbst größtenteils unbekannte Mikroben und wirbellose Tiere, eine Million verschiedener Arten vielleicht – kanalisiert den Verfall und macht sich auf Wegen, die sie gerade erst im Ansatz begreift, den Tod zunutze. Sie ist begeistert, wenn die Forscher bei ihren Mahlzeiten zusammensitzen, wenn sie eintauchen kann in die gute Laune, die bereitwillig geteilten Forschungsergebnisse, das beflügelnde Netzwerk der Entdeckungen. Die ganze Gruppe *schaut*, jeder Einzelne von ihnen. Vogelkundler, Geologen, Mikrobiologen, Ökologen, Evolutionsforscher, Bodenexperten, die Weisen des Wassers. Jeder von ihnen kennt unzählige winzige Wahrheiten. Einige arbeiten an Projekten, die auf zweihundert Jahre und länger angelegt sind. Einige kommen geradewegs aus den Metamorphosen des Ovid, Menschen, die im Begriff sind, sich in grünere Wesen zu verwandeln. Zusammen bilden sie eine große symbiotische Gemeinschaft, genau wie diejenigen, die sie studieren.

Sie lernen bald, dass das ganze millionenfach verschlungene Beziehungsgeflecht des gemäßigten Regenwalds den Tod in tausenderlei Gestalt braucht, um den Kreislauf in Gang zu halten. Wer ein solches System bereinigen will, bringt all die sich stets neu nachfüllenden Brunnen zum Versiegen. Das ist das neue Evangelium der Forstwirtschaft, und es findet Bestätigung in den erstaunlichsten Entdeckungen: Flechtenbärte in luftiger Höhe, die nur an den ältesten Bäumen wachsen und dem System lebensnotwendigen Stickstoff zuführen. Rötelmäuse, die sich von Trüffeln ernähren und die Sporen von Knollenblätterpilzen auf dem Waldboden verteilen. Pilze, die in die Wurzeln von Bäumen eindringen und dermaßen enge Verbindungen eingehen, dass man kaum noch sagen kann, wo der eine Organismus aufhört und der andere beginnt. Wuchtige Koniferen bilden hoch in der Baumkrone Luftwurzeln, und diese tasten sich in die Tiefe, um sich von der Erde, die sich in den eigenen Astgabeln bildet, zu ernähren.

Patricia widmet sich den Douglasien. Pfeilgerade ragen sie, ohne sich zu verjüngen, mehr als dreißig Meter in die Höhe, bevor der erste Ast abzweigt. Sie sind ein Ökosystem für sich, beherbergen mehr als tausend Arten von wirbellosen Tieren. Malerischer Hintergrund von Stadtbildern, König der Holzindustrie, ein Baum, ohne den Amerika sich vollkommen anders entwickelt hätte. Ihre Lieblingsexemplare stehen verstreut in der Nähe der Forschungsstation. Mit dem Scheinwerfer kann sie sie finden. Der älteste Baum muss sechshundert Jahre alt sein. Er ist

so hoch, so nahe an der Grenze, die die Schwerkraft setzt, dass er anderthalb Tage braucht, um Wasser von den Wurzeln bis in die obersten
seiner fünfundsechzig Millionen Nadeln zu transportieren. Und jeder
Zweig duftet nach Erfüllung.

Jedes einzelne Geheimnis, das sie im Laufe dieser Jahre den Douglasien entlockt, macht sie glücklich. Wenn die lateralen Wurzeln von
zwei Douglasien sich unter der Erde begegnen, verschmelzen sie. Mit
diesen selbstgeknüpften Knoten verbinden die beiden Bäume ihre Ge-
fäßsysteme und machen ein einziges, gemeinsames daraus. Tausende
und Abertausende von Meilen lebendiger Leitungen bilden ein unterirdisches Netzwerk; ihre Bäume nähren und heilen einander, halten
die Jungen und Kranken am Leben, schaffen aus all ihren Ressourcen
und Stoffwechselprodukten ein gemeinschaftliches Kapital … Es wird
Jahre dauern, bis sich aus all dem ein zusammenhängendes Bild ergibt.
Weitere Erkenntnisse werden hinzukommen, unglaubliche Wahrheiten
bestätigt durch ein immer enger verknüpftes Netz in Kanada, Europa,
Asien, durch Forscher, die über immer bessere und schnellere Kanäle
ihre Daten austauschen. Patricia merkt bald, dass ihre Bäume noch um
vieles sozialer sind, als selbst sie es je angenommen hätte. Es gibt keine
Individuen. Es gibt nicht einmal Spezies, die man säuberlich trennen
kann. Alles im Wald ist Wald. Unmöglich, zwischen Konkurrenz und
den unzähligen Beispielen für Kooperation zu unterscheiden. Zwischen
Bäumen herrscht genauso wenig Wettstreit wie zwischen den einzelnen
Blättern eines Baums. Offenbar ist das meiste in der Natur *doch* nicht rot
an Zahn und Klaue. Schon deswegen, weil das, was da am Grunde der
Pyramide des Lebens lebt, weder Zähne noch Klauen hat. Aber wenn die
Bäume ihre Vorräte miteinander teilen, dann schwimmt jeder Tropfen
Rot auf einem Meer aus Grün. Es kann nicht anders sein.

Die Männer wollen, dass sie sie nach Corvallis begleitet und dort lehrt.

»Dazu bin ich nicht gut genug. Ich weiß ja noch gar nichts.«

»Das hält uns nicht ab!«

Aber Henry Fallows sagt, sie soll es sich überlegen. »Wir reden darüber, wenn du so weit bist.«

Wenn der Verwaltungschef der Forschungsstation, Dennis Ward, vor Ort ist, bringt er ihr kleine Geschenke. Wespennester. Pflanzengallen. Schöne Steine, von den Bergbächen poliert. Die stillschweigende Übereinkunft erinnert Patricia an die, die sie mit der Ratte in ihrer Blockhütte bei der Forstbehörde hatte. Immer wieder einmal ein Besuch, blitzartig, verstohlen, Austausch kleiner Geschenke. Dann tagelanges Abtauchen. Und ebenso wie Patricia sich irgendwann mit ihrer Hausratte angefreundet hatte, so schließt sie nun auch diesen sanftmütigen, bedächtigen Mann ins Herz.

Einmal bringt Dennis ihr etwas zum Abendessen. Hundert Prozent Waldkost. Pilz-Haselnuss-Eintopf, und das Brot hat er selbst gebacken – die Form in die heiße Asche einer Brandrodung gelegt. Ihr Gespräch an dem Abend ist nicht gerade lebhaft. Das ist es nur selten, und sie ist dankbar dafür. »Was machen die Bäume?«, fragt er wie jedes Mal. Sie antwortet nach Kräften, lässt nur die Biochemie aus.

»Spaziergang?«, fragt er, nachdem sie das Geschirr über dem Brauchwasserbehälter abgespült haben. Eine Lieblingsfrage, und wie immer antwortet sie: »Spaziergang!«

Er muss zehn Jahre älter sein als sie. Sie weiß nichts über ihn und fragt auch nicht nach. Sie reden nur von der Arbeit – die winzigen Schritte, durch die sie hinter die Geheimnisse der Douglasienwurzeln kommt, seine unmögliche Aufgabe, eine Herde Wissenschaftler zusammenzuhalten, darauf zu achten, dass auch nur ein Minimum an Regeln befolgt wird. Sie selbst ist ja jetzt auch schon im Herbst ihres Lebens. Sechsundvierzig – älter als ihr Vater war, als er starb. All ihre Blüten sind längst verblüht. Und hier kommt nun die Biene.

Sie gehen nicht weit; das können sie nicht. Die Lichtung ist klein, und die Pfade sind im Dunkeln nicht zu finden; aber sie müssen ja auch nicht weit gehen, um mitten in die Welt zu kommen, die sie liebt. Hinaus in den Moder, den Zerfall, die Baumstümpfe, das Schwelgen des Todes ringsum, wo das ehrfurchtgebietende Grün sich erhebt, wuchert in sämtliche Richtungen mit seinen Tentakeln, die alles verwandeln.

»Du bist eine glückliche Frau«, sagt Dennis, irgendwo im großen Niemandsland zwischen Frage und Behauptung.

»*Mittlerweile* bin ich das.«

»Du magst alle, die hier arbeiten. Das ist eine Leistung.«

»Es ist nicht schwer, Leute zu mögen, denen Pflanzen etwas bedeuten.«

Aber sie mag auch Dennis. Mit seinen knappen Bewegungen, dem ausgiebigen Schweigen verwischt er die Grenzen zwischen den beiden beinahe identischen Molekülen Chlorophyll und Hämoglobin.

»Du bist so selbständig. Wie deine Bäume.«

»Aber darum geht es doch gerade, Dennis. Sie *sind* nicht selbständig. Alles da draußen trifft Vereinbarungen mit allem anderen.«

»Ja, so kommt es mir auch vor.«

Sie lacht, weil seine Vermutung so einfältig klingt.

»Aber du hast deine Gewohnheiten. Du hast deine Arbeit. Das hält dich beschäftigt, die ganze Zeit.«

Sie antwortet nicht; nun ist sie beunruhigt. Gerade jetzt, schon an der Schwelle zum mittleren Lebensalter, dieser Angriff.

Er spürt ihre Anspannung; für eine Zeit, die mehrere Eulenrufe umfassen könnte, fügt er keinen weiteren Laut hinzu. Dann: »Also, es geht darum. Ich koche gern für dich.«

Sie stößt einen langen Seufzer aus, dann lässt sie sich ein, darauf, wie die Dinge nun einmal sein müssen. »Und ich lasse mich gern bekochen.«

Aber alles ist dann doch viel weniger beunruhigend, als sie je erwartet hätte. So viel leichter. Er sagt: »Wir könnten doch beide unsere Wohnung behalten. Und ... kommen uns nur dann und wann besuchen?«

»Das ... wäre eine Möglichkeit.«

»Würden unsere Arbeit tun. Und dann sähen wir uns zum Abendessen. So wie jetzt!« So, wie er es sagt, klingt es, als gehe ihm die Verbindung zwischen seinem gewagten Vorschlag und dem, was er schon die ganze Zeit tut, gerade erst auf.

»Ja.« Noch kann sie nicht glauben, dass das Glück so weit gehen könnte.

»Aber ich möchte es schriftlich haben.« Sein Blick wandert zu den Baumreihen in Richtung Westen, wo ein Lichtfleck unmissverständlich zu verstehen gibt, dass die Sonne bereits untergeht. »Denn dann bekämst du die Rente, wenn ich sterbe.«

Im Dunkeln fasst sie seine bebende Hand. Sie fühlt sich gut an, so, wie es sich für eine Wurzel anfühlen muss, wenn sie nach Jahrhunderten unter der Erde eine andere Wurzel findet, mit der sie sich verflechten kann. Es gibt hunderttausend Arten von Liebe, alle unabhängig voneinander ersonnen, jede neue noch ein wenig einfallsreicher als die vorherige, und jede Einzelne davon erschafft die Dinge immer wieder neu.

OLIVIA VANDERGRIFF

Der Schnee reicht ihr bis zum Oberschenkel, und sie kommt nur langsam voran. Wie ein Lasttier kämpft sie sich durch die Schneewehen, Olivia Vandergriff, auf dem Weg zurück zu ihrer Studentenbude am Rande des Campus. Die allerletzte Vorlesung zum Thema Lineare Regression und Zeitreihenanalyse ist endlich vorbei. Die Turmuhr im Innenhof schlägt fünf, doch so kurz vor der Wintersonnenwende umfängt Olivia ein schon beinahe mitternächtliches Dunkel. Ihr Atem hinterlässt Reif auf ihrer Oberlippe. Sie saugt die Luft wieder ein und spürt die Eiskristalle in der Kehle. Die Kälte bohrt sich ihr wie ein Glühdraht in die Nase. Sie könnte hier draußen sterben, einfach so sterben, nur fünf Häuserblocks von ihrer Wohnung entfernt. Den Gedanken findet sie faszinierend.

Dezember des letzten Studienjahrs. Das Semester ist fast zu Ende. Selbst wenn sie jetzt stolpern und auf die Nase fallen würde, könnte sie immer noch über die Ziellinie robben. Was bleibt zu tun? Eine kleine Faktenprüfung, Thema Ereigniszeitanalyse. Eine abschließende Seminararbeit für das Aufbauseminar Makroökonomie. Hundertzehn projizierte Meisterwerke der Weltkunst erkennen, in dem Wahlkurs, den sie zum Ausgleich belegt hat. Zehn Tage noch, plus ein weiteres Semester, dann hat sie es geschafft.

Vor drei Jahren dachte sie, Versicherungsmathematik sei nichts als eine Art Buchführung. Als der Studienberater ihr erklärte, es gehe um die Berechnung der Kosten und Wahrscheinlichkeit von Eventualfällen, hatte diese Kombination aus Präzision und Morbidität sie dazu verleitet, *Hier!* zu rufen. Wenn man schon vom Leben genötigt wurde, sich wie ein Sklave einer bestimmten Aufgabe zu widmen, dann konnte man Schlimmeres tun, als den finanziellen Gegenwert des Todes zu berechnen. Außerdem fand sie den Gedanken, eine von nur drei weiblichen Studierenden in diesem Studiengang zu sein, verlockend. Das Hochgefühl, der Wahrscheinlichkeit ein Schnippchen zu schlagen.

Aber seither ging es mit ihrer Stimmung rapide bergab. Die Zwischenprüfung der nationalen Aktuarsvereinigung hat sie jetzt schon dreimal versucht und ist jedes Mal gescheitert. Teils liegt es an mangelndem Können. Teils an Sex, Drogen und Party jede Nacht. Sie wird ihren Abschluss packen; das kriegt sie schon noch hin. Und wenn es nicht klappt, wird sie eben schauen, welche neuen Möglichkeiten so eine Katastrophe eröffnet. Schließlich sind, wie Aktuare sehr gut wissen und wie Olivia ihren besorgten Freunden immer gern versichert, Katastrophen auch nur Zahlen.

Im Halbdunkel biegt sie in die Cedar Street. Andere Studenten, die, ebenfalls mit schweren Rucksäcken beladen, hier entlanggestapft sind, haben Pfade im Schnee hinterlassen, sind blind den oft abwegigen Schritten ihres Vorgängers gefolgt. Unter den frischen Schneewehen verbergen sich Gehwege, deren Platten vom Wachstum der Baumwurzeln aufbrechen, den langsamsten seismischen Wellen der Welt. Sie blickt nach oben. Viel wird sie nicht vermissen, wenn sie dieses Scheißkaff hinter sich lässt, aber immerhin die Straßenlaternen findet sie schön. Die cremefarbenen Glaskuppeln vom Anfang des Jahrhunderts sehen aus wie erstarrte Kerzen. Das weiche Licht erhellt den Weg durch die Studentenviertel bis hinauf zu ihrem Zimmer in einer weitläufigen ehemaligen Arztvilla, American Gothic, die jetzt in einzelne Verschläge aufgeteilt ist, mit fünf separaten Feuerleitern und acht Briefkästen.

Im Licht der Straßenlaterne vor ihrem Haus steht ein einzelner Baum, von einer Art, die einst die gesamte Erde bedeckte – ein lebendes Fossil, eines der ältesten, seltsamsten Geschöpfe, die je das Geheimnis des Holzes ergründeten. Ein Baum, der Samenzellen bildet, die in Tröpfchen zur Partnerin schwimmen müssen, damit sie die Eizelle befruchten können.

Seine Blätter sind so vielfältig wie die Gesichter der Menschen. Die vom Laternenlicht beschienenen Äste bieten ein ungewöhnliches Bild, denn sie sind seitlich besetzt mit bizarren, kurzen Astfortsätzen, die die Silhouette auch im Winter unverwechselbar machen. Olivia wohnt schon seit einem Semester unter diesem Baum und weiß doch nicht, dass er existiert. Auch heute Abend geht sie achtlos an ihm vorbei.

Sie stolpert die verschneite Treppe hinauf in einen dunklen Flur voller Fahrräder. Sie macht die Haustür gleich wieder zu, aber die eisige Luft dringt durch die Ritzen ins Haus. Der Lichtschalter wartet höhnisch am anderen Ende des Flurs. Nach sechs Schritten durch den pechschwarzen Schlauch reißt sich Olivia den Knöchel am Zahnrad einer Gangschaltung auf. Ihre Flüche hallen durchs Treppenhaus. Schon seit Anfang des Semesters hat sie bei ihren Bewohnerversammlungen gegen die Fahrräder gewettert. Aber sie sind immer noch da, allen Abstimmungen zum Trotz; ihr eiskalter Knöchel ist aufgerissen, verschmiert mit Fahrradfett, und ihr empörter Gerechtigkeitssinn schreit: »Scheiße, Scheiße, *Scheiße*!«

Was soll's? Fünf kurze Monate noch, dann fängt das Leben an. Selbst wenn sie dann immer noch in einer schäbigen Bruchbude ohne Warmwasser über dem Frühstückslokal haust, in dem sie kellnert, fallen künftig Verbrechen und andere Kleinigkeiten allein in ihre eigene Zuständigkeit.

Oben auf dem Treppenabsatz lacht jemand. »Alles in Ordnung?« Aus der Küche dringt unterdrücktes Gekicher. Die Mitbewohner amüsieren sich über ihre ständigen Wutausbrüche.

»Alles bestens«, flötet sie. Zu Hause. 12. Dezember 1989. Die Berliner Mauer ist gefallen. Vom Baltikum bis zum Balkan gehen Millionen Menschen auf die winterlichen Straßen. Ihr aufgeschürfter Knöchel blutet. Na und? Sie bückt sich, drückt ein Papiertaschentuch darauf. Es brennt wie Feuer.

Oben empfängt man sie mit Umarmungen: zwei routinemäßige, eine spöttische, eine sehr unterkühlte und eine, aus der ein halbes Jahr sehnsüchtiges Schmachten spricht. Sie hasst diese ewige Umarmerei, aber sie macht trotzdem mit. Die Hausbewohner haben sich im Frühling des Jahres mit geradezu orgiastischer Begeisterung zusammengetan. Ende September waren von dem großen Fest der Liebe nur noch tagtägliche Vorwürfe geblieben. *Wessen Haare sind das da in meinem Rasierer? Jemand hat den Krümel Hasch geklaut, den ich im Eisfach hatte. Wer zum Teufel hat die Reste von dem Putenbraten in den Müll geworfen?* Aber wenn man die Ziellinie vor Augen hat, bringt einen so schnell nichts aus der Ruhe.

In der Küche duftet es himmlisch, aber niemand lädt sie ein, mitzuessen. Sie wirft einen Blick in den Kühlschrank. Die Aussichten sind niederschmetternd. Seit zehn Stunden hat sie nichts gegessen, aber sie beschließt, noch ein bisschen länger durchzuhalten. Wenn sie noch bis nach ihrer kleinen privaten Siegesfeier wartet, wird das Essen ihr vorkommen wie ein Tanz mit Halbgöttern.

»Die Scheidung ist durch«, verkündet sie.

Vereinzelte Beifallsrufe und Applaus. »Hat ja lange genug gedauert«, sagt der unter den einstigen Seelenverwandten, den sie jetzt am wenigsten mag.

»Kann man sagen. Das mit der Scheidung hat sich länger hingezogen als die ganze Ehe.«

»Den Namen solltest du aber behalten. Besser als der alte.«

»Wie bist du überhaupt auf die verrückte Idee mit dem Heiraten gekommen?«

»Der Knöchel sieht ganz schön übel aus. Du solltest wenigstens die Schmiere abwischen.« Eine weitere Runde unterdrücktes Gekicher.

»Ich liebe euch auch.« Olivia klaut eine Flasche Starkbier aus dem Kühlschrank – das Einzige, was nicht ranzig ist – und schmuggelt sie hinauf in ihre umgebaute Dachkammer. Im Bett kippt sie den Inhalt der Flasche in sich hinein, ohne den Kopf zu heben. Übung macht den Meister. Fett und Blut von ihrem Knöchel verschmieren den Bettüberwurf.

Sie und Davy haben sich noch ein letztes Mal vor Gericht gesehen, zwischen Volkswirtschaft und Linearanalyse. Jetzt sind sie fertig miteinander, und der Richterspruch kann sie auch nicht mehr unglücklicher machen. Es tut ihr schon leid. Ihr Leben mit dem eines anderen zu verbinden – eine Frühlingslaune im zweiten Studienjahr – fühlte sich so cool an, so hinreißend unschuldig. Zwei Jahre lang haben alle vier Elternteile über diesen Irrsinn getobt. Ihre Freunde haben es nie verstanden. Aber sie und Davy waren fest entschlossen, es allen zu zeigen.

Geliebt haben sie sich, auf ihre Art, auch wenn ihre Art hauptsächlich darin bestand, sich zuzudröhnen, Gedichte von Rumi zu deklamieren und dann bis zur Ohnmacht zu vögeln. Aber in der Ehe haben sie gelernt, einander zu missbrauchen. Nach der dritten Runde der Werwolfnummer, an deren Ende ein gebrochener Handknochen stand, musste einer mal nüchtern werden und die Notbremse ziehen. Sie hatten keinen nennenswerten Besitz, und die einzigen Kinder waren sie selbst. Binnen anderthalb Tagen hätten sie geschieden sein sollen. Dass es zehn Monate dauerte, ging größtenteils auf das Konto nostalgischer Lust bei beiden Parteien.

Olivia stellt die leere Bierflasche auf den Heizkörper neben andere Leichen und wühlt dann in dem Müllhaufen neben ihrem Bett, bis sie ihren Discplayer findet. Zur Scheidung gehört Trauermusik. Die Ehe war ihr Abenteuer gewesen, das will sie jetzt nicht einfach vergessen. Den Rumi hat Davy behalten, aber sie hat immer noch haufenweise von der Trancemusik, die sie beide so mochten, und genug Dope, um zumindest an diesem Abend dem Kummer ins Gesicht zu lachen. Sicher, sie sollte sich Gedanken um die Linearanalyse machen, aber die Prüfung ist erst in drei Tagen, und sie kann ohnehin besser lernen, wenn sie ein bisschen high ist.

Sie hätte schon vor zwei Jahren, selbst im Überschwang der Anfangszeit, darauf kommen sollen, dass eine Beziehung, bei der sie bereits in den ersten zwei Stunden dreimal gelogen hat, keine große Zukunft hat. Sie spazierten unter Kirschblüten, zwischen den Bäumen des Campus. Sie beteuerte innige Liebe zu allem, was blüht, und das stimmte immerhin halbwegs, damals. Sie erzählte, ihr Vater sei Menschenrechtsanwalt, auch wieder nicht völlig falsch, und ihre Mutter schreibe professionell, was reine Phantasie war, wenn auch auf der Grundlage gewisser Fakten. Nicht dass sie sich für ihre Eltern schämte. Sie ist sogar mal von der Grundschule geflogen, weil sie einer Tussi eins in die Fresse gegeben hatte, dafür dass sie gesagt hatte, ihr Vater sei ein Schlaffi. Aber in der Welt guter Geschichten – ihr liebster Aufenthaltsort – sind Olivias Eltern beide so viel weniger, als sie hätten sein sollen. Also hat sie sie ein bisschen aufpoliert, für den Mann, von dem sie da bereits beschlossen hatte, dass sie den Rest ihres Lebens mit ihm verbringen würde.

Auch Davy hatte gelogen. Behauptet, er brauche keinen Studienabschluss, weil er bei der Prüfung für den öffentlichen Dienst so gut abgeschnitten habe, dass das Außenministerium ihm direkt einen Posten angeboten habe. Es war eine so offensichtliche Lüge, dass es schon beinahe schön war. Träumer hatten es ihr schon immer angetan. Später, unter dem Kirschblütenschnee, hatte er ihr die kleine viktorianische Blechdose gezeigt, mit der Werbung für Bartwachs auf dem Deckel und den sechs langen dünnen Joints darin. So etwas hatte sie bisher nur in den Antidrogenfilmen an der Highschool gesehen. Und es dauerte nicht lange, da hatte die große Kunst des Segelfliegens hoch über der geschäftigen Erde es ihr angetan. So begann ihre immer noch fortdauernde Romanze mit einer Gabe, die immer weitergab, eine Romanze, die, anders als die mit Davy, gewiss ihr ganzes Leben lang anhalten würde.

Sie programmiert die Reihenfolge der Trance-Titel, setzt sich auf ihren geliebten Platz auf der Fensterbank, öffnet das Schiebefenster zur eisigen Nachtluft, bläst zwei Rauchwolken zur halsbrecherischen Feuerleiter hin. Das Telefon klingelt, aber sie nimmt nicht ab. Es ist einer von drei Männern, bei denen sie nicht mehr so ganz auseinanderhalten kann, welcher von ihnen was genau von ihr will. Das Telefon klingelt immer weiter. Sie hat keinen Anrufbeantworter. Wer würde sich ein Gerät anschaffen, mit dem man sich die Verantwortung zurückzurufen auflädt? Sie zählt mit, wie oft es klingelt, eine Art Meditation. Ein Dutzend Mal, in der Zeit, in der sie zwei dicke Haschkringel in die eisige Außenwelt pafft. Die Hartnäckigkeit lässt sie vermuten, wer der Anrufer ist, und als er immer noch nicht aufgibt, wird daraus Gewissheit. Das kann nur ihr Ex sein, der sie immer noch nicht in Ruhe lässt, hofft, dass er zur Feier des Tages noch einen letzten Liebesstreit vom Zaun brechen kann.

Das psycho-sozio-sexuelle Erwachen der kleinen Olivia: weitaus mehr an Erkenntnisgewinn, als ihr bei der Ankunft in der Stadt vorgeschwebt hatte. Vor drei Jahren ist sie auf dem Campus eingetroffen, im Gepäck einen Teddy, einen Fön, eine Popcornmaschine und ein Ehrenabzeichen der Highschool für besondere Leistungen im Volleyball. Nächstes Frühjahr gedenkt sie wieder abzureisen, mit einem Studienbuch voller Schlaglöcher, zwei Zungenpiercings, einem verschnörkelten Tattoo auf der Schulter und einem Notizbuch mit Aufzeichnungen von Phantasiereisen, die sie sich nie hätte träumen lassen.

Sie ist immer noch ein braves Mädchen, irgendwie. Die nächsten Monate sollen die letzten sein, in denen sie ein bisschen auf den Putz haut. Danach wird sie sich zusammenreißen, den Weg der Tugend einschlagen und in Richtung Westen ziehen, so wie es sich für eine anständige Verliererin gehört. Wenn sie erst mal da draußen ist – was immer »da draußen« im Einzelnen auch sein mag –, wird sie jede Menge Zeit haben, sich zu überlegen, wie sie die Sache mit dem vermasselten Abschluss ausbügeln soll. Bei Bedarf kann sie sehr einfallsreich sein. Und sie weiß, wie sie, wenn sie sich ein bisschen anstrengt, mit ihrem Kleinmädchencharme jeden um den Finger wickeln kann. Um sie her passieren Dinge, die ganze Welt gerät aus den Fugen. Sie könnte es in Berlin versuchen, jetzt, wo die Zukunft in diese Richtung geht. Wilna. Warschau. Irgendwo, wo die Regeln gerade vollkommen neu geschrieben werden.

Die Musik versetzt ihre Muskeln in Schwingungen, lässt ihr Gehirn auf trägen Wellen dahingleiten. Unter ihrer Haut sammeln sich Spinnenkolonien. Wenn sie die Hand auf die Oberschenkel legt, lassen sie sich sanft bis an den Rand der Vorstellungskraft drücken. Und dann kommen die himmlischen Hirngespinste, die aus dem Chaos der Menschengeschichte vor ihren Augen etwas so Wunderbares entstehen lassen, so voller Sinn und Bedeutung. Das Universum ist gewaltig, und für ein Weilchen darf sie durch benachbarte Galaxien fliegen und sich überall ein wenig umsehen, solange sie ihre Macht nicht missbraucht und niemandem Schaden zufügt. Es ist eine wunderbare Art zu reisen.

Dann stellen die Melodien sich ein, die Musik in ihrem Inneren. Sie schaltet den CD-Player aus und überlegt, wie sie die endlosen Weiten des Raums durchqueren soll. Als sie aufsteht, steigt ihr Kopf immer weiter nach oben, bis auf eine neue Ebene des Daseins. Lachen treibt sie voran, hilft ihr, das Gleichgewicht zu halten, und so gleitet sie über die Dielen, ihre Brüste schimmern wie kostbare Perlen. Nach einer Weile ist sie am Ziel und hält einen Augenblick inne, versucht sich zu erinnern, was sie überhaupt dort will. Von ihrer Umgebung hört sie kaum noch etwas, so laut ist die selbsterschaffene Zaubermusik.

Sie setzt sich an ihren billigen Schreibtisch aus Spanplatten und holt ihr Liederheft hervor. Echte Noten sind Hieroglyphen für sie, aber sie hat ein eigenes System ersonnen, mit dessen Hilfe sie die Melodien notieren kann, die ihr in den Sinn kommen, wenn sie da draußen ist. Farbe, Stärke und Position der Linien sind die Zeichen, mit denen sie die Melodien, die ihr eingegeben werden, festhält. Und am folgenden Tag, wenn der Kopf wieder klar ist, kann sie diese Kritzeleien ansehen und die Musik noch einmal hören. Wie wenn man high wird vom Joint des Nebenmanns, ganz ohne eigenes Zutun.

Die heutige Melodie ist umwerfend; ein Ensemble von unbekannten Instrumenten spielt das Lied, das die Engel für Gott spielen werden, wenn Er eines Abends beschließt, alle Welt zu sich heimzuholen. Es ist der beste innere Soundtrack, den sie je geschaffen hat, womöglich das Beste in ihrem gesamten Leben. Jetzt kommen ihr die Tränen; am liebsten würde sie ihre Eltern anrufen. Sie würde gern wieder hinunter zu ihren Mitbewohnern gehen und sie alle umarmen, diesmal aber aus vollem Herzen. Die Musik sagt: *Du weißt nicht, wie strahlend du leuchtest.* Sie sagt: *Etwas wartet auf dich, etwas Reines, Vollkommenes, wonach du dich seit Kindertagen sehnst.* Dann kommt ihr diese weihevolle Seligkeit auf einmal lächerlich vor, und sie lacht, ein bisschen hysterisch, über ihre eigene verlorene Seele.

Doch die Melodie und das Glücksgefühl verursachen ihr ein Kribbeln am ganzen Körper. Der Gedanke an eine heiße Dusche bekommt eine geradezu religiöse Dringlichkeit. In ihrem improvisierten Bad – in dieselbe Dachkammer gezwängt wie das Schlafzimmer – ist die Wand auf der Nordseite mit Eisblumen bedeckt. Der Trick ist, dass man vor dem Ausziehen das heiße Wasser aufdrehen muss. Als sie in die Dusche steigt, ist ihr ganz schwindlig vor Hunger, und in der Luft wirbelt ein

Paisleymuster aus Feuer und Eis. Sie blickt nach unten. Die Duschwanne füllt sich mit blutigem Schaum. Sie stößt einen Schrei aus. Dann fällt ihr wieder ein, dass sie sich am Knöchel verletzt hat. Als sie die offene Wunde einseift, hört sie wieder ein Kichern. Menschen sind so schwach. Wie konnte die Spezies so lange überleben, dass sie all diesen Schaden anrichten konnte?

Bei der Berührung brennt die Wunde höllisch. Es ist ein gezackter, hässlicher Riss. Falls eine Narbe zurückbleibt, kann sie sie mit einem weiteren Tattoo kaschieren – so eine Art Fußkettchen vielleicht. Sie fährt mit dem Einseifen fort, weiter die Beine hinauf. Ihre Haut fühlt sich wunderbar glitschig an, das beste Scheidungsgeschenk, das man sich als Frau nur wünschen kann. Jede Berührung ist elektrisierend. Ihr Körper erstrahlt, verlangt Befriedigung.

Jemand klopft laut an die Tür. »Alles okay bei dir?«

Sie braucht einen Augenblick, bis ihre Stimme funktioniert. »Geh bitte weg.«

»Du hast geschrien.«

»Jetzt ausgeschrien. Danke!«

Dann ist sie wieder in ihrem Zimmer, ihr Körper, eingehüllt in Handtuch und Dampf, glüht vor Begierde. Selbst die eiskalte Luft liebkost sie wie ein Sexspielzeug. Etwas Besseres als sich selbst über den Gipfel der Lust zu bringen hat die Welt nicht zu bieten. Sie wirft das Handtuch ab und lässt sich ins Bett fallen. Dieser Sturz in die Federn dauert eine Ewigkeit, und je mehr es in die Tiefe geht, desto besser wird es. Sie fasst unter den Schirm der Stehlampe, will sie ausschalten und sich in wohliges Dunkel hüllen. Doch als sie nach dem Schalter tastet, berührt sie mit feuchten Fingern die billige Fassung, und sämtliche Spannung in den maroden Stromleitungen des alten Hauses schießt in sie hinein, packt ihren Körper. Ihre Muskeln spannen sich an von dem Schlag, wie etwas in einem physikalischen Experiment, im Krampf hält die Hand den Strom fest, der sie umbringt.

Sie liegt da, nackt und nass, sie zuckt, ihre in die Höhe gereckte Hand gekrümmt, als wolle sie die Luft greifen, sie versucht, das Wort *Hilfe!* vom Grunde ihrer Lungen herauszupressen, durch einen Mund starr von der elektrischen Spannung. Ein dumpfes Stöhnen bringt sie noch hervor, dann steht ihr Herz still. Unten hören die Mitbewohner ihren Schrei – den zweiten an diesem Abend. Es ist ein Laut so animalisch, so intim, dass sie rote Ohren davon bekommen.

»Olivia«, sagt einer und grinst dumm dazu.

»Wir haben nichts gehört.«

Im ganzen Haus geht das Licht aus, als sie stirbt.

STAMM

Ein Mann sitzt am Schreibtisch seiner Zelle in einem Gefängnis mittlerer Sicherheitsstufe. Dass er hier ist, verdankt er den Bäumen. Den Bäumen und einem Übermaß an Liebe zu ihnen. Er kann immer noch nicht genau sagen, was er falsch gemacht hat und ob er noch einmal genauso handeln würde. Der einzige Text, der ihm diese Frage beantworten könnte, liegt, unentzifferbar, unter seinen Händen.

Seine Finger zeichnen die Maserung der Schreibtischplatte nach. Er versucht zu begreifen, was dieses chaotische Durcheinander aus Wirbeln und Spiralen mit etwas so Einfachem, Klarem wie Jahresringen zu tun haben kann. Wahrscheinlich ist das Geheimnis der Winkel, die Neigung der Schnittfläche durch diese ineinander gesteckten Zylinder. Wenn sein Gehirn ein bisschen anders beschaffen wäre, könnte er dieses Rätsel womöglich lösen. Wenn er selbst anders wachsen würde, hätte er vielleicht einen Blick dafür.

Die schwungvollen Bänder der Maserung unter seinen Fingern verlaufen nicht gleichmäßig – mal breit und hell, mal schmal und dunkel. Obwohl er sein Lebtag immer Holz vor Augen hatte, bemerkt er zu seinem Erstaunen erst jetzt: Was er da vor sich hat, ist ein Abbild der Jahreszeiten, der ewige Pendelschlag zwischen der Aufbruchsstimmung des Frühlings und herbstlichem Rückzug; eine Melodie im Zweivierteltakt, aufgezeichnet in einem Medium, das dieses Musikstück selbst geschaffen hat. Die Maserung zieht dahin wie die Höhenzüge und Flusstäler einer topographischen Landkarte. Hellere Teile drängen voran, dunklere bremsen. Einen Augenblick lang werden für ihn die Ringe auf der schrägen Schnittfläche sichtbar.

Er kann sie kartieren, ihre Geschichte auf die Holzfläche projizieren. Und dennoch bleibt er Analphabet. Breite Ringe in den guten Jahren – klar – und schmale in den schlechten. Aber das ist auch schon alles.

Wenn er die Maserung lesen, wenn er sie übersetzen könnte ... Wenn er nur ein winziges bisschen anders wäre, ein etwas anderes Geschöpf, dann könnte er alles darüber erfahren, wie die Sonne schien und der Regen fiel, aus welcher Richtung der Wind wehte, wie stark und wie lang. Dann könnte er die gewaltigen Pläne entziffern, die der Boden umgesetzt hat, den mörderischen Frost, Kampf und Leid, Mangel und Überfluss, die abgewehrten Angriffe, die fetten Jahre, die überstandenen Stürme, die Summe all der Bedrohungen und Chancen aus allen erdenklichen Richtungen und in jeder Jahreszeit, die dieser Baum je erlebt hat.

Sein Finger fährt über den Gefängnistisch, versucht, diese fremdartige Schrift zu entziffern, sie zu transkribieren wie ein Mönch in einer Schreibstube. Er streicht über die Maserung und denkt an all die Dinge, die dieser uralte, unbegreifliche Almanach sagen könnte, all die Dinge, die das Gedächtnis des Holzes ihm verraten könnte, an diesem Ort, an dem man ihn festhält, einem Ort ohne Jahreszeiten und mit immer gleichbleibendem Wetter.

Eine Minute und zehn Sekunden lang ist sie tot. Kein Puls, kein Atem. Dann rutscht die leblose Olivia, von der Lampe losgelassen, als die Sicherung durchbrennt, über die Bettkante und knallt auf den Boden. Der Aufprall bringt das stehengebliebene Herz wieder in Gang.

Nackt und bewusstlos auf den Bodendielen aus Kiefernholz: so findet Olivias frischgebackener Exmann sie, als er vorbeikommt, in der Hoffnung auf einen schönen Streit und anschließenden Versöhnungssex. Er schafft sie sofort in die Universitätsklinik, wo sie wieder zu sich kommt. Sie ist immer noch benommen. Sie hat eine Rippenprellung, Verbrennungen an der Hand, außerdem die Wunde am Knöchel. Die Assistenzärztin verlangt einen ausführlichen Bericht, aber den kann Olivia ihr nicht geben.

Der nutzlose, verstörte Exmann lässt sie in der Obhut der Ärzte. Die Ärzte planen neurologische Untersuchungen. Sie wollen sie in den Tomographen stecken. Aber als keiner hinsieht, macht Olivia sich davon. Es ist eine Universitätsklinik, alle sind beschäftigt. Sie schlendert durch die Eingangshalle, das blühende Leben. Wer wird sie da aufhalten? Sie kehrt in ihre Studentenbude zurück und verbarrikadiert sich im Zimmer. Die Hausgenossen kommen herauf ins Dachgeschoss, um nach ihr zu sehen, aber sie macht die Tür nicht auf. Zwei volle Tage lang versteckt sie sich in ihrem Zimmer. Immer wenn jemand klopft, ruft die Stimme von drinnen: »Alles in Ordnung!« Die Hausgenossen wissen nicht, an wen sie sich wenden sollen. Kein Laut ist von der anderen Seite der Tür zu hören, nur manchmal ein dumpfes Schlurfen.

Olivia schläft und liegt still, befühlt ihre schmerzenden Rippen und versucht sich an das Geschehene zu erinnern. Sie war tot. In den Sekunden ohne Puls winkten große, mächtige, doch verzweifelte Gestalten sie zu sich heran. Sie zeigten ihr etwas, baten sie um etwas. Aber noch im Moment, in dem sie ins Leben zurückkehrte, war all das fort.

Sie findet ihr Liederheft hinter den Tisch geklemmt. In bunten Zeichen rekonstruiert sie die Melodie, die sie unmittelbar vor dem Stromschlag im Kopf hatte. Und durch die Melodie kehrt die Erinnerung an viele Einzelheiten der Katastrophe des Abends zurück. Sie sieht sich durch ihre Dachkammer stolzieren, verliebt in den eigenen Körper. Als sähe man einem Zootier im Käfig zu. Zum ersten Mal begreift sie, dass *Alleinsein* ein Widerspruch in sich ist. Selbst in den privatesten Augenblicken eines Körpers ist immer auch etwas anderes beteiligt. Jemand hat mit ihr gesprochen, als sie tot war. Nahm ihren Kopf als Projektionsfläche für körperlose Gedanken. Sie schritt durch einen dreieckigen Tunnel, mit pulsierenden Farben, und gelangte auf eine Waldlichtung. Dort nahmen die Erscheinungen – anders konnte man sie nicht nennen – ihr die Scheuklappen ab und ließen sie *auf die andere Seite* sehen. Dann stürzte sie zurück ins Gefängnis ihres Körpers, und die unglaublichen Bilder verschwammen und verschwanden im Nichts.

Sie denkt: *Womöglich hat mein Hirn Schaden genommen.* Mehrmals pro Stunde muss sie die Augen schließen, und Worte setzen ihre stummen Lippen in Bewegung. *Sagt mir, was geschehen ist. Was soll ich jetzt machen?* Es dauert eine ganze Weile, bis ihr aufgeht, was sie da macht: Sie betet.

Sie lässt sämtliche Abschlussprüfungen sausen. Ruft ihre Eltern an und sagt, dass sie an Weihnachten nicht nach Hause kommt. Ihr Vater ist zunächst verblüfft, dann verletzt. Normalerweise würde sie den Mann niederbrüllen. Aber der Ärger eines anderen kann einem Mädchen nichts mehr anhaben, das schon gestorben ist. Sie erzählt ihm alles – ihre Solo-Scheidungsparty, der Stromschlag. Sich verstecken ist sinnlos geworden. Es gibt da etwas, das sie sieht, das zusieht, vielleicht sogar auf sie aufpasst – große, lebendige Wächter, die wissen, wer sie ist.

Die Stimme ihres Vaters klingt verloren, sie hört sich genau so an, wie Olivia sich fühlt, wenn sie nachts im Bett liegt, mit der Gewissheit, dass sie nie zurückerlangen kann, was man ihr gezeigt hat, als sie tot war. Jetzt, im Leben nach dem Tode, kann sie die Angst ihres Vaters hören – schwarze Strömungen in der Tiefe, die sie bei diesem Juristen niemals vermutet hätte. Zum ersten Mal seit Kindertagen möchte sie ihn trösten. »Daddy, ich hab Scheiße gebaut. Vor die Wand gefahren. Ich brauche Ruhe.«

»Komm nach Hause. Hier hast du Ruhe. Du kannst doch nicht über die Feiertage ganz allein bleiben.«

Er hört sich so zerbrechlich an. Er ist ihr immer fremd gewesen, ein Mann mit festen Routinen, da, wo Leidenschaften sein sollten. Jetzt fragt sie sich, ob womöglich auch er einmal gestorben ist.

So lange haben sie schon seit Jahren nicht mehr miteinander geredet. Sie schildert ihm, wie das Sterben sich anfühlt. Sie versucht sogar, ihm von den Erscheinungen auf der Lichtung zu erzählen, den Wesen, die ihr Dinge gezeigt haben, kleidet es aber in Worte, die ihn nicht erschrecken. *Impulse. Energie.* Zweimal ist er kurz davor, ins Auto zu springen und die sechshundertfünfzig Meilen zu fahren, um sie nach Hause zu holen. Sie redet es ihm aus. Siebzig Sekunden Tod haben ihr eine eigentümliche Macht verliehen. Alles zwischen ihnen ist anders geworden, so als sei er jetzt das Kind und sie die Hüterin.

Sie bittet um etwas, um das sie noch nie gebeten hat. »Gib mir mal Mom. Ich will mit ihr reden.« Sogar die Wut ihrer Mutter kann Olivia jetzt begreifen und beschwichtigen. Am Ende des Telefonates sind beide Frauen tränenüberströmt; sie versprechen einander die unglaublichsten Sachen.

Von Weihnachten bis Neujahr ist sie allein im Haus. Jedes Fitzelchen Rauschmittel, das sie noch hat, wandert ins Klo. Das Zwischenzeugnis kommt. Zweimal durchgefallen, einmal knapp geschafft, einmal Mittelmaß. Die Noten sind nur lästig, hinderlich in ihrem Ringen um Erinnerung. Ganze Tage vergehen, an denen sie kaum etwas isst. Ein Eisregen überzieht die ganze Stadt mit einer kristallenen Kruste. Von Eichen und

Ahornbäumen brechen Äste ab. Olivia sitzt auf dem Bett, in dem ihr Herz stillstand, die Knie an die Brust gezogen, das Liederheft im Schoß. Sie steht auf, geht ein paar Schritte. Die Stelle, an der Davy sie an jenem Abend auf dem Fußboden gefunden hat, fühlt sich unter ihren nackten Füßen heiß an. Sie lebt, und sie weiß nicht, warum.

Nachts liegt sie wach, starrt zur Decke, denkt immer wieder daran, wie sie kurz vor der einen Erkenntnis stand, auf die es ankommt. Das Leben hat ihr Anweisungen zugeflüstert, und sie hat es nicht geschafft, sie aufzuschreiben. Das Beten fällt ihr leichter. *Ich bin ruhig. Ich lausche. Was wollt ihr von mir?* Am Silvesterabend geht sie schon um zehn Uhr schlafen. Zwei Stunden später wird sie von Schüssen geweckt; mit einem Schrei fährt sie hoch. Dann sieht sie auf die Uhr: Feuerwerkskörper. Die Neunziger sind da.

Nach Neujahr kehren ihre Mitbewohner zurück. Sie behandeln sie wie eine Kranke. Sie fürchten sich vor ihr, jetzt, wo sie nicht mehr biestig ist. Sie sitzt in der Küche, und die anderen albern herum, dröhnen sich zu, versuchen so zu tun, als sähen sie das Gespenst nicht, das da mit am Tisch sitzt. Sie selbst kann nur staunen, dass sie bisher nie die Traurigkeit der anderen gespürt, ihre Verzweiflung bemerkt hat. Es ist unglaublich, aber diese Leute glauben immer noch an Sicherheit. Sie leben, als könne ein Unterlegkeil und ein bisschen Klebeband sie zusammenhalten. Jetzt sieht sie, wie verletzlich sie sind, und sie sind ihr unendlich lieb dadurch.

Am ersten Tag des neuen Semesters sitzt Olivia am Rande des Hörsaals, hört zu, wie ein brillanter Redner ihnen Prämien und Leistungen vorrechnet, bei denen es Versicherungsgesellschaft und Verstorbenem gleichermaßen vorkommt, als hätten sie das bessere Geschäft gemacht. »Versicherungen«, erklärt ihnen der Mann, »sind das Rückgrat der Gesellschaft. Ohne Risikopools keine Wolkenkratzer, keine Hollywoodfilme, keine Agrarindustrie, und auch kein Gesundheitswesen.«

Auf dem leeren Platz neben ihr raschelt etwas. Sie sieht hinüber. Da, direkt vor ihrer Nase, ist das, was sie in ihren Gebeten erfleht hat. Ein Wirbel, ein Strudel aus aufgeladener Luft erfasst ihre Gedanken. Sie sind zurückgekehrt, winken sie wieder zu sich. Sie wollen, dass sie aufsteht und den Hörsaal verlässt. Sie ist bereit, alles zu tun, was sie verlangen. Im Wintermantel steigt sie die Stufen hinab, überquert den eisbedeckten

Innenhof. Sie geht an den Unterrichtsgebäuden vorbei, der Bibliothek, einem Wohnheim für Erstsemester, geht ohne einen Gedanken, geleitet von den Erscheinungen. Anfangs glaubt sie, ihr Ziel sei der Bürgerkriegsfriedhof südlich des Campus. Dann ist klar, dass sie auf den Parkplatz zustrebt, auf dem ihr Wagen steht.

Sie steigt ein und weiß, dass sie eine ganze Weile unterwegs sein wird. Sie hält bei ihrem Haus und packt ein paar Sachen ein. Dreimal die Treppe hinauf zu ihrem Zimmer genügen, um alles zu holen, was sie eventuell braucht. Die Kleider wirft sie auf den Rücksitz. Dann ist sie weg.

Der Wagen findet den Weg zum Highway. Bald passiert sie die Riedgraswiesen, die lichten Eichenwälder im Nordwesten der Stadt. Auf den Feldern lugen die Stoppeln des letzten Herbstes aus dem Schnee. Sie fährt lange Zeit, gehorcht ganz den geheimnisvollen Wesen. Wie bei einem fernen Radiosender schwankt ihr Signal zwischen klarem Empfang und bloßem Rauschen. Sie macht sich ganz zum Instrument ihres Willens.

Über den Maumee River geht es weiter Richtung Südwesten. Ein Müsliriegel aus dem Handschuhfach muss als Mittagessen reichen. In ihrer Geldbörse stecken mehrere Scheine sowie eine Scheckkarte für ein Konto mit knapp zweitausend Dollar. Sie hat nichts, was man auch nur annähernd einen Plan nennen könnte. Aber sie weiß, was Jesus über die Lilien auf dem Felde gesagt hat, und dass man sich keine Sorgen um das Morgen machen soll. Die Nonnen auf der Schule hatten von jeder Schülerin verlangt, dass sie einen Bibelspruch auswendig lernte; sie hatte diesen gewählt, um die Lehrerin zu ärgern, die es immer mit der persönlichen Verantwortung hatte. Sie mochte den Jesus, von dem jeder gesetzestreue gottesfürchtige amerikanische Eigenheimbesitzer sich entsetzt abgewandt hätte. Jesus, den Kommunisten, den Tempelausräumer, den Freund der Verlierer. *Es ist genug, dass ein jeglicher Tag seine eigene Plage habe.* Einmal meldet sich auf der Fahrt ihr Gewissen. *Jetzt verpasse ich Theorie der statistischen Schlussfolgerung.* Aber genau das ist es ja. Bis zu diesem Augenblick ihres Lebens hat sie alles verpasst. Doch die Zeit der Theorien ist vorbei; jetzt wird sie bald *Gewissheit* haben.

Indiana und die Abenddämmerung kommen schneller als erwartet.

Es wird lächerlich früh dunkel, immer noch nah am kürzesten Tag. Sie würde furchtbar gern etwas Richtiges essen und ist so müde, dass sie immer wieder auf den schneeüberwehten Rüttelstreifen gerät. Eine halbe Stunde lang verschwinden die Erscheinungen ganz. Ihr Selbstvertrauen sinkt. Zu schwer, gleichzeitig zu beten und zu fahren. Vor ihr die endlos leeren Getreidefelder des wahren Mittelwestens. Sie hat keine Ahnung, warum sie hierher gefahren ist. Dann sind sie wieder da, eine Präsenz auf dem Beifahrersitz, und sie ist fit für die nächsten hundert Meilen.

Davy hat einmal zu ihr gesagt, der beste Ort, im Auto zu schlafen, sei auf dem Parkplatz eines Einkaufszentrums. Sie hat keine Mühe, eines zu finden, und hält an einer gutbeleuchteten Stelle des geräumten Platzes, direkt unter der Überwachungskamera. Ein kleiner Sprint nach drinnen, Klo und ein paar Snacks, schon ist sie wieder im Wagen und macht ihr Lager für die Nacht zurecht. Sie schläft auf dem Rücksitz, unter drei Armvoll Kleidern, liegt da, wartet, betet und lauscht.

Indiana im Jahre 1990. Hier gelten fünf Jahre als Generation, fünfzig sind Archäologie, und alles, was älter ist, gehört schon ins Reich der Legende. Aber Orte merken sich, was die Menschen vergessen. Der Parkplatz, auf dem sie schläft, war früher ein Obstgarten, angepflanzt von einem sanftmütigen, wunderlichen Anhänger Swedenborgs, der durch diesen Teil der Welt zog, in Lumpen und mit einem Kochtopf auf dem Kopf, der das neue Jerusalem predigte und alle Lagerfeuer löschte, damit keine Insekten darin umkamen. Ein komischer Heiliger, der abstinent lebte und trotzdem vier amerikanischen Staaten genug Mostäpfel bescherte, um jeden Pionier zwischen neun und neunzig noch auf Jahrzehnte beschwipst zu halten.

Den ganzen Tag lang ist sie Johnny Appleseeds Route ins Landesinnere gefolgt. Olivia hat die Geschichte des Mannes einmal in einem Comic gelesen, einem Geschenk ihres Vaters. In dem Comic war er ein Superheld, der einfach Sachen aus der kahlen Erde wachsen ließ. Es stand nichts darin von dem Philanthropen mit dem gerissenen Geschäftssinn, dem Landstreicher, dem bei seinem Tod zwölfhundert Morgen des besten Bodens im ganzen Land gehörten. Sie hatte immer geglaubt, es sei nur eine Legende. Sie muss erst noch lernen, dass Mythen die großen Wahrheiten sind, in Geschichten verwandelt, damit man sie sich besser merken kann, Anweisungen, aus der Vergangenheit geschickt, Erinnerungen, die darauf warten, dass sie zu Prophezeiungen werden.

Beim Apfel geht es um dies: Er bleibt einem im Halse stecken. Es gibt ihn nur im Doppelpack: Lust und Erkenntnis. Unsterblichkeit und Tod. Süßes Fruchtfleisch, Zyanid in den Kernen. Ein Schlag auf den Kopf, aus dem ganze Naturwissenschaften entstehen. Ein golden-deliziöser Zankapfel, ein tückisches Hochzeitsgeschenk, das die Grazien entzweit. Nahrung der Götter. Das erste, schlimmste Verbrechen, doch eine reiche Ernte. *Gesegnet die Zeit, da Eva den Apfel nahm.*

Und darum geht es beim Apfelkern: Die Samen sind unberechenbar. Es kann alles Mögliche daraus werden. Brave Eltern bekommen ein garstiges Kind. Aus Süß wird Sauer, aus Bitter Karamell. Den Geschmack einer bestimmten Sorte kann man nur bewahren, indem man einen abgeschnittenen Zweig auf einen neuen Wurzelstock pfropft. Olivia Vandergriff würde staunen, wenn sie das hörte: Jeder Apfel mit einem Namen geht auf denselben Baum zurück. Jonathan, McIntosh, Empire: die Glückstreffer im *Malus*-Roulette.

Und jeder Apfel mit Namen ist ein patentierbarer Apfel; das hätte Olivia von ihrem Vater zu hören bekommen. Einmal hat sie sich mit ihm wegen einer seiner Fälle gestritten. Er unterstützte einen globalen Konzern bei der Klage gegen einen Farmer, der ein paar Sojabohnen aus dem Vorjahr im nächsten Jahr wieder ausgesät hatte, ohne von neuem Lizenzgebühr zu zahlen. »Man kann doch nicht Rechte an etwas Lebendigem besitzen!«

»Doch, das kann man. Das sollte man sogar. Wer geistiges Eigentum schützt, schafft Wohlstand.«

»Was ist mit der Bohne? Wer bezahlt die Sojabohne für ihr geistiges Eigentum?«

Er hatte sie nur angesehen, mit dem misstrauischen Stirnrunzeln, das er immer aufsetzte: *Wessen Kind bist du?*

Der Mann, dem der Parkplatz, auf dem sie schläft, einmal gehörte – der vagabundierende Apfelmissionar mit dem Kochtopfhut –, war sicher, dass das Pfropfen dem Baum weh tut. Er klaubte Apfelsamen aus dem Trester der Saftpressen und säte damit Obstgärten, einen nach dem anderen auf seinem Zug nach Westen. Und alles, was er säte, durfte seine ganz individuellen, launischen, unvorhersagbaren Experimente machen. Wie ein Magier, ein Okkultist verwandelte der Mann mit einer Handbewegung einen Streifen Land von Pennsylvania bis nach Illinois in eine große Obstwiese. Den ganzen Tag lang ist sie durch dieses Land gefahren. Jetzt schläft sie auf einem Parkplatz, auf dem einst die Bäume der großen Apfel-Lotterie standen. Die Bäume sind verschwunden, in der Stadt weiß man nichts mehr von ihnen. Aber das Land vergisst nicht.

Sie erwacht früh am Morgen, steif vor Kälte, unter einem Berg Kleider. Das Auto ist voller Lichtwesen. Sie sind überall, unerträglich schön, ganz wie an dem Abend, an dem ihr Herz aufhörte zu schlagen. Sie verschmelzen mit ihrem Körper, durchdringen ihn. Sie machen ihr keine Vorwürfe, dafür, dass sie ihre Botschaft vergessen hat. Sie vereinigen sich einfach noch einmal mit ihr. Sie ist so überglücklich über diese Rückkehr, dass sie weinen muss. Sie sagen nie ein Wort laut. So grob sind sie nicht. Man kann ja überhaupt nicht von *ihnen* sprechen. Sie sind Teil von ihr, verwandt auf eine Art, die sie noch nicht begreift. Abgesandte der Schöpfung – Dinge, die sie in dieser Welt bisher nicht gesehen und nicht gekannt hat, verlorene Erfahrung, nicht wahrgenommenes Wissen, Äste, die man vom Stammbaum ihrer Familie abgerissen hat und die sie retten und wiederbeleben muss. Der Tod hat ihr die Augen geöffnet.

Du warst wertlos, summen sie. *Aber jetzt bist du es nicht mehr. Du bist vom Tode errettet worden, damit du Großes tun kannst.*

Was *tun kannst?*, möchte sie fragen. Aber sie muss still und reglos bleiben.

Der Augenblick des Lebens ist gekommen. Eine Prüfung, wie es sie bisher noch nicht gegeben hat.

Sie durchlebt die Ewigkeit, unter ihrem Kleiderberg, auf dem Rücksitz eines eiskalten Autos. Körperlose Wesen von jenseits des Todes geben sich zu erkennen, hier, jetzt, auf dem Parkplatz dieses Einkaufszentrums, wenden sich hilfesuchend an sie. Die Sonne kommt eben aus der Erde gekrochen. Zwei Kunden treten aus dem Laden. Gerade erst Morgengrauen, und sie schieben auf ihrem Einkaufswagen schon einen

Karton so groß wie ihr Auto. Sie konzentriert sich mit aller Macht. *Sagt es mir einfach. Sagt, was ihr wollt, und ich tue es.* Ein Sattelschlepper rumpelt heran, manövriert unter Getriebeknirschen an die Laderampe. Der Lärm vertreibt die Wesen. Olivia gerät in Panik. Sie haben ihr noch nicht gesagt, was sie tun soll. Sie wühlt in ihrer Handtasche nach etwas zum Schreiben. Auf die Rückseite einer Schachtel Hustenpastillen schreibt sie *errettet, Prüfung.* Aber diese Worte bedeuten nichts.

Mittlerweile ist es ernsthaft Morgen. Ihre Blase platzt gleich. Schon im nächsten Moment ist Pinkeln das Einzige, woran sie noch denken kann. Sie springt aus dem Wagen, stürmt über den Parkplatz zum Laden. Drinnen begrüßt ein älterer Mann sie wie eine alte Freundin. Der Laden ist ein Rummelplatz. An der Rückwand stehen Fernsehgeräte in Reih und Glied, nach Größe gestaffelt vom Brotkasten bis zum Felsblock. Alle sind auf dasselbe Morgenmagazin eingestellt. Hunderte von Fallschirmspringern sind zu einem Simultangottesdienst mitten im Fluge zusammengekommen. Fünfzig Schritte Spießrutenlaufen an den Bildschirmen vorbei zum Klo. Himmlisch, die Erleichterung. Dann ist sie wieder traurig. *Nur ein Zeichen,* fleht sie beim Händetrocknen. *Sagt einfach nur, was ihr von mir wollt.*

In der Fernsehhölle ist inzwischen der Fluggottesdienst einer anderen Art von Versammlung gewichen. Entlang der ganzen Wand, auf Aberdutzenden von Schirmen, sitzen Leute aneinandergekettet in einem Graben vor einem Bulldozer, in einer Kleinstadt, bei der es sich laut Bildunterschrift um Solace in Kalifornien handelt. Abrupter Bildwechsel, und ein Dutzend Leute bildet einen Ring um einen Baumstamm, den sie auch gemeinschaftlich kaum umfassen können. Der Baum sieht aus wie etwas aus einem Filmstudio. Obwohl es eine Totale ist, zeigt die Aufnahme nur das unterste Ende des nackten Stamms. Das Ungetüm ist mit blauer Farbe beschmiert. Ein Fernsehkommentator erläutert, worum es geht, aber der Baum, vervielfältigt auf so vielen Schirmen, nimmt Olivia ganz gefangen, so dass sie die Einzelheiten nicht mitbekommt. Jetzt schwenkt die Kamera auf eine Frau von fünfzig Jahren, das Haar zu einem Nackenknoten gebunden, mit kariertem Hemd, Augen wie Leuchtfeuer. Sie sagt: »Manche von diesen Bäumen waren schon da, bevor Jesus auf die Erde kam. Siebenundneunzig Prozent des ursprünglichen Baumbestands haben wir zerstört. Wäre es denn da nicht möglich, wenigstens die letzten drei Prozent zu bewahren?«

Olivia erstarrt. Die Lichtgestalten, die im Wagen bei ihr waren, umschwärmen sie wieder, und sie sagen *Das hier, das hier, das hier.* Aber noch im Augenblick, in dem sie begreift, dass sie genau aufpassen muss, ist der Beitrag zu Ende, und es folgt etwas anderes. Sie starrt eine Debatte über die Frage an, ob Flammenwerfer unter das Waffenschutzgesetz fallen. Die Lichtwesen verschwinden. Aus Offenbarung wird wieder ein Elektroladen.

Benommen verlässt sie diesen Monstermarkt. Sie hat schrecklichen Hunger, aber sie kauft sich nichts. Unvorstellbar, jetzt zu essen. Sie steigt wieder in den Wagen, denn jetzt weiß sie, dass sie weiter nach Westen muss. Hinter ihr geht die Sonne auf, füllt den Rückspiegel. Sonnenaufgangsrosa glänzt der Schnee auf den Feldern. Am westlichen Himmel werden die zinngrauen Wolken allmählich heller, und irgendwo dahinter liegt der Augenblick des Lebens.

Sie muss ihren Eltern Bescheid geben, aber sie hat ja keine Ahnung, was vorgeht. Sie fährt weitere fünfzig Meilen, versucht sich dabei klarzuwerden, was sie gerade gesehen hat. Gelb und braun und schwarz schimmert das abgeerntete Ackerland von Indiana, meilenweit bis zum Horizont. Die Straße ist frei, Autos gibt es nur wenige, nirgendwo eine nennenswerte Stadt. Noch vor zwei Tagen hätte sie auf so einer Straße aufs Gas gedrückt. Heute fährt sie, als sei ihr Leben vielleicht doch etwas wert.

Fast schon an der Grenze von Illinois kommt sie über einen Hügel. Auf der anderen Seite kreuzt eine Bahnlinie, die Schranke ist geschlossen, das Warnlicht blinkt. Lang und behäbig rollt ein typischer Güterzug dieser Gegend vorüber, auf seinem Weg nach Norden zu dem großen Drehkreuz von Gary und Chicago. Das gleichmäßige *Ka-wumm* der Räder, wenn sie die Kreuzung queren, setzt in ihrem Kopf einen Dub-Rhythmus in Gang. Der Zug nimmt kein Ende; sie macht es sich bequem. Erst da fällt ihr die Ladung auf. Waggon um Waggon rumpelt vorüber, jeder beladen mit Paletten mit zugeschnittenem Bauholz. Ein Fluss aus Holz strömt an ihr vorbei, unendlich, alles auf exakt die gleiche Länge gestutzt. Sie versucht die Waggons zu zählen, gibt aber bei sechzig auf. In ihrem ganzen Leben hat sie noch nicht so viel Holz gesehen. Eine Landkarte nimmt in ihrem Kopf Gestalt an: Züge genau wie dieser sind in diesem Augenblick im ganzen Land unterwegs, in alle Richtungen, bringen Material für die Kraken der Riesen- und Satellitenstädte. Sie denkt: *Das haben sie für mich so eingerichtet.* Dann wieder: *Nein, solche Züge fahren hier dauernd.* Aber jetzt ist ihr Blick geschärft.

Der letzte holzbeladene Flachbettwagen rollt vorbei, die Schranke hebt sich, das rote Blinklicht geht aus. Sie regt sich nicht. Jemand hinter ihr hupt. Sie sitzt wie erstarrt. Der Huper lässt den Finger auf der Taste, dann schlägt er mit quietschenden Reifen einen Bogen um sie, sie sieht ihn im geschlossenen Führerhaus brüllen, er streckt ihr den Mittelfinger hin, als wolle er ihr Feuer geben. Sie schließt die Augen. Auf der Innenseite ihrer Lider sieht sie winzige Leute, aneinandergekettet rund um einen gewaltigen Baum.

Das Staunenswerteste, was vier Milliarden Jahre Leben hervorgebracht haben, braucht Hilfe.

Sie lacht, öffnet die Augen, und die Augen füllen sich mit Tränen. *Verstanden. Roger. Bestätige.*

Sie blickt über die Schulter und sieht einen Wagen auf der anderen Straßenseite, Nase in Gegenrichtung, der dort angehalten hat mit heruntergekurbeltem Fenster. Ein Mann, ein Asiate in einem T-Shirt mit der Aufschrift NOLI TIMERE, fragt schon zum zweiten Mal: »Alles in Ordnung?« Sie lächelt, nickt, winkt zur Entschuldigung. Sie lässt den Motor wieder an, der ausgegangen war, während sie dem endlosen Fluss aus Bauholz zusah. Dann setzt sie sich wieder in Bewegung, Richtung Westen. Aber jetzt weiß sie, wohin sie unterwegs ist. Solace. Die Luft ringsum knistert nur so vor Verbundenheit. Die Erscheinungen strahlen überall um sie her, singen neue Lieder. *Die Welt beginnt hier. Und das ist erst der Anfang. Du hast ja keine Ahnung, was das Leben alles kann.*

Jahre früher und viel weiter im Nordwesten sind Ray Brinkman und Dorothy Cazaly, verheiratete Brinkman, auf dem Nachhauseweg. Es ist schon nach Mitternacht, nach der Premierenparty der St. Paul Players anlässlich der Aufführung von *Wer hat Angst vor Virginia Woolf?* Die beiden haben das junge Paar gespielt, Nick und Honey, zwei, die bei ein paar Drinks mit neuen Bekannten herausfinden, zu was ihre Spezies fähig ist.

Monate zuvor, zu Anfang der Proben, haben die vier Hauptdarsteller bereits einen Vorgeschmack auf die Bösartigkeit dieses Theaterstücks bekommen. »*Ich* bin ja schon bescheuert«, verkündete Dorothy dem gesamten Ensemble. »Zugegeben. Aber die Leute hier – diese Leute, die sind wirklich *daneben*.« Als die Premiere kommt, sind alle vier mit den Nerven am Ende, und am liebsten würden sie sich tatsächlich gegenseitig an die Gurgel gehen. Genau was man für das Amateurtheater braucht. In dem Stück legen die Brinkmans ihren bisher besten Auftritt hin. Ray beeindruckt alle mit seiner kleinkarierten Anbiederei. Dorothy ist brillant in ihrem zwei Stunden langen freien Fall von der Unschuld zur Erkenntnis. Mit nur einem Minimum an Stanislavski erwecken sie die Dämonen in ihrem Inneren zum Leben.

Der kommende Freitag ist Dorothys zweiundvierzigster Geburtstag. Im Laufe von mehreren Jahren haben sie hundertfünfzigtausend Dollar für Fruchtbarkeitsbehandlungen ausgegeben, die sich allesamt als Hokuspokus erwiesen. Die letzte Enttäuschung kam drei Tage vor der Premiere. Sie haben alles versucht.

»Es ist *mein* Leben, nicht wahr?« Dorothy sitzt betrunken und bekümmert auf dem Beifahrersitz, dabei kommt sie geradewegs von ihrem großen Triumph. »Meins allein. Es *gehört* mir, kann man doch wohl sagen.«

Ein ewiger Streitpunkt zwischen den beiden: *Besitzverhältnisse* – das, womit Ray den ganzen Tag verbringt. Dass es der beste Weg zum Wohlstand für alle ist, den Diebstahl geistigen Eigentums zu verfolgen, davon hat er seine Frau nie so recht überzeugen können. Der Alkohol hebt nicht gerade das Niveau der Diskussion. »Mein ganz persönliches Privateigentum. Kann ich da nicht endlich mal so einen Scheißausverkauf machen? Den ganzen Krempel raus an die Straße stellen …«

Auch ihre eigene Arbeit macht Dorothy mittlerweile krank. Leute verklagen andere Leute, und sie muss jede gehässige Verleumdung festhalten, mitschreiben mit der schmalen Akkordtastatur ihres Stenographen, kein Wort darf fehlen. Dabei ist alles, was sie will, ein Kind. Ein Kind, das gäbe ihr endlich etwas Sinnvolles zu tun. Wenn das nicht klappt, dann will sie wenigstens selbst jemanden verklagen.

Ray hat das Ruhebewahren bei ihren Angriffen zur Kunstform entwickelt. Er sagt sich, und nicht zum ersten Mal, dass er ihr ja nichts weggenommen hat. *Wenn überhaupt ...* denkt er. Aber er will diesen Gedanken nicht denken. Darauf hat er ein Anrecht – das nicht zu denken, was zu denken nur fair wäre.

Das muss er auch nicht. Sie denkt es für ihn. Er drückt den Knopf, das Garagentor öffnet sich. Sie fahren hinein. »Du solltest mich verlassen«, sagt sie.

»Dorothy. Bitte, hör auf. Du treibst mich noch in den Wahnsinn.«

»Ehrlich. Geh weg. Such dir eine, mit der du Kinder haben kannst. Das machen Männer doch dauernd so. Ja, Scheiße nochmal, ein Kerl kann einem Mädel doch auch mit achtzig noch einen dicken Bauch machen. Mir wär das egal, Ray. Ehrlich. Wäre doch nur fair. Du bist hier derjenige, der immer von Fairness spricht, schon vergessen? Oh-oh. Er sagt nichts. Hat nichts zu sagen. Nichts zu seiner Verteidigung vorzubringen.«

Aber er hat das Schweigen. Seine beste und einzige Waffe.

Sie betreten das Haus. *Was für ein Müllhaufen,* denken beide, aber keiner muss es sagen. Sie werfen ihr Zeug auf die Couch und gehen nach oben, wo jeder sein eigenes Ankleidezimmer hat. Sie stehen an den getrennten Waschbecken und putzen sich die Zähne. So gut wie an diesem Abend sind sie auf der Bühne noch nie gewesen. Ein gar nicht so kleines Theater, und der Saal tobte beim Applaus. Zweimal zurück zum Verbeugen.

Dorothy setzt einen Fuß vor den anderen, übertrieben, so als hätte die Polizei – ihr Mann – ihr befohlen, in einer geraden Linie zu gehen. Sie führt die Zahnbürste zum Mund, fuchtelt damit herum, dann weint sie plötzlich; sie beißt auf die eine Seite des Plastikstabs, die andere hält sie verzweifelt fest.

Ray, zum Fahrer des Abends bestimmt, ist nüchterner, als ihm lieb ist. Er lässt die eigene Zahnbürste sinken und geht zu ihr hin. Sie legt den Kopf an seine Brust. Zahnpasta sickert ihr aus dem Mund und landet auf seinem karierten Morgenmantel. Zahnpasta und Spucke überall. Sie spricht, als lutsche sie Kieselsteine. »Ich würde mich gern ins Foyer stellen, vor der Vorstellung, wenn die Leute reinkommen, und es ihnen allen erzählen. *Das Scheißbaby gibt's nicht!*«

Er bringt sie zum Ausspucken, wischt ihr den Mund ab. Dann führt er sie zum Bett, einem Ort, der sich in den beiden letzten Monaten eher angefühlt hat wie ein Kiefernsarg für zwei. Er muss ihr hineinhelfen, sie dann weiterschubsen, damit er selbst Platz hat. »Wir könnten nach Russland fahren.« Er ist froh, dass er wieder mit seiner eigenen Stimme sprechen kann, nach viel zu vielen Stunden als Schleimer. Er will nicht mehr Theater spielen. Nie wieder auf einer Bühne stehen. »Oder China. So viele Babys brauchen Eltern, die sie lieben.«

Im Theater nennt man so etwas *kreatives Dekor*. Wenn zum Beispiel auf der Rückwand der Bühne ein hässliches Rohr zu sehen ist, das sich nicht verstecken lässt, dann hängt man einen Lampenschirm dran und erklärt es zur Requisite.

Ihre Worte sind dumpf, ins Kissen gelallt. »Wäre nicht unseres.«

»Natürlich wäre es das.«

»Ich will einen kleinen RayRay. Einen von dir. Einen Jungen. So wie du einer warst.«

»Das wäre nicht –«

»Oder ein kleines Mädchen, so wie du. Ist mir auch egal.«

»Liebling. Sei doch nicht so. Ein Kind ist, was man daraus macht. Nicht, welche Gene es –«

»Gene *kriegt* man aber, verdammt nochmal.« Sie schlägt auf die Matratze, versucht sich aufzusetzen. Sie macht es so schnell, dass sie kippt. »Das Einzige. Was. Einem. Wirklich. Gehört.«

»Unsere Gene gehören uns nicht«, sagt er, verkneift sich aber die Bemerkung, dass sie natürlich durchaus einer Firma gehören können. »Hör mir zu. Wir gehen irgendwohin, wo es zu viele Babys gibt. Wir adoptieren zwei. Wir haben sie lieb, wir spielen mit ihnen, wir bringen ihnen bei, wie man Recht von Unrecht unterscheidet, und sie werden groß und gehören zu uns. Es muss uns nicht kümmern, wessen *Gene* sie haben.«

Sie zieht sich das Kissen über den Kopf. »Hört euch den an. Der Mann kann wirklich *jeden* lieben. Wir sollten ihm einen Hund besorgen. Oder besser noch, wir graben irgendein Grünzeug im Garten ein und kümmern uns dann nicht mehr drum.« Ihr fällt wieder ein, dass sie ihren Hochzeitstagsbrauch schon seit zwei Jahren nicht mehr gepflegt haben. Sie springt auf, möchte die Worte zurückholen, die ihr da herausgerutscht sind. Aber sie erwischt ihn mit der Schulter am Kinn, gerade als er sich zu ihr vorbeugen will. Seine Zunge gerät seitlich zwischen die Zähne. Er schreit auf, fasst sich ans Gesicht, schmerzverzerrt.

»Ach, Ray, Scheiße! *Ich bin aber auch ...* Ich wollte doch nicht ... Ich hätte doch niemals ...«

Er winkt nur ab. *Schon gut.* Oder: *Was bist du nur für eine Frau?* Oder auch: *Mach, dass du wegkommst.* Sie kann nicht sagen, welche der drei Varianten, nicht einmal nach einem ganzen Jahrzehnt Ehe und anderem Amateurtheater. Draußen im Garten rings ums Haus bringen all die Dinge, die sie im Laufe der Jahre gepflanzt haben, weiter Bedeutung hervor, produzieren Sinn, so leicht, wie sie Zucker und Holz aus dem Nichts erschaffen, aus Luft und Sonne und Regen. Aber die Menschen hören sie nicht.

Fünf Highways führen nach Westen, wie die Finger eines Handschuhs, der auf dem Kontinent liegt, mit dem Bündchen in Illinois. Olivia nimmt den Mittelfinger. Jetzt hat sie ein Ziel – Nordkalifornien, auf dem schnellsten Wege, bevor die letzten Bäume so groß wie Weltraumraketen gefallen sind. Sie kommt auf der I-80 an die Grenze nach Iowa und hält dort an der größten Fernfahrerraststätte der Welt. Das Ding hat die Dimensionen einer Kleinstadt. Es gibt mehr Zapfsäulen, als sie zählen kann, bevor sie zu Eis erstarrt. Hunderte von Lastwagen umkreisen die Stelle wie ein Schwarm gigantischer Haie, alle auf Beute aus.

Inzwischen ist es dunkel. Olivia zahlt für eine Dusche und nimmt wieder menschliche Gestalt an. Sie taucht ein in die Menge, die eine überdachte Straße mit nichts als Imbissläden entlangwogt; Hunderte von Arten, Mais zu sich zu nehmen, gibt es dort, Maissirup, Maishähnchen, maisgemästetes Rind. Es gibt eine Zahnarztpraxis und einen Massagesalon. Einen gewaltigen Ausstellungsraum über zwei Etagen. Ein Museum, das dokumentiert, in welchem Maße die ganze Welt von Lastwagen bestimmt wird. Es gibt Spiellokale und andere Amüsierbetriebe, Schaufenster, Ruheräume und einen Kamin, flankiert von Polstersesseln. In einem davon rollt sie sich zusammen und schläft ein. Sie wacht auf, als ein Wachmann ihr gegen die Fußknöchel tritt. »Hier wird nicht geschlafen.«

»Ich schlafe doch nur.«

»Hier wird nicht geschlafen.«

Sie geht wieder zum Auto und übernachtet auch diesmal unter ihren Kleidern. Als es hell wird, kehrt sie in die Fressmeile zurück, kauft sich einen Muffin, wechselt vier Dollar in Quarters und macht sich auf das Schlimmste gefasst. Aber in ihrer Brust spürt sie eine eigentümliche, neu gewonnene Ruhe. Wenn es so weit ist, wird sie wissen, was sie sagen muss.

Die Vermittlung weist sie an, massenhaft Geld in den Schlitz zu stecken. Ihr Vater hebt ab. »Olivia? Es ist sechs Uhr morgens. Was ist los?«

»Gar nichts! Mir geht's gut. Ich bin in Iowa.«

»In *Iowa*? Was treibst du da?«

Olivia lächelt. Was sie da treibt, ist zu groß für jedes Telefon. »Keine Sorge, Dad. Ich mache was Gutes. Was sehr Gutes.«

»Olivia. Hallo? Olivia?«

»Ich bin da.«

»Bist du in Schwierigkeiten?«

»Nein, Dad. Ganz im Gegenteil.«

»Olivia. *Was zum Teufel geht da vor?*«

»Ich … habe ein paar neue Leute kennengelernt. Eine Kampagne. Sie haben Arbeit für mich.«

»Was für eine Art Arbeit?«

Das Staunenswerteste, was vier Milliarden Jahre Leben hervorgebracht haben, braucht Hilfe. Es ist ganz einfach, es liegt auf der Hand, jetzt, wo die Lichtwesen es ihr gezeigt haben. Jeder vernünftige Mensch auf der Erde müsste es eigentlich sehen können. »Es ist ein Projekt. Ganz im Westen. Wichtige Arbeit, ehrenamtlich. Sie brauchen mich dort.«

»Was soll das heißen, sie *brauchen* dich? Was ist mit deinem Studium?«

»Dieses Semester wird da nichts mehr draus. Deswegen rufe ich an. Ich brauche eine Auszeit.«

»Du brauchst *was*? Mach dich nicht lächerlich. Man nimmt doch keine *Auszeit*, vier Monate vor dem Examen.«

Allgemein gesprochen stimmt das sicher, auch wenn Heilige und angehende Milliardäre genau das getan haben.

»Du bist einfach nur müde, Olivia. Es sind doch nur noch ein paar Wochen. Du bist damit fertig, bevor du's überhaupt merkst.«

Olivia blickt hinaus auf den Vorplatz, über den immer mehr Fahrer Richtung Frühstück ziehen. So merkwürdig, dass man es gar nicht in Worte fassen kann: Im einen Leben stirbt sie durch einen Stromschlag. In einem anderen steht sie in der weltgrößten Fernfahrerraststätte und erklärt ihrem Vater, dass sie von Lichtwesen erwählt worden ist; sie soll dabei helfen, die staunenswertesten Geschöpfe zu retten, die es auf Erden gibt. Die Stimme am anderen Ende der Leitung kippt in Verzweiflung. Wieder muss Olivia lächeln: Ihr Vater fleht sie an, zu einem Leben zurückzukehren – den Drogen, dem ungeschützten Sex, den Psychopartys und lebensgefährlichen Mutproben –, das die reine Hölle ist; und dabei ist doch der Weg nach Westen ihre Auferstehung von den Toten.

»Die Miete kannst du abschreiben. Studiengebühren zahlen sie so spät auch nicht mehr zurück. Mach doch einfach deinen Abschluss, dann kannst du die Freiwilligenarbeit im Sommer tun. Ich bin sicher, deine Mutter –«

Im Hintergrund hört Olivia ihre Mutter brüllen: »Ich bin sicher, dass deine Mutter *was*?«

Olivia hört, wie ihre Mutter ruft, *sie* habe ihre Ausbildung selbst bezahlen müssen. Leute hasten an ihr vorbei. Sie spürt ihre Anspannung – die immer wieder in die Ferne rückende Ziellinie des Hungers.

Ihr Leben war ein Nebel aus Privilegien, aus Eigenliebe und lächerlich in die Länge gezogener Pubertät, voll mit hämischem, gehässigem Getue, immer nur darauf bedacht, ihr ach so wertvolles Ich zu schützen. Jetzt hat sie eine Berufung.

»Hör zu«, flüstert ihr Vater ins Telefon. »Sei vernünftig. Wenn dir das eine Semester jetzt wirklich zu viel wird, dann komm einfach nach Hause.«

Olivia spürt mehr Liebe in sich als jemals seit ihrer Kindheit. »Dad? Danke. Aber ich muss das hier machen.«

»*Was* machen? Und wo? Schatz? Bist du noch da? Liebling?«

»Ich bin hier, Daddy.« Etwas von dem Mädchen, das sie noch vor wenigen Tagen war, zerrt an ihr, skandiert *Wehr dich! Wehr dich!* Wehren muss sie sich, aber die Schlacht findet jetzt anderswo statt.

»Olivia, bleib, wo du bist. Ich komme dich holen. Ich kann in …«

Alles ist so offensichtlich, so wunderbar klar. Aber ihre Eltern erkennen es nicht. Es gibt großartige, wichtige, beglückende Arbeit für sie. Aber eins muss tatsächlich anders werden. Grenzenlose Eigenliebe darf nicht mehr der Maßstab des Lebens sein.

»Daddy, mir geht's gut. Ich melde mich wieder, wenn ich Genaueres weiß.«

Eine weibliche Automatenstimme unterbricht sie, fordert weitere fünfundsiebzig Cent. Olivia hat keine Münzen mehr. Alles, was sie hat, ist eine Botschaft, gesprochen von der Frau mit Augen wie Leuchtfeuern auf einer Wand voller Fernsehgeräte und neu formuliert von den Lichtwesen, die ihr nun so deutlich diktieren, als säßen sie am anderen Ende der Leitung. Es ihr einflüstern. *Die staunenswertesten Geschöpfe auf Erden brauchen dich.*

Durch die Glastüren sieht Olivia Dutzende von Zapfsäulen und dahinter die gerade Trasse der I-80 in der Morgendämmerung, die schneebedeckten Felder, den endlosen Gefangenenaustausch der Reisenden nach Ost und West. Ihr Vater redet immer noch, bringt all die Überredungstaktiken zum Einsatz, die man im Jurastudium lernt. Der Himmel tut die unglaublichsten Dinge. In der Freiheit des Westens nimmt er violette Töne an, blau wie ein Bluterguss, im Osten wird er rot wie ein geplatzter Granatapfel. Ein Klicken in der Leitung, dann ist die Verbindung tot. Olivia legt auf, als frischgebackene Waise. Als etwas, das der Sonne zustrebt, zu allem bereit.

Sie verlässt den Rastplatz, verliebt in die gesamte ziellose Menschheit. Zurück auf der Interstate, und wieder geht im Rückspiegel die Sonne auf. Das Auf und Ab der sanften Eiszeithügel. Die Straße schneidet einen doppelten Graben durch das Winterweiß, bis zum Horizont. Es gibt nur wenige Attraktionen an der Strecke, aber jede davon ist eine Freude. Die Herbert-Hoover-Gedenkstätte. Das Auktionshaus Sharpless. Die Amana-kolonien. Die Namen auf den Ausfahrtsschildern klingen wie exzentrische Helden in Südstaatenschmonzetten: Wilton Muscatine, Ladora Millersburg, Newton Monroe, Altuna Bondurant …

Etwas kommt über sie, eine nie gekannte, beglückende Form von Mut. Sie weiß eigentlich gar nichts, sie hat nichts als einen Ortsnamen als Ziel, und auch keine Ahnung, was sie tun muss, wenn sie dort angekommen ist. Draußen ist es arktisch kalt, all ihr weltlicher Besitz ist in ihrer Studentenbude zurückgeblieben. Aber sie hat eine Scheckkarte mit Zugriff auf eine kleine Kriegskasse, ein Auto, das läuft, ein unerschütterliches Sendungsbewusstsein und Freunde an einem Ort, den sie sich doch wohl wirklich als höheren vorstellen muss.

Stunden ziehen vorüber wie die Wolken. Sie hat schon ein gutes Stück auf der schnurgeraden Strecke zwischen Des Moines und Council Bluffs zurückgelegt, in allen Richtungen nichts als die endlose Weite aus Spreu mit ein wenig Schnee, da sieht sie aus dem Augenwinkel etwas, das sie zu sich heranwinkt. Sie blickt zur Seite, und dort steht das Gespenst eines Anhalters im Schnee, am rechten Rand der Interstate. Er hat mehr Arme zum Winken als Wischnu. Einer davon hält ein Schild in die Höhe, aber sie kann es nicht lesen.

Sie nimmt den Fuß vom Gas, steigt auf die Bremse. Der Anhalter erweist sich als Baum, so groß, dass er einen ganzen Waggon jenes Todeszuges füllen könnte, den sie in Indiana gesehen hat. Der schartige Stamm schraubt sich endlos in die Höhe, bevor er sich in mehrere, selbst baumdicke Äste verzweigt. Der Baum steht da, als sei er ein Stück von der Interstate zurückgetreten, eine Säule, die in den Himmel ragt, das

Einzige meilenweit im Umkreis, was höher ist als ein Farmhaus. Erscheinungen stellen sich auf dem Beifahrersitz ein. Als sie auf Höhe des Baumes kommt, kann Olivia lesen, was auf dem Holzschild an einem der gewaltigen Äste steht: BAUMKUNST GRATIS. Die Erscheinungen fahren ihr mit ihren Zweiglein das Rückgrat hinauf, dass es kribbelt.

Bei der nächsten Gelegenheit verlässt sie den Highway. Unter dem Stoppschild, an dem die Ausfahrt in eine Landstraße mündet, weist ein handgemaltes Plakat mit derselben schnörkeligen Schrift sie an, den rechten Abzweig zu nehmen. Ein zweites Schild, eine halbe ländliche Meile weiter, führt sie wieder zurück zu dem sagenhaften Baum. Im Auf und Ab der Straße liegt vor ihr plötzlich der Garten Eden – ein Laubwäldchen, und alle Bäume blühen wie im Mai. Als hätte sich in dieser eisigen, abweisenden Erde ein Tor aufgetan, geradewegs zu einem geheimen Sommer. Aber als sie näher kommt, wird aus dem Wald die Wand einer alten Scheune, verwandelt durch unglaubliche Trompe-l'Œil-Malerei. Der Kiesweg führt zu einem Parkplatz an der Scheune, und dort steigt sie aus. Sie steht da, starrt das Bild an. Selbst aus so großer Nähe ist die Illusion unglaublich.

»Hat das Schild Sie hergeführt?«

Sie fährt herum. Ein Mann in Jeans und einem grauweißen Hemd aus Waffelpiqué, mit Haaren wie ein Prophet aus der Bronzezeit, sieht sie an. Sein Atem gefriert zu Eiswolken. Keine Handschuhe, die Arme verschränkt. Er ist ein paar Jahre älter als sie, traurig und wild, beklommen, weil Kundschaft kommt. Die Tür zum Farmhaus zwanzig Schritt hinter ihm steht offen. Neben dem Haus der mächtige Baum. Olivia begreift, dass jemand ihn vor so vielen Jahren nur deswegen gepflanzt hat, damit er ihre Aufmerksamkeit erregt. »Ja. Ich glaube schon.«

Sie steht da und bibbert vor Kälte, hätte gern ihren Parka aus dem Wagen. Er mustert sie; es sieht aus, als wolle er jeden Moment die Flucht ergreifen. Zweimal hebt und senkt sich das Kinn. »Na. Da sind Sie die Erste.« Mit langem Finger weist er auf die bemalte Scheune, eine Hand wie aus einem Kreuzigungsbild der Renaissance. »Wollen Sie sich die Galerie ansehen?«

Er führt sie über eine kleine Rampe und duckt sich vor ihr durch die Tür. Ein Griff zum Lichtschalter, und ein Raum erscheint, der halb

Landstreicherunterschlupf ist, halb Pharaonengrab. Talismane überall: Totems, Zeichnungen, Cargo-Kult, ausgebreitet auf Holzbohlen über Sägeböcken. Sie wirken wie die Arbeiten eines autistischen Pantheisten aus der Steinzeit, Fundstücke der Archäologie.

Olivia dreht sich zu ihm um, ungläubig. »Und die verschenken Sie?«

»Das wird nicht klappen, was?«

»Ich verstehe es nicht.« Sie will *Das ist doch irre* sagen. Aber seit sie die Stimmen hört, hat sie keine rechte Verwendung für das Wort mehr. Sie überlegt, ob sie sich Sorgen machen soll, hier in der Einöde allein mit einem Mann, den man selbst bei großzügigster Auslegung noch merkwürdig nennen müsste. Aber schon ein kurzer Blick beruhigt sie: Das Merkwürdigste an ihm ist seine Unschuld.

Und die Kunst ist echt. Sie beugt sich zu einem Bild vor, das etwas beunruhigend Gotisches hat. Selbst in dem schummrigen Scheunenlicht ist es deutlich genug zu erkennen. Ein Mann liegt in einem schmalen Bett und starrt die Spitze eines Astes an, den der Baum durchs Fenster bis geradewegs vor seine Nase gestreckt hat. Auf einem grünen Aufkleber steht $ 0. Ihr Blick wandert zum nächsten Objekt. Das Bild ist auf ein quer aufgestelltes Segment einer Türfüllung gemalt. Die Vertiefung der Kassette wird wiederum zur Tür, durch die man durch ein dickes Astgewirr auf eine Lichtung blickt.

Sie sieht sich den ganzen Tisch an, auf dem dicht an dicht Werke mit ähnlichen Sujets liegen. Immer sind es Bäume, die wie Schlangen zu Fenstern hereinkriechen, durch Wände und Decken scheinbar sicherer Räume, sich einem menschlichen Opfer nähern wie wärmeempfindliche Sonden. Auf manchen Bildern schweben gemalte Worte über den surrealen Szenen. *Stammbaum. Schlagbaum. Schellenbaum. Baum der Erkenntnis.* Auf einem anderen Tisch winken vier Skulpturen aus schwarzem Ton wie die Toten, die am Tag des Jüngsten Gerichts ihre Arme aus den Gräbern recken. Auf jedem Stück ein grünes Preisschild, $ 0.

»Okay. Also, als Erstes …«

»Ich gebe Ihnen zwei zum Preis von einem. Weil Sie meine erste Kundin sind.«

Sie legt die Zeichnung, die sie in die Hand genommen hat, wieder

zurück und mustert deren Schöpfer. Die Arme hat er vor der Brust ge-
kreuzt, Hände an den Schultern, als stecke er sich selbst in eine Zwangs-
jacke, bevor die Welt es tut. »Warum machen Sie das?«

Er zuckt mit den Schultern. »Kostenlos ist anscheinend alles, was der
Markt hergibt.«

»Sie sollten die in New York anbieten. Chicago.«

»Seien Sie mir bloß still mit Chicago. Da habe ich zweieinhalb Jahre
lang in Grant Park perspektivisch korrigierte Illusionen mit Kreide auf
den Bürgersteig gemalt. Die Leute haben mich mit Füßen getreten.«

Sie schürzt die Lippen, horcht, ob Anweisungen kommen. Aber jetzt,
wo sie sie hierhergeführt haben – BAUMKUNST GRATIS –, verlassen sie
sie. »Ich bin die Erste, die angehalten hat?«

»Ja, ich weiß! Sie denken: Wer würde denn bei so einem Schild nicht
anhalten? Die nächste Stadt kommt erst in zwölf Meilen, und die hat
genau fünfzig Einwohner. Ich hab mir vorgestellt, dass hauptsächlich
Verbrecher auf der Flucht herkommen. Sie sind doch nicht etwa eine
Verbrecherin auf der Flucht?«

Sie muss nachdenken, überlegen, wie das hier mit dem Auftrag zu-
sammenpasst, den sie gerade erhalten hat. Sie geht von Tisch zu Tisch.
Unwirkliche Cornell-Boxen mit feinstem hölzernem Schmuggelgut.
Assemblagen aus Keramikscherben, Glasperlen und Reifengummi, die
aussehen wie Wurzeln und Ranken. Die Verästelungen, die sie hierher geführt haben. »Die haben Sie alle gemacht? Und bei allen geht es
um …«

»Meine Baumperiode. Neun Jahre und zwei Monate.«

Sie sucht in seinem Gesicht nach einem Schlüssel. Vielleicht hat sie
den Schlüssel ja schon. Aber sie hat keine Ahnung, was das Schloss sein
könnte. Sie geht zu ihm hin; er weicht zurück, streckt ihr aber doch die
Hand hin. Sie nimmt sie, und sie machen sich bekannt. Olivia Vandergriff hält die Hand von Nick Hoel einen Moment lang fest, hofft, dass sie
eine Erklärung spürt. Dann lässt sie sie los und wendet sich wieder der
Kunst zu. »Fast ein Jahrzehnt? Und es dreht sich alles um … Bäume?«

Aus irgendeinem Grunde muss er darüber lachen. »Noch ein halbes
Jahrhundert, dann bin ich mein eigener Großvater.«

Sie sieht ihn an, ratlos. Zur Erklärung führt er sie zu einem Klapptisch am Rande der Ausstellung. Er reicht ihr ein dickes handgemachtes Buch. Sie schlägt die erste Seite auf, eine akribisch genaue Tuschzeichnung von einem jungen Baum. Auf der nächsten Seite dieselbe Zeichnung.

»Blättern Sie mal.« Er zeigt ihr mit beiden Daumen, wie es geht. Sie tut es. Das Ding wird lebendig, man sieht, wie es sich dreht und wächst. »Meine Güte! Das ist der Baum vor dem Haus.« Auch dies ein Faktum, das er nicht bestreitet. Sie blättert noch einmal. Die Simulation ist zu präzise, als dass sie ein reines Phantasieprodukt sein kann. »Wie haben Sie das gemacht?«

»Nach Fotografien. Jeden Monat ein Bild, sechsundsiebzig Jahre lang. Ich komme aus einer altangesehenen Familie von Zwangsneurotikern.«

Sie sieht sich noch ein wenig weiter um. Er beobachtet sie, eifrig, nervös, Besitzer eines kleinen Ladens am Rand des Bankrotts. »Wenn Ihnen etwas gefällt, kann ich es Ihnen auch einpacken.«

»Ist das Ihre Farm?«

»Gehörte meiner Sippschaft. Sie haben sie gerade verkauft, an den Teufel und seine sämtlichen Tochterunternehmen. Ich habe zwei Monate Zeit, um hier auszuräumen.«

»Wovon leben Sie?«

Der Mann grinst und tippt sich an den Kopf. »Das ist eine gewagte Behauptung.«

»Sie haben kein Einkommen?«

»Lebensversicherungen.«

»Sie verkaufen sie?«

»Nein. Ich zehre sie auf. Im Augenblick noch.« Er lässt den Blick über die Tische wandern, wie ein Auktionator, der Zweifel hegt. »Ich bin jetzt fünfunddreißig. Nicht gerade viel vorzuweisen als Arbeit eines ganzen Lebens.«

Der Mann strahlt Verwirrung aus wie ein Kaminfeuer Wärme. Selbst mit zwei Schritt Abstand kann sie sie körperlich spüren. »Aber *warum*?« Das Wort kommt heftiger als beabsichtigt.

»Warum ich sie verschenke? Ich weiß nicht. Ich muss wohl gedacht haben, es ist noch einmal eine Kunstaktion. Der Abschluss der Serie. Bäume verschenken doch auch alles, oder?«

Etwas in ihr kribbelt bei diesem Vergleich. Ein Künstler produziert

Kunst wie eine Eiche Eicheln; beide schenken sie großzügig her, und in den meisten Fällen wächst nichts daraus.

Nüchtern lässt der Mann seinen Blick über die improvisierte Ausstellung schweifen. »Man könnte sagen, es ist ein Notverkauf. Brandschaden – nein, Pilzschaden.«

»Wie meinen Sie das?«

»Kommen Sie.« Er weist zum Scheunentor. »Ich zeige es Ihnen.«

Sie stapfen durch den Schnee, am Haus vorbei. Sie holt ihren Parka; er bleibt in Jeans und Hemd. »Ist Ihnen nicht kalt?«

»Immer. Kälte ist gut für uns. Die Leute haben es viel zu warm.«

Nick führt sie in den Garten, und dann steht sie vor dem Riesen, wie er in den porzellanblauen Himmel ragt. Eine eigenartige, wunderschöne Mathematik bestimmt die Anordnung der hundert Äste, der tausend Zweige und zehntausend Zweiglein, eine Schönheit, für die eine Scheune voll Kunst ihr den Blick geschärft hat.

»So einen Baum habe ich noch nie gesehen.«

»Das haben nur die wenigsten in heutiger Zeit.«

Von der Schnellstraße war ihr die kompakte, sich nach oben verjüngende Eleganz seiner Form gar nicht aufgefallen. Die Art, wie er aufwärts strebt bis zur ersten großzügigen Verzweigung. Ohne das Daumenkino hätte sie es nicht bemerkt. »Was ist es für eine Art?«

»Eine Kastanie. Der Mammutbaum des Ostens.«

Bei dem Wort läuft es ihr kalt über den Rücken. Das ist die Bestätigung, auch wenn sie ja kaum noch eine braucht. Sie stellen sich unter die gebreiteten Äste.

»Alle verschwunden. Deshalb haben Sie nie einen gesehen.«

Er erzählt ihr, wie es war. Wie sein Urururgroßvater den Baum gepflanzt hat. Wie sein Ururgroßvater damit begonnen hat, ihn zu fotografieren, zu Anfang des Jahrhunderts. Wie die Kastanienfäule binnen weniger Jahre übers Land gezogen ist und den wertvollsten Baum, den es im östlichen Amerika gab, ausgerottet hat. Wie dieser eine Ausreißer, so allein, dass nichts ihn anstecken konnte, überlebt hat.

Sie blickt hinauf ins Geäst. Jeder einzelne Arm eine Vorstudie für ein weiteres dieser besessenen Kunstwerke drüben in der Scheune. Mit der Familie des Mannes ist etwas geschehen: Das sieht sie, als könne sie es von einem Spickzettel ablesen. Und er hat ein Jahrzehnt lang in diesem Haus seiner Vorfahren gelebt und Kunst aus diesem verirrten Titanen, diesem Überlebenden gemacht. Sie legt die Hand auf die rissige Rinde. »Und jetzt sind Sie … fertig damit? Sie verlassen ihn?«

Entsetzt fährt er zurück. »Nein. Niemals. Er verlässt mich.« Er geht mit ihr auf die andere Seite des mächtigen Stamms. Wieder weist er mit seinem langen Renaissancefinger. Trockene Ringe mit orangeroten Flecken an mehreren Stellen der Rinde. Er drückt darauf. Bei der Berührung geben sie nach.

Sie probiert es selbst an einer befallenen Stelle. »So ein Mist. Was ist das?«

»Der Tod. Leider.« Sie lassen den sterbenden Gott zurück. Mit langsamen Schritten steigen sie wieder die Anhöhe hinauf, zum Haus. An der Hintertür stapft er sich den Schnee von den Schuhen. Er macht eine Handbewegung zur Scheune, seiner armseligen Galerie. »Werden Sie mir den Gefallen tun und ein Stück oder zwei mitnehmen? Dann wäre der heutige Tag ein sehr guter Tag.«

»Zuerst muss ich Ihnen erzählen, warum ich hier bin.«

Er kocht Tee auf dem Herd in der Küche, in der seine Eltern und seine Großmutter saßen, als er sich an jenem Morgen vor einem Jahrzehnt von ihnen verabschiedete und zum Kunstmuseum in Omaha aufbrach. Seine Besucherin erzählt ihre Geschichte, unter Grimassen, Lächeln. Sie beschreibt den Abend ihrer Metamorphose – das Hasch, den nackten Körper feucht vom Duschen, die tödliche Lampenfassung. Er sitzt da, hört zu, wird rot, verschlingt jedes einzelne Wort.

»Aber ich finde nicht, dass ich verrückt bin. Das ist das Merkwürdige. *Vorher* war ich verrückt. Ich weiß, wie sich das anfühlt, wenn man verrückt ist. Und das hier fühlt sich an wie … ich weiß nicht. Als ob ich endlich das Offensichtliche sehe.« Sie legt beide Hände um die heiße Teetasse.

Das Sterben dieses Kastanienbaums berührt sie auf eine Art, die er nicht so recht versteht. Sie ist jung, frei, impulsiv, beseelt von einer neuen Aufgabe. Nach jedem vernünftigen Maßstab ist sie mehr als nur ein wenig wunderlich. Aber er möchte, dass sie so bleibt, dass sie noch die ganze Nacht lang in seiner Küche ihr verrücktes Zeug daherredet. Er hat Gesellschaft. Jemand ist von den Toten auferstanden. »Verrückt hört es sich nicht an«, lügt er. Jedenfalls nicht *gefährlich* verrückt.

»Glauben Sie mir, ich weiß, wie ich klinge. Auferstehung. Bizarre Zufälle. Botschaften übermittelt durch Fernsehgeräte in einem Einkaufszentrum. Lichtwesen, die ich nicht sehen kann.«

»Nun, wenn man es so formuliert ...«

»Aber es gibt eine Erklärung. Es muss eine geben. Vielleicht ist es einfach mein Unbewusstes, das endlich mal auf was anderes als nur auf mich selbst achtet. Vielleicht habe ich von diesen Baumprotesten schon vor Wochen gehört, vor dem Stromschlag, aber erst jetzt sehe ich es überall.«

Er weiß, wie das ist, wenn man den Einflüsterungen von Geistern folgt. Er ist schon so lange allein, zeichnet schon so lange seinen sterbenden Baum, dass er es niemals wagen würde, anderer Leute Theorien in Zweifel zu ziehen. Nichts Fremdes ist fremder als die Fremdheit lebendiger Wesen. Er lacht leise, knabbert an diesem bitteren Bissen. »Die letzten neun Jahre habe ich damit verbracht, magischen Krimskrams zu basteln. Signale aus dem Verborgenen, das ist genau meine Sprache.«

»Und gerade das begreife ich nicht.« Ihre Augen bitten ihn um Nachsicht. Der Tee, der Dampf vor ihrem Gesicht, die Wildnis des verschneiten Iowa. Eine Geschichte so alt und so groß, dass es einfach zu viel für ihren Kopf ist. »Ich fahre durch die Gegend und sehe Ihr Schild, Ihr Zeichen, das da an einem Baum hängt, der aussieht wie ...«

»Ach, wissen Sie, wenn man nur lang genug fährt ...«

»Das weiß ich eben *nicht*. Ich weiß nicht, was ich glauben soll. Es ist so dumm, überhaupt etwas zu glauben. Es ist ja doch jedes Mal das Falsche, immer wieder neu.«

Er sieht sich, wie er dieses Gesicht in leuchtenden Kriegsfarben bemalt.

»Nennen Sie es, wie Sie wollen. *Irgendwas* will meine Aufmerksamkeit.«

Es gibt jemanden, der findet, dass seine Studien der Hoel'schen Kastanie über ein ganzes Jahrzehnt hinweg vielleicht doch etwas bedeuten. Das ist genug für ihn. Er hebt die Schultern. »Man kann nur staunen, wie verrückt die Dinge werden, wenn man sie erst einmal genauer ansieht.«

Sie wechselt von Verzweiflung zu Überzeugung in null Sekunden. »Genau was ich sage! Was ist denn verrückter? Daran zu glauben, dass es Wesen in unserer nächsten Umgebung gibt, über die wir nichts wissen? Oder die letzten paar uralten Mammutbäume der Erde zu fällen, um Dielen und Schindeln daraus zu machen?«

Mit einem Fingerzeig zum oberen Stockwerk entschuldigt er sich. Bei der Rückkehr hat er einen alten Straßenatlas sowie drei Bände eines vielbändigen Lexikons unterm Arm, das sein Großvater sich im Jahr 1965 von einem Hausierer hat aufschwätzen lassen. Es gibt tatsächlich einen Ort namens Solace in Kalifornien, im Herzland der großen Bäume. Es gibt tatsächlich Mammutbäume von dreißig Stockwerken Höhe und so alt wie die Bibel. Das Verrückte ist keine bedrohte Art. Er sieht sie an; ihr Gesicht glüht vor Tatendrang. Er würde gern mitkommen, wohin auch immer ihre Vision sie führt. Und wenn die Vision verpufft, dann würde er gern mitkommen, wohin auch immer sie als Nächstes geht.

»Haben Sie keinen Hunger?«, fragt sie.

»Immer. Hunger ist gut für uns. Die Leute essen zu viel.«

Er kocht ihr Haferbrei mit Schmelzkäse und Peperoni. Er sagt: »Ich muss eine Nacht drüber schlafen.«

»Sie sind wie ich.«

»Wieso das?«

»Ich höre mich am besten, wenn ich schlafe.«

Er gibt ihr das Zimmer seiner Großeltern, das er außer zum Saubermachen seit Weihnachten 1980 nicht mehr betreten hat. Er schläft unten, in dem Kabuff unter der Treppe, in dem er auch als Kind geschlafen hat. Und die ganze Nacht über horcht er. Er lässt seine Gedanken in alle Richtungen wachsen, auf der Suche nach Licht. Er muss einsehen, dass es sonst nichts in seinem Leben gibt, was man selbst bei großzügiger Auslegung des Wortes einen Plan nennen könnte.

Als er aufsteht, ist sie schon in der Küche, hat frische Sachen aus ihrem Auto angezogen und rührt Pfannkuchenteig mit Mehl, das er den Käfern überlassen hat. Er setzt sich im Flanellmorgenrock an den Tisch.

Seine Stimme ist belegt, als er sagt: »Bis zum Ende des Monats muss ich das Haus ausgeräumt haben.«

Sie nickt in Richtung Pfannkuchen. »Das ist zu schaffen.«

»Und meine Kunstwerke muss ich loswerden. Abgesehen davon, hätte ich in meinem Kalender für den Rest des Jahres noch eine Lücke.«

Er blickt zum Küchenfenster hinaus, ein Sprossenfenster mit winzigen Scheiben. Zwischen den Ästen der Hoel'schen Kastanie sieht der Himmel so lächerlich blau aus, dass man denken könnte, ein Erstklässler hätte ihn mit Fingerfarben gemalt.

Der Frühling kommt wieder für Mimi Ma, der erste ohne ihren Vater. Die Wildäpfel, Birnen, Hartriegel und Judasbäume explodieren in Rosa und Weiß. Jedes Blütenblatt verhöhnt sie mit seiner Herzlosigkeit. Vor allem wenn sie Maulbeerbäume sieht, möchte sie am liebsten alles in Brand stecken, was blüht. Von all dieser verschwenderischen Pracht wird ihr Vater nie wieder etwas zu sehen bekommen. Und doch wachsen und gedeihen sie, die grausamen, fühllosen Farben des Jetzt.

Der nächste Frühling folgt auf dem Fuße, dann ein dritter. Entweder härtet die Arbeit sie ab, oder die Blüten verlieren an Leuchtkraft. Bei ihrem Vielfliegerprogramm erreicht Mimi schon im Mai Platin-Status. Man schickt sie nach Korea. Man schickt sie nach Brasilien. Sie lernt Portugiesisch. Sie lernt, dass Menschen aller Rassen, aller Hautfarben und Konfessionen der unersättliche Hunger nach Keramikformguss eint.

Sie versucht es mit Joggen, mit Wandern, mit Radfahren. Sie versucht es mit Gesellschaftstanz, dann Jazz, dann Salsa; danach hat sie vom Tanzen genug. Sie beobachtet Vögel und bringt es rasch auf eine Liste von hundertdreißig gesichteten Arten. Die Firma macht sie zur Abteilungsleiterin. Sie besucht ein Seminar über Kunst der Renaissance, Abendkurse zur modernen Lyrik, all die Dinge, die sie in Holyoke über Bord geworfen hat, um Ingenieurin zu werden. Ihr Lebensmotto hat etwas geradezu Patriotisches: an allen Fronten kämpfen. Alles bekommen. Alles sein.

Ein Kollege überredet sie, beim Hockeyteam der Firma mitzumachen. Schon bald bekommt sie gar nicht mehr genug davon. Sie spielt Poker mit Männern auf vier Kontinenten und schläft mit Männern auf zweien. Sie verbringt eine Woche in San Diego mit einem Mädchen mit erstaunlich vielseitigen Vorlieben und bricht ihr, obwohl sie sich vorab über alles einig waren, das Herz. Sie verliebt sich beinahe ernsthaft in einen verheirateten Mann aus einem anderen Hockeyteam, der sie so ungeheuer sanft gegen die Bande drückt. Sie treffen sich einmal, im Dezember in Helsinki, in einer wunderbaren, drei Tage währenden Parallelwelt in mittäglicher Dunkelheit. Danach sieht sie ihn nie wieder.

Sie heiratet beinahe. Gleich darauf kann sie sich überhaupt nicht vorstellen, wie es je so weit kommen konnte. Sie wird dreißig. Dann (ganz wie man es von einer Ingenieurin erwarten kann) einunddreißig und zweiunddreißig. Im Traum wandert sie für alle Zeiten durch die Menschenmenge einer Flughafenhalle und hört, wie ihr Name ausgerufen wird.

Sie bekommt einen Posten in der Zentrale. Die neuntausend Dollar zusätzliches Gehalt lassen sie ziemlich kalt; sie wecken nur aufs Neue ihren Hunger. Aber damit steigt sie von der Arbeitsnische im Großraumbüro einer Produktionsstätte zu einem eigenen Eckbüro auf, durch dessen bodentiefes Panoramafester sie eine Gruppe von Kiefern sehen kann, die sich in ihren Gedanken irgendwie in einen Ort am Ende einer ellenlangen Autofahrt ihrer Kindheit verwandeln. Der kleinste, privateste Naturpark der Welt.

Sie richtet das Büro mit Dingen ein, von denen ihre Mutter nicht weiß, dass sie sie von zu Hause mitgenommen hat. Ein mit Wimpelaufklebern bedeckter Koffer – CARNEGIE-INSTITUT, USS GENERAL MEIGS, UNIVERSITÄT NANKING. Ein Überseekoffer, darauf ein unaussprechlicher Name in Schablonenschrift. Auf dem Schreibtisch ein gerahmtes Foto von zwei Leuten, dem Vernehmen nach ihren Großeltern, die ein Foto ihrer drei unbegreiflichen Enkelkinder in Händen halten. Direkt daneben ein Abzug genau dieses Fotos im Foto: drei kleine, ethnisch nicht ohne weiteres einzuordnende Mädchen, die brav nebeneinander auf einer Couch sitzen, als könnten sie kein Wässerlein trüben. Die älteste wirkt, als sei sie entschlossen, sich mit allen Mitteln ihren Platz in der Welt zu erobern. Bereit, auf jedermann einzuschlagen, der behauptet, sie gehöre nicht dazu.

Die Wände des Büros schmückt wie ein klassischer Fries die Bildrolle ihres Vaters. Natürlich ist es nicht richtig, die Malerei auch nur dem wenigen an Sonne auszusetzen, das hier im Nordwesten des Landes durch die Fenster dringt. Es ist nicht richtig, Klebestreifen auf der Rückseite eines so alten und wertvollen Kunstwerks anzubringen. Nicht richtig, etwas unendlich Kostbares an einem Ort zu lassen, an dem jeder aus der Nachtschicht es zusammenrollen und in der Tasche seines Arbeitskittels verschwinden lassen könnte. Nicht richtig, es so aufzuhängen, dass es sie, jedes Mal wenn sie den Blick hebt, an den Selbstmord ihres Vaters erinnert.

Leute, die zum ersten Mal in ihr Büro kommen, fragen oft nach den Juniorbuddhas im Vorhof der Erleuchtung. Sie erinnert sich an die Worte ihres Vaters, an dem Tag, an dem er ihr die Bildrolle zum ersten Mal gezeigt hat. *Die Männer hier? Letzte Prüfung bestanden.* Es gibt Tage, da sitzt sie an ihrem Schreibtisch, auf dem sich Abrechnungen und Kostenvoranschläge türmen, und es überkommt sie, wenn sie den Blick zu der Bildrolle hebt, bei all ihrem beruflichen Erfolg doch eine Ahnung, dass sie die gleiche Abschlussnote erhalten wird wie ihr Vater. Wenn das Gefühl des Ertrinkens ihr die Brust zusammenschürt, schaut sie durch das Panoramafenster auf ihr kleines Wäldchen, wo drei für kurze Zeit von allen Zwängen befreite Mädchen am Ufer eines uralten Sees Kiefernzapfen als Spielgeld sammeln. Manchmal wird sie dann beinahe ruhig. Manchmal sieht sie ihn beinahe vor sich, den Mann, der da hockt und alles, was man über diesen Campingplatz sagen kann, in sein dickes Notizbuch schreibt.

Wenn sie nicht gerade tausendjährige Eier isst, dient ihr Büro in der Mittagspause als Treffpunkt. Heute gibt es Hühnersandwich, da können sich Kollegen jeglicher Herkunft hereinwagen. Drei weitere Manager, dazu ein Fatzke aus der Personalabteilung wollen Pfennigpoker spielen.

Mimi ist dabei. Sie ist immer dabei, wenn ein Spiel sinnloses Risiko und vorübergehendes Vergessen verspricht. Sie hat nur eine einzige Bedingung: Sie will auf dem Chefsessel sitzen.

»Und was genau ist an dem Platz so toll, Chef?«

Sie macht eine Handbewegung in Richtung Fenster: »Die Aussicht.«

Die anderen Spieler blicken von ihren Karten auf. Sie kneifen die Augen zusammen, dann zucken sie mit den Schultern. Schön und gut: Eine kleine Parkfläche mit Bäumen auf der anderen Straßenseite. Für so was ist der Nordwesten nun mal bekannt: Bäume. Bäume, wohin man blickt, auf jedem Hügel; Bäume, die immer näher rücken und den Himmel verdunkeln.

»Kiefern?«, vermutet der Vize vom Marketing.

Einer vom Qualitätsmanagement, der auf Mimis Posten aus ist, legt nach: »Ponderosakiefern.«

»Willamette-Valley-Ponderosakiefern«, präzisiert Mister Allwissend, der Leiter der Forschungs- und Entwicklungsabteilung.

Karten wandern über die Schreibtischplatte. Münzstapel wechseln den Besitzer. Mimi berührt ihren Jadering. Sie trägt ihn so, dass die Schnitzerei zur Handfläche zeigt, damit keiner auf die Idee kommt, ihr den Finger abzuhacken, um ihn zu stehlen. Sie dreht ihn. Der knorrige Maulbeerbaum von Fusang – der Baum, der ihr Los war, als die drei Schwestern die Besitztümer des Vaters verteilten – umkreist ihren Finger. Sie streckt dem Kartengeber die offene Hand entgegen, ganz geschäftsmäßig. »Also. Geben Sie mir was, was mich weiterbringt.«

Schon wieder ein miserables Blatt. Sie hebt erneut den Blick. Mittagsblau durchflutet ihr ganz privates Waldstück. Sonnenlicht funkelt sternengleich durch das Graugrün der Nadeln, tausend überirdische Lichtquellen. Die Stämme, schuppig wie Dinosaurierpanzer, schimmern orange-, terrakotta- und zimtfarben. Der Mann vom Qualitätsmanagement, der auf ihren Posten scharf ist, fragt: »Haben Sie mal an der Rinde gerochen?«

»Vanille«, fügt er hinzu.

»Nein, das ist die Jeffreykiefer«, widerspricht Mister Allwissend.

»Na, da kennt sich aber einer aus. Wie immer!«

»Nicht Vanille. Terpentin.«

»Aber wenn ich es doch sage«, beharrt das Qualitätsmanagement.
»Ponderosakiefer. Vanille. Ich habe einen Kurs besucht.«
Mister Allwissend schüttelt den Kopf. »Unsinn. Terpentin.«
»Am besten geht einer raus und schnüffelt dran.« Allgemeines Gekicher.
Der Mann vom Qualitätsmanagement haut auf den Tisch. Karten fliegen, Pennytürme fallen um. »Zehn Dollar.«
»Das ist doch mal ein Wort!«, sagt der Fatzke aus der Personalabteilung.
Mimi ist schon halb zur Tür hinaus, bevor die anderen begreifen, was geschieht.
»He! Wir stecken mitten in einer Partie.«
»Wir brauchen Daten«, antwortet die Ingenieurstochter. Und mit ein paar Schritten ist sie im Freien. Der Geruch steigt ihr in die Nase, bevor sie die Bäume erreicht – ein Duft nach Harz und den Weiten des Westens. Der frische, reine Geruch der einzig ungetrübten Tage ihrer Kindheit. Und da ist auch die Musik der Bäume, die dem Wind eine Stimme gibt. Sie steckt die Nase tief in einen der dunklen Risse zwischen flachen, terrakottafarbenen Rindenplatten. Sie lässt sich hineinfallen in diesen Geruch, den unglaublichen Hauch einer Vergangenheit, die zweihundert Millionen Jahre zurückliegt. Sie hat keinerlei Vorstellung, was ein solcher Duft jemals bewirken sollte. Doch bei ihr zeigt er eine Wirkung. Er ergreift Besitz von ihren Gedanken. Es ist weder Vanille noch Terpentin, doch gesättigt mit der Essenz von beiden. Ein Anflug von spirituellem Karamell. Ein Touch Ananas-Weihrauch. Ein Geruch, der nach sich selbst und nichts anderem riecht, stechend und zart zugleich. Mit geschlossenen Augen atmet sie den wahren Namen dieses Baums.
Sie steht da, die Nase in die Spalte vergraben, ein perverses intimes Bild. Sie gönnt sich eine große Dosis, wie eine Patientin in einem Hospiz, die sich selbst das Morphium verabreicht. Chemische Stoffe strömen in ihre Luftröhre, durch die Adern zu den Provinzen ihres Körpers, überqueren die Blut-Hirn-Schranke und dringen in ihre Gedanken. Der Duft tut seine Wirkung in ihrem Hirnstamm, bis sie und der Tote wieder Seite an Seite im Bach stehen, im Schatten der Kiefern, da wo die Fische sich verstecken, im Nationalpark tief im Inneren der Seele.

Eine Frau, die auf dem Bürgersteig vorbeikommt, stutzt, überlegt, ob sie Hilfe braucht. Mimi, die selig in Erinnerungen und dem Duft ätherischer Öle schwelgt, beschwichtigt sie mit einem Blick. Drüben im Büro stehen die Kartenkumpane am Panoramafenster, starren sie an, als sei sie plötzlich irre geworden. Wieder beugt sie sich zu dem Baum vor, gibt sich noch ein letztes Mal diesem unbeschreiblichen Duft hin. Mit geschlossenen Augen beschwört sie den Arhat unter seiner Kiefer herauf, den ein klein wenig amüsierten Ausdruck auf seinen Lippen, als er sich über die Klippe in das vollständige Annehmen von Leben und Tod fallen lässt. Etwas kommt über sie. Das Licht wird heller, der Geruch kräftiger. Wie losgelöst, schwebt sie aufwärts, getragen von den Wellen ihrer Kindheit. Ein tiefes Wohlgefühl erfüllt sie, als sie sich von dem Baum abwendet. *Das ist es also? Ich bin angekommen?* An den Stamm des nächsten Baumes ist ein handgeschriebenes Schild geklebt:

Bürgerversammlung im Rathaus! 23. Mai!

Sie tritt näher und liest, was auf dem Plakat steht. Die Stadt hat die vielen trockenen Nadeln und Rindenstücke zur Brandgefahr erklärt. Die Bäume sind zu alt, die alljährlichen Aufräumarbeiten zu teuer. Die Kiefern sollen durch eine sauberere, sicherere Art ersetzt werden. Eine Protestbewegung hat sich formiert und fordert eine öffentliche Anhörung.

Sagt denen da oben die Meinung!

Sie wollen ihre Bäume fällen. Sie blickt zurück zum Büro. Ihre Kollegen stehen am Fenster und lachen über sie. Sie winken. Sie klopfen an die Scheibe. Einer von ihnen macht ein Bild mit einer Einwegkamera. Ihre Nase ist erfüllt von einem Bouquet, das weit über die Schwerfälligkeit von Worten hinausgeht. Nennen wir es Erinnerung. Nennen wir es Prophezeiung. Vanille, Ananas, Karamell, Terpentin.

Ein Mann von knapp vierzig verteilt Silberdollars in der Raststätte an der Route 212, nicht we t von einer Stadt, die sinnigerweise Damaskus heißt. Damascus, Oregon. »Hab was zu feiern, 'dammt nochmal. Aber ihr müsst es für Bier ausgeben.«

Da lassen die anderen sich nicht zweimal bitten. »Und was gibt's zu feiern, Rockefeller?«

»Meinen fünfzigtausendsten Baum. Neun Stunden am Tag, bei jedem Wetter, fünfeinhalb Tage die Woche, die ganze Pflanzperiode lang, fast vier Jahre.«

Vereinzelter Applaus, ein Käuzchenruf. Darauf wollen alle trinken.

»Ganz schön viel Arbeit für einen alten Kerl.«

»Hast du noch sämtliche Bandscheiben?«

»Du weißt, dass sie die direkt wieder abholzen? Die stehen gerade mal ein paar Jahre.«

Die Dankbarkeit von Fremden in einer Straßenkneipe, mit Freibier erkauft. Douglas Pavlicek lächelt und denkt sich sein Teil. Er stellt einen Stoß von zwanzig weiteren Silberdollars auf die Ecke eines Billardtisches und winkt mit seinem Queue mit dem harten Zuckerahornschaft. Bald beißen zwei an, Dum und Dee.

Sie spielen 3-Ball, reihum gegeneinander. Douglas schneidet mehr als erbärmlich ab. Vier Jahre ist er über den Boden gekrochen, durch Schlacke, Schlagabfall und Schlamm, hat sich gebückt und gepflanzt, sich das Nervensystem dabei ruiniert, seinem schlechten Bein den Rest gegeben, und zurück blieb ein Beben am ganzen Körper, das selbst die Seismographen in San Francisco noch registrieren. Dum und Dee haben beinahe ein schlechtes Gewissen, dass sie ihm sein Geld abnehmen, Runde um Runde, Dollar um Dollar, Spiel um Spiel. Aber Douggie hat seinen Spaß, hier in der Großstadt, schüttet schäumende Pferdepisse in sich hinein, stellt wieder einmal fest, wie gut die Gesellschaft von Fremden tut. Heute Nacht wird er in einem Bett schlafen. Eine warme Dusche nehmen. Fünfzigtausend Bäume.

Dum versenkt alle drei Kugeln mit dem ersten Stoß. Schon zum zweiten Mal an diesem Abend. Vielleicht gibt es da einen Trick. Douglas Pavlicek ist das egal. Bei der nächsten Runde bleibt Dee in vier Zügen Sieger.

»So, so. Fünfzigtauend Bäume«, sagt Dum, nur um Douggie abzulenken, der auch ohne Konversation schon Mühe hat, sich zu konzentrieren.

»Jawohl. Könnte jetzt sterben und bliebe immer noch ganz oben auf
der Liste.«

»Wie haltet ihr es mit Frauen da draußen?«

»Sind 'ne ganze Menge dabei. Viele kommen in den Sommerferien.
Da ist alles drin.« Ganz in schöne Erinnerungen versunken, steckt er
den Spielball in die Tasche. Selbst das ist für einen Lacher gut.

»Für wen pflanzt du?«

»Für jeden, der zahlt.«

»Massenhaft neuer Sauerstoff. Treibhausgase unschädlich gemacht.«

»Die Leute haben ja keine Ahnung. Wusstet ihr, dass Shampoo aus
Holz gemacht wird? Bruchfestes Glas? Zahnpasta?«

»Keinen Schimmer.«

»Schuhcreme. Bindemittel für Speiseeis.«

»Ganze Häuser, stimmt's? Bücher und so weiter. Boote. Möbel.«

»Die Leute wissen das nicht. Wir leben immer noch im Holzzeitalter.
Das billigste unbezahlbare Zeug, das es je gegeben hat.«

»Amen, mein Freund. Zwanzig auf die nächste Runde?«

Sie spielen stundenlang. Douggie, auf den Alkohol anscheinend keinerlei Wirkung hat, gewinnt Terrain zurück. Dee und Dum räumen das
Feld, gefolgt von zwei neuen, Ding eins und Ding zwei. Doug gibt noch
eine Runde aus, erklärt der Nachtschicht, was es zu feiern gibt.

»Fünfzigtausend Bäume. Ha.«

»Es ist ein Anfang«, sagt Douglas.

Ding zwei gibt sich alle Mühe, Arschloch des Abends zu werden. Der
Woche sogar. »Ich will dir ja nicht deinen schönen Traum verderben,
Kumpel. Aber weißt du, dass Boise Cascade allein zwei Millionen Holz-
laster pro Jahr wegschafft? Die allein! Da müsstest du vier oder fünf
Jahrhunderte lang pflanzen, nur um –«

»Okay. Konzentrieren wir uns auf das Spiel.«

»Und die Firmen, für die du pflanzt – ist dir klar, dass du denen mit
jedem Setzling einen neuen Freibrief verschaffst? Für jeden, den du einpflanzt, fordern sie eine höhere jährliche Schlagquote.«

»Nein«, sagt Douglas. »Das kann nicht stimmen.«

»Kannst du mir ruhig glauben. Du steckst Babys in die Erde, damit sie die Opas killen können. Und wenn die Dinger angehen, dann sind es Monokulturen, Mann. Schnellrestaurants für Insekten auf der Durchreise.«

»Okay. Jetzt halt bitte mal einen Augenblick die Klappe.« Douglas hebt zuerst das Queue, dann den Kopf. »Du gewinnst, Kumpel. Die Party ist aus.«

Die Kartenrunde in der nächsten Mittagspause lässt Mimi ausfallen. Isst ihr Butterbrot im Freien, unter den Kiefern.

»Können wir trotzdem in den Büro gehen?«, fragt der Fatzke aus der Personalabteilung.

»Tut euch keinen Zwang an.«

Sie sitzt mit dem Rücken an einen der orangebraunen Stämme gelehnt. Blickt hinauf in das flirrende Licht, das durch die Vorhänge aus Nadeln dringt. Sitzt da in der Haltung des Arhats, wartet, atmet. Genauso war es mit dem indischen Prinzen Siddharta, als das Leben ihn im Stich ließ und seine Freuden ihn verließen. Er setzte sich unter einen wunderbaren Feigenbaum – einen Bobaum, *Ficus religiosa* – und schwor, sich erst wieder zu erheben, wenn er begriffen hatte, was das Leben von ihm wollte. Ein Monat verging, dann ein zweiter. Dann erwachte er aus dem Traum vom Menschsein. Wahrheiten loderten in seinem Verstand auf, Dinge, so einfach, verborgen im hellen Tageslicht. Und in dem Augenblick erblühte der Baum, unter dem der neugeborene Buddha saß – ein Baum, von dem Ableger noch heute überall auf der Erde wachsen –, und aus den Blüten wurden dicke, purpurfarbene Feigen.

Das, worauf Mimi hofft, hat nur einen Bruchteil dieser Größe. Genauer gesagt wartet sie auf überhaupt nichts – auf genug Nichts, um sich darin zu verlieren. Dieser unbeschreibliche Duft – das ist alles, was sie will. Dieser Hain. Das zweihundert Millionen Jahre alte Aroma. Ihre eigene Familie, da, wo es ihr am besten ging, wo sie am freiesten war, ihr ganz privater Indianerstamm. Wieder beim Fischen, an der Seite des einzigen Menschen, der sie je verstanden hat, in der Strömung eines Baches, den es bis vor kurzem noch gab.

Eine Frau mit Zwillingskinderwagen setzt sich für einen Augenblick auf die Bank neben ihr. »Schöner schattiger Platz, nicht wahr?«, sagt Mimi. »Wussten Sie, dass die Stadt diese Bäume fällen will?«

Sie wird politisch. Agitiert. Agitatoren findet sie schrecklich, die Art, wie sie einen immer mit Sachen behelligen, die einen überhaupt nichts angehen. Schon im nächsten Augenblick erzählt sie der erschrockenen jungen Mutter von der Bürgerversammlung im Rathaus am 23. Und der Geist ihres Vaters steht dort ganz in der Nähe unter seinen Kieferbäumen und lächelt ihr zu.

Douglas Pavlicek erwacht, gerade als Mimi ihre Lungen zum letzten Mal füllt und dann in ihr klimatisiertes Büro zurückkehrt. Eine weitere kleine Ewigkeit braucht er, bevor ihm aufgeht, dass er sich in seinem Motelzimmer befindet, wo er gelandet ist, nachdem er zweihundert Dollar in Form von Bier verschenkt hat und weitere hundert beim Billard verloren. Aber er verzieht keine Miene deswegen. An diesem Nachmittag hat die Angst, die ihn beim Aufwachen befällt, mehr Gewicht. Seine ganze Anspannung konzentriert sich jetzt auf die jährliche Schlagquote, darauf, ob man ihn die letzten vier Jahre übers Ohr gehauen hat, ob er sein Leben vergeudet hat oder Schlimmeres.

Das hauseigene Frühstück hat er um drei Stunden verpasst. Aber der Rezeptionist verkauft ihm eine Orange, einen Schokoladenriegel und eine Tasse Kaffee, drei unbezahlbare Baumgeschenke, die ihm Energie genug für einen Besuch in der Stadtbücherei liefern. Ein Bibliothekar unterstützt ihn bei seiner Recherche. Der Mann wuchtet mehrere Bände Gesetzestexte und statistische Jahrbücher aus dem Regal, und gemeinsam suchen sie. Die Antwort ist nicht gut. Ding zwei, dieser Stinker, hatte recht. Das Pflanzen von Setzlingen hat nichts anderes bewirkt als die Bewilligung von umso mehr Kahlschlag. Bis Douggie endlich eingesehen hat, dass genau das die reine Wahrheit ist, ist es schon Abendessenszeit. Seit seinen drei Baumgeschenken hat er nichts mehr gegessen. Aber beim Gedanken daran, noch einmal – je wieder – etwas zu essen, wird ihm übel.

Er muss sich bewegen. Zu Fuß an der frischen Luft: das Einzige, was den Irrsinn in Schach halten kann. In Wirklichkeit würde er am liebsten zum erstbesten skalpierten Hügel laufen, neu für die Zukunft sorgen. Das können seine Muskeln, das haben sie gelernt, gerade der größte Muskel in seinem Inventar – die Seele. Ein Spaten und eine Umhängetasche mit grünen Rekruten. Das, was er bis zum heutigen Tage für Hoffnung hielt.

Den ganzen Abend ist er auf den Beinen, nur ein einziges Mal macht er ein Zugeständnis an seinen Körper: ein Hamburger, der auf dem Weg nach unten die Geschmacksknospen auf seiner Zunge überspringt. Es ist ein milder Abend, die Luft ist so leicht, dass er für eine halbe Meile seine Furcht vor dem Sturz ins Bodenlose vergessen kann. Aber er wird die Frage nicht los: *Was mache ich jetzt, die nächsten vierzig Jahre? Welche Art Arbeit können die Menschen in ihrer unendlichen Tüchtigkeit nicht zu Dünger zerstampfen?*

Stundenlang, meilenweit geht er, hält sich am Stadtrand von Portland, einer friedlichen Mischung aus Wohn- und Geschäftsbauten; ein Duft, den er nicht benennen könnte, lockt ihn weiter. Er macht halt an einem kleinen Laden und kauft sich eine Flasche mit einem grünlichen Saft; beim Trinken überfliegt er, was das Schwarze Brett im Eingang verkündet. *Katze entlaufen, hochintelligent. Finde dein Qi-Gleichgewicht. Telefonieren günstig wie nie.* Und dann:

Bürgerversammlung im Rathaus! 23. Mai!

Etwas im Hirn seiner Spezies, Teil ihrer verrückten Geschichte, hat kein Talent zur Zusammenarbeit, zum Zusammenspiel mit anderen. Er fragt den Jungen an der Kasse, wo der betreffende Park liegt. Der Bursche sieht aus, als ob eine Ratte seine Nase angeknabbert hätte. »Zu Fuß ist es zu weit.«

»Das werden wir sehen.« Douggie erfährt, dass er schon daran vorbeigelaufen ist. Er geht das Stück zurück. Er riecht die kleine Parkinsel, bevor er sie sehen kann – wie ein Stück von Gottes Geburtstagskuchen. Die Nadeln dieser bedrohten Bäume stehen immer zu dritt, die Rinde bildet große, orangebraune Platten. Alte Freunde. Er schlägt sein Lager auf einer Bank unter den Kiefern auf. Er lässt sich von den Bäumen trösten. Es ist dunkel, aber die Gegend scheint ihm ungefährlich. Ungefährlicher als Transportflüge über Kambodscha. Ungefährlicher als so manche Bar, in der er schon eingedöst ist. Hier möchte er gern schlafen. Da kann ihm das vernünftige Denken gestohlen bleiben, all die Fesseln, die es einem anlegt. Nichts geht über eine Nacht im Freien, unter dem Regen aus Samenkörnern. Bis zum 23. – dem Tag der Versammlung –, geht ihm jetzt auf, sind es ja nur noch vier Tage.

So lebhaft wie in dieser Nacht hat er schon seit Jahren nicht geträumt. Diesmal stürzt das Flugzeug ab, mitten im Khmer-Dschungel. Captain Straub wird von einem bösartigen Gewächs durchbohrt, Douglas kann nicht sehen, was es ist. Levine und Bragg landen in der Nähe, aber Douglas kommt nicht an sie heran, und nach einer Weile antworten sie auf seine Rufe nicht mehr. Wieder einmal ist er allein, und jetzt merkt er, dass er in einem bizarren Portland ist, vollständig von einer einzigen Banyanfeige verschlungen. Er erwacht vom Lärm der Hubschrauber, die mit grellen Scheinwerfern die Baumkronen nach ihm absuchen.

Heute Nacht sind die Hubschrauber Lastwagen. Scharen von Männern springen heraus, alle in voller Montur. Im einen Augenblick sind es noch GIs, die gekommen sind, um Douggies Dorf in Brand zu stecken, ein letztes flammendes Gefecht. Doch dann ist er wieder wach genug und sieht, dass sie mit Kettensägen anrücken. Er blickt auf die Uhr: kurz nach Mitternacht. Anfangs denkt er, er hat vier Tage geschlafen. Er richtet sich auf, erkundet die Lage.

»He!« Er geht auf die Leute zu, die ihr Gerät ausladen. »Hallo!« Die Männer weichen zurück wie vor einem Irrsinnigen. »Ihr wollt doch hier nicht arbeiten, oder doch?«

Sie machen weiter, lassen die Maschinen warmlaufen. Ziehen Absperrband um den Bereich. Bringen die Arbeitsbühne, ein Ding wie ein Saurier, in Position und fixieren die Ausleger.

»Ihr müsst euch vertan haben. In ein paar Tagen ist die Anhörung. Hier, auf dem Plakat steht es.«

Eine Art Vorarbeiter kommt zu ihm. *Drohend* kann man nicht sagen. Das richtige Wort wäre *amtlich*. »Sir, wir müssen Sie bitten, den Platz zu räumen, damit wir mit der Arbeit beginnen können.«

»Ihr wollt *jetzt* fäller? Es ist doch stockdunkel.« Aber das ist es natürlich nicht. Nicht mit zwei Scheinwerferbatterien, die gerade herangekarrt werden. Stockdunkel gibt es nicht mehr. Dann fällt bei ihm der staatsbürgerliche Groschen. »Moment mal.«

»Behördliche Anordnung«, verkündet der Vorarbeiter. »Bitte begeben Sie sich hinter die Absperrung.«

»Was denn für Behörden? Was soll das überhaupt heißen?«

»Es heißt so viel wie: Raus da. Auf die andere Seite.«

Douglas stürmt los, auf die todgeweihten Bäume zu. Damit hat keiner gerechnet. Die Männer brauchen einen Augenblick, bevor sie die Verfolgung aufnehmen. Bis sie da sind, ist er schon halb einen der Bäume hinauf. Sie packen ihn an den Beinen. Einer schlägt mit dem Schaft eines langen Schneidehakens nach ihm. Er fällt und landet auf seinem schlechten Bein.

»Das dürft ihr nicht machen! Das ist doch Beschiss!«

Zwei von den Holzfällern drücken ihn auf den Boden, bis die Polizei da ist. Es ist ein Uhr morgens. Wieder ein Anschlag auf öffentliches Eigentum, verübt zu nachtschlafender Stunde. Diesmal lautet die Anklage Störung der öffentlichen Ordnung, Störung einer Amtshandlung und Widerstand gegen die Staatsgewalt. »Finden Sie das lustig?«, fragt der Beamte, der ihm die Handschellen anlegt.

»Glauben Sie mir, das fänden Sie auch.«

Auf dem Revier in der 2. Straße fragen sie ihn nach seinem Namen. »Gefangener 571.« Seine Personalien können sie erst aufnehmen, als sie ihm die Geldbörse mit Gewalt aus der Jeanstasche zerren. Und sie müssen ihn in eine Einzelzelle stecken, nur so können sie verhindern, dass er die anderen Straftäter aufwiegelt.

Halb acht Uhr morgens. Mimi kommt heute früh ins Büro. Bei einer Lieferung nach Argentinien, Pumpenräder für Kreiselpumpen, ist etwas schiefgegangen. Sie stellt ihren Kaffee ab, schaltet das Deckenlicht ein, fährt den Rechner hoch und wartet, dass er sich ins Firmennetzwerk einloggt. Sie dreht sich mit ihrem Stuhl um, wirft einen Blick nach draußen, und schreit auf. Da, wo Grün sein sollte, sieht sie jetzt nur noch den wolkenverhangenen Himmel.

Schon zwei Minuten später steht sie an dem kahlen Fleck, da wo die Bäume waren, zu denen sie immer hinausgeschaut hat, wenn sie einen Augenblick Besinnung und Frieden brauchte. Sie hatte noch nicht einmal die Turnschuhe aus- und die Slingpumps angezogen. Die kahle Stelle tut, als habe es dort nie anders ausgesehen. Kein Stamm, kein Ast mehr da. Nur Sägemehl und abgeworfene Nadeln rings um die frischen Schnitte direkt über dem Erdboden. Offene Holzwunden, gelborange, aufsteigender Saft sickert an der Außenkante der Ringe heraus – Ring um Ring, um ein Vielfaches mehr Ringe, als sie an Lebensjahren hat.

Und der Duft, der Geruch der Vorfreude, des Verlorenen, nach frischgesägtem Kiefernholz. Die Botschaft, die Droge, die ihr Gehirn so beflügelte, jetzt alles auf einmal ausgegossen, verschüttet im Tode. Ein leichter Regen setzt ein. Sie schließt die Augen. Wut durchströmt ihre Adern, sie spürt die Bosheit der Menschen, ein Gefühl des Unrechts, das größer ist als ihr ganzes Leben, der uralte Verlust, für den es nie, niemals eine Wiedergutmachung geben wird. Als sie die Augen wieder aufschlägt, stürmen die Wahrheiten nur so auf sie ein. Wie eine Erleuchtung, nur ohne das Strahlen.

Die Saat keimt schnell. Neelay stellt seine Weltraumoper fertig. Etwas steckt immer noch in dem hochaufgeschossenen Jungen mit seinem avantgardistischen Rollstuhl, das darauf aus ist, dieses Spiel zu verschenken. Aber dann kommt doch der Moment, an dem er aus seinem idyllischen, abgeschiedenen Fleckchen Universum eine Einnahmequelle machen muss, so wie es im Spiel selbst auch immer läuft.

Wenn er das Spiel auf den Markt bringen will, braucht er dafür einen Verlag, zumindest pro forma. Firmensitz wird die winzige Erdgeschosswohnung mit Rollstuhlrampe am Camino in Redwood City. Einen Namen braucht der Laden auch, selbst wenn der ganze Betrieb nur aus einem querschnittsgelähmten Indo-Amerikaner von Anfang zwanzig besteht, der in seinem Gefährt wie ein Sack Stöcke durch die Gegend holpert. Aber die Namenssuche erweist sich als schwieriger, als einen ganzen Planeten zu programmieren. Drei Tage lang jongliert Neelay mit Neuschöpfungen, Wortverbindungen, aber sie sind alle entweder nicht gut genug oder schon vergeben. Er lutscht an seinem Mittagessen – einem Zimt-Zahnstocher –, da fällt sein Blick auf das Wort *Redwoood* in der Adresszeile eines Briefkopfentwurfs. Der Mammutbaum, Sequoia sempervirens. Als flüstere ihm jemand die einzig richtige Antwort ins Ohr. Mit einem Grafikprogramm gestaltet er ein Logo – ein Abklatsch des imposanten Baums im Wappen von Stanford. Und das ist die Geburtsstunde von Sempervirens.

Das erste Produkt der Firma nennt er *The Sylvan Prophecies*, Die Weissagungen des Waldes. Mit der neuesten Desktoppublishing-Software gestaltet er eine Anzeige. Oben auf der Seite, zentriert, stehen die Worte:

ES GIBT EINE GANZ NEUE WELT GLEICH NEBENAN

Diese Anzeige lässt Neelay dann auf die Umschlagrückseite von Comic- und Computermagazinen im ganzen Land setzen. Ein Scheibenkopierbetrieb in Menlo Park produziert dreitausend Floppies. Zwei Freunde aus Stanford schickt er los, um das Spiel in Läden an der gesamten Ost- und Westküste unterzubringen. Binnen eines Monats sind die *Sylvan Prophecies* ausverkauft. Neelay lässt weitere Discs herstellen. Auch die verkauft er alle. Er staunt, dass es überhaupt so viele Rechner da draußen gibt, die die Systemanforderungen erfüllen. Das Spiel ist in aller Munde, die Kasse klingelt, und bald hat er so viel Arbeit, dass er sie allein nicht mehr schafft.

Er unterschreibt einen Fünfjahresvertrag für eine ehemalige Zahnarztpraxis. Er engagiert eine Sekretärin und nennt sie Büroleiterin. Er engagiert einen Hacker und nennt ihn Chefprogrammierer. Er stellt einen Typen ein, der eine Ausbildung als Buchhalter hat, und der wird Geschäftsführer. Das Team zusammenzustellen ist wie der Bau des Heimatplaneten in den *Sylvan Prophecies*. Unter Dutzenden von Bewerbern wählt er diejenigen aus, die am wenigsten zurückschrecken, als sie seinem Strichmännchenkörper im motorisierten Stuhl zum ersten Mal gegenüberstehen.

Zu seinem Erstaunen nehmen die neuen Angestellten als Bezahlung lieber Geld auf die Hand als Anteile an der Zukunft. Denen fehlt es vollkommen an Phantasie. Sie haben keine Ahnung, in welche Richtung die Menschheit unterwegs ist. Er will sie überreden, aber alle bleiben lieber bei barer Münze, bei dem, was sie kennen.

Eins macht der Geschäftsführer Neelay bald klar: Er kann nicht einfach so tun, als sei er eine Firma. Er muss schon wirklich eine gründen. Sempervirens wird zur juristischen Person. Nachts liegt Neelay im Bett und malt sich aus, wie die Firma wächst und gedeiht. Ein ganz neuer Industriezweig – die Blüten, die er treibt, können unermesslich sein. Er braucht nur ein paar Treffer; jeder Verkaufserfolg wird den vorherigen bekräftigen. Dann wird er die Welt verändern, so wie es ihm fremde Geschöpfe, Außerirdische, im Blitz eines Augenblicks im Terrariumsdschungel des Innenhofs von Stanford offenbart haben.

Tagsüber und wenn er nicht gerade lernt, wie man eine Firma führt, schreibt Neelay weiter seine Programme. Das Verfahren fasziniert ihn nach wie vor. Eine Variable deklarieren. Den Durchführungsmodus festlegen. Ausgeklügelte Routinen nacheinander abrufen, damit sie ihre Arbeit tun, im Kontext größerer, komplexerer, leistungsfähigerer Strukturen, wie Organellen, die eine Zelle aufbauen. Und aus einfachen Anweisungen entsteht eine Instanz mit autonomem Verhalten. Aus Worten werden Taten: Das ist die Zukunft des Planeten. Wenn er dasitzt und seine Programme schreibt, ist er immer noch der siebenjährige Junge, und die Welt der unbegrenzten Möglichkeiten kommt eben in den Armen seines Vaters die Treppe herauf.

Das erste Spiel verkauft sich noch gut, da bringt Sempervirens schon den Nachfolger auf den Markt. Die *New Sylvan Prophecies* können mit unglaublicher Detailtreue in verblüffenden 256 Farben aufwarten. Inzwischen gibt es eine richtige Hülle, von einem Grafiker gestaltet, aber in dem Spiel selbst geht es immer noch um Entdeckungen und Handel, wie beim vorherigen, nur in einer üppigeren hochauflösenden Galaxie. Die User stören sich nicht daran, dass es nur aufgehübscht ist. Sie bekommen einfach nie genug. Sie sind begeistert von der offenen Struktur dieser Welt. Im Grunde gibt es keine Strategie, mit der man das Spiel gewinnen kann. Genau wie im Geschäftsleben kommt es nur darauf an, so lange am Ball zu bleiben wie möglich.

Die *New Sylvan Prophecies* erobern die Spitze der Charts, noch bevor die Vorgängerversion aus den Top Ten verschwunden ist. Spieler posten in Onlineforen, wo sie sich über die bizarren Geschöpfe austauschen, die sie auf entlegenen Planeten finden, seltsame, unvorhersehbare Mischwesen aus Tier, Pflanze und Mineral. Viele finden es interessanter, die Fauna und Flora des Spiels auszureizen, als nach dem Schatz zu suchen, der im Herzen der Galaxie verborgen liegt.

Zusammen bringen die beiden Spiele mehr Geld ein als viele Hollywoodfilme, und das bei weitaus geringeren Produktionskosten. Sämtlichen Gewinn steckt Neelay in die dritte Version, die noch ambitionierter ist als die beiden vorherigen zusammen. Als nach neun Monaten The *Sylvan Revelations*, Die Offenbarungen des Waldes, erscheinen, verlangt er unerhörte fünfzig Dollar dafür. Aber immer mehr Leuten scheint das ein geringer Preis für eine lebensverändernde Erfahrung, die sich zwei Jahre zuvor noch niemand überhaupt hätte vorstellen können.

Ein großes Unternehmen namens Digit-Arts will ihm Namen und Rechte abkaufen. In vielerlei Hinsicht ist es ein verlockendes Angebot. Profis würden Verkauf und Vertrieb aller zukünftigen Produkte übernehmen, und Sempervirens könnte sich ganz auf die Entwicklung konzentrieren. Neelay will keine Firma leiten; er will Welten erschaffen. Das Angebot von Digit-Arts würde sicherstellen, dass er seine Freiheit behält und immer das neueste Rollstuhlmodell fährt.

Neelay stimmt unter Vorbehalt zu, aber in der Nacht darauf kann er nicht schlafen. Er liegt in seinem verstellbaren Bett mit der von seiner Mutter handgenähten Quilt-Einfassung mit Taschen, in denen er alles Mögliche verstauen kann, über sich die schaumstoffummantelte stählerne Haltestange. Gegen Mitternacht beginnen seine Beine zu zucken, fast als könnten sie wieder gehen. Er muss aufstehen. Das wäre einfacher, wenn Gena, die Pflegerin, da wäre, aber die kommt erst in Stunden. Mit einem Knopfdruck bringt er das Kopfende des Bettes ganz in aufrechte Position. Er schlingt den rechten Arm um den vertikalen Seitenpfosten und stößt sich ab, um mit der Linken die Haltestange zu packen. Muskelschwund hat seine Unterarme verkümmern lassen, so dass sie aussehen wie zwei Stücken Treibholz. Die Ellenbogen sind zu geschwollenen Knoten verdickt. Er braucht seine gesamte Kraft, um sich auf die Bettkante zu setzen. Die Schultern beben, aber er schafft es über den Punkt hinaus, an dem er jedes Mal zurück ins Bett zu kippen droht. Er schaukelt ein paarmal, um den Oberleib so weit nach vorn zu bringen, dass er mit beiden Händen nach hinten greifen und sich abstützen kann. Den ersten Schritt hat er geschafft. Den ersten von ungefähr zweiundfünfzig, je nachdem, wie man zählt.

Seine Jogginghose hängt auf Kniehöhe, zum Hochziehen bereit; er lässt sie immer dort, wenn der Katheter drin ist. Er beugt sich vor, so weit es geht, bis der Oberkörper fast auf den Beinen liegt, damit das Gewicht von Kopf und Schultern lang genug an einer Stelle bleibt und er die Hände neben dem Hintern aufstützen kann. Die rechte Hand greift unter den linken Oberschenkel. Da ist auch nicht mehr viel dran – genau genommen gar nichts –, aber die Beine sind immerhin noch so schwer, dass sie ein Gegengewicht bilden und seinen verschrumpelten Torso aufrecht halten.

Er greift nach der Hose und lässt sich wieder auf den linken Ellbogen zurückfallen. Das betätigt die schlaffe Zugbrücke des Beins. Der Hintern hebt sich so weit, dass er den Hosenboden darüberwursteln kann. Immer noch ein weiter Weg zum Erfolg. Das Bein kippt nach unten, er fällt wieder zurück auf die kantigen Schulterblätter und liegt von neuem auf dem Rücken. Mit dem Steigbügel, der an der Querstange baumelt, zieht er sich nochmals hoch und wiederholt die ganze Prozedur mit der rechten Seite, bis der Taillenbund der Hose an Ort und Stelle ist. Die Hosenbeine auf beiden Seiten glattzuziehen kostet Zeit, aber Zeit ist, mitten in der Nacht, reichlich vorhanden. Dann ein weiterer Griff zur Haltestange; wieder stabilisiert, streckt er sich nach einem der vielen Haken, an denen über dem Bett sämtliche Ausrüstungsgegenstände hängen, packt den U-förmigen Hebegurt und breitet ihn, Stückchen für winziges Stückchen, auf dem Bett um das aufrechte Stämmchen seines Oberkörpers aus. Auch unter jedes Bein wird ein Gurt geschoben und in der Mitte nach oben geführt.

Wieder fährt die Hand nach oben; diesmal packt er das Ende der Winde und zieht sie an ihrer horizontalen Befestigungsschiene zu sich herüber, bis sie genau über ihm ist. Die vier Schlaufen des Hebegurts werden an der Winde eingehakt, zwei auf jeder Seite. Dann klemmt er sich die Fernbedienung in den Mund und beißt, während er die Gurte mit der Hand fixiert, so lange auf den Einschaltknopf, bis die Winde ihn hochgehoben hat. Er hakt die Fernbedienung am Hebegurt ein und löst den Urinbeutel des Katheters vom Bettgestell. Während er den Schlauch mit den Zähnen festhält, um beide Hände frei zu haben, befestigt er den Beutel an der Tragevorrichtung, in der er jetzt steckt. Dann drückt er erneut auf den Schalter der Winde und hebt ab.

Jedes Mal wenn er seitwärts durch die Luft schwebt, vom Bett zu seinem wartenden Stuhl, gibt es diesen einen Moment, in dem die ganze prekäre Unternehmung auf der Kippe steht. Er hat schon öfter Fehler gemacht und ist hart gelandet, hat sich an Metallstreben gestoßen oder unter Schmerzen in einer Urinpfütze gelegen. Aber heute geht alles gut. Der Sitz des Rollstuhls muss justiert werden, die Räder neu ausgerichtet, aber die Landung klappt. Jetzt im Stuhl, wiederholt er die Prozedur in umgekehrter Richtung, nimmt die Winde ab, hängt den Beutel auf und befreit sich, Houdini-gleich, von dem Gurt unter sich, ohne dass er sich noch einmal anheben muss. Den Kittel überzuziehen ist nicht weiter schwer. Die Schuhe, auch wenn sie zum Reinschlüpfen und groß wie die eines Clowns sind, sind schon problematischer. Aber jetzt ist er wieder beweglich, flitzt dank Joystick und Gas- und Bremshebel durch die Wohnung, so mühelos, wie er Loopings im Flugsimulator dreht. Für die ganze Tortur hat er nur knapp über dreißig Minuten gebraucht.

Noch einmal zehn und er ist draußen bei seinem Van, wartet, bis die Hydraulik den Lift auf den Boden setzt. Er fährt auf die quadratische Metallplattform und lässt sich anheben. Durch die offene Luke gelangt er in den von Ausstattung befreiten Innenraum. Der Lift fährt wieder in seine Ausgangsposition, die Schiebetür schließt sich, und er fixiert seinen Rollstuhl vor einer Konsole, an der Gas und Bremse als Hebel auf Hüfthöhe liegen, so dass selbst verkümmerte Arme sie noch bedienen können.

Ein paar Dutzend weitere Befehle in diesem Algorithmus der Freiheit, und er parkt den Wagen, fährt heraus und rollt dann in den Innenhof von Stanford. Er macht eine 360-Grad-Drehung, sieht sich um, ist wieder umgeben von Lebensformen aus einer anderen Welt, genau wie vor sechs Jahren. All die Geschöpfe aus einer fremden Galaxie, unendlich weit entfernt: Taschentuchbaum, Jacaranda, Rauhschopf, Kampferbaum, Flammenbaum, Kaiserbaum, Kurrajong, Rote Maulbeere. Er weiß noch, wie sie zu ihm geflüstert haben, über ein Spiel, dessen Erschaffung sein Schicksal werden sollte – ein Spiel für unendlich viele Menschen auf der ganzen Welt, eins, das den Spieler mitten in einen lebenden, atmenden Dschungel versetzt, erfüllt von Möglichkeiten, die sich die Phantasie nie hat träumen lassen.

Diesmal bleiben die Bäume stumm, haben ihm nichts zu sagen. Er trommelt mit den Fingern auf seine verschrumpelten Beine, wartet, horcht, länger, als er gebraucht hat, um diesen Ort zu erreichen. Keiner da. Der Mond ist ein strahlendes Telefon, auf dem jeder auf Erden ihn anrufen könnte, einfach nur, indem er zum Himmel blickte und sähe, was er sieht. Er will, dass diese Baummenagerie ihm ein Zeichen gibt. Die Außerirdischen winken mit ihrem bizarren Geäst. Das Gewimmel, mit dem sie alle gemeinsam den Himmel abtasten, spannt seine Nerven zum Äußersten. Erinnerung steigt in ihm auf wie der Saft in einer Pflanze. Und jetzt kommt es ihm vor, als ob die im Wind gestikulierenden Äste nach draußen zeigen, ihn aus dem Innenhof schicken, Richtung Escondido, die Panama Street hinunter, an Roble vorbei ...

Er macht sich auf den Weg in die Richtung, die die Bäume ihm weisen. Im Süden ragen die runden Kuppen der Santa Cruz Mountains über die Campusdächer. Und da kommt ihm eine Erinnerung: ein Tag, sein halbes Leben her, noch länger, an dem er mit seinem Vater dort oben auf einem Waldweg gewandert ist; am Ende kamen sie an einen prächtigen, unglaublich großen Redwood, einen einzelnen Methusalem, der irgendwie von den Holzfällern verschont geblieben war. Jetzt begreift er: Dieser Mammutbaum muss der gewesen sein, nach dem er seine Firma benannt hat. Und ohne auch nur eine Sekunde zu zögern, weiß er: Diesen Baum muss er um Rat fragen.

Die Serpentinen der Sand Hill Road sind schon bei Tage ein Graus; im Dunkeln sind sie tödlich. Er steuert den Wagen wie eine der Flugkapseln, die man auf Level 29 der *Sylvan Prophecies* bauen kann. Die Straße ist zu dieser Zeit menschenleer, keiner sieht den abgemagerten Ent mit den nutzlosen Beinen, der einen umgebauten Kombi mit gespenstisch knochigen Fingern steuert. Oben auf dem Bergkamm nimmt er den Skyline Boulevard nach rechts – eine Straße, die ihren Namen der Seilbahn verdankt, über die die Stämme dieser kahlgeschlagenen Hügel zu Tal geschafft wurden, um daraus San Francisco zu bauen. So weit erinnert er sich noch. Wenn Erinnerungen die Pfade des Gehirns prägen, dann muss dieser Weg noch dort gespeichert sein. Er muss nur warten, bis die Geschöpfe der Wildnis aus der Deckung kommen.

Er fährt durch einen Tunnel aus jungem Holz, binnen der letzten hundert Jahre so weit nachgewachsen, dass er ihn in der Schwärze der Nacht für echten Wald halten könnte. Ein Parkplatz zur Rechten kommt ihm bekannt genug vor, dass er anhält. Im Handschuhfach hat er eine Taschenlampe. Er lässt sich mit dem Wagenlift auf den weichen Waldboden hinab, unschlüssig, wie er den Stuhl, selbst einen geländegängigen mit dicken Reifen, über den Pfad vor sich bewegen soll. Aber genau das verlangt dieses Abenteuerspiel von ihm.

Die ersten hundert Meter läuft es gut. Doch dann gerät er mit dem linken Rad auf eine nasse Böschung und rutscht ab. Er drückt den Joystick durch, will sich mit Tempo abfangen. Dann rückwärts, eine halbe Drehung, um seitlich herauszukommen. Schlamm spritzt auf, und er sitzt fest. Er sucht mit der Lampe den Bereich vor sich ab. Schatten, als griffen Gespenster nach ihm. Jeder Ast, der knackt, klingt nach einem Raubtier aus grauer Vorzeit. Plötzlich röhrt der Motor eines Autos auf, noch weit weg auf der Skyline. Neelay schreit, was die schwachen Lungen hergeben, schwenkt die Taschenlampe wie ein Irrsinniger. Aber der Wagen schießt vorbei.

Er sitzt da, in völliger Dunkelheit, fragt sich, wie die Menschheit je einen solchen Ort überlebt hat. Ein Wanderer wird ihn finden, wenn es hell wird. Wenn nicht heute, dann morgen. Wie viele Leute wohl diesen Weg entlangkommen? Ein Krächzen irgendwo hinter ihm. Er fuchtelt mit der Taschenlampe, kann sich aber nicht weit genug umdrehen. Es dauert eine ganze Weile, bis sein Pulsschlag wieder normal ist. Als er sich beruhigt hat, merkt er, dass der Katheterbeutel geleert werden muss; er muss das Zeug so weit ab von den Rädern ausgießen, wie er nur kann.

Dann entdeckt er ihn, verwoben mit den anderen Schatten, keine zehn Meter vor sich. Er weiß, warum er ihn vorher nicht gesehen hat: Er ist zu groß. Zu groß, um ihn zu begreifen. Zu groß, um das Lebewesen darin zu erkennen. Es ist eine Tür, ein dreiflügeliges Portal aus Dunkelheit, und das führt auf die andere Seite der Nacht. Der Lichtstrahl reicht nur ein winziges Stück den unendlichen Stamm hinauf. Und immer weiter ragt der Baum in den Himmel, vollkommen gerade, unbegreiflich, ein immerwährendes kollektives Ökosystem – sempervirens.

Ganz unten am Fuß dieses unfassbaren Lebens stehen ein winziger Mann und sein noch winzigerer Sohn und schauen nach oben, selbst aufeinandergestellt nicht so hoch wie die Brettwurzeln dieses Giganten. Neelay wartet; er weiß, was jetzt kommt. Die Erinnerung ist so deutlich, als wären die Daten eben erst frisch abgespeichert. Der Vater lehnt sich zurück und breitet die Arme zum Himmel. *Wischnus Feigenbaum, Neelay-ji. Zurückgekehrt, um uns zu verschlingen!*

Der Junge, der dort stand, muss bei diesen Worten gelacht haben, so wie der, der jetzt dort sitzt, gern lachen würde.

Pita, erzähl keinen Unsinn. Das ist ein Mammutbaum. Ein Redwood!

Der Vater erklärt es ihm: Sämtliche Bäume dieser Welt wachsen aus derselben Wurzel, breiten sich aus in alle Richtungen; immer weiter recken sich die Äste des Baums und tasten nach etwas, das sie dort draußen suchen.

Stell dir vor, was das für ein Programm sein muss, dass es etwas so Großes hervorbringt, kleiner Neelay. Wie viele Zellen darin? Wie viele Anwendungen laufen? Was tun die alle? Wo wollen sie hin?

Überall an der Kuppel von Neelays Hirnschale gehen die Lichter an. Und dort im finsteren Wald, wo er mit seinem winzigen Lichtlein winkt und dem Summen der turmhohen schwarzen Säule lauscht, kommt die Antwort. Ein Zweig will nichts anderes als sich weiter verzweigen. Beim Spiel geht es nur um das Weiterspielen. Er kann seine Firma unmöglich verkaufen. Es gibt ein Urprogramm, das schon in den allerersten Programmzeilen, die er und sein Vater geschrieben haben, steckte und das ihm erst noch zeigen muss, was es von ihm will. Er sieht das nächste Projekt vor sich, und es könnte einfacher nicht sein. Wie die Evolution macht es Gebrauch von allem, was sich bisher bewährt hat. Das Wort selbst bedeutet ja nichts anderes als Sich-Entfalten.

Jetzt kann er es sich nicht mehr leisten zu warten, bis er morgen gefunden wird. Ein zweiter Geistesblitz, weit weniger hell als der vorige, dafür aber von sofortigem Nutzen. Er zieht seinen Kittel aus und wirft ihn auf den Boden vor dem festgefahrenen Reifen. Einmal den Joystick antippen, und er ist wieder frei, auf dem Pfad, und wieder bei seinem Van, fährt mit blankem Oberkörper, über tausend Programmroutinen und Subroutinen, zurück nach Redwood City und zu seinem Computer.

Am nächsten Tag ruft er bei Digit-Arts an und sagt ab. Die Copyright-Anwälte toben. Aber das Einzige, was sie an dem Geschäft interessiert hat, war ja er selbst. Er ist das einzige Kapital von Sempervirens. Ohne seine Mitwirkung ist der Deal nichts mehr wert.

Als die Übernahme vom Tisch ist, ruft er seine Mitarbeiter zusammen und erläutert ihnen das nächste Projekt. Der Spieler startet in einer unbewohnten Ecke einer eben erst entstandenen neuen Erde. Er kann nach Erz graben, Bäume fällen, das Land umpflügen, er kann Häuser bauen, Kirchen und Märkte und Schulen – alles, was das Herz begehrt und wohin seine Beine ihn tragen. Er kann all die sich verzweigenden Äste eines gewaltigen Baums des technischen Fortschritts erklettern, alles erforschen, von der Steinzeit bis zum Weltraumflug, kann frei entscheiden, welches Ethos er auf seine Fahne schreiben will, genau den kulturellen Ozean schaffen, der seine hochmodernen Boote schwimmen lässt.

Aber es gibt einen Haken: Andere Menschen, echte Menschen auf der anderen Seite eines anderen Modems, bauen in ihren Teilen dieser jungfräulichen Welt ihre eigenen Zivilisationen auf. Und jeder dieser anderen, echten Menschen wird schließlich das Imperium jedes anderen Spielers erobern wollen.

Neun Monate später haben sie eine Alphaversion fertig, sie kursiert im Büro und legt den gesamten Betrieb von Sempervirens lahm. Wenn die Mitarbeiter einmal zu spielen anfangen, wollen sie nichts anderes mehr. Sie schlafen nicht. Sie vergessen das Essen. Beziehungen zu anderen sind nichts als ein lästiger Nebenschauplatz. *Eine Runde noch. Nur noch eine Runde.*

Das Spiel heißt *Mastery* – Kontrolle, Dominanz, Unterwerfung.

Sie verbringen zwei Wochen mit dem Auflösen des Hoel'schen Haushalts, Nick und seine Drive-in-Bekanntschaft. Die Hoels aus Des Moines kaufen Nicks Wagen und nehmen die Familienerbstücke in Besitz. Auf ihren Besuch folgt das Auktionshaus, dessen Leute grüne Etiketten an alle Möbelstücke und Geräte kleben, die sich zu Geld machen lassen. Bullige Männer mit kräftigen Armmuskeln laden die bewegliche Habe und verrostetes landwirtschaftliches Gerät in einen riesigen Sattelschlepper und fahren alles an einen Ort zwei Landkreise weiter, wo es als Kommissionsware verkauft wird. Nick setzt kein Minimalgebot fest. Der Besitz, der sich über Generationen angesammelt hat, wird in alle Winde zerstreut. Und dann ist das Hoel-Haus nicht mehr das Haus der Hoels.

»Meine Vorfahren sind mit leeren Händen hierhergekommen. Genau so sollte ich fortgehen, findest du nicht auch?«

Olivia berührt ihn an der Schulter. Vierzehn Tage, dreizehn Nächte haben sie gemeinsam mit der Auflösung dieses Haushalts verbracht, als zögen sie sich, nachdem sie ein halbes Jahrhundert lang ihre Saat gesät und den Launen des Wetters getrotzt haben, nun nach Scottsdale zurück, um dort, Stirn an Stirn übers Schachbrett gebeugt, zu sterben. Die ganze Angelegenheit ist so unglaublich irrsinnig, dass Nick nachts deswegen nicht schlafen kann. Er geht nach Kalifornien, mit einer Frau, die aus einer Laune heraus von der Interstate abgefahren ist, gelockt von seinem absurden Schild. Einer Frau, die Stimmen hört. *Das*, denkt Nicholas Hoel, *ist doch endlich mal eine Performance, die was hermacht.*

Leute haben Sex mit Fremden. Leute heiraten Fremde. Leute gehen ein halbes Jahrhundert lang miteinander ins Bett, und am Ende stellen sie fest, dass sie Fremde sind. Nicholas weiß all das; er hat den Haushalt von Eltern und Großeltern aufgelöst, hat all die schrecklichen Entdeckungen gemacht, die nur der Tod offenbart. Wie lange braucht man, um einen anderen zu kennen? Fünf Minuten, und fertig. Von einem ersten Eindruck kommt man nie wieder los. Die Person da auf dem Beifahrersitz unseres Lebens? Immer ein Anhalter, eine Anhalterin, die wir am Ende der Straße wieder absetzen.

Tatsache ist: Ihre Verrücktheiten passen zusammen. Jeder hat eine Hälfte einer Geheimbotschaft. Was bleibt ihm denn anderes als der Versuch, die beiden Hälften zusammenzufügen? Und wenn nichts daraus wird, wenn sie aus dem Traum aufwachen und nichts da ist, was hat er dann geopfert außer Zeit, die er sonst mit einsamem Warten verbracht hätte?

Nick sitzt im leeren Schlafzimmer seiner Vorfahren, nach Mitternacht, liest im schummrigen Licht einer Laterne. Zehn Jahre hat er hier gehaust, und er kommt sich vor wie ein Siedler in seiner Blockhütte. Er liest immer wieder den Artikel über die Redwoods, in der Enzyklopädie, auf der schon das Preisschild des Auktionators klebt. Er liest von Bäumen, so groß, wie ein Fußballfeld lang ist. Einem, dessen Stumpf allein das Holz für einen Tanzboden lieferte, auf dem zwölf Paare Platz fanden.

Er liest den Lexikonartikel über psychische Krankheiten. Im Abschnitt über die Diagnose der Schizophrenie findet er den Satz: *Weltanschauungen sollten nicht als Wahnvorstellungen angesehen werden, solange sie den gesellschaftlichen Normen entsprechen.*

Seine Hausgenossin summt bei den Reisevorbereitungen vor sich hin. Sie macht ein dermaßen ernstes Gesicht, dass er unwillkürlich den Atem anhält. Sie ist jung und unschuldig, bar jeder Furcht, beseelt von einer Berufung stärker als die jeder mittelalterlichen Nonne. Eine Autofahrt mit ihr könnte er ebenso wenig ausschlagen, wie er sich daran hindern kann, seine Träume zu zeichnen. Er war ja sowieso im Begriff, sein Lager hier abzubrechen. Jetzt kann er es in einem Luxus tun, der für ihn völlig neu ist: Er hat ein Ziel, und er hat jemanden, der mit ihm dorthin will.

Zwei Wochen zusammen in einem Haus mitten im Winter im Mittelwesten, und er versucht nicht einmal, sie anzurühren. Das ist das Einzige, was ihm irreal vorkommt. Und sie weiß, dass er ihr nichts tut. Ihr Leib ist in seiner Nähe von nichts so Grobem wie Anspannung befleckt. Sie ist ihm gegenüber so wenig misstrauisch wie der Spiegel eines Sees gegenüber dem Wind.

Am Morgen, nachdem das Auktionshaus die letzten Besitztümer der Hoels verladen hat, gibt es ein kaltes Frühstück. Die Nacht haben sie in ihren Schlafsäcken verbracht. Jetzt sitzt sie auf dem Boden, auf Dielen aus Weymouthkiefer, da, wo der Eichenholztisch, den Nicks Urururgroßvater gebaut hat, über ein Jahrhundert lang seinen Platz hatte. Die Dellen in den Dielen werden ihn nie vergessen. Sie trägt ein Männerhemd, zum Glück mit langen Schößen, und ein Höschen mit Streifen wie auf einer Zuckerstange.

»Frierst du denn nicht?«

»Anscheinend ist mir neuerdings immer warm. Seit ich gestorben bin.«

Er blickt weg, macht eine Handbewegung in Richtung ihrer nackten Beine. »Könntest du – da was drüberziehen? Nicht gut für einen Mann.«

»Also bitte. Das ist doch nichts, was du noch nie gesehen hast.«

»Nicht bei *dir*.«

»Im Grunde sind die alle gleich.«

»Könnte ich nicht beurteilen.«

»Ha. Von wegen. Noch vor kurzem gab es hier eine Frau.«

»Das stimmt nicht. Ich bin Künstler. Ich lebe wie ein Mönch. Nur für meine Begabung.«

»Antifaltencreme im Medizinschränkchen. Nagellack.« Sie stutzt, wird rot. »Es sei denn, du …«

»Nein. So kreativ bin ich nicht. Ja, es gab jemanden.«

»Geschichte?«

»Hat sich's anders überlegt, nicht lange nachdem ich entdeckt hatte, dass der Kastanienbaum stirbt. Sie fand, man soll auch mal was anderes als Äste malen.«

»Das erinnert mich: Wir müssen deine Galerie unterbringen.«

»Unterbringen?« Beim Lächeln verzieht er den Mund, als lutsche er an einem Stück Zitrone – Erinnerungen an das Mietlager in Chicago, in dem er mit Mitte zwanzig seine großartigen Werke untergestellt hatte, bevor er sie als riesiges Konzeptkunstwerk in Flammen aufgehen ließ. Sie bekommt wieder ihren geistesabwesenden Ausdruck, als lausche sie den Einflüsterungen fremder Wesen. »Wie wär's, wenn wir sie hinter dem Haus vergraben?«

Uralte Techniken fallen ihm ein, Keramik, bei der Patina und Craquelé-Effekte entstehen, wenn man sie in die Erde legt, alles Dinge, die er seinerzeit auf der Kunsthochschule gelernt hat. Die Idee ist auf keinen Fall schlechter als sein Versuch, die Sachen an zufällig vorbeikommende Reisende zu verschenken. »Warum nicht? Sollen sie da unten verrotten.«

»Ich dachte an Luftpolsterfolie.«

»Hör mal, es ist Januar. Auch wenn es noch so mild war, müssten wir einen Bagger mieten, um da ein Loch zu graben.« Doch dann fällt ihm etwas ein. Der Gedanke bringt ihn zum Lachen. »Zieh dir was an. Deinen Mantel. Komm mit.«

Sie stehen nebeneinander auf der Anhöhe hinter dem Geräteschuppen, an einer Stelle, die man vom Haus aus nicht sieht, und betrachten einen hüfthohen Schuthaufen und die ansehnliche Grube direkt daneben.

»Hier haben meine Cousins und ich als Kinder immer gebuddelt. Wir wollten zum flüssigen Erdkern vorstoßen. Keiner hat sich je die Mühe gemacht, das Loch wieder zuzuschütten.«

Sie mustert die Stelle. »Hm. Das ist doch was. Vorausschauend.«

Sie begraben die Kunstwerke. Auch der Stoß Fotografien – das Daumenkino, das hundert Jahre Wachstum eines Kastanienbaums dokumentiert – kommt in das Loch. In der Erde ist er sicherer als an jedem Ort draußen.

Am Abend sind sie wieder in der Küche, treffen Vorbereitungen für den Aufbruch am nächsten Morgen. Sie nun züchtiger bekleidet mit Sweatshirt und Leggings. Er unruhig auf- und abgehend, angetrieben von dem Gefühl in der Magengrube, das sich vor einem Sprung ins Ungewisse einstellt. Halb blankes Entsetzen, halb angenehmes Kribbeln: Alles zerplatzt wie eine Seifenblase. Wir leben, wir kommen ein bisschen herum, und dann das Aus, für immer. Und wir *wissen*, was kommt – durch die Frucht von dem verbotenen Baum, die zu essen uns bestimmt war. Warum erst hinhängen und dann verbieten? Nur um sicherzustellen, dass sie auch wirklich gepflückt wird.

»Was sagen sie jetzt? Deine Ratgeber?«

»So funktioniert das nicht, Nicholas.«

Er verschränkt die Hände unter dem Kinn. »Und wie funktioniert es dann?«

»Sie sagen: *Prüfe den Ölstand.* Okay?«

»Wie werden wir sie finden?«

»Meine Ratgeber?«

»Nein. Die Aktivisten. Die Baumleute.«

Sie lacht und berührt ihn an der Schulter. Neuerdings macht sie das immer wieder, und er wünscht sich, sie würde es nicht tun.

»Die *wollen* in die Schlagzeilen. Sollte also kein Problem sein. Wenn wir erst mal da sind und sie trotzdem nicht finden, gründen wir einfach eine eigene Bewegung.«

Als Antwort möchte er lachen, aber dazu blickt sie zu ernst.

Am Morgen brechen sie auf. Olivias Auto ist bis zur Oberkante bepackt. Nach fünf Stunden Fahrt in Richtung Westen kennen sie einander so gut, wie sich zwei Menschen überhaupt kennen können, es sei denn, sie stehen zusammen eine Katastrophe durch. Beim Fahren erzählt er ihr etwas, das er noch nie jemandem erzählt hat. Von der unfreiwilligen Übernachtung in Omaha und wie er bei seiner Rückkehr Eltern und Großmutter tot vorfand, alle erstickt.

Sie berührt ihn am Oberarm. »Ich wusste, dass es so was war. Wusste es fast genau.«

Nach zehn Stunden sagt sie: »Wie leicht dir das Schweigen fällt.«

»Ich habe ziemlich viel Übung.«

»Es ist schön so. Ich muss noch viel nachholen.«

»Was ich dich fragen wollte ... Ich weiß nicht, wie ich das sagen soll. Deine Haltung. Deine ... Aura. Als ob du etwas gutmachen willst.«

Sie lacht wie eine Zehnjährige. »Vielleicht will ich das ja.«

»Und was?«

Olivia findet die Antwort am westlichen Horizont; hinter fernen Bergketten steigt sie auf. »Dass ich so ein Miststück war. So gedankenlos.«

»Schweigen ist ein großer Trost.«

Sie lässt den Satz auf sich wirken; dann stimmt sie wohl zu. Er denkt: *Wenn ich je mit einem anderen Menschen eingesperrt sein müsste, in einem Atombunker oder so etwas, dann wünschte ich mir, dass der andere dieses Mädchen hier wäre.*

In dem Motel gleich hinter Salt Lake City fragt der Mann an der Rezeption: »Doppelbett oder zwei Einzel?«

»Zwei Einzel«, sagt Nick, hört wieder das Mädchenlachen an seiner Seite. Verlegen gehen sie nacheinander ins Bad. Dann liegen sie noch eine ganze Stunde lang wach und unterhalten sich über die schmale Kluft zwischen den Betten hinweg. Geradezu redselig im Vergleich zu den tausend Meilen, die sie hinter sich haben.

»Ich war noch nie auf einer Demo.«

Er überlegt. Da muss es doch irgendwann was gegeben haben, etwas Politisches damals auf dem College. Zu seiner Überraschung muss er gestehen: »Ich auch nicht.«

»Ich kann mir überhaupt nicht vorstellen, wer bei dieser Sache *nicht* mitmachen würde.«

»Waldarbeiter. Wirtschaftsliberale. Leute, die an ein vorbestimmtes Schicksal glauben. Leute, die Bretter und Schindeln brauchen.« Bald fallen ihm die Augen zu, und er versinkt in Schlaf, jenen allnächtlichen Ort der vegetativen Erlösung.

Nevada ist so endlos, so öde, dass es jeder menschlichen Politik spottet. Die Wüste im Winter. Sie fährt, er blickt verstohlen hinüber. Sie ist seekrank vor Staunen. Dann geht es hinauf in die Sierras, wo sie in einen Schneesturm geraten. Nick muss bei einem Wucherer Schneeketten kaufen. Am Donnerpass hängt er hinter einem Sattelschlepper, einem Metallungetüm, das beide Fahrbahnen einnimmt und mit sechzig Meilen pro Stunde auf der festgefahrenen Schneedecke dahinpoltert. Er lenkt das Auto telepathisch, sieht eine kleine Lücke auf der linken Spur und setzt zum Überholen an. Dann ist alles nur noch weiß. Mullbinden über die ganze Windschutzscheibe.

»Livia! Scheiße. Ich kann nichts sehen.«

Das Auto schlingert auf den Seitenstreifen und schert hinten aus. Irgendwie schafft er es zurück auf die Fahrbahn, tritt aufs Gas und zieht um Haaresbreite am eisigen Tod vorbei.

Meilen später zittert er immer noch. »Meine Güte, ich hätte dich fast umgebracht.«

»Nein«, antwortet sie, als habe sie längst erfahren, wie alles ausgeht. »Steht nicht auf dem Programm.«

Am Westhang der Berge öffnet sich unter ihnen Shangri-La. Binnen einer knappen Stunde verwandelt sich die Welt außerhalb ihrer Raumkapsel von tiefverschneiten Nadelwäldern in das weite grüne Central Valley mit blühenden Stauden an den Straßenböschungen.

»Kalifornien«, sagt sie.

Er versucht nicht einmal, ein Lächeln zu unterdrücken. »Ich glaube, da hast du recht.«

Douglas wird dem Richter vorgeführt.

»Die Anklage lautet auf Störung einer Amtshandlung«, sagt der Richter. »Bekennen Sie sich schuldig?«

»Euer Ehren. Diese Amtshandlung, das war genau das, was ein Hund auf dem Bürgersteig hinterlässt. Sie stank zum Himmel.«

Der Richter nimmt die Brille ab und reibt sich die Nase. Versenkt sich in die Tiefen seiner juristischen Weisheit. »Bedauerlicherweise tut das in Ihrem Fall nichts zur Sache.«

»Wieso nicht, Euer Ehren? Wenn ich mir die Frage gestatten darf.«

In zwei Minuten erklärt ihm der Richter, wie das Gesetz funktioniert. Eigentum. Amtsbefugnisse. Erledigt.

»Aber die Behörden haben versucht, die Demokratie auszuhebeln.«

»Für solche Fälle gibt es Gerichte; jede Gruppe von Bürgern kann sie anrufen und gegen das Vorgehen der städtischen Behörden klagen.«

»Euer Ehren. Ich bin dekorierter Kriegsveteran. Träger des Purple Heart und des Air Force Cross. Im Laufe der letzten vier Jahre habe ich fünfzigtausend Bäume gepflanzt.«

Jetzt spitzt das Gericht die Ohren.

»Ich habe Tausende von Meilen zu Fuß zurückgelegt und Setzlinge gepflanzt, um das Rad des Fortschritts ein klein wenig zurückzudrehen. Und dann erfahre ich, dass ich den Mistkerlen damit nur einen Freibrief verschafft habe, noch mehr und noch ältere Bäume zu fällen. Sie müssen entschuldigen, aber als in diesem Park der ganze Irrsinn direkt vor meiner Nase passierte, ist es mit mir durchgegangen. So einfach ist das.«

»Waren Sie schon einmal im Gefängnis?«

»Schwierige Frage. Ja und nein.«

Das Gericht überlegt. Der Angeklagte hat Arbeiten behindert, die von einem privaten Baumfällbetrieb im Auftrag der Stadt zu nächtlicher Stunde ausgeführt wurden. Er hat die Arbeiter nicht körperlich angegriffen. Kein fremdes Eigentum beschädigt. Der Richter verurteilt Douglas zu sieben Tagen Haft auf Bewährung und einer Geldstrafe von zweihundert Dollar oder drei Tagen gemeinnütziger Arbeit. Er soll für das städtische Grünflächenamt Oregon-Eschen pflanzen. Douglas entscheidet sich für das Pflanzen. Als er nach der Gerichtsverhandlung wieder zum Motel zurückkommt, ist sein Truck schon abgeschleppt. Die Gauner verlangen dreihundert Dollar für die Herausgabe. Er sagt ihnen, sie sollen das Auto dabehalten, bis er das Geld aufgetrieben hat. Er hat hie und da noch ein paar Silberdollars vergraben.

Er schuftet für die Stadt, pflanzt eine Woche lang Bäume – deutlich länger, als er eigentlich müsste. »Wieso?«, fragt der städtische Baumpfleger. »Wo Sie es doch gar nicht müssen?«

»Die Esche ist ein edler Baum.« Praktisch unverwüstlich. Der Stoff, aus dem man Werkzeuggriffe und Baseballschläger macht. Douglas liebt die vielgliedrigen, gefiederten Blätter, die Art, wie sie das Licht filtern und das Leben sanfter wirken lassen, als es in Wirklichkeit ist. Er liebt die schmalen geflügelten Früchte, die wie Boote im Wind segeln. Er liebt den Gedanken, ein paar Eschen zu pflanzen, bevor er das Einzige tut, was jeder Mensch am Ende tun *muss*.

Je härter der Mann arbeitet, desto schlechter das Gewissen des Baumpflegers. »Wahrhaftig kein Ruhmesblatt, was sich die Stadt da im Park geleistet hat.« Es ist nur ein kleines Zugeständnis, aber für einen Mann, der bei der Stadt angestellt ist, grenzt es schon an Rebellion.

»Allerdings. Bei Nacht und Nebel. Tage vor einer geplanten öffentlichen Anhörung im Rathaus.«

»Das Leben ist grausam«, sagt der Baumpfleger. »Genau wie die Natur.«

»Die Menschen haben keinen Schimmer von der Natur. Und von Demokratie auch nicht. Ist Ihnen je der Gedanke gekommen, dass diese Spinner womöglich recht haben?«

»Kommt drauf an. Welche Spinner?«

»Die Ökospinner. Ein paar von denen waren unten im Siuslaw National Forest dabei, wo wir ein Stück Kahlschlag wiederaufgeforstet haben. Ein paar andere habe ich bei einer Protestaktion im Wald von Umpqua kennengelernt. Überall in Oregon kommen sie jetzt aus der Deckung. Aus dem Unterholz.«

»Kids und Junkies. Wieso müssen die alle aussehen wie Rasputin?«

»He!«, protestiert Douggie. »Rasputin war ein cooler Typ.« Er hofft nur, dass der Baumpfleger ihn jetzt nicht wegen Aufwiegelei anzeigt.

Er bleibt noch eine Weile in Portland. Geht wieder in die Stadtbibliothek, um sich über den Widerstand der Baum-Guerrilla schlauzumachen. Sein alter Freund, der Bibliothekar, steht ihm auch diesmal zur Seite. Offenbar hat Douggie bei ihm einen Stein im Brett, trotz des Geruchs, den er verströmt. Oder vielleicht gerade deswegen. Manche Menschen haben eben eine Schwäche für Lehm. Ein Zeitungsartikel über eine Aktion im Urwaldschutzpark Salmon-Huckleberry erregt seine Aufmerksamkeit – Leute trainieren das Blockieren von Holzabfuhrstraßen. Jetzt muss Douglas nur noch seinen Truck auslösen. Vorher steht aber noch eine eigene kleine Guerillaaktion auf dem Programm. Er weiß nicht, ob er sich neu strafbar macht, wenn er an den Ort seines Verbrechens zurückkehrt. Bei einem weiteren Akt zivilen Ungehorsams würden sie ihn wahrscheinlich ins Gefängnis stecken. Der Teil von Douglas, der sich die Welt gern von hoch oben ansieht, so wie damals in seiner Zeit als Lademeister, wünscht sich das beinahe.

Wut steigt wieder in ihm auf, als er sich dem Park nähert. Noch nicht ganz Mittag. Seine Schultern, sein Nacken, sein schlechtes Bein spüren es wieder – zu Boden geworfen von Schlägern, die die Bewohner dieser Stadt ausgetrickst haben. Allerdings ist es keine beflügelnde Wut. Im Gegenteil. Ein Schlag in die Magengrube; gebeugt, schlurfend erreicht er den ehemaligen Hain.

Aus den Stümpfen sickert noch Harz. Gleich neben den ersten hockt er sich auf den Boden, holt einen feinen Filzstift hervor und nimmt seinen Führerschein als Lineal. Er hält beides an die Holzwunde wie ein Chirurg seine Instrumente bei einem Eingriff, und dann zählt er, rückwärts von außen nach innen. Die Jahre rollen unter seinen Fingern dahin – Flut- und Dürrezeiten, Kälteperioden und Hitzewellen, alles in die Variablen der Ringe geschrieben. Als er mit seinem Countdown beim Jahr 1975 ankommt, zeichnet er mit feinen schwarzen Strichen ein X und schreibt die Zahl dazu. Dann zählt er von da fünfundzwanzig Jahre weiter zurück, malt ein weiteres X an den Ring, gegenüber dem vorigen ein kleines Stück im Gegenuhrzeigersinn versetzt, und fügt die Zahl 1950 hinzu.

Er arbeitet weiter, in Vierteljahrhundertschritten, bis er am Mittelpunkt, dem stillen Zentrum anlangt. Er weiß nicht, wie alt die Stadt ist, aber in jedem Falle war der Baum schon ein kräftiger Schössling, bevor der erste Weiße Mann an diesen Ort kam. Als Douglas das letzte Jahr, das sich mit Sicherheit ausmachen lässt, daraufgeschrieben hat, geht er mit dem Stift wieder an den Rand, an dem der Baum noch vor so kurzem weiterwuchs, und schreibt in Großbuchstaben halb um diesen äußeren Lebenskreis: GEFÄLLT, WÄHREND IHR SCHLIEFET.

Er ist immer noch da, mit dem Markieren der Stümpfe beschäftigt, als Mimi zur Mittagspause herauskommt. Wut hat als mittägliche Beschäftigung die Kartenpartien ersetzt, solitär gespielt zum Ei-und Peperoni-Sandwich auf einer Bank in ihrem neuerdings minimalistischen Zen-Garten. Seit dem nächtlichen Überfall hat sie unzählige Telefonate geführt, ist auf einer öffentlichen Versammlung gewesen, auf der sie nur schierer Hilflosigkeit begegnet ist, und hat mit zwei Anwälten geredet, die ihr beide erklärt haben, dass Gerechtigkeit nichts als ein schöner Traum ist. Die Mittagspause hier draußen ist ihre einzige Zuflucht; da kann sie dasitzen, die Wunden der Stümpfe betrachten und ihre Wut in sich hineinfressen. Sie sieht den Mann, der dort auf Händen und Knien an seiner Chronik der Zerstörung schreibt, und explodiert. »Haben Sie denn noch nicht genug angerichtet?«

Douggie blickt auf und sieht das Ebenbild eines Barmädchens in Patpong, Lalida, das er einmal mehr geliebt hat als sein Leben. Eine Frau, für die er, um sie kennenzulernen, gar nicht wieder aufhören würde, Schlaglöcher in die Straße zu hacken. Sie kommt auf ihn zu, bedroht ihn mit gezücktem Sandwich.

»Reicht es denn nicht, sie umzubringen? Müssen Sie sie auch noch beschmieren?«

Er kehrt die Handflächen nach oben, zeigt auf die Hierogplyphen auf einem der Stümpfe. Sie bleibt stehen und sieht hin – die beschrifteten Ringe, die Zahlen rückwärts zum Mittelpunkt hin. Das Jahr, in dem ihr Vater den Garten mit seiner Hirnmasse bespritzt hat. Das Jahr, in dem sie ihren Abschluss gemacht und den verfluchten Posten hier bekommen hat. Das Jahr, in dem die ganze Familie Ma vor dem Bären fliehen musste. Das Jahr, in dem ihr Vater ihr die Bildrolle zeigte. Das Jahr ihrer Geburt. Das Jahr, in dem ihr Vater herkam, um im bedeutenden Carnegie-Institut Technik zu studieren. Und am äußersten Ring die Aufschrift: GEFÄLLT, WÄHREND IHR SCHLIEFET.

Sie schaut wieder den knienden Mann an. »Liebe Güte. Tut mir leid. Ich dachte, Sie wären … ich hätte Ihnen beinahe einen Tritt ins Gesicht verpasst.«

»Da sind Ihnen die Kerle, die das hier gemacht haben, zuvorgekommen.«

»Moment. *Sie waren dabei?*« Sie zieht die Augenbrauen zusammen, als sie die kritische Masse berechnet. »Wenn ich dabeigewesen wäre, ich wäre auf die losgegangen.«

»Im ganzen Land werden die großen Bäume gefällt.«

»Ja, schon. Aber das hier war *mein* Park. Mein täglich Brot.«

»Tja, man blickt hoch, zu den Bergen, und denkt: *Zivilisationen kommen und gehen, aber das, das wird immer bleiben.* Aber die Zivilisation hier, die schnaubt wie ein Stier auf Steroiden, und die Berge, mit denen ist es bald aus.«

»Ich habe mit zwei Anwälten geredet. Alles vollkommen legal.«

»Klar. Die haben das Recht immer auf ihrer Seite.«

»Was kann man machen?«

Die Augen dieses Verrückten tanzen. Er sieht aus wie der zwölfte Arhat, der über die Torheit alles menschlichen Strebens lacht. Er zögert. »Kann ich Ihnen trauen? Ich meine, Sie sind nicht hier, um meine Nieren zu stehlen oder so was?«

Sie lacht, und mehr braucht er nicht, um an sie zu glauben.

»Dann hören Sie zu. Sie haben nicht zufällig dreihundert Dollar zur Hand? Oder vielleicht ein Auto, das läuft?«

Die Brinkmans widmen sich der Lektüre, wenn sie allein zusammen sind. Und zusammen sind sie fast immer allein. Mit dem Amateurtheater ist es aus; seit dem Stück über das Baby, das es nicht gibt, haben sie nicht mehr auf der Bühne gestanden. Nicht dass sie jemals ausgesprochen hätten, dass ihre Theaterzeit vorüber ist. Sprechrollen brauchen sie nicht.

Statt Kindern gibt es also Bücher. Bei der Auswahl der Titel bleiben beide den Träumen ihrer Jugend treu. Ray beschäftigt sich gern mit dem großen Projekt der Zivilisation, verfolgt es beim Aufstieg zu seiner immer noch unbekannten Bestimmung. Er will einfach nur bis tief in die Nacht davon lesen, wie das Leben immer besser wird, die Menschheit durch ihre Erfindungskraft immer freier, wie sich immer mehr Wissen einstellt, das schließlich die Rettung für alle sein wird. Dorothy dagegen braucht emotionale Tiefe, Geschichten, bei denen es nicht um Ideen, sondern um Identität, um Persönlichkeit geht. Was ihr hilft, sind Nähe, Wärme, das Private. Für sie kommt es darauf an, dass jemand *trotz alledem* sagen kann, etwas noch so Kleines tun kann, mit dem er über sich hinauswächst und damit für einen Augenblick die Fesseln der Zeit sprengt.

Ray hat sein Regal thematisch aufgebaut, Dorothy alphabetisch. Seine Bücher sind neu, erschienen in den letzten Jahren. Sie unterhält sich gern mit denen, die längst tot sind, fremden Seelen, so anders wie nur möglich. Wenn Ray ein Buch anfängt, ist es ein Gewaltmarsch bis ans Ende, egal wie schwierig das Terrain. Dorothy findet nichts dabei, die philosophischeren Seiten zu überblättern, bis sie wieder dahin kommt, wo eine Figur, meist eine Frau und oft die, mit der sie am wenigsten gerechnet hätte, auf etwas tief in ihrem Inneren zurückgreift und sich als besser erweist, als ihre Natur zulassen wollte.

Das ist das Leben mit vierzig für sie. Ein Buch, das einmal ins Haus einzieht, kann nie wieder fort. Für Ray gilt: Bereit sein ist alles – für jeden noch so unvorhersehbaren Eventualfall das passende Werk. Dorothy will lokale, unabhängige Buchhändler über Wasser halten und verkannte Schätze vor dem Ramsch retten. Ray denkt: *Man weiß nie, wann man etwas, das man vor fünf Jahren zufällig gefunden hat, einmal brauchen kann.* Und Dorothy: *Irgendwann kommt der Tag, an dem ich diesen alten Liebling wieder aus dem Regal nehme und zu der Stelle zehn Seiten vor Schluss, unten links, blättere, die immer wieder so süß und schrecklich schmerzt.*

Die Verwandlung ihres Hauses in eine Bibliothek vollzieht sich so schleichend, dass sie es nicht bemerken. Sie legt Bücher, die nicht mehr ins Regal passen, oben quer auf eine Reihe. Dadurch verziehen sie sich, und das macht ihn wahnsinnig. Eine Zeitlang lässt sich das Problem noch durch weitere Möbel lösen. Zwei Kirschholzregale, die man zwischen die Fenster seines Arbeitszimmers im Erdgeschoss stellen kann. Eine große Nussbaum-Regalwand im Wohnzimmer, da, wo bei anderen der Altar mit dem Fernseher steht. Ahorn im Gästezimmer. Er sagt: »Damit kommen wir eine Weile hin.« Sie lacht, denn aus jedem Roman, den sie je gelesen hat, weiß sie, wie kurz eine Weile sein kann.

Dorothys Mutter stirbt. Sie bringen es nicht übers Herz, auch nur einen einzigen Band aus ihrer Sammlung wegzugeben. Also fügen sie sie einer Bibliothek hinzu, um die Könige sie beneiden würden. Dorothy findet in einem Antiquariat im Stadtzentrum eine sagenhaft günstige Ausgabe von Walter Scotts sämtlichen Romanen. »Achtzehnzweiundachtzig! Und schau dir dieses wunderbare Vorsatzpapier an. Wellenmarmor.«

»Weißt du, was wir tun könnten?« Ray bringt die Idee ganz beiläufig an, auf dem Weg zur Kasse. Neben den Scott legt er noch ein Exemplar von *KI – Das Zeitalter der Künstlichen Intelligenz*. »Diese komische Wand in dem kleinen Zimmer oben. Da könnten wir uns doch von einem Schreiner ein Regal einbauen lassen.«

Die Pläne, die sie ursprünglich für dieses Zimmer hatten, kommen ihnen jetzt älter vor als jedes Buch in ihrem Besitz. Sie nickt, versucht zu lächeln, sucht in ihrem Inneren nach einer Formel. Sie kennt die Formel nicht. Sie weiß nicht einmal, dass sie danach sucht. *Trotz alledem.* Die Formel lautet *Trotz alledem.*

Es gibt einen Scherz, der bei ihnen zu Weihnachten Tradition hat, einer, der stets von einem Augenblick auf den anderen in Ernst umschlagen kann. Eines von den Dingen, die sie sich gegenseitig schenken, muss ein Bekehrungsversuch sein. Diesmal bekommt sie von ihm *Fünfzig Ideen, die die Welt veränderten*.

»Schatz! Das ist aber lieb!«

»Also mich *hat* es verändert.«

Er wird sich nie ändern, denkt sie, und gibt ihm einen Kuss auf den Mundwinkel. Dann folgt ihr Teil des Rituals: *Vier große Romane von Jane Austen*, eine neu erschienene Ausgabe mit Anmerkungen.

»Dorothy, Liebling! Genau was ich mir gewünscht habe.«

»Weißt du, irgendwann könntest du es wirklich mal mit ihr versuchen.«

Er hat es mit ihr versucht, schon vor Jahren, und wäre an der Enge beinahe erstickt.

Die Feiertage verbringen sie im Schlafanzug, jeder liest, was er dem anderen geschenkt hat. Am Silvesterabend müssen sie sich anstrengen, wachzubleiben. Sie liegen nebeneinander, die Beine berühren sich, aber die Hände bleiben fest am Buch. Er, schon halb eingeschlafen, liest ein Dutzend Mal dieselbe Stelle; die Worte drehen, verzwirbeln sich, wie geflügelte Samen im Wind.

»Frohes neues Jahr«, sagt er, als der Ball am Times Square endlich fällt. »Wieder ein Jahr überstanden, was?«

Sie gießen den Schampus ein, der schon auf Eis am Bett bereitstand. Sie stößt an, trinkt, dann sagt sie: »Im neuen Jahr unternehmen wir was.«

Die Regale sind voll von den guten Vorsätzen früherer Jahre, alle ordentlich archiviert. *Indisch kochen leichtgemacht. Hundert Wanderungen im Yellowstone-Park. Singvögel der Ostküste. Wildblumen der Ostküste. Europa auf eigene Faust. Unbekanntes Thailand.* Anleitungen, wie man selbst Bier oder Wein produziert. Nie aufgeschlagene Sprachlehrbücher. All die vielen verschiedenen Forschungen, in die sie sich einmal verlieren wollten. Sie haben gelebt wie vergessliche, flatterhafte Götter.

»Ein Abenteuer. Etwas Gefährliches«, fügt sie hinzu.

»*Genau* was ich auch gerade gedacht habe.«

»Wir könnten beim Marathon mitmachen.«

»Ich als ... dein Trainer. Oder so was.«

»Wir machen was zusammen. Einen Flugschein?«

»Das wär doch was.« Ihm fallen vor Müdigkeit die Augen zu. »Jawoll!« Er stellt sein Glas ab, klatscht sich auf die Oberschenkel.

»Unbedingt. Noch eine Seite, dann Licht aus?«

Sie steigt hinab in die wahre Hölle der literarischen Figuren. Sie versucht, ganz stillzuliegen, damit sie ihn nicht mit ihrem Schluchzen weckt. *Was ist das, was da nach meinem Herzen greift, als habe es etwas zu bedeuten? Was gibt diesem erfundenen Ort so viel Macht über mich?* Einfach nur das: Der Blick auf eine Heldin, die etwas sieht, was für sie eigentlich nicht zu sehen sein sollte. Eine, die nicht einmal weiß, dass man sie erfunden hat, und sich willig dem Schicksal der Handlung fügt, der sie nicht entrinnen kann.

Der Hochzeitstag der Brinkmans kommt, und irgendwie vergessen sie auch diesmal wieder, etwas zu pflanzen.

Beim Anblick der Mammutbäume verschlägt es ihnen die Sprache. Nick fährt schweigend. Selbst die jungen Stämme sind wie Engel. Und als sie nach ein paar Meilen an einem Riesen vorbeikommen, dessen erster aufwärts geschwungener Ast in zwölf Metern Höhe ansetzt, ein Ast so dick wie im Osten die meisten Bäume, weiß er es: Das Wort Baum selbst muss wachsen, muss *wirklich* werden. Es ist nicht die Größe, die ihm den Atem raubt, oder nicht allein die Größe. Es ist die dorische Vollkommenheit der kannelierten rotbraunen Säulen, die aus schulterhohem Farn und moosbedecktem Boden himmelwärts streben – geradewegs nach oben, ohne sich zu verjüngen, eine rostrote Apotheose. Und wenn die Säulen sich dann schließlich doch zur Krone verzweigen, geschieht es in solcher Höhe, so hoch über ihrem Sockel, dass dort oben ebenso gut eine eigene Welt sein könnte, ein Stück näher an der Ewigkeit.

Alle Unruhe der Reise fällt von Olivia ab. Es ist, als kenne sie diesen Ort, obwohl sie nie weiter nach Westen gekommen ist als bis zum Vergnügungspark Six Flags in St. Louis. Auf einer schmalen Straße durch den Küstenwald ruft sie plötzlich: »Halt an!«

Er fährt an den Straßenrand und bringt den Wagen auf einem dicken weichen Nadelpolster zum Stehen. Mit dem Öffnen der Autotür strömt süß und würzig die Waldluft herein. Sie steigt aus und geht zu einer Gruppe von Riesen. Als er dazukommt, ist ihr Gesicht tränenüberströmt, die Augen flammend und feucht vor Freude. Ungläubig schüttelt sie den Kopf. »Das ist es. Das sind *sie*. Wir sind da.«

Die Verteidiger des Waldes sind nicht schwer zu finden. Es gibt diverse Gruppen, die den Widerstand entlang der Lost Coast, der verlorenen Küste, organisieren. Tag für Tag berichten die Lokalzeitungen über Aktionen. Nick und Olivia improvisieren, übernachten ein paar Tage im Auto, versuchen zunächst zu erkunden, wer wer ist, in diesem bunt zusammengewürfelten Ensemble, einer Organisation, die alles andere als organisiert ist.

Sie erfahren von einem Aktivistencamp in der Nähe von Solace, auf den schlammigen Wiesen eines ehemaligen Fischers, der mit ihrer Sache sympathisiert. Spontaneität ist eher die Stärke dieses Biwaks als geregelter Betrieb. Leidenschaftliche junge Leute, unüberhörbar in ihrer Hingabe an die Sache, verständigen sich mit Rufen quer über die zeltübersäte Wiese. Ihre Nasen, Ohren und Augenbrauen blitzen metallbewehrt. Dreadlocks verheddern sich in den Fasern ihrer bunten Kleidung. Sie stinken nach Erde, Schweiß, Idealismus, Patchouli und dem süßen Cannabis, der hier überall in den Wäldern gezogen wird. Einige bleiben nur für zwei Tage. Andere sind, ihrer Mikroflora nach zu urteilen, schon seit mehr als einer Saison vor Ort.

Das Camp ist eins von vielen Nervenzentren einer chaotischen Bewegung ohne Anführer, die sich meist als *Life Defense Force* – Kommando zur Verteidigung des Lebens – bezeichnet. Nick und Olivia erkunden das Terrain, reden mit allen. Sie teilen sich Eier und Bohnen mit einem älteren Mann namens Moses. Er stellt ihnen seinerseits Fragen, fühlt ihnen auf den Zahn, um sich zu vergewissern, dass sie keine Spione von Konzernen wie Weyerhaeuser oder Boise Cascade sind oder von Humboldt Timber, der größten Bedrohung für den Wald in dieser Gegend.

»Wie … kommen wir an unsere Aufträge?«, fragt Nick.

Bei dem Wort lacht Moses laut. »Aufträge gibt's hier nicht. Dafür aber jede Menge Arbeit.«

Sie kochen für Dutzende und spülen hinterher das Geschirr. Für den nächsten Tag ist ein Protestmarsch geplant. Nick schreibt Plakate, Olivia übt Sprechchöre. Eine Frau mit flammendrotem Haar und Adlernase, in karierter Bluse, Wollschal darüber, zieht durchs Camp. Olivia packt Nick am Arm. »Das ist sie. Die Frau aus dem Fernsehen in Indiana.« Die, von der die Lichtwesen wollten, dass sie sie findet.

Moses nickt. »Das ist Mutter N. Die macht aus einem Megaphon eine Stradivari.«

Bei Einbruch der Dämmerung stimmt Mutter N. auf einer Lichtung gleich bei Moses' Zelt die Versammelten auf die anstehende Aufgabe ein. Sie mustert die Reihen, nickt den Veteranen anerkennend zu und heißt Neuankömmlinge willkommen. »Ich freue mich, dass so viele von euch noch hier sind, obwohl es schon spät in der Saison ist. Früher sind viele im Winter nach Hause gegangen, weil die Fällarbeiten wegen des Regens bis zum Frühjahr ruhen mussten. Aber Humboldt arbeitet jetzt rund ums Jahr.«

Buhrufe aus der Menge.

»Sie versuchen, vollendete Tatsachen zu schaffen, bevor das Gesetz ihnen einen Riegel vorschieben kann. Aber sie haben die Rechnung ohne *euch alle* gemacht.«

Eine Welle des Jubels brandet über Nicholas hinweg. Er dreht sich zu Olivia hin und ergreift ihre Hand. Sie drückt wie selbstverständlich die seine, als wäre es nicht das erste Mal, dass er sie von sich aus berührt. Sie strahlt, und wieder staunt Nick über ihre Gewissheit. Sie hat sie hierher gebracht, nur von ihrem Gefühl geleitet – *Wärmer, ja, hier entlang, wärmer* –, von den Einflüsterungen dieser Wesen, die nur sie allein hören kann. Und jetzt sind sie hier, als hätten sie die ganze Zeit gewusst, wohin die Reise geht.

»Viele von euch sind schon seit einer ganzen Weile hier draußen«, fährt Mutter N. fort. »So viel wichtige Arbeit! Mahnwachen. Guerillatheater. Friedliche Demonstrationen.«

Moses fährt sich mit der Hand über den kahlrasierten Schädel und ruft: »Aber jetzt machen wir denen mal richtig die Hölle heiß!«

Noch größerer Jubel. Sogar Mutter N. lächelt. »Gut möglich! Aber wir von der LDF nehmen es mit der Gewaltlosigkeit ernst. Für diejenigen unter euch, die gerade erst angekommen sind: Wir wollen, dass ihr ein Trainingsprogramm zum passiven Widerstand mitmacht und feierlich gelobt, keine Gewalt anzuwenden, bevor ihr an eurer ersten Aktion teilnehmt. Wir sind nicht für mutwillige Zerstörung von fremdem Eigentum ...«

Moses ruft: »Aber ihr werdet staunen, was ein bisschen schnell abbindender Zement rund um die Räder ausrichten kann.«

Die Mundwinkel von Mutter N. zucken. »Wir sind Teil einer sehr traditionsreichen, sehr breiten Bewegung überall auf der Welt. Wenn die schönen Chipko-Frauen in Indien sich bedrohen und schlagen lassen können, wenn die brasilianischen Kayapo ihr Leben aufs Spiel setzen können, dann können wir das auch.«

Es nieselt. Nick und Olivia bemerken es kaum.

»Die meisten von euch sind schon bestens informiert über Humboldt Timber. Für die Neulinge: HT war fast hundert Jahre lang ein Familienunternehmen. Bei ihnen gab es die letzte progressive Arbeitersiedlung in diesem Staat, sie gewährten unglaubliche Vergünstigungen. Ihre Pensionskasse war prall gefüllt. Sie blieben ihren Leuten treu, stellten kaum einmal Wanderarbeiter ein. Und was das Beste war: Sie holzten selektiv ab, immer nur so viel, dass sie auf ewig so hätten weitermachen können.

Weil sie die alten Bestände so behutsam fällten, hatten sie immer noch große Bestände an weltweit bestem Schnittholz, als die Konkurrenz entlang der Küste ihre Wälder längst kahlgeschlagen hatte. Zweihunderttausend Morgen – vierzig Prozent des verbliebenen Altbestands in der Gegend. Aber an der Börse machte HT nicht so viel her wie die Konzerne, die auf Profitmaximierung setzten. Was nach den Regeln des Kapitalismus bedeutete, dass jemand kommen und den alten Herren zeigen musste, wie man den Laden auf Vordermann bringt. Erinnert ihr euch noch an Henry Hanson, den König der Schrottanleihen? Den Kerl, den sie letztes Jahr wegen Finanzbetrug eingebuchtet haben? Der hat den Deal ausgetüftelt. Und ein Komplize von ihm zog von der Wall Street aus die Strippen. Wahnsinnig clever: Man pumpt das mit faulen Anleihen gemachte Geld in eine feindliche Übernahme und verkauft die Schulden an seine Sparkasse, der die öffentliche Hand am Ende aus der Patsche helfen muss. Dann verschuldet man die übernommene Firma bis über beide Ohren mit Krediten, um das windige Geld zurückzuzahlen, plündert die Pensionskasse, greift die Rücklagen an, verkauft alles, was nicht niet- und nagelfest ist, und verscherbelt den schäbigen Rest an den Höchstbietenden. Simsalabim! Beute, die einem sogar noch Extragewinne beschert, indem man sie ausplündert.

Momentan sind sie im vorletzten Stadium: Sie versuchen jedes Fitzelchen Holz in ihrem Bestand zu Geld zu machen. Und in diesem Fall ist das eine ganze Menge an sieben- oder achthundert Jahre alten Bäumen. Bäume, so groß, dass ihr euch das überhaupt nicht vorstellen könnt, wandern in die Sägemühle und kommen als Bretter wieder raus. Das Abholztempo bei Humboldt ist jetzt viermal so hoch wie bei den anderen in der Branche. Und sie treten noch weiter aufs Gas, damit ihnen der Gesetzgeber nicht doch noch einen Riegel vorschiebt.«

Nick sieht Olivia an. Das Mädchen ist viel jünger als er, aber er hat sich angewöhnt, Erklärungen bei ihr zu suchen. Ihre Miene ist starr, die Augen vor Schmerz geschlossen. Tränen rinnen über ihre Wangen.

»Es liegt auf der Hand, dass wir nicht auf die Gesetzgebung warten können. Das neue, profitorientierte Humboldt Timber wird alle Riesen getötet haben, bevor die Politik so weit ist. Deshalb stelle ich jedem Einzelnen von euch eine Frage: Welchen Beitrag kannst du leisten? Wir nehmen alles, was ihr geben könnt. Zeit. Mühe. Geld. Ihr würdet staunen, was man mit Geld alles machen kann!«

Applaus, Jubel begleiten das Ende ihrer Ansprache, und die Zuhörer widmen sich umso beschwingter der Linsensuppe, die über mehreren Lagerfeuern brodelt. Olivia hilft beim Kochen, ausgerechnet sie, die früher eher die Vorräte ihrer Mitbewohner aus dem Kühlschrank geplündert hat, als Wasser für ein paar Nudeln aufzustellen. Nick spürt, dass diese Waldbewohner, von denen manche seit Wochen nicht gebadet haben, allenfalls so tun, als lasse es sie völlig kalt, dass sie ihnen das Essen reicht –, als sei nicht gerade eine Baumnymphe zu ihnen auf diese Wiese herabgestiegen.

Eine Gruppe unter der Führung eines gewissen Schwarzbart kehrt zurück von einer Aktion, in deren Verlauf sie einem abgestellten Caterpillar Sirup in den Tank geschüttet haben. Die Freude über den Erfolg lässt sie im flackernden Licht der Lagerfeuer erglühen. Später wollen sie im Schutz der Dunkelheit noch einmal losziehen und erkunden, wie gut das schwerere Gerät weiter oben an der Bergflanke bewacht wird.

»Ich mag diese Eigentumsdelikte nicht«, sagt Mutter N. »So was geht mir wirklich gegen den Strich.«

Moses tut es mit einem Lachen ab. »Das einzige Eigentum, an dem sich hier jemand vergreift, sind die Wälder. Wir führen einen Zermürbungskrieg. Wir legen die Holzfällertrupps für ein paar Stunden lahm, dann haben sie die Maschinen wieder repariert. Aber bis dahin verlieren sie Zeit und Geld.«

Schwarzbart starrt mit finsterer Miene in die Flammen. »Ganz Humboldt ist ein einziges Eigentumsdelikt. Und wir sollen dabeisitzen und lächeln?«

Zwei Dutzend Aktivisten reden wild durcheinander. Nach Jahren im ländlichen Iowa kommt sich Nick vor wie ein Kind, das mit einem Kofferradio aufgewachsen ist und nun zum ersten Mal ein Sinfoniekonzert erlebt. Er ist mitten in einem druidischen Baumkult gelandet, etwas, das er von Winterabenden mit der Hoel'schen Enzyklopädie kennt. Heilige Eichen beim Orakel von Dodona, Druidenhaine in Britannien und Gallien, die Verehrung des Sakaki-Strauchs im Shintoismus, Indiens juwelenbehängte Wunschbäume, der Kapokbaum der Maya, ägyptische Maulbeerfeigen, der heilige Ginkgo der Chinesen – die älteste Religion der Erde in all ihren Verästelungen. Zehn Jahre besessenen Zeichnens haben ihn auf die Art von Kunst vorbereitet, die diese Sekte nun von ihm fordert.

Olivia beugt sich zu ihm hin. »Alles in Ordnung bei dir?« Das breite, verwegene Grinsen ist Antwort genug.

Der Stoßtrupp macht sich zum neuerlichen Einsatz bereit. Schwarzbart, Nadel, Moosfresser und Revelator, der Offenbarer: Krieger im Wettstreit um die Palme, den Lorbeer, den Ölzweig.

»Moment«, sagt Nick. »Ich möchte mal was versuchen.« Er plaziert die Männer auf einem Campinghocker im flackernden Feuerschein und bemalt ihre Gesichter. Er taucht den Pinsel in eine Dose mit grüner Latexfarbe, die eine Frau namens Tinkerbell für Spruchbänder verwendet. Er folgt den Konturen des Schädels, der Wölbung der Stirn und der Form der Wangenknochen, tastet sich voran zu Wirbeln und Spiralen, surreale, improvisierte Reminiszenzen an die Tā-moko-Tätowierungen der Maori. Batikshirts und Paisleygesichter: Die Wirkung ist umwerfend. Die Mitglieder des nächtlichen Kommandotrupps stehen da und bestaunen einander. Etwas dringt in sie ein; sie werden zu anderen Wesen, beschriftet und verwandelt, erstarkt durch die Kraft uralter Zeichen.

»Heiliger Bimbam! Die werden sich vor Angst in die Hose machen.« Kopfschüttelnd betrachtet Moses die Arbeit des Neuen. »Das ist gut. Wir wollen ja, dass die uns für gefährlich halten.«

Olivia stellt sich stolz hinter Nick. Sie schiebt ihre Hände unter seinen

Oberarmen durch. Sie hat keine Ahnung, was für eine Wirkung das auf ihn hat, nach Tagen zusammen im Auto, auf der Fahrt durchs halbe Land, den Nächten Seite an Seite in dicken Schlafsäcken. Oder vielleicht weiß sie es auch und schert sich nicht drum. »Gute Arbeit«, flüstert sie.

Er zuckt mit den Schultern. »Nicht besonders nützlich.«

»Genau, was gebraucht wird. Ich weiß es aus guter Quelle.«

In der Nacht überlegen sie, welche Baumnamen sie sich selbst geben wollen. In dem sanften Niesel unter den Redwoods, auf ihrem Lager aus Nadeln. Anfangs kommt es ihnen albern vor, wie Kinderkram. Aber alle Kunst ist auch Kinderkram, alles Geschichtenerzählen, alle Hoffnungen und Ängste der Menschen. Warum sollen sie für diese neue Arbeit nicht neue Namen annehmen? Bäume haben oft ein Dutzend verschiedener Namen. Douglasien heißen auch Douglastanne, Douglasfichte oder Douglaskiefer, oder nach ihrer Herkunft *Oregon pine*. Namen so vielfältig wie Ahornsamen. Was wird nicht alles als Tanne bezeichnet – wie ein Mann mit einer ganzen Schublade voller falscher Papiere. Die Anden- oder Chiletanne heißt auch Schlangenbaum, Schuppentanne, Affenschwanzbaum, Schmucktanne oder Monkeypuzzle. Ulmen werden zu Rüster, wenn man Möbel aus ihnen macht.

Olivia betrachtet Nick im Dunkeln, fernab vom Feuer. Versucht Hinweise darauf zu finden, wie sie ihn nennen soll. Streicht ihm das Haar hinters Ohr. Hebt sein Kinn mit ihren kühlen Händen. »Wächter. Klingt das richtig? Du bist mein Wächter.«

Betrachter, Beobachter. Beschützer, wenn es geht. Er grinst, ertappt.

»Jetzt dein Name für mich!«

Er streckt den Arm aus und fasst eine Strähne von ihrem Haar, lässt sie durch die Finger rinnen wie Weizenkörner; ein Stoff, der schon bald nie wieder leichter sein wird als Lehm. »Mädchenhaar.«

»Das ist ein Baumname?«

Es ist, erklärt er ihr, ein anderer Name für ein lebendes Fossil, älter als blühende Bäume, älter als selbst die ältesten Koniferen, eine Zeitlang auch in diesen Breiten heimisch, dann für Millionen von Jahren verschwunden und nun als Zierpflanze zurückgekehrt. Ein Baum aus der Zeit, zu der Bäume noch jung waren.

Sie schmiegt sich an ihn, beim Einschlafen in ihrem winzigen Zelt, vor allem Intimerem als Wärme geschützt durch die Nähe von so vielen anderen Aktivisten. Er liegt da, betrachtet ihren Rücken, das sanfte Auf und Ab ihres Oberkörpers. Das T-Shirt, das sie als Nachthemd trägt, rutscht ihr von der Schulter und enthüllt eine Tätowierung schräg über dem Schulterblatt. In Schnörkelschrift: *A change is gonna come.*

Er liegt so still, wie er nur kann, ein Mönch mit Ständer. Er zählt seinen Herzschlag, den er in den Ohren spüren kann, bis die Brandung schließlich zu Schlaf verebbt. Als er schon hinüberdämmert, durchschwebt ihn noch die Spinnwebe eines Gedankens. Besucher von einem anderen Stern werden sich fragen, warum die Menschen solche Mühe mit der Bezeichnung von Sachen haben, warum sie so viele verschiedene Etiketten für dasselbe Ding brauchen. Aber hier liegt er nun, neben dieser Freundin, die er erst seit zwei Wochen kennt, wieder vereint nach so vielen Leben. Nick und Olivia, Wächter und Mädchenhaar – zusammen ein Quartett –, unter freiem Himmel in einer Januarnacht, zwischen Stämmen des Mammutbaums so hoch, dass man die Spitzen nicht sieht. Bäumen, die niemals sterben – *sempervirens.*

Patricia Westerford sitzt an ihrem ländlichen Kiefernholztisch, auf dem Stuhl mit der Sprossenlehne, und lauscht mit erhobenem Stift den Einflüsterungen der Insekten. Gleich elf Uhr, und sie hat noch nichts geschafft – nicht ein einziger Satz, den sie nicht zu Tode revidiert hätte. Der Wind weht einen Kompost- und Zedernhauch durchs Fenster. Der Geruch beschwört eine alte, tiefe und allem Anschein nach absichtslose Sehnsucht herauf. Der Wald ruft, und sie muss diesem Ruf folgen.

Schon den ganzen Winter über müht sie sich zu beschreiben, welches Glück die Arbeit ihres Lebens ihr beschert, die Entdeckungen, die in so wenigen kurzen Jahren zur Gewissheit geworden sind: dass die Bäume miteinander reden, über und unter der Erde. Dass sie füreinander sorgen, einander nähren, ein Netzwerk im Boden bilden, über das sie ihre Kräfte koordinieren. Dass sie Immunsysteme entwickeln, so groß wie ein Wald. Ein ganzes Kapitel handelt nur davon, wie ein abgestorbener Stamm unzähligen anderen Arten Lebensraum bietet. Wer das Totholz fortschafft, bringt den Specht um, der sonst die Rüsselkäfer in Schach hält, die andernfalls die anderen Bäume töten. Sie beschreibt die Steinfrüchte und Blütentrauben, die Rispen und Dolden, an denen ein Mensch sein Leben lang vorübergehen könnte, ohne sie zu bemerken. Sie beschreibt, wie die holzzapfigen Erlen aus dem Erdboden Gold fördern. Wie ein winziger Pekannussschössling zwei Meter lange Wurzeln haben kann. Wie das Innere der Birkenrinde Menschen vor dem Hungertod retten kann. Wie die Kätzchen der Hopfenbuche mehrere Millionen Pollenkörner enthalten können. Wie indianische Fischer mit zerriebenen Walnussblättern Fische betäubten und fingen. Wie Weiden aus dem Erdboden Dioxin, PCBs und Schwermetalle herausfiltern.

Sie erläutert, wie Pilzhyphen – unzählige Meilen von Fasern, die in jedem Löffelvoll Erde stecken – Baumwurzeln dazu bringen, sich zu öffnen, und sie dann anzapfen. Wie die angeschlossenen Pilze dem Baum Mineralien zuführen. Wie der Baum sich für diese Nährstoffe mit Zucker bedankt, den die Pilze nicht selbst herstellen können.

Wahre Wunder geschehen unter der Erde, Dinge, die wir gerade erst anfangen überhaupt zu sehen. Ganze Systeme von Mykorrhizen verbinden die Bäume zu riesigen intelligenten Gemeinschaften, über Hunderte von Hektaren hinweg. Gemeinsam bilden sie eine gewaltige Tauschbörse für Güter, Dienstleistungen und Informationen …

Es gibt keine Individuen im Wald, keine klar abgrenzbaren Ereignisse. Der Vogel und der Zweig, auf dem er sitzt, gehören zusammen. Ein Drittel dessen, was ein großer Baum an Nährstoffen produziert, geht an andere Organismen. Selbst Bäume unterschiedlicher Arten gehen Partnerschaften ein. Fällen Sie eine Birke, und die Douglasie daneben leidet …

In den großen Wäldern der Ostküste synchronisieren Eiche und Hickory die Produktion ihrer Früchte, um zu verhindern, dass die Population der Tiere, die sie fressen, zu groß wird. Die Parole wird ausgegeben, und die Bäume einer bestimmten Art – egal ob im Schatten oder in der Sonne, ob feucht oder trocken – tragen reichlich oder überhaupt nicht, alles zusammen, als Gemeinschaft ...

Wälder heilen einander, sie finden ihre Gestalt durch Synapsen im Erdboden. Und indem sie ihre Gestalt finden, gestalten sie wiederum die Zehntausende von anderen, mit ihnen verbundenen Geschöpfe, die sie von innen heraus formen. Vielleicht hilft es, wenn wir uns Wälder als gewaltige, weit ausgreifende, sich verzweigende unterirdische Riesenbäume vorstellen.

Sie erzählt von der Ulme, die am Anfang des amerikanischen Unabhängigkeitskrieges stand. Von dem riesigen, fünfhundert Jahre alten Mesquitebaum, der mitten in einer der trockensten Wüsten der Erde wächst. Davon, wie Anne Frank aus dem Anblick eines Kastanienbaums im Fenster Hoffnung schöpfte, selbst in ihrem hoffnungslosen Versteck. Wie Samenkörner, die man zum Mond mitnahm und wieder zurückbrachte, überall auf der Erde keimten. Von großartigen Geschöpfen, die die Welt bevölkern und die keiner kennt. Davon, dass es Jahrhunderte dauern wird, wieder so viel über Bäume zu lernen, wie die Menschen früher wussten.

Ihr Ehemann wohnt vierzehn Meilen entfernt in der Stadt. Sie sehen sich einmal am Tag, zu Mittagessen, die Dennis aus dem bereitet, was gerade Saison hat. Ansonsten sind bei Tag und bei Nacht die Einzigen, mit denen sie umgeht, die Bäume, und ihr einziges Mittel, für sie zu sprechen, sind Worte, die Verständigungsmittel saphrophytischer Spätankömmlinge, die von der Energie leben, die grüne Dinge produzieren.

Artikel für Fachzeitschriften sind ihr immer schon schwer genug gefallen. Ihre Jahre als Geächtete stehen ihr wieder vor Augen, jedes Mal wenn sie einen davon schreibt, selbst wenn sie nur eine von einem Dutzend Autoren ist, die ihn gemeinschaftlich verfassen. Wenn andere beteiligt sind, nimmt ihre Beklommenheit sogar noch zu. Lieber würde sie sich wieder ganz zurückziehen, als mitschuldig daran zu sein, dass diese geliebten Kollegen das durchmachen müssen, was ihr widerfahren ist. Aber selbst die wissenschaftlichen Artikel sind ein Waldspaziergang im Vergleich zu etwas, das man fürs breite Publikum schreibt. Fachartikel verstauben in den Archiven, wo sie so gut wie niemanden interessieren. Aber dieses Buch ist ein Mühlstein um den Hals: Sie weiß, dass die Presse sie missverstehen, sich über sie lustig machen wird. Und es wird nie so viel einbringen, wie sie als Vorschuss bereits erhalten hat.

Schon den ganzen Winter hat sie mit der Frage gekämpft, wie sie fremden Menschen all das nahebringen soll, was sie weiß. Diese Monate waren die Hölle, aber auch das Paradies. Schon sehr bald wird es mit diesem höllischen Paradies vorbei sein. Im August schließt sie ihre Feldforschungsstation, packt ihre Sachen zusammen und zieht mitsamt all ihren akribisch beschrifteten Proben an die Küste, zu der Universität, an der sie – unvorstellbar – von da an wieder unterrichten wird.

Am heutigen Abend wollen die Worte sich nicht einstellen. Sie sollte einfach schlafen gehen, abwarten, ob die Träume ihr etwas erzählen. Stattdessen reckt sie den Hals und wirft einen Blick auf die Uhr über dem uralten Kühlschrank mit den runden Schultern. Noch Zeit genug für einen mitternächtlichen Spaziergang zum Teich.

Die Fichten an der Blockhütte raunen gespenstische Prophezeiungen unter dem fast vollen Mond. Sie stehen in einer geraden Linie, die Erinnerung an einen nicht mehr vorhandenen Zaun, auf dem immer gern die Fichtenkreuzschnäbel saßen und Samenkörner auskackten. Die Bäume sind beschäftigt, nutzen das Dunkel zur Kohlendioxidproduktion. Nicht mehr lange, dann wird alles blühen: Heidel- und Johannisbeere, Seidenpflanze und Mahonie, Schafgarbe und Präriemalve. Wieder einmal kann sie nur darüber staunen, dass die versammelte Intelligenz des Planeten die Infinitesimalrechnung und das Universalgesetz der Gravitation entdecken konnte, bevor jemand wusste, wozu eine Blüte gut ist.

Heute sind die Pflanzen so benetzt vom Nieselregen und so diffus wie ihr eigener, mit Worten überfütterter Verstand. Sie kommt an den Pfad und duckt sich unter ihre geliebten Pseudotsuga. Ein Pfad zwischen Bäumen, auf deren Spitzen der Spätwintermond glitzert, ein Weg, den sie fast jeden Abend geht, hin und zurück wie das alte spanische Palindrom: *La ruta nos aportó otro paso natural.* Die vielen nie katalogisierten flüchtigen Verbindungen, die die Nadeln im Dunklen ausatmen, senken ihre Pulsfrequenz, lassen sie ruhiger atmen, und sie verändern sogar ihre Stimmungen und Gedanken; so scheint es ihr zumindest. So viele Substanzen in der Apotheke des Waldes, von denen niemand etwas weiß. Machtvolle Moleküle in Rinde, Mark, Blättern und Nadeln, deren Wirkung erst noch entdeckt werden muss. Eine Familie von Stresshormonen ihrer Bäume – die Jasmonate – ist der Lockstoff in all den femininen Parfümkreationen, die auf Geheimnis und Drama setzen. *Schnupper mal, hab mich lieb, mir droht Gefahr.* Und Gefahr droht ihnen, all diesen Bäumen. Allen Wäldern dieser Welt, sogar denen, die auf den seltsamen Namen Stilllegungsflächen hören. So viele Gefahren, dass sie es gar nicht übers Herz bringt, sie den Lesern ihres kleinen Buches alle aufzuzählen. Gefahren, genau wie die Atmosphäre, breiten sich überallhin aus, in Strömungen, die Menschen weder vorhersagen noch steuern können.

Sie kommt an die Lichtung mit dem Teich. Plötzlich über ihr der freie Sternenhimmel, das Einzige, was an Erklärung dafür nötig ist, dass Menschen von Anfang an dem Wald den Krieg erklärt haben. Dennis hat ihr erzählt, was die Holzfäller sagen: *Wir lassen mal ein bisschen Licht in diesen Dschungel.* Wälder machen den Menschen eine Heidenangst. Viel zu viel, was sich da im Verborgenen abspielt. Die Menschen wollen über sich den Himmel sehen.

Ihr Platz ist frei, er wartet schon – der moosbedeckte Nährstamm gleich beim Wasser. Noch im Augenblick, in dem sie auf die Teichfläche schaut, klären sich ihre Gedanken, und sie findet die Formulierungen, nach denen sie gesucht hat. Sie war auf der Suche nach einem Namen für die großen altehrwürdigen Stämme des natürlichen Walds, diejenigen, die den Karbon- und Stoffwechselproduktmarkt in Schwung halten. Jetzt weiß sie ihn:

Pilze bauen Steine ab, um ihre Bäume mit Mineralien zu versorgen. Sie jagen Springschwänze und servieren sie ihrem Wirt. Als Gegenleistung senden die Bäume zusätzlichen Zucker in die Synapsen zu ihren Pilzen, Unterstützung für die Alten und Kranken und all die, die im Schatten stehen. Ein Wald pflegt sich, und zugleich stellt er das Kleinklima her, das er zum Überleben braucht.

Wenn eine Douglasie nach einem halben Jahrtausend am Ende ihres Lebens angekommen ist, schickt sie ihre sämtlichen chemischen Stoffe wieder in die Wurzeln, verteilt sie über ihre Pilzpartner, schenkt als letztes Vermächtnis all ihren Reichtum der Gemeinschaft. Ein Baum verteilt seine Gaben an die ganze Welt, und so dürfen wir diese alten Wohltäter mit Fug und Recht die *Gabenbäume* nennen.

Die Leserschaft braucht solche Ausdrücke, um das Wunder ein wenig besser vor Augen zu haben, lebendiger. Das ist etwas, das sie vor langer Zeit von ihrem Vater gelernt hat: Leute sehen die Dinge besser, wenn sie aussehen wie sie. Ein *Gabenbaum*, das ist etwas, das jeder seinerseits freigebige Mensch sich vorstellen und das er lieben kann. Und mit diesem einen Wort besiegelt Patricia Westerford ihr eigenes Schicksal und verändert den Lauf der Welt. Sogar die Zukunft der Bäume.

Am Morgen wäscht sie sich das Gesicht mit kaltem Wasser, mixt sich einen Smoothie aus Beeren und Leinsamen und trinkt ihn, während sie die Seiten vom Vortag durchgeht. Dann setzt sie sich an den Küchentisch aus Kiefernholz und schwört sich, nicht aufzustehen, bevor sie etwas geschrieben hat, das so gut ist, dass sie es Dennis beim Mittagessen präsentieren kann. Der Zednduft des Bleistifts beflügelt sie. Das langsame Gleiten von Graphit über Papier erinnert sie daran, wie der unaufhörliche Prozess der Verdunstung Tag für Tag Hunderte Gallonen Wasser Hunderte von Fuß hoch im Stamm einer riesigen Douglasie aufsteigen lässt. Diese einsame Tätigkeit, das Über-einer-Seite-Brüten und Darauf-Warten, dass ihre Hand sich bewegt, ist vielleicht die größte Annäherung an den Erkenntnisprozess der Pflanzen, die sie je erreichen wird. An deren Weg zur Erleuchtung.

Das Schlusskapitel bereitet ihr Kopfzerbrechen. Was sie braucht, ist ein unmöglicher Dreiklang aus Hoffnung, Nutzen und Wahrheit. Sie könnte über Old Tjikko schreiben, eine Fichte, die in Mittelschweden lebt. Der sichtbare Baumstamm ist nur ein paar Hundert Jahre alt. Aber unterirdisch, in dem von Mikroben durchsetzten Boden, reicht seine

Geschichte neuntausend oder mehr Jahre zurück – Jahrtausende weiter als dieser Zaubertrick des Schreibens, mit dem sie versucht, sein Geheimnis in Worte zu fassen.

Den ganzen Morgen müht sie sich, die neuntausendjährige Saga in zehn Sätzen einzufangen: Eine endlose Prozession von Baumstämmen, die fallen und wieder neu aus derselben Wurzel erstehen. Das ist die *Hoffnung*, nach der sie sucht. Die Wahrheit ist schonungsloser. Am späten Vormittag ist sie bei der Gegenwart angekommen, einer Zeit, in der die neue, von Menschen geschaffene Atmosphäre den jüngsten von Old Tjikkos sonst unter der Schneelast verkrüppelten Krummholzstämmen dazu verlockt hat, sich wie ein normaler Baum in die Höhe zu recken.

Aber die Menschen interessieren sich nicht für Hoffnung und Wahrheit, wenn der *Nutzen* fehlt. Mit den plumpen, unbeholfenen Fingerfarben der Sprache sucht sie nach dem Nutzen von Old Tjikko, der auf seinem kahlen Bergrücken mit jeder Veränderung des Klimas allzeit stirbt und wieder aufersteht. Sein Nutzen besteht darin, zu zeigen, dass die Welt nicht dazu da ist, uns nützlich zu sein. Welchen Nutzen haben wir für die Bäume? Sie erinnert sich an die Worte des Buddhas: Der Wald ist ein besonderes Wesen, von unbeschränkter Güte und Zuneigung, das keine Forderungen stellt und großzügig die Erzeugnisse seines Lebenswerks weitergibt; allen Geschöpfen bietet er Schutz und spendet Schatten selbst dem Holzfäller, der ihn zerstört. Und das soll der Schlusssatz ihres Buches sein.

Um punkt zwölf kommt Dennis, verlässlich wie der Regen, und bringt Broccoli-Mandel-Lasagne mit, sein jüngstes mittägliches Meisterwerk. Sie denkt, wie so oft in jeder Woche, was für ein Glück sie doch hat, dass sie diese wenigen gesegneten Jahre als Ehefrau des einzigen Mannes auf Erden verbringen darf, der sie den Großteil ihrer Zeit allein zubringen lässt. Der umgängliche, geduldige, gutmütige Dennis. Er beschützt ihre Arbeit und braucht selbst so wenig. In seinem Handwerkerherzen weiß er längst, dass der Mensch in Wirklichkeit nicht das Maß aller Dinge ist. Und er ist so emsig, so unermüdlich wie Unkraut.

279

Sie machen sich über Dennis' Festmahl her, und dazu liest sie ihm vor, was sie über Old Tjikko geschrieben hat. Er lauscht, staunend, wie ein glückliches Kind griechischen Mythen lauschen würde. Sie kommt zum Ende. Er applaudiert. »Ach, Babe. Das ist einfach großartig.« Babe. Tief im Kern ihrer unreifen grünen Seele freut sie sich darüber, dass sie das älteste Baby der Welt ist. »Ich sage dir das nicht gern, aber ich glaube, dein Buch ist fertig.«

Die Vorstellung jagt ihr Angst ein, aber er hat recht. Sie seufzt und starrt aus dem Küchenfenster, dahin, wo drei Krähen immer wieder neue Pläne aushecken, wie sie ihren Kompostbehälter knacken können. »Und was mache ich jetzt?«

Er lacht aus vollem Herzen, ganz, als hätte sie etwas Lustiges gesagt. »Du tippst es ab, und dann schicken wir es an deinen Verleger. Mit vier Monaten Verspätung.«

»Das geht nicht.«

»Wieso nicht?«

»Es stimmt hinten und vorne nicht. Das fängt schon mit dem Titel an.«

»Was hast du gegen *Wie Bäume die Welt retten*? Ist das etwa nicht die Wahrheit? Sie werden die Welt nicht retten?«

»Doch, davon bin ich überzeugt. Aber erst, wenn die Welt uns losgeworden ist.«

Er räumt das Geschirr zusammen und gluckst dabei leise vor sich hin. Er wird die Sachen mit nach Hause nehmen, wo es ein richtiges Spülbecken und heißes Wasser gibt. Er sieht sie über den Küchentisch hinweg an. »Dann nenn es doch *Die Rettung des Waldes*. Damit legst du dich nicht fest, wer wen rettet.«

»Du bist schon ein Schatz.«

»Wusstest du das nicht? Hör mal. Babe. Das hier, das sollte dir eine reine Freude sein. Du kannst anderen von dem erzählen, was dir im Leben am liebsten ist.«

»Du weißt doch, Denny. Da letzte Mal, als ich im Rampenlicht stand, lief es nicht gerade rosig für mich.«

Dafür hat er nur eine wegwerfende Handbewegung. »Das war in einem anderen Leben.«

»Wolfsrudel. Sie wollten nicht meine Thesen widerlegen. Sie wollten Blut sehen!«

»Aber du bist rehabilitiert, immer und immer wieder.«

Sie will ihm erzählen, was sie noch nie ausgesprochen hat; wie sie damals so schwer unter dem Trauma litt, dass sie sich aus den Früchten des Waldes ein tödliches Festmahl zubereitete. Aber sie bringt es nicht fertig. Sie schämt sich zu sehr für dieses Mädchen, das vor langer Zeit gestorben ist. Ein Teil von ihr kann kaum noch glauben, dass sie einmal so kurz vor einem solchen Schritt gestanden hat. Ein Drama, das man leugnen kann. Ein Spiel. Und so verbirgt sie das Einzige, was sie ihm je verschwiegen hat – den Augenblick, in dem sie die giftigen Pilze schon beinah im Mund hatte.

»Babe. Mittlerweile bist du fast so was wie eine Prophetin.«

»Ich habe auch viele Jahre als Paria verbracht. Aber Prophetin macht schon mehr Spaß.«

Sie hilft ihm, das schmutzige Geschirr zum Auto zu tragen. »Denny, ich liebe dich.«

»Sag das nicht dauernd. Du machst mir Angst.«

Sie tippt das Manuskript ab. Hie und da kappt sie ein paar Wörter, stutzt den einen oder anderen Satz zurecht. Es gibt jetzt ein Kapitel mit der Überschrift ›Die Gabenbäume‹ über ihre geliebten Douglasien und deren unterirdischen Wohlfahrtsstaat. Noch einmal zieht sie durch die Wälder des Landes, von Pappeln, die in einem Jahrzehnt mehr als dreißig Meter wachsen, bis zu Grannenkiefern, die über fünftausend Jahre hinweg langsam sterben. Dann der Gang zur Post, wo alle Anspannung von ihr abfällt, als sie erst einmal das Porto bezahlt und das Manuskript auf die Reise an die Küste am anderen Ende des Landes gebracht hat.

Sechs Wochen später läutet das Telefon in ihrem Arbeitszimmer. Sie hasst das Telefon. Schizophrenie zum Anfassen. Unsichtbare Stimmen, die einem aus der Ferne etwas einflüstern. Wenn jemand sie anruft, geht es immer um etwas Unangenehmes. Es ist ihr Verleger, dem sie noch nie begegnet ist, in New York, einer Stadt, die sie noch nie gesehen hat.

»Patricia? Ihr *Buch*. Ich habe es gerade zu Ende gelesen!«

Patricia duckt sich und wartet auf den Axthieb.

»Unglaublich. Wer hätte gedacht, wozu Bäume alles fähig sind?«

»Na ja. In ein paar hundert Millionen Jahren Evolution entwickelt man ein gewisses Repertoire.«

»In Ihrem Buch werden sie *lebendig*.«

»Genau genommen waren sie das schon immer.« Aber sie denkt an das Buch, das ihr Vater ihr geschenkt hat, als sie vierzehn war. Ihr wird klar, dass sie dieses hier ihrem Vater widmen muss. Und ihrem Mann. Und all den Menschen, die sich, wenn die Zeit reif ist, in neue Gestalten verwandeln werden.

»Patty, Sie würden nicht glauben, wofür Sie mir die Augen geöffnet haben, auf dem Weg von der U-Bahn zu meinem Büro. Dieses Kapitel über die Gabenbäume. Eine Offenbarung. Wir haben Ihnen viel zu wenig bezahlt.«

»Sie haben mir mehr bezahlt, als ich in den letzten fünf Jahren verdient habe.«

»Binnen zwei Monaten machen Sie Gewinn.«

Was Patricia Westerford gern zurückgewinnen würde, wäre ihre Einsamkeit, ihre Anonymität, von der sie spürt – so wie Bäume eine weit entfernte Bedrohung spüren –, dass sie sie auf immer verloren hat.

Mastery kommt auf den Markt, und von da an gibt es kein Zurück mehr. Zwei Monate nach der Veröffentlichung des Spiels in Nordamerika lädt der Präsident, Vorstandsvorsitzende und Mehrheitsaktionär von Sempervirens ein Exemplar auf seinen Arbeitsrechner, in seiner Wohnung oberhalb des schicken neuen Firmensitzes am Fuße der Berge, an der Page Mill Road. Alles Mammutbaum und Glas – ein Spielplatz aus skurrilen, meditativen Flächen. In seltsamen Winkeln gruppieren sie sich um offene Atrien, in die man riesige Schirmpinien gepflanzt hat. Hier zu arbeiten, das ist wie Camping im Nationalpark.

Neelays Refugium befindet sich hoch über diesem Bienenstock. Es ist nur über einen Privataufzug zu erreichen, versteckt hinter einer Feuertreppe. Im Mittelpunkt dieser heimlichen Höhle steht ein hochtechnisches Krankenhausbett. Neelay benutzt es fast gar nicht mehr. Vierzig Minuten, um hinein- oder herauszukommen; dieser Tage kommt es ihm schon wie Sterben vor, wenn er sich überhaupt nur hinlegt. Dazu hat er nicht die Zeit. Er schläft in seinem Rollstuhl, selten mehr als vierzig Minuten am Stück. Die Ideen foltern ihn wie Furien. Pläne, Geistesblitze für seine Welt im Entstehen jagen ihn gnadenlos durch die Galaxie.

Er sitzt vor einem riesigen Bildschirm an einem Arbeitstisch, der hoch genug ist, dass der Rollstuhl darunter passt. Dahinter sieht man durch die verglaste Wand das Panorama des Monte Bello. Dieser Blick auf den Berggipfel und der Sternenhimmel, der nachts durch das Glasdach scheint, das ist der Großteil von Neelays Fernreisen. Die meisten seiner Ausflüge sind wie der, an dem er jetzt gerade sitzt – Expeditionen in Küstengegenden, die in einem nebelverhangenen Land ihren Anfang nehmen und erst beim Erforschen allmählich Gestalt finden. Er hat die Grundzüge des Spiels entworfen, einen beträchtlichen Teil der Programmierung, und hat Monate damit zugebracht, die Verzweigungen der Pfade zu verfolgen. Eigentlich sollte *Mastery* ihn jetzt nicht mehr überraschen können; trotzdem schlägt sein Puls beim Spielen jedes Mal schneller. Ein Mausklick, ein paar Tastaturbefehle, und schon öffnet sich vor ihm wieder ein neuer unbekannter Kontinent.

In Wirklichkeit ist es ein armseliges Spiel – kein Geruch, kein Gefühl, kein Geschmack, nichts zum Anfassen. Es ist winzig, grobkörnig, ein Weltbild, so simpel wie die Schöpfungsgeschichte. Trotzdem beißt es sich in seinem Hirnstamm fest, jedesmal wenn er es startet. Die Geographie, das Klima, die bunt verstreuten Rohstoffe, in jeder Runde neu. Seine Gegenspieler können Konquistadoren sein, Immobilienhaie, Technokraten, Naturfreaks, Geizhälse, Menschenfreunde oder radikale Utopisten. Einen Ort in dieser Art hat es nie gegeben. Und trotzdem hat er, wenn er ihn betritt, jedes Mal das Gefühl, als käme er nach Hause. Sein

Verstand hat auf einen solchen Spielplatz gewartet, seit dem Tag, an dem er von seinem treulosen Baum gefallen ist.

Heute will er ein Weiser sein. Ein Gerücht verbreitet sich in den Foren rund um den Erdball, über eine todsichere Gewinnstrategie, von den Usern *Erleuchtung* genannt. Leute, die besonders hoch auf der Rangliste des Spiels stehen, drängen auf ein Verbot dieser Strategie. Doch selbst als Weiser muss er genügend Kohle, Gold, Erz, Stein, Holz, Nahrung, Ehre und Ruhm erwerben, um das Wachstum seiner Bevölkerung zu finanzieren. Er muss unbekanntes Terrain erforschen, Handelsbeziehungen aufbauen, Beutezüge in benachbarte Siedlungen unternehmen und dabei die vielfach verästelten Bäume von Kultur, Handwerkskunst, Wirtschaft und Technologie erklimmen. In dem Spiel sind fast ebenso viele bedeutsame Entscheidungen zu treffen wie im *Realen Leben*, oder, wie seine Angestellten es ein wenig abfällig abkürzen, im *RL*. Die Grafik von heute morgen wirkt ziemlich grob gerastert im Vergleich zu *Mastery* 2, das schon in Arbeit ist. Aber für die graphische Seite hat sich Neelay nie sonderlich interessiert. Das Sichtbare ist nur Platzhalter für die echte Sehnsucht. Alles, was er und eine halbe Million anderer *Mastery*-Spieler brauchen, ist die Möglichkeit, sich ohne weiteres immer wieder neu zu verwandeln, in einem Königreich, das unaufhörlich wächst.

Er spürt eine Regung in seinem Körper. Erst nach ein paar Minuten wird ihm klar, dass dieses Gefühl Hunger ist. Er sollte wirklich etwas essen, aber Essen macht solche Umstände. Er rollt hinüber zu dem Minikühlschrank und schnappt sich einen Energydrink und etwas, das sich als Hühnerpastete erweist und das er ohne den Umweg über die Mikrowelle in sich hineinstopft. Irgendwann wird er etwas Anständiges essen, heute Abend vielleicht oder morgen. Er ist gerade damit beschäftigt, aus einen Stapel Zypressenholzbretter von seinem besten Holzfällertrupp eine mächtige Arche zu zimmern, da klingelt das Telefon. Der Vormittagstermin mit einem Journalisten, der den aufsteigenden Stern dieser vielversprechenden Branche interviewen will, diesen Jungen, der, obwohl selbst noch keine dreißig, so vielen heimatlosen Jungs ein Zuhause gegeben hat.

Der Reporter klingt kaum älter als sein Interviewpartner und ist, hat Neelay den Eindruck, starr vor Ehrfurcht. »Mr. Mehta?«

Mr. Mehta ist sein Vater, dem Neelay am Rande von Cupertino ein Nest gebaut hat, einen kleinen Palast mit Swimmingpool, Heimkino und einem Teich samt Rosenholzschrein, an dem Mrs. Metha wöchentlich ihre Puja-Gebete verrichtet und die Götter bittet, ihrem Sohn Glück zu bescheren, und ein Mädchen, das sein wahres Wesen erkennt.

Ein Spiegelbild in der Glasscheibe blickt ihn herausfordernd an: eine braune, dürre Gottesanbeterin mit dicken Gelenken und einem Kopf, der aussieht wie ein straff mit Haut überzogener Totenschädel. »Nennen Sie mich Neelay.«

»Oh, wow. Okay. Super! Neelay. Mein Name ist Chris. Danke, dass Sie bereit sind, sich mit mir zu unterhalten. Also, was ich als Erstes fragen möchte: Wussten Sie vorher, dass *Mastery* so erfolgreich sein würde?«

Ja, Neelay wusste das, lange bevor sie das Spiel in die Welt entlassen haben. Er wusste es von dem Moment an, in dem er es vor sich gesehen hatte, unter dem mächtigen, weit ausladenden Baum in der Nacht oben in Skyline. »Irgendwie schon. Die Betaversion hat meine gesamte Belegschaft lahmgelegt. Mein Projektmanager musste ein Spielverbot verhängen.«

»Heilige Scheiße. Haben Sie Verkaufszahlen?«

»Es verkauft sich sehr gut. In vierzehn Ländern.«

»Worauf führen Sie das zurück?«

Für den Erfolg des Spiels gibt es eine ganz einfache Erklärung. Es ist ein ziemlich getreues Faksimile des Ortes, den Neelay sich mit sieben vorgestellt hat, als sein Vater mit einem riesigen Pappkarton die Treppe heraufgekeucht kam. *Also, Neelay-ji. Was soll der kleine Kerl tun?* Was der Junge sich von dem schwarzen Kasten wünschte, war etwas vollkommen Unschuldiges: Er sollte ihn zurückversetzen in die mythische Anfangszeit, als alle Orte, an die ein Mensch kommen konnte, grün und biegsam waren, und dem Leben standen noch alle Möglichkeiten offen.

»Das weiß ich nicht. Die Regeln sind einfach. Eine Welt, die auf den Spieler reagiert. Alles geht schneller als im echten Leben. Man kann mitansehen, wie das eigene Reich wächst.«

»Ich … ich will es Ihnen gestehen. Ich bin regelrecht verliebt in das Spiel! Als ich heute Nacht endlich aufgehört habe, war es ungefähr vier Uhr früh. Immer wollte ich nur gerade noch sehen, was mit dem nächsten Schritt passiert. Und als ich schließlich vom Computer aufstand, da schwankte und schlingerte mein ganzes Zimmer.«

»Ich weiß genau, was Sie meinen.« Und Neelay weiß es tatsächlich. Ausgenommen das Aufstehen natürlich.

»Meinen Sie, es verändert das Gehirn der Menschen, die es spielen?«

»Ja, Chris. Aber ich glaube, das gilt für alles, was wir tun.«

»Haben Sie den Artikel über Spielsucht gelesen, letzte Woche in der *Times*? Leute, die fünfzig Stunden die Woche mit Videospielen zubringen?«

»*Mastery* ist kein Videospiel. Es ist ein Denkspiel.«

»Ja, okay. Aber Sie müssen zugeben, eine Menge Zeit, die man eigentlich auf Produktives verwenden sollte, geht dabei verloren.«

»Das Spiel ist chronophagisch, das steht fest.« Er hört, wie am anderen Ende der Leitung ein kleines Fragezeichen in einer Blase erscheint. »Ein Zeitfresser.«

»Quält Sie das, dass Sie so viel Produktivität damit vernichten?«

Neelay blickt hinaus auf ein vor einem halben Jahrhundert kahlrasiertes Stück Berg. »Ich glaube nicht … Vielleicht ist es gar nicht so schlecht, ein wenig Produktivität zu vernichten.«

»Ah. Okay. *Mein* kleines Leben geht jedenfalls drauf bei dem Spiel. Ich stoße immer wieder auf Sachen, die nicht im Handbuch stehen, nicht mal auf hundertachtundzwanzig Seiten.«

»Ja. Das ist ein Grund, weswegen die Leute dabeibleiben.«

»Ich habe das Gefühl, solange ich spiele, habe ich ein Ziel. Immer noch was zu erledigen.«

O ja, genau das, möchte Neelay ihm antworten. Immer in Sicherheit, nichts Unbegreifliches, nirgends der Morast der Zweideutigkeit, der einen verschlingt, keine zwischenmenschlichen Fallstricke, und für jeden gibt es das verheißene Land. *Sinn* wäre wohl der Ausdruck dafür.

»Ich glaube, viele Menschen fühlen sich da drinnen mehr zuhause. Mehr als hier draußen.«

»Gut möglich! Ziemlich viele in meinem Alter jedenfalls.«

»Stimmt. Aber für die nächste Version planen wir eine ganze Reihe neuer Rollen. Neue Spielstrategien. Neue Möglichkeiten für Spieler jeder erdenklichen Art. Wir wollen, dass es ein schöner Ort für alle wird.«

»Wow. Okay. Tolle Sache. Und was hat die Firma als Nächstes vor?«

Die Firma entgleitet Neelays Kontrolle. Teams und Manager bevölkern eine weitverzweigte Organisation, über die er allmählich den Überblick verliert. Die besten Entwickler im ganzen Valley klopfen Tag für Tag an die Tür und wollen mitspielen. Software-Ingenieure aus dem Hightech-Gürtel rund um Boston, frisch Graduierte vom Georgia Tech oder dem Carnegie Mellon – Hirne, schon seit Kindertagen geprägt durch die Spiele, die Neelay früher verschenkt hat – betteln um eine Chance, mithelfen zu dürfen bei dieser nun schon gut in Gang gekommenen Massenabwanderung in eine andere Welt.

»Ich wünschte, ich könnte Ihnen das sagen.«

Chris fleht. »Und wenn ich Sie darum bitte?«

Seine Stimme hat das gesunde Selbstvertrauen eines Mannes, der mit beiden Beinen im Leben steht. Weiß und gutaussehend vermutlich. Der Charme und Optimismus eines Mannes, der noch nicht erfahren hat, was Menschen anderen Menschen antun, anderen Lebewesen, wenn erst einmal Angst und Schmerz und Not im Spiel sind.

»Nur ein ganz kleiner Tip?«

»Eigentlich ist es ganz einfach. Mehr von allem. Mehr Überraschungen, Mehr Möglichkeiten. Mehr Orte, bevölkert von mehr und vielfältigeren Geschöpfen. Stellen Sie sich *Mastery* vor, an Fülle und Komplexität vervierzigfacht. Wir können uns nicht einmal ausmalen, wie so ein Ort aussehen wird.« *Alles aus einem Samenkorn so klein.*

»Oh. Faszinierend. Das ist … wunderschön.«

Neelay spürt etwas. Einen Stich. Er möchte sagen: *Frag weiter. Ich erzähle dir noch was.*

»Darf ich Ihnen eine persönliche Frage stellen?«

Neelays Puls schnellt in die Höhe, so, wie wenn er versucht, Klimmzüge an den Ringen zu machen. *Bitte nicht. Alles, nur nicht das.* »Klar.«

»Ich habe so manches über Sie gelesen. Ihre eigenen Angestellten sagen, Sie sind ein Einsiedler.«

»Ein Einsiedler bin ich nicht. Nur jemand – dessen Beine nicht funktionieren.«

»Davon habe ich gelesen. Wie leiten Sie die Firma?«

»Telefon. E-Mail. Online-Messaging.«

»Warum sieht man nie Bilder von Ihnen?«

»Kein schöner Anblick.«

Die Antwort bringt Chris aus dem Konzept. Neelay möchte sagen: *Schon in Ordnung. Ist doch nur RL.*

»Meinen Sie, die Tatsache, dass Sie als Kind von Einwanderern –«

»Ach, ich glaube nicht. Wahrscheinlich nicht.«

»Was nicht?«

»Ich glaube nicht, dass mich das stark beeinflusst hat.«

»Aber … wo Sie doch Indo-Amerikaner sind? Meinen Sie nicht –«

»Ich sage Ihnen, was ich meine. Ich bin Gandhi gewesen, ich bin Hitler und Chief Joseph gewesen. Ich habe Langschwerter geschwungen und dazu Stringtangas aus Kettengeflecht getragen, und Sie werden zugeben, allzuviel Schutz bieten die nicht!«

Chris lacht. Ein angenehmes Lachen, voller Vertrauen. Es ist Neelay egal, wie der Mann aussieht. Es ist ihm egal, ob er vierhundert Pfund schwer und voller Frostbeulen ist. Begehren packt ihn. *Hätten Sie Interesse, einmal mit mir auszugehen?* Nur dass es allenfalls ein Zu-ihm-Hinkommen wäre. *Es müsste nichts geschehen. Genauer gesagt, kann gar nichts geschehen. Damit ist es aus für mich. Wir könnten … uns einfach irgendwo hinsetzen und über alles Erdenkliche reden, ohne Furcht, ohne Schmerz, ohne Konsequenzen. Einfach nur beisammensitzen und darüber plaudern, wohin die Welt unterwegs ist.*

Unmöglich. Ein einziger Blick auf Neelays groteske Gliedmaßen, und selbst dieser Journalist mit seinem Humor und seinem Selbstvertrauen würde sich angewidert abwenden. Und doch *liebt* dieser Chris, dieser Mann, Neelays Spiel. Spielt es jeden Abend bis tief in die Nacht. Das Programm, das Neelay geschrieben hat, verändert das Gehirn dieses Mannes.

»Ich will nur sagen – ich bin schon so vieles gewesen. Habe so viele verschiedene Leben gelebt. Im Afrika der Steinzeit und am äußersten Rand ferner Galaxien. Ich denke, dass wir, wenn die Software immer besser wird und uns immer mehr Raum gibt, schon ziemlich bald in der Lage sein werden, uns in alles zu verwandeln, was wir sein wollen. Nicht übermorgen, aber doch bald.«

»Das … klingt mir ein bisschen weit hergeholt.«

»Ja. Vielleicht ist es das.«

»Spiele sind doch nicht … Die Leute werden immer noch hinter dem Geld hersein. Sie werden immer nach Prestige und sozialem Status streben. Politik. Diese Dinge bleiben für immer.«

»Ja. Für immer? Vielleicht.« Neelay starrt auf seinen Schirm, sieht eine Welt, die sich mit Riesenschritten nähert und in der sozialer Status nur noch durch Voten in einem Raum erlangt wird, der spontan, global, anonym, virtuell und gnadenlos ist, alles zugleich.

»Die Menschen stecken immer noch in Körpern. Sie wollen greifbare Macht. Freunde, Geliebte. Belohnungen. Erfolge.«

»Sicher. Aber nicht mehr lange, und wir tragen all das in unserer Tasche mit uns herum. Wir leben, machen Geschäfte, treffen Vereinbarungen und haben Liebesaffären, alles im symbolischen Raum. Die Welt wird ein Spiel sein, und der Punktestand ist öffentlich. Und das hier?« Er macht eine Handbewegung, wie Leute es am Telefon tun, obwohl er weiß, dass Chris ihn nicht sehen kann. »Die Dinge, von denen Sie sagen, dass die Leute sie *wirklich* wollen? Das *echte* Leben? Schon bald werden wir überhaupt nicht mehr wissen, was das war.«

Auf dem Highway 36 ist ein Auto unterwegs in Richtung Norden. Ein Impala. Zehn Meilen zu schnell kommt er über die Kuppe. Am Fuß der langen Gefällestrecke blockiert ein Dutzend schwarzer Kisten die Fahrbahn. Särge. Der Fahrer tritt auf die Bremse und bringt den Wagen kurz vor dem Massenbegräbnis zum Stehen. Hoch oben über den Särgen, auf einem Seil, das zwischen zwei Baumriesen, dick wie Leuchttürme, quer über die Straße gespannt ist, balanciert ein Puma. Ein Haltegurt umschließt die hellbraune Taille und ist mit einem Karabinerhaken an einer Sicherungsleine befestigt. Der Schwanz schwingt zwischen geschmeidigen Hinterbeinen, und der prächtige Kopf mit den langen Schnurrhaaren ist ganz in den Nacken gelegt, damit der Puma ein verheddertes Spruchband entwirren kann.

Aus Richtung Süden nähert sich ein zweites Auto. Der Käfer kommt schlitternd vor der Sargbarriere zum Stehen. Der Fahrer hupt zweimal, dann sieht er den Puma. Es ist ein so unglaublicher Anblick, selbst hier im Ganja-Land, dass der Mann eine ganze Weile lang einfach nur steht und staunt. Das Tier ist jung, grazil und nur mit einem Catsuit bekleidet, der an der Schulter ein wenig verrutscht ist, so dass die Worte *A change is gonna come* herausschauen. Die Katze kämpft mit dem Spruchband; die Fahrer verfolgen die Szene fasziniert. Ein weiteres Auto hält auf der Spur in Richtung Norden. Dann noch eins.

Auf einer Plattform am Straßenrand versucht ein Bär, das hängen gebliebene Laken mit einer Stange über den Spanndraht zu ziehen. Die Grizzlyschnauze und die tiefen Augenhöhlen sind wunderbar echt auf das Pappmaché gemalt. Die Löcher für die Augen sind so winzig, dass der Bär sein mächtiges Haupt heben muss, wenn er etwas sehen will. Minuten später staut sich der Verkehr in beide Richtungen. Zwei Männer steigen aus ihren Autos. Sie sind ärgerlich, müssen aber trotzdem über die Riesenmenagerie lachen. Nach einem Pfotenhieb des Pumas fällt das Laken endlich herunter, wird vom Wind erfasst und flattert über dem Highway wie ein Segel.

Hände weg von der unschuldigen Natur

Die Ränder des Spruchbands sind verziert mit einer prachtvollen Bordüre aus Farnwedeln und Blumen, wie ein mittelalterlicher Kodex. Zuerst stehen die Autofahrer nur da und verfolgen, was geschieht. Einige applaudieren spontan. Dann ruft einer aus einem heruntergekurbelten Fenster: »Bei deiner Natur würd ich gern mal Hand anlegen, Schatz!« Die Berglöwin winkt, hoch über der Fahrbahn. Die Geiseln antworten mit eigenen Gesten, erhobene Daumen oder gestreckte Mittelfinger. Die wilde Maske, mit der sie von oben auf sie herabsieht, weckt eine uralte Erregung, tief in den Eingeweiden dieser Betrachter.

Einer der Fahrer nähert sich den Särgen. »Mit meinem Job in der Holzindustrie bezahle ich euch die Sozialhilfe. Macht gefälligst die Straße frei!« Er tritt nach den schwarzen Kisten, aber sie sind zu schwer zum Wegschieben. An einem Band um den Hals trägt die Berglöwin eine Trillerpfeife, und nun stößt sie drei Pfiffe aus. Sämtliche Kisten öffnen sich, und ihnen entsteigen Gestalten wie am Jüngsten Tag. Der Bär steuert zu dem Chaos noch Rauchbomben bei. Aus den Särgen klettern Kreaturen so bunt wie die Schöpfung. Da ist ein Elch, dessen Geweih nach außen gebogen ist wie Engelsflügel. Ein Sonoma-Streifenhörnchen mit Nagezähnen so lang wie Essstäbchen. Ein Annakolibri mit leuchtend pink- und bronzefarben schillerndem Gefieder. Ein Riesensalamander wie ein Alptraum von Dalí. Ein sonnengelber Klecks, eine Bananenschnecke.

Die Zuschauer wider Willen lachen über diese Auferstehung der Tiere. Weiterer Applaus, weitere Beschimpfungen. Die Tiere brechen in einen wilden Tanz aus. Jetzt werden die Autofahrer unruhig; sie haben ein solches Bacchanal schon einmal gesehen – Tiere, die wie toll im Kreis herumspringen –, eine Spur Erinnerung an die bunten Bilder der ersten Bücher, die sie in ihren Patschhändchen gehalten haben, damals, als noch alles möglich und real war. Während alle vom Tiertanz abgelenkt sind, nehmen Bär und Puma ihre Haltegurte ab und klettern nach unten. Das Jaulen der Polizeisirene, die sich dem Hinterende der Autoschlange nähert, klingt anfangs wie eine weitere Nummer der Show. Die Polizisten kommen über die Böschung der blockierten Straße, und die Tiere haben genug Zeit, im Unterholz zu verschwinden. In ihrem Gefolge huschen noch eine ältere Frau und ein Mann mit einer Videokamera in den Wald.

Zwei Tage darauf ist der Film landesweit in den Nachrichten. Die Reaktionen decken die ganze Bandbreite ab. Die Leute mit ihrem Spruchband sind Helden. Großspurige Ganoven, die hinter Gitter gehören. Tiere. Jawohl: Es sind Tiere. Kluge, altruistische Täuschungskünstlertiere, die vorübergehend einen Highway gekapert haben, damit es einen Moment lang scheinen konnte, als käme die Natur vielleicht doch noch zu ihrem Recht.

Vier Jahre am Fortuna College verdichten sich zu einem einzigen Nachmittag: Adam, an seinem üblichen Platz in der ersten Reihe des Auditoriums. Professor Rubin Rabinowski am Pult – Affekt und Kognition. Die letzte Vorlesung vor der Abschlussprüfung, und Rabi gibt einen Überblick über all die Ergebnisse experimenteller Forschungen, die – zum großen Amüsement des vollbesetzten Hörsaals – den Schluss nahelegen, dass Psychologieunterricht reine Zeitvergeudung ist.

»Was ich Ihnen jetzt zeige, sind die Selbsteinschätzungen von Menschen, die befragt wurden, wie empfänglich sie ihrer Meinung nach für Phänomene wie Ankereffekt, Endowmenteffekt, Perseveranzeffekt, Prävalenzfehler, Verfügbarkeitsfehler, Bestätigungsfehler, illusorische Korrelation und Gedächtnishemmung sind – allesamt Varianten der kognitiven Verzerrungen, die Sie im Laufe Ihres Studiums kennengelernt haben. Hier zum einen die Werte der Kontrollgruppe. Und das sind die Werte von Personen, die in früheren Jahren diesen Studiengang durchlaufen haben.«

Jede Menge Gelächter; die Zahlen unterscheiden sich fast gar nicht. Beide Gruppen vertrauen fest auf ihren eisernen Willen, ihr klares Urteilsvermögen und ihre gedankliche Unabhängigkeit.

»Und hier die Ergebnisse mehrerer Versuchsreihen, die so angelegt waren, dass der eigentliche Gegenstand des Tests verborgen blieb. Die meisten Versuchspersonen aus der zweiten Gruppe wurden weniger als sechs Monate nach Abschluss ihres Studiums getestet.«

Aus Gelächter wird Stöhnen. Blindheit und Unvernunft triumphieren. Examinierte Psychologen, die für fünf Dollar Ersparnis doppelt so hart arbeiten würden wie für fünf Dollar Verdienst. Menschen mit Collegeabschluss, die mehr Angst vor Bären, Haifischen, Blitzeinschlägen und Terroristen haben als vor betrunkenen Autofahrern. Achtzig Prozent halten sich für intelligenter als der Durchschnitt. Collegeabsolventen, die bei der Frage, wie viele Gummibärchen in einem Glas sind, absurd hohe Zahlen angeben, allein auf der Grundlage willkürlicher Annahmen einer anderen Person.

»Die Psyche hat die Aufgabe, uns in seliger Unwissenheit zu wiegen; zu verschleiern, wer wir sind, was wir denken und wie wir uns in einer bestimmten Situation verhalten werden. Wir alle agieren in einem dichten Nebel aus gegenseitiger Verstärkung. Unser Denken ist in erster Linie geprägt von ererbter Hardware, die im Laufe ihrer Entwicklung gelernt hat, zu glauben, dass alle anderen *im Recht sein müssen.* Aber selbst wenn wir vor dem Nebel gewarnt sind, *kommen wir nicht besser durch.*

Nun fragen Sie sich vielleicht, warum ich dann immer noch hier oben stehe. Warum ich das jahrelang mitmache und mich vom College dafür bezahlen lasse.«

Rundum wohlwollendes Lachen. Adam bewundert das enorme pädagogische Talent dieses Mannes. Er zumindest, so viel schwört er sich, wird sich noch nach Jahren an diese Vorlesung erinnern, und die Enthüllungen werden ihn klüger machen, ganz gleich, was die Studien belegen. Er zumindest wird den vernichtenden Zahlen trotzen.

»Und jetzt möchte ich Ihnen die Antworten zeigen, die Sie selbst auf einem einfachen Fragebogen gegeben haben, den ich Ihnen zu Beginn des Semesters vorgelegt habe. Wahrscheinlich haben Sie längst vergessen, dass Sie ihn ausgefüllt haben.« Der Professor wirft einen Blick auf die Durchschnittswerte und verzieht das Gesicht. Seine Lippen spannen sich schmerzlich. Hie und da hört man Kichern im Saal. »Ganz gleich, ob Sie sich daran erinnern oder nicht, dass ich von Ihnen wissen wollte, ob Sie glauben, Sie würden …« Professor Rabinowski nestelt an seiner Krawatte. Er macht eine weit ausholende Bewegung mit dem linken Arm, verzieht erneut das Gesicht. »Bitte entschuldigen Sie mich einen Augenblick.« Er taumelt vom Rednerpult und zur Tür hinaus. Ein Raunen geht durch den Hörsaal. Draußen auf dem Flur hört man dumpfes Poltern – als ob ein Stapel Kartons umfällt. Vierundfünfzig Studenten sitzen wie angewurzelt und warten auf die Pointe. Schwache, gedämpfte Geräusche auf dem Flur. Aber niemand steht auf.

Adam lässt den Blick über die Sitzreihen hinter sich schweifen. Seine Mitstudenten sitzen mit starrer Miene oder blättern in ihren Aufzeichnungen. Er wendet sich um und sieht die faszinierende Frau an, die immer zwei Plätze links von ihm sitzt. Angehende Medizinstudentin, rehbraun, hübsch, ohne sich dessen bewusst zu sein, Ringbücher voll mit Aufzeichnungen in Schönschrift, und wieder einmal stellt er sich vor, wie wunderbar es wäre, mit ihr bei Bucky ein Bier zu trinken und über diese erstaunliche Vorlesung zu reden. Aber das Semester ist in zwei Tagen zu Ende, und er hat praktisch keine Chance mehr.

Sie schaut zu ihm herüber, verunsichert. Er schüttelt den Kopf und kann sich ein Grinsen nicht verkneifen. Er neigt sich zu ihr hin, um etwas zu flüstern, sie kommt ihm entgegen. Vielleicht gibt es ja doch noch Hoffnung. »Kitty Genovese. Der Zuschauereffekt. Darley und Latané, 1968.«

»Aber fehlt ihm auch wirklich nichts?« Ihr Atem duftet nach Zimt.

»Erinnerst du dich, dass wir gefragt wurden, ob wir jemandem helfen würden, der –«

Unten schreit eine Frau, ruft nach einem Notarzt. Doch als die Sanitäter mit ihrem Rettungswagen auf den Hof fahren, ist Professor Rabinowski seinem Herzinfarkt schon erlegen.

»Ich verstehe das nicht«, sagt die Medizinschönheit in ihrer Nische bei Bucky. »Wenn du geglaubt hast, er führt uns den Zuschauereffekt vor, warum bist du dann einfach sitzen geblieben?«

Sie trinkt schon den dritten Eiskaffee; Adam wird langsam unruhig. »Darum geht es doch nicht. Die Frage ist, warum dreiundfünfzig andere, du eingeschlossen, nichts unternommen haben, obwohl sie dachten, er hätte einen Herzanfall. *Ich* war im Glauben, er macht einen Witz, um uns etwas vor Augen zu führen.«

»Dann hättest du aufstehen und seinen Trick entlarven sollen!«

»Ich wollte ihm nicht die Schau stehlen.«

»Binnen fünf Sekunden hättest du aufstehen müssen.«

Er schlägt mit der flachen Hand auf den Tisch. »Das hätte verflucht nochmal auch nichts geändert!«

Sie drückt sich in die Ecke, als hätte der Schlag ihr gegolten. Er kehrt die Handflächen nach oben, beugt sich vor, um sich zu entschuldigen, und wieder weicht sie zurück. Er erstarrt, die Hände noch immer erhoben, und sieht, was die verängstigte Frau sieht.

»Es tut mir leid. Du hast recht.« Professor Rabinowskis letzte Lektion. Das Studium der Psychologie ist in der Tat nicht zu viel zu gebrauchen. Er bezahlt die Getränke und geht. Er sieht sie nie wieder, außer in der folgenden Woche, aus vier Tischen Entfernung, zwei Stunden lang bei der Abschlussprüfung unter den strengen Augen der Aufsicht.

Er bekommt einen Platz in einem neueingerichteten Graduiertenstudiengang für Sozialpsychologie in Santa Cruz. Der Campus ist ein Zaubergarten an einem Berghang mit Blick über die Bucht von Monterey. Es ist der schlechteste Ort, den er sich für eine Promotion vorstellen kann – oder überhaupt für ernsthafte Arbeit. Andererseits eignet er sich hervorragend für artenübergreifende Kontakte zu den Seelöwen unten am Pier, dafür, zu nächtlicher Stunde nackt und bekifft auf den Sunset Tree zu klettern, auf der großen Rasenfläche zu liegen und in den unglaublichen Sternenwolken nach einem Promotionsthema zu suchen. Nach zwei Jahren sind seine Kommilitonen so weit, dass sie ihn nur noch die Blindschleiche nennen. Bei jeder Diskussion über die Psychologie der Gesellschaftssysteme zieht Adam Appich, approbierter Wissenschaftler, seine Studien aus dem Ärmel, die belegen, dass kongenitale kognitive Blindheit die Menschen für alle Zeiten daran hindern wird, das zu tun, was gut und richtig für sie wäre.

Sprechstunde bei seiner Mentorin. Professor Mieke Van Dijk, die mit dem hinreißenden Pagenschnitt, den kehligen Konsonanten und den erotisch weichen Vokalen. Genau genommen ist sie es, die ihn alle zwei Wochen in ihrem Büro oben im College Ten antreten lässt, weil sie denkt, ein wenig Druck sorgt vielleicht doch noch dafür, dass er endlich mit der Arbeit anfängt.

»Sie verschleppen die Sache. So kriegen Sie nie einen Fuß auf den Boden.«

Seine Füße sind tatsächlich nicht auf dem Boden, denn er hat sich auf das viktorianische Sofa gegenüber ihrem Schreibtisch gelegt, als sei er zu einer Therapiesitzung gekommen. Sie finden das beide lustig.

»Verschleppen ist nicht der richtige Ausdruck. Blockade träfe es eher.«

»Aber wieso denn? Sie nehmen die Sache viel zu ernst. So eine Dissertation« – immer ein kleines Zischeln beim *S* – »ist doch im Grunde nur eine große Seminararbeit. Sie müssen nicht gleich die Welt retten.«

»Nicht? Kann ich dann wenigstens einen Staat oder zwei retten?«

Sie lacht; sein Herz schlägt schneller beim Anblick ihrer Hasenzähne. »Hören Sie, Adam. Tun Sie einfach so, als ob es gar nichts mit Ihrer beruflichen Karriere zu tun hätte. Nichts mit professioneller Anerkennung. Was möchten Sie entdecken? Woran würden Sie die nächsten zwei Jahre gern arbeiten, was würde Ihnen Freude machen?«

Er sieht zu, wie die Worte aus diesem hübschen Mund purzeln, frei von dem ganzen sozialwissenschaftlichen Fachjargon, in den sie bei ihren Seminaren verfällt. »Wo Sie gerade von Freude sprechen ...«

»Pah. Irgendwas *müssen* Sie doch wissen wollen.«

Er wüsste gern, ob sie je, auch nur ein einziges Mal, in seiner Gegenwart an Sex gedacht hat. Unvorstellbar ist das nicht. Sie ist nur zehn Jahre älter als er. Und sie ist – das Wort *handfest* kommt ihm in den Sinn. Er verspürt einen seltsamen Drang, ihr zu erklären, wie er hierhergekommen ist, in ihr Büro, auf der Suche nach einem Thema für seine Doktorarbeit. Würde am liebsten seinen gesamten intellektuellen Werdegang in einer langen Linie vor ihr ausbreiten – von den Nagellackmarkierungen auf Ameisenleibern bis hin zu dem Augenblick, in dem der Held seiner frühen Studienjahre vor seinen Augen starb –, und sie dann fragen, wohin diese Linie denn nun führt.

»Was ich gern täte, wäre ... Leuten die Augen öffnen.« Er wirft ihr einen verstohlenen Blick zu. Wenn Menschen, so wie manche wirbellose Tiere, sich doch nur dunkelrot verfärben würden, wenn sie sich von einem anderen angezogen fühlen. Dann wäre die ganze Spezies nur halb so neurotisch.

Sie schürzt die Lippen. Sie muss wissen, wie gut ihr das steht. »Die Augen öffnen? Das müssen Sie mir erklären.«

»Sind Menschen dazu in der Lage, eigenständige moralische Entscheidungen zu treffen, auch wenn sie den Überzeugungen ihres Umfelds zuwiderlaufen?«

»Das heißt, eine Studie über transformatives Potential als Funktion starker normativer Eigengruppenfavorisierung.«

Er könnte jetzt nicken, aber diese Art Jargon ist ihm ein Graus. »Sagen wir mal so: Ich halte mich für einen guten Menschen. Einen guten Staatsbürger. Aber ein guter Bürger im Sinne des alten Roms, als ein Vater die Macht, manchmal auch die Pflicht hatte, sein Kind zu töten.«

»Verstehe. Und als guter Staatsbürger haben Sie das Ziel, positive Distinktheit zu wahren ...«

»Wir alle sitzen in der Falle. In der Falle unserer sozialen Identität. Selbst wenn uns große, bahnbrechende Wahrheiten ins Auge ...« Er hört seine Mitstudenten johlen. *Blindschleiche.*

»Nein. Das sehe ich anders – sonst könnte sich eine Gruppe ja nie neu erfinden. Ihre soziale Identität transformieren.«

»Tut sie das denn je?«

»Ja, natürlich! Hier in Amerika haben die Menschen in einer einzigen Lebensspanne die Überzeugung überwunden, dass Frauen zu schwach sind, um an Wahlen teilzunehmen, und eine der großen Parteien hat eine Frau für die Vizepräsidentschaft nominiert. Von Dred Scott zur Sklavenbefreiung in nur ein paar Jahren. Kinder, Ausländer, Strafgefangene, Frauen, Schwarze, körperlich und geistig Behinderte: sie alle sind von Objekten zu Subjekten geworden. Als ich auf die Welt kam, war die Vorstellung, ein Schimpanse könnte vor Gericht Gehör finden, völlig abwegig. Wenn Sie so alt sind wie ich, werden wir uns fragen, wie wir je bestreiten konnten, dass Tiere intelligente Lebewesen sind.«

»Wie alt sind Sie denn eigentlich?«

Professor Van Dijk lacht. Die Haut über ihren zarten, hohen Wangenknochen färbt sich rosa; kein Zweifel. Schwer zu verbergen bei diesem Teint. »Schweifen Sie nicht ab.«

»Ich würde gern die Persönlichkeitsfaktoren bestimmen, die es manchen Individuen ermöglichen, sich zu fragen, wie alle anderen so blind sein können ...«

»... während zur gleichen Zeit diese anderen immer noch versuchen, die Gruppenloyalität zu stärken. Jetzt sind wir auf dem richtigen Weg. Das könnte ein Thema sein. *Sehr* viel enger gefasst und klarer fokussiert. Sie könnten den nächsten Schritt in genau diesem historischen Bewusstseinsprozess untersuchen. Sich mit Menschen beschäftigen, die eine Position vertreten, die jedes vernünftige Mitglied unserer Gesellschaft für verrückt hält.«

»Zum Beispiel?«

»Wir leben in einer Zeit, in der viele eine moralische Autorität jenseits des Menschen postulieren.«

Nur einmal kurz die Bauchmuskeln angespannt, schon sitzt er aufrecht. »Wie meinen Sie das?«

»Sie haben die Nachrichten gesehen. Überall an dieser Küste riskieren Menschen ihr Leben für Pflanzen. Letzte Woche habe ich einen Bericht gelesen – einem Mann wurden beide Beine von einer Maschine abgerissen, an die er sich anketten wollte.«

Adam *hat* die Berichte gesehen, aber er hat sich nicht weiter darum gekümmert. Jetzt kann er gar nicht mehr begreifen, warum. »Pflanzenrechte? Persönlichkeitsrechte für Pflanzen.« Er kannte mal einen Jungen, der in ein Loch sprang und riskierte, bei lebendigem Leibe begraben zu werden, weil er den Setzling für den Baum seines ungeborenen Bruders vor Schaden bewahren wollte. Dieser Junge ist tot. »Ich hasse Aktivisten.«

»Wirklich? Und wieso?«

»Alles nur engstirnige Dogmatiker und Parolenschwinger. Langweiler. Ich hasse es, wenn diese Typen von Greenpeace mich auf der Straße anhauen. Jeder, der *selbstgerecht* daherkommt … der begreift es nicht.«

»Begreift *was* nicht?«

»Wie hoffnungslos zerbrechlich und im Irrtum wir alle sind. In jeglicher Hinsicht.«

Professor Van Dijk runzelt die Stirn. »Verstehe. Ein Glück, dass wir *Sie* nicht zum Gegenstand einer psychologischen Studie machen.«

»Appellieren diese Leute wirklich an eine neue, über den Menschen hinausgreifende moralische Instanz? Oder werden sie einfach nur sentimental, wenn sie ein bisschen Grünzeug sehen?«

»Das ist der Punkt, an dem kontrollierte psychologische Messmethoden ins Spiel kommen.«

Er muss selbst ein bisschen grinsen. Aber etwas Großes ergreift Besitz von ihm, und er darf sich jetzt nicht bewegen, sonst verschwindet es wieder. Ein Weg tut sich auf. »Identitätsbildung und klassische Persönlichkeitsmerkmale bei Pflanzenrechtsaktivisten.«

»Oder: Wen umarmt der Baum-Umarmer wirklich, wenn er einen Baum umarmt?«

Die Sonne scheint im westlichen Kaskadengebirge, als Mimi und Douglas in den Waldweg einbiegen, an dem sich die Autos schon stauen. Überall Leute auf der kleinen Lichtung. Das ist kein Protestmarsch. Es ist ein Volksfest. Die Keramikingenieurin fragt den Kriegsveteranen: »Was *sind* das alles für Leute?«

Douggie hat beim Aussteigen wieder sein irres Grinsen, so breit, dass er damit die ganze Welt verschlingen könnte; das, das Mimi so liebgewonnen hat, so, wie man das Kläffen eines Köters liebgewinnen mag, den man aus dem Tierheim gerettet hat. Er streckt beide schwieligen Hände der Menge entgegen, ein übermütiges Cowboyglück. »Homo sapiens, Mann. Die lassen sich immer wieder was einfallen!«

Mimi muss laufen, damit sie Schritt hält. Sie ist ganz benommen von den vielen Menschen. »Was die machen?«

Douglas dreht ihr sein gutes Ohr zu. »Was sagst du?« Die Menge bei diesem Festival der guten Absichten macht viel Lärm, und seit seinen Tagen im Transportflugzeug hört er nicht mehr so gut.

Sie staunt immer noch. Ein Mann, der sich die Mühe macht, zuzuhören. »Mein Vater hat das immer gesagt. *Was die machen?*«

»Was die machen?«

»Ja. Es heißt so viel wie: *Was glauben die denn, was sie hier ausrichten können?*«

»Ein bisschen wunderlich?«

»Chinese. Er fand, das Englische könnte auch mit weniger Worten auskommen.«

Douglas schlägt sich die Hand vor die Stirn. »Du bist *Chinesin*.«

»Halbchinesin. Was dachtest du denn?«

»Keine Ahnung. Irgendwas Dunkleres.«

In Wirklichkeit, das weiß Mimi, geht es um die Frage, was *sie* macht.

Sie fragt sich immer noch, wie er sie dazu gebracht hat, mit zu dieser Protestveranstaltung zu kommen. Bisher war die einzige politische Unternehmung in ihrem Leben ein Grundschul-Kreuzzug gegen den Vorsitzenden Mao. Ihr Groll gilt der Stadt, dem heimtückischem nächtlichen Überfall auf ihre Bäume. Ein Stückchen Park. Aber das hier, mitten im Wald: Ja, liebe Güte, sie ist *Ingenieurin*. Für sie sollte es selbstverständlich sein, dass man aus solchen Bäumen etwas Nützliches macht.

Aber zwei Vorträge, die Teilnahme an einer Komiteesitzung zusammen mit diesem tapsigen Unschuldslamm haben ihr Herz erweicht. Die Berge, diese bewaldeten Kaskaden – jetzt, wo sie sie gesehen hat, ist sie dabei. Und so ist sie zu diesem öffentlichen Protest gekommen, von dem ihr Vater, der Einwanderer, sie entsetzt nach Hause gezerrt hätte, aus Furcht vor Abschiebung, Folter oder Schlimmerem. »Wie viele das sind.«

Großmütter mit Gitarren und Krabbelkinder mit Weltraum-Wasserpistolen. Collegestudenten, die beweisen wollen, was sie einander wert sind. Survivaltypen mit Kinderwagen wie Radpanzer im Hobbitformat. Grundschulkinder mit putzigen Plakaten: RESPEKT VOR DEM ALTER. WIR BRAUCHEN UNSERE LUNGEN NOCH. In Schuhwerk bunt wie ein Regenbogen ziehen sie von der Straße den Waldweg herauf – Slipper und Cross-Country-Laufschuhe, Gesundheitssandalen, Fußballschuhe, bei denen die Kappe hochsteht, und, ja, auch Holzfällerstiefel. Bei der restlichen Kleidung geht es sogar noch bunter zu: Button-Down-Kragen und Stonewashed-Jeans, Batik und Flanell, Cowboyhemden, sogar eine Fliegerjacke der U. S. Air Force, wie Douggie sie vor fünfzehn Jahren für ein paar Dollar versetzt hat. Spielanzüge, Badeanzüge, Clownsanzüge – jede Art von Anzug, nur keine Nadelstreifen.

Ein Großteil der Menge ist in Bussen angereist, von vier vollkommen verschiedenen Umweltgruppen, die sich gegenseitig an die Gurgel gehen, wenn sie einmal kein gemeinsames Ziel haben. Ein Trupp Wanderer ist zwei Tage lang durchs Gelände gestapft, um bei diesem Spektakel dabei zu sein, bei dem sie den Ozean des Kapitalismus mit dem Fruchtbecher einer Eichel ausschöpfen wollen. Eine Handvoll Einheimischer ist auch erschienen und schaut zu. Hier draußen leben im Umkreis von hundert Meilen fast alle von der Holzindustrie. Auch sie haben ihre handgeschriebenen Plakate dabei. DIE EINZIGE BEDROHTE ART HIER SIND DIE HOLZFÄLLER! HEUTE DIE ERDE – MORGEN HOLZEN WIR DIE ANDEREN PLANETEN AB. Zwei Männer mit Bärten bis zum Brustbein halten vom Rand aus alles auf Video fest. Eine grauhaarige Frau in Jogginghosen, weichem Filzhut und ärmellosem Top lässt sich von jedem interviewen, der sie anspricht. Tiefer im Wald heizen ein Mann und eine Frau mit Megaphonen die Stimmung der Menge an. »Leute! Ihr seid wunderbar! Was für ein Aufgebot. Wir danken euch allen. Bereit für einen Waldspaziergang?«

Johlender Beifall, dann setzt sich der Zug in Bewegung, über einen Schotterweg zur frisch gefrästen Forststraße. Douglas reiht sich ein, Mimi neben ihm. Sie werden Teil des bunten Geflechts mit den Regenbogenfahnen, stimmen in die Sprechgesänge ein. Und hier, inmitten dieser Festtagsstimmung, unter einem unglaublich blauen Himmel, Arm in Arm mit Fremden auf ihrem Weg diesen sanften Hügel hinauf, begreift Mimi etwas. Ihr Leben lang hat sie unbewusst genau das Gebot befolgt, das ihren Eltern stets das wichtigste war: Nur kein Aufsehen erregen in der Welt. Sie, Carmen, Amelia – alle drei Ma-Mädchen. Fall nicht auf, dazu hast du kein Recht. Du kannst von anderen nichts fordern. Halte dich bedeckt, schwimm mit dem Strom, nicke, als seist du mit allem einverstanden. Und hier ist sie nun und fordert die Welt heraus. Tut, als wäre das, was sie macht, von Belang.

Schulter an Schulter ziehen sie über die Forststraße, zu zehnt nebenund in mehr Reihen hintereinander, als sie zählen kann. Sie schmettern Lieder, die Mimi zuletzt im Sommercamp gesungen hat, im nördlichen Illinois, die seligen Songs ihrer Kindheit. »*This Land Is Your Land.*« »*If I Had a Hammer.*« Douggie lächelt, summt mit, ein tonloser Bass. Zwischen den Songs bringt eine Einheizerin mit Megaphon, die seitwärts neben den vorderen Reihen hergeht, ein paar Sprechchöre in Gang. *Ohne die Bestände nur noch leere Hände. Rettet, was zu retten ist!*

Selbstgerechtigkeit ist Mimi ein Graus. Gegen Menschen mit Überzeugungen war sie schon immer allergisch. Aber mehr noch als Überzeugungen hasst sie die Heimtücke der Macht. Sie hat über diese Bergregion Dinge erfahren, die drehen ihr den Magen um. Eine schwerreiche Holzfirma, gedeckt von einer Forstverwaltung, die ausschließlich im

Interesse der Industrie arbeitet, nutzt das Machtvakuum im Vorfeld einer großen Gerichtsentscheidung, um gesetzwidrig einen gemischten Nadelwald abzuholzen, Bäume, die dort schon wuchsen, Jahrhunderte bevor in dieser Gegend die Vorstellung von so etwas wie Privateigentum überhaupt aufgetaucht ist. Sie würde alles unterstützen, was dazu dient, diesen Raubbau wenigstens für den Augenblick aufzuhalten. Sogar Selbstgerechtigkeit.

Drei Chöre lang schreiten sie durch dichten Fichtenwald. Stämme schraffieren das Sonnenlicht. *Gottesfinger* haben sie und ihre Schwestern diese schrägstehenden Strahlen immer genannt. Überall Bäume, deren Namen sie nicht kennt, von Schlingpflanzen umwuchert oder zu Boden gestürzt wie Barrikaden – so viel Leben in so vielen Spielarten, dass sie am liebsten ihre Kleider abwerfen und darin herumtollen würde. Am Waldboden wachsen Baumkinder, die sie mit einer Hand umfassen könnte, Besenstiele, die erst seit hundert Jahren dort stehen. Aber das grüne Dach ruht auf Säulen, die die Protestler, selbst zu mehreren untergehakt, nicht umspannen könnten.

Manchmal öffnet sich der Blick zwischen den grünen Zinnen. Mimi zupft Doug am Ärmel und zeigt. Nach Nordosten, durch Felsschluchten und über Hänge, zu steil, um sie zu erklimmen, zieht sich auf und ab das Grün wie ein Nadelkissen, strotzt nur so vor lebendiger Natur. Nebel verhüllt die Tannenspitzen noch genau wie an dem Tag, an dem die ersten Weißen in ihren Schiffen kamen und an dieser Küste nach Orten für einen Hafen Ausschau hielten. Durch eine weitere Öffnung nach Süden hingegen eine öde Mondlandschaft – Schlagabfälle mit Dieselöl getränkt und verbrannt, bis selbst die Pilze tot sind, dann mit Pflanzengift übergossen, so dass dort nichts anderes mehr wächst als die Monokulturreihen dieser Holzfirma, in einem kurzen Zyklus, den es, wie sie gelernt hat, selbst im besten Fall nur noch ein paar wenige Male gibt, dann ist auch der Boden tot. Von hier oben könnte man denken, die Bäume auf diesen Hängen führten Krieg gegeneinander. Flächen mit üppigem Grün marschieren gegen solche mit schlammig Erbrochenem, und das bis an den Horizont. Und die Menschen, die hier versammelt sind: blinde Armeen, die aufeinander losgehen wie seit eh und je, aus Gründen, die selbst die euphorischsten Krieger nicht kennen. Wann wird es genug sein? *Jetzt*, wenn man dieser singenden, lachenden Schar glauben will, unterwegs, die Holzfällertruppe am anderen Ende dieser Reifenspur zu überzeugen. *Jetzt* – die zweitbeste Zeit.

Die Straße wird schmaler, der Smaragdwald dichter. Zwischen Monsterbäumen kommt Mimi sich winzig klein und verloren vor. Alles ist dick mit Moos überzogen. Selbst das Farnkraut reicht ihr bis zur Brust. Der Mann neben ihr weiß, um welche Art Bäume es sich handelt, aber Mimi ist zu stolz, ihn zu fragen. Obwohl sie nun schon zehn Jahre in dieser Gegend lebt, trotz immer neuer Versuche mit Naturführern und Bestimmungsbüchern kann sie nach wie vor keine Zirbel- von einer Zuckerkiefer unterscheiden, ja kaum eine Zypresse von einer Zeder. Purpur-, Grau-, Pracht- und Riesentanne verschmelzen alle zu einem einzigen Baum, der Tanne. Und was da alles im Unterholz wimmelt – unmöglich. Die Rebhuhnbeere kennt sie, weiß der Himmel, woher. Sauerklee und Waldlilie. Aber der Rest ist ein einziger bunter Salat aus fremdartigem Grünzeug, das schon bis an den Rand des Pfades herangekrochen ist, bereit, sie an den Knöcheln zu packen.

Douglas zeigt auf etwas links von der Straße. »Schau!« Mitten in dem blaugrünen Durcheinander wachsen sieben kräftige Bäume in einer Linie, so gerade wie ein Tagtraum des Euklid.

»Ja, wie zum ... Hat da jemand ...«

Er lacht, packt sie an der Schulter. Die Berührung fühlt sich gut an. »Überleg, was vorher war. Viel, viel früher.«

Sie strengt sich an, aber sie kommt nicht darauf. Douglas kostet die Spannung noch ein wenig aus.

»Vor ein paar Hundert Jahren, so um die Zeit, als die Pilgerväter sich sagten: *Leute, lasst uns doch einfach nach drüben fahren*, ist hier einer von diesen Riesen umgestürzt. Morsches Holz, der perfekte Nährboden. Ein paar Samenkörner haben ihn als Furche genutzt, als hätte Gott persönlich sie gezogen.«

Etwas schimmert vor ihr, durch die Lichtflecken sichtbar gemacht, wie Tau ein Spinnennetz zeigt. Dichte Gewebe aus Zehntausenden von Lebensformen, und die Fäden so fein verwoben, dass kein Auge sie mehr erkennen könnte. Welche Medikamente mochten hier verborgen sein? Das nächste Aspirin, das nächste Chinin; das nächste Taxol. Grund genug, wenigstens dieses letzte kleine Überbleibsel noch ein klein wenig länger zu erhalten.

»Schon ein Anblick, was?«

»Kann man sagen, Doogles.«

Dieser Mann wollte ihr Kiefernwäldchen retten. Hat sich zwischen Säge und Baum geworfen. Ohne ihn wäre sie nicht hier draußen in diesem bedrohten Paradies. Aber nach ihren Maßstäben ist er mehr als nur ein bisschen verrückt. Die Selbstverständlichkeit, mit der er zu allem bereit ist, macht ihr Angst. Das Leuchten in den Augen, als er den Wald ringsum betrachtet, hat schon etwas Gefährliches. Er wiegt den Kopf, staunt, wie viele zusammengekommen sind, freut sich wie ein Kind, dass er mitspielen darf.

»Hörst du das?«, fragt Douglas.

Aber sie hört es schon den ganzen Vormittag. Nach einer weiteren Viertelmeile wird das dumpfe Heulen stärker. Am Oberende des Weges sehen sie hinter den Brombeerhecken senfgelbe und orangerote Maschinen, die die Erde aufreißen – Erdhobel, Planierpflüge, mit denen diese Straße auf neues Terrain vorangetrieben wird.

»Jesus, Mimi. Sieh dir an, was die da anstellen, mit diesem wunderbaren Ort. *Was die machen?*«

Die Demonstranten erreichen ein metallenes Absperrgitter quer über die Straße. Die Vorhut bleibt an dem Hindernis stehen, und die Bannerträger scharen sich um sie. Die Megaphonfrau sagt: »Wir kommen jetzt in den Rodungsbereich. Von hier an ist es widerrechtliches Eindringen; ab hier gilt die Fällerlaubnis, gegen die wir protestieren. Diejenigen von euch, die nicht bereit sind, eine Verhaftung zu riskieren, sollten hier draußen bleiben. Auch hier sind eure Anwesenheit, eure Stimmen wichtig. Die Presse nimmt euch zur Kenntnis, sie sieht und hört, wie euch zumute ist.«

Applaus, ein Geräusch wie ein auffliegendes Rebhuhn.

»Denjenigen, die mit hereinkommen, danken wir. Wir gehen jetzt los. Keine Gewalt. Bleibt ruhig. Lasst euch nicht provozieren. Dies ist ein friedlicher Protest.«

Ein Teil der Menge kommt nach vorn an die Absperrung. Mimi blickt Douglas mit einer erhobenen Augenbraue an. »Sicher?«

»Ja klar, verdammt nochmal. Deswegen sind wir doch hier, oder?«

Sie überlegt, ob er mit *hier* diesen Saum eines Staatswalds meint, der an den Meistbietenden verkauft wird, oder hier auf Erden, als einzige Art, die voraussehen kann, was kommt. Mit einem Schulterzucken verwirft sie alle Philosophie. »Dann los.«

Noch zehn Schritte, von da an sind sie Straftäter. Der Maschinenlärm ist jetzt ohrenbetäubend. Nach einer halben Meile sehen sie vor sich das Beste, was menschlicher Erfindungsreichtum aufzubieten hat. Sie kennt die Namen dieser Metallungeheuer eher als die der Bäume. Unten auf der Lichtung steht ein Holzvollernter, der kleinere Stämme bündelweise packt, sie von Ästen befreit und die Stämme auf eine vorgegebene Länge stutzt; in einem Tag tut er die Arbeit, für die eine menschliche Holzfällerkolonne eine ganze Woche bräuchte. Es gibt einen selbstladenden Rückezug, der die gestutzten Stämme packt und sich auflädt. Näher bei ihnen erweitert ein Bulldozer die Straße, und ein Planierpflug ebnet sie vor; danach kommt die Walze. Mimi weiß, dass es Maschinen gibt, die mit ihrem Schlund einen fünfzehn Meter hohen Baum packen können und ihn bis auf den Boden abfräsen, schneller als eine Küchenmaschine eine Möhre schnitzelt. Maschinen, die Stämme aufeinanderpacken wie Zahnstocher und zum Sägewerk befördern, wo ein Sechsmeterstamm auf einen Spieß gesteckt wird, der sich in so rasendem Tempo dreht, dass eine Hobelklinge ihm den Leib zu einer einzigen ellenlangen Bahn Furnier abschälen kann.

Holzfäller verstellen ihnen den Weg. Der Vorarbeiter sagt: »Hier ist Zutritt verboten.«

Die Megaphonfrau, für die Mimi mittlerweile schwärmt wie ein Schulmädchen, widerspricht: »Das ist öffentliches Land.«

Der zweite Megaphonbewehrte gibt sein Kommando, und die Protestler verteilen sich quer über den Forstweg. Sie setzen sich Schulter an Schulter auf die bloße Erde, blockieren den Weg. Mimi und Doug legen die Ellbogen umeinander und nehmen ihren Platz in der immer dichter werdenden Kette ein. Mimi hakt sich auf der anderen Seite ein und verschränkt die Hände vor dem Körper. Der nach innen gedrehte Maulbeerbaum des Jaderings drückt ins Handgelenk der anderen Hand. Bis die Holzfäller merken, was vorgeht, ist die Tat schon getan. Die beiden äußeren Glieder der Menschenkette fesseln sich mit Kettenschlössern an Bäume rechts und links der Straße.

Zwei Waldarbeiter bauen sich unmittelbar vor der geschlossenen Menschenkette auf. Der Schaft ihrer metallbewehrten Stiefel reicht Mimi bis fast auf Augenhöhe. »Scheiße«, sagt einer, ein Blonder. Mimi sieht ihm an, wie sehr er unter Druck steht. »Wann werden Leute wie ihr endlich erwachsen? Begreift endlich, was in der Welt los ist! Warum könnt ihr euch nicht um euren eigenen Kram kümmern, und uns lasst ihr unseren machen?«

»Der Kram hier geht alle an«, antwortet Douglas. Mimi ruckt an seinem Ellenbogen.

»Wisst ihr, wo die *echten* Probleme sind? In Brasilien. China. Die holzen alles ab. *Da* solltet ihr hingehen und protestieren. Euch mal anhören, was die sagen, wenn ihr ihnen erzählt, sie könnten eben nicht so reich werden wie wir.«

»Ihr zerstört die letzten Naturwälder in diesem Land.«

»Du würdest doch Naturwald nicht mal erkennen, wenn er dir auf den Kopf fällt. Wir fällen an dem Berg hier schon seit Jahrzehnten, und wir forsten auch wieder auf. Zehn Bäume für jeden, den wir schlagen.«

»Korrektur. *Ich* habe wiederaufgeforstet. Zehn kleine Zellstoffsetzlinge für jeden dieser wunderbaren alten Riesen.«

Mimi beobachtet den Vorarbeiter, wie er alle erdenklichen Kosten-Nutzen-Rechnungen anstellt. Das ist eine Merkwürdigkeit des Kapitalismus: Das Geld, das man durch Störfaktoren verliert, ist immer wichtiger als das, das man bereits verdient hat. Einer der Männer schleudert Douglas mit dem Fuß eine Ladung Dreck ins Gesicht. Mimi hakt sich aus, um ihn abzuwischen, aber Douglas packt sie am Oberarm.

Noch ein Dreckspritzer. »Oh! Tut mir leid, junger Mann. Wie ungeschickt von mir.«

Mimi hält es nicht mehr aus. »Du mieses Arschloch!«

»Legt euch mit denen da drüben an. Ihr könnt mich ja später von eurer Zelle aus verklagen.«

Der Holzfäller weist auf eine Stelle hinter der Sitzblockade, wo massenhaft Polizisten die Forststraße heraufkommen. Sie brechen die Kette auf, als pflückten sie Löwenzahn. Dann fesseln sie die abgerissenen

Kettenglieder per Handschellen wieder neu aneinander. Zwei Fremde sind zwischen Mimi und Douglas eingeklemmt, zwei weitere auf beiden Seiten. Sie müssen sich auf die schlammige Straße setzen, während die Polizei Ordnung schafft.

»Ich muss aufs Klo«, sagt Mimi zu einem der Polizisten, ungefähr um zwei. Eine halbe Stunde später sagt sie es demselben Beamten noch einmal. »Hören Sie, ich muss wirklich dringend austreten.«

»Nein, musst du nicht. Musst du überhaupt nicht.«

Urin sickert ihr das Bein hinunter. Sie schluchzt. Die Frauen, an die sie gefesselt ist, verziehen das Gesicht.

»Tut mir leid. Tut mir ehrlich leid. Ich konnte es nicht mehr halten.«

»Ruhig«, sagt Douglas, zwei Gefangene weiter, »alles in Ordnung. Denk einfach nicht dran.« Die Schluchzer werden stärker. »Alles in Ordnung«, sagt Douglas immer wieder. »In Gedanken leg ich meinen Arm um dich.«

Das stillt die Tränen. Erst Jahre später wird sie wieder weinen. Mimi riecht wie ein Baumstumpf, an dem ein Tier seine Marke hinterlassen hat, als sie auf der Polizeiwache ankommt. Die Beamtin nimmt ihre Fingerabdrücke, und zum ersten Mal seit dem Tod ihres Vaters hat sie wieder das Gefühl, dass sie diesmal dem Tag nichts schuldig geblieben ist.

Der Kuss landet exakt oben auf Rays Schädel, von hinten, als er gerade in seinem Arbeitszimmer sitzt und liest. Solche Küsschen, rasch und treffsicher wie kleine ferngesteuerte Bomben, sind dieser Tage Dorothys Spezialität. Jedes Mal läuft es ihm kalt den Rücken hinunter.

»Ich geh dann mal singen.«

Er dreht sich in seinem Sessel, damit er sie ansehen kann. Sie ist vierundvierzig, aber für ihn sieht sie immer noch aus wie damals mit achtundzwanzig. Das kommt daher, dass sie keine Kinder hat. Da ist immer noch diese Blüte, die schiere Verlockung, als ob der lächerliche Liebreiz noch eine Aufgabe hätte. Jeans und eine weiße Baumwollbluse, deren

Falten sich um die schlanken Rippen schmiegen. Das Ganze gekrönt von einem fliederfarbenen Schal, gekonnt lässig um den Hals drapiert – das eine Stückchen Haut, von dem sie sich vorstellt, dass es ihr Alter verrät. Ihr Haar fällt über den Schal, glänzend, kastanienbraun, vollkommen, immer noch die gleiche Länge wie bei ihrer ersten Verabredung, als sie sich um die Rolle der Lady Macbeth bewarb.

»Wie schön du bist.«

»Ha! Ein Glück, dass deine Sehkraft nachlässt.« Sie kitzelt die Stelle, auf der ihr Kuss gelandet ist. »Wird langsam dünner hier oben.«

»Der Zeit geflügeltes Gespann.«

»Ich versuche gerade, mir so ein Gefährt vorzustellen. Wie genau würde das funktionieren?«

Er reckt sich noch weiter, um sie besser zu sehen. Mit einer Hand drückt sie ein blassgrünes Heft aus der Edition Peters an die durchtrainierten Oberschenkel, auf dem Umschlag in riesigen schwarzen Lettern das Wort:

BR   MS

zweigeteilt durch ihren perfekten Unterarm. Darunter, in kleinerer Schrift:

Ein Deu   equiem

Das Konzert findet Ende Juni statt. Sie wird mit hundert anderen Stimmen auf der Bühne stehen, unauffällig zwischen all den Frauen, nur dass sie eine der wenigen ist, die noch keine grauen Haare haben, und wird singen:

Siehe, ein Ackermann wartet
auf die köstliche Frucht der Erde
und ist geduldig darüber,
bis er empfahe den Morgenregen und Abendregen.

Singen ist jetzt ihr Ein und Alles. Das jüngste in einer Serie von Hobbys, auf die sie sich im Laufe der Zeit gestürzt hat, um so viel Leben wie möglich in die Woche hineinzupacken. Schwimmen. Erste Hilfe. Aktzeichnen mit Kohle und Pastell. Währenddessen verschanzt er sich in der Festung seines Arbeitszimmers. Er rechnet mehr Arbeitsstunden ab denn je, in der vagen Hoffnung, ein Ferienhaus für sie zu kaufen, irgendwo, wo es schöner ist. Irgendwo, wo man zwar vielleicht nicht von Wildnis umgeben ist, aber doch wenigstens an sie erinnert wird.

»So viele Proben.« Zwei zweistündige Proben pro Woche, und sie hat noch keine einzige versäumt.

»Macht mir eben Spaß.« Seit Wochen ist sie mehr als perfekt vorbereitet. Tatsächlich hat sie zu Hause so viel geübt, dass sie das ganze Stück heute Abend von der ersten bis zur letzten Note heruntersingen könnte. »Bist du sicher, dass du nicht mitkommen willst? Wir brauchen noch Bässe.«

Sie erstaunt ihn mehr denn je. Was würde sie tun, wenn er jetzt Ja sagte? »Vielleicht im Herbst. Wenn der Mozart dran ist.«

»Du hast genug Beschäftigung, um dich bei Laune zu halten?«

So sind Menschen – sie lösen die eigenen Probleme im Leben der anderen. Er lacht. »Fürs Erste ja. Ich schlage mich gerade mit dem hier herum.« Er hält das Heft in die Höhe: »Haben Bäume Rechte?« Sie liest die Überschrift und verzieht das Gesicht. Ray mustert die Worte, selbst unschlüssig. »Der Autor ist offenbar der Ansicht, dass es ein Fehler in unserem Rechtssystem ist, wenn es die Rolle des Opfers den Menschen vorbehält.«

»Und was soll das heißen?«

»Er will Rechte auch auf nicht-menschliche Bereiche ausweiten. Er will, dass Bäume für ihr geistiges Eigentum honoriert werden.«

Sie schmunzelt. »Schlecht fürs Geschäft, was?«

»Ich weiß nicht, ob ich es in die Ecke schmeißen und lachen oder es anzünden und mich umbringen soll.«

»Sag mir Bescheid, wie du dich entschieden hast. Ich bin so zwischen zehn und elf wieder zurück. Du musst nicht aufbleiben, wenn du vorher müde wirst.«

»Ich bin jetzt schon müde.« Er lacht wieder, als hätte er einen Witz gemacht. »Bist du warm genug angezogen? Es soll kalt werden. Knöpf deinen Mantel zu.«

Mit einem Ruck bleibt sie stehen, in der Tür, und da ist er wieder, dieser Augenblick zwischen ihnen. Das jähe Aufwallen von Zorn, dieses Gefühl der Niederlage auf beiden Seiten. »Ich bin nicht dein Eigentum, Ray. Wir hatten eine Abmachung.«

»Was soll das? Ich habe nicht gesagt, dass du mein Eigentum bist.«

»Doch, das hast du«, antwortet sie und geht. Erst als die Tür zuknallt, fällt bei ihm der Groschen. Mäntel. Knöpfe. Frei wie der Wind. *Pass gut auf dich auf. Du gehörst zu mir.*

Sie fährt auf der Birch Street in Richtung Westen, unter orangefarbenen Ahornbäumen. Er macht sich nicht die Mühe, die Rücklichter mit den Augen zu verfolgen oder aufzupassen, wo sie abbiegt. Das wäre ihrer beider unwürdig. Sie ist viel zu klug, um nicht zunächst zu dem Saal zu fahren, in dem die Proben stattfinden. Außerdem hat er an anderen Abenden schon am Fenster gestanden und den Rücklichtern nachgesehen. Er hat alles getan, all das Widerwärtige, wozu einen die Verzweiflung treibt. Auf der Telefonrechnung nach unbekannten Nummern gesucht. Die Taschen der Kleider durchwühlt, die sie am Abend zuvor getragen hat. In ihrer Handtasche nach kleinen Botschaften gekramt. Botschaften findet er keine. Nur Beweisstücke A bis Z für seine eigene Schande.

Aus wochenlangem Unglauben ist längst freier Fall geworden, um vieles furchterregender als alles, was sie in jungen Jahren an Fallschirmspringerei gewagt haben. Der panische Schrecken der Entdeckung ist sehr rasch zu Trauer geronnen, wie er sie empfunden hat, als seine Mutter starb. Dann verwandelte die Trauer sich in Tugend, die er über Wochen heimlich gehegt und gepflegt hat, bis wiederum die Tugend unter der Last ihres so schlagartigen Wachstums zusammengebrochen und zu bitterer Starre geworden ist. Jede Frage ein freiwilliger Akt des Irrsinns. Wer? Warum? Seit wann? Und wie oft vorher?

Was spielt es für eine Rolle? Lass deine Mantelknöpfe offen. Jetzt will er nur noch seinen Frieden und noch ein bisschen in ihrer Nähe bleiben, solange es eben geht, bevor sie alles in Stücke schlägt, nur als Strafe dafür, dass er dahintergekommen ist.

Sie parkt das Auto hinter dem Konzertsaal. Sie geht sogar kurz hinein, nicht so sehr, um sich ein Alibi zu verschaffen, sondern um das irrsinnige Gefühl, dass sich unter ihr eine Falltür auftut, noch mehr auszukosten. Als die hundert Chormitglieder auf die Bühne strömen, schlüpft sie durch die Hintertür nach draußen, als wolle sie etwas holen, das sie im Auto vergessen hat. Kurz danach ist sie zurück auf der regennassen Straße, kalt, *lebendig*, und ihr Herz klopft wie verrückt. Er wird es ihr *besorgen*, mehrmals und auf unterschiedliche Art, lang und liebevoll, und ohne dass er etwas anderes will, ohne vertragliche Verpflichtungen, ein Mann, über den sie nicht das Geringste weiß. Der Gedanke durchströmt ihren ganzen Körper, als hätte sie sich gerade eine Spritze gesetzt.

Sie wird böse sein. Wieder böse sein. Unvernünftig böse. Wird Sachen tun, die sie sich nie zugetraut hätte. Neue Sachen. Wird mehr über sich selbst herausfinden – beängstigend viel, rasend schnell und lustvoll. Was sie mag und was nicht, wenn sie nicht die bequeme Lüge der Wohlanständigkeit lebt. Wird die letzten dreißig Jahre den Flammen überantworten, die Hitze freisetzen. Ein bestürzender Gedanke – Magie. Etwas *wächst*, und die Reibung ihrer eigenen Schenkel lässt sie feucht werden; es fehlt nicht mehr viel, und sie kommt, wie ein Schulmädchen mit sechzehn, als sie schließlich den schwarzen BMW am Bordstein stehen sieht und einsteigt.

Achtundvierzig Minuten Experimentieren mit der Wildnis. Kurz danach kann sie sich kaum noch erinnern. Als hätte er sie womöglich ein winziges bisschen unter Drogen gesetzt, nur so zum Spaß. Sie weiß noch, dass sie mit gespreizten Beinen auf dem riesigen Bett gekniet und gekichert hat, ein beschwipstes Collegegirl. Sie weiß, wie sie über sich hinauswuchs, dichterisch, königlich, gottgleich, eine Flutwelle von Brahms. Dann der Sturz zurück, der Schmerz in Beinen und Lunge, eine Langstreckenläuferin. Sie erinnert sich, wie er ihr ins Ohr geflüstert hat, als er sie fingerte – vage, drohende, anbetungsvolle, aufregende Laute, an denen sie sich weidete, ohne sie ganz zu verstehen.

Wie schon in der Woche zuvor blitzten in den Wellen des wogenden Meeres immer wieder erschreckend präzise Erinnerungen an Details aus ihren liebsten Ehebruchsromanen auf. Sie weiß noch, wie sie dachte: *Jetzt bin ich die Heldin meiner eigenen verhängnisvollen Geschichte.* Dann ein langer und zärtlicher Gutenachtkuss, am Straßenrand in dem dunklen Auto, drei Häuserblocks von der Konzerthalle entfernt. Zehn Schritte über den glitschigen Bürgersteig, danach verbannt sie das ganze Abenteuer ins Reich der Phantasie, eine Episode aus einem Roman.

Sie ist wieder drinnen, zurück auf der Bühne, es bleibt sogar noch ein bisschen Zeit, in der sie auf das Crescendo des Chorals warten kann, während der Bariton *Siehe, ich sage Euch ein Geheimnis: Wir werden nicht alle entschlafen, wir werden aber alle verwandelt werden; und dasselbige plötzlich in einem Augenblick* singt.

Ray knabbert lustlos an seinem Abendessen – Pistazien und ein Apfel. Mit dem Lesen kommt er nur langsam voran, lässt sich von allem ablenken. Als er auf die Unterseite des Kerngehäuses seines Apfels starrt, geht ihm auf, dass der Kelch – *calyx*, ein Wort, das er in diesem Leben nicht lernen wird – nichts anderes ist als der vertrocknete Rest einer Apfelblüte. Dreimal pro Minute blickt er auf aus dem Dickicht der Worte und wartet, dass die Wahrheit ihn trifft wie eine umstürzende Eiche, die das Dach des Hauses durchschlägt. Doch es kommt nichts, um ihn zu töten. Es passiert absolut nichts, und das auch weiterhin, unerbittlich, ausdrücklich, geduldig. Dieses Nichts ist so allumfassend, dass er, als er auf die Uhr schaut, um nachzusehen, warum Dorothy noch nicht zurück ist, zu seiner Verblüffung feststellt, dass noch nicht einmal eine halbe Stunde vergangen ist.

Er konzentriert sich wieder auf die Lektüre. Der Artikel schürt sein Unbehagen noch weiter. *Sollten* Bäume Rechte haben? Noch letzten Monat hätte er sich an einem solchen Abend einen Spaß daraus gemacht, den ausgeklügelten Argumenten auf den Zahn zu fühlen. Was kann man besitzen, und wer kann etwas besitzen? Was begründet ein *Recht*, und warum sollten die Menschen als einzige Wesen auf dem Planeten Rechte haben?

Aber heute Abend verschwimmen ihm die Worte vor den Augen. Acht Uhr siebenunddreißig. Alles, was ihm einmal *gehört* hat, geht verloren, und er weiß nicht einmal, was die Katastrophe ausgelöst hat. Die gnadenlose Logik des Essays zermürbt ihn allmählich. Kinder, Frauen, Sklaven, Ureinwohner, Kranke, Geistesgestörte und Behinderte: Sie alle sind, obwohl der Gedanke einmal unvorstellbar war, im Lauf der Zeit durch das Gesetz zu Personen geworden. Warum sollten Bäume und Adler und Flüsse und lebendige Berge dann nicht in der Lage sein, Menschen wegen Diebstahls zu belangen, wegen des Schadens, den sie ihnen unablässig zufügen? Die ganze Idee ist ein heiliger Albtraum, ein Totentanz der Gerechtigkeit, so wie der, den er gerade durchlebt, als er sieht, dass der Sekundenzeiger seiner Uhr keine Anstalten macht, sich zu bewegen. Seine gesamte Karriere bis zu diesem Augenblick – der Kampf für die Eigentumsrechte derer, die ein Anrecht auf Wachstum haben – kommt ihm allmählich wie ein einziges langes Kriegsverbrechen vor, wie etwas, weswegen man ihn ins Gefängnis sperren wird, wenn die Revolution kommt.

Ein solcher Vorstoß wird zwangsläufig unausgewogen, angsteinflößend oder lächerlich erscheinen. Zum Teil liegt das daran, dass wir das Rechtlose, bevor es seine Rechte erhält, nicht anders wie ein Ding wahrnehmen können, das »uns« zu dienen habe – uns, die wir bereits Inhaber von Rechten sind.

Acht Uhr zweiundvierzig, er ist verzweifelt. Mittlerweile würde er alles tun, um sie zu täuschen, ihr vorzuspielen, dass er keine Ahnung hat. Ihr Wahn wird sich legen. Das Fieber, das sie so verwandelt hat, dass er sie kaum wiedererkennt, wird abklingen, und dann wird sie wieder sein wie früher. Die Scham wird sie zur Besinnung bringen, so dass sie sich wieder an alles erinnert. Die gemeinsamen Jahre. Die Reise nach Italien. Den Sprung aus dem Flugzeug. Den Tag, an dem sie mit dem Auto gegen einen Baum fuhr, als sie seinen Brief zum Hochzeitstag las, und sich dabei fast umgebracht hätte. Die Laienaufführungen. Die Dinge, die sie zusammen gepflanzt haben, im gemeinsamen Garten.

Die Aussage, Bäche und Wälder könnten keine Klagebefugnis innehaben, weil sie nicht sprechen können, kann als Antwort nicht befriedigen. Die sogenannten juristischen Personen können ebenfalls nicht sprechen,

noch können es Staaten, Ver mögensgesamtheiten, Kleinstkinder, Nichtge-
schäftsfähige, Gemeindeverwaltungen oder Universitäten. Für sie sprechen
Rechtsvertreter.

Vor allen Dingen darf sie niemals erfahren, dass er Bescheid weiß. Er
muss heiter sein, geistreich, unterhaltsam. Sobald sie auch nur den leisesten Verdacht schöpft, ist es für sie beide vorbei. Sie könnte mit allem
leben, nur nicht mit dem Gefühl, dass er ihr verzeiht.

Aber die Heimlichtuerei bringt ihn um. Er konnte nie eine andere
Rolle spielen als die des aufrechten Macduff. Acht Uhr achtundvierzig.
Er versucht, sich zu konzentrieren. Der Abend liegt vor ihm wie eine
Ewigkeit, zweimal lebenslänglich. Nur diesen Essay hat er, der ihm Ge-
sellschaft leisten und ihn quälen kann.

Was in uns ist es, das uns mit Notwendigkeit dazu treibt, nicht bloß
grundlegende biologische Bedürfnisse zu befriedigen, sondern darüber
hinaus unseren Willen auf andere Dinge auszudehnen, sie zu Objekten, sie
zu den unseren zu machen, sie zu manipulieren und auf einer Art psycho-
logischen Distanz zu halten?

Der Text flackert unter seinen Fingern. Er bekommt ihn nicht zu
fassen, kann sich nicht entscheiden, ob der Essay nun brillant oder
blanker Unsinn ist. Sein ganzes Ich ist in Auflösung. All seine Rechte
und Privilegien, alles, was ihm gehört. Eine große Gabe, die er von Geburt an besessen hat, wird ihm hiermit genommen. Es ist ein riesiger,
pompöser Akt der Selbsttäuschung, schlichtweg eine Lüge, dieser Satz
von Kant:

»So haben wir gegen die Tiere unmittelbar keine Pflichten, sondern die
Pflichten gegen die Tiere sind indirekte Pflichten gegen die Menschheit.«

Ekel übermannt sie auf der Fahrt nach Hause. Doch selbst der Ekel
schmeckt nach Freiheit. Wenn eine Frau das Schlimmste in sich sehen
kann ... Wenn eine Frau vollkommene Ehrlichkeit finden kann und alles darüber erfahren, was sie in Wirklichkeit ist ... Jetzt, wo sie befrie-
digt ist, möchte sie wieder rein sein. Sie hält an der Ampel zur Snelling
Avenue, und als sie in den Rückspiegel schaut, sieht sie, dass ihre Augen
sich vor dem eigenen flüchtigen Blick verstecken. Sie denkt: *Ich höre auf.*

Kehre zu meinem alten Leben zurück. Werde anständig. Es muss ja nicht alles in Flammen aufgehen. Die bevorstehende Aufführung kann ihre überschüssigen Energien ableiten. Danach sucht sie sich eine andere Beschäftigung. Damit sie vernünftig bleibt. Bei Verstand.

Als sie an den Lexington Parkway kommt, zehn Häuserblocks weiter, überlegt sie schon, dass sie sich vielleicht doch noch eine Dosis gönnt. Nur noch eine, damit sie wirklich weiß, wie das ist, wenn sie auf den Bergen dieses Kontinents Ski fährt. Sie wird nicht kleinmütig sein. Sie bekennt sich zu ihrer Sucht, ohne die armseligen guten Vorsätze. Sie weiß auch gar nicht, wer der Süchtige ist: ihr Körper oder ihr Wille. Sie weiß nur, dass sie sich selbst bei der Abfahrt zusehen wird, egal, wohin die Piste führt. Als sie in den belaubten Canyon ihrer Straße eintaucht, hat sie ihre Ruhe schon wiedergefunden.

Rosig von der Kälte kommt sie durch die Tür. Ihr Schal rutscht herunter, als sie sie hinter sich schließt. Die Partitur des Requiems fällt ihr aus der Hand. Sie bückt sich, um sie aufzuheben, und beim Aufheben treffen ihre Blicke sich und verraten alles. Verängstigt, trotzig, flehend, aggressiv. Jetzt möchte sie wieder zu Hause sein, mit einem alten Freund.

»He! Du hast dich die ganze Zeit nicht aus dem Sessel gerührt.«

»Wie war die Probe?«

»Wunderbar.«

»Das freut mich. Welchen Teil habt ihr gesungen?«

Sie geht zu ihm hin. Alles ganz nach Gewohnheit. Sie umarmt ihn, *ziemlich langsam und mit Ausdruck.* Bevor er aufstehen kann, ist sie schon vorbeigehuscht, in die Küche, denn selbst sie kann an sich die Mischung aus Salz und Salmiak riechen. »Ich dusche nur noch schnell vor dem Schlafengehen.«

Sie ist eine kluge Frau, aber für das Offensichtliche hat ihr schon immer die Geduld gefehlt. Und sie glaubt, ihm fielen Kleinigkeiten nicht auf. Sie hat geduscht, zwanzig Minuten, bevor sie zu ihrem Brahms aufgebrochen ist.

Im Bett, im pfauenbunten Pyjama, erhitzt und erneuert von dem dampfenden Strahl, fragt sie: »Was macht die Lektüre?«

Er braucht einen Augenblick, bis ihm wieder einfällt, was er den ganzen Abend über zu lesen versucht hat. *Was fehlt, ist ein Mythos …*

»Fällt mir schwer. Ich war nicht bei der Sache.«

»Hmm.« Sie dreht sich auf die Seite, ihm zugewandt, Augen geschlossen. »Erzähl.«

Es erscheint mir in diesem Zusammenhang nicht zu abwegig, dass wir die Erde als einen einzigen Organismus ansehen, innerhalb dessen die Menschheit ein funktionaler Teil ist – vielleicht ist sie dessen Geist.

»Er will allem Lebendigen Rechte zusprechen. Er sagt, man sollte die Bäume für ihren schöpferischen Beitrag bezahlen, dann wird die ganze Welt reicher. Wenn er recht hat, dann ist unser Gesellschaftssystem … alles, wofür ich je gearbeitet habe …«

Aber ihr Atem verrät ihm, dass sie schon davonschwebt, wie ein Neugeborenes nach einem Tag voller erster Entdeckungen.

Er schaltet die Nachttischlampe aus und dreht sich ebenfalls auf die Seite, von ihr abgewandt. Trotzdem murmelt sie im Schlaf und schmiegt sich an ihn, will von ihm gewärmt werden. Er spürt die nackten Arme, die Arme der Frau, in die er sich verliebt hat. Der Frau, die er geheiratet hat. Witzig, manisch, wild, die unbezähmbare Lady Macbeth. Liebhaberin dicker Romane. Fallschirmspringerin. Die beste Amateurschauspielerin, die er je gekannt hat.

Wächter und Mädchenhaar, tief zwischen Mammutbäumen. Er schleppt einen Rucksack mit Ausrüstung. Sie hält die Videokamera des Lagers in der einen Hand; mit der anderen klammert sie sich an seinen Arm, wie eine Kanalschwimmerin sich an ein Schlauchboot klammern würde. Dann und wann packt sie sein Handgelenk, um ihn auf etwas Buntes aufmerksam zu machen oder etwas, das gerade eben unerkannt davonhuscht.

Letzte Nacht haben sie auf dem kalten Erdboden geschlafen, im Freien. Ein Burggraben aus Schlamm umgab ihre farngesäumte Insel. Er lag in dem einen fleckigen Fünfziger-Jahre-Schlafsack, sie im anderen, beschirmt von Geschöpfen, milde, massig und ruhig. »Ist dir nicht furchtbar kalt?«, hat er sie gefragt.

Nein, antwortete sie. Und er glaubte ihr.

»Wehe Füße?«

»Kaum.«

»Angst?« Ihre Augen sagten *Weswegen?* Ihr Mund sagte: »Sollten wir welche haben?«

»Es ist so ein Riesenladen. Humboldt Timber beschäftigt Hunderte von Leuten. Tausende von Maschinen. Dahinter steht ein Multimilliarden-Dollar-Konzern. Das Gesetz ist ganz auf ihrer Seite, im Namen des amerikanischen Volkes. Wir sind ein Häuflein Vandalen, Herumtreiber hier in den Wäldern.«

Sie lächelte ihn an, wie sie einen kleinen Jungen angelächelt hätte, der sie fragt, ob die Chinesen über einen Tunnel quer durch die Erde zu ihnen gelangen können. Verstohlen kam ihre Hand aus dem Schlafsack hervor, fand die seine. »Glaub mir. Ich habe es von höchster Stelle. Hier wird bald Großes geschehen.«

Dann war sie eingeschlafen, und ihre Hand blieb in der seinen und gab ihm Halt.

Sie folgen einem Serpentinenweg ins Tal eines tiefeingeschnittenen Wasserlaufs, bis von dem Pfad nur noch ein schlammiges Rinnsal bleibt. Nach zwei weiteren Meilen verschwindet auch diese Spur, und von da an müssen sie sich selbst einen Weg bahnen. Licht sickert durch die Baumkronen. Er sieht zu, wie sie über eine Wiese aus Siebenstern geht, mit Sauerampfer dazwischen. Noch vor wenigen Monaten war sie, wenn er ihren Erzählungen glauben will, ein widerliches, eiskaltes, selbstverliebtes Biest, das Drogen nahm und kurz davor war, vom College zu fliegen. Und jetzt – was ist sie jetzt? Etwas, das Frieden mit seiner Menschennatur geschlossen hat und gemeinsame Sache mit etwas macht, das von einem solchen Frieden weit entfernt ist.

Die Mammutbäume tun die seltsamsten Dinge. Sie summen. Sie strahlen Kraftfelder aus. Ihre Maserknollen haben Formen wie Zauberwesen. Mädchenhaar packt ihn an der Schulter: »Schau dir das an!« Zwölf Apostelbäume stehen in einem Feenring, so präzise wie die Kreise, die der kleine Nicky Jahrzehnte zuvor an verregneten Sonntagnachmittagen mit dem Winkelmesser gezeichnet hat. Jahrhunderte nachdem ihr Vorfahr gestorben ist, umringt ein Dutzend Wurzelklone die leere Mitte, perfekt wie eine Windrose. Eine chemische Botschaft blitzt in Nicks Hirn auf: die Vorstellung, man hätte als Bildhauer etwas wie das hier geschaffen, einfach nur, wie es hier steht. Ein einziges solches Werk würde reichen, und es wäre ein Markstein der menschlichen Kunst.

Ein Stück weiter das Kiesbett des Baches entlang kommen sie an einen gestürzten Riesen, der selbst im Liegen noch höher ist als Olivia. »Da wären wir. Gleich rechts davon, hat Mutter N. gesagt. Hier drüben.«

Er sieht ihn zuerst: einen ganzen Wald aus sechshundertjährigen Bäumen, so hoch, dass man die Spitze nicht erkennen kann. Die Säulen eines rostroten Kirchenschiffs. Bäume, älter als der Buchdruck mit beweglichen Lettern. Aber ihre Stämme sind mit weißen Nummern besprüht, als hätte jemand einer Kuh das Schaubild des Schlachters aufgemalt, das zeigt, welche Fleischstücke wo unter dem Fell liegen. Die Anweisungen für ein Massaker.

Olivia setzt die Videokamera an und filmt. Nick nimmt den Rucksack ab, geht ein paar Schritte wie schwerelos. Er holt aus seinem Rucksack Sprühdosen in allen Farben des Regenbogens. Er legt sie sich zurecht, zwischen die jungen Schachtelhalme: ein halbes Dutzend Farben aus dem ganzen Spektrum. Mit Kirschrot in der einen Hand, Zitronengelb in der anderen nähert er sich einem der gezeichneten Bäume. Er studiert die weißen Striche. Dann hebt er die Dose und sprüht drauflos.

Später wird das Video geschnitten, mit einer Kommentarstimme versehen und an jeden Journalisten im Adressbuch der Life Defense Force geschickt, der mit ihrer Sache sympathisiert. Jetzt bei der Aufnahme besteht der Soundtrack aus den hundert Lauten des Waldes, mit ehrfürchtigen Zwischenrufen – *Wie machst du das nur?* – direkt am Mikrophon. Nick geht wieder zu seiner Palette am Waldboden und wählt zwei weitere Farben aus. Er sprüht, dann tritt er ein paar Schritte zurück, um seine Arbeit zu begutachten. Es sind Arten nicht minder wild als die, die die Vitrinen der Museen bevölkern. Er wendet sich dem nächsten zahlenverunstalteten Baum zu und fängt wieder von vorn an. Schon bald sind die Nummern verschwunden, aufgegangen in einem Bild von Schmetterlingen.

Von da geht es weiter zu den Bäumen, die einfach nur mit einem blauen Häkchen markiert sind. Anschließend bemalt er auch diejenigen, die überhaupt nicht markiert sind, bis niemand mehr sagen könnte, welche Stämme zum Fällen bestimmt waren und welche lediglich Zuschauer sein sollten. Der Nachmittag vergeht; sie leben schon so lange im Zeitmaß des Waldes, dass sie längst nicht mehr in bloßen Stunden rechnen. In einem einzigen Augenblick ist die Arbeit getan, einem Wimpernschlag.

Olivia macht einen Kameraschwenk über den verwandelten Wald. Wo vorher Zahlen standen, Anrechte, Markierungen zukünftiger Profite, sind jetzt nur noch Schmetterlinge zu sehen – Schwalbenschwänze, Dickkopf- und Himmelsfalter, Zipfelfalter, Eulenfalter. Es könnte ein Hain der heiligen Tanne in den mexikanischen Bergen sein, wo Tiffany-Insekten ihre Verwandlung über Generationen hinweg inszenieren. Und so machen zwei Leute an einem einzigen Nachmittag eine ganze Woche Arbeit von Taxatoren und Kalkulatoren zunichte.

Die Stimme auf dem noch unbearbeiteten Video sagt: »Die kommen wieder.« Die Männer mit den Zahlen, die ihre Opfer neu kennzeichnen werden, diesmal mit einer Methode, die auf Nummer Sicher geht.

»Aber das hier ist wunderschön. Und es kostet sie was.«

»Vielleicht. Kann auch sein, dass die Brüder jetzt einfach alles abholzen, wie sie's in Murrelet Grove gemacht haben.«

»Wir haben es auf Film.«

Man hört es am Klang ihrer Worte: den Glauben daran, dass sich die Frage der Freiheit noch immer mit Liebe lösen lässt. Dann wird die Szene abgeblendet. Keiner sieht, was zwischen den beiden Menschenwesen als Nächstes geschieht, dort auf dem Waldboden, zwischen Farnkraut und Schattenblümchen. Keiner, es sei denn, man wollte die unzähligen unsichtbaren Geschöpfe anführen, die in der Tiefe des Bodens graben, unter der Rinde krabbeln, sich zwischen die Zweige ducken, die klettern und springen und hüpfen in all diesem Grün. Selbst die Riesenbäume atmen ein paar von den Molekülen ein, die diese zwei Heimkehrer abgeben, ein paar Partikel unter Milliarden.

Patricia hört das Rumpeln von Dennis' Truck auf der holprigen Schotterpiste schon aus einer Viertelmeile Entfernung. Das Geräusch macht sie froh – froh, bevor sie sich dessen überhaupt bewusst ist. Auf seine Weise ist dieses Knirschen und Poltern für sie genauso erhebend wie das Tschilpen des Townsendwaldsängers am Rand einer Lichtung. Der Truck ist selbst eine seltene Spezies, obwohl dieses Geschöpf ja jeden Tag auftaucht, so zuverlässig wie der Regen.

Sie geht langsam hinunter zur Straße, spürt, wie angespannt sie in den letzten zwanzig Minuten gewartet hat. Er wird ein Mittagessen dabeihaben, ja, und die Post, das Potpourri ihrer Verbindungen zur Außenwelt. Neue Messergebnisse aus dem Labor in Corvallis. Aber *Dennis*: Das ist der Teil der Lieferung, den ihre Seele jetzt braucht. Er schenkt ihr Ruhe, sein Ohr, und sie fragt sich mit freudigem Entsetzen, ob zweiundzwanzig Stunden womöglich eine zu lange Zeitspanne zwischen zwei Begegnungen ist. Als er hält, geht sie so nahe an den Wagen heran, dass sie einen Schritt zurücktreten muss, damit er die Fahrertür öffnen kann. Sein breiter Arm legt sich schwungvoll um ihre Taille, und er schmiegt den Kopf an ihren Nacken.

»Denny. Mein liebstes Säugetier.«

»Babe. Warte, bis du siehst, was es heute gibt.« Er reicht ihr die Post und nimmt die Kühltasche. Sie gehen den Hang hinauf zur Hütte, Schulter an Schulter, vereint in friedlichem Schweigen.

Sie sitzt auf der Veranda an der Kabelhaspel, die ihnen als Tisch dient, und mustert ihre Post, während er das Essen auspackt. Wie können diese Gauner mit ihren Tricks – *Wichtige Informationen zu Ihrer Versicherung.*

Sofort öffnen! – sie selbst hier aufspüren? Seit Jahrzehnten lebt sie außerhalb der Welt des Kommerzes, und doch ist ihr Name eine begehrte Ware, emsig gehandelt, während sie in ihrer Hütte sitzt und Thoreau liest. Sie hofft, dass die Käufer nicht viel dafür bezahlen müssen. Nein, sie hofft, dass man ihnen Unsummen abpresst.

Nichts aus Corvallis, aber ein dicker Umschlag von ihrer Agentin. Sie legt ihn neben ihrem Teller auf die Tischlatten. Da liegt er noch immer, als Dennis mit zwei kleinen, fein gefüllten Regenbogenforellen herauskommt.

»Alles in Ordnung?«

Sie nickt und schüttelt gleichzeitig den Kopf.

»Keine Hiobsbotschaften, oder?«

»Nein. Weiß nicht. Ich kann das da nicht aufmachen.«

Er stellt ihr den Fisch hin und greift zu dem Umschlag. »Er kommt von *Jackie*. Wovor hast du da Angst?«

Sie weiß es nicht. Rechtsstreitigkeiten. Anschuldigungen. Papierkram. Sofort öffnen. Er reicht ihr den Umschlag, ermuntert sie zum Aufmachen.

»Was würde ich ohne dich tun, Dennis?« Sie schiebt den Finger unter die Umschlaglasche, und ein Sammelsurium von Dingen fällt heraus. Rezensionen. Weitergeleitete Leserpost. Ein Brief von Jackie mit einem angehefteten Scheck. Sie wirft einen Blick auf den Scheck und stößt einen Schrei aus. Das Papier fällt zu Boden und landet mit der Schriftseite nach unten auf der allzeit feuchten Erde.

Dennis hebt den Scheck auf und wischt ihn ab. Er stößt einen Pfiff aus. »Heiliger Strohsack!« Er sieht sie an, die Augenbrauen hochgezogen. »Da ist wohl das Komma um eine Stelle verrutscht, was?«

»Zwei!«

Er lacht, seine Schultern schütteln sich wie der uralte Truck, wenn er versucht, ihn nach einer frostigen Nacht anzulassen. »Sie hat dir doch gesagt, dass sich dein Buch gut verkauft.«

»Das muss ein Fehler sein. Wir müssen es zurückzahlen,«

»Was du da geschrieben hast, ist gut, Patty. Die Leute mögen gute Sachen.«

»Es kann nicht sein …«

»Nur keine Panik. *So viel ist es nun auch wieder nicht.*«

Aber es *ist* viel. Mehr als sie je auf dem Konto hatte, in ihrem ganzen Leben. »Das Geld gehört mir nicht.«

»Was willst du damit sagen, es gehört dir nicht? Du hast sieben Jahre lang an dem Buch gearbeitet!«

Sie hört ihm nicht zu. Sie lauscht dem Wind in den Erlen.

»Du kannst es immer noch verschenken. Stell einen Scheck aus und schick ihn an die Freunde des Waldes. Oder die Leute, die resistente Kastanien züchten wollen. Du könntest deine Forschungsgruppe finanziell unterstützen. Iss jetzt deinen Fisch. Ich habe zwei Stunden gebraucht, um die beiden Burschen zu fangen.«

Nach dem Mittagessen liest er ihr die Rezensionen vor. Bei Dennis mit seiner sonoren Radiostimme klingen sie irgendwie alle positiv. Anerkennend. In manchen heißt es: *Das war mir überhaupt nicht bewusst.* In anderen: *Ich sehe die Welt mit ganz anderen Augen.* Dann kommen die Leserbriefe an die Reihe. Einige wollen sich einfach nur bei ihr bedanken. Andere sehen in ihr die große Baummutter. Bei manchen fühlt sie sich wie eine Briefkastentante. *In unserem Garten steht eine riesige Eiche, die muss zweihundert Jahre alt sein. Letztes Frühjahr hat sie auf einer Seite angefangen zu kränkeln. Es bringt mich um, sie in Zeitlupe sterben zu sehen. Was kann ich tun?*

Viele erwähnen die Gabenbäume – die alten Douglasien die kurz bevor sie sterben all ihre sekundären Stoffwechselprodukte an die Gemeinschaft zurückgeben.

»Hörst du das, Babe? ›*Sie haben meinen Blick auf das Leben verändert.*‹ Könnte man glatt als Kompliment auffassen.«

Sie lacht, aber sie klingt wie ein Rotluchs, der in der Falle sitzt.

»Oh. Das hier klingt interessant. Eine Einladung zur meistgehörten Radiosendung des Landes. Öffentlich-rechtlich. Sie arbeiten an einer Serie über die Zukunft des Planeten und brauchen eine Fürsprecherin für die Bäume.«

Sie hört seine Worte aus dem Wipfel einer hohen Douglasie, mitten im tosenden Sturm. Überall geschäftiges menschliches Treiben. Man braucht etwas von ihr. Man hält sie irrtümlich für jemand anderen. Man will sie mit aller Gewalt in das zurückzerren, was die Menschen in ihrer Verblendung als *die Welt* bezeichnen.

Moses kehrt ins Basislager zurück, erschöpft. Der Kampf tobt an allen Fronten, und durch die Festnahmen und Inhaftierungen der letzten halben Woche haben sie dreizehn Mitstreiter verloren. »Wir brauchen jemanden für eine Baumbesetzung, auf einem von den uralten Riesen. Irgendwer bereit für einen kurzen Ausflug in luftige Höhen?«

Mädchenhaars Hand schießt in die Höhe, bevor Wächter überhaupt begreift, worum es geht. Ihr Gesichtsausdruck sagt: *Ja. Das ist es. Endlich.*

»Bist du sicher?«, fragt Moses, als hätte er nicht eben die Prophezeiungen der Lichtwesen erfüllt. »Ein paar Tage bist du mindestens oben.«

Beim Packen redet sie Nick beschwichtigend zu. »Wenn du das Gefühl hast, dass du hier unten mehr ausrichten kannst ... Ich komme allein zurecht. Sie werden es nicht wagen, mir ein Haar zu krümmen. Denk an die Presse!«

Aber *er* kommt nicht zurecht, ohne sie. So einfach ist das, so absurd. Er sagt es ihr nicht. Die Sache ist so himmelschreiend offensichtlich, schon an der Art, wie er dasteht und nickt. Natürlich weiß sie es. Sie kann unsichtbare Wesen hören. Da hört sie auch das Hämmern seiner Gedanken, das Blut, das in seinen Ohren pocht, sogar durch den ewigen Regen.

Zuerst schmeißen sie ihre Rucksäcke über das Tor. Dann folgen sie selbst – Mädchenhaar, Wächter und ihr Führer Loki, der schon seit Wochen die Aktionen auf diesem Baum vom Boden aus betreut. Sie landen mit den Füßen im Territorium von Humboldt Timber, widerrechtliches Eindringen in krimineller Absicht. Die Rucksäcke sind schwer, und der Aufstieg ist steil. Wochenlanger Dauerregen hat den Pfad in Schlamm verwandelt, wie Satz am Boden einer Kaffeetasse. Noch vor wenigen Wochen hätten sie es nicht einmal drei Meilen weit geschafft. Und auch jetzt, obwohl immerhin erst nach fünf Meilen, geht Wächter allmählich die Puste aus. Er schämt sich und lässt sich zurückfallen, damit sie sein Keuchen nicht hört. Der Weg führt einen durchweichten Steilhang hinauf. Das Gewicht des Rucksacks und der knöcheltiefe Morast ziehen ihn herunter, bis jeder Schritt ein Stabhochsprung ist. Er bleibt stehen, um wieder zu Atem zu kommen, und die Kälte des Eisregens geht ihm durch Mark und Bein. Weiter oben prescht Mädchenhaar voran wie ein mythisches Wesen. Ihre Füße ziehen Kraft aus dem nadelbedeckten Untergrund. Jeder Sprung in den Morast erfüllt sie mit neuem Leben. Sie *tanzt*.

Feigheit macht Nicks Rucksack schwer wie Blei. Er will nicht ins Gefängnis. Große Höhen sind nichts für ihn. Außer Liebe hat er nichts, was ihn den Steilhang hinauftreibt. Sie hingegen wird befeuert von dem Drang, alles zu retten, was lebt.

Loki hebt die Hand, lässt sie innehalten. »Seht ihr das Blinklicht da oben? Das sind Bussard und Sparks. Sie hören uns.« Er legt die Hand an den Mund und stößt einen Eulenschrei aus. Das Licht im Hochwald blinkt erneut auf, ungeduldig. Das entlockt sogar Loki ein Lachen. »Die beiden können es gar nicht abwarten, wieder festen Boden unter den Füßen zu haben. Merkt ihr das?«

Nick hat auch schon genug, dabei hat er den Boden noch nicht einmal verlassen. Sie kämpfen sich die letzten paar Hundert Meter bergauf. Dann taucht eine Silhouette aus dem Dickicht auf, so gewaltig, dass sie nicht real sein kann.

»Da ist er«, erklärt Loki, überflüssigerweise. »Das ist Mimas.«

Nick kann nur keuchen, bringt Laute hervor, die ungefähr so viel bedeuten wie *Heiliger Strohsack*. Seit Wochen sieht er Baumriesen, aber so etwas ist ihm noch nie begegnet. Mimas: Sein Stamm ist breiter als das alte Farmhaus seines Ururogroßvaters. Hier, umhüllt von der Abenddämmerung, herrscht eine urzeitliche Stimmung; Darshan, die Idee des

Göttlichen von Angesicht. Der Baum strebt schnurgerade nach oben wie ein monolithischer Schlot; endlos so weiter, scheint es. Von hier unten betrachtet könnte er Yggdrasil sein, der Weltenbaum, die Wurzeln in der Unterwelt und die Krone im Jenseits. Gut sieben Meter über dem Erdboden wächst ein zweiter Stamm aus der gewaltigen Flanke, auch dieser immer noch dicker als die Kastanie der Hoels. Weiter oben entspringen dem Hauptstamm zwei weitere. Das Ganze erinnert an ein Kladogramm, den Stammbaum der Evolution – eine große Idee, die sich zu neuen Familien verzweigt, weit oben im Lauf langer Zeit.

Wächter stapft zu der Stelle, an der Mädchenhaar steht und schaut; er überlegt, ob es wohl zu spät für einen Rückzieher ist. Aber selbst in der hereinbrechenden Dunkelheit glüht ihr Gesicht vor Überzeugung. Die innere Unruhe, die sie erfüllt hat, seit sie seinerzeit in Iowa über den Kiesweg zur Farm kam, ist von ihr abgefallen und einer Gewissheit gewichen, so rein und so schmerzlich wie der Ruf der einsamen Eule, der eben erklingt. Sie breitet die Arme aus und berührt die furchige Rinde. Sie hat etwas von einem Floh, der versucht, seinen Hund zu umarmen. Den Kopf in den Nacken gelegt, blickt sie an dem titanischen Stamm nach oben. »Ich kann das einfach nicht glauben. Ich kann nicht glauben, dass es keinen anderen Weg gibt, so etwas zu beschützen als mit unserem eigenen Körper.«

Loki sagt: »Solange es die keinen Profit kostet und es keine Verletzten gibt, schert das Gesetz sich einen Dreck um so was.«

Am Fuß des Baums, zwischen zwei gewaltigen Maserknollen, öffnet sich ein rußgeschwärzter Hohlraum, so groß, dass sie zu dritt darin übernachten könnten. Verkohlte Stellen ziehen sich den Stamm hinauf, Narben von Feuern, die lange vor der Entdeckung Amerikas brannten. Ein Riss im unteren Bereich der Krone zeugt von einem Blitzeinschlag, und die Wunde ist noch so frisch, dass sie nässt. Und von ganz oben, aus dem undurchdringlichen Wipfel, erschallen die Freudenrufe von zwei erschöpften Leuten, die dort nicht gerade in ihrem Element sind und die einfach nur heute Nacht mal wieder ein paar Stunden trocken und warm in Sicherheit sein wollen.

Etwas fällt von oben herunter. Wächter stößt einen Schrei aus, zieht Mädchenhaar beiseite. Die Schlange klatscht auf den Waldboden. Ein

Seil, so dick wie Wächters Mittelfinger, baumelt vor einem Stamm, der breiter ist als alles, was er mit dem Blick erfassen kann.

»Wozu soll das gut sein? Ist das für die Rucksäcke?«

Loki gluckst. »Nein, zum Hochklettern.« Er legt einen Klettergurt, geknotete Seilschlingen und Karabinerhaken zurecht. Dann schickt er sich an, Wächter den Klettergurt um die Taille zu legen.

»Moment mal. Was ist denn das hier? Sind das etwa *Heftklammern?*«

»Der Gurt hat schon einiges mitgemacht. Keine Sorge. Was da geklammert oder geklebt ist, trägt nichts von deinem Gewicht.«

»Nein, das hängt an diesem spillerigen Schnürsenkel.«

»Das Seil hat es schon mit ganz anderen Lasten aufgenommen.«

Olivia tritt zwischen die Kontrahenten und schnappt sich den Klettergurt. Sie legt ihn um die eigene Taille. Loki verschließt ihn mit Karabinerhaken. Dann sichert er sie mit zwei verschiebbaren Prusikknoten an dem Kletterseil, einer sitzt auf Brusthöhe, der zweite dient als Steigschlinge.

»Siehst du hier? Unter Belastung ziehen sich die Knoten zu, umklammern das Seil wie kleine Fäuste. Aber sobald man Gewicht wegnimmt ...« Er schiebt einen der gelockerten Knoten am Seil nach oben. »Du stellst dich in die Steigschlinge. Dann schiebst du den Brustknoten so weit wie möglich nach oben. Du lehnst dich zurück, so dass dein Gewicht auf ihm lastet, und setzt dich in den Klettergurt. Danach schiebst du die Steigschlinge so hoch wie möglich und richtest dich wieder auf. Und immer so weiter.«

Mädchenhaar lacht. »Wie eine Spannerraupe?«

Genau so. Sie krümmt sich. Sie steht auf. Sie lehnt sich zurück und sitzt. Sie steht und krümmt sich erneut, erklettert eine Leiter aus Luft. Steigt auf beweglichen Tritten in die Höhe. Wächter sieht von unten zu, wie ihr Hosenboden himmelwärts verschwindet. Ihre Bewegungen – der Körper, der sich über ihm dreht und windet –, das alles hat etwas so Intimes, dass er innerlich errötet. Sie ist das Eichhörnchen Ratatöskr, das auf dem Baum Yggdrasil auf- und abklettert und Botschaften zwischen der Hölle, dem Himmel und dem Hier übermittelt.

»Ein echtes Naturtalent«, sagt Loki. »Sie fliegt ja geradezu. In zwanzig Minuten ist sie oben.«

Das ist sie, auch wenn ihr bei der Ankunft sämtliche Muskeln im Körper zittern. Von oben wird ihr Aufstieg von anfeuernden Rufen begleitet. Unten am Boden packt Nick die Eifersucht, und als der Klettergurt wieder herunterfällt, springt er hinein. Nach etwa dreißig Metern verliert er die Nerven. Das Seil kann unmöglich halten. Es dreht sich, und das Nylonmaterial ächzt bedrohlich. Er reckt den Hals, um zu sehen, wie weit es noch ist. Eine Ewigkeit. Dann macht er den Fehler, hinunterzublicken. Unten sieht er Loki; es scheint, als drehe er sich um die eigene Achse. Sein Gesicht zeigt nach oben wie eine winzige Siebensternblüte, die jeden Moment zertreten wird. Panik lässt Wächters Muskeln kapitulieren. Er schließt die Augen und flüstert: »Ich schaffe das nicht. Ich bin tot.« Er spürt den Abgrund, den endlosen Fall in den Beinen. Er würgt, und zwei kleine Kleckse Erbrochenes landen auf seiner Windjacke.

Aber Olivia flüstert, ganz nah an seinem Ohr. *Nick. Du schaffst das. Das weiß ich seit Wochen. Erst die Hand*, sagt sie. *Dann der Fuß. Hinsetzen. Knoten verschieben. Aufstehen.* Als er die Augen öffnet, sieht er vor sich den Stamm von Mimas, dem größten, stärksten, breitesten, ältesten, souveränsten und solidesten Lebewesen, dem er jemals begegnet ist. Hüter einer halben Million Tage und Nächte; und dieses Wesen will, dass er in seine Krone hinaufsteigt.

Oben wird er mit Freudenrufen begrüßt. Die anderen sichern ihn mit zwei Gurten am Baum. Olivia hüpft über eine Strickleiter von einer Plattform zur anderen. Bussard und Sparks haben ihr längst sämtliche Klauseln des Mietvertrags erläutert. Sie wollen einfach nur unten sein, bevor die Dunkelheit sie doch noch oben festhält. Sie klettern das Seil hinunter zu Loki, der durch die immer tiefere Abenddämmerung nach oben ruft. »In ein paar Tagen kommt jemand mit eurer Ablösung. Das Einzige, was ihr bis dahin tun müsst, ist bleiben, wo ihr seid.«

Dann ist Nick allein mit dieser Frau, die sein Leben gekapert hat. Sie fasst seine Hände; sie sind immer noch verkrampft vom Klettern. »Nick. Wir sind hier. Auf Mimas.«

Sie spricht den Namen dieses Geschöpfes, als wäre es ein alter Freund. Als ob sie schon seit langem mit ihm spricht. Sie sitzen beisammen im

Dunkeln vor ihrem Schirm aus Nadeln, sechzig Meter über dem Erdboden, an dem Platz, den Bussard und Sparks den Ballsaal genannt haben: eine zwei mal drei Meter große Plattform aus aneinandergeschraubten Türen; auf Seile gezogene verschiebbare Planen geben ihnen Schutz von drei Seiten.

»Größer als meine Studentenbude«, sagt Olivia. »Und schöner.«

Auf einem anderen Ast gerade unterhalb fixiert und per Strickleiter zu erreichen ist ein kleineres Stück Sperrholz. Eine Regentonne samt Auffangbehälter sowie ein Eimer mit Deckel bilden das Badezimmer. Zwei Meter über ihnen dient eine weitere Plattform auf einem weiteren Ast als Speisekammer, Küche und Abstellraum. Dort oben haben sie Wasser, Nahrungsvorräte, Planen und Ausrüstung. In einer Hängematte zwischen zwei Ästen liegt eine gar nicht so kleine Leihbibliothek, zurückgelassen von ihren Vor-Baumbesetzern. Das ganze dreistöckige Baumhaus ruht auf einer gewaltigen Gabel, entstanden, als die Spitze des Baums Jahrhunderte zuvor durch einen Blitzschlag gespalten wurde. Es schwankt mit jedem Lufthauch.

Eine Petroleumlampe erhellt Olivias Gesicht. Nie hat er sie so überzeugt gesehen. »Komm her.« Sie nimmt seine Hand und zieht sie zu sich herüber. »Hierher. Näher.« Als wäre Weiter weg auch eine Möglichkeit. Und sie fasst nach ihm wie eine Frau, die sicher ist, dass das Leben sie braucht.

In der Nacht streift etwas Weiches, Warmes sein Gesicht. Ihre Hand, denkt er, oder ihr Haar, wenn sie sich über ihn beugt. Selbst die träge, wiegende Barkarole des Schlafsackbetts fühlt sich wunderbar an in diesem engen Liebesnest. Eine Kralle bohrt sich in seine Wange, und der Sukkubus stößt ein schrilles Gekecker aus. Mit einem Ruck fährt Wächter hoch, schreit »Scheiße!« Er kippt in Richtung Plattformrand, aber das Sicherungsseil fängt ihn auf. Eine Handfläche durchstößt die Illusion der Stoffwand. Kreischend verschwinden die Besucher zwischen den Zweigen.

Wie der Blitz ist sie bei ihm, hält seine Arme fest. »Nick. Ruhig. *Nick!* Es ist alles gut.« Angst zersplittert in tausend Scherben. Wie Hagel prasselt das Gekecker auf ihn ein, und er versteht zunächst nicht, was sie immer wieder sagt. »Flughörnchen. Sie spielen schon seit zehn Minuten auf uns.«

»Meine Güte. Wieso denn das?«

Sie lacht und tätschelt ihn und zieht ihn wieder zurück in die Horizontale. »Das musst du sie schon selbst fragen. Wenn sie noch mal wiederkommen.«

Sie kuschelt sich an ihn, ihr Bauch an seinem Rücken. An Schlaf ist nicht zu denken. Es gibt Geschöpfe, die leben in solcher Höhe, so weit weg von den Menschen, dass sie niemals gelernt haben, was Furcht ist. Und nun hat Nick sie, mit dem Irrsinn in seinen Zellen und in der allerersten Nacht seiner allerersten Baumbesetzung, das Fürchten gelehrt.

Licht sammelt sich auf seinem Gesicht, Flecken über Flecken. Er hat fast überhaupt nicht geschlafen, erwacht aber so erfrischt, wie es sonst nur die, die körperlich arbeiten, tun. Er dreht sich auf die Seite und hebt die Plane. Das ganze Spektrum strömt herein, von Blau- zu Brauntönen, von Grün zum unglaublichsten Gold. »Sieh dir das an!«

»Gleich.« Ihre Stimme, verschlafen und doch unternehmungslustig, haucht ihm ins Ohr. »Meine Güte.«

Sie schauen gemeinsam: Landmesser hoch auf dem Drahtseil über einer neuentdeckten Welt. Dieser Anblick weitet ihm die Brust. Wolken, Berge, Weltenbaum und Nebel – all die üppige, vielfältige Stabilität der Schöpfung, die Worte ja überhaupt erst in die Welt gebracht hat, verschlägt ihm die Sprache. Stämme über Stämme wachsen aus Mimas' Hauptachse, streben in die Höhe wie die Finger der erhobenen Hand des Buddhas, nehmen das Bild des Mutterbaums in kleinerem Format auf, die angestammte Form immer und immer neu, in ihren Zweigen verflochten, zu labyrinthisch, zu verworren, um ihnen zu folgen.

Nebel umhüllt die Baumkronen. Durch eine Öffnung in Mimas' Nadeldach sehen sie die buschigen Spitzen in der nebligen Landschaft zart wie auf einer chinesischen Tuschzeichnung. Die gräulichen Wolken haben mehr Substanz als die grünbraunen Spitzen, die sie durchbohren. Rund um sie entfaltet sich eine phantasmagorische, ordovizische Märchenwelt. Es ist ein Morgen wie der Morgen, an dem das Leben zum ersten Mal festes Land sah.

Wächter schiebt eine weitere Planenwand entlang ihrer Spannleine beiseite und schaut nach oben. Noch Dutzende von Metern erstreckt sich Mimas über ihnen – Arme, die übernahmen, als der Blitz den Stamm abschor. Das oberste Ende all dieser labyrinthischen Verzweigungen verschwindet im Wolkenschleier. Pilze und Flechten überall, als wäre der Baum mit einer himmlischen Farbdose besprüht. So hoch wie Mädchenhaar und er dort sitzen, könnten sie fast auf dem Dach des Flatiron Building sein. Er blickt hinab. Der Waldboden ist eine Miniaturlandschaft, ein Puppenhaus, das ein kleines Mädchen aus Eicheln und Farnwedeln bauen könnte.

Beim Gedanken an den Sturz in die Tiefe weicht ihm das Blut aus den Beinen. Er zieht die Plane wieder vor. Mädchenhaar starrt ihn an, Wahnsinn in ihren haselnussbraunen Augen, aber es ist ein Lachen. »Wir sind hier. Wir haben es geschafft. Hierher sollten wir kommen, das wollten sie.« Und sie sieht aus wie genau die, von der das Staunenswerteste, was vier Milliarden Jahre Leben hervorgebracht haben, Hilfe erhoffen würde.

Hie und da ragen Solisten über den Chor der Giganten hinaus. Sie erinnern an grüne Gewitterwolken oder die Schwaden beim Start einer Rakete. Von unten hatte es ausgesehen, als seien die umstehenden Bäume etwa so groß wie eine mittlere Weihrauchzeder. Erst jetzt, sechzig Meter über dem Boden kann Nicholas die wahre Höhe dieser wenigen uralten Bäume ermessen, fünfmal größer als der größte Wal. Riesen marschieren in Richtung der Schlucht, die sie zu dritt am Vorabend heraufgekommen sind. Im Mittelgrund dehnt sich der Wald zu dichterem, tieferem Blau. Er hat von diesen Bäumen und ihrem Nebel gelesen. Rundum lecken die Bäume den niedrigen, feuchten Himmel auf, die Wolken, an deren Entstehung sie selbst beteiligt waren. Nadelreihen in luftiger Höhe – knorriger und ungleichmäßiger, anders als die glatten Nadeln der Schösslinge am Waldboden – schlürfen von den Nebelbänken, fangen den Wasserdunst ein, der sich an ihnen niederschlägt, und sammeln ihn in den Kanälen ihrer Zweige und Äste. Nick blickt hinauf zur Küche, wo ihr eigenes Wasserauffangsystem bei der Arbeit ist und

Tröpfchen in einer Flasche sammelt. Was ihm am Abend noch genial vorkam – Wasser aus der Luft –, wirkt jetzt armselig im Vergleich zur Raffinesse des Baums.

Nicholas betrachtet dieses Schauspiel, als blättere er in einem endlosen Daumenkino. Das Land entfaltet sich, Bergreihe um Bergreihe. Allmählich gewöhnen seine Augen sich an die barocke Pracht. Wälder in fünf verschiedenen Schattierungen baden dort im Nebel, jeder davon Lebensraum für Geschöpfe, die noch gar nicht entdeckt sind. Und jeder Baum, den er hier sieht, gehört einem Finanzhai aus Texas, der nie im Leben Mammutbäume erblickt hat, sie aber allesamt abschlachten will, um damit den Kredit abzubezahlen, den er aufgenommen hat, um sie zu erwerben.

Eine Veränderung in dem, was er an Wärme an seiner Seite spürt, ruft es Wächter ins Gedächtnis zurück. Er ist nicht der einzige Großsäuger in diesem Horst.

»Wenn ich nicht bald aufhöre zu schauen, platzt mir die Blase.«

Er blickt Olivia nach, wie sie die Strickleiter hinunter zur Plattform unter ihnen klettert. Er denkt: *Da sollte ich wirklich wegsehen.* Aber er lebt auf einem Baum, sechzig Meter über dem Erdboden. Flughörnchen haben ihm ins Gesicht geschaut. Nebel aus der Zeit, als die Welt noch jung war, drehen die Uhr um Äonen zurück; er spürt, wie er sich verwandelt, in ein Geschöpf von anderer Art.

Sie hockt sich über das Gefäß mit der großen Öffnung, und der Strahl schießt mit Macht aus ihr hervor. Er hat noch nie einer Frau beim Pinkeln zugesehen – etwas, das wohl ein Großteil der Menschenmänner aller Zeiten auf dem Sterbebett wird sagen müssen. Dass dergleichen in einer Art Ritual verborgen wird, scheint ihm mit einem Mal eine Eigentümlichkeit des Verhaltens, etwas, das in einem Naturfilm der BBC vorkommen könnte, so wie Fische, die bei Bedarf ihr Geschlecht wechseln, oder Spinnenweibchen, die nach der Paarung ihre Partner verzehren. Er hört ihn aus dem Off, diesen britischen Tonfall, den er so liebt: *Isoliert von ihren Artgenossen unterliegt das Verhalten der Menschen oft erstaunlichen Veränderungen.*

Sie weiß, dass er zusieht. Er weiß, dass sie es weiß. Hier, urtümlich, jetzt: Die Kultur passt sich der Umgebung an. Als sie fertig ist, leert sie den Krug über die Seite der Plattform aus. Der Wind erfasst die Flüssigkeit und verteilt sie. Ein paar Meter nur, und ihr Abfallprodukt ist im Nebel zerstäubt. Nadeln nehmen es auf und machen von neuem etwas Lebendiges daraus. »Jetzt ich«, sagt er, als sie wieder oben ist. Und dann ist sie an der Reihe und schaut ihm von oben aus zu, wie er sich über den mit einem Beutel versehenen Eimer hockt; den Beutel werden sie zu Loki zum Kompostieren herunterlassen, wenn er das nächste Mal auftaucht.

Sie frühstücken im Freien. Mit kältestarren Fingern stecken sie Haselnüsse und getrocknete Aprikosen in Münder, die von dem überwältigenden Anblick offen stehen. Stillsitzen und schauen: Das ist jetzt ihre Arbeit. Aber sie sind Menschen, und bald haben sie davon genug. »Komm, wir sehen uns um«, sagt sie. Die Hauptrouten vom Ballsaal aus sind versehen mit Steig- und Halteschlaufen, mit Strickleitern und Ösen zum Anklemmen von Karabinerhaken. Sie gibt ihm den Haltegurt. Dann bastelt sie für sich aus drei Kunststoff-Kletterseilen einen eigenen. »Barfuß. Da hast du mehr Halt.«

Mühsam tastet er sich an einem schwankenden Ast vor. Es ist windig, und Mimas' gesamte Krone wogt und schüttelt sich. Das ist sein Ende. Ein Sturz zwanzig Stockwerke tief ins Farnkraut. Aber er gewöhnt sich an die Vorstellung, und es gibt ja auch schlimmere Todesarten.

Sie klettern in verschiedene Richtungen. Zwecklos, einander im Blick zu behalten. Ganz langsam arbeitet er sich auf einem fassdicken Ast nach außen, angeleint, rutscht auf dem Hosenboden. Die Schabstellen am Ast riechen nach Zitronen. An einem Zweig ein Bündel Zapfen, jeder kleiner als eine Murmel. Er nimmt einen und klopft sich damit auf die geöffnete Hand. Samenkörner fallen heraus, wie grobgemahlener Pfeffer. Ein Körnchen bleibt auf seiner Handfläche in der Lebenslinie hängen. Aus so einem Korn ist der Baum gewachsen, der ihn nun ohne weiteres sechzig Meter über dem Erdboden tragen kann. Dieser Festungsturm, auf dem ein ganzes Dorf übernachten könnte, und es gäbe immer noch freie Zimmer.

Von hoch oben ruft sie: »Heidelbeeren! Ein ganzes Feld hier oben.«

Scharenweise Insekten, schillernd bunte, winzig kleine Horrorfilmmonster. Er arbeitet sich zu einem eigenartigen Astgebilde vor, dabei immer darauf bedacht, nicht nach unten zu sehen. Zwei dicke Stränge sind im Laufe der Jahrhunderte verschmolzen wie Modelliermasse. Er hangelt sich hinauf zu der Gabel und findet darin eine Kuhle mit einem kleinen Teich. Pflanzen wachsen rund um die Wasserfläche, auf der winzige Krebse schillern. Etwas bewegt sich dort im flachen Wasser, über seine ganze Länge kastanienbraun, bronzefarben, schwarz und gelb gefleckt. Sekunden vergehen, bevor Nick den Namen parat hat: *Salamander*. Wie konnte ein Geschöpf, das gern im Feuchten lebt, mit seinen winzigen Beinchen eine Strecke, die drei Viertel so lang ist wie ein Fußballfeld, hochklettern, auf der trockenen, fasrigen Rinde? Vielleicht hat ein Vogel ihn fallen gelassen, als er dort oben im Geäst seinen Fang verzehren wollte. Unwahrscheinlich. Die Brust des glatten kleinen Kerls hebt und senkt sich. Die einzig plausible Erklärung ist, dass seine Vorfahren vor tausend Jahren an Bord gekommen sind und seine Sippe die Fahrstuhlfahrt mitgemacht hat, fünfhundert Generationen lang.

Vorsichtig kriecht Nick den Weg, den er gekommen ist, wieder zurück. Er sitzt schon in der Ballsaalecke, als Mädchenhaar eintrifft. Sie hat die rettende Nabelschnur abgelegt. »Du wirst mir nicht glauben, was ich gefunden habe. Eine Schierlingstanne so groß wie wir, und sie wächst da oben in einem Fleckchen Erde *so* tief!«

»Himmel, Olivia. Du kletterst *ohne Seil*?«

»Keine Sorge. Ich bin schon als Kind auf Bäume gestiegen.« Sie gibt ihm einen Kuss, ein rascher Präventivschlag. »Und du weißt ja. Mimas sagt, er lässt uns nicht fallen.«

Er zeichnet sie, wie sie die Ergebnisse ihrer morgendlichen Entdeckungen in einer Spiralkladde notiert. Er findet sich in das Alleinsein so viel leichter hinein als sie. Nach all den Jahren, in denen er für sich auf seiner Farm in Iowa gehaust hat, kommt ihm ein Tag im Wipfel dieses turmhohen Riesen wie ein Vergnügungsausflug vor. Sie dagegen wird immer noch getrieben von der Chemie der Collegestudentin, der Sucht nach einem Maß an Reizen pro Sekunde, das sie noch nicht so recht hat eindämmen können. Die Sonne löst den Nebel auf. In den Weiten des Mittags fragt sie: »Was glaubst du, wie spät es ist?« Ihre Frage klingt eher verwundert als beunruhigt. Die Sonne hat noch nicht einmal den Punkt über ihnen erreicht, und doch sind sie beide so viel älter als gestern zur gleichen Zeit. Er hebt die Augen von der Skizze, die Mimas' labyrinthisches Astgewirr aus nächster Nähe zeigt, und schüttelt den Kopf. Sie kichert. »Na gut. Welcher *Wochentag*?«

Doch schon bald kommen ihnen ein Nachmittag, eine halbe Stunde, eine Minute, ein halber Satz, ein halbes Wort allesamt gleich lang vor. Sie gehen auf im Rhythmus der Abwesenheit von Rhythmen. Die schiere Überquerung der drei Schritt breiten Plattform wird zur epischen Reise. Mehr Zeit vergeht. Ein Zehntel von einer Ewigkeit. Zwei Zehntel. Als sie wieder etwas sagt, erschrickt es ihn, wie leise sie spricht. »Mir war nie klar, was für eine starke Droge andere Menschen sind.«

»Die stärkste überhaupt. Zumindest die am häufigsten missbrauchte.«

»Wie lange dauert es, bis man … davon loskommt?«

Er überlegt. »Keiner ist jemals clean.«

Er zeichnet sie, wie sie das Mittagessen zubereitet. Wie sie ein Nickerchen macht. Wie sie Vögel anlockt oder in sechzig Metern Höhe mit einer Maus spielt. Ihr Ringen um Ruhe scheint ihm wie die Saga der Menschheit im Miniaturformat, im Samenkorn eines Mammutbaums. Er zeichnet die Bäume in der Schlucht und die verstreuten Giganten, die ihre kleineren Geschwister überragen. Dann legt er den Zeichenblock beiseite, damit er ihn nicht vom Spiel des Lichts ablenkt.

»Hörst du sie?«, fragt er. Ein fernes Dröhnen, systematisch und kompetent. Sägen und Maschinen.

»Ja. Sie sind überall.« Mit jedem Riesen, der fällt, rückt der Trupp näher. Drei Meter dicke, neunhundert Jahre alte Bäume gehen in zwanzig Minuten zu Boden und sind nach einer weiteren Stunde fertig zum Abtransport. Wenn einer von den Großen stürzt, fühlt es sich selbst aus solcher Entfernung an, als ob eine Granate in eine Kathedrale einschlägt. Der Erdboden bebt. Ihre Plattform in Mimas' Krone erschaudert. Die größten Bäume, die die Welt je hervorgebracht hat – sich aufgespart hat für dieses letzte Gefecht.

In der Hängematten-Bibliothek findet sie ein Buch. *Der geheime Wald.* Vorne auf dem Umschlag ist das Bild einer prähistorischen Eibe, über und unter der Erde. Die Rückseite verkündet: *Der Überraschungsbestseller des Jahres – übersetzt in 23 Sprachen.* »Soll ich dir etwas vorlesen?«

Sie liest wie jemand, der vor einer Schulklasse steht und den endlos langen Güterzug der Strophen von Whitmans *Grashalmen* rezitiert, die die ganze zehnte Klasse als Hausaufgabe auswendig lernen musste.

Sie und der Baum in Ihrem Garten haben einen gemeinsamen Ahnen.

Sie hält inne und starrt durch die nicht vorhandene Wand ihres Baumhauses.

Vor anderthalb Milliarden Jahren sind Sie und der Baum getrennter Wege gegangen.

Sie hält nochmals inne, es sieht aus, als rechne sie nach.

Aber selbst heute, wo Sie sich so weit von ihm entfernt haben, sind bei ihm und bei Ihnen noch immer ein Viertel aller Gene gleich.

So lassen sie sich von den Gedanken der Autorin dahintragen, segeln vier Seiten weit, bis es dunkel wird. Die nächste Mahlzeit gibt es bei Kerzenlicht – Tütensuppenmischung, die auf zwei Tassen warmem Wasser schwimmt, erhitzt mit dem winzigen Campingkocher. Als sie fertig sind, ist es stockfinster. Die Maschinen der Holzfäller sind verstummt, den tausend unheimlichen Herausforderungen der Nacht gewichen, die auch diesmal fremd und rätselhaft für sie bleiben.

»Wir sollten Kerzen sparen.«

»Stimmt.«

Noch viel zu früh zum Schlafengehen. Sie liegen auf der breiten, schwankenden Plattform, dem Ort ihrer Bestimmung, unterhalten sich in der Dunkelheit. Hier oben gibt es keine Bedrohungen außer der ältesten. Wenn der Wind weht, fühlt es sich an, als überquerten sie den Pazifik auf einem notdürftig zusammengezimmerten Floß. Wenn der Wind nachlässt, hält die Stille sie in der Schwebe zwischen zwei Ewigkeiten, wiegt sie in den Armen des Hier und des Jetzt.

Im Dunkel fragt sie: »Woran denkst du?«

Er denkt, dass sein Leben auf seinem Höhepunkt angekommen ist, genau an diesem Tag. Dass er alles gesehen hat, was er sehen will. Lange genug gelebt, um Glück zu erfahren. »Ich habe überlegt, dass es heute

Nacht bestimmt wieder kalt wird. Vielleicht sollten wir die Schlafsäcke zusammenzippen.«

»Einverstanden.«

Jeder Stern der Galaxis zieht über sie hinweg, funkelt durch die blauschwarzen Nadeln in einem Band aus verschütteter Milch. Der Nachthimmel – die beste Droge der Welt, bevor die Menschheit sich zu etwas Stärkerem zusammentat.

Sie verbinden ihre Schlafsäcke. »Das ist dir klar, oder?«, sagt sie. »Wenn einer von uns fällt, dann fällt der andere mit.«

»Ich folge dir überall hin.«

Noch bevor es richtig hell wird, weckt sie der Lärm der Maschinen tief unten zu ihren Füßen.

Die Anzeige wegen Teilnahme an einer nicht genehmigten Demonstration kostet Mimi dreihundert Dollar. Kein schlechter Deal. Sie hat schon doppelt so viel für einen Wintermantel ausgegeben, der ihr nur halb so viel Befriedigung beschert hat. Die Nachricht von ihrer Festnahme macht auf der Arbeit die Runde. Aber ihre Chefs sind Ingenieure. Solange ihre Abteilung die Projekte fristgerecht abliefert, ist es der Firma egal, ob sie ihre Arbeit vom Knast aus erledigt. Als sich tausend Demonstranten mit Spruchbändern vor dem Hauptquartier der obersten Forstbehörde in Salem versammeln und eine Reform des Genehmigungsverfahrens für Abholzungen fordern, sind Mimi und Douglas dabei.

Früh an einem Samstagvormittag im April sind die beiden unterwegs zu einer Aktion im Küstengebirge. Douglas hat sich in dem Baumarkt, bei dem er jetzt arbeitet, einen Tag freigenommen. Der Morgen ist überirdisch schön, und auf der Fahrt nach Süden, zur Begleitung von Grungemusik und den Schlagzeilen des Tages, verfärbt sich der Himmel von dämmrigem Rosa zu kühlem Blau. In einem Rucksack im Fond des

Wagens stecken zwei Paar billige Schwimmbrillen, T-Shirts zum Schutz von Mund und Nase und Flaschen mit präpariertem Wasser. Außerdem polizeitaugliche Stahlhandschellen mit Schließsperre, Modell Er und Sie, und zwei Fahrrad-Bügelschlösser. Das Wettrüsten ist in vollem Gange. Die Demonstranten glauben allmählich, dass sie die Polizei überflügeln können, denn die wird von einer Mehrheit finanziert, die sämtliche Steuern für Diebstahl hält, wenn auch nicht das Verschenken von öffentlichen Wäldern.

Sie biegen in den Zufahrtsweg zum Ort des Protestes ein. Douglas mustert die geparkten Autos. »Kein Übertragungswagen. Nicht ein einziger.«

Mimi flucht. »Okay, kein Grund zur Panik. Ich bin sicher, die Zeitungsleute sind da. Samt Fotografen.«

»Ohne Fernsehen ist das doch praktisch, als wäre es überhaupt nicht geschehen.«

»Es ist früh am Tag. Vielleicht sind sie noch unterwegs.«

Gebrüll ertönt weiter unten an der Straße, wie von einer Zuschauermenge im Stadion, die ein Tor sehen will. Unter den Bäumen formieren sich die gegnerischen Armeen. Laute Schreie, die eine oder andere kleine Rangelei. Um eine Jacke entbrennt ein Zweikampf. Die beiden Nachzügler sehen einander an und setzen sich in Trab. Sie erreichen das Schlachtfeld auf einer kahlen Fläche des schon schwer gelichteten Waldes. Die Szene hat etwas von einem italienischen Zirkus. Demonstranten bilden eine doppelte Menschenkette um ein Raupenfahrzeug, dessen Kranarm über ihre Köpfe ragt wie der lange Hals eines Dinosauriers. Holzfäller und Waldarbeiter haben die Protestler umzingelt. Eine ganz besondere Wut liegt in der Luft, proportional zur Entfernung dieses bewaldeten Höhenzugs von der nächsten Stadt.

Mimi und Doug laufen den Hang hinauf. Beim Aufheulen einer Kettensäge packt sie ihn am Arm. Eine Säge nach der anderen erhebt die Stimme. Bald hallt der Wald wieder von einem Chor benzinbetriebener Killer. Die Holzfäller schwingen ihre Maschinen langsam und unbeirrt. Die Sensen von Gevatter Tod.

Douglas bleibt stehen. »Sind die vollkommen *übergeschnappt*?«

»Das ist doch bloß Theater. Niemand geht mit der Kettensäge auf einen unbewaffneten Menschen los.« Doch noch während Mimi das sagt, setzt der Fahrer eines Radladers, an den sich zwei Frauen mit Handschellen angekettet haben, sein Fahrzeug in Bewegung und schleift die beiden neben sich her. Die Demonstranten schreien, ungläubig vor Entsetzen.

Die Holzfäller wenden ihre Aufmerksamkeit von dem in Geiselhaft genommenen Kettenfahrzeug ab. Sie machen sich an einer Gruppe von mächtigen Tannen zu schaffen, drohen damit, die Bäume genau so zu fällen, dass sie mitten zwischen diesen aneinandergefesselten Nichtsnutzen landen. Doug stößt einen grollenden Laut aus und reißt sich los. Bevor Mimi begreift, ist er schon losgelaufen, den Rucksack weiter auf dem Rücken, genau dahin, wo der Demo die Luft auszugehen droht. Er stürzt sich ins Gefecht wie ein Vorstehhund in die Brandung, mischt sich unter die Demonstranten, packt bald den einen, bald den anderen an der Schulter. Er zeigt hinüber zu den Holzfällern, die den Tannen zuleibe rücken. »Wir müssen so viele Leute wie möglich auf die Bäume da kriegen.«

Jemand ruft: »Wo zum Teufel bleiben die Bullen? Wenn *wir* die Oberhand haben, sind sie immer schnell genug zur Stelle.«

»Auf, Leute«, brüllt Douglas. »In zehn Minuten sind diese Bäume Geschichte. Jetzt macht schon!«

Bevor Mimi zu ihm aufschließen kann, ist er schon wieder losgerannt, nimmt Kurs auf eine Tanne, deren unterster Astkranz so niedrig ist, dass er hineinspringen kann. Als er erst einmal drin ist, bilden die Äste eine Art Leiter, fünfundzwanzig Meter schnurstracks nach oben. Zwei Dutzend eingeschüchterte Demonstranten fassen wieder Mut und folgen seinem Beispiel. Die Holzfäller sehen, was an ihrer Flanke vor sich geht. Sie nehmen die Verfolgung auf, so schnell es mit ihren nagelbesetzten Arbeitsschuhen geht.

Der erste Schwung Demonstranten erreicht die Baumgruppe und beginnt zu klettern. Mimi entdeckt eine Tanne, deren Äste sogar für sie niedrig genug sind. Als sie noch sechs Meter von dem Stamm entfernt ist, umklammert etwas brutal ihre Beine. Sie fällt der Länge nach in ein Dickicht aus Aralien, *Oplopanax horridus*. Mit der Schulter prallt sie auf einen mit Flechten bewachsenen Stein. Etwas Schweres drückt von hinten auf ihre Waden. Aus zehn Metern Höhe brüllt Douglas ihrem Angreifer vom Baum aus zu: »Ich bring dich um, das schwöre ich dir. Ich reiß dir den Kopf ab, du Arsch!«

Der Mann, der auf Mimis Kniekehlen kauert, brummt nur: »Dafür musst du aber erst mal runterkommen, stimmt's?«

Mimi hat Schlamm in den Mund bekommen. Ihr Angreifer rammt ihr die Schienbeine von hinten in die Oberschenkel. Den Schmerzensschrei kann sie nicht unterdrücken. Douglas klettert einen Ast tiefer. »Nein!«, schreit sie. »Bleib oben!«

Ein paar Demonstranten werden abgefangen und gehen zu Boden. Aber andere schaffen es bis zu den Bäumen und schwingen sich hinauf in die Äste. Von dort halten sie ihre Verfolger in Schach. Schuhe siegen über angriffslustige Finger.

»Lassen Sie mich los«, keucht Mimi.

Der Waldarbeiter, der sie zu Boden drückt, ist unschlüssig. Seine Leute sind in der Minderzahl, und er kann ihnen nicht helfen, solange er diese Asiatin festhält, die so klein ist, dass sie allenfalls auf einen Busch klettern kann. »Versprechen Sie mir, dass Sie unten bleiben.«

Die Höflichkeit verblüfft sie. »Wenn Ihre Firma *ihre* Versprechen hielte, würde all das hier nicht passieren.«

»Versprechen Sie es.«

Das ganze Leben, durch nichts anderes zusammengehalten als leichtfertige Versprechen. Sie verspricht es. Der Waldarbeiter springt auf und schließt sich wieder seinen Mitstreitern in Bedrängnis an. Sie stecken die Köpfe zusammen, beraten einen Ausweg aus der Misere. Sie können die Tannen nicht fällen, ohne dass sie Menschenleben gefährden.

Mimi erspäht Douglas auf seinem Baum. Diesen Baum hat sie schon einmal gesehen. Sie braucht zu lang, bis sie ihn erkennt: Es ist der Baum im Hintergrund, hinter dem dritten Arhat, auf der Bildrolle ihres Vaters. Die Holzfäller werfen ihre Sägen wieder an. Sie schwingen sie zur Vorbereitung des Terrains im großen Bogen durch die Luft, schneiden Gestrüpp und schichten es zu Fallzonen vor den Tannen auf. Einer der Holzfäller setzt einen Keilschnitt bei einem großen Baum. Mimi beobachtet ihn, so fassungslos, dass ihr der Schrei im Halse steckenbleibt. Sie wollen ihn so fällen, dass er beim Umstürzen durch die Krone eines der besetzten Bäume fallen muss. Die große Tanne kippt, und Mimi stößt einen Schrei aus. Sie schließt die Augen und hört ein ohrenbetäubendes Krachen. Als sie die Augen wieder aufschlägt, sieht sie den umgestürzten Baum, der eine Schneise in die ganze Baumgruppe gerissen hat. Der Baumbesetzer klammert sich an seinen Stamm, stöhnt laut auf in seinem Entsetzen.

Douglas wettert gegen die Waldarbeiter, was er kann. »Habt Ihr vollkommen den Verstand verloren, Ihr Idioten? Ihr hättet ihn umbringen können.«

Der Vorarbeiter des Trupps ruft: »Ihr habt hier nichts verloren.« Die Holzfäller bereiten eine neue Fallzone vor. Jemand kommt mit einem Bolzenschneider und fängt an, die Handschellen der Demonstranten, die sich an den Caterpillar gekettet haben, zu durchtrennen, mühelos wie die Äste eines Gartenstrauchs. Am anderen Ende der Lichtung kommt es zu einem Handgemenge; der Luxus der Gewaltlosigkeit ist vorbei. In der Gruppe von Tannen versenkt ein Holzfäller seine Säge so in dem butterweichen Holz der nächsten dem Untergang geweihten Tanne, dass sie nur einen einzigen Schritt neben einem weiteren besetzten Baum umstürzen muss. Die Schreie des ins Fadenkreuz geratenen Demonstranten werden vom Lärm der Sägen übertönt, bleiben unhörbar für die Holzfäller mit ihren dicken Ohrenschützern. Aber sie sehen, wie er wild mit den Armen fuchtelt, und halten immerhin lang genug inne, dass ihr verängstigtes Opfer von dem Baum herabklettern kann. Es ist eine Niederlage auf der ganzen Linie. Die blockierten Forstmaschinen setzen sich in Bewegung. Neun der verbleibenden Baumbesetzer verlassen ihren Posten. Die Waldarbeiter schwingen triumphierend ihre Sägen. Demonstranten weichen zurück wie Rehe vor einem Waldbrand.

Mimi ist sitzen geblieben, wie sie es versprochen hat. In der Luft hinter sich vernimmt sie ein Heulen. Sie dreht sich um, sieht das Blaulicht, denkt: *Die Kavallerie*. Ein gepanzerter Lastwagen speit zwanzig Beamte in voller Montur aus. Kunststoffhelme mit umlaufendem Visier. Panzerwesten. Kugelsichere Einsatzschilde. Polizisten schwärmen über die Lichtung aus, treiben die Eindringlinge zusammen, schlagen Handschellen selbst um Handgelenke, an denen schon eine halbe abgeschnittene Schelle baumelt.

Mimi steht auf. Eine Hand packt sie schmerzhaft an der Schulter, stößt sie wieder zu Boden. Als sie sich umdreht, sieht sie einen verängstigten Polizisten, gerade mal zwanzig. »Hinsetzen! Und nicht bewegen.«

»Ich wollte doch überhaupt nicht weg.«

»Klappe, sonst kriegst du eins drauf.« Drei Wochenendaktivisten hasten vorüber, zurück zur Straße und zu ihren Autos. Der Jungbulle brüllt. »Stehen bleiben! Hinsetzen! Du und du und du.«

Die drei bekommen es mit der Angst zu tun, setzen sich brav hin. Umstehende Holzfäller johlen. Der junge Polizist dreht sich um und hechtet einer weiteren Gruppe Protestler nach, die sich aus dem Staub machen will. Ein Trupp schwärmt zwischen den Bäumen aus. Jeweils zu zweien gehen die Männer an die letzten, auf denen noch Aktivisten sitzen, dreschen mit ihren Schlagstöcken auf die Füße ein. Die letzten fünf Baumbesetzer geben auf – alle, bis auf Douglas Pavlicek, der höher hinaufsteigt. Er holt seine eigenen Handschellen aus dem Rucksack und schließt die eine Hälfte ums Handgelenk. Dann fasst er um den Stamm und lässt die zweite Schelle am anderen Arm zuschnappen.

Mimi legt beide Hände an den Kopf. »Douglas. Komm runter. Es ist aus.«

»Kann ich nicht.« Er rüttelt an der Fessel, die ihn in seiner Baumumarmung festhält. »Muss hier ausharren, bis das Fernsehen da ist.«

Der verrückte Verweigerer tritt nach den Holzfällerleitern, die die Polizisten an seine Tanne lehnen. Einen Abwehrschlag führt er so athletisch, dass sogar die Waldarbeiter applaudieren. Aber schon bald haben sich vier Polizisten an seinen Unterleib gehängt. Douglas kann sich nicht regen, von den Handschellen fixiert. Die Polizisten recken ihre Bolzenschneider, um die Fesseln zu durchtrennen. Douglas zieht die Arme ganz nah heran, presst die Kette an den Baumstamm. Die Holzfäller reichen den Polizisten Äxte. Aber er verschränkt seine Finger vor der Kette. Höher als bis zu seiner Taille können die Polizisten nicht langen. Kurz beratschlagen sie, dann schneiden sie ihm mit einer schweren Gartenschere die Hosenbeine auf. Zwei Beamte halten ihn an den Beinen, ein dritter schneidet weiter durch den mürben Jeansstoff, schneidet die Hose auf bis zum Schritt.

Mimi starrt. Die nackten Beine von Douglas hat sie bisher nicht gesehen. Sie hat in diesen letzten Monaten überlegt, ob sie sie wohl je zu Gesicht bekommen wird. Begehren ist ihm genauso deutlich anzusehen wie das Staunen auf seinem Gesicht, wenn sie sich einen Karamellshake teilen. Das einzig Erstaunliche ist die Frage, was ihn davon abgehalten hat, je etwas Verfänglicheres zu versuchen, als die Hand in ihren Nacken zu legen. Schon vor Wochen ist ihr der Gedanke gekommen, dass es vielleicht eine Kriegsverletzung ist. Jetzt sieht sie zu, wie er in der Öffentlichkeit ausgezogen wird, vor den Augen der verblüfften Menge. Ein Bein ist bereits entblößt, knochig und bleich, fast unbehaart, die schlaffe Haut eines weit älteren Mannes. Dann das andere Bein, und jetzt hängen die Jeans von der Taille an offen herunter wie eine zerfetzte Fahne. Die Beamten zücken ihre Dosen mit triaktivem Pfefferspray. – Capsaicin, CS-Gas, Tränengas.

Die Zuschauer werden unruhig. »Er ist doch da festgekettet, Mann. Er kann sich nicht rühren.«

»Was wollt ihr überhaupt von ihm?«

Der Polizist zielt mit der Dose auf Douglas' Leistengegend und sprüht. Flüssiges Feuer breitet sich an seinem Glied aus, seinen Hoden – ein Cocktail, der auf der Scoville-Skala mehrere Millionen Grad misst. Douglas hängt da, gehalten nur von den Handschellen, atmet kurz und keuchend. »Sch… Sch… Scheiße …«

»Lieber Himmel. Er kann sich doch nicht rühren. Lasst ihn in Ruhe!«

Mimi reckt den Hals, um zu sehen, wer da ruft. Es ist einer von den Holzfällern, ein kleiner bärtiger Mann wie ein wütender Zwerg aus dem Märchenbuch.

»Schließen Sie die Handschellen auf«, kommandiert einer der Polizisten. Die Antwort bleibt Douglas im Halse stecken. Es kommt nichts heraus außer einem tiefen Ton, wie die erste halbe Sekunde, wenn eine Luftschutzsirene anspringt. Sie sprühen noch einmal. Die Protestler, die friedlich dasaßen und auf ihre Festnahme warteten, revoltieren nun. Mimi steht auf. Sie brüllt Dinge, an die sie sich schon in einer Stunde nicht mehr erinnern wird. Auch andere um sie her erheben sich. Alle gehen nun zum Baum des Gefangenen. Die Polizisten stoßen sie zurück. Beamte sprühen noch eine ganze weitere Dose auf den nackten Schambereich. Aus dem tiefen, grollenden Ton in Douglas' Kehle wird nun ganz langsam ein entsetzliches Heulen.

»Schließen Sie auf, und Sie können runterkommen. So einfach ist das.«

Er versucht etwas hervorzubringen. Jemand unten brüllt: »Lasst ihn doch mal was sagen, ihr Arschlöcher.«

Ein Polizist beugt sich vor, kommt so nahe heran, dass er hören kann, was er flüstert. »Hab den Schlüssel fallen lassen.«

Die Polizisten schneiden Douglas los und nehmen ihn vom Baum wie Christus vom Kreuz. Sie lassen Mimi nicht zu ihm.

Als sie die Schikane, mit der ihre Personalien festgestellt werden, hinter sich haben, fährt sie ihn nach Hause. Sie versucht ihn zu waschen, mit jedem lindernden Mittel, das sie findet. Doch sein Fleisch ist wie frischgefangener Lachs, und er schämt sich zu sehr und will nicht, dass sie es sieht.

»Es geht schon.« Er liegt auf dem Bett, liest die Worte von der Decke ab. »Es geht schon.«

Jeden Abend kommt sie und sieht nach ihm. Seine Haut bleibt noch eine ganze Woche lang feuerrot.

Die Gewinne, die *Mastery 2* abwirft, sind so hoch wie der Jahresertrag ganzer Staaten. Als der Reiz dieser Version allmählich verblasst, kommt rechtzeitig *Mastery 3* auf den Markt. Nutzer aus sechs Kontinenten strömen scharenweise in die aufgerüstete Welt – Grenzsiedler, Pilgerväter, Farmer, Bergleute, Krieger, Priester. Sie bilden Zünfte und Konsortien. Sie errichten Bauwerke und erfinden Handelsgüter, die sich die Programmierer niemals hätten träumen lassen.

Mastery 4 ist in 3-D. Die Umsetzung erweist sich als Mammutaufgabe, die die Firma an ihre Grenzen bringt, denn es sind doppelt so viele Programmierer und Grafiker nötig wie beim Vorgänger. Die neue Version hat die vierfache Auflösung, ein zehnmal größeres Spielareal und ein Dutzend mehr Quests. Es gibt sechsunddreißig neue Skills. Sechs neue Ressourcen. Drei neue Zivilisationen. Mehr brandneue Wunder, mehr Meisterwerke, als je ein Mensch selbst in jahrelangem Spiel erforschen könnte. Trotz auch weiterhin regelmäßiger Verdoppelung der Prozessorgeschwindigkeit reizt das Spiel die Kapazitäten der besten Endgeräte monatelang bis an die Grenzen ihrer Leistungsfähigkeit aus.

Alles entwickelt sich genau so, wie Neelay es schon vor Jahren vorhergesehen hat. Browser kommen auf – wieder ein Nagel im Sarg von Zeit und Raum. Ein Klick, und man ist beim CERN. Noch einer, und man hört Underground-Musik aus Santa Cruz. Beim nächsten kann man im MIT Zeitung lesen. Fünfzig große Server zu Beginn von Jahr zwei, fünfhundert an dessen Ende. Webseiten, Suchmaschinen, Gateways. Die erschöpften, überfüllten Städte des industrialisierten Planeten haben dieses Ding mit ihrem Willen geschaffen, just im richtigen Augenblick: der Heiland des Evangeliums vom endlosen Wachstum. Innerhalb von achtzehn Monaten ist das Netz nicht mehr unvorstell-, sondern unverzichtbar. *Mastery* springt auf den Zug auf und geht online, und wieder wandert eine Million einsamer Jungs in das neue und verbesserte Nimmerland aus.

Die Pioniertage sind vorbei. Spiele werden erwachsen; bald zählen sie zu den begehrtesten Konsumartikeln des Planeten. *Mastery 5* ist komplexer und hat mehr Programmzeilen als manches Betriebssystem. Die besten Algorithmen des Spiels sind intelligenter als die Raumsonden des vergangenen Jahres. *Spielen* entwickelt sich zum Motor des menschlichen Fortschritts.

Aber in Neelays Leben gibt es keine großen Veränderungen, in seiner Wohnung über dem Firmenhauptquartier. Das Zimmer ist vollgestopft mit Monitoren und Modems, die blinken wie Weihnachtsbeleuchtung. Sein elektronisches Arsenal reicht von streichholzschachtelgroßen Modulen bis hin zu übermannshohen Racks. Jedes dieser Geräte ist, um es mit den Worten des Propheten zu sagen, von Magie nicht mehr zu unterscheiden. Selbst die abenteuerlichsten Science-Fiction-Geschichten aus Neelays Kindheit haben diese Wunder nicht vorhergesehen.

Und doch verdoppelt sich seine Ungeduld mit jeder Verdoppelung der Leistung. Der Hunger ist schlimmer denn je – der Hunger nach einem weiteren Durchbruch, dem *nächsten*, nach etwas Einfachem und Elegantem, das erneut alles verändern wird. Er besucht seine Orakelbäume in ihrem außerirdischen botanischen Garten, um sie zu fragen, wie es weitergehen soll. Aber die Geschöpfe schweigen.

Er hat wunde Stellen am Körper. Seine immer zerbrechlicheren Knochen machen es gefährlich, das Haus zu verlassen. Vor zwei Monaten hat er sich beim Einsteigen in den Kombi den Fuß gebrochen – so etwas kann vorkommen, wenn man kein Gespür mehr dafür hat, wo die eigenen Gliedmaßen enden. Seine Arme sind blau und grün von den unsanften Begegnungen mit dem Metallbügel auf dem Weg ins oder aus dem Bett. Er hat sich angewöhnt, in seinem Stuhl zu essen, zu arbeiten und zu schlafen. Was er sich mehr wünscht als alles andere – wofür er sogar seine Firma eintauschen würde –, ist die Möglichkeit, an einem See in der Sierra Nevada zu sitzen, am Ende eines zehn Meilen langen Pfads, und den Kreuzschnäbeln zuzusehen, wie sie in die Wipfel der umstehenden Fichten flitzen, um mit ihren grotesk geformten Schnäbeln die Samen aus den Zapfen zu klauben. Das wird ihm auf immer verwehrt bleiben. Für alle Zeiten. Das einzige Ausflugsziel, das ihm jetzt noch bleibt, ist *Mastery 6*.

In *Mastery 6* führen die Kolonien eines Spielers ein Eigenleben, entwickeln sich weiter, auch wenn er selbst gar nicht da ist. Dynamische, konkurrierende Ökonomien. Städte voll mit lebensechten Menschen, die Handel treiben, Gesetze erlassen. Die Schöpfung in ihrer ganzen Verschwendung. Leute zahlen Monat für Monat Miete, um dort zu leben. Es ist ein gewagter Sprung, aber im Spiel der Welt ist kein Sprung tödlich. Tödlich ist es nur, den Sprung nicht zu wagen.

Neelay kennt den Unterschied zwischen Ruhe und Verzweiflung längst nicht mehr. Stundenlang sitzt er am Panoramafenster, dann schreibt er plötzlich ellenlange Memos ans Entwicklungsteam, wobei er immer wieder auf das Thema zurückkommt, mit dem er ihnen schon seit Jahren auf die Nerven geht:

Wir müssen realistischer werden ... Das Spiel braucht Leben! Die Tiere sollten trotten, stehen bleiben, schauen, ganz wie ihre echten Vorbilder ... Ich will sehen, wie ein Wolf sich auf den Hinterbeinen wiegt, ich will das Grün in seinen Augen, als ob es von innen heraus leuchtet. Ich will sehen, wie ein Bär einen Ameisenhaufen mit seinen Klauen aufscharrt ...

Lasst uns diesen Ort in allen Einzelheiten aufbauen, mit Dingen, die wirklich da sind. Echten Savannen, echten gemäßigten Wäldern, echten Feuchtgebieten. Der Genter Altar der Brüder van Eyck hat 75 eindeutig zu identifizierende Pflanzenarten. In Mastery 7 will ich 750 simulierte Pflanzenarten zählen können, jede mit ihren unverwechselbaren Merkmalen.

Während seiner Arbeit an diesem Memo klopfen Angestellte an die Tür, treten ein, mit Papieren, die er unterzeichnen, Streit, den er schlichten soll. Sie zeigen keinerlei Abscheu, kein Mitleid gegenüber dieser langen Bohnenstange, die da hochgestemmt im Rollstuhl sitzt. Sie sind an ihn gewöhnt, diese jungen Cybernauten. Selbst der Katheter fällt ihnen nicht mehr auf, der Auffangbeutel am Rahmen des Stuhls. Sie kennen seinen Marktwert. Die Aktie von Sempervirens hat an diesem Nachmittag mit einundvierzig ein Viertel abgeschlossen, dem Dreifachen dessen, mit dem sie im Jahr zuvor an die Börse gegangen sind. Dem Bohnenstangenmann gehören dreiundzwanzig Prozent der Firma. Er hat ihnen allen Wohlstand beschert, und sich selbst hat er so reich gemacht wie die Reichsten unter den Herrschern des Spiels.

Er schickt das neueste pamphletlange Memo auf die Reise, und schon Momente später legt sich der Schatten auf ihn. Dann tut er, was er immer tut, wenn er ins Bodenlose fällt: Er ruft zu Hause an. Seine Mutter ist am Apparat. »Ach, Neelay! Ich freue mich ja so, dass du dich meldest!«

»Ich freue mich auch, Moti. Geht es dir gut?« Und es spielt keine Rolle, was sie dann erzählt. Pita, der viel zu viele Nickerchen macht. Eine Reise in die Heimat, nach Ahmedabad, die sie vielleicht unternehmen wollen. Marienkäferplage in der Garage – sehr strenger Geruch. Die vollkommen neue Kurzhaarfrisur, die sie sich vielleicht zulegen will. Er genießt es, ganz egal welches Thema sie anschneidet. Das Leben in all den kümmerlichen Einzelheiten, die bisher noch in keiner Simulation unterkommen.

Dann aber die fatale Frage, und diesmal schon so früh. »Neelay, wir überlegen doch wieder, dass es nicht unmöglich ist, jemanden für dich zu finden. Unter unseren Leuten.«

Sie haben das schon hundert Mal durchgekaut, schon seit Jahren. Es wäre gesellschaftlich sanktionierter Sadismus gegenüber jeder Frau, die man zu so einer Verbindung überredete. »Nein, Moti. Damit sind wir fertig.«

»Aber Neelay.« Er hört es an ihrem Tonfall: *Du hast Millionen, zehn Millionen, noch mehr womöglich – du sagst ja nicht einmal deiner Mutter, wie viel. Wo soll denn da ein Opfer sein? Wer könnte nicht lernen, zu lieben?*

»Mom? Ich hätte dir das schon längst sagen sollen. Es gibt eine Frau hier. Eine von meinen Pflegerinnen.« Das klingt doch beinahe glaubwürdig. Die Stille am anderen Ende der Leitung bringt ihn um, die atemlose Hoffnung. Er braucht einen guten, überzeugenden Namen, einen, den er sich selbst auch merken kann. Rupi. Rutu. »Sie heißt Rupal.«

Ein schrecklich japsender Laut, dann weint sie. »Ach, Neelay, ich bin ja so glücklich!«

»Ich auch, Mom.«

»Endlich das wahre Glück für dich. Wann lernen wir sie kennen?«

Er fragt sich, warum sein Verbrecherverstand diese kleine Komplikation nicht vorausgesehen hat. »Bald. Ich will ihr ja keine Angst machen!«

»Deine eigene Familie jagt ihr Angst ein? Was ist denn das für ein Mädchen?«

»Nächsten Monat vielleicht? Ende nächsten Monats?« Natürlich stellt er sich vor, dass bis dahin die Welt lange untergegangen ist. Schon jetzt kann er den abgrundtiefen Schmerz seiner Mutter spüren, wenn er ihr das Ende dieser simulierten Beziehung vorspielen wird, nur Tage bevor die beiden Frauen sich kennenlernen sollten. Aber er hat sie glücklich gemacht, an dem einzigen Ort, an dem die Menschen wirklich leben, in dem gerade einmal sekundenbreiten Zeitfenster des Jetzt. Alles ist gut, und als das Telefonat dem Ende zugeht, hat er Leuten im Gujarat wie in Rajasthan mindestens vierzehn Monate Vorwarnzeit versprochen, damit sie Termine freimachen, Flugtickets kaufen, Saris schneidern lassen können, bevor die Hochzeit ansteht.

»Ja, hör mal. So was braucht Zeit, Neelay.«

Nach dem Auflegen, hebt er die Hand und schlägt damit auf die Tischkante. Ein ungutes Geräusch, ein heftiger, stechender Schmerz, und er weiß, dass er sich mindestens einen Knochen gebrochen hat.

Unter Qualen fährt er mit seinem Privataufzug hinunter ins opulente Foyer mit der wunderbaren Täfelung aus Mammutbaumholz, die Millionen von Menschen mit ihrer Sehnsucht finanziert haben, überall zu leben, nur nicht hier. Ihm laufen die Tränen, vor Schmerz und vor Wut. Aber leise und höflich hält er der entsetzten Empfangsdame seine bereits dick geschwollene Kralle hin und sagt: »Ich fürchte, ich muss ins Krankenhaus.«

Er weiß, was ihn dort erwartet, nachdem sie seine Hand wieder zusammengeflickt haben. Sie werden ihn ausschimpfen. Ihn an den Tropf hängen und sich versprechen lassen, dass er regelmäßig isst. Während die Empfangsdame panisch ihre Anrufe tätigt, blickt Neelay zur Wand, wo er die Worte von Borges hat anbringen lassen, noch immer das Leitprinzip seines jungen Lebens:

Jeder Mensch muss aller Gedanken fähig sein,
und ich bin sicher, dass er es eines Tages sein wird.

Portland, denkt Patricia, hört sich abschreckend an. *Freie Sachverständige* noch schlimmer. Am Morgen der Verhandlung liegt Dr. Westerford im Bett, gelähmt wie nach einem Schlaganfall. »Ich kann das nicht machen, Denny.«

»Du kannst es nicht *nicht* machen, Babe.«

»Meinst du im moralischen oder im juristischen Sinne?«

»Es ist dein Lebenswerk. Du kannst jetzt nicht einfach hinschmeißen.«

»Es ist nicht mein Lebenswerk. Mein Lebenswerk ist es, den Bäumen zuzuhören!«

»Nein. Das ist dein lebenslanges Spiel. Dein *Werk* ist es, den Leuten zu dolmetschen, was sie sagen.«

»Eine einstweilige Verfügung, die das Abholzen auf wertvollem Bundesland untersagen soll. Das ist eine Frage für Juristen. Was weiß ich denn, was es da für Gesetze gibt?«

»Du sollst beisteuern, was du über Bäume weißt.«

»*Sach*verständige? Da dreht sich mir der Magen um.«

»Sag einfach nur, was du weißt.«

»Darum geht es doch. Ich weiß nichts.«

»Es ist nicht anders, als wenn du eine Vorlesung hältst.«

»Nur dass ich statt idealistischen Zwanzigjährigen, die etwas lernen wollen, eine Horde von Anwälten vor mir habe, die sich um Millionen von Dollars streiten.«

»Nicht um Dollars, Patty. Um das andere.«

Ja, sie gibt es zu und schwingt ihre Füße auf die kalten Dielen. Hier geht es um das andere. Das genaue Gegenteil von Dollars. Das, was so viele Fürsprecher braucht, wie es nur haben kann.

Dennis fährt sie die hundert Meilen in seinem klapprigen Truck. Es dröhnt ihr in den Ohren, als sie schließlich bei Gericht ankommen. Bei ihrer ersten Aussage bricht die Sprachhemmung ihrer Kindheit auf wie eine Magnolienblüte im Mai. Immer wieder bittet der Richter sie, etwas zu wiederholen. Bei jeder Frage hat Patricia Mühe, sie zu verstehen. Und doch erklärt sie es ihnen: das Geheimnis der Bäume. Die Worte steigen in ihr auf wie der Saft am Ende des Winters. Es gibt keine Einzelwesen im Wald. Jeder Baum ist von anderen abhängig.

Sie verkneift sich alle persönlichen Ansichten und hält sich ganz an das, worin die gesamte Wissenschaft sich einig ist. Doch je mehr sie spricht, desto mehr scheint ihr die gesamte Wissenschaft genauso nichtig wie ein Schönheitswettbewerb auf der Highschool. Leider ist der gegnerische Anwalt da ganz ihrer Ansicht. Er kramt den alten Leserbrief an die wissenschaftliche Zeitschrift hervor, die ihren ersten größeren Aufsatz gebracht hat. Der, den drei führende Dendrologen unterschrieben hatten, die sie damit in den Staub traten. Methodisch mangelhaft. Statistiken nicht schlüssig. *Auf geradezu peinliche Weise missversteht Patricia Westerford die Einheiten der natürlichen Auslese* ... Blut strömt in jeden Winkel ihres Körpers. Sie möchte im Erdboden versinken, wünscht sich, sie hätte nie existiert. Hätte sie doch nur ein paar Giftpilze in das Omelett gemischt, das sie sich am Morgen gebraten hat, bevor Dennis sie zu diesem Tribunal fuhr.

»Alles in diesem Aufsatz ist durch spätere Forschungen bestätigt worden.«

Sie erkennt die Falle erst, als sie schon zugeschnappt ist. »Sie haben Lehrmeinungen umgestoßen«, sagt der gegnerische Anwalt. »Können Sie garantieren, dass nicht zukünftige Forschungen die Ihren umstoßen?«

Das kann sie nicht. Auch die Wissenschaft hat ihre Jahreszeiten. Doch solche Überlegungen sind zu feinsinnig für einen Gerichtssaal. Beobachtungen – die Beobachtungen von vielen – führen zu gesicherten Erkenntnissen, unabhängig von den Bedürfnissen und Ängsten des einzelnen Beobachters. Aber sie kann hier vor Gericht nicht beschwören, dass die Forstwissenschaft endgültig bei einer *neuen* Forstwissenschaft angekommen ist, bei Überzeugungen, für die sie und ihre Freunde geworben haben. Sie kann nicht einmal beschwören, dass die Forstwissenschaft bereits eine Wissenschaft ist.

Der Richter fragt Patricia, ob es stimmt, was der Gutachter der Gegenseite zuvor behauptet hat: dass ein junger, bewirtschafteter, schnell nachwachsender, einheitlicher Baumbestand besser ist als ein alter, anarchischer Wald. Der Richter erinnert sie an jemanden. Lange Autofahrten zwischen frischgepflügten Feldern. *Wenn du deinen Namen in vier Fuß Höhe in eine Buchenrinde schnitzt, wie hoch steht er dann ein halbes Jahrhundert später?*

»Davon waren meine Lehrer vor zwanzig Jahren überzeugt.«

»Sind zwanzig Jahre in solchen Fragen eine lange Zeitspanne?«

»Nicht für einen Baum.«

Gelächter bei beiden Parteien im Gerichtssaal. Aber für Menschen – erbarmungslose, erfindungsreiche, hart arbeitende Menschen – sind zwanzig Jahre genug, um ganze Ökosysteme zu vernichten. Die Abholzung der Wälder: ein größerer Klimafaktor als alle Verkehrsmittel zusammengenommen. Doppelt so viel Kohlenstoff in den gefällten Wäldern wie in der gesamten Atmosphäre. Doch das ist Gegenstand eines anderen Verfahrens.

Der Richter fragt: »Junge, gerade, schneller wachsende Bäum sind also *nicht* besser als alte, vermodernde?«

»Besser für Menschen. Nicht für den Wald. Genau genommen kann man bei jungen, bewirtschafteten, homogenen Baumbeständen gar nicht von Wäldern sprechen.« Schon als sie die Worte sagt, ist es, als sei ein Damm gebrochen. Jetzt ist sie glücklich, dass sie am Leben ist, dass sie lebt, um das Leben zu studieren. Sie spürt Dankbarkeit, ohne erkennbaren Grund, außer der Erinnerung an all das, was sie über *andere Dinge* herausgefunden hat. Sie kann es dem Richter nicht sagen, aber sie *liebt* sie, diese komplexen Gesellschaften miteinander verbundener Lebewesen mit ihrem unermüdlichen Geben und Nehmen; Wesen, denen sie ihr Leben lang zugehört hat. Sie liebt auch ihre eigene Spezies – hinterhältig und selbstsüchtig, gefangen in ihrem Körper, bewehrt mit Scheuklappen, die sie blind machen für das intelligente Leben um sie herum, und doch von der Schöpfung zum *Wissen* auserkoren.

Der Richter bittet sie um nähere Erläuterungen. Dennis hatte recht. Es ist wirklich so, als spreche sie im Hörsaal vor ihren Studenten. Sie erklärt, dass ein morscher Stamm viel größere Mengen an lebendigem Gewebe beherbergt als ein lebender Baum. »Manchmal frage ich mich, ob die wahre Aufgabe eines Baums auf dieser Erde nicht darin besteht, sich in Vorbereitung auf die lange Zeit, die er später tot am Waldboden liegt, zu mästen.«

Der Richter will wissen, für welche Lebewesen ein toter Baum nützlich sein könnte.

»Nennen Sie mir eine Ordnung, irgendeine x-beliebige. Eine Familie. Eine Gattung. Vögel, Säugetiere, andere Pflanzen. Zehntausende von wirbellosen Tieren. Drei Viertel der Amphibien in dieser Gegend brauchen tote Bäume. Fast alle Reptilien. Tiere, die die Schädlinge in Schach halten, die andere Bäume töten. Ein toter Baum ist ein Hotel mit unendlich vielen Zimmern.«

Sie erzählt vom Borkenkäfer. Angelockt von dem Alkohol im verrottenden Holz bohrt er sich in den Stamm. In seinem Tunnelsystem verteilt er mitgebrachtes Pilzgewebe, das er in einer speziellen Tasche an seinem Kopf transportiert. Der Pilz ernährt sich von dem Holz; der Käfer ernährt sich von dem Pilz.

»Die Käfer legen Gärten in dem Stamm an?«

»Ja, sie bewirtschaften ihn. Ganz ohne Subventionen. Es sei denn, man zählt den Stamm dazu.«

»Und wie steht es mit den Arten, die auf verrottendes Holz angewiesen sind: sind irgendwelche von denen gefährdet?«

Sie erklärt es ihm: Alles ist auf alles andere angewiesen. Es gibt eine Wühlmaus, die alten Waldbestand braucht. Sie frisst Pilze, die auf morschen Stämmen wachsen, und scheidet die Sporen an anderer Stelle wieder aus. Keine morschen Stämme, keine Pilze; keine Pilze, keine Wühlmäuse; keine Wühlmäuse, keine neuen Pilze; keine neuen Pilze, keine neuen Bäume.

»Glauben Sie, dass wir diese Arten erhalten können, indem wir kleine Areale des alten Waldbestands unangetastet lassen?«

Sie überlegt, bevor sie antwortet. »Nein. Kleine Areale sind nicht genug. Große Wälder leben und atmen. Sie entwickeln komplexe Verhaltensstrategien. Begrenzte Areale sind nicht so resistent und nicht so artenreich. Die Waldgebiete müssen groß sein, damit auch Größeres darin leben kann.«

Der Anwalt der Gegenseite fragt, ob die Erhaltung etwas ausgedehnterer Waldgebiete die Millionen von Dollar wert ist, die es die Öffentlichkeit kostet. Der Richter verlangt Zahlen. Die Gegenseite beziffert die Verluste – die immensen Kosten, die dadurch entstehen, dass man Bäume nicht fällt.

Der Richter bittet Dr. Westerford um einen Kommentar. Sie runzelt die Stirn. »Morsches Holz steigert den Wert eine Waldes. Die Wälder hier sind die reichhaltigsten Ansammlungen von Biomasse auf der gesamten Erde. Die Gewässer in alten Wäldern sind fünf- bis zehnmal fischreicher. Durch Fischfang und das Sammeln von Speisepilzen und anderen essbaren Dingen ließe sich Jahr für Jahr mehr Geld verdienen als durch jahrzehntelangen Kahlschlag.«

»Tatsächlich? Oder ist das nur eine Metapher?«

»Wir können es durch Zahlen belegen.«

»Wieso reagiert der Markt dann nicht?«

Weil Ökosysteme zu Diversität tendieren, und Märkte tun genau das Gegenteil. Aber sie ist klug genug, das nicht auszusprechen. Niemals die herrschenden Götter angreifen. »Ich bin keine Wirtschaftswissenschaftlerin. Und auch keine Psychologin.«

Der gegnerische Anwalt erklärt, dass Abholzung Wälder rettet. »Wenn wir das Holz nicht ernten, kommt es zu Sturmschäden oder verheerenden Wipfelfeuern, die Millionen von Morgen vernichten.«

Es ist zwar nicht ihr Fachgebiet, aber Patricia kann das so nicht stehenlassen. »Kahlschlag erhöht die Gefahr von Sturmschäden. Und Wipfelfeuer entstehen nur, wenn man Brände zu lang unterdrückt.« Sie erklärt, was sie meint: Feuer regeneriert. Manche Bäume haben Zapfen, die sich ohne Feuer nicht öffnen können. Bei der Küstenkiefer bleiben die Zapfen jahrzehntelang am Baum, bis ein Feuer sie aufspringen lässt. »Die Unterdrückung von Waldbränden galt früher als vernünftige Maßnahme. Aber die Kosten sind weit höher als die Einsparungen.« Der Anwalt ihrer eigenen Prozesspartei windet sich. Aber sie ist jetzt zu sehr in Fahrt, um diplomatisch zu sein.

In Ihrem Buch stehen Dinge, die ich nie für möglich gehalten hätte.«, sagt der Richter. »Bäume locken Tiere an und beeinflussen ihr Verhalten? Bäume haben ein Gedächtnis? Sie sorgen füreinander?«

In dem dunkel getäfelten Gerichtssaal kommen ihre Worte aus der Deckung. Die Liebe zu den Bäumen bricht aus ihr heraus – ihre Eleganz, ihre Anpassungsfähigkeit, die ständigen Veränderungen und Überraschungen. Jedes dieser langsamen, beharrlichen Geschöpfe mit dem hochentwickelten Vokabular ist einmalig, und doch formen sie sich gegenseitig; sie lassen Vögel in sich nisten, produzieren Kohlenstoff, reinigen das Wasser, filtern Giftstoffe aus dem Boden, sorgen für ein stabiles Mikroklima. Wenn man genügend Lebewesen über die Luft und den Boden miteinander verbindet, bekommt man etwas, das ein *Ziel* verfolgt. Den Wald. Eine bedrohte Art.

Der Richter runzelt die Stirn. »Was nach einem Kahlschlag nachwächst, ist also kein Wald?«

Jetzt gewinnt doch die Wut die Oberhand. »Sie können Wälder wieder aufforsten. Sie können auch Beethovens Neunte auf der Maultrommel spielen.« Alle lachen, nur nicht der Richter. »Ein Garten in der Vorstadt ist vielfältiger und artenreicher als jede Baumplantage!«

»Wie viel unberührter Wald ist noch übrig?«

»Nicht viel.«

»Weniger als ein Viertel der ursprünglichen Flächen?«

»Lieber Himmel! *Viel* weniger. Wahrscheinlich gerade noch zwei oder drei Prozent. Im Quadrat wären es vielleicht noch fünfzig mal fünfzig Meilen.« Die letzten Reste ihres Gelöbnisses, besonnen zu bleiben, sind dahin. »Auf diesem Kontinent gab es vier große Wälder. Jeder von ihnen hätte für die Ewigkeit sein sollen. Und jeder von ihnen war binnen Jahrzehnten verschwunden. Wir hatten kaum Zeit genug, ihn romantisch zu verklären! Die Bäume da draußen sind alles, was uns noch bleibt, und sie verschwinden – jeden Tag eine Fläche so groß wie hundert Fußballfelder. In manchen Flüssen dieses Staates hat sich das Holz über sechs Meilen weit gestaut.

Wenn Sie den gegenwärtigen Nettowert eines Waldes für seine derzeitigen Besitzer maximieren und möglichst viel Holz in möglichst kurzer Zeit liefern wollen, dann ja: Fällen Sie den Altbestand und ersetzen Sie ihn durch neue Bäume in schönen ordentlichen Reihen, dann können Sie dort noch ein paarmal ernten. Aber wenn Sie daran denken, wie der Boden im nächsten Jahrhundert aussieht, wenn Sie sauberes Wasser wollen, Vielfalt und Gesundheit, den stabilisierenden Einfluss und den Nutzen, den wir noch nicht einmal erahnen können, dann lassen Sie dem Wald Zeit für seine Gaben.«

Als sie fertig ist, versinkt sie wieder in verlegenes Schweigen. Aber der Anwalt, der die einstweilige Verfügung erwirken will, strahlt. Der Richter fragt: »Glauben Sie, dass alte Wälder … über Wissen verfügen, das Neuanpflanzungen fehlt?«

Sie kneift die Augen zusammen und sieht ihren Vater vor sich. Die Stimme ist nicht die richtige, aber da sind die randlose Brille, die staunend hochgezogenen Augenbrauen, die stete Neugier. Alles, was sie vor einem halben Jahrhundert gelernt hat, umschwebt sie nun wieder, Tage in dem alten Packard, ihrem mobilen Klassenzimmer, unterwegs auf den abgelegenen Landstraßen des südwestlichen Ohio. Sie staunt selbst, wie deutlich sie die Überzeugungen ihres Erwachsenenlebens dort wiedererkennt, in Embryoform, angelegt in ein paar beiläufigen Worten, bei heruntergekurbeltem Fenster an einem Freitagnachmittag, während die Sojafelder von Highland County endlos im Rückspiegel davonziehen.

Wie war das? *Menschen sind nicht die Herren der Welt, für die sie sich halten.* Andere Geschöpfe – größer, kleiner, schneller, langsamer, älter, jünger, stärker – geben den Ton an, bringen die Luft hervor, leben vom Licht der Sonne. Ohne sie gibt es *nichts*.

Aber der Richter ist nicht der, der damals mit ihr im Auto saß. Der Richter ist ein anderer.

»Es könnte bis in alle Ewigkeit die Aufgabe der Menschheit sein, von den Bäumen zu lernen, was die Wälder an Weisheit gesammelt haben.«

Der Richter kaut an ihrer Aussage, wie ihr Vater auf Sassafras gekaut hat, den wie Kräuterbier duftenden Zweigen, die den ganzen Winter über grün bleiben.

Das Gericht zieht sich zur Beratung zurück. Bei der Rückkehr verkündet der Richter die Aussetzung der Fällarbeiten, um die es hier geht. Außerdem verfügt er ein Unterlassungsurteil, das alle neuen Verträge über Schlagrechte auf öffentlichem Land im westlichen Oregon untersagt, bis genauere Untersuchungen über den Einfluss von Kahlschlägen auf gefährdete Arten vorliegen. Leute sprechen Patty an und beglückwünschen sie, aber sie hört sie nicht. Als der Richterhammer aufs Pult schlägt, schalten ihre Ohren einfach ab.

Sie tritt aus dem Gerichtssaal, und es ist, als irre sie durch dichten Nebel. Dennis ist bei ihr, führt sie den Gang hinunter und auf den Platz, wo zwei Gruppen Demonstranten sich unversöhnlich gegenüberstehen, mit ihren Spruchbändern rechts und links von ihr.

ES GIBT KEINEN HOLZWEG ZUM HIMMEL

OHNE STAAT KEIN HOLZ – OHNE HOLZ KEIN STAAT

Feindselige Rufe fliegen über den offenen Teil des Platzes hin und her, angeheizt von Triumph und Niederlage. Anständige Leute, die ihr Land lieben, auf zwei unvereinbare Arten. Für Patricias Ohren klingen sie wie zeternde Vögel. Jemand tippt ihr auf die rechte Schulter, und als sie sich umdreht, sieht sie den Sachverständigen der Gegenseite. »Da haben Sie die Holzpreise gerade ein gutes Stück in die Höhe getrieben.«

Sie sieht ihn nur verständnislos an; sie findet nicht, dass das etwas Schlechtes ist.

»Jede Holzfirma mit eigenem Land oder mit bestehenden Verträgen wird fällen, was das Zeug hält.«

Ihre Hände sind eiskalt, die Beine werden steif, in dieser Enge, in der sie sich nicht einmal umdrehen können. Die Nächte sind so kalt, dass ihnen die vom Pflanzensaft klebrigen Zehen erfrieren. Der ewige Wind, das Flattern der Planen machen jeden Versuch eines Gesprächs zunichte. Manchmal stürzen dicke Äste herunter. Noch mehr zerrt die Stille an ihren Nerven. Wenn sie sich Bewegung verschaffen wollen, müssen sie klettern. Aber im Wechsel des Lichts, im Fluss der Tage, werden Dinge Routine, die sie unten auf der Erde nie für möglich gehalten hätten.

Jeder Morgen ist ein Katz-und-Maus-Spiel. Oder eher Eule und Wühlmaus, wobei Wächter und Mädchenhaar von ihrem feuchten, eisigen Horst zu den Säugern hinunterstarren, die da unten in der Tiefe winzig klein über den Boden huschen. Die Männer sind schon da, bevor der Nebel sich lichtet. An einem Tag sind es nur drei. Am nächsten zwanzig, lärmend in den Führerkanzeln ihrer Maschinen. Manchmal locken die Holzfäller: »Kommt doch runter. Nur zehn Minuten.«

»Geht nicht. Wir besetzen gerade den Baum hier!«

»Wir müssen so schreien. Wir sehen euch nicht mal. Kriegen einen steifen Hals.«

»Dann kommt doch hoch. Hier oben ist jede Menge Platz!«

Die Lage ist festgefahren. Jeden Tag tauchen andere auf, alle denken,

ihnen könne der Durchbruch gelingen. Truppleiter. Vorarbeiter. Sie
brüllen sich heiser mit ihren Drohungen und vernünftigen Versprechen. Selbst einer der Bosse, Vizepräsident im Geschäftsbereich Waldwirtschaft, kommt sie besuchen. Er steht unter dem Schirm von Mimas,
mit einem weißen Plastikhelm auf dem Kopf, als hielte er eine Rede vor
dem Senat.

»Wir können dafür sorgen, dass Sie drei Jahre hinter Gitter wandern.
Wegen widerrechtlichen Eindringens.«

»Deswegen kommen wir ja nicht runter.«

»Wir klagen auf Schadenersatz. Gewaltige Summen.«

»Das ist der Baum wert.«

Am nächsten Tag ist der Boss mit dem weißen Helm wieder da.
»Wenn Sie bis heute Nachmittag fünf Uhr unten sind, lassen wir die An-
klage fallen. Wenn nicht, dann können wir für nichts mehr garantieren.
Kommen Sie runter. Wir lassen Sie gehen. Als unbescholtene Bürger.«

Mädchenhaar beugt sich über die Kante des Ballsaals. »Es geht ja
nicht darum, dass *wir* unbescholten sind. Es geht um *euch*.«

Am nächsten Morgen debattiert sie mit einem der Holzfäller, und mitten im Satz stutzt der Mann.

»He! Nimm mal einen Moment die Kappe ab.« Sie tut es. Selbst aus
zwei Drittel eines Fußballfelds Entfernung ist ihm noch anzumerken,
wie er staunt. »Mann! Du siehst *klasse* aus.«

»Du solltest mich mal aus der Nähe sehen! Wenn ich nicht starr vor
Kälte bin und in den letzten ein, zwei Monaten gebadet habe.«

»Ja, was zum Teufel machst du dann auf dem Baum? Du könntest
doch jeden Kerl kriegen, den du willst.«

»Wer will schon Kerle, wenn er Mimas haben kann?«

»Mimas?«

Ein kleiner Sieg: Sie hat ihn dazu gebracht, dass er den Namen ausspricht.

Wächter lässt eine Salve Papierbomben auf die Holzfäller unten prasseln. Aufgefaltet sind es Bleistiftskizzen vom Leben in siebzig Metern Höhe. Die Männer sind beeindruckt. »Die hast du *selbst* gezeichnet?«

»Ja, ich geb's zu.«

»Echt? Und es gibt *Blaubeeren* da oben?«

»Massenhaft.«

»Und einen Teich mit *Fischen* drin?«

»Das ist noch längst nicht alles.«

Tage vergehen, nass und eiskalt, einer quälender als der andere. Die Baumbesetzer, die Wächter und Mädchenhaar ablösen sollten, lassen auf sich warten. Das Patt geht nun schon in die zweite Woche, und die Stimmung der Arbeiter rund um den Fuß von Mimas wird schlechter.

»Ihr seid hier mitten in der Einöde. Vier Meilen im Umkreis kein einziger Mensch. Da kann schon mal was passieren. Keiner kriegt Wind davon.«

Mädchenhaar strahlt sie von oben an, ein verklärtes Lächeln. »Ihr seid einfach zu anständig, Jungs. Das glaubt euch keiner, wenn ihr droht!«

»Ihr bringt uns um unsere Jobs.«

»Dafür sorgen eure Bosse schon.«

»Quatsch!«

»Ein Drittel der Arbeitsplätze im Holzgewerbe ist in den letzten fünfzehn Jahren verlorengegangen. Von Maschinen übernommen. Mehr Bäume werden gefällt, weniger Leute haben Arbeit.«

Die Holzfäller sind mit ihrer Weisheit am Ende. Sie versuchen es mit Taktik. »Seid doch vernünftig. Das sind *Nutz*pflanzen. Sie wachsen nach. Habt ihr gesehen, was es südlich von hier für Wälder gibt?«

»Ihr macht einmal Kasse, und damit ist es aus«, brüllt Wächter zurück. »Tausend Jahre, bis hier alles wieder im Lot ist.«

»Was ist denn bloß *los* mit euch beiden? Wieso hasst ihr die Menschen so?«

»Was redest du für einen Unsinn? Wir tun das hier *für* die Menschen!«

»Die Bäume sterben irgendwann ab, sie stürzen um. Man soll was draus machen, solange man noch was davon hat, und sie nicht einfach verschwenden.«

»Na toll. Wir verarbeiten Opa zu Hackfleisch, solange noch was an ihm dran ist.«

»Ihr seid doch bekloppt. Wieso reden wir überhaupt mit euch.«

»Wir müssen lernen, diesen Ort zu lieben. Wir müssen an diesem Ort zu Hause sein.«

Einer von den Männern wirft seine Kettensäge an und geht auf die Äste an einem der größten Wurzelsprosse von Mimas los. Dann tritt er ein paar Schritte zurück, schaut nach oben und hält einen Ast dick wie den Mast eines Segelboots in die Höhe. »Wir ernähren unsere Familien. Was macht ihr?«

Sie brüllen zu Mädchenhaar hinauf, abwechselnd. »Wir kennen die Wälder hier. Wir respektieren sie. Die Bäume hier haben unsere Freunde umgebracht.«

Mädchenhaar antwortet nicht. Die Vorstellung, ein Baum könnte jemanden umbringen, geht über ihren Horizont.

Die Männer unten nutzen ihren Vorteil sofort. »Wachstum kann man nicht aufhalten! Die Welt braucht Holz.«

Wächter kennt die Zahlen. Gut ein Festmeter Holz und eine halbe Tonne Papier und Pappe pro Person und pro Jahr. »Wir müssen uns besser überlegen, was wir brauchen.«

»Was ich brauche, ist Essen für meine Kinder. Wie ist das bei dir?«

Wächter ist im Begriff, Dinge zu brüllen, von denen er weiß, dass er sie später bereuen wird. Mädchenhaar legt ihm die Hand auf den Arm und hält ihn davon ab. Sie blickt nach unten, will hören, was diese Männer sagen, die dafür angegriffen werden, dass sie die Arbeit tun, die man ihnen aufgetragen hat. Dafür, dass sie etwas Gefährliches und Notwendiges erledigen, für das keiner besser ausgebildet ist als sie.

»Wir sagen ja nicht, dass ihr überhaupt nichts fällen sollt.« Sie lässt ihren Arm nach unten baumeln, als strecke sie ihn den Männern in sechzig Metern Tiefe entgegen. »Wir sagen: Seht eine *Gabe* in den Bäumen, nicht etwas, worauf ihr ein Anrecht habt. Von einer Gabe, von etwas, das einem geschenkt wird, nimmt niemand mehr, als er braucht.

Und der Baum hier – der wäre ein Geschenk so groß, das wäre, als ob Jesus vom Himmel herabstiege und ...«

Sie verstummt, denn ihr geht auf, was auch Wächter im selben Moment in den Sinn kommt. *Alles schon dagewesen. Den haben sie auch ans Kreuz geschlagen.*

Es gibt Tage, da nimmt ihnen der Eisregen den Mut. Nachmittage, an denen die Kälte etwas Dumpfiges hat. Nach wie vor lässt sich keine Ablösung blicken. Wächter findet eine Verbesserung für das Regenauffangsystem. Mädchenhaar bastelt ein Pinkelbecken, das auch für Frauen passt. Am Ende der dritten Woche machen sich die Männer erstmals an Bäumen direkt in der Nähe zu schaffen. Aber schon nach ein paar Stunden lassen sie es wieder sein. Nicht leicht, Bäume so groß wie Wolkenkratzer stürzen zu lassen, wenn ein Ausrutscher mit der Säge oder eine kleine Bö Totschlag bedeuten können.

Am Abend tauchen endlich Loki und Sparks auf. Loki klettert hoch zur Plattform, Sparks steht unten Wache. »Tut mir leid, dass wir so lange gebraucht haben. Es gibt da gewisse ... Unstimmigkeiten im Lager. Außerdem haben Humboldt und ihre Schergen den ganzen Hügel abgeriegelt. Vor zwei Tagen haben sie uns gejagt. Bussard haben sie geschnappt. Eingelocht.«

»Sie beobachten den Baum sogar *nachts*?«

»Heute war unsere erste Chance, durchzukommen.«

Der Kontaktmann übergibt hochwillkommenen Proviant – Tütensuppe, Äpfel, Pfirsiche, Mehrkornmüsli, Instant-Couscous. Nur mit warmem Wasser übergießen. Wächter sieht sich die Vorräte an. »Das heißt, wir werden nicht abgelöst?«

»Können wir im Augenblick nicht riskieren. Moosfresser und dem Grauen Wolf, denen haben sie mit ihren Morddrohungen solche Angst eingejagt, dass sie weg sind. Bei der ganzen LDF haben sich die Reihen ziemlich gelichtet. Mit der internen Kommunikation steht's auch nicht zum besten. Ehrlich gesagt, wir sind im Augenblick ziemlich am Arsch. Haltet ihr noch eine Woche hier oben aus?«

»Klar!«, sagt Mädchenhaar. »Wir können für immer hier bleiben.«

Für immer, überlegt Wächter, wäre gewiss leichter, wenn auch zu ihm Lichtwesen sprächen. Loki schaudert im Kerzenlicht. »Mann, ist das kalt hier oben. Dieser feuchte Wind geht einem durch Mark und Bein.«

Mädchenhaar sagt: »Wir spüren den überhaupt nicht mehr.«

»Kaum noch«, mildert Wächter ab.

Loki legt den Klettergurt an. »Muss wieder runter, bevor sie Sparks und mich schnappen. Nehmt euch vor Kletter-Karl in Acht. Ernsthaft. Die Humboldt-Leute haben einen Burschen, der sprintet regelrecht die Bäume rauf, ohne Seil und alles, nur mit Steigeisen und einer großen Drahtschlinge. Der hat anderen Baumbesetzern schon jede Menge Ärger gemacht.«

»Hört sich an wie ein Waldmärchen«, meint Wächter.

»Ist es aber nicht.«

»Er holt Leute *mit Gewalt* von den Bäumen?«

»Wir sind zu zweit«, sagt Mädchenhaar nur. »Und inzwischen kennen wir uns hier oben aus.«

Die Holzfäller kommen nicht mehr zurück. Nichts mehr da, worüber sie sich noch streiten können. Auch der Nachschub von der LDF-Bodenmannschaft bleibt aus. »Offenbar werden wir immer noch belagert«, folgert Wächter. Aber unten am Boden ist keine Blockade zu sehen. Menschen könnten ebenso gut von der Erde verschwunden sein, bis auf ihre Fossilien. Oben in ihrer Baumkrone sind die größten Tiere, die ihnen begegnen, die Flughörnchen, die sie nachts besuchen kommen und sich an ihren Körpern wärmen.

Keiner von beiden könnte sagen, wie viele Tage vergehen. Nick vermerkt jeden neuen Morgen in einem selbstgemachten Kalender, aber bis er austreten war und sich mit einem Schwamm gewaschen hat, bis er gefrühstückt und noch ein wenig mehr von einem kollektiven Kunstprojekt geträumt hat, das diesem Wald gerecht würde, weiß er oft schon nicht mehr, ob er den Tag nun ausgestrichen hat oder nicht.

»Spielt doch keine Rolle«, sagt Mädchenhaar. »Die Winterstürme sind fast vorbei. Allmählich wird es wärmer. Die Tage werden länger. Das ist alles, was wir an Zeitrechnung brauchen.«

Ganze Nachmittage verbringt Wächter mit Zeichnen. Er zeichnet das Moos, das in allen Winkeln sprießt. Er zeichnet die Bartflechten und die anderen Hängepflanzen, die den Baum in ein Märchenwesen verwandeln. Und so beschäftigt, nimmt der Gedanke Gestalt an: *Wer braucht denn überhaupt etwas, außer Essen?* Und wer wie Mimas seine Nahrung selbst produziert – der ist der Freieste von allen.

Sie hören die Maschinen noch immer heulen, weiter unten auf dem immer kahleren Hang. Eine Säge ganz in der Nähe, ein Langholzschlepper ein Stück weiter: Die beiden Baumbesetzer haben gelernt, diese Geschöpfe nach dem Gehör zu unterscheiden. Die Geräusche, an den Tagen, an denen sie sie hören, sind ihr einziger Beleg dafür, dass die freie Marktwirtschaft nach wie vor unbeirrt auf eine gottgroße Mauer zurast.

»Wahrscheinlich versuchen sie, uns auszuhungern.« Aber auch wenn kein neuer Proviant mehr zu ihnen durchkommt, haben sie immer noch Couscous und ihre Phantasie.

»Wir müssen nur warten«, sagt Mädchenhaar. »Die ersten Blaubeeren sind reif, ehe wir uns dreimal umgedreht haben.« Sie knabbert an trockenen Kichererbsen, als wären sie ein Lehrstück in Philosophie. »Früher habe ich überhaupt nicht gewusst, wie man Sachen schmeckt.«

Er ebenso wenig. Und er hat auch nicht gewusst, wie sein Körper riecht, seine Kacke, wenn Kompost daraus wird. Und wie es seine Gedanken verändert, wenn er stundenlang das filigrane Licht anstarrt, das durch die Zweige schillert. Wie es sich anhört, wenn das Blut in den Stunden nach Sonnenuntergang durch seine Ohren strömt und er wie alles Leben den Atem anhält, wenn die Dunkelheit sich über sie herabsenkt.

Beim kleinsten Windhauch gerät die Realität ins Wanken. Böige Nachmittage sind Ausdauersport für ein Zweierteam. Wenn der Wind stärker wird, gibt es nichts, absolut nichts anderes als den Wind. Alles fordert ihre urtümlichsten Instinkte – die Plane, die flattert wie wild, die Zweige, die mit ihren Nadeln dermaßen nach ihnen peitschen, dass es sie um den Verstand bringt. Wenn ein solcher Wind bläst, ist der Wind alles, was der Verstand hat – keine Kunst, keine Gedichte, keine Bücher, kein Anliegen, keine Berufung, nur das Tosen und die eigenen

wildgewordenen Gedanken, die kreuz und quer durch den Schädel geschleudert werden – eine Spezies für sich, die kopfüber vom Stammbaum purzelt.

Wenn erst einmal das Licht fort ist, haben die beiden nur noch die
Töne. Kerzen und Petroleum sind zu kostbar, um sie für den Luxus des
Lesens zu opfern. Sie wissen ja nicht, wann wieder einmal Versorgungsgüter durch die Sperre kommen, ob es überhaupt noch eine Sperre gibt,
eine LDF oder auch nur eine Institution auf Erden, die noch weiß, dass
sie beide da sind, hoch oben auf einem tausendjährigen Baum, und dass
sie Nachschub brauchen.

Sie nimmt seine Hand im Dunkeln, und das ist alles, was er an Signal
braucht. Sie kuscheln sich aneinander, wie jede Nacht, suchen Schutz
vor der Finsternis. »Wo sind sie?«

Es gibt nur zwei Möglichkeiten, was *sie* bedeuten kann. Drei, wenn
man die Lichtwesen mitzählt. Und seine Antwort fällt für alle drei gleich
aus. »Ich weiß es nicht.«

»Vielleicht haben sie ganz vergessen, dass wir noch hier sind.«

»Nein«, sagt er. »Das kann ich mir nicht vorstellen.«

Das Mondlicht hinter ihr umrahmt ihre Züge mit einem Glorien-
schein. »Sie können nicht siegen. Niemand ist stärker als die Natur.«

»Aber sie können es ihr schon für ziemlich lange sehr ungemütlich
machen.«

Doch in einer Nacht wie dieser, wenn der Wald seine millionenstim-
mige Symphonie ertönen lässt und Mimas mit seinem Astwerk den fetten, strahlenden Mond in Lichtstreifen spaltet, fällt es sogar Nick leicht
zu glauben, dass die Natur einen Plan hat, bei dem das Zeitalter der
Säuger am Ende nichts weiter sein wird als ein kleiner Umweg.

»Psst«, sagt sie, obwohl er schon still ist. »Was ist das?«

Er weiß es, und doch auch wieder nicht. Noch ein Geschöpf aus dieser
Testreihe, das vorbeischaut, sie wissen lässt, dass es da ist, das Schwarz
betrachtet, seinen Platz in diesem gewaltigen Bienenstock findet. Ihm
fallen schon die Augen zu, und ihre Frage verschwimmt zu Hieroglyphen. Er hat keine Möglichkeit, das Dunkel zu zähmen, auch nur den
kleinsten Nutzen dafür zu finden, da kann er nichts machen. Aber er ist
doch noch wach genug für einen Gedanken: *Nie zuvor in meinem Leben*

hat der schwarze Hund der Melancholie über so lange Zeit nicht nach mir geschnappt.

Sie schlafen. Sie legen das Sicherungsseil nicht mehr an. Aber in den meisten Nächten klammern sie sich immer noch so fest aneinander, dass sie zusammen über die Kante der Plattform stürzen würden, wenn einer fiele.

Dann ist es wieder hell, und er macht seinen sinnlosen Strich im selbstgebastelten Kalender. Er wäscht sich, entleert sich, isst und krabbelt dann in seine übliche Tagesposition, mit dem Kopf neben ihren Füßen, damit sie einander ansehen können. Nick überlegt, wie es je dazu kommen konnte, dass er jetzt zwanzig Stockwerke hoch in den Lüften lebt. Aber wie kommt man überhaupt zu etwas? Und wer würde auf dem Boden bleiben wollen, wenn er erst einmal das Leben im Baumwipfel kennt? In winzigen Schritten schreitet die Sonne über den Sommerhimmel, und er zeichnet. Er kommt allmählich dahinter, wie es funktionieren könnte, wie ein paar dünne schwarze Striche auf einer leeren weißen Fläche vielleicht die Welt verändern können.

Sie sitzt am Rande der Plattform, die Plane hochgerollt, und blickt hinaus auf den immer weiter gelichteten Wald. Die kahlen Flächen im Mittelgrund rücken näher. Sie horcht, ob die körperlosen Stimmen da sind, die ihr immer wieder Mut zusprechen. Sie stellen sich nicht jeden Tag ein. Sie holt ihr eigenes Notizbuch hervor und schreibt winzige Gedichte hinein, kleiner als das Samenkorn eines Redwoodbaums.

Er sieht ihr zu, wie sie sich wäscht, mit Wasser, das sich in der Plane gesammelt hat. »Wissen deine Eltern, wo du bist? Für den Fall, dass … dir etwas zustößt?«

Sie dreht sich um, nackt und fröstelnd, ihr Gesicht so nüchtern, als habe er ihr gerade eine Frage zur höheren Mathematik gestellt. »Mit meinen Eltern habe ich nicht mehr gesprochen, seit wir aus Iowa weg sind.«

Sauber und wieder angezogen, um sieben Grad dem Sonnenuntergang näher, fügt sie hinzu: »Und dazu wird es auch nicht kommen.«

»Wozu wird es nicht kommen?«

»Dass mir etwas zustößt. Ich habe es ganz offiziell, dass diese Geschichte ein gutes Ende nimmt.« Sie tätschelt Mimas, der an diesem Tag vier Pfund Kohlenstoff aus der Luft geschlürft und sich einverleibt hat, um diese Menge gewachsen ist, obwohl er ja nun auch schon ein älterer Herr ist.

Sie verbringen die endlosen Stunden lesend in ihren Schlafsäcken. Sie lesen sämtliche Bücher, die frühere Besetzer in der Hängemattenbibliothek zurückgelassen haben. Shakespeare, den dicken Band auf ihre aneinandergeschmiegten Bäuche gelegt. Jeden Nachmittag nehmen sie sich eins seiner Stücke vor, teilen sämtliche Rollen unter sich auf. *Ein Sommernachtstraum*. *König Lear*. *Macbeth*. Sie lesen zwei großartige Romane, der eine drei Jahre alt, der andere hundertdreiundzwanzig. Als sie sich dem Ende der älteren dieser beiden Geschichten nähern, versagt ihr fast die Stimme.

»Liebst du diese Leute?« Die Geschichten haben ihn in den Bann geschlagen. Es ist ihm wichtig, was geschieht. Aber sie – sie ist am Boden zerstört.

»Ob ich sie liebe? Na ja. Schon. Irgendwie. Aber die Leute da sind alle gefangen in einer Schachtel, und sie begreifen es überhaupt nicht. Am liebsten würde ich sie packen und schütteln und sie anbrüllen – *Geht doch mal aus euch raus, verflucht nochmal! Seht euch um!* Aber das können sie nicht, Nicky. Das ganze Leben spielt sich immer gerade knapp außerhalb ihres Gesichtsfelds ab. Sie nehmen es nicht wahr.«

Wieder die unglückliche Miene, ihre Augen röten sich. Sie weint, weil die Menschen so blind sind, und das selbst bei Figuren in einem Roman.

Sie lesen den *Geheimen Wald* noch einmal. Es ist wie bei einer Eibe: auf den zweiten Blick sieht man mehr. Sie erfahren, woher ein Zweig weiß, wann er sich verzweigen muss. Wie eine Wurzel an Wasser kommt, selbst aus einer geschlossenen Rohrleitung. Dass eine Eiche bis zu fünfhundert Millionen Wurzelspitzen hat, die alle in eine eigene Richtung wachsen, damit sie sich nicht gegenseitig Konkurrenz machen. Dass rücksichtsvolle Blätter zwischen sich und der benachbarten Baum-krone eine Lücke lassen. Dass Bäume Farben sehen. Sie lesen von der unglaublichen Tauschbörse für Waren und Dienstleistungen, über der Erde und darunter. Von den komplizierten, genau regulierten Partner-schaften mit anderen Lebensformen. Den trickreichen Konstruktionen, die dafür sorgen, dass Samenkörner Hunderte von Meilen weit fliegen. Den Kniffen der Fortpflanzung, für die ahnungslose Helfer eingespannt werden, die Abermillionen Jahre jünger sind als die Bäume. Den Mit-teln, mit denen sie Tiere bestechen, die glauben, sie bekämen ihr Essen gratis.

Sie lesen, dass auf Reliefs in Karnak eine Expedition zu sehen ist, die Myrrhebäume nach Ägypten brachte, vor dreieinhalbtausend Jahren. Sie lesen von wandernden Bäumen. Bäumen, die die Vergangenheit kennen und die Zukunft voraussagen. Bäumen, die Blüte- und Reifezeit zu waldweiten Chören orchestrieren. Bäumen, die den Boden bombar-dieren, damit nur ihre eigenen Nachkommen wachsen. Bäumen, die bei Insekten Luftunterstützung anfordern, wenn sie bedroht sind. Bäumen mit Hohlräumen im Stamm, so groß, dass die gesamte Einwohnerschaft kleiner Dörfer sich darin verstecken kann. Blättern, die auf der Unter-seite behaart sind. Blattstielen, die so geformt sind, dass sie den Wind neutralisieren. Vom Ring des Lebens rund um eine Säule aus toter His-torie, jeder neue Mantel so dick, wie das Jahr, in dem er wächst, groß-zügig ist.

»Spürst du das?«, fragt sie unter dem Tosen am westlichen Himmel früh eines Abends, oder vielleicht auch am nächsten. Sie muss nichts weiter erklären – er weiß, was sie meint. Inzwischen kann er ihre Gedanken lesen, so viel Zeit haben sie schon miteinander in zweckfreier Kontem-plation verbracht, Knie an Ellenbogen, Ellenbogen an Knie.

Spürst du, wie sie sich auflöst und verschwindet? Diese stehende Welle aus unablässigem Rauschen? Diese so allgegenwärtige Ablenkung, dass wir gar nicht wussten, dass sie da ist? Die Selbstgewissheit des Verstands. Das, was uns blind macht gegenüber dem, was wir vor Augen haben – und was jetzt fort ist. Ja. Er spürt es – er spürt es tatsächlich. Der Baum wie ein riesengroßer Signalmast. Sie beide, die sich in etwas verwandeln, das sich aus dem Fleckenmuster der Sonne nährt; Sonne, wie sie durch die Dutzende von Metern aus Ästen und Zweigen Mimas' scheint, die noch zwischen ihnen und der Spitze der Krone liegen.

»Komm, wir klettern ganz nach oben«, sagt sie zu ihm. Und bevor er etwas einwenden kann, blickt er schon auf zur schmutzigen Fratze eines Wasserspeiers, der von der blitzgestutzten Kirchturmspitze zu ihm herunterschaut, dort oben hockt, die Beine um ein Rohr geschlungen, das geradewegs hinab zur Erde führt, die Arme in die Höhe gereckt, als schöpften sie vom Himmel.

Einmal ist Nick am Abend tief in einen grünen Traum versunken, da packt Mimas ein Schauder und schleudert ihn bis an den Rand der Plattform. Seine Arme schnellen vor, er bekommt einen dünnen Zweig zu packen. Er klammert sich fest, blickt zwanzig Stockwerke in die Tiefe. Hinter sich hört er Olivias Schreckensruf. Er robbt zurück zur Plattformmitte, da packt eine größere Bö die Plane, ein Ruck, der durch das ganze Baumhaus geht. Wind macht die Luft zu Wasser, Hagel prasselt durch die Nadeln nieder. Ein grässliches Krachen; Nick schaut nach oben. Zehn Meter über ihm bricht ein Ast ab, dicker als sein Oberschenkel, und rutscht in Zeitlupe herunter, knickt im Sturz andere Zweige und Äste.

Furiose Windstöße schubsen Olivia hin und her, im Zickzack immer weiter gegen Mimas' Stamm. Verzweifelt hält sie sich an der Plattform fest. Der ganze Stamm biegt sich meterweit in eine Richtung, dann federt er genauso weit in die andere zurück. Nick pendelt, als wäre er das lebende Einstellgewicht am größten Metronom aller Zeiten. Das ist sein Ende, da gibt es überhaupt keinen Zweifel. Er ist angespannt vom Kinn bis zu den Zehen, klammert sich ans Leben mit allem, was sein Körper noch kann. Gleich wird er loslassen, und den Rest erledigt der Erdboden.

Etwas brüllt ihn an, durch das Prasseln des Hagels hindurch. Olivia. *Geh. Mit. Geh mit!*«

Worte wie eine Ohrfeige, und sein Verstand kommt wieder in Gang.

Sie hat recht: Zusammengekrampft, wie er ist, wird er sich keine drei Minuten mehr halten.

»*Du musst dich entspannen!*«

Er sieht ihre Augen, das unglaubliche Seladongrün. Sie wiegt sich im wildesten Takt, geschmeidig, als könne der Sturm ihr nichts anhaben. Und nach ein paar weiteren Pendelschwüngen sieht er, dass es tatsächlich so ist. Einem Redwood macht so etwas nichts aus. Tausende solcher Stürme haben diese Krone schon zerzaust, Zehntausende, und Mimas musste nichts weiter tun als nachgeben.

Und so ergibt Nick sich dem Tosen, wie der Baum es getan hat, ein Jahrtausend mörderischer Stürme lang. Wie Sempervirens es hundertachtzig Millionen Jahre lang getan hat. Stimmt, einmal hat ein Unwetter diesen Baum gekappt, vor Jahrhunderten. Stimmt, Stürme können auch Bäume dieser Größe zu Fall bringen. Aber nicht heute Nacht. Es sieht nicht danach aus. An diesem stürmischen Abend ist der Wipfel eines Mammutbaums ein ebenso sicherer Ort wie jeder andere. Man muss nur mitgehen und schaukeln.

Ein Heulen dringt durch den hagelschweren Wind. Er antwortet. Beide johlen sie nun, ein irres Gelächter. Sie kreischen um die Wette, bis sämtliches Kriegsgeschrei dieser Welt, das Gebrüll aller wilden Tiere ein einziger Dankgesang sind. Lange über den Augenblick hinaus, in dem seine verkrampften Fäuste hätten aufgeben müssen, begleiten sie den Sturm im Diskant.

Spät am folgenden Vormittag tauchen drei Holzfäller am Fuß von Mimas auf. »Alles in Ordnung bei euch beiden? 'ne Menge Windbruch letzte Nacht. Hat sogar große Bäume umgehauen. Wir haben uns Sorgen um euch gemacht.«

Diesmal gibt es ein Video. So unglaublich das klingt, wird es von der Polizei gedreht. Noch ein Jahr zuvor wäre das genau die Art von wackligem, unscharfem Beweismaterial gewesen, das die Polizei vernichtet hätte. Aber die Taktiker der Gesetzlosen ändern sich. Und das heißt, auch die Gesetzeshüter müssen experimentieren. Neue Methoden, die dokumentiert, evaluiert, perfektioniert sein wollen.

Ein Kameraschwenk über die Menge. Leute strömen über die Straße, am blankpolierten Firmenschild vorbei. Sie versammeln sich um das Hauptgebäude, das wie ein Landhaus vor einer Kulisse aus Fichten und Tannen steht. Nicht einmal ein noch so beflissener Kamermann kann verhindern, dass es alles ganz nach Demokratie in Amerika aussieht, nach Bürgern, die von ihrem Recht auf Versammlungsfreiheit Gebrauch machen. Die Menge hält brav Abstand von der Grundstücksgrenze, singt ihre Lieder, schwenkt ihre Spruchbänder aus Betttüchern: SCHLUSS MIT DEM ILLEGALEN KAHLSCHLAG. KEINE MÖRDER AUF UNSEREM LAND. Aber Polizisten spazieren durchs Bild, kommen und gehen. Beamte zu Fuß und zu Pferde. Männer in Fahrzeugen, die ganz nach gepanzerten Mannschaftswagen aussehen.

Mimi schüttelt nur staunend den Kopf. »Ich hätte nie gedacht, dass es in der Stadt überhaupt so viele Polizisten gibt.« Douggie kommt krummbeinig hinkend hinzu. »Du weißt, dass wir das nicht machen müssen. Es gibt bestimmt ein halbes Dutzend Leute, die bereit wären, für uns einzuspringen.«

Er dreht sich zu ihr hin, damit er sie ansehen kann, und stolpert beinahe. »Was *redest* du da?« Wie ein Golden Retriever, dem man einen Klaps mit der zusammengerollten Zeitung versetzt, die er gerade so stolz gebracht hat. »Moment.« Er fasst sie an der Schulter, ungläubig. »Hast du Angst, Mim? Du sollst natürlich nichts tun, was du –«

Sie hält es einfach nicht aus, seine Güte. »Schön. Ich sage nur: Spiel nicht wieder den Helden.«

»Na, ein *Held* war ich ja nicht gerade, letztes Mal. Wie konnte ich denn ahnen, dass die mir die Kronjuwelen wegätzen?«

Sie hat sie gesehen, an dem Tag, an dem sie ihm die Hose aufgeschnitten haben. Die Kronjuwelen, wie sie da baumelten, von den Chemiewaffen feuerrot. Seitdem wollte er sie ihr wieder zeigen, viele Male sogar: die wunderbare Heilung – fast eine Auferstehung, könnte man sagen. Aber sie bringt es nicht über sich. Sie liebt diesen Mann, vielleicht mehr als jeden anderen Menschen, ihre Schwestern und deren Kinder einmal ausgenommen. Sie staunt immer wieder, dass ein dermaßen argloser Mann vierzig Jahre auf dieser Welt überlebt hat. Ein Leben, in dem sie nicht auf ihn aufpasst, kann sie sich gar nicht mehr vorstellen. Aber trotzdem gehören sie zwei zu verschiedenen Arten. Diese Sache, der sie sich verschrieben haben – die Verteidigung derer, die sich nicht wehren, sich nicht bewegen können, der Kampf für etwas Besseres als selbstmörderische Gier –, das ist alles, was sie gemeinsam haben.

Sie gehen zum Wagen der Einsatzleitung, wo die neuen Geheimwaffen der Protestler, die Black Bears, ausgegeben werden. »Gehört sich einfach, dass wir das machen, Mädchen. Was glaubst du denn? Das war nicht meine erste Tapferkeitsmedaille. Wird auch nicht meine letzte sein. Purple Heart. Am Ende hab' ich 'nen ganzen Schwung davon, ein Purpurherz am anderen, wie ein Regenwurm.«

»Douggie. Riskier nicht, dass sie dir wieder so weh tun. Ich halte das nicht noch einmal aus.«

Er weist mit dem Kinn auf den Polizeikordon, der nur auf einen Anlass zum Eingreifen wartet. »*Die da* musst du aushalten.« Und dann, wie ein Geschöpf, dessen Sinne taub gegenüber allem außer dem Sonnenlicht sind: »Jeee-sus! Schau dir die ganzen Leute an! Als hätten wir eine *Bewegung* oder so was.«

Das erste Verbrechen – der Schritt aufs Firmengelände – geschieht, als die Kamera nicht hinschaut. Aber gleich darauf ist sie da, wo die Action ist. Der Autofokus wabert, dann schießt er sich auf ein paar friedliche Demonstranten ein, die eben von der Straße auf den makellos gepflegten Rasen treten. Dort bleiben sie stehen und deklamieren, vom Megaphon angefeuert:

Ein Volk! Vereint! Kann niemand je besiegen!
Den Wald! Zerstört! Wird keiner wiederkriegen!

Zwei Beamte gehen zu den Eindringlingen und fordern sie auf, das Gelände zu verlassen. Ihre Worte sind in der Aufnahme nicht zu verstehen, aber die Stimmen klingen durchaus höflich. Doch nun formieren sich die Leute, ein wimmelnder Schwarm. Sie rufen Parolen, sie johlen – genau die Art von Konfrontation, die die Polizei vermeiden wollte. Eine krumm gebeugte, weißhaarige Frau ruft: »Wir respektieren deren Eigentum, wenn sie unseres respektieren.«

Abrupt schwenkt die Kamera nach links, wo eine neunköpfige Gruppe über den Rasen sprintet. Jetzt stellt sich heraus, dass der erste Zusammenstoß nur ein gutgemachtes Manöver war, um die Polizei vom Eingang des Gebäudes abzulenken. Jede der Gestalten, die jetzt schnurstracks darauf zulaufen, trägt eine flache, V-förmige Stahlröhre, lang und dick genug, um die Arme hineinzustecken.

Schnitt. Der Schauplatz verlagert sich nach drinnen. Die Aktivisten haben sich im Kreis um eine Säule im Foyer gekettet. Neugierige Mitarbeiter auf allen Korridoren. Aus dem Bereich hinter dem Kameramann kommen Polizisten ins Bild, versuchen, die Lage, die ihnen zusehends entgleitet, in den Griff zu kriegen.

Die Protestler haben trainiert, wie sie sich so schnell wie möglich in Stellung bringen können. Aber jetzt, in natura, zwischen aufgescheuchten Angestellten und angreifender Polizei, geht das Ganze doch nicht so glatt. Im Getümmel werden Mimi und Douglas getrennt. Am Ende sitzen sie sich im Ring genau gegenüber. Sie haben drei Sekunden, um sich anzuketten. Douglas steckt seinen linken Arm in den *Schwarzen Bären* und befestigt das um sein Handgelenk geschlungene Drahtseil mit einem Karabinerhaken am Stahlsteg in der Mitte des V-förmigen Rohrs. Seine Mitstreiter machen es ebenso. Sekunden später ist aus dem neungliedrigen Ring eine undurchdringliche Blockade geworden, die aufzubrechen man schon eine Diamantsäge bräuchte.

Sie hocken im Schneidersitz auf den Boden, rings um die dicke Säule.

Douglas neigt sich zur Seite, aber er kann Mimi immer noch nicht sehen. Er ruft »Mim«, und das runde braune Gesicht, das für ihn der Inbegriff alles Guten auf dieser Welt ist, reckt sich ebenfalls zur Seite und grinst. Er will ihr das Daumen-hoch-Zeichen geben, dann fällt ihm wieder ein, dass sein Daumen ja in der Metallröhre steckt.

Eine lange Kamerafahrt hält sie alle in Nahaufnahme fest. Ein großer, schlaksiger Mann mit Zahnlücke und langem, unbändigem Haar, zu einem Pferdeschwanz zusammengebunden, bricht in Gesang aus. *We shall overcome. We shall overcome.* Anfangs Gekicher. Aber schon beim dritten Takt stimmt die ganze Gruppe mit ein. Fünf Polizisten zerren an den Demonstranten, aber sie merken schnell, dass dieser Verbund nicht so leicht aufzulösen ist. Ein uniformierter Mann spricht, als lese er von einem Teleprompter ab: »Hier spricht Sheriff Sanders. Ihre Anwesenheit in diesem Raum verstößt gegen das Bürgerliche Gesetzbuch Paragraph ...« Seine Stimme geht zwischen Rufen aus dem Ring unter. Er hält inne, schließt die Augen, fängt noch einmal von vorne an. »Dieses Gebäude befindet sich in Privatbesitz. Ich fordere Sie im Namen des Staates Oregon auf, es zu verlassen. Wenn Sie sich nicht friedlich zurückziehen, werden wir Sie nicht nur wegen widerrechtlichen Eindringens, sondern auch wegen Verstoßes gegen das Versammlungsgesetz anklagen. Jeder Versuch, sich der Verhaftung zu widersetzen, wird als Verstoß gegen Paragraph –«

Der Schlaksige mit der Zahnlücke ruft: »Kommen Sie doch einfach rüber und machen Sie mit.«

Der Beamte schreckt zurück. Jemand ruft aus dem Off: »Ihr seid Ganoven, einer wie der andere. Ihr schert euch doch einen Dreck um die Interessen anderer Leute!«

Der Ring von Demonstranten beginnt wieder zu singen. Weitere Polizisten kommen hinzu und bilden ihrerseits einen Kreis um die Aktivisten. Der Sheriff tritt wieder vor. Er spricht langsam, klar und laut, wie ein Grundschullehrer. »Lösen Sie Ihre Hände von dem, was sie da an Befestigungen ... Nehmen Sie Ihre Hände aus diesen Röhren. Wenn Sie nicht innerhalb von fünf Minuten die Hände herausnehmen, werden wir Pfefferspray einsetzen, um die Befolgung der Anordnung zu erzwingen.« Jemand im Ring ruft:»Das dürfen Sie nicht!« Die Kamera fokussiert auf eine zierliche Frau, eine Asiatin mit rundem Gesicht und schwarzer Pagenfrisur. Der Sheriff, nicht im Bild, antwortet:»O doch, das dürfen wir. Und wir werden es tun.«

Von überallher aus dem Ring ertönt Protest. Der Kameramann weiß nicht, was er ins Bild nehmen soll. Man hört wieder die Stimme der Frau mit dem runden Gesicht.»Das US-Gesetz erlaubt Beamten den Gebrauch von Pfefferspray nur, wenn sie persönlich bedroht sind. Schauen Sie uns an! Wir können uns ja nicht mal rühren!«

Der Sheriff blickt auf die Uhr.»Drei Minuten.«

Alle reden zugleich. Die Kamera schwenkt über das Durcheinander im Foyer, dann folgen Nahaufnahmen verängstigter Gesichter. Erste körperliche Übergriffe; einem jungen Mann im Ring wird von hinten in die Nieren getreten. Die Kamera torkelt, landet wieder bei dem Mann mit der Zahnlücke. Sein Pferdeschwanz hüpft auf und ab.»Die Frau hat Asthma, Mann. Schweres Asthma. Da dürfen Sie kein Pfefferspray einsetzen. Von so was sterben Leute, Mann.«

Jemand aus dem Off ruft:»Dann tut, was die Polizei verlangt!«

Der Mann mit der Zahnlücke nickt, als hätte er im Genick eine Sprungfeder.»Tu, was er sagt, Mimi. Mach dich los. *Mach schon.*«

Die Grauhaarige brüllt ihn nieder.»Wir haben versprochen, dass wir zusammenhalten!«

Der Sheriff ruft mit lauter Stimme:»Sie verstoßen gegen das Gesetz und schädigen mit Ihrem Verhalten die Allgemeinheit. Bitte verlassen Sie dieses Gebäude. Ihnen bleiben noch sechzig Sekunden.«

Sechzig Sekunden vergehen im gleichen Durcheinander wie zuvor. »Ich fordere Sie noch einmal auf, sich loszumachen und Ihre Hände aus diesen Röhren zu nehmen und friedlich den Raum zu verlassen.«

»Ich bin Träger des Air Force Cross. Abgeschossen, als ich dieses Land hier verteidigt habe.«

»Es sind jetzt über fünf Minuten vergangen, seit ich Sie zur Auflösung Ihrer Versammlung aufgefordert habe. Die Konsequenzen für den Fall, dass Sie dieser Aufforderung nicht Folge leisten, sind Ihnen benannt worden. Sie haben sie akzeptiert.«

»Ich akzeptiere sie nicht!«

»Wir werden jetzt Pfefferspray und weitere chemische Stoffe einsetzen, damit Sie Ihre Hände aus den Metallröhren ziehen. Wir werden diese Mittel einsetzen, bis Sie die Blockade auflösen. Sind Sie bereit, die Blockade jetzt aufzulösen, um den Einsatz dieser Mittel zu vermeiden?«

Douglas beugt sich erst zur einen Seite, dann zur anderen. Die Säule steht zwischen ihnen, und der ganze Ring ist jetzt in heller Aufregung. Er brüllt ihren Namen, und da ist sie, schaut ihn aus verängstigten Augen an. Er ruft ihr etwas zu, aber das kann sie in dem Durcheinander nicht hören. Eine winzige Ewigkeit lang treffen sich ihre Blicke. Ein ganzes Dutzend Beschwörungen packt er in diesen Augenblick. *Du musst das nicht tun. Du bedeutest mir mehr als sämtliche Wälder, die diese Bande je umbringen kann.*

Ihr Blick ist noch schwerer beladen mit Botschaften als seiner, aber alle laufen auf das Eine hinaus: *Douglas. Douglas. Was die machen?*

Sie beginnen mit der Protestlerin direkt zu Füßen des Sheriffs – eine Frau in den Vierzigern, füllig, mit blondgesträhnten Haaren und einer modischen Brille im Stil des Vorjahrs. Ein Beamter nähert sich von hinten, in der einen Hand einen Pappbecher, in der anderen ein Wattestäbchen. Der Sheriff spricht mit ruhiger Stimme. »Leisten Sie keinen Widerstand. Jede Art von Drohung gegenüber der Polizei gilt als Angriff auf einen Vertreter der Staatsgewalt und somit als schwere Straftat.«

»Wir sind angekettet! Wir sind angekettet!«

Ein zweiter Beamter kommt dem Kollegen mit dem Wattestäbchen und Pappbecher zu Hilfe. Er greift nach unten und hält die Frau mit einer Hand fest, mit der anderen drückt er ihr den Kopf in den Nacken. Die Frau plappert drauflos: »Ich unterrichte Biologie an der Jefferson Junior Highschool. Seit zwanzig Jahren versuche ich, Kindern beizubringen, dass –«

Eine Stimme im Hintergrund ruft: »Jetzt kannst *du* mal was lernen!«

Der Sheriff sagt: »Nehmen Sie die Hände aus dem Rohr.«

Die Lehrerin schnappt nach Luft. Schreie ertönen. Der Beamte tupft der Frau mit dem Wattestäbchen ins rechte Auge. Beim linken müht er sich, mehr hineinzubekommen. Chemikalien sammeln sich unter dem Lid und rinnen seitlich an dem nach hinten gebeugten Gesicht der Frau herunter. Ihr Stöhnen klingt wie die Schmerzenslaute eines verwundeten Tiers. Von Mal zu Mal wird es höher, bis sie schließlich schrill aufschreit. Jemand ruft: »*Hört auf! Jetzt sofort!*«

»Wir haben Wasser für Ihre Augen. Machen Sie sich los, dann können Sie es haben. Machen Sie sich jetzt los?« Der zweite Beamte zieht ihr den Kopf erneut nach hinten, und der mit dem Wattestäbchen betupft Augen und Nase. »Machen Sie sich los, dann geben wir Ihnen kaltes Wasser zum Ausspülen.«

Jemand brüllt: »Ihr bringt sie um. Sie braucht einen Arzt.«

Der Polizist mit dem Tupfer gibt seinem Helfer ein Zeichen. »Beim nächsten Mal verwenden wir Pfefferspray. Das ist weitaus schlimmer.«

Die Schreie der Frau verebben, es bleibt nur noch ein Wimmern. Sie ist viel zu gefangen in ihrem Schmerz, um sich loszumachen. Ihre Hände finden den Haken nicht, können ihn nicht öffnen. Die beiden Messdiener tragen das Sakrament im Uhrzeigersinn weiter zum nächsten im Kreis – einem muskulösen Mann von Anfang dreißig, eher Typ Holzfäller als Vogelliebhaber. Er presst das Kinn auf die Brust und kneift die Augen zu.

»Sir? Machen Sie sich jetzt los?«

Seine breiten, starken Schultern wölben sich nach vorn, doch die Rohre an beiden Armen sorgen dafür, dass er in gespreizter Haltung bleibt. Der zweite Beamte versucht, ihm gewaltsam den Kopf nach hinten zu drücken. Die Hebelwirkung kommt den Polizisten zugute, und als ein dritter Beamter hinzukommt, ist der Nacken bald rückwärts gebeugt. Die Augen sind ein größeres Problem. Sie schieben das Wattestäbchen in die Schlitze zwischen den Lidern und halten den massigen Kopf dabei fest. Pfefferkonzentrat läuft überallhin. Ein Fingerhutvoll rinnt in die Nase des Demonstranten, und er schnappt nach Luft. Die Kamera vollführt hektische, ziellose Schwenks durch den Raum. Sie macht halt bei dem Fenster, durch das man draußen auf dem Rasen eine Gruppe von singenden Demonstranten sieht, ahnungslos, was sich im

Inneren des Gebäudes abspielt. Durch das Röcheln hindurch hört man die Stimme eines Beamten. »Machen Sie sich jetzt los? Sir? Sir. Können Sie mich hören? Sind Sie bereit, Ihre Fesseln zu lösen?«

Jemand brüllt: »Habt Ihr denn kein Gewissen?«

Jemand geifert: »Nehmt die ganze Flasche. Rein mit dem Zeug.«

»Das ist Folter. Hier bei uns in Amerika!«

Der Kamera wird schwindlig. Sie torkelt wie ein Betrunkener.

Die Worte sprudeln nur so aus Douglas hervor, als die Polizisten nun hinter der Säule verschwinden. »Sie hat Asthma. Ihr könnt bei ihr kein Pfefferspray einsetzen, Mann. Um Himmels willen, das bringt sie um.«

Er lehnt sich ganz nach rechts, soweit es die Rohre zulassen. Er sieht, wie die Beamten seitlich neben ihr Position beziehen, wie der Uniformierte sich von hinten zu ihr hinunterbeugt und ihr den Arm um den Kopf legt, als wolle er sie umarmen. Eine Gruppenvergewaltigung: drei Männer vergehen sich an ihren Augen. Der Sheriff sagt: »Ma'am, machen Sie einfach Ihre Hände los, dann können Sie gehen. Es muss nicht weh tun.« Die Frau neben Mimi würgt.

Douglas ruft Mimis Namen. Der Beamte mit dem Wattestäbchen umfasst ihren Hals mit einer Hand. »Miss? Sind Sie bereit, die Fesseln zu lösen?«

»Bitte tun Sie mir nicht weh. Ich will nicht, dass mir jemand weh tut.«

»Dann machen Sie sich einfach los.«

Mit aller Kraft reckt Douglas sich vor. »*Mach dich los!*« Ihre Blicke treffen sich. Mimis Augen funkeln irre, die Nasenflügel beben wie die eines Kaninchens in der Falle. Er kann den Blick nicht deuten, es ist eine Art Prophezeiung. Ihre Augen sagen: *Was immer geschieht, vergiss niemals, wozu ich hier war.* Die Polizisten drücken ihren schönen Kopf nach hinten. Aus ihrer Kehle löst sich ein gurgelndes *Rrrr…*

Dann fällt es ihm wieder ein. *Er kann sich bewegen.* Es ist ganz einfach: Er nestelt an den Haken, mit dem seine Handgelenke an den Mittelsteg des Rohrs gefesselt sind, und ist frei. Er rappelt sich auf und brüllt: »*Weg da!*«

Nicht dass die Geschehnisse sich verlangsamen. Sein Gehirn funktioniert einfach nur schneller, als Menschen sich bewegen können. Er hat alle Zeit der Welt zum Nachdenken, mehr als einmal: *Tätlicher Angriff auf einen Polizeibeamten. Schwere Straftat. Zehn bis zwölf Jahre Gefängnis.* Die Polizisten legen ihm Handschellen an und werfen ihn zu Boden, bevor er auch nur zum Schlag ausholen kann. Bevor irgendwer *Baum fällt!* rufen kann.

Am Abend macht ein erschütterter Kameramann Kopien von dem Videoband und spielt ein Exemplar der Presse zu.

Zum Mittagessen erscheint Dennis mit Kürbissuppe in Patricias Hütte.

»Patty? Ich weiß gar nicht, ob ich überhaupt davon reden soll.«

Sie gibt ihm einen Schubs, mit dem Kopf gegen die Schulter. »Na, jetzt ist es ein bisschen spät zum Überlegen, oder?«

»Die einstweilige Verfügung hält nicht. Sie ist schon wieder außer Kraft.«

Sie richtet sich auf, mit einem Mal ernst. »Was soll das heißen?«

»Es kam gestern Abend im Fernsehen. Ein weiterer Gerichtsbeschluss. Die Forstbehörde ist nicht mehr an die Order gebunden, die Arbeiten einzustellen, so wie es der Richter bei deiner Verhandlung verfügt hat.«

»Nicht gebunden.«

»Sie lassen zurückgestellte Fällarbeiten jetzt doch wieder zu. Im ganzen Staat gehen die Leute auf die Barrikaden. Es gab eine Aktion am Hauptsitz einer Holzfirma. Die Polizei hat die Augen von Demonstranten mit Chemikalien verätzt.«

»*Was hat sie?* Das hast du bestimmt falsch verstanden, Denny.«

»Sie haben Filmaufnahmen gezeigt. Ich konnte gar nicht hinschauen.«

»Bist du sicher? *Hier bei uns?*«

»Ich habe es gesehen.«

»Aber du hast doch gerade gesagt, dass du nicht hinschauen konntest.«

»Ich habe es *gesehen*.«

Sein Tonfall trifft sie wie eine Ohrfeige. Sie streiten sich – etwas, worin sie beide keine Übung haben. Dennis senkt schuldbewusst den Kopf. Böser Hund; von jetzt an wird er brav sein. Sie nimmt seine Hand. Sie sitzen vor ihren leeren Suppentellern und starren auf eine kleine Lücke in dem Wäldchen aus Schierlingstannen. Die Fragen, die der Richter bei der Verhandlung gestellt hat, kommen ihr wieder in den Sinn. Wozu ist Wildnis gut? Was ändert sich, wenn das Recht auf unbeschränkten Wohlstand erst einmal alle Wälder in Rechenaufgaben verwandelt hat? Der Wind weht, und die Tannen wedeln mit ihren fedrigen Trieben. Was für eine anmutige Silhouette, was für ein eleganter Baum! Ein Baum, der sich für die Menschen schämt, für Profitmaximierung und einstweilige Verfügungen. Die Rinde grau, die Äste frühlingsgrün; die Nadeln sitzen seitlich an den Zweigen, nach außen und nach vorn weisend. Eine gemessene, friedliche Erscheinung, geradezu philosophisch in ihrer Gelassenheit. Die Zapfen wie kleine, herabhängende Schlittenglöckchen, allzeit zufrieden, dass sie schweigen.

Sie ist es, die dieses Schweigen bricht, gerade als es interessant wird. »In die *Augen*?«

»Pfefferspray. Mit Wattestäbchen. Es sah aus wie etwas … nicht aus diesem Land.«

»Wie schön die Menschen sind.«

Er sieht sie an, entsetzt. Aber er ist ein Mann des Glaubens und wartet ab, was für eine Erklärung sie ihm wohl geben wird. *Aber ja*, denkt sie. Der Gedanke macht sie trotzig. *Genau das: Schön sind sie.* Und dem Untergang geweiht. Deshalb konnte sie nie unter Menschen leben.

»Die Hoffnungslosigkeit macht sie entschlossen. Was könnte schöner sein?«

»Du meinst, es gibt für uns keine Hoffnung?‹

»Denny. Wie soll die Ausbeutung je aufhören? Nicht einmal ihr Tempo drosseln kann sie. Wir kennen nichts als Wachstum. Größeres, schnelleres Wachstum. Jahr für Jahr mehr. Wachstum bis ganz oben auf die Klippe, und dann über den Rand. Es gibt keine andere Möglichkeit.«

»Verstehe.«

Ganz offensichtlich tut er das nicht. Aber seine Bereitschaft, für sie zu lügen, bricht ihr das Herz. Sie würde es ihm erklären – wie die immer höhere, längst wankende Pyramide der Großlebewesen schon jetzt in sich zusammenfällt, im Zeitlupentempo, unter dem gewaltigen, plötzlichen Ruck, der das gesamte System des Planeten aus der Bahn geworfen hat. Die großen Kreisläufe von Luft und Wasser funktionieren nicht mehr. Der Baum des Lebens wird neu umstürzen, zergehen zu einem Stumpf aus wirbellosen Tieren, zähem Bodenbewuchs und Bakterien, wenn die Menschheit nicht … Wenn die Menschheit nicht.

Leute leisten Widerstand mit ihrem Körper. Sogar hier, in diesem Land, wo die Schlacht längst verloren ist, wo das, was in diesem Jahr vernichtet wird, ein Nichts ist im Vergleich zu den Verwüstungen im fernen Süden … Menschen werden geschlagen und misshandelt. Menschen, denen man die Augen mit Pfeffer verätzt; und trotzdem sitzt sie – sie, die genau weiß, dass Tag für Tag Billionen von Blättern ein für allemal verschwinden – untätig dabei.

»Würdest du mich als friedfertigen Menschen bezeichnen?«

»Ach, Denny. Du bist beinahe so friedfertig wie eine Pflanze.«

»Es ist so schrecklich. Am liebsten würde ich auf diese Polizisten losgehen.«

Sie drückt seine Hand im Takt der sich wiegenden Schierlingstannen. »Menschen. So viel Schmerz.«

Sie packen das schmutzige Geschirr zum Rücktransport in seinen Truck. An der Autotür hält sie ihn fest.

»Ich bin doch reich, oder?«

»Nicht reich genug, um für ein politisches Amt zu kandidieren, wenn du das meinst.«

Ihr Lachen ist zu laut für diesen Witz, und sie wird zu schnell wieder ernst. »Der Schutz vor Ort funktioniert nicht. Und ich muss einsehen, dass das nie anders sein wird.« Er sieht sie an und wartet. Sie denkt: *Wenn einfach nur schauen und abwarten dem Rest der Spezies so leichtfiele wie diesem Mann, dann wären wir vielleicht doch noch zu retten.* »Ich will etwas aufbauen, das die Samen der Bäume für die Zukunft bewahrt. Das Erbgut. Es gibt nur noch halb so viele Bäume auf der Erde wie zu der Zeit, zu der wir aus ihnen herabgestiegen sind.«

»Und daran sind wir schuld?«

»Ein Prozent des weltweiten Waldbestands in jedem Jahrzehnt. Eine Fläche größer als Connecticut jedes Jahr.«

Er nickt, als ob diese Zahlen niemanden, der aufgepasst hat, überraschen könnten.

»Ein Drittel, sogar die Hälfte der heute existierenden Arten könnte ausgestorben sein, bevor ich mich hier verabschiede.«

Er blickt erstaunt. Du willst fort?

»Zehntausende von Bäumen, über die wir nicht das Geringste wissen. Arten, die wir noch kaum klassifiziert haben. Als würde man eine Bibliothek niederbrennen, ein Museum, eine Apotheke, ein Archiv, alles in einem.«

»Du willst eine Arche bauen.«

Das Wort entlockt ihr ein Lächeln, aber sie zuckt mit den Schultern. Es passt. »Ich will eine Arche bauen.«

»In der du ...« Das Fremdartige dieser Vorstellung fasziniert ihn. Eine Schatzkammer, die ein paar Hundert Millionen Jahre Tüftelei der Natur bewahrt. Die Hand an der Autotür, blickt er noch einmal an einer Zeder hinauf bis zur Spitze. »Was ... würdest du mit ihnen machen? Wann würden sie jemals ...?«

»Keine Ahnung, Denny. Aber ein Samenkorn kann Jahrtausende überdauern.«

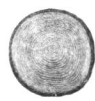

Sie treffen sich abends an einem Berghang, mit Blick auf das Meer. Vater und Sohn. Sie haben sich lange nicht gesehen. Nach dieser Stunde an einem neu entstandenen Ort wird es bis zum nächsten Mal noch viel länger dauern.

Neelay-ji. Bist du das?

Pita. Wir sind da. Es funktioniert.

Der alte Bettler steigt empor zu dem blauhäutigen Gott und winkt. Der Gott bleibt stehen. *Die Verbindung ist schlecht, Neelay.*

Ich höre dich, Dad. Keine Sorge. Und außer uns beiden ist hier niemand.

Nicht zu glauben! Ganz erstaunlich.

Das ist noch gar nichts. Warte nur ab.

Unbeholfen versucht der blaue Gott ein paar Schritte. *Schau dir an, wie du aussiehst! Und ich erst!*

Ich wollte, dass du lachst, Pita.

Seite an Seite, mit schwankenden Schritten wandern sie auf der meerumtosten Klippe weiter. Schon lange bevor sein Vater fortging, in die Klinik im fernen Minnesota, war ein solcher Spaziergang unmöglich geworden. Seit der frühesten Kindheit des Jungen konnten sie das nicht mehr, plaudernd miteinander unterwegs in der Natur sein, so beschwingt, dass die Worte sich beeilen mussten, um mit ihnen Schritt zu halten.

Wie groß es ist, Neelay.

Es gibt noch mehr. Viel mehr.

Und so viele Einzelheiten! Wie hast du das gemacht?

Pita, das ist erst der Anfang. Wart's nur ab.

Der blaue Gott geht stockend vor bis zum Klippenrand. *Meine Güte. Schau mal hier runter. Wellen!*

Sie stehen oben an einem Wasserfall, der zur Küste in die Tiefe stürzt. Am Strand von der Brandung geschliffene Felsen wie Märchenschlösser. Gezeitentümpel schimmern am Fuß der Klippe.

Neelay! Wie schön das ist. Ich will alles sehen! Eine Weile folgen sie dem Küstensaum, dann wenden sie sich landeinwärts. *Wo sind wir jetzt? Was ist das für ein Ort?*

Alles Phantasie, Pita.

Ich weiß. Aber es kommt mir bekannt vor.

So soll es sein!

Später wird der Vater des Jungen dessen Mutter davon erzählen. Wie jemand ihn holte und in einer Welt absetzte, wie sie war, als sie noch jung war, bevor die Menschen kamen. Ein leichter Dunst in der Luft, das schräg einfallende, tropische Licht verwirren ihn. Das Gelb des Sandes, das Blau des Himmels, die kahlen Berge, die sie umgeben. Verstohlen schielt er zur Vegetation hin, so üppig. Er hat sich nie groß um Pflanzen gekümmert. Sein Leben lang hatte er nie Zeit, etwas über sie zu lernen. Und jetzt wird er es auch nicht mehr tun.

Sie schlagen einen Pfad ein, vorbei an dicken Baumstämmen, die sich zu riesigen, knorrigen Sonnenschirmen öffnen. *Liebe Güte, Neelay. Ist das Science-Fiction?* Als fingen die Groschenhefte immer noch Staubmäuse unter dem Bett des Jungen.

Nein, Pita. Hier auf der Erde. Drachenbäume.

Sie sind echt? Es gibt sie, in unserer Welt?

Lächelnd zeigt der Bettler in die Runde. *Jede kleine Einzelheit eine wahre Geschichte!*

Allmählich begreift der blaue Gott: Die Fische in diesem Meer, die Vögel in der Luft, alles, was auf dieser neugeschaffenen Erde kreucht und fleucht, ist gerade erst der Anfang für eine zukünftige Zuflucht, herübergerettet von einem Original, das im Verschwinden begriffen ist. Er schaut sich einen der Riesengiftpilze aus der Nähe an. *Was können die Spieler mit diesem Ort machen?*

Die Antwort des Bettlers kommt ganz unwillkürlich. *Was soll er denn machen, Dad?*

Ach, Neelay. Ich weiß es noch. Gute Antwort!

Der Bettler beschreibt ihm, wie riesengroß dieser Sandkasten ist. Man kann Pflanzen suchen, Tiere jagen, Getreide anbauen, Bäume fällen und zu Brettern zersägen, man kann tief im Erdboden nach Erz und Mineralien graben, kann handeln und verhandeln, Blockhütten bauen, Rathäuser und Kathedralen und Weltwunder …

Sie gehen weiter. Das Klima verändert sich, es wird wärmer und feuchter. Getier schleicht sich durchs Unterholz. Über ihnen ziehen Vogelschwärme. *Wann kommen die ersten Menschen?*

Ende nächsten Monats.

Verstehe. Schon bald!

Da wirst du noch hier sein, Dad.

Ja, natürlich, Neelay. Wie war das doch gleich, wenn ich nicken will? Der blaue Gott lernt das Nicken. So viel Neues, was er noch lernen muss.

Wie geht es dann weiter?

Dann kommt die Flut. Fünfhunderttausend haben sich schon registriert. Zwanzig Dollar pro Monat. Wir rechnen mit mehreren Millionen.

Ich freue mich, dass ich es noch so sehen kann. Wie es vorher ist.

Ja. Nur wir beide!

Der Wischnu-Novize stolpert weiter. Jetzt geht es über die Berge. Canyons, in denen die Schlingpflanzen wuchern. Der Gott bleibt einen Moment stehen, sieht sich staunend um. Dann setzt er seinen Weg durch den Wald fort.

Gerade mal ein Vierteljahrhundert, Dad. Seit wir beide dem Computer beigebracht haben, »Hallo Welt« zu sagen. Und die Kurve geht immer noch steil bergauf.

Zweitausend Meilen voneinander entfernt, für ein paar Trillionen Zyklen der Prozessoruhr – der Prozessor ein Abkömmling dessen, den der blauhäutige Gott einst mitentwickelt hat –, lassen Vater und Sohn gemeinsam den Blick über die Berge schweifen, ein Blick in die Zukunft. Dieses Land der animierten Wünsche wird sich ins Grenzenlose weiten. Es wird sich mit vielfältigerem, wilderem, überraschenderem Leben jenseits des Lebens füllen. Die Karte wird genauso allumfassend werden wie das, wofür sie steht. Und immer noch werden die Menschen hungrig sein, hungrig und allein.

Sie wandern über großartige Bergkämme. Tief unten mäandert ein breiter, alter Fluss durch einen Dschungel, dichtes Grün in allen Schattierungen. Der blaue Gott bleibt stehen und schaut. Sein ganzes Leben lang hat er Heimweh gehabt. Sehnsucht trieb ihn aus einem Dorf im Gujarat in den Goldenen Staat. Seine einzige Heimat sind seine Arbeit und seine Familie gewesen. Und immer hat er gedacht: *Das bin nur ich.* Jetzt blickt er hinunter zu dem Fluss, wie er sich dort schlängelt. Millionen werden Monat für Monat Miete zahlen, damit sie hierherkommen können. Und er wird dann fort sein.

Wo sind wir jetzt, Neelay-ji?

So kann man das nicht sagen, Dad. Es ist alles ganz neu.

Ja. Nein. Verstehe. Aber die Pflanzen und die Tiere. Wir sind von Afrika nach Asien gewandert?

Komm mit. Ich zeige dir was. Der Bettler führt ihn über einen Serpentinenweg in den immer dichteren Dschungel. Sie erreichen ein Labyrinth aus verschlungenen Pfaden, alle gleich. Geschöpfe huschen durchs Unterholz.

Niembäume, Neelay. Magie!

Warte. Es kommt noch mehr. Der Dschungel wird dunkler, der Pfad schmaler. Formen schimmern durch Farnkraut und Schlingpflanzen. Und dann sieht der Vater, was dort ist, versteckt zwischen dem Blattwerk dieser wuchernden Simulation: eine Tempelruine, verschlungen von einem einzigen Feigenbaum.

Ach, mein Prinz. Was du da geschaffen hast!

Nicht ich allein. Hunderte von Leuten. Tausende, wenn man es genau nimmt. Ich kenne nicht einmal ihre Namen. Du gehörst auch dazu. Ohne deine Arbeit ... Der Bettler wendet sich um. Er weist auf die Wurzeln, die sich wie Schlangen um die uralten Steine winden, nach Rissen suchen, durch die sie hineinkriechen und trinken können. Er hebt seinen knorrigen kleinen Finger, zeigt die Spitze. Siehst du, Pita? *Alles aus einem Samenkorn so klein ...*

Wischnu möchte fragen: *Was muss ich machen, damit mir Tränen in den Augen stehen?* Stattdessen sagt er: *Ich danke dir, Neelay. Jetzt sollte ich gehen.*

Ja, Dad. Ich komme dich bald besuchen. Nur eine kleine Lüge. In dieser Welt hat der Bettler gerade zu Fuß einen halben Kontinent überquert. Aber in der anderen ist er so schwach und hinfällig, dass ein Flug zu riskant wäre. Und der blaue Gott, der gerade barfuß durch felsige Berglandschaft gewandert ist – in der Welt oben ist sein Körper so zerstört durch Schadprogramme und Syntaxfehler, dass er nicht einmal mehr bis zum Eröffnungstag dieser neuen Welt bleiben kann.

Sein Marionettenleib nickt und legt die Handflächen aneinander. *Danke für diesen Spaziergang, lieber Neelay. Bald sind wir zu Haus.*

Von der Erleuchtung bis zum Deichbruch in Ray Brinkmans Hirn vergehen dreizehn Sekunden.

Aus dem Fernseher im Schlafzimmer dröhnen die Spätnachrichten. Israelische Streitkräfte pflügen palästinensische Olivenhaine um. Unter der Steppdecke drückt Ray auf die Fernbedienung und dreht die Lautstärke so weit auf, dass es die Gedanken übertönt. Dorothy ist im Bad, macht sich fertig zum Schlafengehen. Ihr abendliches Ritual, Schritt für Schritt: erst der Föhn, dann die elektrische Zahnbürste, schließlich Wasserrauschen im Keramikbecken. Jedes Geräusch sagt ihm: *Es ist Nacht,* so wie einst das Heulen der Wölfe oder die Schreie des Eistauchers. Und wie die Rufe der Tiere werden auch diese Laute bald verschwinden.

Sie braucht ewig – und wozu? Nach der Katastrophe dieses Abends ... Welche von all diesen Vorbereitungen könnte sie nicht vernünftiger am Morgen treffen? Sie wird sauber schlafen gehen, gerüstet für alles, was die Nacht womöglich bringt, selbst wenn die Nacht keinen schlimmeren Albtraum bescheren kann, als es der Tag schon getan hat.

Er hat für all das keine Erklärung. Nach diesem Abend ist es undenkbar, dass sie noch einmal in das Bett steigt, das sie ein Dutzend Jahre lang mit ihm geteilt hat. Aber noch undenkbarer ist, dass sie am Ende des Flurs in dem Zimmer schläft, das sie vor so vielen Jahren in ihren Träumen als Kinderzimmer eingerichtet hat. Er wird das Bett hier vernichten. Das geschnitzte eichene Kopfteil zu Brennholz zerhacken. Der Nachrichtensprecher sagt: »Derweil werden auf Schulhöfen in ganz Kanada weitere Bäume gefällt, um das Leben der Kinder nicht zu gefährden, nachdem ...«

Ray blickt auf den Bildschirm, aber er begreift nicht, was er sieht. Das alles geschieht in den Sekunden eins bis drei. Noch kann er zusammenhängend denken: *Ich bin ein Mann gewesen, der glücklich das allgemein Akzeptierte für die Realität hielt. Ein Mann, der nie daran zweifelte, dass das Leben eine sinnvolle Zukunft hat. Aber das ist jetzt vorbei.*

Diese Gedanken dauern weniger als eine weitere Viertelsekunde. Seine Augen schließen sich für einen Moment, und er ist wieder beim Vorsprechen. Ihrer ersten Verabredung. Die Hexen sagen ihm, er müsse nicht um die Zukunft bangen. Er ist gefeit gegen jede Gefahr, solange sich nicht der Wald erhebt und meilenweit marschiert, einen fernen Hügel hinauf. Er ist in Sicherheit, fortan in Sicherheit, denn wer wirbt den Wald, heißt Bäume von der Erde die Wurzel lösen? *Macbeth lebt in seiner Hoheit bis an das Ziel der Tage.* Aber er bekam einen anderen

Part. Er spielte den Mann, den kein Weib geboren; den, der die Wälder in Bewegung setzt.

Rays Lider schließen sich für einen Augenblick. Auf der Innenseite dieser lebendigen Projektionsflächen sieht er, wie sie miteinander schlafen, am Abend ihres ersten gemeinsamen Ausflugs ins Reich des Amateurtheaters. Alle unsre Gestern, immer wieder neu. Die angehende Lady Macbeth, gerade erst vierundzwanzig, nervös auf der Schwelle zum Erwachsensein. Seine neurotische Freundin, neben ihm in der Dunkelheit, wie sie ihn mit Fragen bombardiert, als sei es ein Vorstellungsgespräch: *Wie ist dein Verhältnis zu deinen Eltern? Hattest du jemals rassistische Gedanken? Hast du mal etwas in einem Laden gestohlen?* Selbst damals, in der allerersten Nacht, sah er es vor sich, wie sie füreinander sorgen würden bis ins Alter. Zu zweit, nach einem lange vorbestimmten Plan, der im Laufe der Zeit noch seine Erklärung finden würde. Immer. Und immer. Und dann wieder immer.

Die Prophezeiung war ein Trick. Er muss sich zusammenreißen und leben. Aber wie? Warum? Die Nachrichten zeigen jetzt eine chaotische Szene. Ray sieht sie wie durch einen Nebel: festgekettete Menschen, Polizisten, die sie attackieren. Das Rauschen im Badezimmer hört auf. Sekunden sechs und sieben.

Jeder Besitz wird zu Diebstahl. Das hat seine Frau ihm gesagt, vor gerade mal einer Stunde. *Du glaubst, es geht einfach vorbei, und ich komme wieder zur Vernunft? Glaubst, ich verwandle mich wieder zurück in deine flippige kleine Dot?*

Er hat versucht, ihr zu erklären, dass er schon seit Monaten Bescheid weiß. Seit über einem Jahr. Dass er immer noch da ist. Immer noch ihr Ehemann. Sie kann kommen und gehen. Zusammensein mit wem sie will. Alles tun. Solange sie nur in seiner Nähe bleibt.

Schlimmer als Diebstahl. Mord. *Du bringst mich um, Ray.*

Er hat versucht, es ihr in Erinnerung zu rufen: Etwas muss zwischen ihnen beiden erst noch geschehen. Das, weswegen sie zusammenbleiben müssen. Er hat bereits einen Blick darauf geworfen, eine Vorahnung, die ihm Kraft gegeben hat, in all den Monaten des Stillhaltens. Eine gemeinsame Bestimmung, die von Anfang an da war. Sie gehören zusammen.

Niemand gehört einem anderen, Ray. Du musst mich freigeben.

Etwas geschieht im Badezimmer, ein Alles, das klingt wie ein Nichts. Zwei Sekunden Stille, schon packt ihn die Angst. Nichts ergibt einen Sinn. Da ist nichts, wofür man sorgen könnte. Er schaut wieder auf den Bildschirm. Menschen, die sich von anderen die Augen verätzen lassen, ohne Grund. Ohne jeden Nutzen.

In den Sekunden neun und zehn wird sein Gehirn zum Gerichtssaal. Es füllt sich mit einem Gedanken, der ihm schon vor Monaten gekommen ist, eines Abends beim Lesen, als seine rechtmäßig angetraute Ehefrau unterwegs war und sich durchvögeln ließ, anscheinend im Glauben, sie könnte es geheimhalten. Ein Gedanke, den er aus einem Buch gestohlen hat, das geistige Eigentum eines anderen, für das er jetzt zahlen muss. Im Lauf der Epochen ändert sich die Vorstellung davon, was man besitzen kann und wer etwas besitzen darf. Die Menschheit hat einen vollkommen falschen Begriff von den Nachbarn, und niemand sieht es. Wir müssen der Welt jede Idee vergelten, jedes *Ding*, das wir je gestohlen haben.

Jetzt schreien die Leute auf dem Bildschirm. Vielleicht kommt der Laut aber auch von ihm selbst, denn er sieht, wie er abstirbt, wie er verwelkt und stürzt. Sie steht in der Tür und ruft seinen Namen. Seine Lippen bewegen sich, aber es kommt kein Ton.

Als hätte ich das Wort »Buch« gehabt, und dann hättest du mir eines geschenkt.

Er sinkt vom Bett auf die Kiefernholzdielen. Nun hat er die Wirbel, die Maserung direkt vor Augen. Etwas in seinem Gehirn zerbirst, und alles, was einst fest wie ein Haus stand, stürzt zusammen wie ein zu tief gegrabener Bergwerksschacht. Blut überflutet seine Hirnrinde, und er besitzt nichts mehr. Überhaupt nichts, nur noch dies.

Ein Mann im graubraunen Sergeanzug steht an ihrem Schreibtisch, als Mimi am Montagmorgen um sieben Uhr dreißig ihr Büro betritt. Sie weiß auf Anhieb, wer dieser Fremde ist. »Miss Ma?«

Zusammengefaltete Umzugskartons stehen an den Tisch gelehnt. Er wartet schon eine ganze Weile. Für seinen Job ist es wichtig, dass er als Erster da ist, denn das stellt sicher, dass es keine Schwierigkeiten gibt. Ihr Computer ist bereits abgeklemmt; alle Kabel liegen ordentlich zusammengerollt auf dem Rechner. Die Akten wurden abgeholt, als sie eine Meile entfernt bei Kaffee und Bagel saß.

»Mein Name ist Brendan Smith. Ich bin hier, um Ihnen bei Ihrem Ausscheiden aus der Firma zur Hand zu gehen.«

Dass es so kommen wird, erwartet sie schon seit Tagen. Ihr Name war überall in den Nachrichten, widerrechtliches Eindringen. Über diese Art Fehltritt hätten ihre Ingenieurskollegen hinweggesehen – schließlich weist die ganze Spezies unzählige Konstruktionsfehler auf –, aber sie hat sich auch an Fortschritt, Freiheit und Wohlstand vergangen. Dem edelsten Anrecht des Menschen. Und so etwas verzeiht ihr Berufsstand nie.

Sie starrt den berufsmäßigen Rausschmeißer an, bis der Mann wegsieht. »Denken die bei Garreth, ich demoliere ihnen den Laden? Klaue internationale Patente zu ihrem Keramikformguss?«

Der Mann baut einen der Kartons auf. »Wir haben zwanzig Minuten, um alles einzupacken. Persönlicher Besitz, alles andere bleibt hier. Ich mache eine Aufstellung von allem, was Sie mitnehmen wollen, und wir lassen es absegnen, bevor Sie auschecken.«

»Bevor ich *auschecke*?« Wut steigt in ihr auf, doch der Begleitservice ist genau dazu angeheuert worden, diese Wut zu ersticken. Sie dreht sich um, geht zur Tür. Der Graubraune verstellt ihr den Weg, immer knapp diesseits der Gewalt.

»Sobald Sie das Büro verlassen, erklären wir es für versiegelt.«

Sie zögert, setzt sich an ihren Schreibtisch. Nicht ihren. Ihr Gehirn fühlt sich an, als hätte man ihr gerade einen Schlag mit der Keule versetzt. Wie können die so etwas wagen? Wie kann überhaupt jemand so etwas wagen? *Die verklage ich auf jeden einzelnen Penny.* Aber sämtliche Rechte und Privilegien von Sitte und Anstand sind auf deren Seite. Menschen sind Schläger. Die Justiz ist ein Witz. Ihre Kollegen kommen an der offenen Tür vorbei, sie gehen ein klein wenig langsamer, damit sie einen Blick auf das Drama werfen können, bevor sie sich verlegen davonstehlen.

Sie packt ihre Bücher in einen Karton, den ihr Aufpasser für sie gefaltet hat. Dann ihre Notizbücher.

»Keine Notizen. Die Notizbücher sind Firmeneigentum.«

Sie würde ihm gern den Tacker an den Kopf schmeißen, aber sie kämpft dagegen an. Sie wickelt ihre Bilder in die Papierbögen, die der Aufpasser ihr gibt, und legt sie in die Kiste. Carmen und ihr Westernpferd. Amelia mit den Kindern im Swimmingpool in Tucson. Ihr Vater, wie er in einem Wildbach im Yellowstone-Park steht. Ihre Großeltern in Schanghai, im Sonntagsstaat; sie halten ein Foto von amerikanischen Mädchen in die Höhe, die sie nie kennenlernen werden.

Geduldsspiele aus gebogenen Nägeln. Lustige Sprüche, gerahmt: *Dem Ingeniör ist nichts zu schwör. – Der Optimist sagt, das Glas ist halb voll. Der Pessimist, das Glas ist halb leer. Der Ingenieur sagt, das Glas ist zu groß.*

»Fertig?«, fragt ihr ganz persönlicher Ausscheidungsberater.

Ein Koffer voller Aufkleber. Ein Überseekoffer, darauf ein fremdländischer Name in Schablonenschrift.

»Ihr Schlüssel.« Kopfschüttelnd reicht sie ihm die Büroschlüssel. Er macht ein letztes Häkchen auf seiner Liste und lässt sie dann unterschreiben. »Kommen Sie jetzt bitte mit hinaus.« Er trägt die Pappkartons, sie nimmt die beiden Koffer. Auf dem Gang huschen neugierige Kollegen davon. Im Augenblick, in dem der Schlüssel sich im Schloss dreht, fällt es ihr ein.

»Mist. Machen Sie noch mal auf.«

»Das Büro ist versiegelt.«

»Machen Sie *auf*.«

Er tut es. Sie geht noch einmal hinein und steigt an der Wand auf einen Stuhl. Vorsichtig nimmt sie die zwölfhundert Jahre alte Bildrolle mit den Arhats auf der Schwelle zur Erleuchtung ab, rollt sie auf, bindet die Schleife und steckt sie ein. Dann lässt sie sich von ihrer Eskorte zum Haupteingang geleiten, vorbei an Angestellten, die sie jahrelang freundlich gegrüßt haben, nun aber plötzlich ganz in ihre Arbeit vertieft sind. Sie muss mehrfach gehen, um ihr gesammeltes Berufsleben zum Parkplatz zu schaffen, und der Mann postiert sich derweil an der Firmentür, wie der Engel am Osttor von Eden, der die Menschen, die vom verbotenen Baum gegessen haben, abhält, noch einmal in den Garten zu kommen und auch von der Frucht des anderen zu essen, dem, der für alles die Lösung gewesen wäre.

Die einzigen Vertreter des Tierreichs, die *wissen*, was ihnen blüht: *Damit*, sagt Douglas immer wieder – kurz vor Mitternacht, unter dröhnendem Heavy-Metal-Beschuss in einer Kneipe an der Landstraße, in der es nur so wimmelt von ausnahmsweise nicht im Einsatz befindlichen Mitgliedern der Bürgerwehr und anderen bewaffneten Patrioten –, *damit fängt der ganze Schlamassel an.*

»Mal ehrlich, wie soll man denn einen Fuß auf den Boden kriegen, wenn man genau weiß, dass man am Ende den Löffel abgibt? Wenn man genug Grips hat zu begreifen, dass man nichts als ein Sack Gammelfleisch mit einem kleinen Abwasserrohr in der Mitte ist, der nach – wie viel? Nach ein paar Tausend Sonnenaufgängen dran glauben muss?«

Der Philosophenkollege auf dem Barhocker neben ihm antwortet: »Könntest du vielleicht mal eine Sekunde lang die Klappe halten?«

»Also, ein Baum. So ein Baum, der hat ein Wissen, das hat er angesammelt in einem dermaßen langen Zeitraum, dass wir uns nicht mal –«

Eine Faust kommt geflogen und trifft ihn am Wangenknochen, so blitzschnell, dass es aussieht, als hätte Douglas eigens dafür stillgehalten. Mit dem Kopf voraus landet er auf den Fußbodendielen, Fichte, und verliert so rasch das Bewusstsein, dass er nicht einmal mehr hört, wie der Mann über ihm seinen Grabspruch sagt. »Nichts für ungut. Aber ich *habe* dich gewarnt.«

Als er wieder zu sich kommt, ist sein Kumpel Spinoza längst weg. Mit den Fingerspitzen betastet er vorsichtig Kopf und Gesicht. Alles noch dran, aber da ist etwas Weiches, das sich irgendwie nicht richtig anfühlt. Sterne und Lichtblitze, dunkle Wolken und Schmerz, auch wenn er schon Schlimmeres durchgemacht hat. Er lässt sich von der besorgten

Kellnerin aufhelfen, dann schüttelt er ihre Hände ab. »Die Menschen sind nicht so, wie man denkt.« Diesmal erhebt niemand Widerspruch.

Er sitzt im Auto auf dem Kneipenparkplatz, versucht in seinen wirren Gedanken einen Plan zu fassen. Er hat, wenn er das richtig sieht, niemanden, bei dem er Trost und Hilfe suchen kann, außer seiner Mitstreiterin im Kampf um die Rettung der Welt, der Frau, die ihn dazu gebracht, sich für etwas Größeres einzusetzen als schieres, dem Untergang geweihtes Pavlicek-tum. Sie allein weiß, wie sie ihn zu nehmen hat und wie sie seinem Leben eine Richtung geben kann. Er verstößt gegen eine unausgesprochene Regel, wenn er um diese Zeit bei Mimi hereinschneit. Auch wenn sie ihm nie ausdrücklich verboten hat, spätabends vorbeizukommen, wird sie nicht begeistert sein. Aber immerhin wird sie wissen, was mit seinem ramponierten Gesicht zu tun ist.

Einmal, als sie bei einer öden Blockadeaktion stundenlang aneinandergekettet auf einer Straße saßen, von der sich am Ende herausstellte, dass nicht einmal die Holzfirmen sich sonderlich dafür interessierten, hat sie ihm von den Liebesabenteuern ihrer jungen Jahre erzählt. Mit Männern und Frauen, wohlgemerkt. Nach dieser Enthüllung hätte ein Windhauch ihn umwerfen können. Aber wer oder was sie auch sein will, für ihn ist das in Ordnung. Die Welt besteht aus so vielen verschiedenen Arten, jede einzelne ein verrücktes Experiment. Was er sich wünschen würde, wäre, dass sie ihm manchmal ein klein wenig ihr Inneres öffnete, dass er ihr Vertrauter sein dürfte, ihr treuer Diener oder etwas in dieser Art. Er wünscht sich, dass sie, sie und wer immer gerade die Antwort auf die Fragen ihres Lebens sein mag, ihn aufpassen lassen – über sie wachen, ein Beschützer gegen die böse Welt.

Er hat Mühe, den Zündschlüssel ins Schloss zu stecken. Vielleicht sollte man ihm keine größeren Maschinen mehr anvertrauen. Doch seine Wange hängt schlaff herunter, und etwas sickert ihm seitlich aus dem Auge. Er kann nirgendwo anders hin. Er verlässt den Parkplatz und fährt auf der Hauptstraße durch das Tal wieder zurück in Richtung Stadt. Richtung Liebe.

Er bemerkt den Lastwagen nicht, der vor der Bar auf dem Seitenstreifen steht. Bemerkt nicht, wie er hinter ihm auf die Fahrbahn biegt. Bemerkt nichts, bis auf einmal zwei weiße Augen seinen Rückspiegel ausfüllen und das Ungetüm ihn hinten an der Stoßstange anstupst. Er macht einen Satz nach vorn, gerät ins Schlingern. Der Laster kommt wieder näher und rammt ihn erneut. Er kann nicht bremsen, nicht einmal denken kann er. Die Straße führt bergab. Er tritt aufs Gas, doch der Lastwagen bleibt dicht hinter ihm. Am Fuß des Hügels katapultiert ein Bahnübergang ihn einen Augenblick lang in die Luft.

Eine Kreuzung rast auf ihn zu. Er reißt das Steuer herum und biegt mit quietschenden Reifen scharf rechts ab, doppelt so schnell wie ratsam. Im Zeitlupentempo schleudert das Heck seines Fahrzeugs um die Ecke, zweihundertsiebzig Grad im Uhrzeigersinn. Als er zum Halten kommt, steht er im rechten Winkel mitten auf der Kreuzung, während der leere Holzlastwagen auf dem Highway weiterrast, unter lautem Hupen, einem langgezogenen Abschiedsgruß des Fahrers.

Douglas bleibt auf der Kreuzung stehen, er ist mit den Nerven am Ende. Nach diesem Angriff hat er weichere Knie als nach allem, was die Polizei mit ihm angestellt hat. Es ist schlimmer als beim Absturz seines Flugzeugs. Damals war einfach nur Gott am Werk, mit Seinem üblichen Roulette. Das hier war ein Irrer, und er handelte vorsätzlich.

Von der Kreuzung fährt er den weiten Weg zurück in die Stadt. Er behält den Rückspiegel fest im Blick, rechnet jeden Augenblick damit, dass sich die zwei weißen Scheinwerfer erneut nähern. Aber er schafft es ohne weiteren Zwischenfall bis zu Mimis Wohnung. Es brennt noch Licht bei ihr. Gleich als sie die Tür aufmacht, sieht er, dass sie betrunken ist. Das Zimmer hinter ihr versinkt im Chaos. Auf dem Boden des Wohnzimmers ist eine Bildrolle ausgebreitet.

Sie kommt ihm schwankend entgegen, lallt »Was' passiert?«

Er fasst sich verblüfft ins Gesicht. Das hatte er ganz vergessen. Bevor er antworten kann, zieht sie ihn in die Wohnung. Und so bringen die Bäume sie schließlich am Ende doch noch nach Haus.

Adam Appich setzt den rechten Fuß auf eine imaginäre Stufe und macht einen Schritt. Verschiebt den Knoten des Seils, unternimmt den nächsten Schritt mit dem linken. Versucht verzweifelt, nicht daran zu denken, wie hoch er auf dieser virtuellen Leiter schon gestiegen ist. Er sagt sich: *Früher bin ich doch immer auf Bäume geklettert.* Aber Adam klettert nicht auf einen Baum. Es sind Schritte in der Luft, an einem bleistiftdünnen Seil, und das Seil hängt von einem Stamm herab, so breit, dass er nicht einmal beide Seiten gleichzeitig sehen kann. Die Furchen der Rinde sind so tief, dass seine Hand darin verschwindet. Über ihm führt die endlose braune Straße in die Wolken. Das Seil beginnt sich zu drehen.

Eine Stimme aus der Höhe sagt: »Halten Sie still. Nicht dagegen ankämpfen.«

»Ich kann das nicht.«

»Doch, Sie können. Und Sie *werden* es schaffen.«

Furcht und Magensaft schnüren ihm die Kehle zu. Stückchen für Stückchen schließt er die unmögliche Lücke. Fast angekommen, riskiert er einen Blick nach oben. Zwei Baumwesen locken ihn mit leisen Ermunterungen, die er weder hört noch glaubt. Er kommt an etwas Festes und atmet tatsächlich immer noch. Nicht viel, aber doch.

»Sehen Sie?« Die Frau strahlt ihn dermaßen an, dass er überlegt, ob er nicht doch auf dem Weg nach oben gestorben ist. Der Mann – runzlige Haut, Prophetenbart – reicht ihm einen Becher mit Wasser. Adam trinkt. Es dauert eine ganze Weile, bis er tatsächlich glauben kann, dass er das überstanden hat. Die Plattform schwankt im Wind. Die Baumleute bleiben in seiner Nähe, bieten ihm Beeren an.

»Es geht schon.« Dann: »Na, das hätte wohl überzeugender geklungen, wenn ich es vor fünf Minuten gesagt hätte.«

Die Frau mit Namen Mädchenhaar klettert höher zu einer improvisierten Speisekammer, will einen Tee holen, der angeblich gegen sein Schwindelgefühl hilft. Keinerlei Halteseil. Barfuß, in zwanzig Stockwerken Höhe. Er vergräbt sein Gesicht in dem mit Baumnadeln gefüllten Kissen.

Als er es über sich bringt, wirft Adam einen Blick nach unten. Ringsum überall die Spuren des Kahlschlags. Er hat das Massaker aus nächster Nähe gesehen, als Loki, der Bote, ihn hierherführte. Aber von oben aus der Vogelperspektive sieht es noch schlimmer aus. Die längste, hartnäckigste Baumbesetzung in diesem Teil des Landes – mit den idealen Kandidaten für seine Studie über die Verirrungen des Idealismus – hat immerhin bewirkt, dass dieser eine Baum noch nicht gefallen ist. Hie und da stehen noch ein paar kleinere zwischen den kahlen Stellen, wie die Härchen, die ein Teenager bei seinen ersten Rasierversuchen stehen lässt. Frische Stümpfe überall, Schlacke und Schlagabfälle, besprenkelt mit Sägespänen, dann und wann ein Stamm, der noch in einer Felsspalte steht, weil das Fällen zu mühsam gewesen wäre. Und ein Grüppchen rund um diesen Riesenbaum, den die Besetzer mit Namen anreden.

Der Mann, Wächter, gibt ihm ein paar Informationen zur Orientierung. »Sämtliche durch das Roden gelockerte Erdkrume wird den Hügel hinunter in den Eel River gespült. Bringt die Fische um, bis raus in den Ozean. Man glaubt es kaum, aber als wir ankamen, vor zehn Monaten, war hier noch alles grün, so weit das Auge reichte. So viel zu unserem Versuch, die Zerstörung aufzuhalten.«

Adam ist kein Kliniker, und nach zweihundertfünfzig Interviews mit Aktivisten entlang der Lost Coast ist er mit Diagnosen vorsichtig geworden. Aber Wächter ist entweder schwer depressiv oder ein wiedererstandener Realist.

Tief unten ein Aufflackern, das Hornissengebrumm schwerer Maschinen, und Wächter beugt sich vor, um zu schauen. »Da.« Ein Gelb, knalliger als das einer Bananenschnecke, eine halbe Meile entfernt, auf Zickzackkurs durch die Überreste des Waldes.

»Wer kommt?«, fragt Mädchenhaar.

»Seilkran. Zwei Greifarmmaschinen. Bis morgen könnten sie uns ganz isoliert haben.« Er blickt Adam an. »Vielleicht wollen Sie lieber jetzt gleich fragen, was Sie fragen wollen, und heute Abend noch wieder runterklettern.«

»Oder Sie schließen sich uns an«, schlägt Mädchenhaar vor. »Wir geben Ihnen das Gästezimmer.«

Adam kann nichts antworten. Sein Kopf ist immer noch zu schwer für ihn. Vom Luftholen wird ihm schlecht. Er will einfach nur wieder in Santa Cruz sein, die Daten, die er mit seinen Fragebögen erhebt, analysieren und dubiose Schlussfolgerungen aus hieb- und stichfester Statistik ziehen.

»Sie sind uns sehr willkommen«, sagt die Frau zu ihm. »Wir hatten uns ja auch nur für ein paar Tage gemeldet, und jetzt sind wir immer noch hier, fast ein Jahr später.«

Wächter lächelt. »Da fällt mir eine wunderschöne Zeile von Muir ein. ›*Eigentlich wollte ich nur einen Spaziergang machen* …‹«

Adams Mageninhalt ergießt sich in die Luft, stürzt zwanzig Stockwerke tief zur Erde.

Die Studienobjekte sitzen auf der Plattform, betrachten die Fragebögen und Bleistifte, die sie von Adam bekommen haben. Ihre Hände sind braun und grün gefleckt, schwarze Ränder unter den Fingernägeln. Sie riechen streng und muffig, wie der Baum selbst. Der Forscher hat eine Etage über ihnen Position bezogen, in der Ausguck-Hängematte, die einfach nicht aufhören will zu schaukeln. Er sucht in ihren Gesichtern nach Anzeichen jenes paranoiden Sendungsbewusstseins, das bei so vielen der Aktivisten, die er befragt hat, zu erkennen war. Der Mann – offen, doch fatalistisch. Die Frau – in einem Maße in sich ruhend, das es bei jemandem, dem die Mitwelt dermaßen übel mitspielt, eigentlich nicht geben dürfte.

Mädchenhaar fragt: »Das ist für Ihre Doktorarbeit?«

»Ja.«

»Wie lautet die Hypothese?«

Adam macht seine Befragungen schon so lange, dass ihm das Wort fremd vorkommt. »Alles, was ich darauf sage, könnte Ihre Antworten beeinflussen.«

»Sie haben eine Theorie über Leute, die …?«

»Nein. Keine Theorie bisher. Ich sammle nur Daten.«

Wächter lacht, schroff und einsilbig. »So funktioniert das aber nicht, oder?«

»Wie funktioniert was nicht?«

»Die Wissenschaft. Sie können keine Daten sammeln ohne eine Theorie, die bestimmt, was Sie sammeln.«

»Wie gesagt. Ich erforsche die Persönlichkeitsprofile von Umweltaktivisten.«

»Die Pathologie der Überzeugung?«

»Nein, überhaupt nicht. Ich will einfach nur ... ich will dahinterkommen, wie Leute ... Leute, die glauben, dass ...«

»Dass auch Pflanzen Personen sind?«

Adam lacht und bereut es sogleich. Es muss an der Höhe liegen.

»Ja.«

»Sie glauben, Sie können Ihre Zahlen zusammenzählen und dann mit
einer Art Regressionsanalyse –«

Die Frau berührt ihren Partner am Fußgelenk. Er ist sofort still, und
das beantwortet eine von zwei Fragen, die Adam in dieses Gespräch
einschmuggeln wollte. Die andere ist, wie sie es mit dem Klo halten, in
sechzig Metern Höhe und vor den Augen des anderen.

Mädchenhaar lächelt, und Adam kommt sich vor wie ein Betrüger.
Sie ist um Jahre jünger als er, aber sie hat ganze Jahrzehnte mehr Gewissheit. »Sie wollen dahinterkommen, warum manche Menschen die
belebte Natur ernst nehmen, wo doch für alle anderen das einzig Reale
andere Menschen sind. Sie sollten lieber die studieren, die glauben, dass
Menschen das Einzige sind, was zählt.«

Wächter lacht. »So viel zum Thema Pathologie.«

Für einen kurzen Augenblick hält über ihnen die Sonne in ihrem Lauf
inne. Dann beginnt sie ihren gemächlichen Abstieg in Richtung Westen,
dorthin, wo das Meer schon auf sie wartet. Das Mittagslicht taucht die
Landschaft in Gold- und Aquarellfarben. Kalifornien, das Eden Amerikas. Diese wenigen letzten Überbleibsel der Wälder der Jurazeit, eine
Welt wie nirgendwo sonst auf Erden. Mädchenhaar blättert in dem Heftchen mit Fragen, obwohl Adam sie gebeten hat, genau das nicht zu tun.
Sie schüttelt den Kopf über etwas Einfältiges auf Seite drei. »Mit den
Fragen hier erfahren Sie nichts von Bedeutung. Wenn Sie wissen wollen,
wer wir sind, dann sollten wir einfach reden.«

»Nun.« Von der Hängematte wird Adam seekrank. Er darf nicht anderswohin sehen, nur auf das viereinhalb Quadratmeter große Stück
Land unter ihm. »Das Problem dabei ist –«

»Er braucht Daten. Simple Zahlen.« Wächter weist nach Südwesten, dahin, von wo der Sägengesang des Fortschritts kommt. »Vervollständigen Sie folgenden Analogieschluss: Ein Fragebogen verhält sich zu einer komplexen Persönlichkeit wie ein Seilkran zu ...«

Die Frau steht mit einem solchen Ruck auf, dass Adam sie schon über die Kante fallen sieht. Sie neigt sich zur Seite. Wächter lehnt sich zum Ausgleich in die Gegenrichtung. Sie sind in diesem gemischten Doppel so gut eingespielt, dass keiner überhaupt merkt, was der andere tut. Mädchenhaar wendet sich an Adam. Der rechnet fest damit, dass sie gleich in die Tiefe stürzen wird, abstürzen wie Ikarus. »Mir haben nur noch drei Semesterwochenstunden zu einem Abschluss in Versicherungsmathematik gefehlt. Kennen Sie sich mit Versicherungsmathematik aus?«

»Ich ... Ist das eine Fangfrage?«

»Damit rechnet man streng wissenschaftlich ein ganzes Menschenleben in Geldwert um.«

Adam japst. »Bitte, könnten Sie sich nicht hinsetzen?«

»Ist doch überhaupt kein Wind. Aber meinetwegen. Wenn ich Sie dafür etwas fragen darf.«

»Einverstanden. Aber, bitte stehen Sie nicht so ...«

»Was können Sie mit einem Test über uns in Erfahrung bringen, das Sie nicht auch herauskriegen, wenn Sie uns ins Gesicht blicken und uns fragen?«

»Ich möchte wissen ...« Damit verfälscht er das Ergebnis. Er beeinflusst sie, und das macht ihre Antworten für seine Arbeit wertlos. Aber irgendwie ist ihm das hier oben auf dieser tausendjährigen Bohnenstange plötzlich egal. Er will reden, und das ist etwas, das er schon seit einer ganzen Weile nicht mehr gewollt hat. »Es gibt umfassendes Belegmaterial dafür, dass Gruppenloyalität das rationale Handeln beeinflussen kann.«

Mädchenhaar und Wächter sehen sich an und grinsen, als hätte er ihnen gerade erzählt, die Wissenschaft habe herausgefunden, dass die Atmosphäre größtenteils aus Luft besteht.

»Menschen *erschaffen* die Realität. Staudämme. Tunnel unter dem Meer. Überschallflugzeuge. Nicht leicht, sich gegen so etwas zu stellen.«

Wächter lächelt müde. »Wir erschaffen die Realität nicht. Wir weichen ihr einfach nur aus. Bisher. Indem wir die Natur ausplündern und den Preis dafür nicht sehen. Aber die Rechnung wird uns präsentiert, irgendwann, und wir können sie nicht bezahlen.«

Adam weiß nicht, ob er lächeln oder nicken soll. Er weiß nur, dass diese Leute – das winzige Grüppchen, das immun ist gegen den Druck dessen, was alle anderen als Wirklichkeit ansehen – ein Geheimnis kennen, hinter das er unbedingt kommen muss.

Mädchenhaar blickt Adam forschend an, als spähe sie durch die verspiegelte Scheibe in einem Labor. »Kann ich Sie noch was fragen?«

»Alles, was Sie wollen.«

»Eine einfache Frage. Was meinen Sie, wie lange uns noch bleibt?«

Er versteht sie nicht. Er sieht Wächter an, aber auch der wartet sichtlich auf seine Antwort. »Das weiß ich nicht.«

»Ganz aus dem Bauch heraus. Wie lange noch, bis wir den Laden endgültig zugrunde gerichtet haben?«

Die Frage ist Adam peinlich. Es ist ein Thema für Debattierclubs an der Uni. Für Kneipengespräche an einem späten Samstagabend. Er ist nicht mehr Herr der Lage, und nichts von dieser Unternehmung – weder das widerrechtliche Betreten von Privatgelände noch der Aufstieg auf diesen Baum noch die wirre Unterhaltung – wird durch die zwei Datensätze gerechtfertigt, die er seinem Material noch hinzufügt. Er blickt in die Ferne, über die stark gelichteten Mammutbaumbestände hinaus. »Ganz ehrlich. Ich habe keine Ahnung.«

»Glauben Sie, dass die Menschen Ressourcen schneller aufbrauchen, als die Welt sie ersetzen kann?«

Diese Frage liegt so jenseits aller Kalkulationen, dass sie sinnlos erscheint. Doch dann löst sich in seinem Inneren eine kleine Blockade, und es ist, als nähme man ihm die Augenbinde ab. »Ja.«

»Danke!« Sie ist zufrieden mit ihrem schon etwas in die Jahre gekommenen Schüler. Er erwidert ihr Lächeln. Mädchenhaar reckt ein wenig den Kopf vor und hebt die Augenbrauen. »Und würden Sie sagen, dass die Geschwindigkeit zu- oder abnimmt?«

Er hat die Schaubilder gesehen. Wer hätte das nicht? Die heiße Phase hat gerade erst begonnen.

»Es ist so einfach«, sagt sie. »So offensichtlich. Exponentielles Wachstum innerhalb eines geschlossenen Systems mit begrenzten Ressourcen führt zum Zusammenbruch. Aber die Menschen sehen es nicht. Also *können die Menschen nicht mehr die maßgebliche Instanz sein.*« Mädchenhaar fixiert ihn mit einem Blick irgendwo zwischen Interesse und Mitleid. Adam will einfach nur wieder festen Boden unter den Füßen.

»Brennt die Hütte?«

Ein Achselzucken. Miene ein wenig mürrisch. »Ja.«

»Und Sie wollen die Handvoll Leute unter die Lupe nehmen, die *Löscht das Feuer* rufen, wo alle anderen munter mitansehen, wie alles niederbrennt.«

Noch vor einer Minute war diese Frau Gegenstand von Adams wissenschaftlicher Studie. Jetzt möchte er ihr am liebsten alles sagen. »Es gibt einen Namen dafür. Wir sprechen vom Zuschauereffekt. Einmal habe ich mit zugelassen, dass mein Professor quasi vor meinen Augen starb, nur weil sonst auch niemand im Hörsaal sich regte. Je größer die Gruppe ...«

»... desto schwieriger wird es, *Feuer* zu rufen?«

»Denn wenn es tatsächlich Anlass zur Beunruhigung gäbe, dann würde doch bestimmt jemand –«

»– jede Menge Leute hätten längst –«

»– bei sechs Milliarden –«

»Sechs? Sieben eher. In ein paar Jahren sind es fünfzehn. Wir werden schon bald zwei Drittel der Nettoproduktion des ganzen Planeten einfach auffressen. Die Nachfrage nach Holz hat sich seit unserer Geburt verdreifacht.«

»Man kann nicht sanft auf die Bremse treten, wenn man jeden Moment vor die Wand fährt.«

»Da ist es leichter, man macht die Augen zu.«

Das ferne Grollen bricht ab, umso deutlicher vernehmlich, als jetzt Stille herrscht. Allmählich kommt Adam seine ganze Studie wie eine einzige Flucht vor. Er muss Krankheit in unvorstellbaren Dimensionen erforschen, Krankheit, die kein Zuschauer überhaupt wahrnehmen könnte, geschweige denn ihre Existenz zugeben.

In die Stille hinein sagt Mädchenhaar: »Wir sind nicht allein. Andere versuchen, mit uns Verbindung aufzunehmen. Ich kann sie *hören*.«

Adam sträuben sich die Haare, vom Nacken bis zum unteren Rücken. Ein Reflex, der sein Fell aufbauscht, damit er größer wirkt. Doch das Signal bleibt unsichtbar, verloren im Laufe der Evolution. »Wen können Sie hören?«

»Ich weiß nicht. Die Bäume. Die Kräfte des Lebens.«

»Sie sprechen wirklich zu Ihnen? Laut zu hören?«

Sie streichelt einen Ast, als wäre es ein Haustier. »Nein, nicht laut. Es ist mehr wie ein Theaterchor in meinem Kopf.« Sie blickt Adam an, ihre Miene so offen, als hätte sie ihn eben eingeladen, zum Abendessen zu bleiben. »Ich bin gestorben. Ein Stromschlag im Bett. Mein Herz stand still. Dann bin ich wieder zurückgekommen, und seither höre ich sie.«

Adam sieht Wächter an, um sich zu vergewissern, dass er nicht den Verstand verloren hat. Doch der bärtige Prophet zieht nur die Brauen hoch.

Mädchenhaar tippt mit dem Finger auf den Fragebogen. »Ich nehme an, das beantwortet Ihre Frage. Über die Psychologie von Leuten, die die Welt retten wollen.«

Wächter berührt sie an der Schulter. »Was ist verrückter – sprechende Pflanzen oder Menschen, die ihnen zuhören?«

Adam hört ihn nicht. Er empfängt gerade Signale von einem Sender, der schon seit langem da ist, unbemerkt, direkt in seiner Nähe. Als er wieder spricht, ist es mehr vor sich hin als zu den beiden: »Ich führe manchmal Selbstgespräche. Rede mit meiner Schwester. Sie ist verschwunden, als ich noch ein kleiner Junge war.«

»Ja, wenn das so ist. Dürfen wir dann Sie studieren?«

Eine Wahrheit dämmert ihm, eine, auf die seine Wissenschaft niemals stoßen wird. Das Bewusstsein ist selbst eine Spielart von Wahnsinn, wenn man es vor dem Hintergrund der Gedanken der grünen Welt sieht. Adam streckt die Hand aus, will sich abstützen und bekommt nur einen schwankenden Zweig zu fassen. Hoch über der unendlich fernen Erde findet er Halt bei einem Wesen, das ihm eigentlich den Tod wünschen sollte. Alles in seinem Hirn rotiert. Dieser Baum hat ihn betrunken gemacht. Jetzt dreht er sich wieder an seinem Seil, dünn wie eine Ranke. Fest blickt er in das Gesicht der Frau, als könne ein letzter verzweifelter

Versuch, ihr Wesen zu ergründen, ihn noch retten. »Was …? Was sagen sie? Die Bäume?«

Sie versucht, es ihm zu erklären.

Während sie reden, rückt der Feind in der Deckung der nächsten Senke unaufhaltsam vor. Die Wucht jedes neuen Einschlags lässt Adam erschaudern, schon wenn der gefällte Baum sich krachend einen Weg durch die letzten stehenden Riesen bahnt. Er hätte nie gedacht, wie viel Gewalt hier am Werk sein würde; als stürze ein Wolkenkratzer ein. In der Luft wabern Schwaden aus Nadeln und pulverisiertem Holz. »Das Schlimmste sind die Fallzonen«, erklärt ihm Mädchenhaar. »Mit ihren Bulldozern planieren sie den Bereich, in dem der Baum zu Boden gehen soll, damit der Stamm bei der Landung keinen Schaden nimmt. Für den Erdboden ist das der Tod.«

Ein Baum mit einem Stamm, der so dick ist wie Adam groß, kracht donnernd den Hang hinunter. Wo er niedergeht, verflüssigt sich die Erde.

Am späten Nachmittag sehen sie Loki schon von ferne, wie er durch den massakrierten Wald kommt, zur verabredeten Zeit, um den Psychologen zurück durch die Blockadelinien von Humboldt zu schleusen. Aber etwas an seinen stolpernden Schritten verrät, dass er in anderer Mission unterwegs ist. Vom Fuß des Baumes ruft er, sie sollen das Seil und den Klettergurt hinunterwerfen.

»Was ist?«, fragt Wächter.

»Sage ich euch, wenn ich oben bin.«

Sie machen Platz für ihn in dem engen Vogelnest. Er ist bleich und atmet schwer, aber nicht von dem Aufstieg. »Es geht um Mutter N. und Moses.«

»Was haben sie diesmal angestellt?«

»Tot.«

Mädchenhaar stößt einen Schrei aus.

»Jemand hat im Büro eine Bombe gelegt. Sie waren drin, bei der Arbeit an einer Rede für die Aktion bei der Forstbehörde. Die Polizei behauptet, sie hätten sich mit geortetem Sprengstoff selbst in die Luft gejagt. Beschuldigt die LDF des Terrorismus im eigenen Land.«

»Nein!«, ruft Mädchenhaar. »Nein. Bitte nicht das.«

Dann folgt ein langes, beredtes Schweigen. Wächter spricht. »Mutter N. eine Terroristin! Sie hat nicht mal zugelassen, dass ich Nägel in einen Baumstamm schlage. ›Das könnte den Mann mit der Säge verletzen‹, hat sie zu mir gesagt.«

Sie erzählen Geschichten über die Toten. Wie Mutter N. sie ausgebildet hat. Wie Moses sie gebeten hat, auf Mimas Posten zu beziehen. Eine Totenfeier in sechzig Metern Höhe. Adam fällt etwas wieder ein, das er im Studium gelernt hat: Erinnern ist immer ein aktives, gemeinschaftliches Geschehen.

Loki schickt sich an, wieder nach unten zu klettern, er hat es eilig, zu den Trauernden auf der Erde zurückzukehren. »Wir können nichts tun. Aber immerhin können wir das gemeinsam tun. Kommen Sie mit?«, fragt er Adam.

»Wenn Sie wollen, können Sie auch bleiben«, schlägt Mädchenhaar vor.

Der Forscher liegt in seiner schwankenden Hängematte, wagt nicht, einen Finger zu rühren. »Ich würde gern die Dunkelheit von hier oben sehen.«

Der Abend ist dunkel genug, er lohnt das Hinsehen. Und er lohnt auch das Riechen: das Aroma von Sporen und verrottenden Pflanzen, von Moos, das alles überzieht, von Erde, die entsteht, selbst hier, so viele Stockwerke über dem Boden. Mädchenhaar kocht weiße Bohnen auf dem Campingkocher. Es ist das köstlichste Mahl, das Adam gegessen hat, seit er hier draußen seine Feldforschung betreibt. Die Höhe macht ihm nicht mehr ganz so viel aus, jetzt, wo er den Boden nicht mehr sehen kann.

Flughörnchen kommen vorbei, um den Neuankömmling in Augenschein zu nehmen. Er ist zufrieden, ein Säulenheiliger in den Höhen des Nachthimmels. Wächter zeichnet bei Kerzenlicht in ein kleines Notizbuch. Von Zeit zu Zeit zeigt er Mädchenhaar die Skizzen. »O ja. Du hast sie genau getroffen.«

Geräusche von überallher, tausend Tonstufen, mezzoforte und leiser. Da ist ein Vogel, dessen Namen Adam nicht kennt, sein Flügelschlag in der Dunkelheit. Aufgeregtes Schimpfen unsichtbarer Säuger. Das Holz dieser luftigen Behausung knarzt. Ein Ast stürzt zu Boden. Noch einer. Eine Fliege spaziert über die Härchen auf seinem Ohr. Das Echo des eigenen Atems in seinem Kragen. Der Atem von zwei anderen Wesen, lächerlich nah in diesem Wolkendorf; zwei, die ihre stumme Andacht halten. Adam staunt, wie nah Geborgenheit und Entsetzen beieinanderliegen. Die Frau schmiegt sich an den Künstler, der immer noch zeichnet, auch den letzten Rest Kerzenlicht nutzen will. Der Lichtschein fällt auf ein Stückchen Haut an ihrer Schulter, nackt und schön. Es sieht aus, als sei Fell dort, Federn vielleicht. Dann erweisen die tintenschwarzen Schnörkel sich als fünf deutlich lesbare Worte.

Sie erwachen von einem Fauchen, näher denn je. Am Boden zu ihren Füßen stapfen Männer über die Halden von Holzabfällen und verständigen sich per Sprechfunk.

»He«, schreit Mädchenhaar. »Was geht da unten vor?«

Ein Holzfäller blickt nach oben. »Ihr solltet machen, dass ihr runterkommt. Hier ist gleich der Teufel los.«

»Was soll das heißen, der Teufel?«

Das Funkgerät knistert. Die Luft verdichtet sich und summt. Selbst das Tageslicht fängt an zu vibrieren. Am Horizont ein leises Puckern. »Nein«, sagt Wächter. »Das *können* sie nicht machen.«

Ein Hubschrauber kommt über die Hügelkuppe. Anfangs nur ein Spielzeug, doch nach einer halben Minute hämmert es im ganzen Baum wie auf einer Buschtrommel. Das Ungetüm dreht bei. Adam klammert sich an seine schaukelnde Matte. Ein Windstoß bläst ihm den Fluch, den er flüstert, zurück ins Gesicht, als die wildgewordene Hornisse sich aufbäumt und zum Angriff übergeht.

Der Wind packt den Baum, erst eine irrsinnige Aufwärtsströmung, dann das Gleiche in die Gegenrichtung. Die Wipfel von Mammutbäumen biegen sich wie Gummi, Äste stürzen krachend durchs Kronendach. Wächter klettert hinauf zu der Vorratsplattform, um die Videokamera zu holen; Mädchenhaar nimmt einen abgebrochenen Ast, so groß wie ein Baseballschläger, in die Hand. Sie klettert hinaus auf den Ast, der dem Angreifer am nächsten ist. Adam schreit: »Komm zurück!« Seine Worte werden von den Rotoren zerhackt.

Die Frau klammert sich mit bloßen Füßen an den Ast, der, auch wenn er noch so massiv ist, wie Gummi hin- und herpeitscht in diesem umgekehrten Taifun. Der Helikopter neigt sich unter Getöse zur Seite, und sie ist Auge in Auge mit der Maschine. Das Ding kommt auf sie zu, sie schwingt mit einer Hand wild ihren Ast. Wächter hält sich hinter ihr und filmt.

Der Hubschrauber ist riesig, eine Kanzel wie ein Panoramafenster. Groß genug, um einen Baum, der älter ist als Amerika, geradewegs in den Himmel zu heben und ihn aufrecht über die Landschaft zu befördern. Seine Rotorblätter verwirbeln die Luft rings um das Mädchen, das sich da an den Baum klammert. Zwei Vertreter der Spezies Mensch sitzen in der Kapsel aus Plexiglas, bewehrt mit Visieren und Helmen, die das Kinn umschließen, und kommunizieren über winzige Mikrophone mit der fernen Einsatzzentrale.

Adam blickt wie gebannt auf die hollywoodreife Show. Nie zuvor ist er einem derart riesigen, derart böswilligen Etwas so nahe gekommten. Er sieht die unzähligen Bestandteile – Stangen, Wellen, Rotorblätter, Abdeckungen, Dinge, deren Bezeichnung er nicht einmal kennt –, völlig jenseits dessen, was ein einzelner Mensch je zusammenbauen, geschweige denn entwerfen könnte. Und doch muss es Tausende dieser Flugmaschinen geben, eingesetzt von Konzernen auf sämtlichen Kontinenten. Und weitere Zehntausende, bewaffnet und gepanzert, in den unzähligen Arsenalen des Planeten. Der meistverbreitete Raubvogel der Welt.

Äste brechen ab, und in der Luft wirbeln Holzsplitter. Das Ungetüm atmet die Dünste seines fossilen Brennstoffs aus, es stinkt wie eine Ölplattform in Flammen. Der üble Geruch schnürt Adam die Kehle zu. Das Dröhnen durchbohrt seine Trommelfelle, erstickt jeden Gedanken.

Die Frau flattert auf ihrem Ast wie ein Wimpel, dann lässt sie ihre Waffe los und klammert sich mit beiden Händen fest. Ihr filmender Mitstreiter verliert den Halt in dem künstlichen Sturm, er muss die Kamera fallen lassen, und sie stürzt sechzig Meter tief und zerschellt. Eine metallische Stimme, brutal verstärkt, dringt aus dem Hubschrauber. *Verlassen Sie den Baum. Unverzüglich.*

Die Frau zittert am ganzen Leib. Sie hält nicht mehr lange durch. Mimas bebt. Wider besseres Wissen blickt Adam nach unten. Bulldozer, giftgelb wie Galle, rammen die Basis des Baums. Männer, Sägen und Maschinen bereiten eine Fallzone vor, die bis an die Wurzeln von Mimas reicht. Er sieht zu Wächter hinüber, der auf einen weiteren Trupp zeigt, der sich an der Basis eines weiteren Mammutbaums zu schaffen macht. Sie wollen ihn direkt neben Mimas zu Fall bringen. Mädchenhaar schwingt das Bein wieder nach oben und über den Ast, der sie schüttelt. Die Hubschrauberstimme dröhnt: *Steigen Sie runter, jetzt sofort!*

Adam schreit und fuchtelt mit den Armen. Er schreit Dinge, die er bei dem ganzen Irrsinn selbst nicht hören kann. »Aufhören. Ihr Mistkerle, haut ab!« Diesmal wird er beim Sterben nicht Zuschauer bleiben.

Der Hubschrauber steht auf der Stelle, dann dreht er ab. Eine Stimme kommt aus seinem Lautsprecher: *Geben Sie auf?*

»Ja«, schreit Adam.

Die Silbe reißt Wächter aus seiner Trance. Er blickt zu Mädchenhaar, die sich schluchzend an ihren Ast klammert. Es gibt keinen Weg außer dem der Vernunft. Wächter neigt den Kopf, und die Belagerung ist zu Ende. Unten berät sich der Vorarbeiter des Fallzonentrupps per Funkgeräte mit seinem unsichtbaren Netzwerk. Eine weitere Salve aus dem Helikopter: *Abstieg bestätigt. Ende Mission.* Das Flugungetüm bäumt sich auf und dreht ab. Der Wind lässt nach. Der ohrenbetäubende Lärm verebbt und lässt nichts zurück als Frieden und Niederlage.

Sie seilen sich mit dem Klettergurt ab: der völlig verängstigte Psychologe, der stoische Künstler, dann die Prophetin, ihre Miene auf dem sechzig Meter langen Abstieg immer noch ungläubig, verwirrt. Sie werden in Gewahrsam genommen und über den verschandelten Hügel hinab zur Forststraße geführt, die inzwischen fast bis an die Basis von Mimas heranreicht. Stundenlang hocken sie im Morast und warten auf die Polizei. Die brüsken Beamten verfrachten sie, alle drei nebeneinander, auf die Rückbank eines Streifenwagens.

Die Forststraße führt in Serpentinen hinunter in die Schlucht. Drei Gefangene blicken den kahlen Hang hinauf zu der Silhouette des gewaltigen Baums, halb so alt wie die Christenheit. Eine Stimme tiefer als das Dröhnen des Hubschraubers sagt etwas, das keiner von ihnen hört, nicht einmal Mädchenhaar.

Zu der Zeit, als die drei in Untersuchungshaft sitzen, beginnt Patricia Westerford Verhandlungen mit einem Konsortium aus vier Universitäten; gemeinschaftlich gründen sie das *Globale Gen-Archiv zur Erhaltung der Artenvielfalt der Pflanzen*. Ein paar Papiere, die die Anwälte vorbereiten, und das GGA wird zur juristischen Person.

»Es ist an der Zeit«, erklärt Dr. Westerford ihrem Publikum in immer neuen Vorträgen, mit denen sie das Geld für hochtechnisierte, klimatisierte Tresorräume und qualifiziertes Personal einwerben muss, »sogar *höchste* Zeit, dass wir von den Zehntausenden von Baumarten, die noch zu unseren Lebzeiten verschwinden werden, wenigstens ein paar Samenkörner bewahren.« Sie sagt es so oft, dass die Sätze am Ende wie von selbst kommen. In zwei Monaten wird sie eine Forschungsreise nach Südamerika unternehmen, erste Erkundungen im Amazonasbecken. Tausend weitere Quadratmeilen Wald werden verschwinden, bevor sie überhaupt dort ist. Wenn sie zurückkommt, wird Dennis mit dem Essen warten.

Um die Zeit, zu der die drei im Untersuchungsgefängnis tun, als ob sie schliefen, genießt Neelay Mehta die Sternstunden der Schöpfung. Von seinem Bürobett aus gibt er den guten Geistern von Sempervirens Anweisungen für *Mastery 8*:

Wie bekommen wir Millionen von Spielern dazu, dass sie sich nie wieder
ausloggen wollen? Unsere Welt muss reichhaltiger, vielversprechender sein als
das Leben, zu dem sie offline zurückkehren … Wir müssen uns Millionen von
Usern vorstellen, die mit jedem Schritt, den sie gehen, alle zusammen diese
Welt reicher machen. Wir müssen ihnen dabei helfen, eine Zivilisation aufzu-
bauen, die so schön ist, dass es ihnen das Herz brechen würde, sie zu verlieren.

Auf halbem Wege zur gegenüberliegenden Seite des Kontinents tritt eine
andere Frau ihre eigene Haftstrafe an. Das, was das Hirn ihres Mannes
überflutet, überflutet auch sie. Sie ruft den Notarzt. Sie sitzt bei ihm, im
Ambulanzwagen auf der Fahrt durch die Wärme der Nacht. Im Krankenhaus bestätigt sie mit ihrer Unterschrift, dass sie über ihre Rechte
aufgeklärt wurde, auch wenn sie sich nie wieder aufgeklärt fühlen wird.
Nach der ersten Operation geht sie zu dem Mann ins Zimmer. Was noch
von Ray Brinkman übrig ist, liegt schlaff auf dem metallenen Bett. Die
Hälfte seines Schädels ist entfernt worden, und sein Gehirn ist nun nur
noch mit einem Lappen Kopfhaut bedeckt. Schläuche kommen aus seinem Körper. Sein Gesicht ist starr vor Entsetzen.

Keiner kann Dorothy Cazaly, verheiratete Brinkman, sagen, wie lange
er in diesem Zustand bleiben wird. Eine Woche. Noch ein halbes Jahrhundert. Schreckliche Gedanken gehen ihr durch den Sinn, in ihren ersten Nächten auf der Intensivstation. Sie wird bei ihm bleiben, bis sein
Zustand stabil ist. Danach muss sie ihr eigenes Leben retten.

Immer und immer wieder hört sie die Worte, die sie ihm an den Kopf
geworfen hat, nur Stunden bevor der Damm in seinem Gehirn brach.
Es ist aus, Ray. Vorbei. Mit uns beiden ist es vorbei. Ich bin nicht für dich
verantwortlich. Wir gehören nicht einer dem anderen, das haben wir nie
getan.

Im Gefängnis wirft Adam sich auf der oberen Pritsche hin und her. Er
sieht mächtige Mammutbäume explodieren wie Raketen auf ihren Ab-
schussrampen. Seine Forschungsergebnisse sind unversehrt – all die
hochwichtigen Daten, die er über Monate mit seinen Fragebögen ge-

sammelt hat –, aber er selbst ist das nicht. Er sieht jetzt allmählich gewisse Dinge zum Thema Glauben und Gesetz, Dinge, die hinter all den Massen von gesundem Menschenverstand verborgen lagen. Inhaftiert ohne Anklage, das schärft den Blick.

»Du siehst, worauf es hinausläuft«, sagt Wächter zu ihm. »Sie wollen weder die Kosten noch die Publicity, deshalb gibt es keine Anklage. Sie nutzen nur die Justiz, um uns zu schaden, so viel sie können.«

»Gibt es nicht ein Gesetz, dass …«

»Das gibt es. Sie brechen es. Sie können uns zweiundsiebzig Stunden ohne Anklage festhalten. Das war gestern.«

Adam geht durch den Kopf, woher das Wort radikal kommt. *Radix. Wrad. Wurzel.* Der Pflanzen, des Planeten, des Hirnstamms.

In seiner vierten Nacht in der Zelle träumt Nick von der Hoel'schen Kastanie. Er sieht sie in zweiunddreißigmillionenfacher Beschleunigung wachsen, sieht, wie sie sich entfaltet nach ihrem geheimen Plan. Im Schlaf hat er es wieder vor Augen, auf der dünnen Matratze der Pritsche, wie der Baum im Zeitraffer mit knorrigen Armen winkte. Die Art, wie diese Arme forschten, tasteten, sich nach dem Licht ausrichteten, Botschafter in die Luft schrieben. In dem Traum lachen die Bäume sie aus. *Uns retten? Auf so was können aber auch nur die Menschen kommen.* Selbst das Lachen dauert Jahre.

Nick träumt, und ebenso träumt der Wald – alle neunhundert Arten, die Menschen identifiziert haben. Vier Milliarden Hektar, von der Taiga bis zu den Tropen – die am weitesten verbreitete Existenzform der Erde. Und während der Weltwald träumt, versammeln sich in einem Staatswald in einem Bundesstaat weiter im Norden Menschen. Vor vier Monaten hat hier an einem Ort namens Deep Creek ein gelegter Waldbrand zehntausend Morgen verwüstet – einer von vielen willkommenen Bränden in jenem Jahr. Das Feuer veranlasst die US-Waldbehörden zu einem Notverkauf der geschädigten Bestände. Der Brandstifter wird nie gefunden. Niemand will ihn finden. Das heißt, niemand außer ein paar

Hundert von denen, denen der Wald gehört und die sich zwischen den zum Abholzen bestimmten Stämmen mit Schildern in der Hand versammeln. Mimi hält eins in die Höhe: FINGER WEG! NICHT EINEN EINZIGEN VERKOHLTEN AST. Auf Douglas' Schild steht: DAS IST NICHT DEIN ERNST, SMOKEY!

Adam, Nick und Olivia bleiben zwei Tage länger als zulässig ohne Anklage in Haft. Ein Dutzend Punkte wird ihnen vorgehalten, über Nacht sind sie alle vom Tisch. Bei ihrer Entlassung kommen die Männer und Mädchenhaar wieder zusammen. Sie sehen sie durch das drahtverstärkte Fenster, wie sie den Gang des Frauentrakts herunterkommt, ein kleines Landstreicherbündel mit ihren Sachen in der Hand. Schon im nächsten Augenblick läuft sie ihnen entgegen, fällt ihnen um den Hals. Sie tritt einen Schritt zurück und kneift die feuriggrünen Augen zusammen. »Ich will sehen, wie es da aussieht.«

Sie nehmen Adams Auto; ihm selbst kommt es jetzt wie das eines anderen vor. Die Holzfäller sind weg; es gibt nichts mehr zu fällen. Sie sind längst zu neuen Wäldern weitergezogen. Die Leere fällt ihnen schon aus einer halben Meile Entfernung auf. Wo zuvor ein Geflecht von Grüntönen war, das man ganze Tage lang studieren konnte, ist nun nur noch Blau. Der Baum, der ihr versprochen hatte, dass niemand zu Schaden kommt, ist fort.

Jetzt, denkt Adam. *Jetzt verliert sie gleich die Fassung. Jetzt kommt die Wut.*

Am Stumpf streckt sie die Hand aus, befühlt den letzten Beweis, ungläubig. »Seht euch das an! Sogar der Stumpf ist größer als ich.«

Sie fährt mit der Hand über die Kante, diesen unmöglichen Schnitt, und jetzt kommen die Tränen. Nick geht zu ihr, zögernd, aber sie wehrt ihn ab. Adam muss alles mitanhören, jeden entsetzlichen Schluchzer. Es gibt Formen von Trost, die selbst die größte Liebe eines Menschen nicht spenden kann.

»Wohin geht ihr jetzt?«, fragt Adam bei Spiegeleiern in einem Diner. Mädchenhaar blickt durch das große Fenster nach draußen, zu den Platanen am Straßenrand. Wächter folgt ihrem Blick. *Auch die recken ihre Finger zum Himmel. Winken und wiegen sich wie ein Gospelchor.* »Wir fahren nach Norden«, antwortet sie. »Oben in Oregon geht es weiter.«

»Protestcamps«, erklärt Wächter. »Überall. Die können uns brauchen.«

Adam nickt. Seine Ethnographenzeit ist vorbei. »Haben … *sie* dir das gesagt? Die … deine Stimmen?«

Sie lacht, kurz und laut. »Nein. Die Assistentin des Sheriffs hat mir ihr Radio geliehen. Ich glaube, die hatte eine Schwäche für mich. Du solltest mitkommen.«

»Nun. Ich muss meine Forschungen zu Ende bringen.«

»Das kannst du doch auch im Norden machen. Da wird es nur so wimmeln von Leuten, die du studieren kannst.«

»Idealisten«, sagt Wächter.

Adam wird nicht schlau aus dem Mann. Irgendwann oben auf dem Baum oder in der Enge der Zelle kam ein Punkt, von dem an er nicht mehr wusste, was sarkastisch gemeint war und was ernst. »Ich kann nicht.«

»So. Na ja. Wenn du nicht kannst, dann kannst du nicht.« Vielleicht will sie Mitgefühl zeigen. Vielleicht ist es der Hieb, der ihn zu Boden streckt. »Wir sehen uns dann da oben. Sobald du da bist.«

Adam nimmt den Fluch mit nach Santa Cruz. Wochenlang wertet er Daten aus. Fast 200 Leute haben die 240 Fragen des Fünffaktorentests beantwortet.

Sie haben sich auch seinen selbstentwickelten Fragebogen vorgenommen, mit dem er sie auf bestimmte Überzeugungen geprüft hat, die Frage etwa, ob Menschen ein Anrecht auf natürliche Ressourcen haben, die, ob Dinge Personen sein können, ob Pflanzen Rechte haben. Die Ergebnisse zu digitalisieren ist ein Kinderspiel. Er lässt seine Daten durch eine Reihe von Analyseprogrammen laufen.

Professor van Dijk schaut sich die Ergebnisse an. »Gute Arbeit. Hat ja auch lange genug gedauert. Ist irgendwas Interessantes passiert, bei der Feldforschung?«

Etwas ist mit seiner Libido passiert, als er dort draußen war. Professor Van Dijk ist noch genauso sexy wie immer. Aber jetzt kommt sie Adam vor wie eine Vertreterin einer ganz anderen Art.

»Würden fünf Tage Gefängnis als interessant zählen?«

Sie denkt, er macht einen Witz. Er lässt sie in dem Glauben.

Gewisse charakterliche Tendenzen radikaler Umweltaktivisten lassen sich aus den Daten ablesen. Eine Reihe von Grundwerten, ein Identitätsbewusstsein. Er findet unter den dreißig durch das Fünffaktoren-Inventar gemessenen Persönlichkeitsmerkmalen vier, deren Werte erstaunlich genaue Vorhersagen ermöglichen, ob eine Person den Satz *Ein Wald verdient Schutz, unabhängig von seinem Wert für den Menschen* bejahen wird oder nicht. Er würde gern die Probe bei sich selbst machen, aber für ein brauchbares Ergebnis weiß er längst zu viel.

Nach zehn Stunden am Computer wieder zurück in seiner Wohnung, schaltet Adam den Fernseher an. Ölkriege und sektiererische Gewalt. Es ist noch viel zu früh zum Schlafengehen, obwohl Schlaf das Einzige ist, wonach ihm zumute ist. Er ist immer noch zwanzig Stockwerke über dem Erdboden, dort oben gehalten von einem Baum, den es nicht mehr gibt, horcht auf das Knarren dieser luftigen Behausung, die Rufe von Vögeln, deren Namen er gern wüsste. Er versucht es mit einem Roman über privilegierte Menschen und deren Mühen, an exotischen Schauplätzen einander zu ertragen. Er schleudert das Buch gegen die Wand. Etwas in ihm ist zerbrochen. Die Eitelkeit der Menschen interessiert ihn nicht mehr.

Er geht in eine Kneipe, in der sich vorwiegend ältere Studenten treffen, und konsumiert in Gesellschaft von zwanzig Ad-hoc-Freunden fünf Bier, sechsundneunzig Dezibel ohrenbetäubender Geräusche und hundert Minuten Großbildschirm-Basketball. Als der Kokon dieser Vergnügungen ihn wieder ausspuckt, bleibt er auf dem Parkplatz der Kneipe stehen und überlegt. Er ist nicht so betrunken, dass er sich noch für fahrtüchtig hält, aber anders kommt er nicht nach Hause.

In Wellen schwappt die künstliche Fröhlichkeit aus dem Lokal, Geschwader aufgemotzter Autos donnern über den Cabrillo Highway. Eine Frau unter einer Laterne schreit, an niemand Bestimmten gerichtet: »Der Teufel soll mich holen, wenn ich auch nur den *Versuch* mache, dich zu verstehen.« Nebenan warten Leute an einem Hintereingang auf Einlass zu einem nächtlichen VIP-Event. Der Menschenauflauf, selbst in dieser Größe, lockt Adam, ganz plötzlich sehnt er sich danach, dort dabei zu sein. Ein Bedürfnis. Noch so eine menschliche Irrationalität, über die er genau Bescheid weiß, an deren Namen er sich aber in seinem jetzigen Zustand nicht mehr erinnern kann. Er geht einen halben Häuserblock weit, getragen von jener mächtigen Woge, die sich immer wieder neu aus sich selbst speist und hinter sich eine Müllspur zurücklässt: Spekulationsblasen, Völkermorde, Kreuzzüge, Manien, vom Pyramidenbau bis zu den Zauberwürfeln – die verzweifelten Verirrungen der Zivilisation, aus denen er einmal, für eine kurze Nacht hoch über der Erde, erwacht ist.

An der Ecke lehnt er sich an eine Laterne. Eine Erkenntnis drängt mit Macht an die Oberfläche, etwas, das er schon lange spürt, aber noch nie in Worte fassen konnte. Praktisch jedes noch so kleine Bedürfnis geht zurück auf eine reflexhafte, trügerische und demokratische Instanz, deren Aufgabe darin besteht, etwas, das in einer Saison als unverzichtbar gilt, im nächsten Jahr zu wertlosem Ramsch zu erklären. Er stolpert voran und kommt in einen Park voller Menschen, die dem Geschäft nächtlicher Vergnügungen nachgehen. Es stinkt dort ein wenig nach Feuchttüchern, Hasch und Sex. Überall Hunger, und keine Nahrung außer Salz.

Etwas Hartes trifft ihn am Kopf, fällt zu Boden und kullert noch ein Stückchen weiter. Er bückt sich und sucht im Dunkeln danach. Der Übeltäter liegt im Gras, ein geheimnisvoller, wie maschinengemachter Knopf mit einem perfekten X auf der glatten, gewölbten Oberfläche. Als sei das Ding dazu bestimmt, mit einem großen Kreuzschlitz-Schraubenzieher geöffnet zu werden; etwas, das aussieht wie Steampunk: ausgeklügelt, viktorianisch, sorgsam gefertigt. Aber es ist aus Holz.

Das Ding ist zu merkwürdig für Worte. Er mustert es eine geschlagene Minute lang, muss wieder einmal einsehen, dass er nichts weiß.

Nichts außerhalb seiner eigenen Art. Er blickt hinauf in die Krone eines schlanken Eukalyptusbaums, aus dem das geheimnisvolle Etwas herabgefallen ist. Der dicke Stamm hat schon mit seinem Striptease begonnen, nach Art dieser Art. Der Boden zu seinen Füßen ist übersät mit Schuppen von brauner, dünner Rinde, und der Stamm, der zutage tritt, ist schneeweiß, geradezu obszön.

»Was?«, fragt er den Baum. »*Was?*« Der Baum hält es nicht für nötig, zu antworten.

Die sieben Meilen Forststraße sind so grandios, dass es ihm schon Angst macht. Adam folgt dem Einschnitt, der, von Baumriesen gesäumt, in die Berge führt. Bäumen, die dort stehen, als hielten sie Wache; Fichten, Schierlingstannen, Douglasien, Eiben, Zedern, drei Sorten echte Tanne – für ihn alles einfach nur Wald.

Ein einjähriges Stipendium zur Fertigstellung seiner Doktorarbeit – ein Geschenk des Himmels –, und das stellt er damit an. Der Rucksack lastet schwer auf seinen Hüften. Über ihm im Blau prahlt die Sonne, als wolle sie sich nie wieder verstecken. Doch die kühle, klare Luft und die frühen Schatten in den Serpentinen geben einen ersten Begriff von dem, was kommt. Noch ein paar Wochen, dann ist seine Arbeit fertig. Aber zuerst noch dies, ein letztes bisschen Forschung: Er will sehen, wie weit der Widerstand geht.

Im Nordwesten des Landes gibt es mehr Forststraßen als staatliche Highways. Mehr Forststraßen als Wasserläufe. Das Land hat so viele Meilen davon, dass sie die Erde ein Dutzend Mal umrunden könnten. Die Kosten für den Bau lassen sich von der Steuer absetzen, und die Wege sprießen schneller denn je, treiben aus, als breche der Frühling sich eben erst Bahn. Endlich werden die Kurven weiter, und vor ihm liegt das Camp. Am Rand rüsten sich buntgekleidete, überwiegend junge Menschen, insgesamt hundert vielleicht, zum letzten Gefecht. Adam geht näher heran; allmählich sieht er, worum es hier geht. Gemeinsam heben sie einen Graben aus. Eine Zugbrücke wird gezimmert, aus allem, was gerade zur Hand ist. Palisaden und Zäune aus zusammengesuchten Holzabfällen. Und am Eingang, den dieser Graben schützt, verkündet quer über die aufgebrochene Straße ein Spruchband:

FREIE BIOREGION
KASKADIEN

Aus den Wörtern sprießen Stiele und Ranken. Vögel sitzen auf den Buchstabengewächsen. Adam erkennt den Stil und weiß, wer der Künstler ist. Er betritt Fort Lincoln Log über die Zugbrücke, die den zukünftigen Graben überspannt. Direkt hinter dem Eingang liegt ein Mann in Tarnkleidung, mit Stirnglatze und Pferdeschwanz, mitten auf der Fahrbahn. Sein rechter Arm ist seitlich am Körper ausgestreckt, wie bei einem ruhenden Buddha. Die linke Hand verschwindet in einem Loch in der Erde.

»Sei gegrüßt, Zweibeiner! Freund oder Feind?«

»Alles in Ordnung?«

»Ich heiße Doug. Kurz für Douglasie, die Douglasfichte. Teste gerade eine neue Blockadestrategie. Da unten ist ein mit Beton gefülltes Ölfass vergraben, zwei Meter unter der Erde. Wenn sie mich aus dem Weg schaffen wollen, müssen sie mir den Arm abreißen!«

Von ihrem Ausguck, mitten auf der Straße auf einem dreibeinigen, mit Tauen zusammengebundenen Gerüst aus Baumstämmen, ruft eine Frau, deren ethnische Herkunft man nicht ohne weiteres ausmachen könnte: »Alles okay?«

»Das ist Maulbeere. Die hält dich für einen Freddie.«

»Was ist ein Freddie?«

»Man kann ja nie wissen«, sagt Maulbeere.

»Freddies steht für *federales*. Die Jungs vom FBI.«

»Ich habe nicht gesagt, dass er ein Freddie ist. Ich will ja bloß …«

»Liegt wahrscheinlich am Button-Down-Kragen und den Chinos.«

Adam blickt hinauf zum dreibeinigen Ausguck. Die Frau erklärt von oben: »Die können mit ihren Maschinen nicht weiter, ohne das einzureißen. Und damit würden sie mich umbringen.«

Der Mann mit dem Arm im Boden gluckst. »So was machen die Freddies nicht. Für die ist das Leben heilig. Das menschliche jedenfalls. Krone der Schöpfung und so weiter. Sentimental. Das ist der schwache Punkt bei denen.«

»Wenn du kein Freddie bist«, fragt Maulbeere, »wer bist du dann?« Adam fällt etwas ein, woran er seit Jahrzehnten nicht mehr gedacht hat. »Ich bin Ahorn.«

Maulbeere lächelt, ein kleines, schiefes Lächeln, als könne sie ihn durchschauen. »Gut. Ahorn haben wir hier noch nicht.«

Adam blickt in die Ferne und fragt sich, was wohl aus dem Baum geworden ist. Seinem Alter Ego im Garten hinter dem Haus. »Kennt einer von euch einen Mann namens Wächter oder eine Frau namens Mädchenhaar?«

»Na klar«, sagt der an die Erde gekettete Mann.

Die Frau auf dem Gerüst grinst. »Anführer haben wir hier keine. Aber wir haben die zwei.«

Seine alten Mit-Delinquenten begrüßen Adam, als hätten sie gewusst, dass er kommt. Wächter legt ihm die Hände auf die Schultern. Mädchenhaar umarmt ihn, lang. »Gut, dass du da bist. Du wirst hier gebraucht.«

Sie haben sich verändert, aber so unterschwellig, dass kein Persönlichkeitstest es messen könnte. Sie sind grimmiger, entschlossener. Der Tod von Mimas hat sie härter gemacht, so wie weiches Sediment sich unter Druck zu Schiefer wandelt. Adam sieht diese Veränderung und wünscht sich, er hätte sich einen anderen Forschungsgegenstand ausgesucht. Resilienz, Immanenz, Numen – Eigenschaften, mit denen seine Disziplin sich notorisch schwertut.

Sie packt ihn am Handgelenk. »Wir halten gern eine kleine Zeremonie ab, wenn jemand Neues zu uns stößt.«

Wächter folgert es aus der Größe von Adams Rucksack. »Du schließt dich uns doch an, oder?«

»Eine Zeremonie?«

»Nur ganz schlicht. Wird dir gefallen.«

Halb hat sie recht; die Zeremonie ist wirklich schlicht. Sie findet noch am selben Abend statt, auf der großen Wiese hinter dem Wall. Die Einwohner der Freien Bioregion Kaskadien versammeln sich im Festtagsstaat. Jede Menge Karo und Grunge. Wallende Hippieröcke mit Blumenmuster, kombiniert mit Fellwesten. Nicht alle Gemeindemitglieder sind jung. Ein paar handfeste Großmütter in Jogginghosen und Strickjacke sind auch dabei. Ein ehemaliger Methodistenprediger leitet die Zeremonie. Er ist schon über achtzig, mit einer ringförmigen Narbe um den Hals, da, wo er sich an eine Forstmaschine gefesselt hatte.

Sie beginnen mit einem Lied. Adam zwingt seinen Hass auf selbstgerechte Singerei nieder. Die zottligen Naturliebhaber und ihre Platitüden sind ihm peinlich. Er schämt sich, genau wie er es tut, wenn er an seine Kindheit zurückdenkt. Im Wechsel benennen die Anwesenden die Herausforderungen des Tages und schlagen Heilmittel vor. Rings um ihn her die grellen Farben der direkten Demokratie. Vielleicht ist es ja in Ordnung so. Vielleicht rechtfertigt das massenhafte Artensterben ein klein wenig Einfalt. Vielleicht nützt Treuherzigkeit der geschlagenen Menschheit genauso viel wie alles andere. Woher soll er das wissen?

Der alte Prediger sagt: »Sei uns willkommen, Ahorn. Wir hoffen, dass du bei uns bleibst, solange du kannst. Sprich mir bitte, wenn du sie in deinem Herzen findest, die folgenden Worte nach. ›Vom heutigen Tage an …‹«

»›Vom heutigen Tage an …‹« Er kann sich schlecht weigern, wo so viele gekommen sind und ihn beobachten.

»› … gelobe ich, das gleiche und gemeinsame Recht alles Lebendigen …‹«

»› … gelobe ich, das gleiche und gemeinsame Recht alles Lebendigen …‹«

»› … zu achten und zu verteidigen.‹«

Keineswegs die übelsten Worte, die er je gesprochen hat, auch nicht die einfältigsten. Eine Erinnerung regt sich in seinem Kopf, ein Echo von etwas, das er sich einmal in ein Notizbuch geschrieben hat. *Etwas ist richtig … etwas ist richtig, wenn es hilft …* Er kommt nicht drauf. Beifällige Rufe, als er den letzten Satz nachgesprochen hat. Leute schichten ein Lagerfeuer auf. Die Flamme schlägt hoch, greift weit aus, orangerot, und das brennende Holz riecht nach Kindheit.

»Du bist doch Psychologe«, sagt Mimi zu dem Neuankömmling. »Wie überzeugen wir die Leute davon, dass wir recht haben?«

Der jüngste Kaskadier beißt an. »Wir können noch so gute Argumente haben, damit ändern wir die Einstellung der anderen nicht. Das Einzige, was so etwas kann, ist eine gute Geschichte.«

Mädchenhaar erzählt die, die alle anderen am Feuer längst auswendig kennen. Zuerst war sie tot, und da war nichts; dann kam sie zurück, und da war alles, und Lichtwesen erzählten ihr, dass das Staunenswerteste, was vier Milliarden Jahre Leben hervorgebracht hatten, ihre Hilfe brauchte.

Ein alter Klamath-Indianer mit langem, grauem Haar und einem Brillengestell, das an Clark Kent erinnert, nickt. Er ergreift das Wort zum Segen. Er singt die altehrwürdigen Gesänge und bringt der ganzen Runde ein paar Worte in der Sprache der Klamath und Modoc bei. »Alles, was hier geschieht, ist längst bekannt. Schon seit langer Zeit sagt unser Volk voraus, dass dieser Tag kommen wird. Die Alten erzählen, wie der Wald im Sterben liegt, und erst da kommt es den Menschen mit einem Mal wieder in den Sinn, wer die anderen in ihrer Familie sind.« Noch die halbe Nacht sitzen die Protagonisten ums Feuer, lachen und lauschen und flüstern und kläffen den Mond an, der hoch über ihnen zwischen den Fichtenspitzen steht.

Am nächsten Tag wird geschuftet. Gräben müssen vertieft und verbreitert werden, Palisaden errichtet. Stundenlang schwingt Adam den Hammer. Am Abend ist er so erschöpft, dass er sich gar nicht mehr auf den Beinen halten kann. Er und seine Freunde kochen gemeinsam, und die vier kommen ihm wie die archetypische Familie vor, etwas, das man bei C. G. Jung finden könnte: Mädchenhaar, die mütterliche Priesterin; Wächter, der schützende Vater; Maulbeere, das begabte Kind; Doug, der kindliche Clown. Mädchenhaar webt das magische Netz, das alles zusammenhält, verzaubert alle im Lager. Adam bestaunt ihren unerschütterlichen Optimismus, nach all den Rückschlägen, die sie hat erfahren müssen. Sie spricht mit der Autorität eines Menschen, der die Zukunft bereits erblickt hat, von ganz weit oben.

Für die Nacht nehmen sie ihn bei sich auf, ein eckiges fünftes Rad am Wagen. Er weiß nicht, welche Rolle ihm zugedacht ist in diesem von der Verzweiflung zusammengeschweißten Clan. Doug nennt ihn Professor Ahorn, und der soll er von nun an sein. In dieser Nacht schläft er tief und traumlos, ein erschöpfter Mitstreiter in diesem Freiwilligen-bataillon.

Zwei Abende später bringt Adam seine Bedenken zur Sprache, bei einer Dose über einem Tannenzapfenfeuer erwärmter Bohnen. »Wir schädigen Bundeseigentum. Das wird teuer geahndet.«

»Tja, sieh's ein, Kumpel«, bestätigt ihm Doug. »Du bist ein Schwer-verbrecher.«

»Es ist ein Gewaltdelikt.«

Doug macht eine wegwerfende Geste. »Ich habe echte Gewaltdelikte begangen. Im Auftrag von Uncle Sam.«

Maulbeere packt die Hand, mit der Douglas fuchtelt. »Die Politver-brecher von gestern zieren die Briefmarken von heute!«

Mädchenhaar ist weit fort, in einem anderen Land. Nach einer Weile sagt sie: »Das hier ist nicht radikal. Ich habe gesehen, wie radikal aus-sieht.«

Und jetzt sieht auch Adam es wieder. Eine ganze Bergflanke, kahlge-schlagen, da, wo es zuvor lebendige Wesen gab.

Versorgungsgüter kommen, erworben mit Geldspenden von Leuten, die mit ihrer Sache sympathisieren. Das Lager ist ein kleiner Teil eines Netz-werks von Aktionen überall im Bundesstaat. Es heißt, eine ganze Armee ziehe Arm in Arm durch die Straßen der Hauptstadt. Ein vierzigtägiger Hungerstreik auf den Stufen des Bezirksgerichts in Eugene. Der Geist des Waldes, gewandet in einen Quilt aus grünen Streifen, sei auf Stelzen hundert Meilen weit über den Highway 58 gezogen.

In der Nacht liegt Adam in seinem Schlafsack auf der nackten Erde und wünscht sich, er könnte nach Santa Cruz zurückkehren und seine Arbeit zu Ende schreiben. Jeder kann einen Graben ausheben, einen

Erdwall aufschütten, sich an etwas ketten. Aber nur er kann dieses Projekt fertig auswerten und, mit exakten Zahlen dokumentiert, beschreiben, warum es manchen Menschen wichtig ist, ob ein Wald am Leben bleibt oder stirbt. Aber er bleibt doch noch einen Tag, und so verwandelt er sich in etwas Neues – in das Objekt seiner eigenen Studien.

Je länger die Besetzung dauert, desto weitere Anreisen nehmen die Journalisten auf sich, um zu berichten. Ein Trupp Männer in einem Wagen der Forstverwaltung rollt an und fordert sie auf, das Gelände zu verlassen. Die Freien Kaskadier weigern sich standhaft, und der Trupp zieht wieder ab. Zwei Anzugträger aus dem Büro des Kongressabgeordneten schauen vorbei und hören ihnen zu. Sie versprechen, die Beschwerde in Washington vorzubringen. Maulbeere ist begeistert von diesem Besuch. »Wenn erst mal die Politiker kommen, dann passiert auch was.«

Adam – Ahorn – stimmt ihr zu. »Politiker wollen Sieger sein. Die drehen ihr Fähnchen nach dem Wind.«

Mädchenhaar murmelt: »Die Erde wird immer Sieger bleiben.«

Einmal streifen in der Nacht Scheinwerfer über die Straße, Schüsse fallen. Drei Tage später liegen direkt vor der Barrikade die Gedärme eines Rehs.

Ein riesiger Truck, F-350 Super Duty, hält auf der Straße, dreißig Schritt vor der Zugbrücke. Zwei Männer in olivgrüner Jagdmontur, die Kragen hochgeschlagen. Der Fahrer ist jung, stylish gestutzter Spitzbart, Schwarm aller Country-und-Western-Mädels. »Ja, wen haben wir denn da? Baumknutscher! Hallo, hallo!«

Eine junge Frau namens Waldlilie ruft: »Wir beschützen einfach nur etwas Gutes!«

»Warum beschützt ihr nicht das, was euch gehört, und uns lasst ihr unsere Arbeit und unsere Familien und unsere Berge und unsere Art zu leben beschützen?«

»Die Bäume gehören niemandem«, erklärt Douglas. »Die Bäume gehören dem Wald.«

Die Beifahrertür öffnet sich, und der Ältere von beiden steigt aus. Er kommt nach vorn, vor die Schnauze des Trucks. Vor langer Zeit, in einem anderen Leben, hat Adam ein Seminar über die Psychologie der Krisen- und Konfliktbewältigung besucht. Nichts davon fällt ihm jetzt ein. Der Mann ist groß, aber er geht gebückt, das graue Haar fällt ihm ins Gesicht. Er ist wie ein mächtiger Grizzly, der sich aufrichtet, auf den Hinterbeinen auf sie zukommt. Etwas blitzt am Armgelenk des Mannes. *Waffe. Messer*, denkt Adam. *Lauf.*

Der Alte bleibt vorn links an der Stoßstange stehen und hebt die glitzernde Waffe. Aber es ist eine sanfte Drohung, philosophisch, perplex, und die Waffe erweist sich als eiserne Hand. »Hab meinen Arm verloren, vom Ellenbogen abwärts, bei der Holzfällerarbeit.«

Der Mädchenschwarm ruft vom Führerhaus: »Und ich habe einen tauben Finger. Gelähmt, dank der Motorsäge.

So was kriegt man vom Arbeiten. Wisst ihr, was das ist, Arbeiten? Sich um Sachen kümmern, die andere Leute brauchen?«

Der Alte stützt sich mit der guten Hand auf die Motorhaube und schüttelt den Kopf. »Ich weiß nicht, wie ihr euch das vorstellt. Es geht doch in der Welt nicht ohne Holz.«

Mädchenhaar taucht auf, geht über die Zugbrücke auf die Männer zu. Der aufgerichtete Grizzly macht einen Schritt zurück. Sie sagt: »Wir *wissen* nicht, was geht und was nicht geht. Es hat ja noch kaum jemand etwas versucht!«

Ihr Anblick versetzt den Fahrer mit dem Spitzbart in jede erdenkliche Form von Alarmbereitschaft. »Ihr könnt nicht das Holz für wichtiger erklären als das Leben anständiger Leute.« Er ist hingerissen; er ist scharf auf sie. Das sieht Adam sogar aus dreißig Schritt Entfernung.

»Das tun wir nicht«, antwortet sie. »Wir halten das Holz nicht für wichtiger als die Menschen. Menschen und Bäume gehören zusammen.«

»Was soll das nun wieder heißen?«

»Wenn die Menschen wüssten, was alles notwendig ist, damit ein Baum groß wird, dann würden sie nicht so – dann wären sie dankbar für das Opfer, das so ein Baum bringt. Und dankbare Leute brauchen nicht so viel.« Sie redet eine ganze Weile mit den Männern. »Wir dürfen nicht als Besucher hier auf der Erde leben«, sagt sie. »Wir müssen da leben, wo wir wirklich *sind*. Wir müssen wieder heimisch werden.«

Der Bärenmann reicht ihr die Hand. Er geht wieder zur Beifahrerseite des Trucks und steigt ein. Als das Ungetüm anfährt, brüllt der Fahrer den versammelten Aktivisten hinter der Zugbrücke noch etwas zu. »Seht zu, dass ihr wegkommt, Baumknutscher! Die ficken euch in den Arsch.« Dann gibt er Gas, dass der Split von der Straße spritzt.

Ja, denkt Adam. *Wahrscheinlich. Und dann fickt der Planet die Arschficker in den Arsch.*

Der Protest geht in seinen zweiten Monat. Eigentlich kann er nicht erfolgreich enden, nach allem, was Adam gelernt hat. Aller Idealismus ist hoffnungslos inkompetent, und schon deswegen sollte die ganze Unternehmung längst gescheitert sein. Aber die Freie Bioregion hält sich. Im Lager macht das Gerücht die Runde, dass der Präsident – der Präsident der *Vereinigten Staaten* – von dem Protest erfahren hat und die Praxis des Notverkaufs beschädigter Staatswaldbestände, und insbesondere von solchen, die durch Brandstiftung Schaden genommen haben, stoppen will, bis politische Entscheidungen gefallen sind.

Ein strahlender, kühler Nachmittag, zwei Stunden nachdem die Sonne ihren höchsten Stand erreicht hat. Wächter bemalt Gesichter, für die Geschichtenrunde am Abend, am Lagerfeuer. Weiter unten am Hang bläst jemand auf einem Alphorn, beschwört die sinkende Sonne mit einem Röhren, das klingt wie die Rufe gewaltiger Urzeitriesen. Ein Marathonläufer namens Marder kommt heraufgesprintet, hastet weiter zum Lager oben auf dem Hügel. »Sie kommen.«

»Wer?«, fragt Wächter.

»Freddies.«

Und damit, von einem Augenblick auf den anderen, ist der Tag da. Alle begeben sich an die Befestigungen, wo Wall und Graben inzwischen vollendet sind. Noch weit unten auf der Forststraße, die Adam vor so langer Zeit als Wanderer erklommen hat, kommt ein Konvoi gekrochen, Fahrzeuge mit Männern in Uniformen in vier verschiedenen Farben und Schnitten. Auf den Wagen der Forstbehörde, der den Zug anführt, folgt ein riesenhafter, zur Angriffswaffe umfunktionierter Bagger. Dahinter weitere Gerätschaften, weitere Mannschaftswagen.

Die Freien Kaskadier mit ihren bemalten Gesichtern stehen da und starren. Dann sagt der achtzigjährige Prediger mit der Narbe des Widerstands um den Hals: »Dann los, Leute. Jetzt wird's ernst.« Alle gehen in Position, ketten sich an, ziehen die Zugbrücke hoch, bemannen den Wall oder ziehen sich auf Stellungen zurück, die sich verteidigen lassen. Bald darauf langt der Konvoi am Tor an. Zwei Männer der Forstbehörde steigen aus dem Führerwagen und bauen sich vor der Palisade auf. »Sie haben zehn Minuten, um friedlich abzuziehen. Danach lassen wir Sie festnehmen.«

Alle auf dem Befestigungswall schreien durcheinander. Keine Anführer: Alle Stimmen müssen gehört werden. Seit Monaten lebt die Bewegung nach diesem Prinzip, und jetzt wird sie danach sterben. Adam wartet auf eine Flaute im Hagel der Worte, dann brüllt auch er.

»Geben Sie uns drei Tage, und die ganze Sache kann friedlich beendet werden.« Der ganze Konvoi sieht ihn an. »Vertreter des Kongressabgeordneten sind hier gewesen. Der Präsident bereitet eine Verfügung vor.«

So schnell, wie er ihre Aufmerksamkeit erlangt hat, verliert er sie auch wieder. »Sie haben zehn Minuten«, sagt der Anführer noch einmal, und damit endet Adams Ausflug in die politische Naivität. Verfügungen aus Washington sind nicht die Lösung bei diesem Showdown. Sie sind die *Ursache.*

Neun Minuten und vierzig Sekunden später hievt der Bagger mit seinem langen Saurierhals die Schaufel über den Graben und schlägt auf das Oberende des Walls ein. Schreie dringen aus der angegriffenen Festung. Verteidiger in Kriegsbemalung purzeln heraus und laufen. Adam rangelt mit und wird zu Boden gerissen. Der Greifer holt zum nächsten Schlag gegen den Wall aus. Er schnellt hoch wie eine Hand und versetzt der Zugbrücke einen Hieb. Ein weiterer Schlag, und die Brücke kippt. Zwei kräftige Schläge gegen die Stützpfosten, und die ganze Barriere bricht ein. Die Arbeit von Monaten – die mächtigste Festung, die die

Freie Bioregion errichten konnte – stürzt in sich zusammen wie ein Fort, das ein kleiner Junge aus Lutscherstielen baut.

Das Ungeheuer rollt auf die Festung zu und schlägt seine Kralle in den Schutt auf der gegenüberliegenden Seite. Der Bagger braucht nur eine Minute, um die Baumstammpalisaden von dem eingestürzten Wall zu kratzen und in den Graben zu schubsen. Die Raupenketten wälzen sich über die aufgefüllte Vertiefung und durch die Reste des Walls. Kaskadier, ihre Gesichtsbemalung verlaufen, schwärmen wie Termiten aus dem zerstörten Bau. Einige flüchten in Richtung Straße. Ein paar wenden sich mit Beschwörungen und Bitten an die Invasoren. Mädchenhaar startet einen Sprechchor: »*Macht euch klar, was ihr hier macht! Das kann auch anders sein!*« Polizisten aus dem Konvoi sind überall, legen Handschellen an und zwingen Demonstranten zu Boden.

»*Keine Gewalt! Keine Gewalt!*«, ruft der Sprechchor jetzt.

Adam ist rasch bezwungen, zu Fall gebracht von einem riesenhaften Polizisten mit einem so schlimmen Ausschlag im Gesicht, dass er gar nicht anders aussieht als die bemalten Ökokrieger. Fünfzig Schritt weiter oben an der Böschung trifft ein Knüppelschlag Wächter von hinten in die Kniekehlen, und er schrammt mit dem blaubemalten Gesicht über die Schutthalde. Nur die Leute, die die Straße blockieren, sind noch auf ihrem Posten. Der Bagger bewegt sich jetzt in langsamerem Tempo auf sie zu. Er erreicht die erste dreibeinige Bastion und ruckelt mit seiner Schaufel an der Basis. Der Dreifuß gerät ins Wanken. Einige Polizisten halten in ihren Aufräumarbeiten inne und schauen zu. Oben in ihrem Krähennest schlingt Maulbeere die Arme um die Enden der schwankenden Stützen. Jeder Prankenhieb des Baggers schleudert sie hin und her wie eine Puppe beim Crashtest.

Adam schreit: »Um Himmels willen! Gib auf!«

Andere stimmen in seine Rufe ein – auf beiden Seiten des Schlachtfelds. Sogar Doug brüllt von seinem Platz auf der Straße: »*Mim. Es ist vorbei. Komm da runter.*«

Die Pranke schlägt nach der Basis des Tipis. Die drei Stämme ächzen und biegen sich. Dann ein schreckliches Krachen, und eine der drei Ligninsäulen bricht. Der Riss beginnt hundert Ringe tief im Inneren und weitet sich von dort nach außen. Das Tannenholz splittert, und nun steht der Stamm da, zugespitzt wie in einer grässlichen Falle.

Mimi schreit auf, und ihr Krähennest fällt. Die Pfahlspitze bohrt sich in ihre Wange. Mimi prallt von dem zersplitterten Stamm ab und stürzt, rutscht an dem Holzpfahl hinab und schlägt unten auf einen Stein. Douglas streift seine Fessel ab und stürmt zu ihr hin. Der Baggerführer reißt die Schaufel entsetzt zur Seite, wie eine Hand, die ihre Unschuld beteuern will. Doch dieser Schwenk nach hinten trifft den kindlichen Clown mit voller Wucht, und er sinkt zu Boden wie eine Marionette, deren Schnüre jemand durchtrennt.

Die Schlacht um die Erde stoppt. Beide Seiten eilen zu den Verwundeten. Mimi schreit vor Schmerz und hält sich das Gesicht. Douglas liegt bewusstlos am Boden. Polizisten rennen zu ihren Fahrzeugen und melden Verletzte. Die benommenen Bürger der geschlagenen Freien Bioregion drängen sich entsetzt aneinander. Mimi rollt sich auf die Seite, krümmt sich zusammen wie ein Embryo und schlägt die Augen auf. Bäume in allen Schattierungen, von Jadegrün bis Aquamarinblau, zeigen wie Spieße in den Himmel. *Sieh die Farbe*, denkt sie, dann verliert sie das Bewusstsein.

Adam entdeckt Mädchenhaar und Wächter in der wogenden Menge; sie machen Bestandsaufnahme der Lage. Mädchenhaar zeigt den Abhang hinauf zu den vier Demonstrantinnen, die immer noch im Boden angekettet auf der Straße ausharren. »Wir haben noch nicht verloren.«

Adam antwortet: »Doch, das haben wir.«

»Jetzt werden sie es nicht mehr wagen, sich die Bäume zu holen. Wenn die Presse erst einmal Wind davon bekommt.«

»Doch, das werden sie.« Diese und all die anderen alten Riesen, bis es, da wo einmal Wälder waren, nichts anderes mehr geben wird als Häuserzeilen und Ackerland.

Mädchenhaar schüttelt ihre verfilzte Mähne. »Die Frauen können angekettet bleiben, bis Washington etwas tut.«

Adam sieht Wächters Blick. Die Wahrheit ist so grausam, dass nicht einmal er sie aussprechen will.

Ein Hubschrauber fliegt die Verletzten ins Polytraumazentrum in Bend. Douglas landet sofort auf dem Operationstisch, mit einer Mittelgesichtsfraktur. Mimis Fußgelenk wird eingerenkt, die Augenhöhle gerichtet. Bei dem Riss, der in ihrer Wange klafft, können die Ärzte in der Notaufnahme nicht viel mehr tun als ihn zusammenflicken, bis vielleicht eines Tages ein plastischer Chirurg den Graben wieder füllen kann.

Die Freddies erheben keine Anklage gegen die Besetzer. Nur die vier Frauen, die noch sechsunddreißig weitere Stunden durchhalten, werden ins Gefängnis gesteckt. Danach verlassen die letzten Bewohner der Freien Bioregion Kaskadien den Hügel, und die Schöpfung von Wohlstand kommt wieder in Gang.

Und doch, und *dennoch*: vier Wochen später geht im Willamette National Forest ein Maschinenschuppen voller Fahrzeuge in Flammen auf.

Es ist nicht wirklich so. Es ist nur Theater, eine Simulation, und das bleibt es, bis sie das Ergebnis mit eigenen Augen sehen.

Die Zeitungen drucken ein Foto: ein Feuerwehrmann und zwei Ranger begutachten einen ausgebrannten Bagger. Fünf Leute sitzen an Mimi Mas Esszimmertisch und reichen das Foto herum. Ein Gedanke verbindet sie, unwillkürlich, wie es ihnen jetzt so häufig geschieht. *Heilige Scheiße. Das waren wir.*

Lange Zeit muss keiner etwas sagen. Die gemeinschaftliche Stimmung schwankt wie die Kurse an einem nervösen Tag an der Börse. Aber allmählich verfestigt sie sich zu Trotz, zu Beharren. »Wir haben es ihnen mit gleicher Münze heimgezahlt«, sagt Mimi. Bei zweiundzwanzig Stichen auf der Wange ist jedes Wort ein Schmerz. »Wir sind quitt.«

Adam kann ihren Anblick nicht ertragen, ebenso wenig den von Douglas mit seinem genauso bandagierten und zerschlagenen Gesicht. Auch Adam hat sie gewollt, diese Rache gegen Maschinen, die einen Menschen beinahe um das Augenlicht gebracht haben und einen weiteren entstellt. Vergeltung für die Grausamkeit der Menschen. Jetzt weiß er nicht mehr, was er will, und auch nicht, wie er es erlangen soll.

»Genau genommen«, sagt Nick, »sind sie uns immer noch sehr viel schuldig.«

Es ist ein einzelner Akt der Verzweiflung. Doch mit dem Bedürfnis nach Gerechtigkeit ist es wie mit Besitz oder Liebe. Wenn man ihm Nahrung gibt, wächst der Hunger nur noch weiter. Zwei Wochen nach dem Maschinenschuppen nehmen sie ein Sägewerk bei Solace, Kalifornien, ins Visier, das schon seit Monaten ohne gültige Betriebserlaubnis arbeitet und die lächerliche Geldstrafe mit dem Profit einer einzigen Woche begleicht. Die Frau, die Stimmen hört, erklärt, wie der Anschlag ablaufen soll. Der routinierte Beobachter übernimmt das Ausspähen. Die Ingenieurin verwandelt zwei Dutzend Plastikmilchflaschen in Bomben. Der Kriegsveteran kümmert sich um die Sprengung. Der Psychologe hält die Mannschaft zusammen. Tödliche Maschinen brennen besser, als alle erwartet hätten. Diesmal hinterlassen sie eine Botschaft an der Wand eines nahe gelegenen Lagerhauses, das verschont bleibt, weil es mit unschuldigem Holz gefüllt ist. Die Buchstaben sind kunstvoll, fast verschnörkelt:

NEIN ZUR SELBSTMORDÖKONOMIE
JA ZU ECHTEM WACHSTUM

Sie sitzen, alle vorgebeugt, um Mimis – Maulbeeres – Tisch, als spielten sie Karten. Philosophie und andere Spitzfindigkeiten können ihnen jetzt nicht mehr weiterhelfen. Sie haben eine Linie überschritten, die Tat ist getan; Worte sind ohne Bedeutung. *Und dennoch* können sie nicht aufhören zu reden, auch wenn die Sätze niemals lang ausfallen. Dennoch diskutieren sie weiter, obwohl das Ergebnis ihrer Debatte längst im Rückspiegel ihres Lieferwagens verschwunden ist.

Adam beobachtet seine Brandstifterkollegen, macht sich im Geiste Notizen, auch wenn er das eigentlich nicht will. Maulbeere zerschneidet im Zeitlupentempo die Luft. Sie senkt die Klinge an eine präzise ausgewählte Stelle auf ihrer offenen Handfläche. »Es kommt mir vor, als wäre ich schon seit zwei Jahren auf immer derselben Beerdigung.«

»Seit wir begriffen haben, was gespielt wird«, stimmt der kindliche Clown zu.

»Die vielen Proteste. Die Briefe. Die Prügel. Wir schreien uns die Kehle aus dem Hals, und niemand hört es.«

»Wir haben in zwei Nächten mehr erreicht als mit jahrelanger Arbeit.«

Adam weiß längst nicht mehr, wie sich das Erreichte messen ließe. Was sie tun – *was er getan hat* –, ist nichts weiter als eine kurze Unterbrechung des Schmerzes, um ihn erträglich zu machen.

Mimi sagt: »Jetzt ist es keine Beerdigung mehr.«

»Keine schwere Entscheidung«, sagt Nick. Seine Stimme wird leise, stutzt bei diesem unvermuteten Eingreifen des logischen Verstands. »Wir zerstören ein kleines Quantum Maschinen, oder diese Maschinen zerstören ein riesiges Quantum Leben.«

Der Psychologe hört zu. Es gibt andere, weit schwerwiegendere Trugschlüsse in der Tiefe des menschlichen Verstands. Er hat sich auf Gedeih und Verderb dem Bedürfnis verschrieben, zu retten, was zu retten ist. Man muss ein bisschen Zeit gewinnen vor dem nahenden Weltuntergang. Das zählt mehr als alles andere. Das Fazit seiner Forschungen.

Olivia muss nur das Kinn senken, dann verstummen die anderen. Der Bann, in den sie sie schlägt, ist mit jedem ihrer Verbrechen stärker geworden. Sie hat die Hand auf den Stumpf eines gefällten Baums gelegt, so groß wie eine Kapelle. Sie hat einen Wald sterben sehen, der älter war als ihre eigene Art. Sie hat Anweisungen von Wesen erhalten, die größer sind als alles Menschliche. »Wenn wir im Unrecht sind, dann bezahlen wir den Preis. Mehr als das Leben können sie uns nicht nehmen. Aber wenn wir im Recht sind?« Versonnen senkt sie den Blick. »Und alles Lebendige sagt mir, dass es so ist ...«

Keiner muss den Gedanken zu Ende sprechen. Was würde man nicht alles unternehmen, um dem Staunenswertesten, was vier Milliarden Jahre Leben hervorgebracht haben, zu helfen? In der Zeit, die Adam braucht, um diesen Gedanken zu denken, geht ihm noch etwas auf: Sie werden es noch einmal tun. *Einmal noch.* Dann muss Schluss sein.

Danach werden sie getrennter Wege gehen, denn dann sind sie fertig mit dem Wenigen, was sie dazu beitragen konnten, die Menschheit am Selbstmord zu hindern.

Adam selbst entdeckt den Artikel: »Forstbehörde plant multifunktionale Nutzung«. Tausende von Hektar Staatsland in Washington, Idaho, Utah und Colorado sollen an private Spekulanten und Investoren verpachtet werden. Großflächige Rodungen für mehr Profit im Vorfeld der Apokalypse. Die Gruppe hört ihm schweigend zu. Sie müssen nicht einmal darüber abstimmen.

Alles läuft ohne Briefe oder E-Mails, fast ohne Telefonate. Sie kommunizieren direkt oder gar nicht. Sie bezahlen nur bar. Es gibt keine schriftlichen Aufzeichnungen. Die Ingenieurin läuft zu Höchstform auf. Bei ihrem jüngsten Meisterwerk hält sie sich an hektographierte Anleitungen aus dem Untergrund: *Die vier Grundregeln der Brandstiftung. Feuer legen mit elektrischem Zeitzünder.* Das neue Konzept ist zuverlässiger. Ahorn und Douglasie fahren fünfzig Meilen weit, um ihr das nötige Zubehör zu besorgen.

Wächter und Mädchenhaar spähen eins der jüngst verpachteten Areale aus – Stormcastle in Idaho, in den Bitterroot Mountains, unweit der Grenze zu Montana. Beste Bestände an Staatswald, verkauft, um Raum für ein weiteres Ganzjahres-Urlaubsparadies zu schaffen. In der Nacht, als alles verlassen ist, fahren sie hin und sehen sich um. Der Künstler zeichnet – die ins Land gefrästen Straßentrassen, die Maschinenschuppen und Bauwagen, den Fußabdruck der frischen Fundamente für die Ferienanlage. Eifer spricht aus diesen perfekten Skizzen, aber auch Bescheidenheit. Während er zeichnet, streift die ehemalige Studentin der Versicherungsmathematik über die gerodete Fläche und misst mit ihren Schritten den Abstand zwischen den Grenzpfosten. Sie neigt den Kopf zur Seite und lauscht.

Zu fünft arbeiten sie in der Maulbeer'schen Garage, unter einer Abzugshaube, in Schutzanzügen und Handschuhen. Sie bauen ganze Batterien von 20-Liter-Benzinkanistern mit Zeitzündern in Plastikbehältern. Auf Wächters Landkarten markieren sie die Stellen, an denen diese

Brandsätze platziert werden sollen, damit das Feuer möglichst lange brennt. Diese eine letzte Botschaft werden sie noch schicken, dann ziehen sie sich zurück. Sie werden sich trennen, wieder in die Unsichtbarkeit der Alltagsroutine abtauchen, sobald sie die Nation noch ein letztes Mal aufgerüttelt haben. An das Gewissen von Millionen appelliert. Ein Samenkorn ausgesät, eins, das Feuer braucht, damit es aufgeht.

Sie verstauen alles in ihrem Lieferwagen. Als die Garagentür sich öffnet und sie vorsichtig hinausfahren, ist es, als brächen sie zum Campen und Wandern in die Berge auf. Sie haben ein Gerät dabei, mit dem sie den Polizeifunk abhören können. Handschuhe und Skimützen für alle. Sie sind ganz in Schwarz gekleidet. Sie verlassen das westliche Oregon am frühen Morgen. Der kleinste Unfall auf der Interstate, und ihr Fahrzeug wird in Flammen aufgehen, ein lodernder Feuerball.

Auf der Fahrt unterhalten sie sich, betrachten die Landschaft. Über weite Strecken fahren sie an Potemkinschen Wäldern entlang, nur wenige Reihen tiefen Baumkulissen. Doug hat ein Buch mit Quizfragen dabei und testet, was die anderen über Unabhängigkeits- und Bürgerkrieg wissen. Sie beobachten Vögel – Raubvögel am Rand des schmalen Todesstreifens, auf dem so viele kleine Säugetiere ihr Leben lassen müssen. Zwei Stunden nach Aufbruch entdeckt Mimi einen Weißkopfseeadler, Spannweite breiter, als jeder von ihnen groß ist. Der Anblick lässt alle ehrfürchtig verstummen.

Sie hören sich ein Hörbuch an: Mythen und Legenden der ersten Bewohner des Nordwestens. Urvater Kemush entsteigt der Asche des Nordlichts und erschafft die Welt. Coyote und Wishpoosh formen die zerklüftete Landschaft in ihrem gigantischen Zweikampf. Die Tiere tun sich zusammen und stehlen Pine Tree, der Kiefer, das Feuer. Und alle Geister der Finsternis wechseln die Gestalt, so vielfältig und so wandelbar wie Laub.

Nacht senkt sich über die Bitterroots. Die letzten paar Meilen sind die schwierigsten – mühsam, kurvenreich, schiere Wildnis. Dann endlich der Ort des Geschehens, zwei Meilen abseits der Hauptstraße. Alles sieht genau so aus, wie Wächter es gezeichnet hat. Mimi bleibt im Wagen, einen Schal über das Gesicht mit der Narbe gezogen, und sucht die Ätherwellen nach Polizeifunk ab. Die anderen machen sich wortlos an die Arbeit. Sie haben alles Dutzende von Malen durchgesprochen. Sie bewegen sich wie ein einziger Organismus, schleppen Zwanzigliterkanister an Ort und Stelle und verbinden sie mit dicken Zündschnüren – mit Brandbeschleunigern getränkten Tüchern und Laken – zu einer Kette. Dann montieren sie die Plastikbehälter mit den Zündern.

Wächter zieht los, widmet sich seiner Aufgabe. Heute Nacht hat er zum letzten Mal die Möglichkeit, in einem Medium zu arbeiten, das Millionen erreicht. Er wendet sich ab von dem halbfertigen Hauptgebäude der Ferienanlage, wo die anderen ihre Brandsätze anbringen. Über die abschüssige Wiese gelangt er zu zwei Wohnwagen, weit genug vom Ort des Geschehens entfernt, dass die Explosionen ihnen nichts anhaben werden. Sie sind das Beste, was er an Leinwand hat. Er zieht zwei Farbsprühdosen aus der Manteltasche und nimmt sich die größte unter den freien Flächen vor. Mit aller Sorgfalt, zu der seine Hände fähig sind, schreibt er in großen Lettern:

HERRSCHAFT TÖTET
GEMEINSCHAFT HEILT

Er tritt einen Schritt zurück und mustert dieses Samenkorn der einzigen Gewissheit, die er kennt. Mit einem dicken Filzstift verziert er die Großbuchstaben mit Ästen und Zweigen, bis sie aussehen, als sprieße aus ihnen bereits das neue Leben nach dem Weltuntergang. Sie haben etwas von ägyptischen Hieroglyphen, oder den tanzenden Figuren eines Op-Art-Bestiariums. Unter diese zwei Zeilen setzt er noch einen Nachgedanken, eine Hoffnung:

HEIMKEHR ODER TOD

Drüben bei den Vorbereitungen stoßen Adam und Doug beim Wuchten der Kanister zusammen. Benzin schwappt auf das Unterende von Adams Jacke und über die Beine seiner Jeans. In dieser petrochemischen Wolke schleppt er weiter, packt so fest zu, dass das Benzin aus den vollgesogenen Handschuhen tropft. Seine Hände schmerzen vom Heben. Er blickt hinauf zum Steildach der Bauleitungsbaracke und denkt: *Was zum Teufel mache ich hier?* Die Klarheit der letzten Wochen, das jähe Erwachen aus dem Dämmerzustand des Schlafwandlers, die Gewissheit, dass die Welt Dieben in die Hände gefallen ist, dass ihre Atmosphäre verpestet wird, für den kurzlebigsten aller kurzlebigen Profite, das Gefühl, dass er alles in seiner Macht Stehende tun muss, um für das Staunenswerteste, was das Leben hervorgebracht hat, zu kämpfen: all das verlässt Adam, und was bleibt, ist die irrsinnige Idee, an den Grundfesten der menschlichen Existenz zu rütteln. Besitz und Herrschaft: Das ist das Einzige, was zählt. Die Erde wird so lange zu Geld gemacht, bis alle Bäume in Reih und Glied wachsen, bis drei Menschen sämtliche sieben Kontinente besitzen und alles, was lebt, nur gehegt wird, um geschlachtet zu werden.

Wächter bemalt die Wand des zweiten Wohnwagens in Buchstaben noch ungezähmter, noch überbordender als alles zuvor. Verse erscheinen und breiten sich über die leere weiße Fläche aus:

> Denn ihr habt fünf Bäume im Paradies,
> die von Sommer und Winter
> unberührt bleiben,
> und deren Blätter nicht abfallen.
> Wer sie erkennt, wird
> den Tod nicht schmecken.

Er macht einen Schritt zurück, spürt eine Enge in der Kehle, doch ein wenig überrascht über das, was da aus ihm hervorgeströmt ist, dieses Gebet, das er so dringend zu all denen hinausrufen muss, die es nie verstehen werden. Dann: *wump*, und die Druckwelle trifft ihn im Rücken. Ein Hitzeschwall in der Luft, lange bevor die Explosion hätte kommen sollen. Wächter dreht sich um und sieht, wie ein großer orangeroter Feuerball aufflammt, ein spontaner künstlicher Sonnenaufgang. Schon im nächsten Augenblick stürmt er auf die Flammen zu.

Am Rande seines Blickfelds kommt noch jemand gelaufen. Douglas, im punktierten Rhythmus seines steifen Beins. Sie sind im selben Augenblick beim Feuer. Douglas brüllt, ein Schreien und Flüstern zugleich: »Scheiße, nein. Scheiße, *nein!*« Er ist auf die Knie gefallen, er wimmert vor Entsetzen. Zwei Gestalten liegen am Boden. Eine regt sich, als Nick näher kommt, und nicht die, die sich für Nick regen muss.

Adam richtet sich auf. Blickt in alle Richtungen. Blut rinnt ihm übers Gesicht. »Oh«, sagt er. »Oh!«

Douglas hält ihn fest. Nick wirft sich zu Boden, will Olivia aufheben. Sie liegt auf dem Rücken, mit dem Gesicht zu den Sternen. Ihre Augen sind offen. Rings um sie ist die ganze Luft orangerot. »Livvy?« Seine Stimme ist grauenhaft. Ein Stammeln, ein Lallen. Es trifft sie schwerer als die Explosion. »Kannst du mich hören?«

Eine Speichelblase bildet sich vor ihren Lippen. Dann »*Nnn.*«

Etwas sickert aus ihrer Seite, unten an der Hüfte. Das Schwarz ihrer Bluse schimmert. Er zieht den Stoff hoch und schreit auf, zieht ihn sofort wieder herunter. Ein dumpfes Heulen steigt in ihm auf. Aber schon im nächsten Moment ist er wieder ganz Tatkraft. Die Verwundete sieht ihn mit Schreckensmiene an. Er stählt sich, sein Gesicht ist jetzt ausdruckslos. Er tut mechanisch, was er zur Linderung tun kann. Die Luft um ihn her beginnt zu wabern. Zwei Gestalten beugen sich über ihn. Douglas und Adam. »Ist sie …?«

Etwas an diesen Worten lässt Olivia aufschrecken. Sie will den Kopf heben. Nick beschwichtigt sie. »Ja«, sagt sie. Sie schließt die Augen.

Es wird glühend heiß. Douglas dreht sich im Kreis, beide Hände an den Schädel gepresst. Er stößt abgehackte Laute hervor. »Schitt, Schitt, Schitt, Schitt …«

»Wir müssen sie von hier wegschaffen«, sagt Adam.

Nick stellt sich ihm in den Weg. »Das können wir nicht!«

»Wir müssen. Die Flammen.«

Ihr halbherziges Handgemenge ist vorüber, noch ehe es anfängt. Adam packt die Frau unter den Armen und zerrt sie über den steinigen Boden. Laute blubbern in ihrer Kehle. Nick beugt sich wieder über sie, hilflos. Das Bild wird ihn die nächsten zwanzig Jahre begleiten. Er richtet sich auf, stolpert davon, übergibt sich.

Dann ist Mimi da, bei ihnen im Dunkeln. Nick spürt die Erleichterung. Eine Frau. Eine Frau wird wissen, was sie tun muss, um sie alle zu retten. Die Ingenieurin braucht nur einen einzigen Blick und sieht alles. Sie drückt Adam die Schlüssel des Lieferwagens in die Hand. »Los. In die letzte Stadt, durch die wir gekommen sind. Zehn Meilen. Hol die Polizei.«

»Nein«, sagt die Frau auf dem Boden, und alle zucken zusammen. »Nicht. Macht weiter …«

Adam zeigt auf das Feuer. »Egal«, antwortet Mimi. »Los. Sie braucht Hilfe.«

Adam steht da, sein ganzer Körper ein einziger Einspruch. *Ihr kann niemand mehr helfen. Aber uns bringt es alle um.*

»Zu Ende«, murmelt die Frau am Boden. Sie sagt es so leise, dass nicht einmal Nick es versteht.

Adam starrt die Schlüssel in seiner Hand an. Gebückt steht er da, dann trottet er los zum Wagen.

»Douglas!«, schnauzt Mimi ihn an. »Hör auf!« Der Kriegsveteran unterdrückt sein Wimmern, steht nur noch still da. Mimi hat sich hingekniet, versorgt Olivia, öffnet ihr den Kragen, beschwichtigt sie in ihrem panischen Schrecken. »Ganz ruhig. Hilfe ist schon unterwegs.«

Aber die Worte erregen die Frau mit dem zerfetzten Leib nur noch mehr. »Nein. Weiter. Zu Ende –«

Mimi besänftigt sie, streichelt ihr die Wange. Nick zieht sich zurück. Er verfolgt es aus der Ferne. All das geschieht wirklich, unumkehrbar, für immer. Aber auf einem anderen Planeten. Es geschieht anderen Leuten.

Etwas sickert aus Olivias Leib. Ihre Lippen bewegen sich. Mimi geht ganz nahe heran, mit dem Ohr an Olivias Mund. »Ein wenig Wasser?«

Mimi dreht sich um, ein Ruck, blickt auf zu Nick. »Wasser!« Er steht hilflos da, erstarrt.

»Ich hole welches!«, ruft Douglas. Am Hang kann er eine Vertiefung ausmachen, jenseits des Feuers. »Da ist eine Schlucht. Da unten muss ein Bach sein.«

Die Männer suchen nach einem Gefäß für das Wasser. Jeder Becher, den sie haben, ist mit Chemikalien verseucht. Nick hat eine Plastiktüte in der Tasche. Er schüttet die paar Sonnenblumenkerne aus und gibt die Tüte Douglas, der losläuft, zum Wald hinter dem Baugelände.

Den Bach hat er schnell gefunden, aber ein antrainierter Abscheu packt ihn, als er die Tüte eintaucht. *Wasser von draußen kann man nicht trinken.* Im ganzen Land gibt es keinen See, Teich, Bach und kein Rinnsal mehr, aus denen man gefahrlos trinken kann. Mühsam kniet er sich hin und schöpft. Sie muss doch nur einen Fingerhut voll kühle, klare Flüssigkeit in den Mund nehmen, egal wie giftig. Mit einer Hand hält Douglas die Tüte zu und läuft wieder nach oben. Er gießt ihr ein klein wenig Wasser in den Mund.

»Danke.« Ihre Augen sind fiebrig vor Dankbarkeit. »Das ist gut.« Sie trinkt ein wenig mehr. Dann schließt sie die Augen.

Hilflos hält Douglas die Tüte. Mimi taucht die Finger ein und wischt damit über Olivias verschmiertes Gesicht. Sie hält ihren Kopf, streichelt ihr das kastanienbraune Haar. Die grünen Augen öffnen sich wieder. Jetzt sind sie wachsam, wissend, halten den Blick ihrer Helferin eisern fest. Olivias Gesicht ist verzerrt vor Entsetzen, wie bei einem in die Enge getriebenen Pferd. So klar, als hätte sie ihn laut ausgesprochen, sendet sie den Gedanken an Mimis Hirn: *Da stimmt etwas nicht. Sie haben mir gezeigt, was kommt, und es war nicht das hier.*

Mimi blickt ihr fest ins Gesicht, nimmt ihr an Schmerz ab, so viel sie nur kann. Trost ist unmöglich. Die zwei sehen sich in die Augen, keine kann den Blick abwenden. Die Gedanken der todwunden Frau fließen in Mimi ein, ein immer breiterer Strom, Gedanken zu groß und zu tief, um sie zu begreifen.

Nick steht nur da, die Augen geschlossen. Douglas wirft die Tüte weg und stolpert davon. Der Himmel flammt auf in einem grellen Nein. Zwei neue Explosionen zerreißen die Luft. Olivia schreit laut, sucht wieder Mimis Blick. Jetzt ist der Ausdruck in ihren Augen hart, krallend, als wäre wegblicken, und sei es auch nur für den Bruchteil einer Sekunde, schlimmer als der schlimmste Tod.

Ein dritter Mann taucht am Rande des Infernos auf. Der Anblick von Adam, so viel früher zurück, als er es hätte sein sollen, reißt Nick aus der Erstarrung. »Hast du jemanden erreicht?«

Adam betrachtet die Pietà. Fast scheint er überrascht, dass das Drama noch nicht zu Ende ist.

»Kommt Hilfe?«, brüllt Nick ihn an.

Adam sagt nichts. Er braucht seine ganze Willenskraft, um nicht den Verstand zu verlieren.

»Du feiger ... Gib mir die Schlüssel. *Gib mir die Schlüssel.*«

Der Künstler geht auf den Psychologen los, packt ihn bereits. Nur der Klang seines Namens aus Olivias Mund hält Nick von dem Hieb ab. Schon einen Herzschlag später ist er bei ihr am Boden. Ihr Atem kommt jetzt keuchend. Ihr ganzes Gesicht ist starr vor Schmerz. Der Schock, der wie ein Betäubungsmittel gewirkt hat, klingt ab, jetzt keucht sie und windet sich in Schmerzen.

»Nick?« Das Keuchen stoppt. Sie reißt die Augen auf. Er muss gegen den Impuls ankämpfen, sich umzublicken, damit er sehen kann, was sie dort Entsetzliches sieht.

»Ich bin hier. Ich bin hier.«

»*Nick?*« Jetzt ist es ein schriller Schrei. Sie versucht sich aufzusetzen, und etwas Weiches glitscht unter ihrer Bluse hervor. »*Nick!*«

»Ja. Ich bin hier. Hier bei dir.«

Das Keuchen ist wieder da. Laute, als wolle sie widersprechen. *Hnn. Hnn. Hnn.* Sie packt ihn so fest, sie zerquetscht ihm fast die Finger. Ein Stöhnen, das langsam verebbt; bald ist es nicht mehr lauter als das Flackern der Flammen, die sie an drei Seiten umgeben. Sie presst die Augen fest zu. Dann schlägt sie sie wieder auf, ein wildes Starren, als wisse sie nicht mehr, was sie da sieht.

»Wie lang kann es dauern?«

»Nicht lang«, verspricht er ihr.

Sie krallt sich an ihn, ein Tier, das aus großer Höhe in die Tiefe stürzt. Dann ist sie wieder ruhiger. »Aber nicht das hier? Das wird niemals enden – was wir hier haben. Nicht wahr?«

Er wartet zu lange, und so antwortet an seiner Stelle die Zeit. Ein paar Sekunden kämpft sie noch, will seine Antwort hören, dann löst sich die Spannung, und sie gleitet hinüber in was immer als Nächstes kommt.

KRONE

Ein Mann liegt im Morgengrauen auf dem kalten Erdboden der nördlichen gemäßigten Breiten. Sein Kopf ragt, das Gesicht zum Himmel gewandt, aus dem Einmannzelt. Fünf Engelmannfichten, schmale Zylinder, vermerken hoch über ihm den Wind. Die immergrünen Spitzen ziehen Bögen über den Morgenhimmel, als schrieben oder zeichneten sie. Er hat sich nie klargemacht, welch große Strecken ein Baum zurücklegt, in winzig kleinen kursiven Schritten jede Stunde eines jeden Tags. Allzeit in Bewegung, diese ortsfesten Geschöpfe.

Der Mann, der aus dem Zelt herausschaut, fragt sich: Womit lassen sich die Baumwipfel dort oben vergleichen? Sie gleichen dem Zeichenspielzeug mit den Zahnrädern, dessen ineinandergeschachtelte Zirkel die erstaunlichsten Muster hervorbringen. Sie gleichen der Spitze eines Ouija-Zeigers, der von Einflüsterungen aus dem Jenseits gelenkt wird. *In Wirklichkeit gleichen sie nur sich selbst. Es sind die Wipfel von fünf zapfenschweren Engelmannfichten, die sich wie an jedem Tag ihres Lebens im Wind wiegen. Das Vergleichen ist nur etwas für Menschen.*

Botschaften senden die Fichten allerdings, über Kanäle, die sie selbst ersonnen haben. Sie sprechen durch ihre Nadeln, durch Stämme und Wurzeln. In ihrem Leib führen sie Buch über jede je überstandene Krise. Den Mann im Zelt umspült eine Flut von Signalen, die Hunderte von Millionen Jahre älter sind als seine schwerfälligen Sinne. Und dennoch kann er sie entziffern.

Die fünf Engelmannfichten malen Zeichen in die blaue Luft. Sie schrei-

ben: Licht und Wasser und ein wenig zerbröselter Stein verlangen lange Antworten.

Ganz in der Nähe murren Küsten- und Banks-Kiefern: Lange Antworten brauchen viel Zeit. Und genau die geht uns jetzt aus.

Die Schwarzfichten unten auf dem Drumlin sagen es frei heraus: Wärme nährt neue Wärme. Der Permafrostboden gärt. Der Kreislauf beschleunigt sich.

Weiter südlich stimmen Laubbäume zu. Geschwätzige Espen, ein paar letzte Birken, Wälder aus verschiedenerlei Pappeln stimmen in den Chor mit ein: Die Welt verwandelt sich zu einer neuen Gestalt.

Der Mann dreht sich ein wenig, schaut hinauf in den Morgenhimmel. Selbst hier, als Heimatloser, denkt er: Nichts wird je wieder so sein wie früher.

Die Fichten antworten: Nichts war je so wie früher.

Wir sind alle dem Untergang geweiht, *denkt der Mann.*

Wir waren schon immer dem Untergang geweiht.

Aber diesmal ist es anders.

Ja. Du bist hier.

Der Mann muss aufstehen und sich an die Arbeit machen, so wie es die Bäume bereits tun. Seine Arbeit ist fast getan. Morgen oder übermorgen wird er sein Lager abbrechen. Aber in dieser Minute, an diesem Morgen, sieht er den Fichten beim Schreiben zu und denkt: Ich müsste mich gar nicht so viel verändern, um die Sonne als Sonne zu begreifen, das Grün als Grün, Freude und Langeweile und Angst und Entsetzen einfach als das, was sie sind, ohne die Klarheit, die alles tötet, dann würde dies – *dies* hier, die wachsenden Ringe aus Licht und Wasser und Stein, mich ganz in sich aufnehmen und alles sein, was ich an Worten brauche.

Menschen verwandeln sich in neue Gestalten. Zwanzig Jahre später, zu einer Zeit, zu der alles davon abhängen wird, dass im Gedächtnis bleibt, was geschehen ist, werden die Fakten, das, was sich in jener Nacht zugetragen hat, längst zu Kernholz geworden sein. Sie haben ihren Leichnam ins Feuer gelegt, mit dem Gesicht nach unten. Drei von ihnen werden sich erinnern. Nick wird nichts davon wissen. Ein Fels in der Brandung in dem Augenblick, in dem sie ihn brauchte, aber als dieser Augenblick vorbei ist, ist nichts mehr mit ihm anzufangen; er sitzt am Boden bei den Flammen, so nah, dass er sich die Augenbrauen versengt, mit nicht mehr Bewusstsein als der Leichnam im Feuer.

Die anderen legen sie auf den Scheiterhaufen, der schon für sie brennt, etwas, das so alt ist wie die Nacht. Ihre Kleider fangen Feuer, dann ihre Haut. Die Schnörkelschrift auf ihrer Schulter – *A change is gonna come* – wird schwarz und verpufft. Flammen heben die Partikel ihrer pulverisierten Seele in die Luft. Natürlich wird man die Tote finden. Zähne mit Plomben, nicht gänzlich verbrannte Knochen. Jede Spur wird entdeckt und entziffert werden. Sie schaffen diese Leiche nicht fort. Sie sorgen dafür, dass sie für immer dableibt.

Wie sie von dort weggekommen sind, weiß später keiner mehr; nur dass sie Nick mit Gewalt in den Wagen schieben mussten, daran erinnern sie sich. Orangerotes Flackern über den immergrünen Wäldern, gespenstisch wie Nordlicht. Über Dutzende von Meilen ist auf den Schnappschüssen alles schwarz. Es dauert eine halbe Stunde, bis ihnen das erste Auto begegnet, und die beiden Insassen – ein Rentnerpaar aus Elmhurst in Illinois, das bis zum Schlafengehen noch fünf Stunden Fahrt vor sich hat – haben den weißen Lieferwagen auf der Gegenspur schon wieder vergessen, als sie das Feuer erblicken.

Die meiste Zeit fahren die Brandstifter schweigend. Dazwischen schreien sie sich an. Adam und Nick drohen einander. Mimi fährt wie unter einer schalldichten Glocke. Zweihundert Meilen vor Portland verlangt Douglas, dass sie sich stellen. Etwas sagt ihnen, sie sollen es nicht tun. Olivia. Das ist das Einzige, woran sie sich später alle erinnern.

»Keiner hat etwas gesehen«, sagt Adam, und das zu oft.

»Es ist vorbei«, sagt Nick. »Sie ist tot. Das ist das Ende.«

»Halt verdammt nochmal den Mund«, kommandiert Adam. »Nichts kann uns damit in Verbindung bringen. Wir müssen nur ruhig bleiben.«

Am Ende ist ihr Versuch, etwas zu schützen, vergebens gewesen. Jetzt einigen sie sich darauf, wenigstens einander zu schützen.

»Nichts sagen, egal, was geschieht. Die Zeit ist auf unserer Seite.«

Aber Menschen haben überhaupt keinen Begriff davon, was Zeit ist. Sie glauben, es ist eine Linie, die drei Sekunden hinter ihnen aus dem Nichts kommt und genauso schnell wieder in den drei Sekunden Nebel vor ihnen verschwindet. Sie sehen nicht, dass Zeit aus immer größer werdenden Ringen besteht, einer um den anderen, immer weiter nach außen, bis zur hauchdünnen Haut des *Jetzt*, die zum Leben auf die gewaltige Masse all dessen angewiesen ist, was bereits gestorben ist.

In Portland trennen sie sich.

Nicholas kampiert auf dem Geist von Mimas. Kein Zelt, kein Schlafsack. Als es dunkel wird, legt er sich auf die Seite, sein Kopf auf der Steppjacke ungefähr am Ring aus dem Jahr, in dem Karl der Große starb. Irgendwo unter seinem Steißbein Kolumbus. Ein wenig unterhalb der Fußknöchel macht sich der erste Hoel aus Norwegen auf nach Brooklyn und in die Weite von Iowa. Sein Körper ist nicht lang genug, um an die Ringe ganz am äußeren Rand zu reichen, dahin, wo nun die Klippe ist, zu denen seiner eigenen Geburt, des Tods seiner Eltern, des Jahrs, in dem von der Schnellstraße die Frau zu ihm kam und ihm gezeigt hat, wie man leben, wie man weiterleben kann.

Der Stumpf nässt vom Rand her, Saft in einer Farbe, für die der Maler keinen Namen hat. Er legt sich auf den Rücken und starrt nach oben, zwanzig Stockwerke hoch immer geradeaus, versucht, die Stelle zu bestimmen, an der er und Olivia ein Jahr lang gelebt haben. Den Tod wünscht er sich nicht. Er will nur diese Stimme noch einmal hören, ihre Begeisterung, ihre Offenheit, nur ein paar Worte noch. Er will nur einfach, dass das Mädchen, das immer hörte, was das Leben von ihnen wollte, sich aus den Flammen erhebt und ihm sagt, was er jetzt mit sich anfangen soll, von jetzt an. Keine Stimme kommt. Nicht ihre, auch nicht die ihrer Phantasiewesen. Kein Flughörnchen, kein Alk, keine Eule oder sonst ein Geschöpf, das in ihrem Jahr dort für sie gesungen hat. Sein Herz schrumpft wieder auf die Größe, die es hatte, als sie ihn fand. Stille, beschließt er, ist besser als Lügen.

Viel Schlaf findet er nicht auf seinem harten Lager. Nächte, in denen er wirklich schläft, wird es in den nächsten zwanzig Jahren nicht viele geben. Und doch wären zwanzig weitere Ringe nicht breiter gewesen als sein Ringfinger.

Mimi und Doug räumen den Wagen aus und vernichten jeden Lappen, jedes Stück Schlauch, jedes Gummiband. Sie schrubben den Laderaum mit mehreren Reinigungsmitteln. Mimi verkauft das Ding für ein Butterbrot und zahlt bar für den winzigen Honda, den sie statt dessen erwirbt. Sie ist sicher, aus diesem Handel wird noch eine Story wie von Poe. Der neue Besitzer wird ein Stück Beweismaterial finden, einen Schnipsel Papier, der sie verrät und den sie nicht gesehen haben, obwohl sie ihn vor der Nase hatten.

Auch ihre Wohnung steht zum Verkauf. »Warum?«, fragt Douglas.

»Wir müssen uns trennen. Sicherer so.«

»Wie kann das sicherer sein?«

»Jeder von uns verrät den anderen, wenn wir zusammenbleiben. Douglas. Sieh mich an. *Sieh mich an.* Wir verraten uns nicht.«

Beinahe wäre es nichts weiter als eine Meldung auf Seite drei gewesen. Baustelle von Ferienanlage durch Brandstiftung verwüstet. Lästige Verzögerung. Arbeiten sofort wieder aufgenommen. Aber als die Asche gesiebt wird, finden sich Knochenreste, ein Mensch ist umgekommen. Alles, was in neun Bundesstaaten des Westens Nachrichten bringt, stürzt sich auf die Geschichte und tritt sie tagelang breit.

Den Ermittlern gelingt es nicht, das Opfer zu identifizieren. Eine Frau, jung, eins siebzig groß. Ob Gewalt, ein Sexualdelikt im Spiel waren, lässt sich nicht sagen. Die einzigen Indizien sind die kryptischen Worte, die sich nicht weit vom Brandort finden:

HERRSCHAFT TÖTET
GEMEINSCHAFT HEILT
HEIMKEHR ODER TOD
Denn ihr habt fünf Bäume im Paradies ...

Am Ende geben sich alle mit der wahrscheinlichsten Erklärung zufrieden. Das Werk eines geistesgestörten Killers.

Adam kehrt nach Santa Cruz zurück. Kaum vorstellbar, nach allem, was geschehen ist. Aber wenn er sein Studium jetzt hinwirft, wo seine Doktorarbeit fast fertig ist, würde er sehr viel Aufmerksamkeit auf sich lenken. Das Stipendiumsjahr ist fast um. Tagelang sitzt er bei zugezogenen Gardinen in seinem Zimmer. Er schwebt einen halben Meter über dem eigenen Kopf und blickt hinab auf seinen Körper. Manchmal überkommt ihn aus heiterem Himmel eine unbändige Erregung und lässt ihn dann in panische Angst abstürzen. Selbst ein zehnminütiger Gang zum nächsten Supermarkt hat für ihn etwas Lebensbedrohliches.

An einem späten Freitagabend stiehlt er sich ins Institut, um dort seinen Briefkasten zu leeren. Er könnte gar nicht mehr sagen, wann er zuletzt in diesem Gebäude war. Erst nach drei Anläufen erinnert er sich an die Nummer für das Schloss. Der Briefkasten ist so vollgestopft mit Reklame, dass er den ganzen Wust mit Gewalt herauszerren muss. Als der Stau sich endlich löst, ergießt sich der Postmüll von Monaten auf den Fußboden vor den Schließfächern. Eine Stimme hinter ihm sagt: »Hallo, Fremdling.«

»Hallo!«, erwidert er viel zu munter, noch bevor er sich überhaupt umdreht.

Mary Alice Merton, Mit-Doktorandin. Typ süßes Mädel vom Land, Zahnpastalächeln. »Wir dachten schon, du bist tot.«

Am liebsten würde er es laut sagen. *Tot nicht. Aber mitschuldig am Tod eines Menschen.* »Ach was. War nur 'ne Weile weg.«

»Was war? Wo hast du gesteckt?«

Er hört die Stimme seines Idols aus frühen Studentagen, wie sie Mark Twain zitiert. *Wenn du die Wahrheit sagst, musst du dir nicht deine Lügen merken.* »Feldstudien. Ein bisschen verzettelt, fürchte ich.«

Sie schnippt ihm mit der Rückseite der Fingernägel gegen den Oberarm. »Da bist du nicht der Erste, Mister.«

»Die Fakten habe ich alle beisammen. Ich weiß nur nicht, wie ich daraus einen zusammenhängenden Text machen soll.«

»Das ist einfach nur die Angst vorm Fertigwerden. Was ist denn schon dran an so einer Diss? Dann ist sie eben konfus. Ab damit, und erledigt.«

Er müht sich verzweifelt, seine irrsinnige Anspannung in den Griff zu bekommen, damit seine Stimme wieder halbwegs normal klingt. So zu tun, als sei er er selbst, kein Brandstifter, kein Mittäter bei einem Mord. Eigentlich müssten Psychologen mehr Talent zum Lügen haben als alle anderen. Jahrelange Erfahrung damit, wie Menschen sich selbst und andere täuschen. Ihm fällt das Gelernte wieder ein. *Tu das genaue Gegenteil von dem, was deine trügerischen Impulse dir weismachen wollen. Und wenn du vor den Augen der Öffentlichkeit bestehen musst, dann blende sie und führe sie in die Irre.*

»Hunger?« Er versäumt nicht, dazu ein ganz klein wenig die Augenbrauen zu heben.

Er sieht die Warnlämpchen bei ihr aufleuchten. *Wer ist der Typ? Drei Jahre lang immer auf Distanz, hart an der Grenze zum Autismus, und jetzt tut er auf einmal, als sei er ein Mensch?* Aber gegen Bestätigungsfehler hat der gesunde Menschenverstand nie eine Chance. Sämtliche Statistiken belegen das. »Und wie.«

Er stopft den Berg Post in seinen Rucksack, und sie machen sich auf den Weg zu spätabendlichen Falafeln. Fünf Jahre später hat er einen ganzen Aktenordner voll mit angesehenen Publikationen über die Rolle des Idealismus bei der Gruppenbindung und einen Posten an der Ohio State in Aussicht. Noch einmal fünfzehn weitere Jahre – im Handumdrehen –, und er gilt als Koryphäe auf diesem Gebiet.

Über Monate hoch oben auf einem Mammutbaum zu leben ist leichter als sieben Tage am Erdboden. Alles gehört jemandem; das weiß schon ein Einjähriger. Fast ein Gesetz, wie das der Schwerkraft. Wer ohne Geld in der Tasche auf die Straße geht, ist ein Verbrecher, und keiner kommt auch nur für einen Augenblick auf die Idee, dass es im echten Leben auch anders zugehen könnte. Nick kann nicht riskieren, dass er wegen etwas aufgegriffen wird – egal, ob es dabei um Landstreicherei, wildes Campen oder das Pflücken von Manzanitabeeren in einem öffentlichen Park geht. Er findet eine Blockhütte, die er auf Wochenbasis mieten kann, in einem trostlosen Kaff am Fuße der abgeholzten Berge. Das Grundstück grenzt an ein Grüppchen jugendlicher Redwoods, aufrecht und frei, erst einen halben Meter dick, aber doch vertraut. Am ehesten das, was er jetzt noch an Verwandtschaft hat.

Er muss fort von diesem Ort, so weit wie es nur geht, einfach, damit er nicht den Verstand verliert. Aber er kann nicht anders, er muss warten; kann nicht riskieren, eine Botschaft zu verpassen, die dieser Katastrophe vielleicht wenigstens noch eine Spur von Sinn verleiht. Hier hat er gelebt, mit ihr. Fast ein Jahr lang hat er hier gewusst, was es heißt, eine Bestimmung zu haben. Von allen Orten dieser Erde, die so voller Vergessen ist, ist dies der eine, an den sie käme, wenn sie zurückkehren würde.

Er spricht mit niemandem, geht nirgendwohin. Es ist jetzt wieder Regenzeit; die Zeit, die gerade erst vorbei war. Er schläft im Niesel ein, im Wolkenbruch wacht er auf. Unter dem Ansturm des Wassers erwacht das Dach zum Leben. Er steht auf, horcht, kann gar nicht genug davon bekommen. Kaum schläft er ein, da fährt er in Panik wieder hoch; es ist hell, der Regen hat das Bombardement vorübergehend eingestellt.

Er geht hinter die Hütte und schaut nach der Abwasserrinne. Sie läuft über, ein improvisierter Bach quer über die Veranda. Nick steht da, in T-Shirt und Jogginghose, verfolgt, wie die Morgendämmerung über den Berg gekrochen kommt. Alles riecht feucht und nach Erde, und der Erdboden vibriert unter seinen nackten Füßen. Zwei Gedanken ringen um seine Aufmerksamkeit. Der eine, der weiter zurückreicht als die Kindheit jedes Menschen, lautet: *Aber des Morgens ist Freude.* Der zweite, nagelneu: *Ich bin ein Mörder.*

Ein Grollen in der Luft. Nicholas blickt auf und sieht, wie sich der ganze Berghang in Bewegung setzt. Die Regenfälle der Nacht haben das Erdreich gelockert, und ohne die Deckschicht, die ihn für hunderttausend Jahre an seinem Platz gehalten hat, rutscht der ganze Berg nun donnernd zu Tal. Bäume höher als ein Leuchtturm brechen ab wie Zweiglein, verhaken sich ineinander, poltern den Hang herunter wie eine gewaltige Flutwelle. Nick sieht sich um und rennt. Eine meterhohe Mauer aus Stein und Holz kommt geradewegs auf ihn zu. Er flieht bergabwärts, und als er sich umdreht, sieht er, wie die Lawine seine Hütte mit voller Wucht packt. Sein Wohnzimmer füllt sich mit Holz- und Felsbrocken. Das ganze Haus wird aus der Verankerung gerissen und reitet nun auf der Welle mit.

Er läuft zu den Nachbarn und brüllt: »Weg hier! Schnell!« Schon im nächsten Moment rennen auch die Nachbarn, ein Paar und zwei kleine Jungen, die Auffahrt hinunter zu ihrem Truck. Aber das Geröll ist schneller und schließt den Wagen ein. Bäume wälzen sich über das Ranchhaus wie eine Woge aus hölzerner Lava.

»Hier lang«, brüllt Nick, und die Nachbarn folgen. Er führt sie durch eine andere Schlucht zu einer Stelle, wo der Abhang nicht ganz so steil ist. Und dort kommt der Erdrutsch an einer schmalen Zeile aus Redwoods zum Stehen. Schlamm und Geröll stemmen gegen diese letzte Barriere an, aber die Bäume halten stand. Die Mutter bricht in Tränen aus, beide Kinder fest an sich gedrückt. Der Vater und Nick starren hinauf zu dem kahlen Berghang, einem Kamm, der nun ein gutes Stück niedriger geworden ist. »Jesus«, flüstert der Mann. Nick zuckt bei dem Wort zusammen. Er schaut in die Richtung, in die der Nachbar zeigt. An jedem einzelnen Baum der Barriere, die ihnen gerade das Leben gerettet hat, prangt, mit blauer Farbe aufgesprüht, ein großes *X*. In der kommenden Woche werden auch diese Bäume zu Geld.

Douglas kommt immer wieder zu Mimi zurück, wie ein Hund, und das zu Zeiten, die nicht gerade günstig sind. Anfangs nur um vorbeizuschauen, sich zu vergewissern, dass alles in Ordnung ist. Dann, um ihr seinen neuesten unglaublichen Traum zu erzählen. Sie hat den Anrufbeantworter ausgestöpselt. Also kommt er persönlich vorbei, und das geht ihr doch ein wenig auf die Nerven.

In dem Traum sitzen er und Mimi einander gegenüber, in einem Park in einer schönen Stadt an einer noch schöneren Bucht. Mädchenhaar kommt. Lächelnd sagt sie: *Wartet! Sie erklären alles. Ihr werdet es noch sehen.* Douggie kann gar nicht stillsitzen, so aufgeregt ist er beim Erzählen. »Als ob sie es alles schon angeschaut hätte! Und sie wollte uns Bescheid sagen. Beim Aufwachen war es vollkommen klar. Alles wird doch noch gut.«

Begeistert ist Mimi nicht. Allein schon bei der Floskel, dass »alles gut wird«, könnte sie schreien. Also macht er sich erst einmal rar. Aber er träumt den Traum noch einmal, mit neuen Einzelheiten, die sie bestimmt hören will. Er muss schon sehr laut klopfen, bis Mimi aufmacht und ihn ins Haus zerrt. Sie führt ihn an den Küchentisch, wo sie zusammen Adressaufkleber auf so viele Tausende von Protestbriefen geklebt haben. »Douglas. Wir haben Häuser niedergebrannt. Wir waren verrückt. Unzurechnungsfähig. Die bringen uns um. Ver*stehst* du das? Wir werden den Rest unserer Tage im Gefängnis verbringen.«

Er sagt nichts. Das Wort *Gefängnis* lässt in seinen Gedanken einen Videoclip aus seiner Vergangenheit ablaufen – über das, was am Anfang dieses gewundenen Pfades stand. »Gut. Das verstehe ich. Aber diesmal hat sie in dem Traum den Arm um dich gelegt, und dann sagte sie –«

»Douglas!« Sie brüllt seinen Namen so laut, dass man sie durch die Wände hören kann. Dann ein neuer Anlauf, diesmal flüsternd. »Komm nicht mehr hierher. Ich gebe die Wohnung auf. Ich ziehe weg.«

Seine Augen quellen vor, ein Frosch, der versucht zu schlucken. »Weg?«

»Hör mir zu. Du. Musst. Anderswohin. Gehen. Ein neues Leben anfangen. Dir einen neuen Namen zulegen. Du bist ein Brandstifter. Ein
Mensch ist ums Leben gekommen.«

»Jeder könnte die Brände gelegt haben. Sie haben keinerlei Hinweis
auf uns.«

»Wir sind vorbestraft. Als Umweltaktivisten aktenkundig. Sie gehen
die Listen durch. Sie verfolgen jede Spur –«

»Was denn für eine Spur? Wir haben alles bar bezahlt. Sind Hunderte
von Meilen gefahren. Eine Menge Leute stehen auf diesen Listen. Listen
beweisen gar nichts.«

»Douglas. Du musst verschwinden. Untertauchen. Du darfst nicht
mehr herkommen. Du darfst nicht nach mir suchen.«

»Gut.« Seine Augen brennen. Er kommt nicht an sie heran. Mit einer
Hand an der Tür dreht er sich noch einmal um. »Weißt du, so richtig
über der Oberfläche bin ich ja jetzt auch nicht.«

Wieder träumt er diesen Traum. Sie sitzen auf einem Hügel und blicken hinunter zur Stadt der Zukunft. Mädchenhaar sagt zu ihnen: *Wartet! Ihr werdet es noch sehen!* Und tatsächlich, rings um sie her wachsen
plötzlich überall Wälder. Unglaublich ist das; Mimi muss es erfahren.
Aber als er wieder zu dem Haus kommt, steht ein großes rotes Schild
davor: VERKAUFT.

Er hat nicht die geringste Ahnung, wohin er jetzt gehen soll. Der
Osten scheint ihm noch die beste unter den drei möglichen Optionen.
Also lädt er seine bewegliche Habe auf den Truck und fährt durch die
Schlucht des Columbia River ostwärts. Nicht einmal seinem Chef im
Baumarkt sagt er Bescheid. Den Lohn für die letzten beiden Arbeitswo-
chen können sie behalten.

Hinter der Grenze zu Idaho wird ihm mit einem Mal klar, dass er zurück dorthin muss. Nach den Maßstäben des amerikanischen Westens
ist es ja praktisch gleich nebenan. Eine Chance auf einen würdigeren
Abschied, wenn schon nichts anderes. Ist er denn übergeschnappt?, hört
er Mimi schreien. Jeder vernünftige Mensch würde das sagen. Aber die
Vernunft ist das, was sämtlichen Wäldern der Welt rechte Winkel anlegt.

Auf dem Highway hämmert sein Herz so heftig, dass der ganze Brust-
korb bebt. Er fährt auf der einsamen Zufahrtsstraße durch das Spalier

der Tannen – Bäume, die in der hereinbrechenden Dunkelheit so aufrecht und streng wirken wie Richter. Seine Muskeln erinnern sich. Es ist, als säßen die vier Überlebenden wieder zusammen im Lieferwagen, in den entsetzlichen Stunden danach. Doch als er sich der Baustelle nähert, sieht er ein anderes Feuer, grell, kontrolliert und weiß – elektrische Scheinwerfer für nächtliche Bauarbeiten. Es wimmelt von helmbewehrten Männern, die den Schaden reparieren. Das ist also die Antwort des Kapitals auf einen in Verzug geratenen Zeitplan: eine Extraschicht.

Ein großer Sattelschlepper mit Stahlträgern. Ein Einweiser mit einer roten Fahne. Douglas nimmt den Fuß vom Gas, um besser sehen zu können. Kein Anzeichen, dass es hier einmal gebrannt hat. Mimi schnauzt ihn an, er soll endlich abhauen, bevor eine von den Überwachungskameras an den Bäumen rechts und links sein Nummernschild aufzeichnet. Und da ist noch eine andere Stimme, die sagt: *Nicht hier.* Mädchenhaar.

Er tritt aufs Gas, prescht an der Baustelle vorbei, weiter über den leeren Highway. An der nächsten Kreuzung fährt er wieder Richtung Osten. Nach Mitternacht tastet sich das Auto nach Montana vor. Er hält auf einem Wanderparkplatz im Staatswald und schläft ein paar Stunden auf dem Fahrersitz.

Die Morgendämmerung malt Marmormuster an den Himmel. Er fährt auf Nebenstraßen, ohne zu wissen wohin, ernährt sich von Trockenfleisch und scharfen, runden Zimtbonbons, Atomic Fireballs, die er unterwegs beim Tanken kauft. Sein Weg führt durch eine weite, flache Senke, flankiert von Berggipfeln; es ist steiniges Weideland, zu trocken für intensivere Nutzung. Aber das Leben nutzt es dennoch in millionenfacher Weise. Eine Bewegung auf einer Weide erregt seine Aufmerksamkeit – Gabelböcke, die gegen einen Zaun ankämpfen. Es sind fünf, und eins der Tiere ist verletzt. Was das bedeutet – die Zahl, das *Zeichen* –, geht Douglas erst nach einer Weile auf; dann aber bebt er am ganzen Körper. Er hält auf dem Seitenstreifen. Ein Gefühl großer Leere überkommt ihn, so weit wie der Himmel. Er schläft ein, das Fenster einen Spaltbreit geöffnet, und draußen heulen die Kojoten, als gehöre ihnen noch immer die Welt.

Am Morgen des zweiten Tages fährt er aufs Geratewohl weiter. Die aufgehende Sonne gibt ihm die Grundrichtung vor. Meilen und Stunden reihen sich aneinander, nicht immer geradlinig. Plötzlich taucht links neben der Straße etwas Seltsames auf. Es kommt ihm schon falsch vor, noch bevor er es überhaupt richtig sehen kann. In dieser offenen Weite in Gold- und Grautönen eine verlorene Oase aus lebendigem Grün. Ein Außenposten am Flussufer, obwohl da kein Fluss ist. An der nächsten Ausfahrt biegt er ab, zu schnell für die Trümmerlandschaft einer Teerstraße, der endlose schneereiche Winter und die Wurzeln von nimmermüden Unkräutern den Garaus gemacht haben. Er drosselt das Tempo bis zum Kriechgang, und trotzdem ist die Straße drauf und dran, dem Truck die Räder unter dem Boden wegzureißen. Dann ist er in einem Pappelwäldchen, so struppig wie eine Horde Teenager.

Er steigt aus und geht zu Fuß weiter. Ein Schwarm Spatzen fliegt ein Stück weiter vorn in einem Wirbel aus dem Gras auf. Für die Bäume gibt es keine Erklärung. Sie schießen aus dem Boden wie riesige Fontänen. Einige verzweigen sich zu Sträußen von Stämmen, gut zwei Meter im Umfang. Pappeln in den eigenartigsten Verrenkungen. Meilenweit im Umkreis kein Anzeichen einer menschlichen Behausung, und doch wachsen die Bäume in einem Gittermuster, das wirkt wie ein Knobelspiel für Kinder. Im Schatten der grünen Laubengänge dämmert ihm die Lösung: er geht auf den Straßen einer unsichtbaren Stadt. Bürgersteige, Zäune, Gärten, Fundamente, Geschäfte, Kirchen, Wohnhäuser, alles ist verschwunden, aufgeklaubt, bis auf diese grünen Rasterlinien, die einmal Schutz vor dem Wind bieten sollten. Er sitzt unter einem Ding, das früher das Schönste war, was man durch das große Fenster eines Hauses sehen konnte. Jetzt ist niemand mehr da, dem dieser Riese Schatten spenden kann.

Er hört einen Ton wie das Rauschen eines verborgenen Bachs. Es klingt wie lebhafter Applaus, aber aus hundert Jahren Entfernung. Er blickt an den Pappelkolonnaden entlang, ein paar Quadrate angepflanzter Schatten, die im Wind singen, froh, dass jemand in diese verlassene Stadt zurückgekehrt ist, um sie zu bestaunen. Ihr Rascheln erinnert an einen Choral, der aus der längst verschwundenen Kirche auf den längst verschwundenen Boulevard dringt, eine Ode auf all die längst verschwundenen Menschen. Jetzt predigt der Psalm nur noch den froh-

451

lockenden Sängern, und das ist nur recht so. Auch der Chor verdient, dass man sich an ihn erinnert. *Das Feld sei fröhlich und alles, was darauf ist; es sollen jauchzen alle Bäume im Walde.*

Mimi wartet in einem schwarzen Etuikleid aus Crêpe-de-Chine am Empfang der Four Arts Gallery an der Grant Street, Chinatown. Nicht leicht, sich in dem niedrigen Ledersessel aufrecht zu halten, und alle paar Sekunden zupft sie den vorwitzigen Saum wieder nach unten über ihre nicht mehr ganz jungen Knie. Am Morgen schien ihr dieses Outfit noch genau richtig für einen Kunsthändler, gut für ein-, zweihundert Dollar mehr, wenn der Handelspartner ein Mann ist. Sie dachte, es gleicht vielleicht die Narbe aus, die sich über die ganze Länge ihres Gesichts zieht. Jetzt kommt ihr das wie Amateurtheater vor.

Die Assistentin mit der Kurzhaarfrisur taucht wieder auf, versucht, nicht auf Mimis Narbe zu starren, bietet ihr weiteren Kaffee an, verspricht, dass Mr. Siang gleich Zeit für sie hat. Mr. Siang lässt sie schon siebzehn Minuten warten. Er hat die Bildrolle seit Wochen. Zweimal hat er diesen Termin verschoben. Irgendwas geht da im Verborgenen vor. Sie halten Mimi hin, aber sie kann nicht sagen, mit welcher Absicht.

Ihre Bildrolle ist nicht der einzige Schatz in dieser Galerie. Dschunken aus Chinalack. Ein wolkenverhangener schwebender Berg, mit Tusche gemalt im akribischen Stil. Tausendfigurige elfenbeinerne Wunderkugeln, kunstvoll geschnitzte ineinandergeschachtelte Welten. Ein Bild an der gegenüberliegenden Wand erregt ihre Aufmerksamkeit: ein großer schwarzer Baum mit Regenbogenästen vor einem blauen Himmel. Sie steht auf, zupft wieder am Rocksaum und schlendert zu dem Bild. Was wie ein Füllhorn aus winzigen Blättern wirkte, sind bei näherem Hinsehen Hunderte von in Meditation versunkenen Figuren. Sie liest das Schild: *Das Feld der Verdienstvollen,* auch *Der Zufluchtsbaum* genannt. Tibet, um die Mitte des 17. Jahrhunderts. Es sieht aus, als winkten oben in der breiten Krone die menschlichen Blätter im Wind.

Eine Stimme hinter ihr ruft: »Miss Ma?«

Mr. Siang, in zinngrauem Anzug mit blutroter Brille, führt sie ins Hinterzimmer. Er blickt die Furche in ihrem Gesicht an und zuckt mit keiner Wimper. Mit gebieterischer Geste weist er ihr einen Platz an einem Konferenztisch aus längst verbotenem Mahagoni an, die Kiste mit der Rolle zwischen ihnen beiden. Ans Fenster gewandt sagt er: »Ein sehr schönes Stück haben Sie da. Wunderbare Arhats, in einem äußerst eigenwilligen Stil. Ein Jammer, dass Sie keine Papiere oder Herkunftsnachweise haben.«

»Ja. Ich … wir hatten nie welche.«

»Sie sagen, Ihr Vater hat diese Rolle mit nach Amerika gebracht. Sie gehörte zur Kunstsammlung seiner Familie in Schanghai?«

Unter dem Tisch zupft sie wieder an ihrem Kleid. »Das ist richtig.«

Mr. Siang wendet sich vom Fenster ab und setzt sich ihr gegenüber; seine ganze Haltung verrät Aufmerksamkeit. Mit der linken Hand hat er den rechten Ellenbogen umfasst; mit der rechten hält er, zwei Finger ausgestreckt, eine imaginäre Zigarette. »Wir können es nicht so präzise datieren, wie uns lieb wäre. Und wir können die Identität des Künstlers nicht eindeutig bestimmen.«

Alle Alarmglocken schrillen. »Was ist mit den Siegeln früherer Besitzer?«

»Wir haben sie in chronologischer Ordnung nachverfolgt. Es lässt sich nicht eruieren, wie die Familie Ihres Vaters in den Besitz dieses Stückes gelangte.«

Jetzt bekommt sie bestätigt, was sie schon seit Wochen befürchtet. Die Rolle hierherzubringen und ihren Wert schätzen zu lassen war ein Fehler. Am liebsten würde sie sie schnappen und die Flucht ergreifen.

»Auch der Stil der Schriftzeichen ist schwierig. Eine Kalligraphie der Tang-Dynastie, die wir verrückte Konzeptschrift nennen. Genauer gesagt, Trunkener Su. Könnte auch später geschrieben sein.«

»Was steht da?«

Er legt den Kopf in den Nacken, mimt Empörung über die Frechheit ihrer Frage. »Es ist ein Gedicht, Verfasser unbekannt.« Er breitet die Rolle zwischen ihnen aus. Sein Finger gleitet an der Wortsäule entlang.

Auf diesem Berg, in solchem Wetter,
Warum noch länger verweilen?
Drei Bäume winken mir zu mit dringlichen Armen.

Ich beuge mich vor, um zu lauschen, doch ihre Not
Klingt nur wie der Wind.
Neue Knospen verheißen Erlösung, sogar im Winter.

Noch bevor er am Ende des Gedichts angekommen ist, hat sie Gänsehaut. Sie ist in San Francisco auf dem Flughafen, und ihr Name wird ausgerufen. Sie liest das Gedicht, das ihr Vater anstelle eines Abschiedsbriefs hinterlassen hat. *Wie steigt ein Mensch auf, wie fällt er in diesem Leben?* Sie legt dringliche Feuer an einer Bergflanke in pechschwarzer Kälte. Feuer, die eine Frau umbringen.

»Drei Bäume?«

Mr. Siang breitet entschuldigend die Hände. »Es ist Poesie.«

Ihr Gesicht fühlt sich abwechselnd heiß und kalt an. Ihr Verstand funktioniert nicht. Etwas versucht Kontakt mit ihr aufzunehmen, von weit, weit her. *Warum noch länger verweilen?* Neue Knospen. Sie sieht ihre Schwester Amelia, zwölf Jahre alt, wie sie in einem Skianzug, der ihr Volumen verdoppelt, durch die Hintertür hereintappt und ruft: *Der Frühstücksbaum kriegt seine Blüten zu früh. Der Schnee bringt ihn noch um.* Und ihr Vater, der nur lächelt. *Neues Blatt immer da. Auch schon vor Winter.* Ein Faktum, das Mimi in ihren sechzehn Wintern nie bemerkt hatte.

»Könnte ein … durchschnittlich gebildeter Mensch dieses Gedicht lesen?«

»Ein Gelehrter – vielleicht. Jemand, der sich mit Kalligraphie auskennt.«

Sie hat keine Ahnung, womit sich ihr Vater auskannte. Mikroelektronik. Campingplätze. Konversation mit Bären. »Dieser Ring.« Sie streckt ihm quer über den Tisch die Hand hin. Der Kunsthändler senkt den Blick. Sein Lächeln drückt Verlegenheit für sie beide aus.

»Ja? Ein Jadebaum, Ming-Stil. Gute Arbeit. Wir könnten ihn schätzen.«

Sie zieht die Hand zurück. »Schon gut. Erzählen Sie mir mehr über die Rolle.«

»Die Arhats sind mit großer Kunstfertigkeit gemalt. Allein schon der

Seltenheit und der künstlerischen Qualität wegen veranschlagen wir den Wert auf zwischen …« Er nennt ihr zwei Zahlen, die ihr ein hohes, primatenhaftes Kichern entfahren lassen, schneller, als sie es unterdrücken kann. »Four Arts wäre bereit, Ihnen einen Betrag in der Mitte dieser Preisspanne zu zahlen.«

Sie lehnt sich zurück, heuchelt Ruhe. Sie hatte sich ausgemalt, dass sie ein Weilchen ohne Geldnot leben könnte. Zwei Jahre, vielleicht drei. Aber die Zahl, die er da nennt, ist ein Vermögen. Sie bedeutet Freiheit. Genug für ein vollkommen neues Leben. Mr. Siang mustert die Narbe in ihrem Gesicht. Seine Augen bleiben teilnahmslos hinter der blutroten Brille. Sie starrt zurück, zum Duell bereit. Sie hat gesehen, wie das glühendste Feuer erlosch. Nach Olivia kann sie alles auf Erden niederstarren.

Die Bildrolle liegt zwischen ihnen auf dem Tisch. Die wilde, trunkene Kalligraphie, das rätselhafte Gedicht, die Figuren, wie sie für sich allein in ihren alten Wäldern sitzen, beinahe verwandelt, beinahe ein Teil von allem – all das könnte sie weggeben. Aber bei dem Gedanken, dass sie es weggibt, kommt sie sich plötzlich wie eine Verbrecherin vor. Drei Bäume wollen etwas von ihr. Aber sie hat nicht die geringste Ahnung, was.

Mr. Siang hält gerade mal einen Atemzug lang durch. Drei Sekunden, und er sieht weg. Als er sich abwendet, kann sie einen Blick in seine Kunsthändlerseele werfen. Bei seinen Recherchen ist er irgendwo auf eine Erwähnung genau dieser Rolle gestoßen. Das Zucken seines Lids verrät ihn. Die Rolle ist ein Vielfaches dessen wert, was er bietet. Ein lange verloren geglaubter Schatz der chinesischen Kultur.

Sie holt tief Luft, kann ein Lächeln nicht ganz unterdrücken. »Meinen Sie, jemand vom Museum für Asiatische Kunst könnte bei der Identifizierung helfen?«

Das neue Angebot von Four Arts lässt nicht lange auf sich warten. Weder Mimi noch ihre beiden Schwestern noch deren Kinder werden sich noch Geldsorgen machen müssen, für lange Zeit nicht. Für sie wäre es ein Ausweg. Neuer Beruf. Neue Identität. *Warum noch länger verweilen?*

Sie ruft sie beide an, Carmen und Amelia, zum ersten Mal seit einem

Jahr. Zuerst Carmen. Mimi sagt nichts über ihre Narbe. Darüber, dass sie ihre Arbeit verloren hat. Die Wohnung verkauft. In drei Staaten polizeilich gesucht wird. Sie entschuldigt sich nur, dass sie sich nicht gemeldet hat. »Tut mir leid. Hab's nicht ganz leicht gehabt.«

Carmen lacht. »Du meinst, es geht auch leichter?«

Mimi kommt auf das Angebot zu sprechen.

»Ich weiß nicht, Mimi. Es ist ein Familienerbstück. Was bleibt uns denn sonst noch von Dad?«

Die drei Jadebäume, möchte Mimi sagen. *Winken mit dringlichen Armen.* »Ich möchte einfach das tun, was er sich gewünscht hätte.«

»Dann mach damit das, was *er* damit gemacht hat. Es war praktisch das Einzige, was er sein ganzes Leben lang bei sich behalten hat.«

Dann Amelia. Amelia – die vernünftige, nachsichtige Heilige, die im Hintergrund die wilden, übermütigen Kinder bändigt, sogar noch beim Telefonat mit ihrer verrückten Schwester. Mimi ist kurz davor zu sagen: *Ich bin auf der Flucht. Eine Freundin ist umgekommen. Ich bin eine Brandstifterin.* Statt dessen liest sie ihr die Übersetzung des Gedichts vor.

»Hübsch, Mimi. Bestimmt soll das heißen, dass du dich entspannen sollst. Entspanne dich, schenke Liebe, und folge deinem inneren Willen.«

»Carmen sagt, es ist unser einziges Erbstück.«

»Meine Güte. Jetzt werdet nicht sentimental. Dad war doch der Letzte, der wegen so was sentimental geworden wäre.«

»Und er hat immer aufs Geld geachtet.«

»Geachtet? *Geizig* war der! Weißt du noch, der Keller voller Ramsch? Kisten mit Cola, Daunenjacken, Werkzeug zum halben Preis?«

»Sie sagt, er hat die Rolle sein ganzes Leben lang bei sich behalten.«

»*Pfft.* Wahrscheinlich hat er nur auf dem Antiquitätenmarkt den richtigen Zeitpunkt abpassen wollen.«

Die Entscheidung lastet wieder einmal auf Schultern, die nicht breiter sind als die eines Kindes. In jener Nacht flüstert der allzeit lächelnde Ingenieur, der Mann, der über Campingplätze Buch führte, der sanfte Selbstmörder, Mimi etwas zu. Er sagt ihr die Antwort geradewegs ins Ohr. *Die Vergangenheit ist ein Lotusbaum. Beschneide ihn, und er wächst.*

Mit einem entschieden zu strahlenden Lächeln trägt Dorothy Cazaly, verheiratete Brinkman, auf einem Rosenholztablett den Frühstücksbrei für ihren Mann aus der Küche in dessen Zimmer. Der Blick, mit dem er ihr aus dem verstellbaren Bett entgegenstarrt, ist ein einziger stummer Schrei. Sein starrer, von Entsetzen verzerrter Mund eine Maske aus der griechischen Tragödie. Sie möchte auf der Schwelle kehrtmachen, aber sie kämpft dagegen an. »Morgen, RayRay. Gut geschlafen?«

Sie stellt das Tablett ab. Die entsetzlichen Augen verfolgen sie. *Lebendig. Begraben. Für immer.* Sie zwingt sich zum Weitermachen. Das Schnapsglas mit den Maiglöckchen kommt auf den Nachttisch. Sie schlägt die Oberkante der Bettdecke um, sie ist feucht vom herausgesickerten Speichel. Dann baut sie das Rosenholztablett mit dem warmen Brei vor dem halb gelähmten Körper auf.

Mit jeder Morgenvorstellung spielt sie ihre Rolle ein bisschen überzeugender. Nichts auf der Welt kann ihr sagen, wie viele solche Tage sie noch vor sich hat, wie lange sie noch durchhalten kann. Laute dringen aus seinem Mund. Sie beugt sich zu ihm hinunter, bis ihr Ohr seine Lippen berührt. Alles, was sie hört, ist: »*Dddtt.*«

»Ich weiß, Ray. Alles in Ordnung. Bist du bereit?« Sie macht eine komische Darbietung daraus, wie sie sich die Ärmel hochkrempelt. Sein Maskenmund bewegt sich ein wenig, und sie liest daraus, was sie lesen muss. Mehr als die Lähmung, mehr als die verlorene Sprache, verändert dieser Mund ihn, macht etwas anderes aus ihm. »Es ist eine neue Art Urgetreide. Aus Afrika. Gut für die Zellerneuerung.«

Er hebt die bewegliche Hand ein paar Zentimeter, wahrscheinlich, um sie aufzuhalten. Dorothy lässt sich davon nicht beirren; auf dem Gebiet hat sie mittlerweile Routine. Schon bald sickert Getreidebrei über sein Kinn auf das Lätzchen. Sie wischt ihn mit einem weichen Tuch ab. Das vom Schlaganfall erstarrte Gesicht fühlt sich bei der Berührung hart an. Doch seine Augen – seine Augen sagen so unmissverständlich, wie es nur sein kann: *Du bist das einzig Erträgliche, das ich nun noch habe, außer dem Tod.*

Der Löffel wandert in den Mund und wieder heraus. Instinktiv würde sie ihre Bewegungen am liebsten mit dem summenden Geräusch eines Flugzeugs begleiten. »Hast du heute Nacht die Eulen gehört? Wie sie einander gerufen haben?« Sie wischt seinen Mund ab und nähert sich wieder mit dem Löffel. Sie erinnert sich an einen Augenblick, damals in der zweiten Woche, als er noch im Krankenhaus war. Eine Sauerstoffmaske vor dem Gesicht. Am Arm einen Infusionsschlauch. Er wollte einfach nicht aufhören, mit der brauchbaren Hand danach zu schlagen. Sie musste die Schwester rufen, und die fixierte die Hand mit Mullbinden am Bett. Seine Augen blickten über die Maske und tadelten sie. *Lass mich ein Ende machen. Siehst du nicht, dass ich dir helfen will?*

Wochenlang hatte sie nur einen einzigen Gedanken: *Ich schaffe das nicht.* Aber Übung macht Unmögliches möglich. Durch Übung hat sie die Nüchternheit der Ärzte überstanden, die Anteilnahme im Freundeskreis. Übung hilft ihr, seinen versteinerten Torso zu bewegen, ohne dass ihr dabei übel wird. Übung lehrt sie, die Eisberge seiner Worte zu deuten. Mit ein bisschen mehr Übung wird sie sogar lernen, tot zu sein.

Nach dem Frühstück sieht sie nach, ob er saubergemacht werden muss. Ja, muss er. Beim ersten Mal – damals im Krankenhaus, als eine routinierte Pflegerin alles absaugte – entlockte die Würdelosigkeit der Prozedur ihm ein Stöhnen. Und selbst jetzt lassen die Gummihandschuhe, Schwamm und Schlauch und die warme Masse, die sie im Badezimmer auskippt, ihm die Tränen in die wie bei einer Turmfigur grotesk aufgerissenen Augen treten.

Sie wäscht ihn und dreht ihn auf die Seite, um die wundgelegenen Stellen zu inspizieren. Heute ist sie ganz auf sich gestellt. Carlos und Reba vom mobilen Pflegedienst kommen nur viermal die Woche, doppelt so oft, wie es Ray lieb ist, und halb so oft, wie Dorothy es nötig hätte. Sie legt ihm die Hand auf die steinharte Schulter. Sanftheit ist der Freund und Helfer ihrer Erschöpfung. »Fernsehen? Oder lieber vorlesen?«

Sie glaubt, dass er Vorlesen sagt, und nimmt sich die *Times* vor. Aber die Schlagzeilen machen ihn unruhig.

»Geht mir genauso, Ray.« Sie legt die Zeitung beiseite. »Unwissenheit bringt dich nicht um, was?«

Er sagt etwas. Sie beugt sich vor. »*Krz.*«

»Kreuz? Nein, Ray, kein Kreuz mit dir. Nur eine blöde Bemerkung.« Er wiederholt es noch einmal. »Du meinst, für *dich* ist es ein Kreuz?

Aber wieso?« Abgesehen natürlich von der Million offensichtlicher Gründe, die er dafür hat.

Noch eine Silbe quält sich über die starren Lippen. »Wrt.«

Dass sie das vergessen konnte! Sein morgendliches Ritual, in all den Jahren, die sie nun schon zusammen sind. Unmöglich geworden. Und was am schlimmsten ist: Heute ist Samstag, der Tag mit dem Monsterrätsel. Der einzige Tag, an dem sie ihn je hat fluchen hören.

Sie arbeiten den ganzen Morgen an dem Rätsel. Sie liest ihm die Hinweise vor, und Ray starrt in die arktische Wüste. *Jeder will es werden, keiner will es sein. Haut, Zahn und Sonne haben es hinter sich. Vorzeitliches Blätterdach.* Im Abstand von Erdzeitaltern bringt er stöhnende Laute hervor, die Wörter sein könnten. Zu ihrer Überraschung quält es sie weniger, als ihn vor dem Fernseher zu parken. Sie ertappt sich sogar bei dem Gedanken, dass ein tägliches Kreuzworträtsel – selbst wenn sie nur so tun, als ob – womöglich dazu beitragen könnte, sein Hirn zu heilen.

»Nachricht aus Vorzeiten, gewichtiges Schriftstück. Der erste Buchstabe ist ein U.«

Er stößt etwas Unverständliches hervor. Sie bittet ihn, es zu wiederholen. Ein Knurren diesmal, aber nicht mehr als geschmolzene Schlacke.

»Könnte sein. Ich schreibe es mal mit Bleistift rein, dann können wir es immer noch ändern.« Es ist wie Walzertanzen mit einer Gliederpuppe. »Wie steht es damit: Befreiung durch den 18. von 26. Acht Buchstaben. Der erste ist ein E, der dritte ein L, der letzte ein G.«

Er starrt sie an, gefangen in seinem eigenen Körper. Unmöglich zu erahnen, was noch übrig ist, in diesem verschlossenen Raum. Er lässt den Kopf hängen und scharrt mit der beweglichen Hand über die Decke, wie ein grasendes Tier, das mit dem Huf unter dem Schnee nach Futter sucht.

Lange bevor der Mittag kommt, hat sie vom Vormittag genug. Sie legt das Rätsel beiseite, ein Chaos aus Revisions- und Wiederaufnahmeverfahren. Zeit ans Essen zu denken. Etwas, woran er sich nicht verschluckt und das sie ihm in dieser Woche nicht schon mehrmals serviert hat.

Mittagessen ist wie eine Atlantiküberquerung im Ruderboot. Am Nachmittag liest sie ihm aus *Krieg und Frieden* vor. Der Feldzug ist lang und beschwerlich, zieht sich schon über Wochen, aber er scheint es so zu wollen. Jahrelang hat sie versucht, ihm die Literatur nahezubringen. Jetzt lauscht ihr Publikum gebannt.

Die Handlung zerrinnt selbst ihr unter den Fingern. Zu viele Leute haben zu viele Gefühle, wie soll man da den Überblick behalten? Der fürstliche Held wird im Laufe einer monumentalen Schlacht verwundet. Er liegt gelähmt auf dem kalten Erdboden, und ringsum herrscht Chaos. Der Kämpfer sieht nichts als den Himmel, den hohen, erhabenen Himmel. Er kann sich nicht bewegen. Kann nur starr nach oben blicken. Der Held liegt da und fragt sich, wie er bis zu diesem Augenblick die tiefste Wahrheit des Daseins verkennen konnte: Die ganze Welt und alles menschliche Fühlen sind ein Nichts, aufgereiht unter dem unendlichen Blau.

»Tut mit wirklich leid, Ray. Ich hatte diese Passage vollkommen vergessen. Wir können sie überspringen.«

Da ist er wieder, dieser Aufschrei in seinem Blick. Aber vielleicht ist es nicht die Romanhandlung, die ihn aus der Fassung bringt. Vielleicht begreift er einfach nicht, warum seine Frau so viel weint.

Auch das Abendessen wird zu einem mühseligen Feldzug, einem weiteren Landkrieg. Sie packt ihn vor den Fernseher. Dann geht sie aus, zu einem zweiten Abendessen. Ihrem eigenen. Alan begrüßt sie an der Tür zu seiner Werkstatt. Sein Haar ist sägemehlbestäubt. Auch aus seinen Augen spricht eine leise Klage. Sie wendet den Blick ab. Er nimmt sie in die Arme, und es ist, so grässlich das ist, als käme sie nach Hause. Ihr zukünftiger Ehemann. Kann man einen zukünftigen Ehemann haben, wenn die Scheidung durch etwas aufgehalten wurde, das man im Metier ihres derzeitigen gern als höhere Gewalt bezeichnet?

»Wie lief es heute?« Und ja, er erwartet eine Antwort. Aber heute Abend, beim vom Chinesen geholten Essen zwischen den Bauteilen von Violinen, Bratschen und Celli, den halslosen Körpern, den nackten weißen Decken, die aufgereiht an Drähten hängen, den geteilten Böden aus Ahorn, dem Geruch von Fichten- und Weidenholz für die Ober-, Unter- und Ecklötze, den Ebenholzstückchen für die Griffbretter, dem Buchsbaum- und Mahagoniholz für die beweglichen Teile, zählt nur das Aroma, ein Atemzug nach dem anderen.

Sie bricht die Einweg-Essstäbchen auseinander. »Ich wünschte, wir hätten uns gekannt, als wir jünger waren. Du hättest mich damals sehen sollen.«

»Ach, nein. Reifes Holz ist viel besser. Bäume von hoch oben auf der Nordseite der Berge.«

»Kannst du haben.«

»Ein Jammer, dass *ich* schon so alt bin. Sonst könnte ich das hier noch richtig lernen.« Er weist auf die Reihen von gehobelten, geschnitzten Instrumententeilen, wie sie dort an den Balken hängen. »Ich fange ja gerade erst an zu verstehen, was Holz alles kann.«

Zwei Stunden später ist sie wieder zu Hause. Ray muss hören, wie sie mit dem Auto die Auffahrt heraufkommt, das Garagentor öffnet und die Hintertür aufschließt. Aber als sie ins Zimmer tritt, sind seine Augen geschlossen, und der verzerrte Mund steht offen. Im Fernsehen lachen Menschen schrill über die Witze, die sie sich gegenseitig erzählen. Sie schaltet den Apparat aus und geht um das Bett herum, um die fleckige Decke wieder über seinem starren Körper hochzuziehen. Die brauchbare Klaue packt ihr Handgelenk. Die Augen öffnen sich zum Schrei, diesem Blick, der von Hölle und Mord spricht. Sie fährt zusammen, ein Schreckenslaut. Dann ist sie wieder ganz ruhig und redet beschwichtigend auf ihn ein.

Immer der sanfteste Mann auf der Welt. Hat ihre Eskapaden mit der Geduld eines Heiligen ertragen. Weinte ein wenig, als sie verkündete, dass es vorbei ist, versicherte ihr, dass er sich nur das Beste für sie wünscht. Dass sie bleiben könne und tun, was sie wolle. Und wenn sie in Schwierigkeiten gerate, werde er immer für sie da sein. Jetzt steckt sie in Schwierigkeiten. Und tatsächlich. Er. Für sie. Für immer.

»Ray! Meine Güte, ich dachte, du schläfst längst.« Er lallt etwas, so undeutlich, dass es ebenso gut Gesang auf Sanskrit sein könnte. »Was sagst du?« Sie beugt sich zu ihm, ein quälendes Scharadespiel ohne Pantomime. Drei Silben, allesamt verwischt. »Noch mal, Ray.«

Wie im Leben vor dem Tode ist er auch jetzt geduldiger als sie. Die Muskeln auf seiner beweglichen Seite zucken. Alle Arten von Gespenstern streifen ihre Haut und fahren ihr mit den Fingern in die Haare. »RayRay, es tut mir leid. Ich verstehe nicht, was du sagst.«

Noch mehr Laute sickern aus seinen halbstarren Lippen. Wieder beugt sie sich vor und horcht. Zuerst hört sie: *Eibe*. Was er in Wirklichkeit will, ist so unwahrscheinlich, dass sie lange nicht darauf kommt. *Schreiben*. Sie holt Stift und Papier, auch wenn sie sich noch so wenig davon verspricht. Sie legt den Stift in seine noch halbwegs tüchtige Hand und verfolgt die Bewegungen der Finger, wie die Nadel eines Seismographen. Er braucht Minuten für ein paar fürchterliche Krakel.

Sie starrt auf die zittrigen Hieroglyphen und sieht nichts. Unsinn, aber das kann sie ihm nicht sagen, ganz gleich, wie viel oder wenig Mensch da noch unter den Trümmern begraben liegt. Dann erkennt sie ein Wort, und die Bedeutung durchzuckt sie. Sie fängt an zu schluchzen, zerrt an seinem steifen Arm, sagt ihm, was er längst weiß: »Du hast recht. Du hast *recht*!« Acht Buchstaben, der erste ein E. *Befreiung durch den 18. von 26. R-lösung.*

Zwanzig Frühjahre, im Handumdrehen vorbei. Das Jahr mit den höchsten je gemessenen Temperaturen kommt und geht. Dann noch eins. Dann zehn weitere, und fast jedes ist das wärmste seit Beginn der Aufzeichnungen. Der Meeresspiegel steigt. Die Jahresuhr tickt nicht mehr richtig. Zwanzigmal Frühling, und der letzte beginnt zwei Wochen früher als der erste.

Arten verschwinden. Patricia schreibt über sie. So viele, dass man sie nicht zählen kann. Riffe bleichen aus, Sumpfland vertrocknet. Es gehen Dinge verloren, die noch gar nicht entdeckt sind. Lebensformen verschwinden tausendmal schneller als die normale Aussterberate. Wälder größer als die meisten Länder werden zu Ackerflächen. *Sieh dir das Leben ringsum an; jetzt lösche die Hälfte von dem, was du siehst.*

Innerhalb von zwanzig Jahren werden mehr Menschen geboren, als die Erde im Jahr von Douglas' Geburt an Bewohnern hatte.

Nick taucht ab und arbeitet. Was sind schon zwanzig Jahre für eine Arbeit, die langsamer ist als Bäume?

Wir sind, das beweist eine von Adams wissenschaftlichen Arbeiten, nicht dafür ausgestattet, langsame Veränderungen im Hintergrund wahrzunehmen, wenn etwas Leuchtendes, Buntes direkt vor unserer Nase geschieht.

Man kann den Stundenzeiger beobachten, erkennt Mimi, seinen Weg rund um das Zifferblatt verfolgen und doch nie eine Bewegung sehen.

In *Mastery* 8 ist Neelay 66 Kilo schwer, hellhäutig und hat Haare wie Einstein. Seine Züge nehmen unterschiedliche ethnische Merkmale an, je nach den Lichtverhältnissen und der Stadt, in der er gerade ist. Er ist nur eins sechsundvierzig groß, aber seine geschmeidigen Waden und muskulösen Oberschenkel tragen ihn, wohin er will. Sein Name ist Spore, und er ist ein Niemand. Wie jeder andere Siedler auf diesen elf Kontinenten hat er ein paar Medaillen errungen, den einen oder anderen Monumentalbau errichtet und etwas Geld gebunkert. Es gibt Mädchen in seinem Leben, in weit voneinander entfernten Provinzen. Er ist Bürgermeister einer winzigen Stadt, ein Mückenschiss auf der Landkarte, und betreibt in einer anderen eine Gobelinmanufaktur. Eine Zeitlang war er Priester in einem Kloster, das aber jetzt offenbar kurz vor dem Aus steht. Am meisten mag er das Wandern. Er macht Überraschungsbesuche bei Fremden. Betrachtet die Äste der schwankenden Zypressen und schaut sich an, woher der Wind weht.

Er ist in die Parallelwelt ausgewandert, genau wie Abermillionen andere, jeder in das Spiel seiner Wahl. Er kann sich nicht an eine Zeit erinnern, in der es das Web noch nicht gab. So funktioniert das Bewusstsein: Es macht aus dem Jetzt ein *Immer* und verwechselt das, was kam, mit dem, was kommen musste. An manchen Tagen kommt es ihm vor, als hätten er und all die anderen im Tal der Herzensfreude das Onlineleben nicht erfunden, sondern nur eine Schneise nach dort geschlagen. Stufe drei der Evolution.

Eines Mittwochnachmittags ist er unterwegs, obwohl er eigentlich an einer Vorstandssitzung teilnehmen sollte, in der die Anschaffung eines

3D-Modellierungsstudios beschlossen werden soll. Stattdessen steckt er in seinem Spiel und widmet sich ein paar privaten Forschungs- und Entwicklungsarbeiten. Schon seit Tagen befindet er sich auf einer Pilgerreise vom Pol zum Äquator und redet mit jedem, dem er auf seiner Wanderung durch sämtliche Breiten begegnet. Zufällige Fokusgruppen. Marktforschung und Fitnessübung zugleich.

Vor dem Rathaus einer wohlhabenden Stadt in einem Kanton, den er noch nie besucht hat, ist Markt. Zum Klang eines Glockenspiels, das die Leute herbeiruft, wird um alle erdenklichen Waren und Dienstleistungen gefeilscht: Karren, Kerzen, Maschinen, optische Instrumente, Edelmetalle, Land, Obstplantagen. Selbstgesponnenes Leinen, handgezimmerte Möbel, Lauten, mit denen man echte Musik machen kann. Letztes Jahr hätte es hier nichts außer Tauschhandel gegeben; Leute hätten seltene Waren untereinander getauscht. Aber jetzt geht es um echtes Geld – Dollars, Yen, Pfund, Euro –, Millionen von elektronischen Transaktionen, ausgeführt auf der nächsthöheren Instanz.

»Idioten«, sagt jemand auf dem Marktplatz-Kanal. Neelay blickt sich um, will sehen, wer da spricht. Ein Mann im wildledernen Trapperanzug steht neben ihm in der Menge. Eine Sekunde lang hält Neelay ihn für einen Bot, einen computergesteuerten Akteur. Doch da ist etwas an der Art, wie die Gestalt sich bewegt. Etwas Hungriges, Menschliches.

»Wer ist ein Idiot?«

»Kriegen die denn oben nicht schon genug davon?«

»Oben?«

»Alles nur noch Abklatsch. Die Stechuhr drücken, die Brötchen verdienen, das Haus mit Krempel vollstopfen. Genauso schlimm hier wie oben in Bodyland.«

»Es gibt doch genug anderes hier.«

»Hab ich auch erst gedacht«, sagt der Trapper. »Bist du ein Gott?«

»Nein«, lügt Neelay. »Wie kommst du darauf?«

»Du hast alle möglichen Kräfte.«

Er nimmt sich vor, beim nächsten Mal ein wenig unauffälliger aufzutreten. »Ich bin schon eine ganze Weile dabei.«

»Hast du 'ne Ahnung, wo sich die Götter so rumtreiben?«

»Nein. Möchtest du irgendwas ausgebessert haben?«

»Den ganzen Laden hier.«

Das ärgert Neelay nun doch. Die Profite mit dem Spiel waren noch nie so hoch. Erst vor kurzem hat ein Halbwüchsiger in Korea seine Mutter umgebracht, weil ihm ihre Drängelei, mit dem Spiel aufzuhören, auf die Nerven ging. Danach hat er zwei Tage lang weitergespielt, mit ihrer Kreditkarte gezahlt und im Spiel jede Menge Credits eingeheimst, und die Leiche seiner Mutter lag die ganze Zeit im Nebenzimmer. Aber Kritik sollte man immer ernst nehmen.

»Und was hast du auszusetzen?«

»Ich möchte das alles hier einfach wieder so gernhaben können wie früher. Als ich angefangen habe zu spielen, ist es mir vorgekommen wie der Himmel. Millionen Möglichkeiten, alle gewinnen. Man wusste ja nicht mal, was *gewinnen* überhaupt heißt.« Einen Moment lang steht das Bild des Trappers still. Vielleicht muss sein Animus den Mülleimer rausbringen oder ans Telefon gehen oder das neue Baby schaukeln. Dann eine kuriose kleine Auferstehung seines Avatars in zwei Schritten. »Jetzt ist das immer derselbe alte Scheiß. Treibe Stollen in den Berg, holze Wälder ab, überzieh Wiesen mit Blech, bau deine bescheuerten Burgen und Lagerhäuser. Gerade wenn man alles so hingekriegt hat, wie man's haben will, kommt irgendein Blödmann mit Söldnern daher und macht einem alles wieder kaputt. Schlimmer als im richtigen Leben.«

»Möchtest du dich über einen bestimmten Spieler beschweren?«

»Du bist *doch* ein Gott, stimmt's?«

Neelay schweigt. Ein Gott, der schon seit Jahrzehnten seine Beine nicht mehr bewegen kann.

»Weißt du, was nicht stimmt mit dem Laden hier? Ihr habt ein Midas-Problem. Die Leute bauen Scheiße, bis alles zu damit ist. Und dann kommt ihr Götter und erschafft einfach einen neuen Kontinent oder führt neue Waffen ein.«

»Man kann das Spiel auch anders spielen.«

»Dachte ich auch erst. Hinter den hohen Bergen, jenseits des blauen Meers. Aber nein.«

»Vielleicht solltest du es mal anderswo probieren.«

Der Trapper fuchtelt mit den Armen. »Ich dachte, das hier *ist* anderswo.«

Der Junge, der immer noch einfach nur einen digitalen Drachen für seinen längst toten Vater zum Tanzen bringen will, weiß, dass dieser Waldläufer recht hat. *Mastery* hat ein Midas-Problem. Alles geht vergoldet zugrunde.

Adam Appich steigt zum außerordentlichen Professor auf. Es ist keine Atempause – nur noch mehr Druck. Jede Minute seiner Zeit ist doppelt vergeben: Konferenzen, Forschungsberichte, Feldstudien, Vorlesungsvorbereitungen, Sprechstunden, turmhohe Stapel zu korrigieren, Komiteesitzungen, Gutachten für Promotionen, und eine Fernbeziehung mit einer Frau, die fünfhundertsechsunddreißig Meilen entfernt in einem Verlag arbeitet.

Eben sieht er in seinem ersten Eigenheim in Columbus, Ohio, einen Artikel für die Veröffentlichung durch, die Fernsehnachrichten laufen, und dabei isst er Chicken Teriyaki aus der Mikrowelle. Er hat weder für die neuesten Neuigkeiten noch für ein richtiges Essen Zeit. Beides zugleich während der Arbeit, das kann er noch beinahe verantworten. Zehn Sekunden dauert es, bis er begreift, was er da auf dem Fernsehschirm sieht: ausgebrannte Gebäude, verkohlte Balken, ein Bild, wie es seine eigene Erinnerung nur noch in ganz groben Zügen heraufbeschwören kann. Jemand hat einen Bombenanschlag auf ein Forschungslabor im Bundesstaat Washington verübt, das an der Entwicklung genmanipulierter Pappeln arbeitete. Die Kamera verweilt bei einer rußschwarzen Wand. In Sprühfarbe auf Beton liest er dort die Worte, bei deren Formulierung er einst mitgeholfen hat:

HERRSCHAFT TÖTET
GEMEINSCHAFT HEILT

Ihr alter Slogan. Das begreift er nicht. Und der Kommentar des Journalisten macht es nur noch schlimmer. »Die Behörden gehen davon aus, dass dieser Brand mit seinen sieben Millionen Dollar Sachschaden in Verbindung mit ähnlichen Anschlägen im Laufe der letzten Jahre in Oregon, Kalifornien und im nördlichen Idaho steht.«

466

Die Welt bekommt einen Riss, verdoppelt sich, und Adam verwandelt sich in seinen eigenen Doppelgänger. Dann eine nicht ganz so aufwendige Erklärung: einer der anderen macht allein weiter, vielleicht sind sie auch zu zweit oder dritt. Nick höchstwahrscheinlich, jetzt, wo das Mädchen, das er geliebt hat, tot ist. Oder der kindliche Kriegsveteran Douglas. Oder die zwei haben neue Mitstreiter gefunden und legen weiter ihre Brände. Wer immer für dieses neuen Feuer verantwortlich ist, hat den alten Slogan genommen, als besäße er das Copyright daran.

Die Kamera macht einen Schwenk über den verkohlten Deckenbalken des Labors. Adam sieht alles, was dort vorgegangen ist – so deutlich, als hätte er selbst den Sprengsatz angebracht. Und das nicht vor fünf Jahren, sondern vergangene Nacht. Als sei er eben nach Hause gekommen und müsse jetzt seine rauchigen Kleider verbrennen. Die Einstellung endet mit einem letzten Blick auf die Worte, die am anderen Ende des Flurs an die Wand gesprayt sind:

NEIN ZUR SELBSTMORDÖKONOMIE

Sechs Wochen lang war er außerplanmäßiger Professor; jetzt ist er wieder Brandstifter.

Drei Monate darauf explodiert auf der Olympic-Halbinsel im Bundesstaat Washington der Maschinenschuppen eines Holzlagers. Mimi liest davon im *Chronicle*. Sie sitzt auf dem Rasen, im botanischen Garten am Rande des Golden Gate Park, zehn Minuten zu Fuß vom Hilltop, den Gebäuden der Universität von San Francisco, wo sie mit ihrer Ausbildung zur Traumatherapeutin und psychologischen Beraterin inzwischen fast fertig ist. Die Slogans, die an den Wänden des Tatorts prangen, kennt sie – Slogans, die seinerzeit die ihren waren. Zu dem Artikel gehört ein Infokasten, »Chronik des Ökoterrors 1980–1999«.

Verhaftungen können jetzt nur noch eine Frage der Zeit sein. Nächsten Monat, nächstes Jahr, ein Klopfen an der Tür, die Dienstmarke … Leute gehen vorüber, während sie dort sitzt und liest. Ein Obdachloser, all seine weltliche Habe in einem schmutzigen Rucksack. Touristen mit gelben Kappen folgen einer Frau, die mit einem japanischen Wimpel winkt. Ein Pärchen, das sich lachend eine Plüschgiraffe zuwirft. Mimi sitzt auf dem Rasen und liest von Verbrechen, die allem Anschein nach sie verübt hat. Sie breitet die Zeitung im Gras vor sich aus und legt den Kopf in den Nacken. Unsichtbar kreisen dort oben am Himmel unzählige Satelliten, die sie bis auf drei Meter genau orten können. Kameras im Weltraum, die die Schlagzeilen, die sie da vor sich hat, mitlesen: »Chronik des Ökoterrors«. Sie starrt nach oben, wartet, dass die Zukunft vom Himmel herabstößt und sie packt und abführt. Dann nimmt sie die Zeitung und den Müll vom Mittagessen und macht sich über einer Allee von Kalifornischen Steineichen wieder auf den Weg zum Universitätshügel und zur nachmittäglichen Vorlesung, »Ethische und praktische Aspekte der Therapie«.

Nick erfährt nie von diesen neuen Feuern. Was er an Nachrichten mitbekommt, schnappt er an Bushaltestellen auf, in Coffeeshops, von Telefonverkäufern und Volkszählern, Bettlern in den kleinen Städten die ganze Küste hinauf, allesamt bereit, ihm Geheimnisse zu enthüllen, die kaum ein Kommentator oder Analytiker kennt, und oft auch noch gratis.

In Bellevue, Washington, findet er die perfekte Arbeit: Als besserer Regalauffüller kurvt er mit einem Mini-Gabelstapler durch ein riesiges Auslieferungslager, packt Paletten mit Büchern aus, scannt ihre Strichcodes und verzeichnet ihren genauen Lagerplatz in einer gewaltigen 3D-Speichermatrix. Man erwartet Geschwindigkeitsrekorde von ihm. Er stellt sie auf. Es ist eine Art Performance für das exklusivste Publikum von allen, niemanden.

Bei dem Produkt, das hier bevorratet wird, handelt es sich im Grunde nicht um Bücher, sondern um das Ziel von Zehntausenden von Jahren Geschichte, das, wonach das Hirn eines Menschen sich mehr sehnt als nach allem anderen und wofür die Natur, weil sie es nicht liefern will, sterben muss: Bequemlichkeit. Komfort ist die Krankheit, und Nick ist ihr Überträger. Sein Arbeitgeber ist ein Virus, der schon bald symbiotisch im Inneren eines jeden Menschen leben wird. Wenn man einmal im Schlafanzug einen Roman gekauft hat, gibt es kein Umkehren mehr.

Nick packt den nächsten Karton aus, Nummer dreiundneunzig für heute. Über hundert kann er an einem guten Tag öffnen, scannen und verräumen, einen alle vier Minuten. Je schneller er wird, desto länger kann er hinauszögern, dass ein Roboter ihn ersetzt. Er gibt sich noch ungefähr zwei Jahre, bis die Rationalisierung ihn umbringt. Je schwerer er arbeitet, desto weniger muss er denken.

Er stellt die Kiste Taschenbücher auf ihr stählernes Brett und sieht sich um. Regal an Regal auf Gitterträgern, eine endlose Bücherschlucht. Dutzende solcher Gänge allein in diesem Auslieferungslager. Und neue Auslieferungslager entstehen Monat für Monat auf fast allen Kontinenten. Seine Arbeitgeber werden nicht nachlassen, bis die ganze Welt ihnen ausgeliefert ist. Nick vergeudet fünf wertvolle Sekunden Arbeitszeit für einen Blick in diesen Abgrund der Bücher. Das Bild erfüllt ihn mit einem Entsetzen, das von Hoffnung nicht zu trennen ist. Irgendwo in diesen endlos überquellenden Canyons aus bedrucktem Papier, verborgen in den Millionen Tonnen Weihrauchkieferfasern, muss es ein paar Worte der Wahrheit geben, eine Seite, einen Abschnitt, der den Bann der Bequemlichkeit brechen könnte und der Gefahr, Not und Tod zurückbrächte.

Nachts arbeitet er an seinen Wandbildern. Er schneidet die Schablonen in seiner Wohnung, dann trägt er sie durch die Stadt zu kahlen Wänden, die er auf seinen Streifzügen findet. Er fordert das Schicksal heraus, wenn er etwas tut, das die Aufmerksamkeit der Polizei auf ihn lenken könnte. Aber der Drang, seine Schreie in Bilder zu fassen, ist übermächtig. Ein mittelgroßes Werk bekommt er, vom Ankleben bis zum Abreißen, in einer guten halben Stunde hin. Zwischen zwei und vier Uhr nachts, wenn er sonst in Selbstzerfleischung wach liegen würde, kann er Zeichen in gleich mehreren Stadtvierteln setzen. Kühe mit kugelsicheren Westen. Demonstranten, die Granaten in Gestalt geflügelter Ahornsamen werfen. Winzige Kriegsflugzeuge und Helikopter umschwärmen die Blüten echter Rosen an ihren Spalieren, als wollten sie sie bestäuben.

Die Aufgabe, die er sich für diese Nacht vorgenommen hat, ist größer: Das Bürohaus einer Anwaltskanzlei, sechzehn sich überlappende Schablonen. Nick steht auf einer Leiter und bringt die numerierten Blätter an, ein Gebilde wie eine große Vase, die an Ober- und Unterende breiter wird. Schablonen bedecken die Betonwand bis zum Boden, dann machen sie einen Neunzig-Grad-Knick und ergießen sich über den Bürgersteig. Sprühdosen werden gezückt, und die ausgeschnittenen Linien füllen sich mit Farben, die über das Abdeckpapier rinnen. Einen Moment zum Trocknen, dann zieht er die Schablonen ab, und zum Vorschein kommt ein Kastanienbaum. Die Äste reichen bis hinauf zu den Büros im ersten Stock. Der Stamm mündet in ein Wurzelgewirr, das sich über den Bürgersteig bis zum Gully am Straßenrand zieht. In der Mitte, ein wenig unter Augenhöhe, schärfen sich die Runzeln der Rinde zu einem halbmeterbreiten Strichcode.

Nick holt einen fingerdicken Kamelhaarpinsel und eine Dose schwarze Emaillefarbe aus seinem Rucksack und fügt den Codestrichen freihand noch einen Vers von Rumi hinzu:

Liebe ist ein Baum
mit Ästen
in aller Zeit
mit Wurzeln
in der Ewigkeit
und einem Stamm
der nirgends ist

Jemand hat ihm das Gedicht einmal vorgelesen, in einem Baumhaus, weit draußen auf einem Ast, ganz am Rand, da, wo die Schöpfung noch wuchs. *Wenn einer von uns fällt*, hört er diesen Jemand sagen, *dann fällt der andere mit.* Er tritt einen Schritt zurück, um sein Werk zu begutachten. Etwas irritiert ihn, er weiß nicht recht, ob es ihm gefällt. Aber was einem gefällt und was einem nicht gefällt – Stecken und Stab der Warenwelt –, bedeutet ihm nicht viel. Er will nur so viele Mauern wie möglich mit etwas bedecken, das das Gegenteil von einer Mauer ist.

Er sammelt Schablonen und Sprühdosen ein, steckt sie wieder in seinen Rucksack und stolpert zurück nach Hause zu fünf weiteren Stunden Halbschlaf in einem Bett, das neue Wäsche brauchen könnte. Olivia verfolgt ihn in seinen Träumen, und wieder ruft sie im Entsetzen des Todes: *Aber das wird niemals enden – was wir hier haben. Nicht wahr?*

»Verlass mich«, sagt Ray Brinkman zu seiner Frau, mehrfach jede Woche. Aber sie versteht nicht, was da an zusammengepappten Lautklumpen aus seinem Mund kommt, oder tut, als verstünde sie es nicht. Am besten geht es ihm nachts, wenn sie stundenlang fort ist. Dann kreisen all seine Hoffnungen um den Gedanken, dass sie bei ihrem Freund ist, wo sie anders sein kann, reden, Schmerz empfinden, im Dunkel eines fernen Zimmers laut nach all dem rufen kann, was immer knapp außerhalb ihrer Reichweite bleibt. Und doch spürt er, er kann nicht anders, immer wenn sie am Morgen wieder in sein Zimmer kommt, ihn mit ihrem *Morgen, RayRay. Alles gut hier?* begrüßt, seine eigene, gelähmte Variante von Glück.

Sie füttert ihn, stellt den Fernseher für ihn ein. Auf dem Bildschirm Nachrichten, Reisesendungen, menschliche Gesellschaft, eine Erinnerung daran, wie glücklich er sein Leben lang war, auch wenn er es nie gemerkt hat. Am heutigen Morgen herrscht in Seattle Krieg. Es geht um die Zukunft der Welt, um allen Wohlstand und um sämtliches Eigentum. Auch die Moderatoren des Frühstücksfernsehens scheinen nicht so recht zu wissen, woran sie sind. Delegierte aus Dutzenden von Ländern wollen sich in einem Kongresszentrum versammeln; Tausende ekstatischer Protestler hindern sie am Einzug. Kids in Ponchos und tarnfarbenen Hosen tanzen auf dem Dach eines brennenden Panzerwagens. Andere reißen einen Briefkasten aus dem Bürgersteig und schleudern ihn durch die Glasfront einer Bank, begleitet von dem Geschrei einer Frau. Unter Bäumen, auf denen die Weihnachtsbeleuchtung funkelt, werfen Trupps von behelmten, schwarz uniformierten Polizisten Dosen in die Menge, aus denen rosa Rauch quillt. Ray Brinkman, der zwei Jahrzehnte in den Schützengräben des Patentrechts verbracht hat, applaudiert jedes Mal, wenn die Polizei einen Anarchisten zum Schweigen bringt. Aber Ray Brinkman, den Gott mit einem kleinen Klatscher kaltgestellt hat, zerschlägt Glas.

Die Menge wogt, teilt sich, strömt in alle Richtungen, formiert sich neu. Eine Phalanx aus Polizeischilden drängt sie zurück. Wie in einer Choreographie umfließt Gesetzlosigkeit Barrikaden und Panzerwagen. Die Kameras haben etwas Sehenswertes in der Menge entdeckt und bleiben einen Moment dabei: ein Trupp wilder Tiere. Geweihe, Schnurr-

471

haare, Fangzähne und Schlappohren, phantasievolle Masken auf den Köpfen von Kids in Hoodies und Bomberjacken. Die Geschöpfe sterben, gehen zu Boden, und dann erheben sie sich wieder, wie in einem Snuff-Streifen für Umweltfreunde.

Eine Erinnerung schleicht sich an die Oberfläche von Rays verändertem Verstand. Er kennt diese Tiermasken, die bemalten Trikots. Er weiß, wer sie sind. Er hat sie schon einmal gesehen, auf einem Foto oder so etwas. Er weiß, das kann nicht sein, aber mit Fakten lässt sich dieses gespenstische Gefühl nicht vertreiben. Er ruft Dorothy, damit sie den Fernseher abstellt.

»Lesen wir?« Sie fragt das jedes Mal, obwohl die Frage überflüssig ist. Er würde niemals mit Nein antworten. Die Vorlesestunden sind jetzt sein Leben. Schon seit Jahren arbeiten sie sich durch die *Hundert größten Romane aller Zeiten*. Er versteht gar nicht mehr, warum er früher nie Geduld für die Literatur hatte. Jetzt kann er sich überhaupt nichts Besseres vorstellen, um sich die Zeit bis zum Essen zu vertreiben. Selbst am lächerlichsten Krümelchen Handlung klammert er sich fest, als hinge die Zukunft der Menschheit davon ab.

Ein Buch führt zum anderen, variantenreich wie die Finken auf weit entfernten Inseln. Aber bestimmte Gemeinsamkeiten sind so offenkundig, dass beide sie als selbstverständlich nehmen. Jedes dieser Bücher spielt mit der Idee, dass Furcht und Zorn, Gewalt und Begehren, Wut versüßt durch die Möglichkeit, unvermutet zu vergeben, – *Charakter* eben – letzten Endes alles sind, worauf es ankommt. Natürlich ist das ein Kinderglaube, nur eine kleine Stufe höher als die Überzeugung, dass der Schöpfer des Universums sich die Mühe macht, über alle Welt Urteile zu fällen wie ein Richter beim Bundesgericht. Menschsein heißt, dass man eine befriedigende Geschichte für eine sinnvolle und das Leben für etwas Großes auf zwei Beinen hält. Nein: Das Leben hat so viel mehr Gesichter, und die Welt scheitert, gerade weil es keinem Roman gelingt, das Ringen um die *Welt* so interessant zu machen wie das Ringen zwischen ein paar verlorenen Menschen. Aber jetzt braucht Ray die Fiktionen, genau wie alle anderen sie brauchen. Die Helden, Schurken und Komparsen, mit denen seine Frau ihn an diesem Vormittag füttert, sind besser als die Wahrheit. *Ich bin zwar nicht echt*, sagen sie, *und nichts, was ich tue, bewirkt etwas, aber trotzdem nehme ich auch die weiteste Reise auf mich, um hier bei dir zu sitzen, hier an deinem verstellbaren Bett, dir Gesellschaft zu leisten, damit du auf andere Gedanken kommst.*

Nach Zehntausenden von Seiten sind sie wieder einmal bei Tolstoi angekommen, und sie haben schon gut fünf Zentimeter *Anna Karenina* hinter sich gebracht. Dot nimmt den Faden auf, ohne eine Spur von Verlegenheit oder Scham, ohne die kleinste Andeutung, dass Kunst und Leben sich für denselben Zeichenkurs eingeschrieben haben. Und das ist für Ray der größte Trost, den die Literatur ihm geben kann: der Beweis dafür, dass am Ende selbst das Schlimmste, was sie beide einander angetan haben, doch auch nur eine Geschichte ist, die das gemeinsame Lesen lohnt.

Sie liest vor, er schließt die Augen. Nicht lange, und er tritt selbst in das Buch ein, lungert in den Kulissen, eine Nebenfigur, deren Schicksal für die Helden der Geschichte keinerlei Belang hat. Er erwacht von dem Geräusch, das ihn ein Dritteljahrhundert lang in den Schlaf gewiegt hat: dem leisen Schnarchen seiner Frau. Und ihm bleibt nichts anderes zu tun als das, was er ein halbes Dutzend Stunden täglich tun muss, jeden Tag seines neuentdeckten Lebens: zum Fenster hinaus in den Garten starren.

Ein Specht unternimmt Shuttleflüge zu einer herbstlich bunten Eiche, stopft Nüsse in einen Kranz aus selbstgehackten Löchern. Zwei Eichhörnchen flitzen in irrwitzigen Spiralen um den Stamm einer kahlen Linde. Schwarze Käfer krabbeln in Scharen über die Spitzen der Grashalme, aufgescheucht von der kommenden Kälte. Ein Busch, den er und Dorothy wohl vor Jahren einmal dort gesetzt haben, quillt über vor zottigen gelben Blüten, obwohl er sämtliche Blätter längst abgeworfen hat. Großes Drama für jemanden, der gelähmt im Bett liegt. Der Wind streut Gerüchte aus; all die Bäume und Sträucher, die die Brinkmans zu ihren Hochzeitstagen gepflanzt haben, fuchteln aufgeregt mit den Armen. Überall Gefahr, Gefechtsbereitschaft, Gehässigkeit, Dramen in Zeitlupe, die Jahreszeiten in ihrem epischen Wandel, einst so langsam, dass man sie nicht sah, und nun preschen sie in einem Tempo an seinem Bett vorbei, dass er nicht mehr mitkommt.

Dorothy prustet und ist wieder wach. »Oh! Entschuldige, Ray. Ich wollte dich nicht allein lassen.«

Er kann es ihr nicht sagen. Niemand kann jemals allein gelassen werden, egal wo, egal wann. Das ganze symphonische Chaos, der Großalarm der Erzählung, das alles umgibt sie zu jeder Zeit. Sie hat keinen Begriff davon und er nicht die Möglichkeit, es ihr begreiflich zu machen. Kultivierte Gärten sind alle gleich. Jeder wilde Garten ist auf seine ganz persönliche Art wild.

Die Uhren von Abermillionen von Computern, alle miteinander vernetzt, machen sich bereit, auf eine Jahreszahl umzuschalten, die in ihrem Bauplan nicht vorgesehen ist. Leute legen Notvorräte im Keller an, für das Ende des Informationszeitalters. Douglas könnte nicht genau sagen, wann das Jahrtausend endet. Da, wo er jetzt ist, sind Einheiten, die das Maß einer Woche überschreiten, nicht von Bedeutung. Tageslicht gibt es um diese Jahreszeit gerade einmal ein paar Stunden, der Schnee liegt meterhoch, selbst zur Mittagszeit frieren einem noch die Härchen an den Armen ab. Douglas würde es nicht einmal merken, wenn der große Computer-Crash bereits stattgefunden und die Infrastruktur des ganzen Planeten zum Erliegen gebracht hätte. In seiner Hütte der Forstverwaltung, seinem Versteck im tiefsten Montana, wäre er der Letzte, der davon erfährt.

Er wacht auf, als das Feuer ausgeht; entweder muss er jetzt nachlegen oder er erfriert. In langen Unterhosen springt er aus dem arktisch kalten Schlafsack, wie etwas, das seinen Kokon verlässt, obwohl es das Larvenstadium noch nicht ganz hinter sich hat. Er zieht den Parka über, aber seine Finger sind so klamm, dass er fünfzehn bange Minuten braucht, bis er zwei Kiefernholzscheite zum Brennen bekommt. Er toastet seine Hände über dem Feuer wie einen Satz Marshmallows, zieht sie erst wieder zurück, als er die Finger bewegen kann. Sein Frühstück besteht aus zwei Eiern, drei dicken Scheiben Speck und einem Stück altbackenem Brot, das er oben auf dem Holzofen röstet.

Danach geht er auf die Veranda und lässt den Blick über die Stadt schweifen. Graubraune Holzfassaden verstreut über den verschneiten

Hügel zu seinen Füßen. Das baufällige dreistöckige Hotel, der längst leere Lebensmittelladen, die Arztpraxis mit Friseurbereich, das Bordell und gleich mehrere Saloons: sein Reich. Auf dem Bergkamm in der Ferne Weißstämmige Kiefern. Überall im Schnee die Spuren von Besuchern – Wapitis, Hirsche, Hasen –, Dramen, in Zeichen verschlüsselt, die er allmählich zu lesen lernt. Er sieht, ein Epos im Schnee, die Stelle, an der ein Raubvogel sich herabgestürzt, sein Opfer geschlagen hat, und dann auf und davon, keine Nachsendeadresse.

Winteraufseher in der Freundlichsten Geisterstadt des Westens: Er hat schon so manchen sinnlosen Job in seinem Leben gehabt, aber noch keinen so sinnlosen wie diesen. Die Pässe auf beiden Seiten – zwanzig Meilen steile, steinige Schlaglochpiste – sind unter Bergen von Schnee verschwunden. Vor Ende Mai wird niemand hier heraufkommen. Zugegeben: Es *könnte* etwas geschehen, in der Zeit, in der er hier zuständig ist. Ein Erdbeben vielleicht oder ein Meteor. Außerirdische. Ereignisse, an denen er nicht das Geringste ändern könnte. Selbst sein Truck von der Forstverwaltung wird, obwohl mit Schneepflug versehen, so schnell nirgendwohin fahren.

Die Berge sind hoch, das Erdreich ist steil und dünn, den Wald hat man das eine Mal zu oft gesäubert, die Adern mit dem wertvollen Metall sind ausgeräumt. Das Einzige, was man hier oben noch verkaufen kann, ist Nostalgie, jenes erst jüngst vergangene Gestern, als das Morgen noch die Antwort auf alles zu sein schien, was ein Mensch sich erträumen könnte. Wenn der Sommer kommt, zieht er seine Bergarbeiterkluft an und erzählt Geschichten für die Touristen, die die Schüttelstrecke auf sich nehmen, damit sie einen Ort auf ihrer Liste abhaken können, dessen einzige Attraktion darin besteht, dass er so weit ab von allem liegt. Kinder denken wahrscheinlich, er ist hundertfünfzig Jahre alt. Familien passieren das Dorf im Laufschritt, machen ein paar Fotos, dann weiter zum Old Faithful oder zum Glacier-Park, irgendwohin, wo sich das Anhalten lohnt.

Er setzt sich an den wackligen Küchentisch und nimmt den Schatz in die Hand, den er dort stehen hat, gleich neben dem Salzstreuer, dessen Inhalt längst wieder zu Stein geworden ist. Etwas, das er letzten Herbst gefunden hat, eine dunkelbraune Flasche, halb verschüttet am Schachtturm der Mine. Was von dem verwitterten Etikett noch erhalten ist, zeigt chinesische Schriftzeichen, Geschöpfe aus den Ozeanen der Urzeit dieses Planeten. Die Flasche ist und bleibt ein Geheimnis – was dort steht, was sie einst enthielt. Sie hat einmal einem der vielen Chinesen gehört, die als Bergarbeiter kamen und die Wäscherei betrieben. Mit zusammengekniffenen Augen betrachtet er die Schriftzeichen und flüstert: »Was die machen?« Seine Freundin hat ihm diesen Satz beigebracht – er weiß nicht mehr, wo oder wann. Es hatte etwas mit China und ihrem Vater zu tun. Immer wenn er ihn sagte, musste sie lachen. Er hat versucht, ihn möglichst oft zu sagen.

Er stellt die Flasche wieder an ihren Platz und beginnt sein Morgenritual: die Bibel, die er für seine neue Religion verfassen will, die Botschaft der Demut im Elend. Seit Mitte November arbeitet er an einem Manifest des Versagens. Da, wo der Tisch an die Wand stößt, stapeln sich die gelben, mit Kugelschreiber gefüllten Schreibblockblätter. Die Schilderung, wie er zum Verräter seiner Spezies geworden ist. Er nennt keine echten Namen, nur die Waldpseudonyme. Aber alles steht drin: Wie ihm die Schuppen von den Augen fielen. Wie aus Erkenntnis Wut wurde. Wie er auf Gleichgesinnte stieß und die Bäume sprechen hörte. Er schreibt auf, was sie erreichen wollten und wie sie versucht haben, es zu erreichen. Er schreibt auf, was sie falsch gemacht haben und warum. Alles voller Leidenschaft, überbordend vor Einzelheiten, aber Struktur gibt es wenig. Seine Worte verzweigen sich einfach, bilden Knospen, verzweigen sich wieder. Es hält ihn beschäftigt. Besser als Lagerkoller, obwohl an manchen Tagen nicht viel besser.

Heute liest er sich durch, was er gestern geschrieben hat – zwei Seiten darüber, wie es war, mitanzusehen, wie seiner Mimi Feuer in die Augen geträufelt wurde. Dann greift er wieder zum Stift, beackert die Zeilen. Als pflanze er wieder seine Baumreihen, stets entlang der Höhenlinien eines Hügels. Das Problem ist, immer wenn er sich mit der Frage des Scheiterns beschäftigt, kommt er fast zwangsläufig auf die naheliegende, verwandte Frage, was zum Teufel denn bloß mit der Menschheit schiefgegangen ist.

Der Stift gleitet dahin; die Ideen nehmen Gestalt an, als führe ein Geist ihm die Hand. Etwas sticht heraus, eine Wahrheit so offensichtlich, dass die Worte sich von selbst diktieren. Wir plündern das Sparbuch von einer ganzen Milliarde Jahren dieses Planeten und verpulvern es alles für wertlosen Plunder. Und was Douglas Pavlicek gern wüsste, ist, warum es so einfach ist, das zu erkennen, wenn man allein in einer Blockhütte in den Bergen sitzt, und fast unmöglich zu glauben, wenn man erst mal draußen ist, unter Milliarden von Menschen, die, egal wie viel sie haben, immer noch eins drauflegen.

Er muss sich um das Feuer kümmern. Dann weitere Nahrung – Erdnussbutter auf Kräckern, eine Kartoffel, die er direkt über den brennenden Kiefernscheiten gart. Danach wird es Zeit, seinen Kontrollgang durchs Dorf zu machen, sich zu vergewissern, dass die Geister keinen Unfug treiben. Er packt sich in mehrere Stoffschichten und schnallt die gebraucht gekauften Schneeschuhe unter. Die großen Paddel – seine Anpassung an die winterliche Umgebung – machen ein Mischwesen aus ihm, halb Mensch, halb auf den Hinterbeinen stakender Riesenhase. Trotzdem sackt er, als er nun den Hang hinunter zur Geisterstadt stapft, immer wieder ein, ein Dutzend Mal bestimmt.

Nicht viel los auf der Hauptstraße. Er sieht sich in den windschiefen Gebäuden um, inspiziert Schaukästen und Tafeln auf unwillkommene Nester, Nagespuren oder Höhlen. Nur damit er Beschäftigung hat. Die Wahrheit ist, sein Boss, ein Crow-Indianer, lässt ihn den Winter über in der Hütte wohnen, weil es die Forstbehörde nichts kostet, und Douggie hat sich die Inspektionsrunde ausgedacht, damit er sich nicht wie ein Schnorrer vorkommt. Vom oberen Balkon des Hotels aus ruft er laut: »Die Stadt hier ist *tot*.« *Oot-oot-oot* kommt es von der Garnet Range zurück, dann gibt auch das Echo auf. Zum Aufstieg nimmt er den längeren Weg über den Bergkamm, eine halbe Meile Ertüchtigung, und von dort oben hat er den Ausblick über die Schlucht. An einem Tag so klar wie heute kann er in der Ferne den Lärchenwald sehen. Koniferen, die im Winter ihre Nadeln abwerfen.

Er stapft weiter, tastet mit den Schneeschuhen nach dem Pfad. Hinter der ersten Serpentine sieht er das Tal unter sich. Den Steilhang hinab breitet sich ein Teppich aus Bäumen, so dicht, dass man gar nicht glauben mag, dass die Welt bereits ausgeplündert ist bis an den Rand der Vernichtung. Bergeweise skulpturgewordener Schnee zieht die unteren

Äste zu langen Röcken bis auf die Erde herab. Die purpurfarbenen, aufrecht stehenden Tannenzapfen haben ihre Samen bereits preisgegeben. In den Fichtenspitzen hingegen hängen sie noch in Bündeln, weißbemützte Eier, die das Fallen vergessen haben. Wacholder wächst geradewegs aus dem nackten Felsen. Fichtenälteste stehen beieinander und halten Gericht über ihn.

Er geht bis ganz an die Kante, weil man von dort am besten sieht, und was er für festen Fels gehalten hat, bricht unter ihm ab. Er landet auf dem ersten schneebedeckten Vorsprung unterhalb der Abbruchstelle, von wo es dreihundert Meter in die Tiefe geht. Ein Fichtenstamm fängt ihn auf, als er schon über Schnee und Steine auf den Abgrund zurutscht. Fünfzig Meter Geröll stürzen unter ihm in die Tiefe. Er schreit, aber dann gelingt es ihm im letzten Augenblick doch noch, den Arm um den rettenden Stamm zu schlingen. Zum zweiten Mal retten Bäume ihm das Leben.

Blut gefriert auf seinem aufgeschürften Gesicht. Die Luft ist so kalt, dass die Nase sich anfühlt, als hätte sie einen Stromstoß abbekommen. Der Winkel, in dem sein Arm von der Schulter absteht, stimmt nicht. Schnee lastet auf ihm. Er liegt ganz still, weiß genauso wenig wie die Fichten im Schneerock. Es wird bereits dunkel. Was sich vorher schon kalt anfühlte, entwickelt sich jetzt zu mörderischem Frost. Sein Gehirn flackert, er schlägt die Augen auf und sieht das Weiß an, das ihn umbringen will. Er schaut nach oben, erkennt die Aussichtslosigkeit dieser schieren Felswand und denkt: *Lass mich einfach nur ein Weilchen hier ausruhen.* Am Ende ist es die Tote, die ihn zum Aufstehen bringt; die sich neben ihn kniet und ihm das Gesicht streichelt. *Du bist nicht bloß du.*

Vom Klang seiner eigenen Stimme – »Nicht?« – wacht er auf. Die streichelnden Finger der Toten verwandeln sich in Zweige der Fichte, die ihn aufgefangen hat. Seine Nase ist gebrochen, die Schulter verrenkt. In dem Bein mit der alten Wunde spürt er nun gar nichts mehr. Nacht und Kälte kommen schnell. Zwanzig Meter geht es über ihm steil in die Höhe. Aber Tatsachen haben kein Gewicht. Das sagt sie ihm noch, in sechs weiteren Worten. *Du bist noch nicht fertig hier.*

Patricia ist nun schon im Rentenalter, aber sie arbeitet, als gäbe es kein Morgen. Oder als ob es das Morgen doch noch geben könnte, wenn sich nur genügend Leute anstrengen und arbeiten. Sie hat zwei Aufgaben, die eine das Gegenteil der anderen. Bei der Arbeit, die sie hasst, steht sie am Rednerpult und bettelt um Geld, stottert wie ein Specht, der an einem Baumstamm hämmert. Sie hat ein kleines Repertoire an Reklamesprüchen. Blake: *Ein Dummkopf sieht nicht denselben Baum, den ein kluger Mann sieht.* Auden: *Eine Kultur ist nur so gut wie ihre Wälder.* Zehn Prozent der Zuhörerschaft spenden für ihr Gen-Archiv zwanzig Dollar.

Ihre Mitarbeiter sagen ihr immer, sie soll keine Zahlen nennen, aber sie tut es trotzdem. Hatte nicht Shaw recht, als er sagte, wahre Intelligenz erkenne man daran, dass sie sich von Statistik rühren lässt? Siebzehn verschiedene Arten von Waldsterben, alle verschlimmert durch den Klimawandel. Tausende von Quadratmeilen jedes Jahr dadurch verloren, dass sie *erschlossen* werden. Jahr für Jahr in der Gesamtbilanz einhundert Milliarden Bäume weniger. Die Hälfte der im Wald beheimateten Arten des Planeten werden ausgestorben sein, wenn dieses neue Jahrhundert um ist. Zehn Prozent der Zuhörerschaft spenden ihr zwanzig Dollar.

Sie führt ökonomische Gründe an, Geschäftsethos, Kunst, Moral, Geist. Sie erzählt ihnen *Geschichten*, voller Drama, Hoffnung und Wut, mit Schurken und Helden. Sie erzählt ihnen von Chico Mendes. Sie erzählt ihnen von Wangari Maathai. Einer von zehn gibt ihr einen Zwanziger, und ein Engel gibt ihr eine Million. Das reicht aus, um mit der Arbeit weiterzumachen, die sie liebt: Um die Welt jetten, wobei sie unverantwortliche Mengen Treibhausgase in die Luft bläst und den Untergang der Erde noch weiter beschleunigt, um Samen und Sämlinge von Bäumen zu sammeln, die es schon in allernächster Zukunft nicht mehr geben wird.

Palisander aus Honduras. Hinton-Eiche aus Mexiko. Gumwood von St. Helena. Zedern vom Kap der Guten Hoffnung. Zwanzig Arten Riesenkauris, drei Meter im Durchmesser und dreißig Meter hoch, bevor der erste Ast ansetzt. Eine Fitzroya – eine patagonische Zypresse – aus Südchile, älter als die Bibel, die aber immer noch neue Zapfen bildet. Die Hälfte aller Arten in Australien, im südlichen China, einem Streifen quer durch Afrika. Die fremdartige Flora, die es nur auf Madagaskar und nirgendwo sonst auf der Welt gibt. Salzwassermangroven – Kindergärten der Meere, Beschützer der Küsten –, in hundert Ländern im Verschwinden begriffen. Borneo, Papua-Neuguinea, die Molukken, Sumatra: Die produktivsten Ökosysteme der Erde müssen Ölpalmplantagen weichen.

Sie wandert durch die öden, manikürten Waldreste des kahlgeschlagenen Japan. Sie wandert über lebende Brücken tief im nordwestlichen Indien – Wurzeln des *Ficus elastica*, von Generationen von Bergbewohnern, dem Volk der Khasi, angelernt, Flüsse zu überspannen – und kommt auf der anderen Seite in einen Forst, in dem schnellwachsende Kiefern die einheimischen Bestände ersetzt haben. Sie wandert in Thailand durch ehemalige Teakholzwälder, in denen jetzt spindeldürrer Eukalyptus wächst, geerntet alle drei Jahre. Sie schaut sich an, was von den einst großen Pinyonkiefer-Beständen des amerikanischen Südwestens noch übrig geblieben ist, fast alle gerodet für Weizenfelder. Die ursprünglichen, artenreichen, noch undokumentierten Wälder verschwinden zusehends. Die Einheimischen erzählen ihr überall die gleiche Geschichte: Natürlich wollen wir nicht die Gans umbringen, die goldene Eier legt, aber anders kommen wir an die Eier nicht ran.

Die Presse ist begeistert von ihrer Mission, so rührend, so aussichtslos. »Der Engel der Bäume.« »Mrs. Noah, die Samensammlerin.« »Baumsamen für bessere Zeiten.« Weltweit bekommt sie Aufmerksamkeit, die vollen fünfzehn Minuten. Hätte sie ihr Gen-Archiv als Festung tief im Erdboden der Arktis angelegt, wäre es sogar eine halbe Stunde gewesen. Aber ein klobiger Bunker in Colorado, in den Ausläufern der Rockies, da lohnt es sich kaum, dass man die Videokamera überhaupt auspackt.

Von innen wirkt dieser Bunker wie eine Kreuzung aus Kapelle und hochmoderner Bibliothek. Tausende von Behältnissen, ordentlich aufgereiht und mit Etiketten versehen, auf denen Spezies, Ort und Datum verzeichnet sind, liegen in beschrifteten luftdichten Schubladen aus Glas und Stahl, wie die Schließfächer in einer echten Bank, nur bei zwanzig Grad unter Null. Patricia ist sehr seltsam zumute, wenn sie in diesem Tresorraum steht. Sie befindet sich in einer der artenreichsten Regionen der Erde, umgeben von Tausenden von schlafenden Samenkörnern, gereinigt, getrocknet, geworfelt und geröntgt, und alle warten darauf, dass ihre DNA wieder erwacht und sie aufs Neue damit anfangen können, aus Luft Holz zu machen, beim geringsten Anzeichen von Tauwetter und Wasser. Die Samenkörner summen. Sie *singen* etwas – da könnte sie schwören –, gerade unterhalb des hörbaren Bereichs.

Die Reporter fragen, warum ihre Gruppe, anders als ähnliche Organisationen in anderen Ländern, sich nicht auf Pflanzen konzentriert, die nützlich sein können, wenn die Katastrophe kommt. Sie möchte sagen: *Das Nützliche* ist *die Katastrophe*. Aber stattdessen antwortet sie: »Wir bewahren die genetischen Informationen von Bäumen, deren Nutzen noch nicht entdeckt ist.« Die Journalisten sind mit Eifer dabei, als sie auf die Brennpunkte des Waldsterbens zu sprechen kommt und jeweils die wahrscheinlichsten Gründe benennt: saurer Regen, Rostpilze, Baumkrebs, Wurzelfäule, Dürre, invasive Arten, naturferne Landwirtschaft, Rüssel- und andere Käfer, weitere Pilzarten, Wüstenbildung … aber ihr Blick trübt sich, als sie ihnen als Nächstes erklärt, dass all diese Bedrohungen nur aus einem einzigen Grunde tödlich sind: dem wachsenden menschlichen Einfluss auf die Atmosphäre durch das Verbrennen von Dingen, die einmal grün waren. Die Monats-, Wochen-, Tages-, Stunden- und Minutenmagazine berichten allesamt über sie und wenden sich dann dem Nächstneueren zu. Ein paar Leute lesen es und schicken ihr zwanzig Dollar. Und sie kann in den nächsten dem Untergang geweihten Wald ziehen, auf der Suche nach dem nächsten sterbenden Baum.

In Machadinho d'Oeste, im Westen Brasiliens, lernt Patricia, was ein Wald alles kann. Sonnenstrahlen fallen schräg über die von Schlingpflanzen überwucherten Stämme, die unbändigsten Motoren des Lebens auf Erden. Bewohner besiedeln jedes Stückchen Oberfläche, geben dem Wilden, das im Wort *Wildnis* steckt, eine Gestalt. Überall Fransen und Flechtwerk, Schnörkel, Schuppen und Dornen. Sie hat Mühe, die Bäume zwischen all den Lianenschnüren, den Orchideen, Mooskissen, Bromelien, den riesenhaften Farnbüschen und Algenteppichen überhaupt zu sehen.

Es gibt Bäume, bei denen Blüten und Früchte direkt am Stamm sitzen. Bizarre Kapoks mit zwölf Metern Umfang und Ästen, die stachlig oder schimmernd oder glatt sein können, alle am selben Baum. Myrten, die verstreut im Wald stehen und trotzdem alle am selben Tag blühen. Paranussbäume, ihre stachligen Kanonenkugelfrüchte prallvoll mit Nüssen. Bäume, die Regen machen, einem die Uhrzeit nennen, das Wetter vorhersagen. Samen in obszönen Formen und Farben. Schoten wie Dolche und Krummsäbel. Stielwurzeln und Schlängelwurzeln und Brettwurzeln wie die Strebepfeiler der Kathedralen, und Wurzeln, die atmen. Ein Feuerwerk aller überhaupt nur denkbaren Lösungen. Biomasse im Rausch. Einmal das Netz geschwungen, und man hat Käfer von zwei Dutzend Arten. Ganze Ameisenkolonien fallen über sie her, greifen sie an, weil sie die Bäume anfasst, die sie nähren und schützen.

Hier besteht jede Woche aus sieben langen Tagen Bestandsaufnahme. Das Team von Dr. Westerford ist von früh bis spät mit Zählen beschäftigt, ein Arbeitstag, der eine Frau in den Sechzigern schon fordert. Aber sie lebt für so etwas. Gestern haben sie 213 verschiedene Baumarten in einem Bereich von etwas über vier Hektar gezählt, jede einzelne ein gestaltgewordenes Gedankenexperiment der Erde. In einem derart dichten Gewimmel des Lebens ist es riskant, sich auf etwas so Launisches wie den Wind zu verlassen. Die meisten Baumsorten haben ihre eigenen Bestäuber. Nicht leicht, sich in einer so wahnwitzigen Vielfalt fortzupflanzen. Die nächste Empfängerin für Pollen ist vielleicht eine Meile oder weiter entfernt. Jeden zweiten Tag stößt das Team auf eine Art, die niemand identifizieren kann. Neue und unbekannte Formen des Lebens: *Da haben wir schon wieder ein Gottweißwas.* Tausende unglaublicher Baumarten in den Verzweigungen dieses Flussgebiets. Jede von diesen Chemiefabriken, die just in diesem Augenblick verlorengehen, hätte sonst vielleicht den nächsten HIV-Blocker produzieren können, das nächste Superantibiotikum, den neuesten Tumorbezwinger.

Die Luftfeuchtigkeit ist so hoch, dass es Patricias Kleider von innen her durchtränkt. Das Gehen ist beschwerlich, in diesem Rankendickicht. Jeder Kubikzentimeter ist damit beschäftigt, Erdboden und Sonnenlicht in Tausende flüchtiger Stoffe zu verwandeln, und bei vielen werden die Chemiker vielleicht nie eine Chance bekommen, ihre Bestandteile zu analysieren. Ihre Mannschaft aus Kautschukzapfern schwärmt aus wie bei einer Rasterfahndung, um die achttausend Arten des Amazonasgebiets aufzuspüren, die vielleicht aussterben, bevor sie sie in ihre klimatisierte Schatzkammer in Colorado bringen kann.

Gut hundert Jahre zuvor schmuggelte ein Engländer Samenkörner des Kautschukbaums aus dem Land, zum großen Unglück Brasiliens. Heute kommt fast aller Naturkautschuk weltweit aus Südasien, wo die Bäume auf Plantagen wachsen, für die wiederum niemals vollständig katalogisierte einheimische Bäume gerodet wurden. Seither sind die Brasilianer misstrauisch – schon wieder eine angelsächsische Sammlerin, die ihnen ihre Pflanzen stehlen will. Aber an dem Nachmittag, an dem die Mannschaft an eine Stelle kommt, an der sie uralte Mahagoni- und Ipê-Bäume in Stücke gehackt finden, schließen sie sie in ihr Herz. Nie zuvor haben sie gesehen, dass eine Fremde um Bäume weint.

Ihre Männer sind bewaffnet, wenn es auch die Flinten ihrer Urgroßväter sind, noch aus dem neunzehnten Jahrhundert. *Pistoleiros* treiben sich nachts am Strom und auf den Straßen herum. Holzdiebe bringen jeden um, der sich zwischen sie und ihre Beute stellt. Man muss nicht einmal ein Hundertstel dessen an Mut haben, was Mendes hatte, und kann trotzdem für Holz getötet werden. Einer ihrer ortskundigen Führer, Elizeu, erzählt ihr einmal abends am Lagerfeuer eine Geschichte; Rogerio, der Dolmetscher, übersetzt. »Freund von mir hat schon als Kind Kautschuk gezapft – *paff!* Die haben ihm den Kopf abgeschnitten, mit Stolperdraht. Nur weil er seine paar Bäume beschützen wollte.«

Elvis Antônio nickt und starrt ins Feuer. »Einen anderen haben wir vor drei Monaten gefunden. Seine Leiche hatten sie in eine Tierhöhle gestopft, unten in einem großen Baum.«

»Das sind die Amerikaner«, erklärt Elizeu.

»Amerikaner? Hier?« *Dumme Gans.* Sie begreift es noch in dem Augenblick, in dem sie die Frage plappert.

»Amerikaner bestimmen den Markt. Ihr kauft die Schmuggelware. Ihr zahlt jeden Preis! Und unsere Polizei ist ein Witz. Die bekommen ihren Anteil. Die wollen, dass die Bäume sterben. Ein Wunder, dass wir nicht alle Schmuggler sind. Was verdient man denn mit Kautschuk im Vergleich? Lächerlich.«

»Warum gebt ihr dann nicht auf und werdet auch Wilderer?«

Elizeu lächelt, verzeiht ihr die Frage. »Einen Kautschukbaum kannst du über Generationen anzapfen. Aber umbringen kannst du einen Baum nur einmal.«

Sie legt sich unter ihr Moskitonetz, und beim Einschlafen denkt sie an Dennis. Sie wünschte, er könnte diesen Ort sehen, der so viel von einem Abenteuerroman für Jungs hat. Er ist in Colorado, im Gen-Archiv, und wartet. An die Gegend dort wird er sich nie gewöhnen. Viel zu heiter für ihn, zu kalt und zu trocken – schlimmer kann ein Land Oz gar nicht sein. Er findet es unnatürlich, so viele Espen, so viel Sonne. *Kein einziger Baum größer als eine halbwüchsige Schierlingstanne zu Hause.*

Er macht seine Arbeit gern, hegt und pflegt die Sammlung, sorgt dafür, dass die Temperatur in den Schatzkammern stets gleich bleibt. Aber hauptsächlich verbringt er sein so zersplittertes Jahr damit, dass er auf die Rückkehr der Sammlerin wartet, ihre Gläser gefüllt mit Samen, die es bald nirgendwo anders mehr geben wird als in dieser klimatisierten Gruft. Er macht zwar nie Einwände, aber so ganz überzeugt das Projekt ihn nicht. *Was meinst du, Babe, wie lange halten die sich da drin?*

Sie hat ihm von der Judäischen Dattelpalme erzählt, einem zweitausend Jahre alten Samen, der sich im Palast Herodes des Großen in Masada fand – ein Dattelstein von einem Baum, von dem Jesus gegessen haben könnte, von der Art, über die Mohammed sagte, sie sei aus demselben Stoff gemacht wie Adam. Vor ein paar Jahren hat man diesen Samen eingepflanzt, und er hat gekeimt. Sie erzählt ihm von den Leimkrautsamen, die metertief im sibirischen Permafrostboden lagen. Und jetzt wachsen, nach dreißigtausend Jahren. Als Antwort stößt er nur einen Pfiff aus, schüttelt den Kopf. Aber er stellt nie die Frage, die er gern stellen würde; die, von der sie weiß, dass er sie stellen sollte. *Wer pflanzt die Dinger denn dann wieder ein?*

Sie erwacht in der Morgendämmerung, in einem undurchdringlichen Grün. Licht sickert durch Schichten von lianenumrankter Fäulnis, wie ein Bild am Anschlagbrett einer Kirche, die zum Heidentum zurückkehrt. Dennis' ungestellte Fragen gehen ihr durch den Kopf. Die unglaubliche Fülle des Lebens rings um ihr Zelt lässt sie zweifeln, ob es wirklich etwas nützt, eine Art zu retten, wenn man nicht all die Aufsitzer, die Pilze, die Insekten, schlichtweg alle Symbionten mitrettet, ohne die eine solche Art ja im täglichen Grabenkrieg überhaupt kein Zuhause hat. Aber wie sieht die Alternative aus? Ein Weilchen bleibt sie noch in ihrem Schlafsack liegen und malt sich das Land, auf dem sie ihr Lager aufgeschlagen haben, als Ackerland aus – hundertzwanzig Quadratmeilen jeden Tag neu unter den Pflug genommen. Und je kleiner der Wald, desto wärmer die Welt, und desto weniger werfen die Äcker ab.

Nach dem Frühstück ziehen sie wieder los und kommen an einen Stoß frisch gefällter Stämme. Die Kundschafter schwärmen aus. Binnen Minuten fallen Schüsse, dann das grunzende Geräusch eines Motorrads, das sich durchs Unterholz wühlt. Elvis Antônio kehrt durchs Dickicht zurück, gibt Zeichen, dass die Luft rein ist. Patricia folgt über eine grob angelegte Straße zu einem hastig verlassenen Lager der Pistoleiros. Viel haben sie nicht zurückgelassen; ein paar schmutzige Kleider, eine Tüte schimmliges Maniokmehl, Waschpulver, ein zerfleddertes portugiesisches Pornoheft. Patricia und ihre Männer stecken das Lager in Brand und freuen sich an der orangeroten Flamme – um ein winziges Bisschen können sie den Fortschritt zurückdrehen.

Sie wandern ein Bachbett hinauf, zu einer Hochfläche, die, versichern ihr die Führer, alles zu bieten hat, was Patricia sich an seltenen Samen nur wünschen kann. Unterwegs bleibt sie immer wieder stehen und sieht sich die eigenartigen Früchte an. Annonen – Sauersack, Ochsenherz, Zimtäpfel in Wildform und Hybriden, jede mit einem verborgenen Plan. Eine Paradiesnuss überwältigt sie mit ihrem schier unglaublichen Gestank. Es gibt Florettseidenbäume mit ihren Stachelstämmen. Die Sammelgläschen werden gezückt. Sie stoßen auf einen blühenden Wollbaum, ein atemberaubender Anblick, anders als alles, was bisher dokumentiert ist.

Elvis Antônio taucht neben ihr auf, lacht und zieht sie am Ärmel. »Kommen Sie sehen.«

»Sicher. Ich komme gleich.«

»Nein, besser sofort.«

Mit einem Seufzer folgt sie ihm, in eine Laube, die Äste und irrwitzige Lianen gebaut haben. Vier ihrer Männer stehen da und bestaunen einen mächtigen Baum mit Brettwurzeln wie die Falten eines Gewands. Sie könnte nicht einmal die Familie erraten, geschweige denn Genus und Spezies bestimmen. Aber um die Spezies geht es den Männern auch nicht. Sie geht zu ihnen hin, dahin wo sie stehen und schauen, und traut ihren Augen nicht. Niemand muss ihr sagen, was sie sich ansehen soll. Ein Kind würde es erkennen. Ein einäugiger Kurzsichtiger. In Knoten und Wirbeln zeichnen sich Muskeln auf dem glatten Stamm ab. Es ist eine Person, eine Frau, der Körper gedreht, die Arme emporgereckt zu Ästen, die sich zu Fingern verzweigen. Das Gesicht, schreckensrund, starrt sie dermaßen entsetzt an, dass Patricia wegschaut.

Sie geht näher heran und sucht nach Spuren des Schnitzers. Was für ein Künstler kann das sein, der so viel Mühe, so viel Geschick in etwas steckt, das vielleicht nie gefunden wird? Aber dieses Bild ist nicht geschnitzt. Es gibt nicht das kleinste Anzeichen, dass hier jemand etwas bearbeitet hat. Nichts zu sehen außer den Konturen des Baums. Die Männer rufen aufgeregt durcheinander, in drei Sprachen. Einer der Dendrologen behauptet – und gestikuliert zu viel dabei –, das Holz sei so gekappt worden, dass die Frauengestalt entstand. Die Kautschukzapfer lachen ihn aus. Das ist die Jungfrau, die entsetzt mitansehen muss, wie die Welt stirbt.

»Pareidolie«, sagt Patricia.

Das Wort kennt der Dolmetscher nicht. Patricia erklärt: ein Fehlschluss des Gehirns, durch den Menschen in allen Dingen wiederum Menschen sehen. Die Neigung, aus zwei Astlöchern und einem Riss ein Gesicht zu machen. Der Übersetzer sagt, so etwas gibt es im Portugiesischen nicht.

Patricia sieht genauer hin. Die Figur ist *da*. Eine Frau in der Coda des Lebens hebt den Blick und die Hände in genau dem Augenblick, bevor aus Angst Gewissheit wird. Das Gesicht mag durch die zufälligen Auswüchse eines Baumkrebses entstanden sein, mit Käfern als plastischen Chirurgen. Aber die Arme, die Hände, die Finger: Familienähnlichkeit. Der Eindruck wird noch stärker, als Patricia um den Stamm herumgeht. Ein Hund würde diesen gewundenen Leib anbellen. Ein kleines Kind würde vor Schreck weinen.

Die Mythen kommen ihr wieder in den Sinn, hier in diesem tropischen Bergland, Geschichten aus ihrer eigenen Kindheit und aus der Zeit, als die Welt noch jung war. Der Ovid, Jugendausgabe, den ihr Vater ihr geschenkt hat. *In neue Gestalten verwandelte Wesen will ich besingen.* Wohin auch immer sie gekommen ist, um ihre Samen zu sammeln, sie hat immer wieder die gleichen Geschichten gehört – auf den Philippinen, in Xinjiang, Neuseeland, Ostafrika, Sri Lanka. Menschen, denen von einem Augenblick auf den anderen Wurzeln und Rinde sprießen. Bäume, die noch für kurze Zeit sprechen, ihre Wurzeln heben und gehen können.

Plötzlich kommt die Welt in ihren Gedanken ihr fremd vor, verschroben. *Mythos. Alles Mythos.* Ein falsch ausgesprochenes Wort. Eine unpassende Bemerkung. Erinnerungen, in die Zukunft gesandt von Menschen, die am Ufer stehen, da, wo die Menschheit Abschied nimmt von allem anderen, was lebt. Telegramme verfasst von den Zweiflern an dieser planvollen Flucht, denen, die sagen: *Denkt an das hier, in tausend Jahren, wenn ihr nirgendwo mehr etwas anderes seht als euch selbst, egal wohin ihr blickt.*

Nur ein kleines Stück flussaufwärts singen die Achuar – das Volk der Palmenbäume – ihren Gärten und Wäldern etwas vor, aber insgeheim, im Kopf, damit nur die Seelen der Pflanzen es hören. Bäume gehören zur Familie, sie haben Hoffnungen, Ängste, befolgen Verhaltensregeln, und der ganzen Gemeinschaft war stets daran gelegen, alles, was wächst zu bezaubern, zu bestricken, es für eine symbolische Ehe mit ihnen zu gewinnen. Das sind die Hochzeitslieder, die Patricias Samenkörner brauchen. Eine solche Kultur könnte die Erde retten. Sie kennt nicht viel anderes, was das kann.

Fotoapparate werden gezückt. Botaniker und Führer klicken drauflos, was das Zeug hält. Sie debattieren darüber, was der Gesichtsausdruck zu bedeuten hat. Sie lachen, als sie überlegen, wie extrem unwahrscheinlich es ist, dass etwas durch Zufall so wächst, dass es aussieht wie *wir*, aber aus unverständigem Holz. Patricia rechnet selbst. Die Unwahrscheinlichkeit ist nichts im Vergleich zu den ersten beiden großen Würfen des kosmischen Würfels: der eine, der unbelebte Materie über die Grenze zum Leben brachte, und der zweite, der von einfachen Bakterien zu

Mehrzellern führte, die hundertmal größer und komplexer waren. Im Vergleich zu den Abgründen, die dort überbrückt wurden, ist die Kluft zwischen Bäumen und Menschen kaum der Rede wert. Und bedenkt man die skurrile Lotterie, die Bäume in den unglaublichsten Formen hervorbringt, ist es doch kein Wunder, dass es auch einen Baum in Gestalt der Jungfrau Maria gibt?

Auch Patricia macht Fotos, hält die Figur fest, die da aus dem Stamm hervorschaut. Sie und die Sammler nehmen Proben zur Identifizierung. Samen sind keine da. Dann ziehen und suchen sie weiter. Aber jetzt kommt ihnen jeder einzelne Stamm wie eine unglaublich lebensechte Skulptur vor, zu komplex, als dass sie von einem anderen Bildhauer geschaffen sein könnte als dem Leben.

Sie zeigt ihre Fotos niemandem im Archiv, als sie von ihrer Reise wieder zu den schimmernden Stahlschränken bei Boulder zurückkehrt. Die Angestellten, die Wissenschaftler, die Direktoren dort: Keiner von ihnen interessiert sich für *Mythen*. Mythen sind die Rechenfehler vergangener Zeiten, Hirngespinste von Kindern, die schon lange ins Bett gebracht wurden. Von Mythen ist in der Charta ihrer Stiftung nicht die Rede.

Aber sie zeigt sie Dennis. Dennis zeigt sie alles. Er grinst, legt den Kopf schief. Der verlässliche Dennis. Zweiundsiebzig und immer noch ein Talent zum Staunen wie ein Kind. »Sieh sich das einer an! O *Mann!*«

»Leibhaftig war es noch unglaublicher.«

»Leibhaftig. Kann ich mir vorstellen.« Er kann den Blick gar nicht abwenden. Lacht. »Weißt du was, Babe? Daraus lässt sich was machen.«

»Wie meinst du das?«

»Mach ein Plakat aus diesem Foto. Mit einer großen Unterschrift: *Sie tun alles, um unsere Aufmerksamkeit zu erlangen.*«

In der Nacht wacht sie auf, im Dunkeln, und spürt seine großen, sanften Hände schlaff an ihrer Taille. »Dennis?« Sie zupft an seinem Handgelenk. »Denny?« Wie der Blitz windet sie sich unter dem reglosen Arm hervor und ist auf den Beinen. Sie taucht das Zimmer in Licht. Mit ausgebreiteten Armen, die Finger gespreizt, steht sie da, ihr Gesicht in solchem Entsetzen erstarrt, dass selbst der Tote wegsehen muss.

· · ·

Der Geigenbauer mit den sägemehlbestäubten Haaren, der Mann, der Dorothy zur Ruhe und zum Lachen bringt, wenn sie wieder einmal am liebsten zum Sturmgewehr greifen möchte, der Mann, der für sie ein Gedicht geschrieben hat, in dem er sagt, wo sie suchen soll, wenn sie ihn jemals verliert, dieser Mann beschwört sie, ihn zu heiraten. Aber im Gesetz steht nun einmal, dass eine Frau nicht zwei Ehemänner gleichzeitig haben darf.

»Dory, ich kann so nicht weitermachen. Mein Heiligenschein bricht bald ab. Das Leben als Heiliger wird überschätzt.«

»Ja. Das Leben als Sünderin aber auch.«

»Du kannst nicht mit mir verreisen. Du kannst nicht mal über Nacht bleiben. Ja, es ist die beste Dreiviertelstunde jedes Tages, die, in der du hier bei mir bist. Aber es tut mir leid. Ich kann nicht länger die Nummer zwei sein.«

»Du bist nicht die Nummer zwei, Alan. Es ist nur gerade eine zweistimmige Passage. Das weißt du doch.«

»Schluss mit der Zweistimmigkeit. Ich brauche eine schöne lange Solomelodie, bevor das Stück zu Ende ist.«

»Einverstanden.«

»Womit?«

»Einverstanden. Wenn es so weit ist.«

»Meine Güte, Dory. Wieso machst du dich zur Märtyrerin? Kein Mensch erwartet das von dir. Nicht einmal *er*.«

Niemand kann sagen, was *er* erwartet. »Ich habe die Papiere unterschrieben. Ein Versprechen gegeben.«

»Was für ein Versprechen? Vor zwei Jahren warst du kurz vor der Scheidung. Ihr beide hattet praktisch schon alles unter euch aufgeteilt.«

»Ja. Aber damals konnte er noch laufen. Und sprechen. Und Vereinbarungen treffen.«

»Er ist versichert. Berufsunfähigkeit. Hat zwei Pflegekräfte. Er kann es sich leisten, jemanden in Vollzeit zu beschäftigen. Und du kannst ihn auch weiterhin unterstützen. Ich will einfach nur, dass du hier lebst. Dass du jeden Abend zu mir nach Hause kommst. Als meine Frau.«

Wie alle guten Romane wissen, geht es in der Liebe um Ansprüche,

Verträge und Besitz. In dieser Sackgasse sind sie und ihr Liebhaber schon oft gelandet. Jetzt, im neuen Jahrtausend, läuft der Mann, der dafür gesorgt hat, dass sie nicht den Verstand verliert, der Mann, der sogar ihr Seelenverwandter hätte werden können, wenn ihre Seele nur ein winziges bisschen anders beschaffen wäre, ein letztes Mal vor die Wand, dann bleibt er am Boden davor liegen.

»Dory? Es ist Zeit. Ich kann nicht mehr weiter teilen.«

»Alan, es gibt nur teilen oder gar nichts.«

Er entscheidet sich für gar nichts. Und lange Zeit träumt sie, das wäre auch ihre Entscheidung.

An einem strahlendblauen Herbstmorgen dringt lautes Gebrüll aus dem Nebenzimmer. Ihr Kosename, langgezogen bis in die Unendlichkeit der Stille, ohne den Konsonanten am Ende: *Dooo...* Sie bekommt eine Gänsehaut. Es ist schlimmer als das Gebrüll, das er veranstaltet, wenn er ins Bett gemacht hat und sie braucht, damit sie ihn saubermacht. Wieder einmal stürmt sie los, als habe es noch nie falschen Alarm gegeben. Im Zimmer redet jemand mit ihrem Mann, und er stöhnt. Sie reißt die Tür auf. »Hier bin ich, Ray.«

Im ersten Moment sieht sie nur den Mann mit der starren Maske des Entsetzens, ein Anblick, an den sie sich doch allmählich gewöhnt hat. Dann dreht sie sich um und sieht, worum es geht. Sie setzt sich zu ihm auf die Bettkante. Der Fernseher sagt: »Lieber Himmel. Lieber Himmel.« Sagt: »Das ist der *zweite* Turm. Das ist gerade eben passiert. Direkt vor unseren Augen. Hier auf unserem Bildschirm.«

Ein kleines, hartes Tier huscht über das Bett und streift ihr Handgelenk. Sie schreit vor Schreck auf. Die brauchbare Hand ihres Mannes fasst nach der ihren.

»Das ist Absicht«, sagt der Fernseher. »Das muss Absicht sein.«

Sie ergreift die steifen, gekrümmten Finger und umklammert sie. Gemeinsam starren sie auf den Bildschirm und verstehen nichts. Orange, Weiß, Grau und Schwarz bauschen sich vor wolkenlosem Blau. Die Türme stoßen Rauchsäulen aus, wie Spalten in der Erdkruste. Sie wanken. Dann fallen sie. Das Bild taumelt. Passanten rennen schreiend in alle Richtungen. Einer der Türme sackt einfach in sich zusammen, wie ein Ziehharmonikaregal. Das Kreischen, wie von gehetzten Tieren, hört einfach nicht auf. Laute des Unglaubens, ein Rinnsal aus Rays Mund. »Nnei, nnei, nnei …«

So etwas sieht sie nicht zum ersten Mal: Gewaltige Säulen, zu groß um gefällt zu werden, kommen zu Fall. Sie denkt: *Endlich ist es mit diesem ganzen Ammenmärchen von Sicherheit, von Abschottung vorbei.* Aber ihre Vorhersagen waren schon immer falscher als falsch.

Hyde Street, Nob Hill, San Francisco, ein Häuserblock mit einer Allee aus Kalifornischen Platanen in ihren Tarnanzügen und einer einzigen krummen Chinesischen Pflaume dazwischen, die jedes Frühjahr für drei Wochen in cremefarbenem Überschwang schwelgt. Mimi Ma sitzt in ihrem Sprechzimmer im Erdgeschoss, die Jalousien schräggestellt, und macht sich bereit für den zweiten und letzten Klienten des Tages. Der erste war drei Stunden da. Es war vereinbart, dass er so lange bleiben konnte, wie er brauchte. Aber die Sitzung hat schwer an ihren Kräften gezehrt. Die Frau, die sie jetzt erwartet, wird ihr auch das Letzte aussaugen, was für den Tag noch übrig ist. Danach wird sie in ihre Wohnung im Castro-Viertel gehen und sich den ganzen Abend Naturfilme ansehen und Trance-Musik hören. Dann wird sie schlafen und wieder aufstehen und sich morgen zwei neuen Klienten stellen.

Unkonventionelle Therapeuten gibt es in dieser Stadt wie Sand am Meer – Psycho- und andere Analytiker, spirituelle Ratgeber, Selbstverwirklichungsbegleiter, Persönlichkeits-Coaches, manch einer hart an der Grenze zur Scharlatanerie und viele nicht minder darüber verwundert, dass sie in einem solchen Gewerbe gelandet sind, als Mimi. Aber allein durch Mundpropaganda hat sie sich einen solchen Ruf erworben, dass sie die absurde Praxismiete bezahlen kann, auch wenn sie nur zwei Klienten pro Tag empfängt. Die einzige Frage ist, und das in jeder Sitzung neu, ob sie ihren eigenen Verstand dabei retten kann, denn die Leute, die zu ihr kommen, fressen ihre Seele auf.

Viele ihrer Kunden leiden an nichts Schlimmerem als an zu viel Geld. Das sagt sie ihnen auch, bei den Vorgesprächen jeden zweiten Freitag. Sie nimmt nur Leute an, die leiden, und wie sehr sie leiden, das weiß sie binnen zwanzig Sekunden, nachdem jemand in ihrem kahlen Sprechzimmer in dem Freischwinger ihr gegenüber Platz genommen hat. Mit jedem Interessenten redet sie ein paar Minuten, nicht über seelische Befindlichkeiten, sondern über das Wetter, Sport, die Haustiere, die sie als Kinder hatten. Dann vereinbart sie entweder einen Sitzungstermin, oder sie schickt die Leute nach Hause, sagt ihnen: »Sie brauchen mich nicht. Sie müssen einfach nur einsehen, dass Sie schon glücklich sind.« Für diese Auskunft berechnet sie nichts. Aber für eine echte Sitzung müssen die Leute schon ein Opfer bringen. Zwei solche Opfer pro Tag reichen, damit sie sich über Wasser halten kann.

Sie sitzt auf dem Platz zur Rechten des zugemauerten Kamins und sammelt sich. Sie geht nun auf die fünfzig zu, aber sie ist immer noch schlank, fitgehalten durch die Langstreckenläufe, die sie jetzt macht; nur der schwarze Haarschopf hat inzwischen ein paar kastanienbraune Strähnen. Nach wie vor ist sie von der Narbe auf ihrer Wange gezeichnet. Sie fährt mit der Hand über die stahlgrauen Jeans, dann streicht sie die kobaltblaue Bluse glatt, in der sie sich immer ein wenig wie ein Troubadour fühlt. Die Empfangsdame hat die nächste Klientin angerufen und Bescheid gegeben, dass die Therapeutin für sie bereit ist. Es bleibt gerade noch Zeit genug, aus den vier Stunden Hexenkessel des Vormittags, einem Gebräu aus Angst, Trauer, Hoffnung und Verwandlung, in das sie mit einem Wildfremden getaucht ist, kurz an die Oberfläche zu kommen, bevor sie mit einem anderen neu darin versinkt.

Sie flutet ihren Verstand mit der Ziellosigkeit des Zen. Sie nimmt eins der gerahmten Fotos vom Kaminsims – das von dem alten Chinesenpaar, das ein Foto von drei kleinen Mädchen mustert. Es ist eine Studioaufnahme, vor einer Stoffkulisse. Der Mann trägt einen teuren Leinenanzug und die Frau ein Seidenkleid, geschneidert in Schanghai vor dem Krieg. Die beiden blicken traurig auf das Bild ihrer drei amerikanischen Enkelinnen mit den unverständlichen Namen. Sie werden diese fremdländischen Mädchen nie kennenlernen, auch nicht ihre Mutter, Tochter einer einst angesehenen Familie aus Virginia, die in einem Pflegeheim sterben und am Ende nicht einmal mehr wissen wird, welcher Art sie angehört. Und ihr Sohn, der in die Fremde gezogen ist: Es ist, als hätten die beiden es schon erfahren, im Augenblick, in dem die Blende sich öffnet, Jahre, bevor die schreckliche Tat geschieht. Wie steigt ein Mensch auf, wie fällt er in diesem Leben? Das Lied des Fischers strömt dahin tief unter dem Fluss.

Es war einmal ein kleines Mädchen, kratzbürstig, eine Draufgängerin sogar, das versucht hat, sich zu retten, da wo eine tiefe Kluft sich auftat. Nicht gelb, nicht weiß, überhaupt nicht wie etwas, was man in Wheaton schon einmal gesehen hatte. Dieser Fischer war der Einzige, der sie je gekannt hat; reglos stand er neben ihr an langen, trägen Tagen, an Orten, die noch wild waren; beide starrten sie und warfen ihre Angel in denselben dahinströmenden Bach. Jetzt spürt sie sie wieder, nur schlimmer geworden durch unvorstellbare Zeit und Entfernung – die Wut darüber, dass er fortgegangen ist. Dann Wut über die Welt, weil sie das harmlose Stückchen Wald gefällt hat, in dem sein Geist gern wandelte, in dem sie sitzen und ihn fragen konnte, *warum?*, und in dem sie einmal sogar beinahe eine Antwort bekam.

Ein Glockenton reißt Mimi aus ihrer Träumerei. Stephanie N., ihr Nachmittagsgast, tritt ins Vorzimmer. Mimi stellt das Foto zurück und drückt einen Knopf unter dem Kaminsims, mit dem sie Katherine signalisiert, dass sie bereit ist. Ein sanftes Klopfen an der Tür, und Mimi erhebt sich und begrüßt eine üppige Frau mit roten Wuschelhaaren und Schildpattbrille. Das jagdgrüne Kittelkleid mit kurzem Umhang kann den Bauch nicht verbergen. Man muss kein Empathiegenie sein, um zu spüren, dass diese Person mit ihren Kräften am Ende ist.

Mimi lächelt und berührt Stephanie kurz an der Schulter. »Ganz ruhig. Es gibt keinen Grund zur Sorge.«

Stephanie macht große Augen. *Nicht?*

»Stehen Sie mal still. Ich will sehen, wie Sie stehen. Auf der Toilette waren Sie? Genug gegessen? Telefon, Uhr und dergleichen haben Sie bei Katherine gelassen? Taschen leer? Kein Make-up, kein Schmuck?« Stephanie ist clean in jeder Hinsicht. »Gut. Dann setzen Sie sich bitte.«

Die Besucherin nimmt den angebotenen Stuhl und fragt sich, wie das denn zu dem magischen Erlebnis führen soll, von dem ihr Schwager gesprochen hat, der schmerzlichsten, profundesten Erfahrung, die er als erwachsener Mensch je gemacht habe. »Wäre es nicht sinnvoll, wenn Sie ein wenig über mich wüssten?«

Mimi legt den Kopf schief und lächelt. Es gibt so viele Namen für das, wovor alle eine Heidenangst haben, und jeder will ihr verraten, wie er persönlich es nennt. »Stephanie, wenn wir hier fertig sind, wissen wir beide mehr übereinander, als man je in Worte fassen könnte.«

Stephanie betupft sich die Augen, nickt, lacht zweimal kurz, dann schnippt sie mit den Fingern. Bereit.

Nach vier Minuten stoppt Mimi die Sitzung. Sie beugt sich vor und berührt Stephanies Knie. »Hören Sie. Sehen Sie mich einfach nur an. Das ist alles, was Sie tun müssen.«

Stephanie unterdrückt eine Entschuldigung, holt die schon ausgestreckte Hand wieder zurück an ihre Lippen. »Ich weiß. Tut mir leid.«

»Wenn Sie verlegen sind … wenn Sie Angst bekommen, macht das nichts. Machen Sie sich keine Gedanken. Blicken Sie mir nur einfach fest in die Augen.«

Stephanie nickt. Sie setzt sich gerade hin, und sie versuchen es neu. Das passiert oft, so ein missglückter erster Anlauf. Keiner hat einen Begriff davon, wie schwer es ist, einem anderen länger als drei Sekunden in die Augen zu blicken. Eine Viertelminute, und die Menschen leiden Qualen – Intro- und Extravertierte, Dominante und Unterwürfige gleichermaßen. Skopophobie packt sie alle – die Furcht vor dem Sehen und Gesehenwerden. Ein Hund beißt uns, wenn wir ihn zu intensiv anstarren. Leute erschießen einen dafür. Und obwohl sie viele Stunden lang in die Augen von Hunderten von Menschen geblickt, sich zur Künstlerin auf dem Gebiet des Langzeitstarrens entwickelt hat, spürt Mimi selbst einen Anflug von Angst, als sie in die gejagten Augen von Stephanie schaut, die zwar ein wenig errötet, jetzt aber ihre Verlegenheit überwindet und zur Ruhe kommt.

Die beiden Frauen verschränken ihre Blicke, unsicher und nackt. Ein Zucken von Stephanies Lippen lässt Mimi zurücklächeln.

Puh, sagen die Augen der Klientin.

Allerdings, stimmt die Therapeutin zu. *Beschämend.*

Aus Verlegenheit wird nun so etwas wie Freundlichkeit. Stephanie, die Liebenswerte, Stephanie, die Gutherzige, die meist Selbstsichere. *Siehst du? Ich bin gar kein schlechter Mensch.*

Das spielt keine Rolle.

Stephanies unteres Lid spannt sich an, und ihr Augenringmuskel zuckt. *Wirst du schlau aus mir? Sind die anderen auch so wie ich? Wieso habe ich das Gefühl, dass die ganze Welt mich ablehnt?*

Mimi kneift die Lider zusammen, ein Spalt nicht breiter als zwei Wimpern. Mikroskopisch kleiner Tadel: *Sieh einfach nur hin. Sieh. Einfach. Nur. Hin.*

Nach fünf Minuten lässt Stephanie los, sie atmet jetzt flacher. *Okay. Verstehe. Allmählich komme ich dahinter, wie das hier läuft.*

Du hast noch nicht mal angefangen.

Mimi verfolgt, wie die Frau Gestalt annimmt. Mutter, und zwar mehrfache. Macht sich Gedanken um das Wohl der Therapeutin, kann nicht anders. Ehefrau eines Mannes, der sich, nach nun einem Dutzend Jahren, höflich und distanziert verhält, ein Bär in seiner Höhle. Sex ist bestenfalls Routine, Fitness. *Aber da täuschst du dich,* sagt die Therapeutin, die ins Spekulieren geraten ist, zu sich selbst. *Du weißt überhaupt nichts.* Und dieser Gedanke zeigt sich in den klitzekleinen Muskeln ihres Gesichts. *Sieh einfach nur hin.* Das Hinsehen soll das Korrektiv, das Heilmittel für alle Gedanken sein.

Um die Zehnminutenmarke wird Stephanie nervös. *Wann kommt denn nun die Magie?* Mimis Augen halten sie in Schach. Obwohl immer noch nichts geschieht, steigt Stephanies Pulsfrequenz. Sie beugt sich vor. Die Nasenflügel weiten sich. Dann entspannt sich alles. Vom Kopf bis zu den Knöcheln. *Na, dann los. Jede kleine Einzelheit auf den Schirm.*

Was ich auf dem Schirm habe, darüber bestimmst nicht du.

Aber nichts von dem hier wird weitererzählt.

Verschwiegen wie ein Grab.

Ich weiß überhaupt nicht, was ich hier mache.

Geht mir genauso.

Ich weiß nicht, ob ich dich mögen würde, wenn wir uns auf einer Party begegneten.

Ich mag mich ja selbst nicht immer. Auf Partys so gut wie nie.

Das kann nie und nimmer das Geld wert sein, das ich dafür bezahle. Nicht mal, wenn ich den ganzen Nachmittag bleibe.

Was ist es wert, wenn jemand dich ansieht, ohne zu urteilen, und zwar so lange, wie du es brauchst?

Wem mache ich denn hier was vor? Zahlt doch sowieso mein Mann.
Ich lebe von dem, was ich von meinem Vater geerbt habe. Und das war
vielleicht gestohlen.
Ich habe zugelassen, dass Männer bestimmen, was ich bin.
Eigentlich bin ich Ingenieurin. Die Therapeutin spiele ich nur.
Hilf mir. Um drei Uhr in der Nacht wache ich auf, und da ist etwas
Schwarzes, das zerrt an meiner Brust.
Judith Hanson ist nicht mein echter Name. In Wirklichkeit heiße ich
Mimi Ma.
Sonntags, wenn es Abend wird, will ich nicht mehr leben.
Für mich ist der Sonntagabend die Rettung. Dann weiß ich, dass ich in
ein paar Stunden wieder arbeiten kann.
Waren es die Türme? Vielleicht hat es damit angefangen. Seither bin ich
so zerbrechlich wie gefrorenes Glas –
Türme fallen überall um.

Eine Viertelstunde vergeht. Unnachgiebig von einem Menschen angesehen zu werden: der verrückteste Trip, auf dem Stephanie je gewesen
ist. Fünfzehn Minuten lang eine Frau anzustarren, über die sie nicht
das Geringste weiß, setzt Dinge frei, Dinge, an die sie seit Jahrzehnten
nicht mehr gedacht hat. Sie sieht Mimi an und sieht eine schon ein klein
wenig krähenfüßige, narbengesichtige asiatische Version ihrer Freundin auf der Highschool, ein Mädchen, mit dem sie sich mit neunzehn
wegen einer eingebildeten Kränkung zerstritten hat. Jetzt kann sie sich
bei niemandem mehr entschuldigen, außer bei dieser Fremden, die sie
unverwandt anstarrt.

Zeit vergeht, ein Leben, ein paar weitere Sekunden, und nichts an-
zusehen außer dem entstellten Gesicht einer Fremden. Die Schlinge
um Stephanie zieht sich zu. Ihre Augen verdüstern sich mit einem Wi-
derstreben, das fast schon Hass ist. Ein Beben von Mimis Lippen lässt
Stephanie an den Tag vor drei Jahren zurückdenken, als sie endlich den
Mut hatte, ihrer Mutter gegenüberzutreten und ihr zu sagen, was für ein
Scheusal sie ist. Und der Mund ihrer Mutter in jenem Augenblick …
Stephanie schließt die Augen – zum Teufel mit den Regeln für dieses
Spiel –, und als sie sie wieder aufschlägt, sieht sie ihre Mutter mit einer
Atemmaske, chronisch obstruktive Lungenkrankheit, wie sie nach acht

Monaten Panik im Krankenhaus im Sterben liegt und darum ringt, sich die Erinnerung an die Vorwürfe jenes Tages nicht anmerken zu lassen, und ihre Tochter beugt sich vor, um ihre steinharte Stirn zu küssen.

Die Uhr, die Stephanie im Vorzimmer abgelegt hat, tickt weiter, auch wenn keiner sie sieht oder hört. Losgelöst von ihr, losgelöst von allen Ansprüchen, die sie an sie stellen kann, erinnert die Besucherin sich wieder an sich selbst, sanft, traurig, ganz unvermittelt, sie mit sechs, als sie Krankenschwester werden wollte. Spielzeuginventar – Spritze, Blutdruckmanschette, weiße Haube. Bilderbücher und Puppen. Drei Jahre Begeisterung, gefolgt von fünfunddreißig, in denen sie überhaupt nicht mehr daran gedacht hat, und jetzt hat sie es wiedergefunden, jetzt, wo sie ins Kaninchenloch gekrochen ist, durch die Augen einer anderen. Nichts anderes existiert, nichts, außer diesem Pakt, Pupillen, die einander halten und nicht mehr loslassen. Im Geiste sieht Stephanie die Jahre wie in einer Parade vorüberziehen – Kindheit, Jugend, Teenagerzeit, die jungen Erwachsenenjahre, in denen ihr niemand etwas anhaben konnte, gefolgt von den reiferen Jahren, in denen sie nur noch Angst hatte. Jetzt ist sie nackt, vor jemandem, den sie, wenn der heutige Tag vorbei ist, nie wiedersehen will.

Mimi blickt hinter den Spiegel und sieht es. *Was für Schmerzen du leidest. Selbst hier. Wie kann das sein?* Ein Sonnenstrahl fällt zwischen die beiden, und ein Gefühl der Verbundenheit, etwas Grünes, öffnet sich dem Licht. Mimi lässt es auf ihrem Gesicht spielen, setzt es als Signal. Therapie. *Du erinnerst mich an meine Schwestern.* Sie lässt diese Frau zu sich ein, lässt sie mitkommen auf den Frühstücksbaum, im Garten in Wheaton, Illinois, wo sie, Carmen und Amelia bereits mit ihren Schälchen auf die sommerlichen Äste geklettert sind und jede eifrig die Zukunft der beiden anderen aus den Haferflocken oben auf der Milch liest. Am Küchenfenster steht die Missionarstochter aus Virginia, die in einem Pflegeheim an Demenz sterben wird, ohne dass sie ihren Töchtern je länger als eine halbe Sekunde in die Augen geschaut hat. Der Hui-Chinese, der aus dem Haus kommt und seine Töchter tadelt: *Meine Seidenplantage! Was ihr machen?* Der Maulbeerbaum mit seinen süßen Früchten, krumm, offen und schattenrund, wie er seinen Frieden verströmt, sie über alles belügt, was die Zukunft noch bringen soll.

Mächtige schwesterliche Gefühle packen Stephanie. Sie streckt die Hand aus nach dieser zart gebauten halbasiatischen Schamanin, die dort vor ihr sitzt. Mimi runzelt kurz die Stirn, ein Verbot. Sie müssen weiter. Noch viel weiter.

Zur Halbstundenmarke setzt bei Stephanie die Kernschmelze ein. Sie hat Hunger, ihr tun die Knochen weh, alles juckt, und sie hat dermaßen genug von sich selbst, dass sie am liebsten bis in alle Ewigkeit nur noch schlafen würde. Wahrheit sickert aus ihr heraus wie eine Ausscheidung des Körpers. *Du solltest mir nicht vertrauen. Das hier, das verdiene ich nicht. Verstehst du? Ich habe so viel Scheiße gebaut, das würden sich nicht mal meine Kinder träumen lassen. Ich habe meinen Bruder bestohlen. Ich habe Fahrerflucht begangen. Ich habe mit Männern geschlafen, von denen ich nicht mal den Namen weiß. Mehrfach. In letzter Zeit.*

Ja. Keine Aufregung. Ich werde in drei Staaten polizeilich gesucht.

Ihre Gesichter verschlingen einander, gnadenlos. Muskeln bewegen sich, das langsamste Daumenkino der Welt. Entsetzen, Beschämung, Verzweiflung, Hoffnung: jedes Gefühl endlose drei Sekunden lang. Inseln von Emotionen – eine Stunde weiter, und sie werden ins offene Meer gespült. Die beiden Gesichter schwellen an; Münder und Nasen und Brauen vergrößern sich, bis sie einen Mount Rushmore bevölkern können. Wahrheit schwebt zwischen ihnen, gewaltig, nebelhaft, etwas, an das sie nicht herankommen, weil ihre Körper ihnen im Wege sind.

Noch eine Stunde. Wüsten grenzenloser Langeweile, durchbrochen von Gipfeln fiebernder Intensität. Noch mehr verschüttete Erinnerungen wallen aus der Tiefe auf, so viele Momente, wiedergefunden und neu verloren in dieser Endlosschleife des Blicks. Eine Hydra, die Erinnerungen vervielfältigt, sie länger dauern lässt als die Leben, aus denen sie entstanden sind. Stephanie begreift. Es ist so offensichtlich: Sie ist nur die fleischliche Hülle, ein bloßer Avatar. Die andere Frau ebenso – Geist, der in Materie gefangen ist und sich vormacht, er sei ein autonomes Wesen. Und doch verschmolzen, eins geworden, zwei lokale Gottheiten, die alles gesehen, alles gespürt haben. Einer von ihnen fällt etwas ein, und sofort ist ihr Gedanke auch in der anderen. Erleuchtung ist ein Gemeinschaftsunternehmen. Sie braucht eine zweite Stimme, die versichert: *Was du sagst, ist nicht falsch …*

Wenn ich das nur in Echtzeit in meinen Gedanken hätte, wenn es ernst wird! Dann wäre ich geheilt.

Es gibt keine Heilung.

Das wäre es dann? Oder kommt noch was? Vielleicht sollte ich gehen.

Nein.

In Stunde drei ein schrecklicher Sturzbach der Wahrheit. Dinge wagen sich aus ihrem Versteck, die sie um die Mitgliedschaft in jedem Club bringen würden, jedem, außer diesem hier, aus dem sie nicht austreten können.

Ich habe meine besten Freunde belogen.

Ja. Ich habe meine Mutter einsam sterben lassen.

Ich habe meinem Mann nachspioniert und seine persönlichen Briefe gelesen.

Ja. Ich habe Hirnmasse meines Vaters von den Betonplatten im Garten gekratzt.

Mein Sohn spricht nicht mehr mit mir. Er sagt, ich habe ihm das ganze Leben verdorben.

Ja. Ich bin mitschuldig am Tod meiner Freundin.

Wie hältst du es überhaupt aus, mich anzusehen?

Es gibt Schlimmeres.

Die Sonne zieht weiter. Lichtstreifen von den Schlitzen der Jalousie kriechen über die Wand. Einmal überlegt Stephanie, ob es immer noch derselbe Tag ist oder ob das schon gestern war. Ihre Pupillen haben schon lange angefangen zu pulsieren, erweitern und verengen sich im Wechsel, dunkeln das Zimmer ab und tauchen es wieder in gleißendes Licht. Sie hat nicht einmal mehr die Willenskraft, aufzustehen und die Praxis zu verlassen. Erst wenn es nicht mehr weitergehen kann, wird das hier zu Ende sein. Dann werden sie sich nie wiedersehen, aber sie kennen sich für immer.

Ihr brennen die Augen. Sie blinzelt, steif, benommen, ausgehungert, mit den Nerven am Ende, und sie müsste dringend austreten. Selbst vom Atmen hält sie etwas ab – diese zerbrechliche Frau mit der Narbe, die einfach nicht wegsieht. Gebannt in diesen Blick, verwandelt sie sich, es wird etwas Großes, Ortsfestes aus ihr, das sich im Wind wiegt und dem Regen trotzt. All die beflissene Berechnung von Bedürfnissen –

das, was sie immer ihr Leben genannt hat – schrumpft zu einer Pore auf der Unterseite eines Blattes, weit draußen an der Spitze eines windbewegten Zweigs, hoch oben in der Krone einer Gemeinschaft zu groß, als dass sie sich mit einem einzigen Blick erfassen ließe. Und tief unten, unter der Erde, im Humus, durch die Wurzeln der *humilitas*, fließen Geschenke.

Ihre Wangen spannen sich an. Sie möchte laut rufen: *Wer bist du? Warum hörst du nicht auf? Nie hat mich jemand so angesehen, es sei denn Leute, die mich beurteilen, berauben, vergewaltigen wollten. In meinem ganzen Leben habe ich nie, niemals …* Sie wird rot. Mit einem langsamen, schwerfälligen, ungläubigen Kopfschütteln kommen die Tränen. Die Tränen machen, was sie wollen. Nennen wir es ein Schluchzen. Auch die Therapeutin weint.

Warum? Warum bin ich krank? Was ist denn nur los mit mir?

Es ist Einsamkeit. Aber was dir fehlt, sind nicht Menschen. Du trauerst um etwas, das du nicht einmal kennst.

Was ist es?

Ein mächtiger, vielfältiger, wilder, verwobener Ort, den nie ein anderer Ort ersetzen könnte. Einer, von dem du gar nicht wusstest, dass du ihn verlieren kannst.

Wo ist er jetzt?

In uns. Aber da ist immer noch etwas, das er von uns will.

Stephanie ist aufgesprungen, klammert sich an die Fremde. Packt sie bei den Schultern. Nickt, weint, nickt. Und die Fremde lässt es geschehen. Natürlich, Trauer. Trauer um etwas, das zu groß ist, um sichtbar zu sein. Dann löst Mimi sich, fragt Stephanie, ob es ihr gut genug geht. Zum Nachhausegehen. Zum Fahren. Aber Stephanie legt den Finger an die Lippen, gebietet der Therapeutin Schweigen, und die Therapeutin spricht nie wieder ein Wort zu ihr.

Die Verwandelte tritt wieder hinaus auf die Hyde Street. Zwei Anstreicher auf einem Gerüst brüllen einander durch den Lärm eines Radios etwas zu. Männer mit Sackkarren laden Kartons aus, von einem Lastwagen sechs Läden weiter die Straße hinauf. Ein Typ in schmutziger Anzugjacke und Shorts, das Haar mit einem Gummi zusammengehalten, kommt auf dem Bürgersteig vorüber und redet dabei laut: Zungenreden oder Mobiltelefon – schizophren allemal. Stephanie macht einen Schritt auf die Straße, und ein Wagen rast heulend vorbei. Die wütende Sirene wirft ihre Dopplerwellen noch einen ganzen Häuserblock weit. Verzweifelt versucht sie festzuhalten, was sie gerade gesehen hat. Aber der Verkehr, der Lärm, das Geschäftige: Die Brutalität der Welt draußen bedrängt sie von allen Seiten. Sie geht schneller, schon wieder am Rande der alten Panik. Alles, was sie gerade errungen hat, schwindet schon wieder dahin, hat keine Chance gegen die Macht anderer Menschen.

Etwas Spitzes streift sie am Gesicht. Sie bleibt stehen und befühlt den Kratzer an der Wange. Den Übeltäter hat sie direkt vor sich, purpurrosa, Farben wie auf dem überkandidelten Bild eines Fünfjährigen. Aus einem eisernen Käfig auf dem Bürgersteig drängt ein Ding zur Freiheit, das doppelt so groß ist wie sie und anderthalbmal so breit wie die Spannweite ihrer Arme. Der Weg, der zunächst breit und zielstrebig nach oben führt, verzweigt sich zu mehreren schmaleren, und diese wiederum zu Tausenden noch dünneren, jeder ein Versuch, der sich gabelt, voller Narben, von der Geschichte gekrümmt, aber mit den unglaublichsten Blüten an den Spitzen. Dieser Anblick schlägt Wurzeln in ihr, bildet Verästelungen, und die Erinnerung verweilt noch ein klein wenig länger: Ihr Leben war so wild wie ein Pflaumenbaum im Frühling.

Einfach nur die Straße hinunter, zweitausend Meilen weiter westlich, ist Nicholas Hoel mit dem Auto unterwegs, und die Fahrt führt ihn mitten hinein in den Juni in Iowa. Bei jeder noch so kleinen Bodensenke, jedem erinnerten Silo am Rande der Interstate krampft sich ihm der Magen zusammen, als solle es das Letzte sein, was er vor dem Sterben sieht. Als käme er nach Haus.

Er muss nachrechnen, und es verblüfft ihn, wie wenige Jahre er fort war. So vieles hat sich überhaupt nicht verändert. Die Farmen, die Lagerhäuser am Straßenrand, die nutzlosen Werbetafeln: DENN ALSO HAT GOTT DIE WELT GELIEBT … So viele Eindrücke aus fernster Kindheit, bleibende Narben in der Prärie und auf seiner Seele. Und doch erscheint ihm jeder markante Punkt in der Landschaft verzerrt und unerreichbar, als betrachte er ihn durch ein Spielzeugfernglas. All das dürfte nicht mehr da sein, nach dem, was er durchgemacht hat.

Als er über den letzten Hügel westlich der Ausfahrt kommt, schnellt sein Puls in die Höhe. Er sucht nach dem einsamen Mast am Horizont. Aber da, wo die Säule der Hoel'schen Kastanie stehen sollte, ist nur noch das allesvernichtende Blau des Junihimmels. Er nimmt die Abfahrt und von da, ein langgezogenes Rechteck, die Straße zurück zur Farm. Nur dass es keine Farm mehr ist. Es ist eine Manufaktur. Die Eigentümer haben den Baum gefällt. Er parkt den Wagen auf halber Höhe des Kieswegs und geht über die Wiese zu dem Baumstumpf, vergisst dabei ganz, dass das Land ja nicht mehr ihm gehört und er kein Recht hat, es zu betreten.

Hundertfünfzig Schritt weiter, und er sieht das Grün. Dutzende von frischen Kastanientrieben sprießen aus dem toten Stumpf. Er sieht die Blätter, die gezahnten Lanzenspitzen mit den geraden Adern, für ihn als Kind schlichtweg das, was *ein Blatt* war. Ein paar Herzschläge lang glaubt er an Wiedergeburt. Dann fällt es ihm wieder ein. Auch diese frischen Schösslinge werden bald infiziert sein. Sie werden sterben und wiederauferstehen, wieder und immer wieder, gerade so oft, dass die tödliche Seuche aktiv und ansteckend bleiben kann.

Er wendet sich dem Haus seiner Familie zu. Hebt die Hände, um möglichen Beobachtern im Wohnzimmer zu signalisieren, dass er nichts Böses im Schilde führt. Aber wie sich herausstellt, hat das Haus, nicht der Baum aufgehört zu leben. Verschalungsbretter lösen sich von den Wänden. Auf der Nordseite hängt die Dachrinne zur Hälfte herunter. Er blickt auf die Uhr. Fünf nach sechs – Essenszeit im Mittleren Westen, unumstößlich. Er überquert den ungepflegten Rasen und geht zu den Fenstern auf der Ostseite. Die Scheiben sind blind, staubig, glanzlos, und dahinter ist nichts als Dunkelheit. Stufen, Geländer, Treppenpfosten und die Rahmen der Schiebefenster rotten vor sich hin, und von dem morschen Holz blättert die Farbe. Nicholas schirmt mit der Hand die Augen ab und späht hinein. Im Wohnzimmer seiner Großeltern stapeln sich Blechwannen und Kanister. Der Eichenzier, der jeden Durchgang im Hause schmückte, ist nicht mehr da.

Er geht ums Haus, zur Veranda auf der Vorderseite. Die Bretter biegen sich unter seinen Füßen. Fünfmal schlägt er mit dem Messingklopfer an die Tür, aber nichts rührt sich. Er klettert die Böschung hinter dem Haus hinauf zu den alten Nebengebäuden. Eins ist abgerissen. Von einem stehen nur noch die nackten Wände. Das dritte ist verschlossen. Sein altes Trompe-l'Œil-Wandbild – der Riss in dem Wall aus Maispflanzen, durch den man in der Ferne einen Laubwald sieht – ist metallisch grau.

Zurück auf der Veranda, lässt er sich an der Stelle nieder, an der früher der Schaukelstuhl stand, mit der Rückenlehne zum Fenster. Er weiß nicht recht, was er als Nächstes macht. Er überlegt, ob er einbrechen soll. Die drei letzten Nächte hat er im Freien verbracht. An den Bighorns hat eine Kuh ihm einen Riesenschrecken eingejagt, als sie ihn in seinem Schlafsack noch vor Morgengrauen mit dem Maul anstieß. In einem Staatswald in Nebraska konnte er kein Auge zutun, weil zwei Camper im Zelt nebenan einen Ausdauerrekord aufstellten. Ein Bett wäre schön. Eine Dusche. Aber allem Anschein nach gibt es in diesem Haus weder das eine noch das andere.

Er wartet auf das weiche, dunstige Abendlicht des Mittelwestens, obwohl Verstecken eigentlich nicht nötig ist. In der Ferne durchstreift ein satellitengesteuertes Landmaschinen-Ungetüm, im Grunde nichts anderes als ein Roboter, die wogenden Felder. Niemand wird hier vorbeikommen oder ihn beobachten. Er kann tun, was er tun muss, und dann wird er gehen.

Aber er wartet. Warten ist ihm zur Religion geworden. Da ist das Rascheln der Maispflanzen, Meile um Meile. Bohnen, denen man beim Wachsen zusehen kann, Scheunen und Silos am Horizont, eine Schnellstraße, und die Silhouette eines riesigen Baumes, aus dem Himmel herausgeschnitten wie auf einem Bild von Magritte. Er lehnt sich mit dem Rücken ans Haus und spürt, wie das Leben der Farm wieder erwacht, genau wie wilde Tiere am Rande eines Pfads, wenn der Wanderer lang genug stillsteht. Als die Wolken sich purpurrot färben, geht er zum Wagen und holt seinen Klappspaten. Das falsche Werkzeug, die falsche Tätigkeit, aber etwas Besseres hat er nicht. Gleich darauf ist er auf der Anhöhe hinter dem Maschinenschuppen und sucht nach der Stelle mit dem lockeren Kies. Der Boden fühlt sich anders an; die Entfernungen stimmen nicht. Selbst der Maschinenschuppen ist nicht mehr da, wo er war.

Schließlich findet er die Stelle unter üppig wucherndem grünem Gestrüpp. Er sticht den Campingspaten ins Unkraut und gräbt, bis er auf die Vergangenheit stößt. Die Rückkehr des Verdrängten. Er wuchtet die Kiste aus dem Loch und öffnet sie. Tafelbilder und ein paar Arbeiten auf Papier. Er hält das oberste Bild ins letzte Tageslicht. Ein Mann liegt im Bett und starrt die Spitze eines dicken Astes an, den der Baum durchs Fenster gestreckt hat.

So ist es geschehen. Er schlief, sie kam hereingestürmt. Jeder von ihnen hatte eine halbe Prophezeiung. Sie fügten sie zusammen und lasen die Botschaft. Sie fanden ihre gemeinsame Aufgabe, ihrer beider Berufung. Die Geister versprachen ihnen, dass alles gut würde. Jetzt ist sie tot, er schlafwandelt wieder, und die Dinge, die sie retten sollten, sind alle verloren.

Er stellt den Karton neben dem Loch ab und gräbt weiter. Die zweite Kiste kommt zum Vorschein, angefüllt mit Bildern, von denen er vergessen hatte, dass er sie gemalt hat: *Stammbaum, Schlagbaum, Schellenbaum, Baum der Erkenntnis.* Alle entstanden in den Jahren, bevor sie die Auffahrt heraufkam, mit Geschichten von Auferstehung und Stimmen aus Licht. Die Bilder bewiesen, dass ihnen ein gemeinsamer Weg vorbestimmt war. Die Bilder hatten unrecht.

Er stellt die zweite Kiste auf die erste und gräbt weiter. Der Spaten trifft auf etwas Zerklüftetes – er ist auf die Skulpturader gestoßen. Er und Olivia haben drei davon unverpackt begraben, um zu sehen, was lebendige Erde mit der glasierten Oberfläche macht. Erdreich: auch etwas, das zu sehen er von ihr gelernt hat. Alle paar Jahrhunderte kommen ein Zoll oder zwei hinzu. Ein mikroskopisch kleiner Wald, hunderttausend Spezies in ein paar Gramm Iowa. Er geht in die Knie, zerrt die Objekte mit den Fingern heraus, wischt sie mit einem mit Spucke befeuchteten Taschentuch ab. Ihre einst einfarbige Oberfläche schimmert nun so bunt wie ein Bild von Bruegel. Bakterien, Pilze, Wirbellose – lebendige Werkstätten in unterirdischen Gefilden – haben die Skulpturen mit Patina überzogen, ein blühendes Meisterwerk.

Er stellt die verwandelten Statuen oben auf die geborgenen Kisten und gräbt weiter, nun nach dem wertvollsten Stück. Wieder überlegt er, wie er nur auf den Gedanken kommen konnte, es hierzulassen. Reisen mit leichtem Gepäck, haben sie damals gedacht. Die Kunst begraben wir. Wenn wir sie später wieder ausgraben, ist das selbst eine Performance. Aber das, was jetzt noch in der Erde steckt, ist mehr wert als sein eigenes Leben, und er hätte es nie aus den Augen lassen dürfen. Noch sechs Schaufelvoll, dann ist es wieder sein. Er öffnet die Kiste, öffnet den Beutel, und dann hält er die hundert Jahre Fotos wieder in der Hand. Es ist zu dunkel, um sie anzusehen, darin zu blättern. Aber das braucht er auch nicht. Wenn er den Stoß in Händen hält, spürt er, wie der Baum sich in die Höhe schraubt, sich dreht wie der Korkenzieherstrahl eines Springbrunnens, bewacht und beobachtet von Generationen von Hoels.

Er trägt die erste Hälfte des Schatzes den Hügel hinunter zu seinem Wagen. Er verstaut die Beute im Kofferraum, dann kehrt er zurück, um den Rest zu holen. Auf halbem Wege zur Begräbnisstätte zerschneiden zwei Scheinwerferstrahlen von der dunklen Straße her den Kiesweg der Auffahrt. Polizei.

Man muss mit ausgebreiteten, offenen Handflächen dem Streifenwagen entgegengehen. Für all seine Erklärungen hat er Belege. Das Beweismaterial bestätigt seine Geschichte. Wiederrechtliches Eindringen, das ja, aber doch nur um zu holen, was ihm rechtmäßig gehört. Er tritt hinter dem Haus ins Freie, und die Scheinwerfer halten nun direkt auf ihn zu. Er überlegt, dass ihm die vergrabenen Schätze womöglich doch nicht mehr gehören. Er hat das Land verkauft, mit allem, was Wurzeln darin hatte. An- und Verkauf von Land: genauso absurd wie eine Verhaftung dafür, dass man die eigenen Kunstwerke ausgräbt.

In ruckartigen Bewegungen nähert sich der Polizeiwagen über den Weg, die Räder lassen den Kies spritzen. Das kreiselnde rote Licht hält Nicholas fest. Schlingernd kommt der Wagen zum Stehen, wird zur Barrikade. Statt Sirengeheul jetzt eine Lautsprecherstimme. »Keine Bewegung! Hinlegen!«

Er kann nicht beides zugleich tun. Er hebt die Hände und lässt sich auf die Knie fallen. Vierzig Jahre zurückversetzt zu einem Vers aus Kindertagen: *Der Regen kommt und spült die Spinne fort.* Es dauert nur einen Herzschlag, schon haben die beiden Beamten ihn gepackt. Erst da geht Nicholas auf, wie sehr er in der Klemme steckt. Wenn sie seine Fingerabdrücke nehmen, wenn sie sich seine Akte ansehen …

»Hände ausstrecken!« Einer der Beamten drückt Nick von hinten nieder und hält seine Handgelenke fest. Als sie ihm die Handschellen angelegt haben, zerren sie ihn hoch, leuchten ihm mit der Taschenlampe ins Gesicht und nehmen seine Personalien auf.

»Das sind nur Erinnerungsstücke«, versichert er ihnen. »Nichts wert.« Sie verziehen das Gesicht, als er ihnen seine Kunstwerke zeigt. Warum *machte* jemand so was und kam dann auch noch auf die Idee, sich das Zeug durch Diebstahl zurückzuholen? Das Einzige, was ihnen an seiner Geschichte sofort einleuchtet, ist, dass er sie vergraben hat. Aber der ältere der beiden Beamten kennt den Namen auf Nicks Führerschein. Lokalgeschichte. Die ganze Gegend orientierte sich früher daran: *Bis zum Hoel'schen Baum, und dann noch eine Meile, anderthalb.*

Sie rufen den Manager an, der für diesen Agrarbetrieb zuständig ist. Der Mann hat kein Interesse an dem Müll, den da jemand ausgräbt. Das ländliche Iowa: Die beiden Polizisten kommen gar nicht auf die Idee, nach Vorstrafen im landesweiten Register zu suchen. Nur einer von den vielen halb verrückten, halb heimatlosen Nachfahren einer Farmers-familie, die aufgeben musste, mit seiner zerbeulten Karre hergekom-men, will sich an ein Stück Vergangenheit klammern, das längst nicht mehr da ist. »Sie können gehen«, sagen sie zu ihm. »Aber von jetzt an keine Schatzsuche auf anderer Leute Land mehr.«

»Kann ich noch schnell …?« Nick weist auf die ausgegrabenen Stücke, die noch an der Seite liegen. Die Beamten zucken nur mit den Schultern: *Tu, was du nicht lassen kannst.* Sie sehen zu, wie Nick die letzten Kisten ins Auto packt. Er dreht sich zu ihnen um. »Haben Sie schon mal gese-hen, wie ein Baum in zehn Sekunden achtzig Jahre wächst?«

»Sieh dich vor, Junge«, sagt der Bulle, der ihn zu Boden gedrückt hatte. Dann lassen sie den dreifachen Brandstifter gehen.

Neelay sitzt am oberen Ende des ovalen Konferenztisches und fixiert seine fünf leitenden Projektmanager. Die knochigen Finger hat er auf der Tischplatte gespreizt. Er weiß nicht, wo er anfangen soll. Selbst die Frage, wie man am besten von dem Spiel redet, ist nicht leicht. Versi-onsnummern gibt es nicht mehr. An deren Stelle sind kontinuierliche

Upgrades getreten. *Mastery Online* ist inzwischen ein riesengroßes und immer noch wachsendes, weiter evolvierendes Unternehmen. Aber in seinem Innersten ist etwas faul.

»Wir haben ein Midas-Problem. Es gibt kein Endspiel, nur ein stagnierendes Schneeballsystem. Endloser, sinnloser Wohlstand.«

Seine Mitarbeiter hören mit ernster Miene zu. Alle haben sie Einkommen im sechsstelligen Bereich; die meisten sind Millionäre. Der jüngste ist achtundzwanzig, der älteste zweiundvierzig. Aber in ihren Jeans und Skater-Shirts, mit ihren Pilzköpfen und schiefen Baseballkappen sehen sie wie simulierte Teens aus. Boehm und Robinson lehnen sich zurück, nippen an Energydrinks, knabbern ihre Proteinriegel. Nguyen hat die Füße auf den Tisch gelegt und starrt zum Fenster hinaus, als wäre es ein Virtual-Reality-Headset. Alle fünf biepen und bimmeln, sirren und surren von mehr künstlichen Körperteilen, als die Science-Fiction sich je hat träumen lassen.

»Wie gewinnt man das Spiel? Ich meine, wie ver*liert* man überhaupt? Alles geht immer nur darum, dass man noch ein kleines bisschen mehr hortet. Von einem bestimmten Level an ist das Weitermachen einfach sinnlos. Armselig. Immer dasselbe.«

Der Mann im Rollstuhl am Oberende des Tisches senkt den Kopf und blickt in sein eigenes Grab. Das Haar, lang wie das eines Sikh, fließt immer noch hinab bis zur Taille, aber nun ist eine dicke weiße Strähne darin. Der Bart fällt ihm wie ein Lätzchen über das Superman-Shirt. Seine Arme haben noch ein paar Muskeln, von den Jahrzehnten, die er sich nun schon ins Bett und wieder heraus wuchtet. Aber die Beine in den Cargohosen sind kaum noch mehr als vage Andeutungen.

Vor ihm auf dem Tisch liegt ein Buch. Die guten Geister wissen, was das bedeutet: Der Boss hat wieder gelesen. Wieder einmal hat eine revolutionäre Idee von ihm Besitz ergriffen. Bald wird er keine Ruhe mehr geben, bis sie es alle gelesen haben, auf der Suche nach Lösungen für ein Problem, das nur für ihn eines ist.

Kaltov, Rasha, Robinson, Nguyen, Boehm: fünf energiesprühende Vorzeigestudenten, zusammengekommen in einer supersmarten Einsatzzentrale, ausgestattet mit Batterien von Bildschirmen und mit sämtlichen elektronischen Konferenzspielzeugen, die morgen vielleicht jemand braucht. Aber heute können sie ihren Boss nur ungläubig anstarren. Er sagt, mit *Mastery* sei nichts mehr los. Die Zauberwelt, ihre Lizenz zum Gelddrucken, muss von Grund auf neu gebaut werden.

Kaltovs Schnurrbart sieht aus, als würde er gleich vor Verzweiflung Feuer fangen. »Lieber Himmel, es ist eine Göttersimulation. Sie geben uns Geld dafür, dass sie sich die Sorgen Gottes machen dürfen.«

»Wir haben jetzt sieben Millionen User«, sagt Rasha. »Ein Viertel davon spielt schon seit zehn Jahren. Die Leute lassen chinesische Strafgefangene mit Webzugang für sich arbeiten, damit ihre Figuren auch am Ball bleiben, während sie schlafen.«

Der Boss hebt wieder mal die Augenbrauen. »Wenn Sie noch Spaß daran hätten, am Ball zu bleiben, müssten sie so etwas nicht tun.«

»Vielleicht gibt es da ein Problem«, gesteht Robinson ihm zu. »Aber es ist immer noch dasselbe, an dem wir arbeiten, seit es *Mastery* überhaupt gibt.«

Neelays Kopf wippt auf und ab, aber es ist kein Nicken. »Ich würde nicht sagen ›an dem wir arbeiten‹. ›Um das wir uns drücken‹, das wohl eher.« Er ist so mager geworden, dass er schon jetzt aussieht wie ein Heiliger. Der Halsausschnitt des Superman-Shirts ist zu groß für ihn, man sieht das dürre Schlüsselbein. Er wirkt wie die Statue eines indischen Asketen, ein in Haut gepacktes Gerippe, das unter einem heiligen Feigen- oder Niembaum sitzt.

Boehm projiziert ein wenig Anschauungsmaterial. »So stellen wir uns das vor. Wir setzen die Erfahrungslevel wieder ein Stück nach oben. Ein paar technische Neuerungen kommen dazu. Wir nennen das *Future Tech One, Future Tech Two* … Jede hat ihre eigenen Prestigepunkte. Als Nächstes nehmen wir wieder einen Vulkanausbruch im westlichen Ozean dazu, ein vollkommen neuer Kontinent.«

»Genau das meinte ich mit Um-das-Problem-Drücken.«

Kaltov hebt die Hände zum Himmel. »Die Leute wollen Wachstum. Ihr Reich vergrößern. Dafür bezahlen sie uns Monat für Monat. Es wird zu eng. Wir schaffen Platz. Anders kann man eine Welt nicht managen.«

»Verstehe. Einseifen, abspülen, einseifen, bis man an Übersättigung stirbt.«

Kaltov schlägt auf den Tisch. Robinson lacht irre. Rasha denkt: *So ist der Boss eben, schreibt Millionen von Memos die Woche. Der Mann hat die Firma aus dem Nichts aufgebaut, da hat er auch mal das Recht, Blödsinn zu reden.*

»Welches von beiden ist interessanter?«, fragt Neelay. »Zweihundert Millionen Quadratmeilen mit hundert verschiedenen Lebenssphären und neun Millionen lebendiger Spezies? Oder eine Handvoll flimmernder bunter Pixel auf einem zweidimensionalen Schirm?«

Nervöses Lachen allseits am Tisch. Sie verstehen schon, welche Welt das bessere Zuhause wäre. Aber jeder kennt auch die aktuelle Postadresse für sein Vergnügen.

»Ziemlich eindeutig, wohin die Menschheit auswandert, Boss.«

»*Warum?* Warum einen unendlich vielfältigen Ort aufgeben, um stattdessen auf der Landkarte eines Cartoons zu leben?«

Das ist ein bisschen zu viel Philosophie für die Jungmillionäre. Aber sie sind dem Mann gefällig, der ihnen diese Millionen verschafft. Sie lassen sich auf die Frage ein, zählen ihm all die Vorzüge der virtuellen Welt auf: Sauberkeit, Geschwindigkeit, sofortiges Feedback, die Möglichkeit von Macht und Kontrolle, die Art, wie alles mit allem verbunden ist, die schiere Masse, die man anhäufen kann, das Drum und Dran, die Regeln. Maßgeschneidertes Vergnügen, das sämtliche Hirnregionen anregt. Sie sprechen davon, wie rein dieses Spiel ist, davon, wie es immer voranschreitet, in einem flotten Tempo. Man kann den Erfolg sehen. Man bezweckt etwas mit seiner Arbeit.

Wieder nickt Neelay seine Ablehnung. »Bis man es satt hat. Bis es einen nicht mehr reizt.«

Das ganze Team schweigt. Massenernüchterung. Nguyen nimmt die Füße vom Tisch. »Die Leute wollen eine bessere Geschichte als die, die sie im Leben haben.«

Der Sadhu mit seinem wirren Haarschopf beugt sich mit einem solchen Ruck vor, dass es ihn fast aus seinem Rollstuhl katapultiert. »Genau! Und was haben alle guten Geschichten gemein?« Keiner nimmt die Herausforderung an. Neelay hebt die Arme, spreizt die Hände in einer höchst merkwürdigen Geste. Nur einen Moment noch, und Blätter werden aus seinen Fingern sprießen. Vögel werden kommen und ihre

Nester darin bauen. »Sie töten einen Teil von uns. Sie verwandeln uns in etwas, das wir vorher nicht waren.«

Allmählich begreifen sie. Die Erkenntnis macht sich in ihnen breit, so langsam und unausweichlich wie der Tod. Der Boss spielt jetzt eine ganz andere Art Spiel, eins, das keinerlei Mühe damit hätte, das ihre als Brennmaterial zu verheizen. Boehm fragt: »Was sollten wir Ihrer Meinung nach tun?«

Neelay hält das Buch in die Höhe, als sei es etwas, das er auf Steintafeln empfangen hat. Sie können den Titel unter den immer dichter sprießenden Blättern gerade noch lesen. *Der geheime Wald.* Robinson stöhnt. »Nicht noch mehr Pflanzen, Boss. Sie können so ein Spiel nicht nur aus Pflanzen machen. Es sei denn, Sie geben den Leuten Bazookas.«

»Wir fügen unserem Modell eine Atmosphäre hinzu. Wasserqualität als neuer Faktor. Nährstoffkreisläufe. Begrenzte materielle Ressourcen. Wir schaffen Prärien und Sümpfe und Wälder, die so vielfältig und komplex sind wie die Wirklichkeit.«

»Und was dann? Korallenbleiche, steigender Meeresspiegel, Dürre und Buschfeuer?«

»Wenn die Leute es so spielen.«

»Aber warum? Das ist doch gerade der Scheiß, von dem unsere Spieler wegwollen.«

»Das Spiel fordert seine Spieler. Das ist das große Geheimnis.«

»Und wie soll man *so was* gewinnen?«, schnaubt Kaltov.

»Indem man herausfindet, was funktioniert. Indem man in die Richtung geht, die die Wahrheit nimmt.«

»Das hieße keine neuen Kontinente.«

»Keine neuen Kontinente. Keine plötzlich entdeckten Mineralvorkommen. Regeneration nur in realistischem Maße. Keine Auferstehung von den Toten. Falsche Entscheidung bedeutet Permadeath.«

Die guten Geister sehen einander an. Der Boss hat den Verstand verloren. Er will den ganzen Laden ruinieren, den Goldesel schlachten, der ihnen bis ans Ende ihrer Tage ein Leben in Saus und Braus verspricht, nur weil er meint, in dem Spiel sei der Anteil an Zufriedenheit zu groß.

»Wie sollen denn …«, wendet Nguyen ein, »wie sollen denn Grenzen und Mangel und Permatod *Spaß* machen?«

Einen Moment lang verwandelt sich das ausgemergelte Gesicht, und der Boss ist wieder ein kleiner Junge, der gerade das Programmieren lernt. Programmzeilen verzweigen sich in alle Richtungen. »Sieben Millionen User werden die Regeln eines gefährlichen neuen Ortes lernen müssen. Lernen, was die Welt aushält, wie das Leben tatsächlich funktioniert, herausfinden, was es von einem Spieler wirklich will als Gegenleistung dafür, dass er weiterspielen darf. *Das* wäre ein Spiel. Ein neues Zeitalter der Entdeckungen. Gibt es ein größeres Abenteuer?«

Kaltov sagt: »Da verkaufen Sie wohl besser Ihre Sempervirens-Aktien. Das machen unsere Spieler nicht mit. Die setzen sich ab!«

»Absetzen wo*hin*? Das Risiko ist viel zu groß. Die meisten unserer Spieler haben Jahre in das Spiel gesteckt. Sie haben innerhalb des Spiels gewaltige Vermögen erworben. Die lassen sich was einfallen, wie sie diese Welt wieder in Ordnung bringen. Sie werden uns überraschen, das haben sie noch jedes Mal getan.«

Die guten Geister sitzen verdattert da, kalkulieren die Geldsummen, die gerade vor ihren Augen verpuffen. Aber der Boss – der Boss ist Feuer und Flamme. Er war nicht mehr so begeistert, seit er vom Baum seiner Kindheit gefallen ist. Er hält das Buch in die Höhe, schlägt es auf und liest vor. »*Wahre Wunder geschehen unter der Erde, Dinge, die wir gerade erst anfangen, überhaupt zu sehen.*« Er schlägt das Buch wieder zu, ein dramatischer Effekt. »Es gibt nichts da draußen, was so etwas auch nur annähernd leistet. Wir wären die Ersten. Stellt euch das vor: Ein Spiel mit dem Ziel, *die Welt* zu bereichern und nicht nur den Spieler.«

Beklemmende Stille, jetzt, wo der irrsinnige Vorschlag auf dem Tisch ist. Kaltov sagt: »Bringt nichts, Boss. Passt nicht. Ich bin dagegen.«

Der klapperdürre Heilige fragt sie der Reihe nach ab, rund um den Tisch. Rasha? Nguyen? Robinson? Boehm? Nein, nein, nein und nein. Palastrevolution, einstimmig. Neelay empfindet nichts, nicht einmal Überraschung. Sempervirens mit seinen fünf Abteilungen und unzähligen Angestellten, seinen gewaltigen Jahreseinkünften aus Abonnements und Medien ist schon seit einer ganzen Weile unter niemandes Kontrolle mehr. Die Zehntausende von Fans, die Posts in Onlineforen erstellen, haben mehr Einfluss darauf, was als Nächstes geschieht als die gesamte Chefetage. Ein komplexes adaptives System. Eine Göttersimulation, die ihrem Gott entglitten ist.

Es ist ihm klar: Die Online-Parallelwelt wird bleiben, wie sie ist, immer treu der Tyrannei genau des Ortes ergeben, dem zu entfliehen sie vorgibt. Und die Nummer 63 auf der Liste der reichsten Bewohner von Santa Clara County – der Mann, der Sempervirens, Inc. gegründet, die *Sylvan Prophecies* erschaffen hat, Einzelkind, Verehrer ferner Welten, Liebhaber von Hindi-Comics, einer, der mit Begeisterung Geschichten liest, in denen alle Regeln gebrochen werden, der digitale Drachen hat steigen lassen, der einmal ungewollt vor einer Lehrerin ein böses Wort gesagt hat und von einer kalifornischen Eiche gefallen ist – dieser Mann erfährt jetzt, was es heißt, wenn die eigenen unersättlichen Kinder einen bei lebendigem Leibe auffressen.

Inzwischen ist es graue Vorgeschichte, zehn Jahre her, aber Douglas Pavlicek behält die Story doch in seinem Repertoire und tischt sie ahnungslosen Touristen auf, die sich im Sommer in das einstige Bordell verirren, das der Geisterstadt nun als Besucherzentrum dient. Er erzählt sie jedem, der lang genug still hält, um sie sich anzuhören.

»Dann musste ich auf allen vieren den Berg hoch, rückwärts, auf dem *Hintern*, hab mich mit meinem guten Bein an den Baumstämmen abgestoßen. Im Zickzack achtzig Meter Steilhang hoch, immer hin und her, und die ausgekugelte Schulter, das war, als ob der Heilige Geist mit dem glühenden Schürhaken zusticht. Bin immer wieder mal weggetreten, dann wieder gekrochen, bis zu dem alten Förderturm der Silbermine keine hundert Schritt von hier. Und da habe ich dann gelegen, halbtot, Gott weiß wie lange, hab Visionen gehabt, der Wald redete mit mir, Tiere haben mir das Salz von Gesicht und Händen geleckt, Bärenmarder, was weiß ich. Schieres Wunder, dass ich's bis zum Büro geschafft habe, Notruf, im Hubschrauber nach Missoula. Dachte wirklich, ich bin wieder in Vietnam, spring da gerade aus der Klappe von meiner alten Hercules, das ganze Rad der ewigen Wiederkunft wieder von vorn.«

Er erzählt die Geschichte oft, und die meisten Touristen hören sie sich gutmütig an. Und dann erzählt er sie eines Abends, schon zehn Minuten nach Schließungszeit, einer Frau auf der anderen Seite des Schaukastens, die wirklich mit Begeisterung zuhört. Noch eher jung, Stirnband und Rucksack, mit supersüßem osteuropäischen Akzent, riecht nicht mehr ganz frisch, aber freundlich wie ein Retriever voller Zecken. Sie ist atemlos vor Spannung, will hören, ob er dieses Abenteuer überlebt oder nicht. Jetzt, wo es richtig zur Sache geht, improvisiert er ein wenig. Denn seien wir ehrlich: Es gibt einfach Grenzen für das, was seine Geschichte an Spannung hergibt. Aber sie hängt an seinen Lippen, als sei er einer von diesen russischen Romancier-Epileptikern, und will einfach nur wissen, was als Nächstes geschieht, und was danach.

Als er mit der Geschichte fertig ist, sieht sie ihm zu, wie er das Gebäude abschließt. Auf dem Parkplatz steht nur noch sein weißer Ford von der Forstverwaltung. Alle Tagesbesucher sind mit ihren Pseudogeländewagen schon wieder über die Rüttelpiste zu Tal gefahren. Die Frau, Alena, fragt: »Meinen Sie, gibt Platz, wo ich kann campen über Nacht?«

Das hat er auch schon erlebt, ein langer Treck und weit und breit kein Campingplatz. Er breitet die Hände – all die verlassenen Gebäude, die er jeden Abend absuchen und räumen soll. Kampieren verboten, aber wer wird es je erfahren? »Suchen Sie sich was aus.«

Sie blickt zu Boden. »Sie haben vielleicht Kräcker, oder sonst etwas?«

Ihm geht auf, dass es wohl doch nicht an seinem Erzähltalent lag, dass sie so große Augen machte. Aber er nimmt sie mit zur Hütte und gibt ihr etwas zu essen. Fährt alles auf, was er hat: das Kaninchenfleisch, das ihm immer zu schade zum Essen war, gebratene Pilze mit Zwiebeln, ein gar nicht übler Kuchen, gebacken mit Cornflakes, ein paar Gläschen Zimthimbeerwein.

Sie erzählt ihm von ihren Abenteuern, ihrer Wanderung über die Garnet Range. »Wir sind zu viert losgezogen. Keine Ahnung, wo die anderen drei geblieben sind.«

»Nicht ganz ungefährlich so was. Sie sollten nicht allein hier draußen
sein, jemand, der aussieht wie Sie.«

»Wie sehe ich aus?« Sie prustet, winkt ab. »Wie krankes Äffchen, das
dringend Dusche braucht.«

Sie sieht, findet Douglas, gut genug aus, um als Katalogbraut durchzu-
gehen. »Ehrlich. Eine junge Frau ganz allein. Keine gute Idee.«

»Jung? Wer ist hier jung? Und außerdem. Ist gelobtes Land. Amerikaner sind freundlichste Menschen auf ganze Welt. Wollen immer helfen.
So wie Sie. Schauen Sie! So schönes Essen. Hätten Sie nicht gemusst.«

»Hat es Ihnen geschmeckt? Ehrlich?«

Sie hält das Glas hin und lässt sich Himbeerwein nachschenken.

»Nun«, sagt er, als das Schweigen selbst für seine Verhältnisse bedrückend wird, »an der Pumpe gibt es Wasser. Suchen Sie sich eins von
den Häusern aus. Aber nehmen Sie nicht den Friseurladen. Da verwest
gerade irgendwo was.«

»Das Haus hier ist schön.«

»Oh. Also. Hören Sie. Sie sind mir nichts schuldig. Es war doch nur
Essen.«

»Wer spricht von Geschäft?« Dann steht sie vor ihm, studiert sein
Gesicht, erforscht es mit Periskoplippen. Sie hört wieder auf. »He. Sie
weinen ja. Komischer Mann!«

Warum hat die Evolution ein so nutzloses Verhalten hervorgebracht?
»Ich bin ein alter Kerl.«

»Sicher? Wir probieren.«

Sie versucht es noch einmal. Das erste Mal seit Jahren, dass ein Frau-
enkörper den seinen wärmt. Wie ein Dietrich, der in dem längst ver-
stopften Schlüsselloch in seiner Brust stochert. Er stoppt sie, packt sie
an beiden Handgelenken. »Ich liebe Sie nicht.«

»*Okay*, Mister. Kein Problem. *Ich* liebe Sie auch nicht.« Sie packt ihn
unters Kinn. »Menschen müssen nicht lieben für Spaß.«

Er gibt ihre Hände frei. »Doch, das müssen sie. Glauben Sie mir.« Mit
einem Ruck lässt er beide Arme sinken, als zöge ein Betonklotz unter
dem Fußboden sie nach unten.

»Okay«, sagt sie noch einmal, mürrisch. Beim Aufstehen stößt sie sich
mit beiden Händen von seiner Brust ab. »Trauriges kleines Tier.«

»Ja, das bin ich.« Er steht auf und trägt die Überreste des Festmahls zum Spülbecken. »Sie nehmen das Bett. Ich schlafe hier vorn, im Schlafsack. Klo ist draußen. Aber Vorsicht, da gibt es Brennesseln.«

Beim Anblick des Bettes lebt sie wieder auf. Amerikanische Weihnachten. »Sind ein lieber alter Kerl.«

»Eigentlich nicht.«

Er zeigt ihr den Umgang mit der Petroleumlampe. Von seinem Schlafplatz im Vorderzimmer sieht er das Licht im Türspalt. Sie liest noch im Bett. Erst später geht ihm auf, was sie da liest.

Zum Frühstück gibt es noch einmal Kuchen und richtigen Kaffee. Weitere Experimente in Sachen interkulturelle Missverständnisse lassen sie sein. Sie ist fort, bevor die ersten Touristen eintreffen. Schon bald ist die Besucherin nicht einmal mehr eine Geschichte, die er sich am Abend selbst erzählen kann, um sich darüber zu grämen, sich mit Sehnsucht zu quälen.

Aber Amerika, stellt sich heraus, ist tatsächlich das Gelobte Land. Die Leute sind so freundlich, der Reichtum des Landes ist unermesslich, und die Behörden machen gern ein Geschäft, wenn es um sachdienliche Hinweise geht, sogar dann noch, wenn sie einen für eine ganze Latte von Verbrechen eingelocht haben. Als zwei Monate später die Männer mit den Initialen auf der Jacke den Berg heraufkommen, hat Douglas seinen Übernachtungsgast schon beinahe vergessen. Erst als die Freddies ihn auf dem Kiesweg zu Boden zwingen, die Blockhütte auseinandernehmen und mit seinen handschriftlichen Aufzeichnungen, seinem Tagebuch, in einer versiegelten Plastikbox wieder herauskommen, fällt ihm die Besucherin wieder ein. Er bemüht sich, nicht zu lächeln, als sie ihn, an Armen und Beinen gefesselt, in den regierungsamtlichen Land Cruiser bugsieren.

Finden Sie das lustig?

Nein. Nein, natürlich nicht. Na, vielleicht ein klein wenig. Das alles ist schon einmal geschehen, und soweit Douglas Pavlicek es beurteilen kann, wird es immer wieder geschehen, bis in alle Ewigkeit. Der Gefangene 571 meldet sich zum Einsatz, nach vierzig Jahren.

Sie fragen ihn nicht viel. Das müssen sie nicht. Er hat alles aufgeschrieben, bis ins kleinste Detail, ein allnächtliches Ritual, um gegen das Vergessen anzugehen; um zu begreifen. Als hätte er ihnen Brief und Siegel gegeben. Sämtliche Straftaten, die sie zu fünft begangen haben: Mädchenhaar, Wächter, Maulbeere, Douglasie und Ahorn. Aber das Merkwürdige ist: Eigentlich interessieren sich seine Kerkermeister überhaupt nicht für Waldnamen.

Dorothy erscheint in der Tür, wie jeden Tag mit dem Frühstückstablett auf dem Arm. »Morgen, RayRay. Na, hungrig?«

Er ist wach, ruhig, blickt zum Fenster hinaus auf die anderthalb Morgen Brinkmanland. Er ist mittlerweile so still geworden. Es hat Zeiten gegeben, schreckliche Tage, an denen sie sicher war, dass sie sein Tod sein würden. Am schlimmsten war es im letzten Winter. Einmal an einem Februarnachmittag hat sie über Minuten versucht, einen langgezogenen Klagelaut zu entziffern. Als sie endlich verstand, war es, als lese er ihre Gedanken: *Vorbei. Schierlingszeit.*

Aber der Frühling hat ihn wieder zu sich gebracht, und jetzt, in diesen Tagen um die Sommersonnenwende, könnte sie schwören, dass sie ihn nie glücklicher gesehen hat. Sie stellt das Tablett auf den Nachttisch. »Wie wär's mit ein wenig Pfirsich-Bananen-Speise?«

Er versucht die Hand zu heben, vielleicht um etwas zu zeigen, aber die Hand hat ihren eigenen Willen. Als er schließlich ein Wort herausbekommt, trifft es sie unvorbereitet. »Da. Das.« Er lallt es, Worte so breiig wie das Obstpüree, das sie ihm zum Frühstück gemacht hat. Er führt sie mit den Augen. »Der. Baum.«

Sie blickt nach draußen, setzt ein gespanntes Gesicht auf, möchte gern tun, als sei es eine ganz vernünftige Frage. Amateurschauspielerin wie eh und je. »J-ja?«

Er macht den Mund auf, und heraus kommt eine Silbe irgendwo zwischen *Was* und *Wer*.

Ihre Stimme bleibt gut gelaunt. »Was das für ein Baum ist? Ray, du weißt doch, von so was habe ich keine Ahnung. Irgendwas Immergrünes?«

»Von … wann?« Zwei Worte wie mit dem Mountainbike einen schlammigen Hang hinauf.

Sie betrachtet den Baum, als sähe sie ihn zum ersten Mal. »Gute Frage.« Anfangs kann sie sich nicht mehr erinnern, wie lange sie schon in diesem Haus wohnen und was sie gepflanzt haben. Er fuchtelt ein wenig herum, aber es ist keine Verzweiflung. »Mal. Sehn.«

Dann steht sie vor einer Bücherwand. Vom Boden bis zur Decke: Alles, was sie in ihrem Leben an Gedrucktem gehortet haben. Sie legt die Hand auf ein Brett in Schulterhöhe, sie könnte nicht sagen aus welchem Holz. Mit dem Finger sucht sie die staubigen Rücken ab nach etwas, von dem sie nicht einmal sicher ist, dass es dort steht. Die Vergangenheit will sie umbringen – all die Menschen, die sie einmal waren oder gern hatten sein wollen. Sie lässt *Hundert Wanderungen im Yellowstone-Park* hinter sich. Kurz verweilt sie bei den *Singvögeln der Ostküste*, etwas Hellrotes fliegt vor ihrem inneren Auge davon, unidentifiziert. Das dünne Ding, kaum mehr als ein Heftchen, hat sich fast am Ende des Bretts versteckt. *Welcher Baum ist das?* Sie nimmt das Buch heraus. Auf der Titelseite eine Widmung, ein Angriff aus dem Hinterhalt:

Für meine liebste erste Dimension,
Die eine wahre Dorothee.
Sagt mir mit diesem Lexikon
Stets welchen Baum ich seh.

Diese Worte hat sie noch nie gesehen. Nicht die Spur einer Erinnerung, dass sie je gemeinsam versucht haben, die Namen von Bäumen zu lernen. Aber das Gedicht bringt ihr den Dichter wieder so vor Augen, wie er einmal war. Der beste schlechteste Dichter der Welt.

Sie blättert in dem Büchlein. So viele Eichenarten, dass es schon fast unanständig ist. Rot-, Gelb-, Weiß-, Schwarz-, Grau-, Scharlach-, Blau-, Virginia-, Arizona-, Burr- und Lorbeerblättrige Eiche – Bäume, deren Blätter allesamt jegliche Verwandtschaft leugnen. Jetzt weiß sie wieder, warum sie für Naturkunde nie die notwendige Geduld hatte. Kein Drama, keine Entwicklung, kein Widerstreit der Hoffnungen und Ängste. Verzweigte, verschlungene, unordentliche Handlung. Und die Figuren konnte sie auch nie auseinanderhalten.

Sie liest noch einmal die Widmung. Wie alt war der Schreiber dieses

Verses? Der beste schlechteste Dichter. Beste schlechteste Schauspieler. Der Patent- und Copyrightanwalt, der Gauner in den Ruin getrieben hat, aber Jahr für Jahr ein Zehntel seiner Zeit für kostenlose Rechtsberatung hergab. Er hatte sich eine große Familie gewünscht, für abendelange Mau-Mau-Marathons und übermütige vierstimmige Kanons auf langen Autofahrten. Stattdessen gab es nur ihn und seine liebste erste Dimension.

Sie geht mit dem Büchlein zurück in sein Zimmer. »Ray! Schau mal, was ich gefunden habe!« Die johlende Grimasse, mit der er das aufnimmt, sieht beinahe freudig aus. »Wie lange es schon her ist, dass du mir das geschenkt hast! Und ist es nicht schön, dass wir es aufgehoben haben? Genau was wir jetzt brauchen. Bist du bereit?«

Er ist mehr als nur bereit. Er ist ein kleiner Junge auf dem Weg zum Zeltlager.

»Beginnen Sie hier. *Wenn Sie östlich der Rocky Mountains leben, gehen Sie zu Abschnitt 1. Wenn Sie westlich der Rocky Mountains leben, gehen Sie zu Abschnitt 116.*«

Sie sieht ihn an. Seine Augen sind feucht, aber er ist unterwegs.

»*Wenn Ihr Baum Zapfen produziert und nadelförmige Blätter hat, gehen Sie zu Abschnitt 11.c.*«

Sie blicken beide zum Fenster hinaus, ganz als starrte ihnen die Antwort nicht schon seit einem Vierteljahrhundert ins Gesicht. Im Mittagslicht strahlen die spiraligen Äste – kräftig, mit großen Abständen dazwischen – in einem seltsam bläulichen Silber, das ihr noch nie aufgefallen ist. Die schmale Spitze schimmert in der Sonne.

»Nadeln – eindeutig Ja. Zapfen auch, ganz oben. Raymond? Ich glaube, wir sind der Sache auf der Spur.« Sie blättert weiter zur nächsten Station der Schnitzeljagd. »*Sind die Nadeln immergrün und stehen sie in Büscheln zu zweit bis fünft? Wenn ja, gehen Sie zu …*«

Sie blickt auf. Seine Maske grinst jetzt, mehr als sie eigentlich können soll. Die Augen leuchten. *Abenteuer. Aufregung. Lebwohl – und gute Reise!*

»Bin gleich wieder da.« Ein klein wenig Überraschung hat sich ganz oben in ihrer Brust festgesetzt. Ohne weiteres Wort marschiert sie los. Sie durchquert die Küche, kommt in die Speisekammer dahinter – Regale voll mit Kram, den sie im Laufe der Jahrzehnte hineingestellt und sich nie wieder darum gekümmert haben. Demnächst wird sie sich mal ein Wochenende Zeit nehmen, um diesen uralten Krempel zu sortieren, alles rauszuschmeißen, wird das Rettungsboot leichter machen für die letzten paar Seemeilen. Sie öffnet die Hintertür und riecht das Gras, den Duft des Sommers, der sie umfängt. Sie hat keine Schuhe an. Die Nachbarn werden denken, sie hat den Verstand verloren, weil sie die ganze Zeit ihren hirngeschädigten Mann pflegen muss. Und wenn es tatsächlich so ist, na, dann ist es eben so.

Sie geht zu dem Baum und greift nach dem untersten Ast, zieht ihn zu sich herab und zählt. Sie hat das Gefühl, da gibt es ein Lied drüber. Ein Lied oder ein Gebet oder eine Geschichte oder einen Film. Der Ast rutscht ihr aus der Hand und schnellt wieder nach oben. Sie schwebt wieder zurück, zwischen den Sonnengeistern auf dem Gras, und summt dazu die Melodie, die von exakt diesem Augenblick handelt.

Er wartet schon auf sie, gespannt, wie die Sache ausgeht. »Fünferbüschel. Die Fährte wird heiß.« Sie blättert vor zur nächsten Verzweigung des Buchs. »*Sind die Zapfen langgestreckt, mit dünnen Schuppen?*«

Mit jeder Verzweigung eine neue Wahl: Das kennt sie. Es ist wie vor Gericht, die Verhandlungen, die sie mitgeschrieben hat, in all den Jahren, die sie die Stenographin bei Gericht spielte: das Beweismaterial, die Kreuzverhöre, die unsauberen Machenschaften, die getürkten Fakten, der Pfad, der sich immer weiter verengte bis zum einzigen statthaften Urteil. Es ist wie der Entscheidungsbaum der Evolution: *Wenn die Winter streng sind und das Wasser knapp, versuche es mit Schuppen oder Nadeln.* Ja, auf eine verrückte Art ist es sogar wie die Schauspielerei: *Wenn du Angst zeigen willst, gehe zu Geste 21c; bei Staunen, 17a. Andernfalls …* Eine automatisierte Telefonauskunft über das Leben auf der Erde. Der Verstand sucht sich einen Weg durch die Geheimnisse, und die Erklärung ist immer nur noch eine weitere Wahlmöglichkeit entfernt. Und mehr als alles andere ist es wie der Baum selbst, mit dem einen zentralen Stamm, der Frage, die sich zu Dutzenden von tastenden, dann jede davon zu Hunderten und schließlich Tausenden von einzelnen, unabhängigen grünen Antworten verzweigt. »Bleib dran«, sagt Dorothy und verschwindet erneut.

Wieder protestiert der schwarz emaillierte Knauf der Hintertür, ächzt in ihrer Hand. Sie durchquert den Garten, geht noch einmal zu dem Baum. Ein kurzer Weg, wiederholt bis zum Umfallen, mehr Wiederholungen, als je jemand freiwillig machen würde, immer wieder über dasselbe vertraute Stück Land: der Weg der Liebe. *Wenn du weiterkämpfen willst, gehe zu Abschnitt 1001. Wenn du dich losreißen und retten willst ...*

Sie stellt sich unter den Baum und studiert die Zapfen. Sie liegen überall am Boden. Sporen, auf die Erde gestürzt von einem fernen Asteroiden. Dann zurück zum Haus mit ihrer Antwort. Der Weg auf Strümpfen durchs nasse Gras ist lang genug, sie hat Zeit zu überlegen, wie es sein kann, dass sie immer noch da ist, lebendig begraben, Jahr um Jahr an diesen wie zu Eis erstarrten Mann gefesselt, wo das Einzige, was sie in diesem Leben je gewollt hat, ihre Freiheit war. Aber als sie wieder in der Gefängnistür steht, triumphierend mit dem Buch winkt, weiß sie es. *Das hier* ist ihre Freiheit. Die Freiheit, es immer wieder neu mit den Schrecken jedes neuen Tages aufzunehmen.

»Bingo. Die Weymouthkiefer.«

Sie könnte schwören, eine große Welle der Zufriedenheit läuft über das starre Gesicht. Mittlerweile kann sie ihn lesen, mit einer Telepathie geschärft von den Jahren, die sie nun schon die Bedeutung seiner klumpigen Laute erraten muss. Er denkt: *Ein sehr guter Tag. Heute haben wir wirklich was geschafft.*

Am Abend lässt er sich von ihr vorlesen, über einen Baum, der früher einmal in großen himmelstrebenden Adern aus lebendigem Erz von Georgia bis nach Neufundland gewachsen ist, weiter durch ganz Kanada, an den großen Seen entlang, bis dahin, wo sie im Lampenlicht ihres Lagers sitzen. Sie erzählt ihm von anderthalb Meter dicken Giganten, deren Stämme schnurgerade fünfundzwanzig Meter in die Höhe reichten, bevor sie auch nur auf die Idee kamen, Äste seitwärts auszuschicken. Bäume, die in unermesslich weiten Wäldern standen und Jahr für Jahr mit ihren Pollen die Frühlingsluft verdüsterten, und Wolken aus Goldstaub regneten herab, noch auf die Decks der Schiffe weit draußen auf offener See.

Sie liest ihm vor, wie die ersten Engländer auf dem Kontinent ausschwärmten, der sich über Nacht aus dem Meer erhoben hatte, nach Masten für ihre mörderischen Fregatten und Linienschiffe suchten, Masten, die kein Ort im kahlgeschlagenen Europa mehr liefern konnte, nicht einmal im äußersten arktischen Norden. Sie zeigt ihm *Pinus strobus* auf Gemälden, Stämme so massig wie Kirchtürme, so wertvoll, dass die Krone selbst diejenigen auf Privatland mit dem gepfeilten Brandzeichen des Königs markierte. Und ihr Mann, der doch sein ganzes Leben mit dem Schutz von Privateigentum verbracht hat, muss sehen, was kommt, selbst jetzt aus der Zukunft: die *Pine Tree Riot*, die Revolte von 1772. Krieg um etwas, das an diesen Ufern schon gewachsen war, lange bevor die ersten Menschen von den Bäumen stiegen.

Eine Geschichte, die es mit jedem Roman aufnehmen kann: das prachtvolle Waldland, aufgefressen vom Wohlstand. Die leichten, weichen, kräftigen Dielen, jenseits des Ozeans verkauft bis hin nach Afrika. Der Dreieckshandel, der das junge Land reich macht: Bauholz geht an die Guineaküste, schwarze Leiber kommen nach Westindien, Zucker und Rum werden nach Neuengland verschifft, wo sämtliche Prachtvillen aus Weymouthkiefer sind. Ganze Städte aus Kiefernholz, Millionen Dollar in Sägewerken verdient, Schwellen für die Bahntrassen quer durch den Kontinent, Holz und Harz für die Kriegsschiffe und Walfänger, die von Brooklyn und New Bedford in den unerforschten Südpazifik vordringen, jedes einzelne davon aus tausend oder mehr Bäumen gemacht. Die Weymouthkiefern von Michigan, Wisconsin und Minnesota: zu Abermilliarden Dachschindeln zerspalten, Abermillionen Festmeter zersplittert zu Streichhölzern. Skandinavische Holzfäller fällen einen Kiefernwald, der drei Bundesstaaten bedeckt, zerren ihre unermessliche Beute mit Flaschenzügen zu den Flüssen, fahren mit meilenlangen Flößen zu Tal, zum Marktplatz. Ein riesenhafter Holzfällerheld mit einem blauen Ochsen hat die Kiefern gefällt, um Platz für die Brinkmans und ihre Nachbarn zu schaffen.

Je weiter Dorothy liest, desto heftiger stürmt es draußen. Der ganze Garten krümmt sich im Vorwurf. Der Wind bläst den Regen gegens Fenster. Das kleine Zimmer wirkt kleiner denn je. Die Nacht: jeden Tag neu ein Drittel des Tages, das ein fremdes Land bleibt. Das Nachbarhaus verschwindet, auch die Häuser gleich nördlich davon, und die Brinkmans rücken enger zusammen, dort am Rande dieser Wildnis. Das Bein, das Ray noch bewegen kann, wehrt sich gegen die festgezurrten Laken. Er hat doch nie etwas anderes gewollt als auf anständige Weise sein Geld verdienen, einen Beitrag zum Wohlstand aller leisten, Ansehen in seiner Gemeinschaft erringen, Vater einer ordentlichen Familie sein. *Wohlstand braucht Zäune.* Aber Zäune brauchen Holz. Nichts, was heute noch auf dem Kontinent zu sehen ist, erinnert auch nur entfernt an das, was einmal war. Anderes ist an seine Stelle getreten, überall, Tausende von Meilen weit Gärten, einer am anderen, Farmen, durch schmale Streifen Sekundärholz voneinander getrennt. Aber der Erdboden erinnert sich, ein kleines Weilchen noch, an die verschwundenen Wälder und an den Fortschritt, der sie getilgt hat. Und die Erinnerung der Erde nährt den Baum in ihrem Garten.

Speichel sickert zwischen Rays bebenden Lippen hervor, bleibt dort, bis Dorothy ihn abwischt, kurz vor Mitternacht. Als sie mit dem Tuch kommt, bewegen die Lippen sich wieder. Sie beugt sich ganz nahe heran, und wenn sie recht versteht, flüstert er: »Einmal noch. Morgen.«

Die Nacht ist warm, die Fenster von Patricias Blockhütte klappern im Luftzug, und der Augustvollmond geht über dem See auf wie ein blassroter Penny. Sie legt beide Handflächen auf den Stoß Notizbücher, jedes mit ihrer akkuraten Handschrift gefüllt. »Tja, Denny. Ich glaube, wir sind tatsächlich fertig.«

Wie jeden Abend bekommt sie auch diesmal keine Antwort. Die Worte stehen einfach nur im Raum. Es gibt genug Geschöpfe, die sie hören, in der Hütte und auch draußen. Ihre Silben beantworten, verändern aber auch all das Zirpen, Stöhnen, Seufzen, all die Pläne und Berechnungen, die durch die Stille der Nacht dringen. Es ist eine lange Unterhaltung, geduldig, keine der beteiligten Seiten könnte ihr folgen, und die Lautmuster, die ihre Spezies zu dem Stimmengewirr beisteuert, sind noch nagelneu.

Einen Moment lang horcht sie, was die Stunde schlägt. Dann stemmt sie sich von dem Nussbaumtisch hoch. Streckt die Beine. Sie öffnet das oberste Notizbuch, die Seite, auf die sie eben geschrieben hat: *In einer*

Welt, in der alles seinen Nutzen hat, werden auch wir eines Tages verschwinden müssen.

»Meinst du wirklich, das ist eine gute Idee?« Sie stellt die Frage sich selbst; sie stellt sie dem Toten. Die Trennwand, die Membrane zwischen ihnen beiden ist dünn. Sie weiß, sie wird ihn nicht wiedersehen, nicht in diesem und in keinem zukünftigen Leben. Und doch sieht sie ihn, wohin sie auch blickt. Das ist das Leben; die Toten halten die Lebendigen am Leben. Jeden zweiten Abend fragt sie ihren abwesenden Freund um Rat bei einem Wort, einer Formulierung. Will sich Mut machen lassen. Um genug Geduld aufzubringen, dass sie ihre Notizen nicht allesamt in den Holzofen schmeißt. Von jetzt an muss sie um nichts mehr bitten. Sie blättert um.

Kein Mensch sieht Bäume. Wir sehen das Obst, wir sehen Nüsse, wir sehen Holz, wir sehen Schatten. Wir sehen schöne Formen, hübsches Herbstlaub. Hindernisse, die eine Straße versperren oder Gefahr auf einer Skipiste bedeuten. Dunkle, bedrohliche Orte, die dringend gelichtet werden müssen. Wir sehen Äste, die womöglich das Dach zerschlagen. Wir sehen eine Nutzpflanze. Aber Bäume – Bäume sind unsichtbar.

»Es ist nicht schlecht, Denny. Ein bisschen düster vielleicht.« Und kurz, könnte sie dazusagen. Viel schmächtiger als ihr Erstgeborenes. Es gäbe noch so viel zu erzählen, aber sie ist jetzt eine alte Frau, viel Zeit bleibt ihr nicht mehr, und es gibt noch so viele Arten zu entdecken, die mit an Bord der Arche müssen. Die Geschichte, die das Buch erzählt, ist ganz einfach. Sie hätte sie auf ein oder zwei Seiten abhandeln können: Wie sie und einige andere Jahre damit zugebracht haben, sämtliche Kontinente mit Ausnahme der Antarktis zu bereisen. Wie sie Samen von Tausenden von Bäumen gesammelt haben, von jedem ein paar Körnchen, um sie aufzubewahren, einen kleinen Bruchteil all der Arten, die vor den Augen ihrer derzeitigen Hüter vom Antlitz der Erde verschwinden werden und unzählige von ihnen abhängige mit in den Abgrund nehmen ...

Sie hat versucht, die Hoffnung hochzuhalten, jede Geschichte zu erzählen, die die Wahrheit ein klein wenig erträglicher macht. Ein ganzes Kapitel widmet sie dem Thema Migration. Sie beschreibt all die Bäume, die bereits unterwegs in Richtung Norden sind und alle in Staunen versetzen, die ihr Tempo messen. *Aber die verletzlichsten Bäume müssen noch viel schneller werden, damit sie nicht alle verbrennen. Sie können keine Schnellstraßen überqueren, keine Farmen, keine Wohnsiedlungen. Vielleicht können wir ihnen dabei helfen.*

Sie flicht kleine Biographien ihrer Lieblingshelden ein: einzelgängerische Bäume, listige Bäume, die Weisen, die braven Bürger, Bäume, die impulsiv sein können oder schüchtern oder großzügig – so viele Erscheinungsformen, wie es Pläne und Ansichten des Waldes gibt. *Wie schön wäre es, wenn wir sie persönlich kennenlernen könnten, gerade wenn sie sich am vorteilhaftesten präsentieren.* Sie versucht, die Geschichte auf den Kopf zu stellen. *Die Welt, in der wir leben, ist nicht unsere Welt mit Bäumen darin. Es ist die Welt der Bäume, in der die Menschen eben erst angekommen sind.*

Eine Passage gibt es, die treibt immer wieder aus, egal, wie oft sie sie aus Angst oder wissenschaftlichen Skrupeln stutzt. *Die Bäume wissen es, wenn wir in der Nähe sind. Die Chemie in ihren Wurzeln, die Aromen, die ihre Blätter verströmen, ändern sich, wenn wir uns nähern … Wenn Sie sich nach einem Waldspaziergang wohlfühlen, dann vielleicht, weil manche der Bewohner Ihnen eine kleine Bestechung zugesteckt haben. So viele Heilmittel sind uns schon von den Bäumen geschenkt worden, und wir sehen noch nicht einmal im Ansatz, was sie uns anzubieten haben. Schon seit langem versuchen die Bäume, Kontakt mit uns aufzunehmen. Aber sie sprechen auf Frequenzen, die zu tief sind, als dass Menschen sie hören könnten.*

Mit einem Ächzen, an keine bestimmte Adresse gerichtet, steht sie auf. Aus dem Flurschrank holt sie die ineinandergesteckten Kartons, von denen sie und Dennis sich nie trennen konnten. Halb zergangene Pappschachteln, über Jahrzehnte aufbewahrt. Wer weiß, wann man noch einmal einen in genau der Größe braucht? In einen passen die Notizbücher, als wäre er für sie gemacht. Morgen wird sie sie einer Assistentin schicken, zum Abtippen. Dann an den Verleger in New York, der schon seit Jahren auf einen Nachfolger für das Buch wartet, das nach wie vor im Programm ist, nach wie vor gekauft wird, nach wie vor Schuldgefühle bei Patricia wecken, wegen der Baumleben, die sein Papier fordert.

Sie klebt den Karton mit Packband zu, und sofort reißt sie ihn wieder auf. Der letzte Satz des letzten Kapitels stimmt immer noch nicht. Sie schaut ihn sich noch einmal an, obwohl die Formulierung sich schon längst in ihr Langzeitgedächtnis eingebrannt hat. *Mit Glück bleiben ein paar von diesen Samenkörnern keimfähig, in ihrem Schutzraum tief im Inneren eines Berges in Colorado, bis zu dem Tag, an dem achtsame Menschen sie wieder in die Erde stecken können.* Sie schürzt die Lippen, dann schreibt sie noch etwas dazu. *Wenn nicht, dann werden sie aus eigener Kraft eigene Experimente machen, lange nachdem die Menschen fort sind.*

»So ist es vermutlich besser«, sagt sie laut. »Oder?« Aber heute Abend diktiert der Geist nichts mehr.

Als die Schachtel wieder verschlossen ist, macht sie sich fertig fürs Bett. Das Waschen geht schnell, das Kämmen noch schneller. Dann das Lesen, ihr allabendlicher Tausendmeilenmarsch zur Klippe. Wenn ihr die Augen zufallen, liest sie zum Abschluss noch ein Gedicht. Heute Abend ist es etwas Chinesisches – Wang Wei –, zwölfhundert Jahre alt, aus einer Anthologie, bei deren Lektüre sie sich vom Zufall leiten lässt, genau wie sie es auch auf ihren Wanderungen gern macht:

Ich kenne keine gute Art zu leben
und verliere mich immer wieder neu
in meinen Gedanken, meinen uralten Wäldern …

Du fragst: Wie steigt ein Mensch auf, wie fällt er in diesem Leben?
Das Lied des Fischers strömt dahin tief unter dem Fluss.

Dann ist sie so weit und taucht ein in den Fluss. Sie löscht die trübe, schwache Glühlampe, die ans Kopfende des Bettes geklemmt ist. Jetzt bleibt nur noch das Mondlicht. Sie dreht sich auf die Seite, rollt sich zusammen, drückt das Gesicht fest ins klamme Kissen. So liegt sie einen Augenblick, dann hebt sich der Mundwinkel zu einem Lächeln, das bleibt.

»Ich habe es *nicht* beinahe vergessen. Gute Nacht.«
Gute Nacht.

Adam im Zuccotti Park, Lower Manhattan. Diesmal kommen seine Feldstudien zu ihm. Die Kräfte, die er sein ganzes Arbeitsleben lang erforscht hat, sind wieder einmal am Werk, feiern ihre Party im Börsenviertel, nur ein paar Häuserblocks südwärts von dem Ort, an dem er wohnt und arbeitet. Der ganze Park ist wie elektrisiert. Die ausladenden Kronen der Honigdornbäume verfärben sich schon gelb, und zu ihren Füßen ein Lager aus Schlafsäcken und Zelten, mitten zwischen den Wolkenkratzern. Zu Hunderten haben sie letzte Nacht hier geschlafen, wie schon seit Tagen. Sie lassen sich von Protestsongs in den Schlaf wiegen und erwachen zu einem warmen Frühstück, gestiftet von Fünfsterneköchen, die mit ihrer Sache sympathisieren. Das Problem ist nur, dass Adam nicht recht weiß, was ihre Sache *ist*. Anscheinend ist alles im Fluss. Gerechtigkeit für die neunundneunzig Prozent. Ins Gefängnis mit Finanzhaien und Dieben. Fairness und Anstand auf sämtlichen Kontinenten. Der Sturz des Kapitalismus. Glück, das nicht auf Raub und Gier beruht.

In der Stadt sind Lautsprecher verboten, aber dafür ist das menschliche Megaphon umso intensiver im Einsatz. Eine Frau skandiert, und alle ringsum greifen ihre Worte auf.

»Banken könnt ihr immer retten.«

»BANKEN KÖNNT IHR IMMER RETTEN!«

»Uns legt ihr dafür in Ketten.«

»UNS LEGT IHR DAFÜR IN KETTEN!«

»*Occupy.*«

»*OCCUPY!*«

»Wessen Straßen?«

»WESSEN STRASSEN?«

»Unsre Straßen.«

»UNSRE STRASSEN!«

Immer noch die Ewigjungen, die, die sich an die Träume ihrer Jugend klammern und glauben, dass die Welt zu retten ist. Aber unter den Demonstranten mit Folklorekittel und Rucksack sind manche, die älter sind als Adam. Frauen um die sechzig drehen auf dem Platz ihre Runden, erklären jedem, der zuhört, die Vorgeschichte dieses Aufstands. Leute im Sportdress produzieren auf Trimmfahrrädern den Strom für die Laptops der Besetzer. Friseure schneiden kostenlos die Haare der Protestierenden, weil sie sie den Bankstern vorerst nicht krümmen dürfen. Leute mit Guy-Fawkes-Masken verteilen Flugblätter. Collegekids haben sich im Kreis aufgestellt und schlagen die Trommeln. Anwälte, mit klapprigen Campingtischen als Büroersatz, geben kostenlos Rechtsberatung. Jemand hat sich die Beschilderung des Parks vorgenommen.

SKATEBOARDS, ROLLERBLADES UND FAHRRÄDER
SIND IM PARK NICHT GESTATTET.
SONST ALLES PALETTI, JUNGS

Und was wäre ein Zirkus ohne Kapelle? Ein ganzes Bataillon Gitarren – eine davon mit der Aufschrift *Diese Maschine killt Daytrader* – stimmt gemeinsam einen Klagegesang an:

For the po-lice make it hard, wherever I may go,
'Cause I ain't got no home in this world anymore.

Die Polizei macht's mir schwer, wo immer ich auch bin,
Denn auf dieser Welt bin ich nirgendwo mehr zu Haus.

Gleich gegenüber am anderen Ende des Platzes klafft die Wunde, die nicht mehr heilt. Das Loch im Himmel ist längst gestopft, aber es nässt noch immer. Ein Jahrzehnt ist vergangen, seit die Türme stürzten. Adam rechnet nach, kann es nicht glauben. Sein Sohn ist gerade erst fünf, aber es kommt ihm vor, als wären die Anschläge jünger als er. Ein Baum, eine Chinesische Wildbirne, die das Inferno halb verbrannt, mit gekappten Wurzeln überlebt hat, ist erst vor kurzem wieder genesen nach Ground Zero zurückgekehrt.

Er bahnt sich einen Weg durch die Menschenmenge, die an der People's Library vorbeiströmt. Er kann der Versuchung nicht widerstehen und wirft einen Blick auf die Regale und Kisten. *Das Milgram-Experiment*, mit einer Million winziger Randbemerkungen versehen. Ein Band Tagore. Jede Menge Thoreau und unzählige Exemplare von *You vs.*

Wall Street. Freie Ausleihe auf Vertrauensbasis. Für seine Begriffe riecht das nach Demokratie.

Sechstausend Bücher, und ausgerechnet ein schmaler Band kommt an die Oberfläche dieser Grabbelkisten wie ein Fossil, das ein Moor wieder ausspuckt. Der Golden Guide zu den Insekten. Leuchtend gelb – die einzige wirklich echte Ausgabe, die es von diesem Klassiker je gegeben hat. Erschrocken greift Adam danach, rechnet halb damit, seinen eigenen Namen hineingekritzelt zu sehen, verschmierte Bleistiftgroßbuchstaben wie in den Sprechblasen eines Cartoons. Aber es ist ein anderer Name, Tinte in schönster Schreibschrift: *Raymond B.*

Die Seiten stinken nach Moder und nach der Reinheit kindlicher Wissenschaft. Adam blättert darin, und alles fällt ihm wieder ein. Die Kladden mit den Notizen von seinen Feldforschungen, das Naturkundemuseum bei sich zu Haus. Der Schaum von der Teichoberfläche unter dem billigen Kindermikroskop. Und allem voran die Nagellacktupfer auf den Ameisenleibern. Irgendwie hat er sein gesamtes Leben mit Wiederholungen dieses Experiments zugebracht. Er blickt auf von der kleinformatigen Seite – »Rüsselkäfer und Köcherfliegen« – und betrachtet diesen glücklichen, wütenden, anarchischen Schwarm. Einen kurzen Augenblick lang sieht er das System, die Rangstufen und Pflichten, die Schwänzeltänze, die Pheromonspuren, die sich vom Inneren des Haufens aus wie pure Physik anfühlen, die Macht der Schwerkraft. Er würde gern jeden Einzelnen von ihnen mit einem Nagellackklecks versehen und in dem Büroturm nebenan ins vierzigste Stockwerk fahren, um von oben zu sehen, was sich tut. Der Blick eines wahren Feldforschers. Der Blick eines Zehnjährigen.

Er steckt den Golden Guide in die Hosentasche und taucht wieder ein in die Menge. Zehn Schritt weiter sitzt auf der Kante einer Granitbank ein Gespenst. Es sieht ihn und stutzt. »*Occupy*« ruft jemand ins menschliche Megaphon. Und hundertfach verstärkt kommt das Wort am anderen Ende wieder heraus: »*OCCUPY!*«

Die verdutzte Miene des Gespensts weicht einem Grinsen. Adam kennt diesen Mann so gut, als wäre er sein Bruder, zurückgekehrt von den Toten. Der Mann, den er sieht, hat schon eine Stirnglatze unter der Baseballkappe; der, den er von früher vor Augen hat, trug einen langen

Pferdeschwanz. Tatsächlich kann er einen Moment lang nicht sagen, wer dieser Mann ist. Dann weiß er es wieder und will es nicht wissen. Aber für alles andere ist es zu spät, er muss hingehen zu diesem Wiedergänger und ihn beim Arm packen, lachen über das, was nicht zu leugnen ist, ganz als wäre das Glück ein großer Schlawiner – als sei es mit den alten Geschichten einfach nie vorbei. »Douglas, die Douglasie.«

»Mann, Ahorn. Das kann doch nicht *wahr* sein!« Sie umarmen sich wie zwei alte Männer, die sich jenseits der Ziellinie wiedersehen. »Himmel, Mann! Das Leben ist ganz schön lang, was?«

Allerdings. Der Psychologe kann nur immer wieder den Kopf schütteln. Er will das nicht. Der Leichnam, den brutale Altertumsforscher da aus dem Grabhügel zerren, ist nicht er. Aber schon ulkig, dass sie sich über den Weg laufen. Der Zufall, der alte Komödiant mit dem perfekten Timing.

»Ist das ...? Bist du hier zum ...?« Adam macht eine Handbewegung in Richtung der wogenden Masse, zu all denen, die die Menschheit vor sich selbst bewahren wollen. Pavlicek – *Pavlicek*, so hieß er. Pavlicek kneift die Augen zusammen und blickt Richtung Platz. Als falle er ihm gerade zum ersten Mal auf.

»Ach was, Mann. Ich nicht. Heutzutage bin ich nur noch Zuschauer. Hab bei nichts mehr mitgemacht seit ... na, du weißt schon.«

Adam fasst den Mann – immer noch schlaksig, immer noch jungenhaft – beim knochigen Ellenbogen. »Komm, wir gehen ein Stück.«

Sie spazieren den Broadway hinunter, an der Citibank vorbei, Ameritrade, Fidelity. Binnen einer New Yorker Minute haben sie sich alles über die vergangenen Jahre erzählt. Professor der Psychologie an der New York University, Ehefrau, die Lebenshilferatgeber publiziert, fünfjähriger Sohn, der Banker werden will, wenn er groß ist. Lange Jahre angestellt bei der Forstverwaltung, momentan ohne Arbeit und Wohnung, hier in der Stadt, um einen Freund zu besuchen. *His friend, the end.* Aber sie spazieren weiter, im Schatten des Kirchturms der Trinity Church, kommen an der Stelle vorbei, an der noch der Geist des Buttonwoodbaums steht, einer Platanenart – des Baums, unter dem sich einst die New Yorker Kaufleute trafen, um Handel zu treiben, und jetzt der Standort der Hauptmaschinenhalle für die freie Marktwirtschaft.

Und sie reden weiter, langsam umkreisen sie die Vergangenheit, ein Kreis, dessen Umfang Adam schon eine Stunde später nicht mehr nachverfolgen kann. Immer wieder fasst sich Douglas an den Schirm seiner Baseballkappe, als grüße er die Passanten.

Adam fragt: »Hast du … noch Kontakt zu jemandem?«

»Kontakt?«

»Zu den anderen.«

Douglas nestelt an seiner Kappe. »Nein. Du?«

»Ich? … nein. Maulbeere – keine Ahnung, was aus der geworden ist. Aber Wächter. Das klingt verrückt. Es ist, als ob er mich verfolgt.«

Douglas bleibt auf dem Bürgersteig stehen, mitten im Ozean der Geschäftsleute. »Was soll das heißen?«

»Wahrscheinlich nur ein Hirngespinst. Aber ich bin beruflich viel unterwegs. Vorträge, Konferenzen im ganzen Land. Und in mindestens drei Städten habe ich Straßenkunst gesehen, die genau aussah wie die Zeichnungen, die er immer gemacht hat.«

»Die Baummenschen?«

»Genau. Weißt du noch, wie unheimlich …«

Douglas nickt, fingert wieder an seiner Kappe. Vor ihnen auf dem Bürgersteig umringt eine Gruppe Touristen ein wildes Tier. Es ist groß, muskulös, energisch, geblähte Nüstern, lange, gefährlich aussehende Hörner, bereit, all die aufzuspießen, die sich davor drängen, um Selfies zu machen. Siebentausend Pfund Guerillakunst in Bronze, von seinem Schöpfer im Schutze der Nacht dorthin geschafft und als Geschenk an die Öffentlichkeit auf die Stufen zur Börse gestellt. Als die Stadt es wegschleppen wollte, protestierten die Leute. Der Trojanische Stier.

Eine Ballerina, die auf dem Rücken des Ungetüms ihre Pirouette dreht, ist vor wenigen Wochen zum faszinierenden Postergirl dieser neuesten Haltet-die-Menschen-auf-Bewegung geworden:

WAS
IST UNSERE
EINZIGE
FORDERUNG?

#OCCUPYWALLSTREET
BRING EIN ZELT MIT.

Einer nach dem anderen stellen sich die Leute für ein Foto mit dem angriffslustigen Stier in Positur. Douglas bemerkt anscheinend nicht, was für eine Ironie das ist. Seine Augen sind überall, nur nicht da, wo die anderen hinsehen. Er kämpft mit etwas, das herauswill. »So.« Er kratzt sich im Nacken. »Und du hast jetzt also ein schönes Leben?«

»Verdammt Glück gehabt. Obwohl ich rund um die Uhr arbeite. Die Forschung ... ist ein Vergnügen.«

»Und was genau erforschst du?«

Adam hat diese Routine schon tausendmal abgespult, für alle erdenklichen Leute vom Anthologienherausgeber bis zum Fremden im Flugzeug. Aber diesem Mann – diesem Mann ist er doch ein klein wenig mehr schuldig. »Es ist ein Thema, an dem ich schon gearbeitet habe, als wir uns zum ersten Mal begegnet sind. Als wir fünf uns ... Der Schwerpunkt hat sich verlagert, im Laufe der Jahre. Aber die Grundfrage bleibt dieselbe: Was hindert uns daran, das Offensichtliche zu sehen?«

Douglas stützt sich mit einer Hand am Horn des Messingstiers ab. »Und? Was hindert uns?«

»Hauptsächlich andere Menschen.«

»Also, weißt du ...« Douglas blickt den Broadway hinunter, will herausfinden, was den Stier so sehr in Rage versetzt. »Ich glaube, auf den Gedanken bin ich schon unabhängig von dir gekommen.«

Adam lacht so laut, dass die Touristen sich nach ihm umdrehen. Jetzt weiß er wieder, warum er den Mann früher einmal so gern gehabt hat. Warum er ihm sein Leben anvertraut hat. »Es gibt noch einen interessanteren zweiten Teil der Frage.«

»Wie es manche schaffen, trotzdem zu sehen ...?«

»Ganz genau.«

Mit einer Geste bittet ein asiatischer Tourist die beiden Männer, für den kurzen Augenblick eines Fotos beiseitezutreten. Adam gibt Douglas einen Schubs, und sie gehen noch ein Stück weiter, downtown in den Bowling Green Park, der die Form einer Träne hat.

»Ich habe viel darüber nachgedacht«, sagt Douglas. »Über die ganze Sache.«

»Ich auch.« Sofort möchte Adam seine Lüge zurücknehmen. »Was haben wir uns davon versprochen? Was haben wir geglaubt, was wir da machen?«

Sie halten unter dem Kreis von Platanen mit ihren tarnfarbenen Stämmen an, *platanus*, der duldsamste unter allen Bäumen der Ostküste; bleiben stehen an der Stelle, an der die Insel verkauft wurde, von Leuten, die zuhörten, wenn die Bäume sprachen, an Leute, die sie fällten. Gemeinsam betrachten sie den Springbrunnen. Adam sagt: »Wir haben Häuser angezündet.«

»Das haben wir.«

»Wir hielten die Menschen für Massenmörder.«

»Allerdings.«

»Dachten, dass kein anderer sieht, was da vorgeht. Dass alles immer so weitergehen würde, wenn wir nicht die Welt darauf aufmerksam machen.«

Der Schirm von Douglas' Baseballkappe geht hin und her. »Und wir hatten ja nicht unrecht damit. Schau dich doch um! Jeder, der Augen im Kopf hat, sieht, dass die Party vorbei ist. Jetzt nimmt Gaia Rache.«

»Gaia?« Adam lächelt, aber es ist ein schmerzliches Lächeln.

»Das Leben. Der Planet. Wir bekommen ja schon unsere Strafe. Aber *selbst jetzt* gilt man noch als Irrer, wenn man das sagt.«

Adam betrachtet den Mann. Versucht ihn einzuschätzen. »Du würdest es also alles noch einmal tun? Was wir getan haben?« Die Fragen der Guerillaphilosophen gehen Adam durch den Kopf. Die, die keiner stellen darf. Wie viele Bäume wiegen einen Menschen auf? Kann eine drohende Katastrophe gezielte, punktuelle Gewalt rechtfertigen?

»Noch mal tun? Ich weiß nicht. Was meinst du mit noch mal?«

»Häuser niederbrennen.«

»Nachts, wenn ich nicht schlafen kann, frage ich mich, ob auch nur eines von dem, was wir getan haben – eines von dem, was wir hätten tun *können* –, je den Tod dieser Frau aufwiegen könnte.«

Und dann ist es, als würde der Tag zur Nacht, die Stadt zum Wald aus Kiefern und Fichten, der Park ringsum ein Flammenmeer, als läge diese wunderbare, fremdartige, bleiche Frau dort am Boden und flehte um Wasser.

»Wir haben nichts erreicht«, sagt Adam. »*Nicht das Geringste*.« Sie machen kehrt, verlassen den Park, der zu belebt ist für diese Art Zwiegespräch. Erst als sie an das Tor in dem niedrigen Eisenzaun kommen, geht ihnen auf: einen sichereren Ort gibt es nicht.

»*Sie* hätte alles noch einmal getan.«

Douglas zeigt mit dem Finger auf Adams Brust. »Du hast sie geliebt.«

»Wir haben sie alle geliebt. Ja.«

»Du warst in sie verliebt. Genau wie Wächter. Genau wie Mimi.«

»Das ist lange her.«

»Für sie hättest du das Pentagon in die Luft gejagt.«

Adam lächelt, wehmütig, leise. »Es war eine Kraft in ihr.«

»Sie hat gesagt, die Bäume reden mit ihr. Dass sie sie hören kann.«

Ein Schulterzucken. Ein verstohlener Blick auf die Uhr. Er muss wieder zurück, seine Vorlesung vorbereiten. Zu viel Historie macht Adam krank. Gut, früher war er jünger, wütender. Eine andere Spezies. Nur ein gescheitertes Experiment. Das Einzige, worum man sich kümmern muss, ist das Jetzt.

Aber Douglas lässt nicht locker. »Meinst du, da war wirklich etwas, was mit ihr gesprochen hat? Oder war das nur …?«

Als die ersten Menschen kamen, gab es auf der Welt sechs Billionen Bäume. Halb so viele sind noch da. Davon wiederum die Hälfte wird in den nächsten hundert Jahren verschwinden. Und wenn genug Leute behaupten, dass all diese im Verschwinden begriffenen Bäume dies und nicht jenes sagen, dann sagen sie tatsächlich genau das. Aber die Frage interessiert Adam. Was hat die tote Jungfrau von Orléans gehört? Weisheit oder Wahn? Nächste Woche wird er seinen Studenten von Durkheim erzählen, Foucault, dem Kryptonormativen: dass *Vernunft* auch nichts weiter ist als eine Waffe, um andere zu unterdrücken. Dass die Idee des *Vernünftigen*, des *Akzeptablen*, des *Gesunden*, ja, des *Menschlichen* jünger und unreifer ist, als alle glauben.

Adam wirft einen Blick zurück, in die Betonschlucht der Beaver Street. Biber – die Geschöpfe, deren Pelzen diese Stadt ihren Reichtum verdankt. Die erste Börse von Manhattan. Er hört sich antworten. »Früher haben die Bäume immer zu den Menschen gesprochen. Wer bei Verstand war, hörte sie.« Die Frage ist nur, ob sie noch einmal etwas sagen, bevor alles zu Ende ist.

»Damals in dieser Nacht.« Douglas hebt den Blick zu dem Wall aus Wolkenkratzern. »Als wir dich losgeschickt haben, Hilfe holen. Warum bist du umgekehrt?«

Wut steigt in Adam auf, als würden sie sich gleich wieder an die Gurgel gehen. »Es war zu spät. Es hätte Stunden gedauert, bis ich Hilfe gefunden hätte. Sie war doch schon tot. Wenn ich zur Polizei gegangen wäre … das hätte sie auch nicht wieder lebendig gemacht. Und uns hätten sie alle hinter Gitter gesteckt.«

»Du wusstest das nicht, Mann. Du weißt es nicht mal heute.« Wut, die radikale Form des Schmerzes; die Wurzel, die die Zeit nie ausreißen wird.

Sie gelangen an einen kleinen Judasbaum, sieben Meter hoch. Der Stamm ist gekrümmt, die Arme biegen sich wie die der Ballerina auf dem wütenden Stier. Bis die purpurfarbenen essbaren Blüten wieder überall direkt aus Stamm und Zweigen sprießen, muss noch ein Winter vergehen. Jetzt baumeln die Samenschoten an den Ästen wie lauter Erhängte. *Cercis siliquastrum.* Es heißt, Judas habe sich an einem solchen Baum erhängt. Die Legende ist noch jung, gemessen am durchschnittlichen Alter von Baummythen. Judasbäume wachsen in verschwiegenen Winkeln überall in Lower Manhattan. Dieser hier wird fort sein, bevor er noch ein zweites Mal blüht.

Die beiden Männer halten am Battery Place, wo ihre Wege sich trennen. Die Straße hinunter, jenseits des Wassers, steht die Freiheitsstatue. Es gibt ein Eichhörnchen, einen Tiergeist, Gegenstand endloser Elogen, das bis in alle Ewigkeit unablässig durch das Laubdach eines Gespensterwalds huscht, von hier bis zum Mississippi, ohne dass es mit seinen Pfoten jemals den Erdboden berühren muss. Jetzt müsste es von Insel zu Insel springen, durch armselige Flecken Sekundärwald durchschnitten von Schnellstraßen, auf denen überall die überfahrenen Tiere liegen. Aber die beiden Männer bleiben stehen und schauen, als finge der unendliche Wald auch heute noch hier an, hier genau vor ihnen.

Sie wenden sich einander zu und umarmen sich zum Abschied, wie Bären, die ihre Kräfte messen. Wie zwei, die sich nie in diesem Leben mehr wiedersehen werden. Als wäre es selbst danach noch zu früh.

Die Bäume hüllen sich in Schweigen. Neelay sitzt im Innenhof von Stanford – dem intergalaktischen botanischen Garten – und wartet auf eine Erklärung. Mit seiner lebenslangen Berufung stimmt etwas nicht mehr. Er hat die Fährte verloren, auf die sie ihn angesetzt hatten. Was jetzt?

Aber die Bäume beachten ihn gar nicht. Der prallgefüllte Wassersack des Flaschenbaums, die stachelbewehrte Rüstung des Florettseidenbaums: nicht einmal mit den Blättern rascheln sie. Als sei die Stimmung seiner Seelenverwandten – in der einzigen Galaxie, die ihm je einen geboten hat – schon bei der ersten Regung von Seligkeit in Panik umgeschlagen, und nun sprechen sie nicht mehr mit ihm. Er verdirbt den Touristen ihre Fotos. Keiner will ein Bild von einem unechten spanisch-romanischen Innenhof mit einem grotesken Krüppel im Rollstuhl davor. Er wendet, fährt los, wütend wie ein verlassener Liebhaber. Aber wohin soll er fahren? Selbst zu seiner Wohnung über dem Sempervirens-Hauptquartier zurückzukehren wäre eine Demütigung.

Er würde seine Mutter anrufen, aber es ist tiefe Nacht in Banswara, wo sie jetzt den größten Teil des Jahres verbringt und sich bereitmacht zum Sterben. Inzwischen, mit zehn Jahren Verspätung, weiß sie, dass es nie eine Rupal für ihn geben wird, dass auch noch so viel Wissenschaft nie wieder seine Beine in Gang bringen wird und dass der größte Liebesdienst, den sie ihrem Sohn erweisen kann, ist, ihn in seine Einsamkeit zu entlassen. Sie kommt jetzt nur noch zurück, wenn er wieder einmal im Krankenhaus liegt, wenn die Ärzte seine nässenden Druckstellen trockenlegen müssen, ein nekröses Stück Gewebe an Füßen oder Hintern entfernen. Das Fliegen ist eine solche Qual für sie. Wenn er das nächste Mal in die Klinik muss, wird er es ihr einfach nicht sagen.

Er fährt hinunter ins Oval zu der grandiosen Palmenallee. Der Himmel ist zu klar, der Tag zu heiß, sämtliche Stämme sind zu Sonnenuhren geworden und zeigen exakt dieselbe Zeit an. Er sucht nach einer schattigen Stelle – ein Sport, der weltweit immer mehr Anhänger findet. Dann steht er still, konzentriert sich darauf, einfach nur zu sein, wo er ist, hier, zu Hause. Es hilft nichts. Binnen einer Minute wird er wieder unruhig, sucht auf seinem Telefon nach Nachrichten, die ihm noch niemand geschickt hat. Wo können die Menschen leben? Seine guten Geister haben wohl recht: nur in Symbolen, in Simulation.

Als er das Gerät wieder in seine Rollstuhltasche steckt, zirpt es wie eine Handvoll Zikaden. Eine Botschaft von seiner ganz persönlichen künstlichen Intelligenz. Das Ding ist lebendig, wachsam, reizt ihn mit seinem Klickköder, der Menschlichkeit. Seit seiner Kindheit, sogar schon vor seinem Sturz, hat er von einem solchen Roboterhaustier geträumt. Dieses hier ist besser als alles, was die Propheten der damaligen Science-Fiction vorausgesagt haben – schneller, geschmeidiger, gelenkiger. Es ist rund um die Uhr unterwegs und sucht sämtliche Aktivitäten der Menschheit ab, und dann erstattet es ihm Bericht. Es ist gehorsam und unermüdlich, und wie alle Geschöpfe, denen er dieser Tage noch traut, hat es keine Beine. Beine, hat Neelay mehr und mehr den Verdacht, waren der schlimmste Fehler der Evolution.

Er und seine Leute haben diesen Burschen geschaffen, und jetzt ist er bei der Arbeit und erschafft *ihn* neu. Er hat ihn beauftragt, Ausschau nach Neuigkeiten über seine neueste Leidenschaft zu halten: Kommunikation zwischen Bäumen, Intelligenz des Waldes, Pilznetzwerke, Patricia Westerford, *Der geheime Wald* … Es ist geradezu unheimlich, wie viele Echos dessen, was ihm Jahrzehnte zuvor fremde Lebensformen geflüstert haben, die heute nicht einmal mehr einen Gruß für ihn übrig haben, sich in diesem Buch finden. Das Buch hat ihn seinen Platz als kreativer Kopf seiner Firma gekostet. Es will mehr von ihm, mehr Bezahlung, mehr Rettung. Aber was?

Er öffnet die Roboternachricht. Darin ein Link und ein Titel: *Worte aus Luft und Licht*. Es ist mit der höchsten Empfehlungsstufe markiert, die sein Haustier vergibt. Selbst in seinem Fleckchen Schatten kann Neelay auf dem Schirm nichts erkennen. Er rollt zum Van, den er ganz in der Nähe geparkt hat. Wieder in seinem umgebauten Raumschiff, klickt er auf den Link und starrt auf das Display, verwirrt. Ein Flackern, Schatten und Sonnenlicht. Hundert Jahre Kastanie in zwanzig Sekunden, wie eine Szene in einem handkurbelbetriebenen Kinetoskop. Der

Clip ist schon vorbei, bevor Neelay überhaupt begreift, worum es geht. Er startet das Video noch einmal neu. Wieder strebt der Baum in die Höhe wie eine Fontäne, bildet eine Krone aus. Die Zweige recken sich schwankend gen Himmel, greifen nach Licht, nach Dingen, die dem blanken Auge verborgen bleiben. Äste verzweigen sich, breiten sich aus, wo gerade noch Luft war. Bei solcher Geschwindigkeit kann er sehen, worauf der Baum aus ist, erkennt die Mathematik zwischen Siebteil und Holzteil, das ganze Gewebe der Geometrien, und die dünne lebendige Schicht des Kambiums, wie es im Wachstum schwillt.

Ein Programm – ein wildwuchernder Code, immer wieder durch Fehlschläge gestutzt – baut diese große spiralige Säule auf, nach Instruktionen, die Wischnu in etwas stecken konnte, das kleiner ist als der Fingernagel eines Jungen. Als der Baum mit dem Wachstum eines Jahrhunderts fertig ist, laufen alte Kastanienworte eines längst ausgelöschten Transzendentalisten über den Schirm, Zeile für Zeile von unten aufsteigend auf einem Meer aus Schwarz:

Der Gärtner sieht
nur den Garten des Gärtners.
Die Augen sind nicht geschaffen
für den unwürdigen Gebrauch unserer Tage,
welcher sie abnutzt und zerstört,
sondern um Schönheit zu schauen,
die noch verborgen ist.
MAG
ES
NICHT
SEIN,
DASS
WIR
GOTT
SCHAUEN?

Und als Neelay von dem winzigen Display aufblickt, sieht er genau das.

Nur ein kleines Stück von dem Van entfernt, auf der anderen Seite des Campus jenseits des Eukalyptushains, werden Einladungsschreiben verschickt. Wie Flugpollen verbreiten sie sich in Wolken. Eins dieser Körnchen geht auf Patricia Westerford nieder, in einer Blockhütte einer Forschungsstation in den Great Smoky Mountains. Sie sucht nach Erbgut von Dutzenden von Laubbaumarten, die vielleicht schon in wenigen Jahren dem Bock- und dem Eschenprachtkäfer zum Opfer fallen. Solche Einladungen bekommt sie dieser Tage zu Dutzenden, und die meisten beachtet sie gar nicht. Aber das hier – Reparieren wir unser Haus: Maßnahmen in einer wärmeren Welt –, das hier berührt sie so schmerzlich, dass sie den Brief noch ein zweites Mal liest. Man will ihr einen Flug über zweitausendfünfhundertneunundsechzig Meilen samt Rückreise bezahlen, damit sie an einer Konferenz über den alarmierenden Zustand der Atmosphäre teilnimmt. Sie kommt über den Titel der Veranstaltung einfach nicht hinweg. Reparieren wir unser Haus. Als müssten wir nur den Abfluss saubermachen, einen Verdunstungskühler aufs Dach stellen, und alles ist wieder so schön wie früher.

Sie sitzt am Schreibtisch auf ihrem Shaker-Stuhl und lauscht den Heimchen. Vor vielen Jahren hat ihr Vater ihr eine alte Formel beigebracht, eine, mit der sich Zirpen pro Minute in Grad Fahrenheit umrechnen lässt. Sechzig Jahre lang hat das nächtliche Orchester um sie her einen Volkstanz gespielt, einen von denen, bei denen das Tempo sich immer weiter steigert, bis schließlich sämtliche Tänzer erschöpft zu Boden sinken. *Es wäre uns eine große Freude, wenn Sie darüber berichten würden, welchen Beitrag Bäume zu einer nachhaltigen Zukunft der Menschheit leisten können.* Die Veranstalter wollen einen Vortrag von einer Frau, die einmal ein Buch darüber geschrieben hat, wie Waldpflanzen den Planeten vor dem Untergang bewahren können. Aber das Buch hat sie vor Jahrzehnten geschrieben, als sie noch jung genug zum Mutigsein war und der Planet noch gesund genug zum Überleben.

Es sind Leute, die von einer technischen Wende träumen. Ein neues Verfahren, Pappeln zu Papier zu zermahlen, bei dem ein bisschen weniger Kohlenwasserstoff verbrannt wird. Die Gentechnik entwickelt Nutzpflanzen, aus denen sich bessere Häuser bauen lassen, und schon gibt es weniger Hunger auf der Welt. Die Hausreparatur, die sie sich vorstellen, ist nur ein nicht ganz so rücksichtsloser Abriss. Sie könnte ihnen eine ganz einfache Maschine zeigen, die keinen Brennstoff und kaum Wartung braucht, eine, die rund um die Uhr Kohlenstoff bindet, den Boden verbessert, die Erdoberfläche kühlt, die Luft reinigt, und die sich in ihrer Größe allen äußeren Bedingungen anpasst. Eine selbstreproduzierende Maschine, die auch noch kostenlos Nahrung abwirft. Eine Maschine so wunderschön, dass Dichter ihr Verse widmen. Wenn man auf Wälder Patente anmelden könnte, bekäme sie für so eine Rede tosenden Applaus.

Soll sie die Einladung nach Kalifornien annehmen? Sie würde drei Tage Arbeitszeit verlieren; Jesus hat in kürzerer Zeit die Hölle ausgeräumt. Ihre Platzangst ist im Laufe der Jahre noch schlimmer geworden, und in diesen vollen Hörsälen versteht sie kein Wort. Aber die Gästeliste ist unglaublich. Ein Who's who von Gelehrten und Technokraten, jeder nur noch ein einziges großes Fördergeld davon entfernt, die Sonne mit Partikeln zu verdüstern, vom Klonen bedrohter Arten oder dem unbegrenzten Zugang zu billiger Energie. Künstler und Schriftsteller sind eingeladen, sich mit der unschönen Frage des menschlichen Geistes zu beschäftigen. Risikokapitalisten, die Ausschau nach der nächsten grünen Goldader halten. So eine Zuhörerschaft bekommt sie im Leben nicht mehr.

Sie liest die Einladung noch ein drittes Mal durch und überlegt, ob »nachhaltige Zukunft« etwas anderes ist als »trockener Alkoholiker«. Sie kommt an den zündenden Schluss des Briefes. *Wie Toynbee einst sagte:* »*Der Mensch steigt zur Stufe der Zivilisation auf, wenn er eine Herausforderung von besonderer Tragweite bewältigt, die ihn zu Leistungen in bis dahin ungekanntem Maße anspornt.*« Es ist, als sollte mit dieser Einladung ihre Ehrlichkeit auf die Probe gestellt werden, die ihr schon seit ihren Tagen als Landstreicherin so viel bedeutet. Jemand fragt sie um Rat, fragt, was der Menschheit zu tun bleibt, um diesen todkranken Planeten zu retten. Könnte sie tatsächlich einer solchen Versammlung von angesehenen und einflussreichen Leuten ins Gesicht sagen, was nach ihren Begriffen die Wahrheit ist?

Heute Abend ist es zu spät für eine weise Antwort. Aber es bleibt noch Zeit für einen kleinen Ausflug zu den Stromschnellen des Middle Prong.

Draußen vor der Hütte raunt dichter, uralter Weißdorn seine gespensti-
schen Prophezeiungen unter dem fast vollen Mond. Die scharlachroten
Beeren hängen noch an den Zweigen; viele werden den ganzen Winter
dort bleiben. *Crataegus*, der Herz-Heiler. Bei diesem Strauch werden die
Menschen Medizin finden, solange sie bei ihm danach suchen.

Auf ihrem Weg über die Lichtung scheucht sie ein Opossum auf, das
dort im Schlamm nach Wurzeln gräbt und schon zwei Stunden zuvor zu
dem Schluss gekommen war, dass mit Menschen nicht mehr zu rechnen
ist. Sie lässt den Strahl der Taschenlampe über die Lichtung gleiten. Auf
dem Waldboden liegt dick der Humus, orangerot und ockerfarben, ein
süßlicher Geruch wie vergorener Kuchenteig. Zwei Streifenkäuze rufen
wehmütig und melodisch über große Distanz. Weiter den Hügel hinauf
gehen Eicheln und Hickorynüsse nieder. Überall schlafen Bären, ruhen
sich aus von den Abenteuern des Tages; auf jede Quadratmeile kommen
zwei.

Sie duckt sich durch niedrige Rhododendrontunnel, an Traubenkir-
schen vorbei, die noch wissen, wo hier einst Straßen verliefen, sie passiert Sauerbaum und duftenden Sassafras, den Nelkenzimtbaum. Ma-
gnolien und Streifenahorn haben sich angesiedelt, wo die Kastanie den
Platz geräumt hat. Die Schierlingstannen liegen im Sterben, befallen von
Fichtengallenläusen, geschwächt durch sauren Regen. Die Frasertannen
hoch oben auf dem Appallachenkamm sind alle schon tot. Rings um sie
her ist der Wald ermattet vom heißesten, trockensten Jahr seit Beginn
der Aufzeichnungen. Noch so ein verrückter Ausreißer, wie er einmal im
Jahrhundert vorkommen sollte, sich dieser Tage aber fast jedes Jahr wiederholt. Überall im Park brennt es. Alarmstufe Rot jeden dritten Tag.

Aber die priestergleichen Tulpenbäume sind auch jetzt noch Balsam
für ihr Immunsystem; Buchen hellen ihre Stimmung auf, helfen ihr, sich
zu konzentrieren. In der Gesellschaft dieser Giganten ist sie klüger, kann
klarer denken. Sie sieht einen Kakibaum mit seiner Rinde wie Alligator-
haut. Runde Amberbaumfrüchte knirschen unter ihren Füßen, Minia-
turausgaben des mittelalterlichen Morgensterns. Von einem gefallenen
Amberblatt kneift sie die Spitze ab und schnüffelt – in ihren Kindertagen der Duft des Himmels. Nicht weit ab vom Pfad steht eine uralte
Roteiche, vier Meter Umfang, wenn nicht mehr. Die könnte vielleicht

sogar die grässliche Unruhe beschwichtigen, in die sie diese Einladung versetzt hat. *Nachhaltige Zukunft.* Sie wollen keine Baumfrau, die ihnen auf ihrer Versammlung einen Vortrag hält. Sie wollen eine Zauberkünstlerin. Eine Science-Fiction-Autorin. Den Lorax. Vielleicht eine verwegene Geistheilerin, mit Epiphyten als Haar.

Unten am Ufer, ihrem liebsten Platz zum Verweilen, zieht sie die Schuhe aus. Obwohl es nicht nötig wäre. Von dem Bergbach, der hier rauschen sollte, ist nur ein Felsenbett übrig. Sie dreht ein paar Steine um, hält Ausschau nach Salamandern. Dreißig Arten können hier leben, Abermillionen davon im Park, jedes feuchte Fleckchen bevölkern sie, und jetzt findet sie keinen einzigen. Sie hält den nackten Fuß ins imaginäre Wasser. *Was meinst du, Denny? Hingehen und ihnen was von Hausreparatur erzählen?*

Die Erinnerung an eine Hand berührt sie an der Schulter. *Wenn du mich das fragst, Babe, dann ist die Antwort klar.*

Vom Ufer des Little River in Tennessee bis zum Zentrum von New York sind es nur siebenhundert Meilen. Pollen der Weymouthkiefer könnten es schaffen, bei einem anständig steifen Wind. Am anderen Ende dieser Route lässt Adam Appich mit einem verwunderten Lächeln den Blick über ein Auditorium mit zweihundertsechzig Psychologiestudenten im ersten Jahr schweifen, die alle zu seiner Vorlesung über kognitive Verzerrungen gekommen sind, und bemerkt das bewaffnete Trio ganz hinten im Saal, wo es geduldig wartet, bis er zu Ende gesprochen hat. Sein Schreck dauert nur ein paar wenige Höhenschläge seiner Herzfrequenz lang. Ein einziger Blick genügt, um zu wissen, was diese Männer wollen und weshalb sie hier sind. Die Glock 23 und die marineblauen Sturmjacken mit den gelben Buchstaben »FBI« helfen natürlich auch bei der Identifizierung. Seit Jahrzehnten hat er sich nun schon, immer wieder einmal in allen erdenklichen Situationen, vom nüchternen Nachmittag bis zum trunkenem Schlummer, die Ankunft dieser Männer ausgemalt. Er wartet schon so lange auf sie, dass er ganz vergessen hatte, dass sie immer noch ausstehen. Und jetzt, an diesem schönen Herbsttag, spät in einem schon späten Jahr, sind die Häscher endlich da und sehen ganz so aus, wie er sie sich die ganze Zeit vorgestellt hat: massig, finster, pragmatisch, mit Drähten in den Ohren. Noch kurz lächeln, dann macht Appichs Furcht ihrer Schwippcousine Platz, der Erleichterung, darüber, dass eine Voraussage sich endlich erfüllt.

Er denkt: *Gleich kommen sie den Mittelgang runter und verhaften mich direkt hier am Pult.* Aber die Männer, insgesamt fünf, bleiben hinter der hintersten Sitzreihe stehen, warten, bis Adam mit seiner Vorlesung fertig ist.

Heute war ein einfaches Thema an der Reihe. Wenn eine Person eine Wahl trifft, dann geschieht so vieles im Verborgenen, unterirdisch oder gerade außerhalb des Blickfelds, dass diese Person die letzte ist, die davon erfährt. Blätter mit Notizen sind über das Pult ausgebreitet; die Hände, mit denen Adam gestikuliert, greifen ins Leere. Nachdem er zwei Jahrzehnte lang mit eingezogenem Kopf gelebt hat, darauf gewartet, dass dieser Hammer niedergeht, ist das lange Ducken nun vorbei. Er hat hart daran gearbeitet, an seinem Unterschlupf im Erfolg. Zweimal hat er die Medaille der Universität für hervorragende Lehre bekommen, und erst letzten Monat ist er für den Beauchamp-Preis des amerikanischen Psychologenverbandes nominiert worden, für Forschungen zu empirischen Belegen für einen materialistisch fundierten Begriff des menschlichen Verstandes. Er hat in der Öffentlichkeit dermaßen lange sich selbst gespielt, dass er am Ende auf seine eigene Vita hereingefallen ist. Jetzt hat ihn die Wahl, die er in seiner Jugend getroffen hat, doch noch eingeholt, und der schöne Traum ist vorbei.

Nun sieht er es deutlich. Die Zufallsbegegnung mit dem alten Komplizen. Das ständige Gefummel am Rand der Baseballkappe. Das Geständnis, das er ihm entlockt hat. *Wir haben Häuser angezündet. Das haben wir.* Sie hätten füreinander ihr Leben gegeben, sie fünf. Eine von ihnen hat es getan.

Ein Blick auf sein Vorlesungsskript. Wie auf Kommando steigen rot eingerahmte Worte auf, aus der hellsichtigen Vergangenheit hin zum Vergessen der Zukunft. Adam hat den Satz schon mehrfach vorgetragen, seit mehreren Jahren in dieser Überblicksvorlesung, aber sein vollständiger Sinn offenbart sich ihm erst heute. Er schiebt seine randlose Brille auf dem schweißnassen Nasenrücken aufwärts und schüttelt vor dem vollbesetzten Saal den Kopf. Mit was für einer Lektion werden diese Studenten heute heimgehen.

»Man sieht nicht, was man nicht versteht. Aber was man schon zu verstehen glaubt, das nimmt man nicht wahr.«

Ein paar im Saal lachen; sie sehen die Männer hinter sich nicht, dort ganz oben. Einige von den Studenten schreiben sich den Satz eifrig auf, für eine Prüfung, die jetzt ganz anders aussehen wird, als sie es sich vorstellen. Die meisten sind mäuschenstill, warten, dass Schluss ist mit dem Lernen. Appich zeigt seine letzten Dias. In nur fünfzehn Sekunden fasst er noch einmal alles zum Thema Aufmerksamkeitsstörungen zum Mitschreiben zusammen. Er denkt bei sich: *Die Arbeit hier habe ich nicht schlecht gemacht.* Dann entlässt er seine Zuhörer, schreitet von Studenten umringt den Mittelgang empor und schüttelt den Männern, die gekommen sind, um ihn zu verhaften, die Hand. Am liebsten würde er sagen: *Warum haben Sie so lange gebraucht?*

Die Studenten staunen nicht schlecht, stehen hilflos dabei, als die FBI-Männer ihren Professor in Handschellen abführen. Die Beamten schubsen Appich aus dem Hörsaalgebäude hinaus auf den Bürgersteig. Es ist ein schöner Tag, die Farbe des Himmels die der Hoffnungen eines jungen Mannes. Leute kreuzen ihren Weg. Der Abführtrupp muss einen Moment innehalten, bevor er sich in den Fußgängerstrom einreihen kann. Die ganze Stadt ist an so einem Herbstmorgen auf den Beinen, alles ist möglich.

Ein Windhauch treibt Adam den Gestank von ranziger Butter in die Nase. Er hat diesen medizinisch-fruchtigen Geruch wie Erbrochenes schon viele Male gerochen, aber er kann sich nicht mehr erinnern, wo. Die marineblauen Jacken führen ihn ein paar Schritte den Bürgersteig entlang zu einem schwarzen Kombiwagen. Die Männer sind brüsk, aber höflich, jene merkwürdige Mischung aus Zielstrebigkeit, Gereiztheit und Langeweile, die man stets bei Gesetzeshütern findet. Sie schubsen Adam zur offenen Tür. Einer der Männer drückt seinen Kopf herunter, und so bugsieren sie ihn auf den Rücksitz.

Dort hockt Adam, eingesperrt, die gefesselten Hände im Schoß. Auf dem vorderen Sitz redet einer der Beamten auf ein schwarzes Glasplättchen ein, meldet den erfolgreichen Zugriff. Die Worte könnten ebenso gut Vogelstimmen sein. Jemand winkt ihm durch das getönte Seiten-fenster zu. Er dreht den Kopf. Direkt neben dem stehenden Auto ragt aus einem Loch im Beton ein Baum auf, die Äste wiegen sich im Wind, und die Blätter sind so gelb wie auf der Buntstiftzeichnung eines Kindes. Bäume haben sein Leben ruiniert. Bäume sind der Grund dafür, dass diese Männer aufgetaucht sind, um ihn für alle Zeit, die ihm von die-sem Leben noch bleibt, hinter Gitter zu stecken. Der Wagen steht weiter still. Seine Häscher erledigen den Papierkram. Die gelben Blätter sagen: *Schau dir uns noch mal an. Es wird eine Weile dauern, bis du wieder draußen bist.*

Adam schaut hin und sieht genau das: einen Baum, an dem er schon seit sieben Jahren dreimal die Woche vorübergegangen ist. Es ist die ein-zige Art in der einzigen Gattung der einzigen Familie der einzigen Ord-nung, die heute als letzte einer aufgegebenen Abteilung verbleibt, eine Baumart, deren Vertreter einst die ganze Erde bedeckten – ein lebendes Fossil, dreihundert Millionen Jahre alt, das im Neogen vom amerika-nischen Kontinent verschwunden und nun zurückgekehrt ist, um eher schlecht als recht sein Leben zwischen Schatten, Streusalz und Abgasen in Lower Manhattan zu fristen. Eine Baumart, älter als die Koniferen, mit schwimmenden Spermien und mit Zapfen, die eine Trillion Pollenkörn-chen pro Jahr und mehr produzieren können. Auf uralten Tempelinseln am anderen Ende der Erde wachsen Tausendjährige, knorrig und zer-furcht, der Erleuchtung nah, zu unglaublichem Umfang heran, winkeln ihre Ellbogen von gigantischen Ästen wieder abwärts, wurzeln und bil-den eigene neue Stämme aus. Adam könnte den Arm ausstrecken und den rauen Stamm berühren, wenn das Fenster nicht geschlossen wäre. Wenn seine Hände nicht in Handschellen steckten. Ein Baum wie dieser wuchs an der Straße gleich vor dem Haus des Mannes, der den Bom-benabwurf auf Hiroshima befahl, und ein paar wenige dort haben das Inferno überlebt. Das Fruchtfleisch hat einen Geruch, der einem jeden Gedanken gerinnen lässt; zerstoßen, tötet es selbst die hartnäckigsten Bakterien ab. Es heißt, die fächerförmigen Blätter mit ihren strahlenför-migen Adern heilen die Krankheit des Vergessens. Ein solches Heilmit-tel braucht Adam nicht. Er erinnert sich. Er erinnert sich genau. Ginkgo. Der Mädchenhaarbaum.

Der Wind fährt hinein, biegt die Blätter zur Seite. Der Wagen startet, tastet sich vor in den fließenden Verkehr. Adam dreht sich um, blickt durchs Heckfenster zurück. Und noch während er hinsieht, wirft der Baum seine sämtlichen Blätter ab, der spektakulärste Synchronsprung, den die Natur sich je ausgedacht hat. Ein Windstoß, ein letzter flatternder Widerstand, und alle geäderten Fächer lassen im selben Moment los, schicken einen Schwarm goldener Telegramme über die West Fourth Street.

Wie weit weht ein Blatt im Wind? Bis über den East River bestimmt. Über das Werftgelände hinaus, wo ein Einwanderer aus Norwegen einst die geschwungenen Spanten aus massiver Eiche für den Rumpf von Fregatten glattschliff. Durch Brooklyn, früher hügelig und bewaldet, voller Kastanienbäume. Den Fluss hinauf, wo alle dreihundert Meter entlang der Kaimauer auf jede Hochwassermarke, an die er reichen konnte, der Nachfahr des Schiffsbauers mit einer Schablone geschrieben hat:

SAGT NICHT

IHR WÄRET NICHT

Hoch über den in den Fluten verschwundenen Lettern wetteifern Wälder aus neuerrichteten Häusern um einen Platz an der Sonne.

Drüben im Westen, in einer Entfernung, die zurückzulegen ein Wald Zehntausende von Jahren bräuchte, machen sich ein alter Mann und eine alte Frau auf den Weg in die Welt. Über Wochen hinweg haben sie ein Spiel entwickelt. Dorothy geht nach draußen und holt Zweige, Nüsse, abgeworfene Blätter und Nadeln. Dann bringt sie diese Beweisstücke zu Ray, und gemeinsam bestimmen sie mit Hilfe des Buchs mit all seinen vielen Verzweigungen eine weitere Spezies. Sobald sie einen Neuzugang auf der Liste haben, halten sie ein paar Tage inne und finden alles, was sie nur können, über den Baum heraus. Sie haben die Maulbeere, den

Ahorn, die Douglasie kennengelernt, alle mit ihrer ganz eigenen Geschichte, Biographie, Chemie, Ökonomie und Verhaltenspsychologie. Jeder neue Baum ist ein Epos für sich, jeder schreibt die Geschichte des Möglichen neu.

Aber als sie heute von draußen zurückkommt, ist ihre Miene ein wenig ratlos. »Da stimmt was nicht, Ray.«

Für Ray, der seine Tage schon lange im Leben nach dem Tode verbringt, wird nie wieder etwas nicht stimmen. *Was?*, fragt er sie, auch wenn er nicht spricht.

Ihre Antwort ist gedämpft, ja, verwundert. »Irgendwo müssen wir etwas falsch gemacht haben.«

Noch einmal verfolgen sie alle Verzweigungen des Entscheidungsbaums, kommen aber doch wieder beim selben Ast an. Sie schüttelt den Kopf, zweifelt am Beweismaterial. »Ich verstehe das nicht.«

Jetzt muss er etwas krächzen, laut, eine einzige schroffe Silbe, vielleicht zwei. Etwas in der Art von *Warum?*

Sie braucht für die Antwort eine ganze Weile. Zeit bedeutet inzwischen für sie beide etwas so Verschiedenes. »Nun, es fängt damit an, dass wir Hunderte von Meilen außerhalb des natürlichen Verbreitungsgebiets sind.«

Sein Körper erschaudert, aber sie weiß, dass diese ruckende Bewegung nur ein Schulterzucken ist. Stadtbäume wachsen oft weitab von dem, was sie Heimat nennen würden. So viel haben sie beide schon gelernt, bei ihren wochenlangen Studien.

»Und noch schlimmer: Es gibt kein Verbreitungsgebiet mehr. Angeblich existiert gerade noch eine Handvoll ausgewachsener Amerikanischer Kastanienbäume im ganzen Land.« Ihrer ist fast so hoch wie das Haus.

Sie lesen alles, was sie finden, über den verlorenen Baum, einst Inbegriff eines Baums in Amerika. Sie erfahren von der Massenvernichtung, die das Land heimsuchte, kurz bevor sie selbst zur Welt kamen. Aber keine ihrer Quellen erklärt, wie ein Baum, den es eigentlich gar nicht mehr gibt, in ihrem Garten seine große schattenspendende Krone recken kann.

»Vielleicht gibt es hier in der Gegend Kastanienbäume, von denen niemand etwas ahnt.« Ein Laut kommt aus Rays Kehle, von dem Dorothy weiß, dass es ein Lachen ist. »Gut, dann haben wir ihn wohl doch falsch bestimmt.« Aber in ihrer immer weiter wachsenden Baumbibliothek gibt es kein anderes Geschöpf, das passt. Sie lassen das Geheimnis schwelen, lesen weiter.

Sie findet ein Buch in der Stadtbibliothek: *Der geheime Wald.* Sie nimmt es mit und liest ihm daraus vor. Sie kommt bis ans Ende des ersten Absatzes, dann muss sie innehalten:

Sie und der Baum in Ihrem Garten haben einen gemeinsamen Ahnen. Vor anderthalb Milliarden Jahren sind Sie und der Baum getrennter Wege gegangen. Aber selbst heute, wo Sie sich so weit von ihm entfernt haben, sind bei ihm und bei Ihnen noch immer ein Viertel aller Gene gleich …

Manchmal brauchen sie für ein oder zwei Seiten einen ganzen Tag. Alles, was sie über ihren Garten gedacht haben, ist falsch, und es dauert eine Weile, bis neue Überzeugungen anstelle derer reifen, die sie aufgeben. Schweigend sitzen sie beieinander und betrachten ihr Grundstück, als wären sie auf einem fremden Planeten gelandet. Jedes einzelne Blatt dort draußen steht mit allem anderen in Verbindung, unter der Erde. Dorothy nimmt diese Nachricht auf wie eine schockierende Enthüllung in einem Sittenroman aus dem neunzehnten Jahrhundert, wo das schreckliche Geheimnis eines Helden im Leben des gesamten Dorfes Wellen schlägt.

Am Abend sitzen sie beieinander, lesen und schauen, und die Sonne glitzert chartreusegrün auf den Schöpfkellenblättern ihrer Kastanie. Jeder einzelne Zweig scheint Dorothy wie ein neuer Anlauf, eine neue Art für sich und doch Teil des Ganzen. Sie erkennt in den Verzweigungen der Kastanie die vielen Pfade, die ein Leben versuchsweise beschreitet, all die Menschen, die sie hätte sein können, die sie noch sein könnte oder sein wird, in Welten, die sich gleich neben dieser hier entfalten. Eine Weile betrachtet sie die Äste und Zweige, folgt ihren Bewegungen, dann blickt sie wieder auf die Seite und liest laut weiter. »›Oft lässt sich kaum sagen, ob ein Baum ein einzelnes Wesen ist oder eine ganze Million.‹«

Sie setzt eben zum nächsten nicht minder verblüffenden Satz an, als ein grollender Laut ihres Mannes sie unterbricht. Wenn sie recht versteht, sagt er *Pappbecher.*

»Ray?«

Noch einmal wiederholt er die Silben, und es klingt wieder genauso.

»Verzeih mir, Ray. Ich verstehe nicht ganz.«

Pappbecher. Sämling. Auf dem Fensterbrett.

Begeistert stößt er die Worte hervor, und sie bekommt eine Gänsehaut. Diese irrsinnige Intensität im letzten Abendlicht, sie fürchtet, dass ein weiterer Schlaganfall kommt. Sie springt auf, ihr Herz pocht bis zum Halse. Doch dann versteht sie. Er macht wieder einmal Witze. Macht aus den Dingen, wie sie sind, etwas Besseres. Erzählt ihr eine Geschichte, zum Dank für die Jahre, in denen sie ihm Geschichten vorgelesen hat.

Hat sie gepflanzt. Die Kastanie. Unsere Tochter.

»Ist das Ihrs?«, fragt eine Stimme.

Patricia Westerford spannt jeden Muskel an. Ein uniformierter Mann hinter dem Förderband weist auf ihr Bordgepäck, das eben aus dem Scanner herausfährt. Sie nickt, beinahe lässig.

»Können wir da mal reinschauen?«

Eigentlich ist es keine Frage, und er wartet auch nicht auf eine Antwort. Die Tasche wird geöffnet, Hände wühlen darin. Tatzen wie die des Bären, der Patricia an ihrer Blockhütte in den Smokies die Brombeeren klaut.

»Was ist das?«

Sie schlägt sich vor die Stirn. Senil. »Das brauche ich zum Sammeln.«

Er mustert die zwei Zentimeter lange Klinge, die Schere, die sich auf die Breite eine Bleistifts öffnet, die Säge kürzer als das vorderste Glied ihres kleinen Fingers. Seit über zehn Jahren hat es im Land keinen größeren Zwischenfall im Flugverkehr mehr gegeben, erkauft mit einer Milliarde Taschenmesser, Zahnpastatuben, Shampoofläschchen …

»Was sammeln Sie?«

Hundert falsche Antworten, keine einzige richtige. »Pflanzen.«

»Sie sind Gärtnerin?«

»Ja.« Alles hat seinen Ort und seine Zeit, auch eine solche Lüge.

»Und das?«

»Das?« Ein blöder Trick, aber mit dem Echo gewinnt sie drei Sekunden. »Das ist einfach nur Gemüsebrühe.« Ihr Herz schlägt so heftig, es wird sie umbringen, genauso lautlos wie alles in diesem Glas. Der Mann hat Macht über sie, die absolute Macht einer Nation in Panik, die sich eine unmögliche Sicherheit schaffen will. Ein einziger selbstbewusster Blick, und sie wird ihr Flugzeug verpassen.

»Das ist mehr als die zulässige Menge.«

Sie steckt die bebenden Hände in die Taschen, presst die Lippen zusammen. Der wird etwas merken; dazu ist er da. Mit der einen Hand schiebt er ihr die beiden Objekte zu, mit der anderen die durchwühlte Tasche.

»Sie können noch einmal zurück ins Terminal gehen und die Sachen per Post schicken.«

»Ich verpasse meinen Flug.«

»Dann muss ich die Sachen einziehen.« Er wirft das Plastikgefäß und das Botanisierbesteck in eine schon gutgefüllte Tonne. »Ich wünsche Ihnen einen angenehmen Flug.«

An Bord liest sie sich das Vortragsskript noch ein letztes Mal durch. »Das eine wirklich Gute, was ein Mensch heute für die Welt von morgen tun kann.« Alles ausformuliert. Schon seit Jahren hat sie bei einem Vortrag nicht mehr vom Blatt abgelesen. Doch bei diesem hier kann sie nicht riskieren, frei zu sprechen.

Sie kommt durch die Glastür der Ankunftshalle in San Francisco. Fahrer stehen im Halbkreis um diesen Ausgang, jeder hält ein Schild mit einem Namen. Ihrer ist nicht dabei. Jemand von den Veranstaltern der Konferenz sollte sie abholen. Patricia wartet ein paar Minuten, doch keiner kommt. Für sie ist das in Ordnung. Ihr ist jeder Grund recht, die Sache doch noch abzublasen. Sie setzt sich auf einen Platz an der Wand, in einer Ecke des Foyers. Auf der anderen Seite der Halle Buchstaben in Leuchtschrift: *Boston Boston Chicago Chicago Chicago Dallas Dallas …* Alles, wohin Menschen *gehen*. Alles, was Menschen *tun*. Immer schneller, immer voller, immer mobiler, immer mächtiger.

Eine Bewegung erregt ihre Aufmerksamkeit. Selbst ein Neugeborenes blickt eher einen Vogel an als ein näheres, langsameres Objekt. Mit den Augen folgt sie der erratischen Bahn. Ein Spatz hüpft oben auf einer Anzeigetafel entlang, fünf Meter vor ihr. In kurzen, zielstrebigen Sprints flitzt er durch die Halle. Niemand in der Menschenmenge achtet auf ihn. Er verschwindet in einer Nische irgendwo an der Decke, dann stürzt er sich wieder herab. Bald hat sie einen zweiten, dann einen dritten entdeckt, an den Abfallkörben. Das Erste seit Antritt dieser Reise, was sie froh macht.

Sie haben etwas um die Beine, wie Vogelringe, nur größer. Sie holt das Brötchen hervor, das sie sich als Proviant in die Tasche gesteckt hat, bricht ein Stück ab und legt es auf den Platz neben sich. Halb rechnet sie damit, dass jemand vom Wachpersonal kommt und sie abführt. Die Vögel haben den Leckerbissen entdeckt. Bei jedem Angriffsversuch kommen sie ein wenig näher, bleiben ein wenig länger. Schließlich ist die Verlockung größer als die Vorsicht, und einer von den Spatzen kommt geflitzt, um sich den Krümel zu schnappen. Patricia sitzt ganz still; der Spatz hüpft näher, pickt. Als der Winkel stimmt, kann sie lesen, was auf dem Ring an seinem Fuß steht. *Kein Spatz ist illegal.* Sie lacht, und der Vogel fliegt erschrocken davon.

Eine junge Frau, katzenhaft, kommt auf sie zu. »Dr. Westerford?« Lächelnd steht Patricia auf.

»Wo *waren* Sie denn? Wieso gehen Sie nicht ans Telefon?«

Mein Telefon ist in Boulder, Colorado, will Patricia sagen. *Da, wo der Anschluss ist.*

»Ich habe die ganze Halle nach Ihnen abgesucht. Wo ist Ihr Gepäck?« Anscheinend ist durch diese Verzögerung das ganze Hausreparaturprojekt gefährdet.

»Das hier ist mein Gepäck.«

Das Mädchen kann es nicht glauben. »Aber Sie bleiben doch für drei Tage!«

»Diese Vögel ...«, hebt Patricia an.

»Ja. Irgend so ein Witz. Die Leute vom Flughafen wissen nicht, wie sie sie wieder loswerden.«

»Warum sollte jemand sie loswerden wollen?«

Für Philosophie ist die Fahrerin nicht geschaffen. »Wir stehen da drüben.«

Im Schritttempo geht es stadtauswärts und über die Central Peninsula. Die Chauffeurin zählt alle Berühmtheiten auf, die in den nächsten Tagen kommen und Vorträge halten sollen. Patricia betrachtet die Landschaft. Zu ihrer Rechten Hügel mit jungen Mammutbäumen, Sekundärwald. Zu ihrer Linken Silicon Valley, die Fabrik, in der die Zukunft gebaut wird. Die Fahrerin lädt Dr. Westerford einen Armvoll Plastikmappen auf und setzt sie am Faculty Club ab. Patricia hat noch den ganzen Nachmittag Zeit, um sich den Campus mit der spektakulärsten Sammlung von Bäumen im ganzen Land anzusehen. Sie findet eine prachtvolle Blaueiche, majestätische Kalifornische Platanen, Weihrauchzedern, einen knorrigen anarchischen Pfefferbaum, Dutzende der siebenhundert Eukalyptusarten, Kumquats mit reifen Früchten. Die Studenten hier müssen von den Düften in der Luft berauscht sein und wissen es überhaupt nicht. Lignin, so weit das Auge reicht. Alte, längst verloren geglaubte Freunde. Bäume, die sie noch nie erblickt hat. Kiefern mit Zapfen in perfekten Fibonacci-Spiralen. Raritäten und Exoten – *Maytenus, Syzygium, Ziziphus*. Sie alle und das Gesträuch, das zu ihren Füßen wächst, sucht sie nach Stoffen ab, mit denen sie die am Flughafen konfiszierten ersetzen kann.

Ein Spazierweg führt sie an der Apsis einer pseudoromanischen Kirche vorbei. Sie kommt zu einem riesigen dreistämmigen Avocadobaum, den man viel zu nah an die Mauer gepflanzt hat und der sein Leben vermutlich auf dem Schreibtisch einer Sekretärin begann. Durch ein Portal gelangt sie in einen Innenhof, und sie bleibt stehen, die Hand an den Lippen. Bäume – gewaltige, unmögliche, fremdländische Bäume, Bäume aus einem Groschenroman der guten alten Zeit, einem Roman über Wälder, wie sie unter den Giftwolken der Venus wuchern – stehen dort beieinander und tuscheln.

Die FBI-Männer stecken Adam in eine Zelle, die größer ist als die Plattform, die er sich einmal mit zwei anderen in sechzig Metern Höhe geteilt hat. Der Staat nimmt sich seiner an. Er leistet keinerlei Widerstand, und schon eine halbe Stunde später kann er sich an fast nichts mehr erinnern. Am Morgen war er noch ordentlicher Professor für Psychologie an einer großen Universität dieser Stadt. Jetzt halten sie ihn fest, angeschuldigt wegen Verbrechen aus längst vergangenen Zeiten, darunter Sachbeschädigung in Millionenhöhe und der Feuertod einer Frau.

Seine Eltern sind zum Glück tot. Ebenso seine Schwester Jean, sein Bruder Charles, sein einziger lebenslanger Freund, und auch der Mentor, der ihm die Augen für die Blindheit der Menschen geöffnet hat. Er ist jetzt in dem Alter, in dem Tod der neue Normalzustand ist. Mit seinem älteren Bruder Emmett hat er kein Wort mehr gewechselt, seit er Adam um sein Erbe betrogen hat. Von seiner Frau und seinem Sohn abgesehen, gibt es niemanden, den er benachrichtigen muss.

Lois ist am Apparat, überrascht, mitten am Nachmittag von ihm zu hören. Sie lacht, als er ihr erzählt, wo er ist. Er muss lange schweigen, bis sie ihm glaubt. Am folgenden Vormittag kommt sie ihn in dem überfüllten Untersuchungsgefängnis besuchen. Aus Unglauben sind Unternehmungen geworden, ihr Gesicht ist gerötet – zum ersten Mal seit Jahren hat sie wieder etwas, für das sie sich engagiert. Durch das kugelsichere Glas liest sie ihm aus einem frisch angelegten dicken Notizbuch vor, akkurat beschriftet mit *Fall Adam*. Fast schon ein Kunstwerk, was sie bereits alles in Gang gesetzt hat.

Sie hat sämtliche Punkte aufgelistet, steckt voller Tatendrang. Die Augen hat sie zusammengekniffen, eine Kämpferin gegen jegliche Ungerechtigkeit. »Ich habe schon die richtigen Anwälte an der Hand. Wir müssen Hausarrest fordern. Das ist nicht billig, aber dann bist du zu Hause.«

»Lo«, sagt er, die Stimme schwer von Jahren. »Ich kann dir sagen, was war.«

Mit der einen Hand fährt sie über das Schutzglas, den Finger der anderen legt sie an die Lippen. »Psst. Der Berater vom Bürgerrechtsverein sagt, du sollst erst reden, wenn du wieder draußen bist.«

Ihre Hoffnung – so trotzig, so typisch. Er hat sein Leben dem Studium hoffnungsloser Hoffnung gewidmet. Hoffnungslose Hoffnung hat ihn an diesen Ort gebracht.

»Ich weiß, dass du nichts von dem, was sie dir vorwerfen, getan hast,

Adam. Zu so etwas wärest du gar nicht fähig.« Aber ihre Augen weichen aus – und verraten alles, ein Trick der Natur, Millionen Jahre in der Entwicklung. Sie hat keine Ahnung, und am allerwenigsten weiß sie über den Mann, mit dem sie über Jahre zusammengelebt hat, ihren gesetzlich angetrauten Ehemann, den Vater ihres Sohnes. Ein Schwindler in jedem Falle, und womöglich beteiligt an einem Mord.

Am anderen Ende der Stadt, in einer anderen Haftanstalt, hat der, der ihn verraten hat, heute Abend wieder einmal frei; lässt die Vertreter der Staatsmacht, seine alten Arbeitgeber und jetzigen Kerkermeister, zurück und macht sich von neuem auf die nächtliche Suche nach der Frau, die aus Douglas Pavlicek einen Radikalen gemacht hat. Sie hat sich einen neuen Namen zugelegt, so viel ist sicher. Vielleicht ist sie an einem anderen Ort, in einem fernen Land, in einem neuen Leben, über das er nicht das Geringste weiß. Verzeihung wäre zu viel verlangt; er selbst wird sich niemals verzeihen. Er verdient weit schlimmere Strafe als das, was die Freddies ihm aufgebrummt haben – sieben Jahre Gefängnis mittlerer Sicherheitsstufe, Bewährung nach dem zweiten Jahr möglich. Aber es gibt da etwas, das er ihr sagen muss. *So ist das alles gekommen. Deswegen war das so.* Sie wird hören, was er getan hat. Sie wird das Schlimmste erfahren und wird ihn verachten. Nichts, was er je sagen kann, wird daran etwas ändern. Aber sie wird sich fragen, warum, und die Frage wird ihr weh tun. Schmerz, den er vielleicht in etwas Besseres verwandeln kann.

Seine Zelle ist ein Kubus aus Betonstein, mit einer gummiartigen grünen Farbe gestrichen, gar nicht viel anders als die unechte Zelle, in der er mit neunzehn einmal eine Woche verbracht hat. Die Enge gibt ihm Raum zum Reisen. Er schließt die Augen und folgt ihren Schritten, so wie er es Abend für Abend tut. Der Film ist jedes Mal schlecht ausgeleuchtet, ihre Züge sind kaum zu erkennen. Von ihrer Erscheinung hat er selbst das vergessen, was ihm einmal das Gefühl gab, er könne Luft ein- und mit einem trägen Seufzer Ewigkeit wieder ausatmen. Doch heute Abend hat er sie beinahe vor Augen – nicht, wie sie heute aussehen muss, aber wie sie früher war. *So ist das alles gekommen*, sagt er. Man hat ihn verraten – wer das war, tut nichts zur Sache. Ein Hinterhalt. Und als die Beamten kamen und ihn holten, war er längst verloren.

Beim Verhör waren sie freundlich. Da gab es David, einen älteren Mann, der aussah wie Douggies Großvater. Und eine nachdenkliche Frau namens Anne, immer im grauen Kostüm; sie machte sich Notizen, bemühte sich, zu verstehen. Sie sagten ihm, das Spiel sei aus, mit seinem Tagebuch hätten sie alles, was sie bräuchten, um ihn und seine Freunde für alle Zeit hinter Gitter zu bringen. Nur ein paar Kleinigkeiten müssten noch geklärt werden.

Ihr habt überhaupt nichts. Ich wollte einen Roman schreiben. Alles, was da drinsteht, habe ich mir nur ausgedacht.

Sie antworteten, sein Roman enthalte Einzelheiten über Straftaten, die nie an die Öffentlichkeit gelangt seien. Sie sagten, seine Freunde seien ihnen längst bekannt. Sie hätten Dossiers über jeden Einzelnen. Von ihm bräuchten sie nur noch seine Bestätigung und es werde weit vorteilhafter für Douglas ausgehen, wenn er kooperiere.

Ich soll mit euch kooperieren? Was ist denn das für ein Judasscheiß, Mann? Es ist ihm einfach so rausgerutscht. Das eine Wort zu viel.

Er erzählt Mimi von diesem Fehler. Anscheinend hört sie ihn, schreckt wohl sogar ein wenig zurück, obwohl das Gesicht mit der Narbe, da wo sie gepfählt wurde, abgewandt ist. Er erzählt ihr, wie er tagelang durchgehalten hat, ihnen antwortete, sie könnten ihn einlochen bis ans Ende seines Lebens – von ihm würden sie keine Namen erfahren. Er erzählt ihr, wie bei dem Verhör plötzlich Fotos auftauchten. Gespenstische Aufnahmen, wie Standbilder aus Schmalfilmen: grobkörnige Aufnahmen von Ereignissen, bei denen niemand eine Kamera hatte. An die Ereignisse selbst erinnerte er sich genau, gerade an die, bei denen er Prügel bezogen hatte. Auf vielen dieser Bilder war er selbst zu sehen. Er hatte ganz vergessen, wie jung er einmal war. Wie naiv, wie hitzköpfig.

Wisst ihr, sagte er zu den Inquisitoren, *in Wirklichkeit bin ich viel netter, als ich aussehe.*

Anne lächelte und schrieb etwas auf. *Sehen Sie?,* sagte David. *Wir haben ja längst alle. Wir brauchen keine Informationen von Ihnen. Aber wenn Sie uns helfen, könnte das ihr Strafmaß erheblich mindern.* Das war der Augenblick, in dem Douglas aufging, dass ein eigener Anwalt nicht gleichbedeutend mit einem Schuldeingeständnis sein musste. Um jemanden anzuheuern, egal wen und für was, würde er allerdings weit mehr brauchen als die zwölfhundertdreißig Dollar, die er gerade besaß.

Etwas stimmte nicht mit den Aufnahmen. Es waren Leute dabei, die er noch nie gesehen hatte. Etwas stimmte nicht mit den Brandstiftungen, zu denen er sich bekennen sollte. Von der Hälfte davon hatte er noch nie gehört. Als Nächstes wollten die beiden Beamten wissen, wer wer sei. *Welcher ist Maulbeere? Welcher ist Wächter? Welcher ist Ahorn? Das Mädchen hier, ist das Ahorn?*

Sie bluffen. Waren selbst Romanciers.

Zwei Tage lang hielten sie ihn an einem Ort fest, der gut das Studentenwohnheim eines bankrotten Colleges in Serbien hätte sein können. Er schwieg weiter. Dann zählten sie auf, was sie gegen ihn vorbringen würden: Terrorismus im eigenen Land – Versuch der Einflussnahme auf staatliche Stellen durch Einschüchterung oder Druck – strafbar gemäß den verschärften Antiterrorgesetzen eines in seinem ganzen Wesen veränderten, nur noch auf Sicherheit bedachten Staats. Er werde nie wieder einen Fuß vor die Gefängnistür setzen. Aber wenn er ihnen einfach nur die Identität eines dieser Gesichter bestätige – *ein* Gesicht, von jemandem, über den sie ja bereits ein Dossier hätten –, dann werde er in zwei bis sieben Jahren wieder draußen sein. Und sie würden bei all den Bränden, zu denen er sich bekenne, die Akte schließen.

Die Akte schließen?

Sie würden in Zusammenhang mit diesen Verbrechen keine weiteren Personen mehr verfolgen.

Von heute an? Für all diese Verbrechen, egal ob ich mich dazu bekenne oder nicht?

Ein Gesicht identifizieren. Und das Wohlwollen der US-Regierung sei ihm gewiss.

Ihm war es gleich, ob er für sieben Jahre ins Gefängnis kam oder für siebenhundert. Er würde so oder so nicht wieder rauskommen; so viel Zeit blieb seinem Körper nicht mehr. Aber garantierte Straffreiheit für die Frau, die ihn bei sich aufgenommen hatte, und einen Mann, der anscheinend immer noch dort draußen aktiv war und gegen den Selbstmordtrieb des Menschengeschlechts rebellierte … das hörte sich doch vernünftig an.

Immer wieder einmal tauchte auf den Bildern, die seine zwei Befrager ihm unter die Nase hielten, der Mann auf, bei dem Douggie von Anfang an das Gefühl gehabt hatte, dass er nicht dazugehörte. Der Mann, der gekommen war, um sie zu studieren. Der Kerl, den sie in jener schrecklichen Nacht losgeschickt hatten, um Hilfe für Olivia zu holen – egal welche Hilfe –, und der mit leeren Händen zurückgekommen war.

»Da«, sagte Douglas, und der Finger, mit dem er zeigte, bebte wie ein Zweiglein im Wind. »Das ist Ahorn. Ein Typ namens Adam. Psychologiestudent aus Santa Cruz.«

So ist es gekommen, sagt er zu seiner alten Komplizin. *Das habe ich getan. Deswegen. Für dich und für Nick und vielleicht für die Bäume.*

Aber als sie sich endlich umdreht und ihm ihr Phantomgesicht zeigt, steht darin nichts zu lesen. Sie blickt ihm einfach nur fest in die Augen, starrt ihn an, als ob ein solcher Blick, der nie endet, ihr alles verraten wird, was sie an Wissen braucht.

Der Vortragssaal ist dunkel, getäfelt mit Mammutbaumholz zweifelhafter Herkunft. Patricia lässt vom Rednerpult aus den Blick über Hunderte von Fachleuten schweifen. Sie schaut hoch über die erwartungsvollen Gesichter hinweg und klickt. Hinter ihr wird ein Bild projiziert, ein naives Gemälde von einer holzgezimmerten Arche, mit Tieren, die über eine Planke an Bord gehen.

»Als die Erde zum ersten Mal unterging, nahm Noah sämtliche Tiere, von jedem ein Paar, und holte sie auf sein Rettungsschiff zur Evakuation. Aber das Merkwürdige war: Die Pflanzen ließ er sterben. Er vergaß das eine, was er brauchte, um das Leben an Land neu aufzubauen, und rettete nur die Schmarotzer!«

Der ganze Saal lacht. Sie sind auf ihrer Seite, aber nur weil sie noch nicht wissen, was sie ihnen mitteilen will.

»Das lag daran, dass Noah und Konsorten im Grunde gar nicht glaubten, dass Pflanzen *lebendig* waren. Kein Wille, kein Lebensfunken. Nicht anders als Steine, nur dass sie auch noch größer wurden.«

Wieder lässt sie mehrere Bilder passieren: eine Venusfliegenfalle, die sich um ihr Opfer schließt, empfindsame Pflanzen in mürrischer Stimmung, ein Mosaik aus Kampferbaumkronen, die ihr Wachstum immer genau dann stoppen, bevor sie einander berühren würden. »Heute wissen wir, dass Pflanzen kommunizieren und dass sie ein Gedächtnis haben. Sie haben Geschmacks-, Geruchs- und Tastsinn, ja, sie hören und sehen sogar. Wir, als die Art, die das herausgefunden hat, haben so viel darüber gelernt, mit wem wir die Welt teilen. Wir haben einen ersten Begriff von den vielfältigen Beziehungen bekommen, die zwischen Bäumen und Menschen bestehen. Aber wir entfernen uns schneller von ihnen, als wir ihnen näherkommen können.«

Ein weiterer Klick, ein neues Bild. »Das hier ist eine Satellitenaufnahme von Nordamerika bei Nacht, 1970. Und hier dasselbe Motiv, zehn Jahre später. Und hier. Und hier. Noch eines, dann sind wir so weit.« Vier Klicks, und Licht breitet sich wie ein Schrei über den Kontinent, füllt das, was zuvor schwarz war, von Küste zu Küste. Sie klickt, und das nächste Bild zeigt einen Kapitalisten der alten Schule, schütteres Haar, steifer Kragen, zottiger Schnurrbart. »Ein Reporter hat Rockefeller einmal gefragt: Wie viel ist genug? Seine Antwort: *Noch ein klein wenig mehr*. Das ist das, was wir alle wollen: essen und schlafen, ein Plätzchen im Trockenen, geliebt werden, und noch ein klein wenig mehr.«

Diesmal ist das Gelächter eher ein höfliches Murmeln. Schwieriges Publikum. Sie haben diese Lichtexplosion schon zu oft gesehen. Sämtliche Anwesenden in diesem Saal haben schon vor langer Zeit eine Immunität gegen Fakten entwickelt. Zwei Leute hinten stehen auf und verlassen den Saal. Eine Konferenz zu *Umweltfragen*. Fünfhundert Teilnehmer, sieben verfeindete Fraktionen, Dutzende von Ja-Abern auf jeden Vorschlag, wie die Welt zu retten wäre. Das alles hat ein einziger Tsunami in Gang gebracht.

Als Nächstes vier Luftaufnahmen in Zeitraffer – man kann mitansehen, wie die Waldflächen in Brasilien, Thailand, Indonesien und im Pazifischen Nordwesten der USA verschwinden. »Nur ein klein wenig mehr Bauholz. Ein klein wenig mehr Arbeitsplätze. Ein klein wenig mehr Maisanbau, Nahrung für ein klein wenig mehr Menschen. Und Sie wissen – einen nützlicheren Stoff als Holz hat es nie gegeben.«

Unruhe auf den Plüschsitzen, Husten, Flüstern, Stoßgebete, die allen Propheten und Predigern die Pest an den Hals wünschen.

»Allein in dem Bundesstaat, in dem wir hier sind, ist ein Drittel aller Waldflächen im Lauf der letzten sechs Jahre vernichtet worden. Es gibt vielerlei Gründe, warum die Wälder verschwinden – Dürre, Brände, plötzlicher Eichentod, Schwammspinner, Borkenkäfer, Rüsselkäfer, Rostpilze und das gute alte Abholzen, für Acker- und Hausbau. Aber aus genügend großem Abstand betrachtet, ist der Grund immer derselbe, und Sie kennen ihn, und ich kenne ihn, und jeder, der heute am Leben ist und die Augen offenhält, kennt ihn. Die Uhren des Jahres gehen falsch, um einen Monat oder zwei. Ganze Ökosysteme lösen sich auf. Die Biologen wissen überhaupt nicht, wo sie mit dem Angsthaben anfangen sollen.

Das Leben ist so großzügig, und wir sind so … unersättlich. Aber nichts, was ich sagen kann, wird die Schlafwandler wecken oder begreiflich machen, dass dieser Selbstmord echt ist. Er *kann* doch gar nicht echt sein, oder? Ich meine – wir sind doch alle noch hier, nicht wahr, wir können immer noch …«

Zwölf Minuten redet sie jetzt und zittert am ganzen Körper. Sie hebt die Hand, bittet um drei Sekunden. Sie duckt sich hinter das Podium, greift zu der Plastikflasche mit Wasser, die die wohlmeinenden Organisatoren dieser Konferenz über Hausreparatur ihr dort hingestellt haben. Dreht den Deckel ab, hält die Flasche in die Höhe. »Synthetisches Östrogen.« Sie lässt das spröde Plastik knistern. »Dreiundneunzig von hundert Amerikanern haben einen Schuss davon im Blut.« Sie gießt etwas in das bereitstehende Glas. Aus der Tasche holt sie das Fläschchen, das sie als Ersatz für das beschlagnahmte gefüllt hat. »Und dies hier sind Extrakte aus Pflanzen, die ich gefunden habe, als ich gestern hier auf dem Campus spazierenging. Meine Güte, der Ort ist ja der reinste botanische Garten! Ein kleines Paradies.«

Ihre Hand zittert, sie verschüttet ein paar Tropfen. Sie nimmt das Glasfläschchen in beide Hände und stellt es oben aufs Pult. »Sie wissen, viele Leute halten Bäume für langweilig, für einfältige Dinger, außerstande, etwas Interessantes zu tun. Aber für jeden vorstellbaren Zweck auf Erden gibt es den passenden Baum. Ihr chemisches Potential ist unglaublich. Wachse, Fette, Zucker. Tannine, Sterine, Gummi und Karotinoide. Harzsäuren, Flavonoide, Terpene. Alkaloide, Phenole, im Kork die Suberine. Wenn sich etwas herstellen lässt, dann lernen sie, wie es sich herstellen lässt. Und das meiste, was sie herstellen, haben wir noch nicht einmal identifiziert.«

Die nächste Bildfolge ist ein Panoptikum von Baumrinde, die sich nicht so benimmt, wie man es erwarten würde. Drachenbäume, aus denen ein Saft hervorquillt, der rot ist wie Blut. Jabuticaba, deren Billardkugelfrüchte direkt aus dem Stamm wachsen. Tausendjährige Affenbrotbäume wie festgezurrte Wetterballons, gefüllt mit zigtausend Gallonen Wasser. Eukalypten in allen Farben des Regenbogens. Bizarre Köcherbäume mit bewaffneten Blattspitzen. *Hura crepitans*, der Sandbüchsenbaum, dessen reife Früchte explodieren, so dass die Samen mit zweihundertfünfzig Stundenkilometern durch die Luft geschleudert werden. Das Publikum entspannt sich, erleichtert, dass sie wieder beim Pittoresken angekommen ist. Und auch sie hat nichts gegen diesen kleinen Umweg, einen letzten Besuch beim Besten, was es auf Erden je gegeben hat.

»Irgendwann im Laufe der letzten vierhundert Millionen Jahre ist von Pflanzen jede, wirklich jede Strategie ausprobiert worden, die auch nur die kleinste Aussicht auf Erfolg hatte. Wir stehen noch ganz am Anfang der Erkenntnis dessen, was *Erfolg* überhaupt bedeuten kann. Das Leben hat seine eigene Art, Botschaften an die Zukunft zu senden. Wir nennen das Erinnerung. Wir nennen es Gene. Wenn wir eine Lösung für die Zukunft wollen, dann müssen wir die Vergangenheit bewahren. Und deshalb schlage ich eine einfache Faustregel vor: Wenn Sie einen Baum fällen, dann muss das, was Sie daraus machen, mindestens genauso großartig sein wie das, was Sie zerstören.«

Sie kann nicht sagen, ob es ein Lachen oder ein Stöhnen ist, was sie da hört. Sie klopft seitlich ans Rednerpult. Was bei ihr ankommt, ist nur ein dumpfes Poltern. Alles aus dem Saal klingt, als käme es durch Watte.

»Mein ganzes Leben lang bin ich Außenseiterin gewesen. Aber es gab viele, die mit mir dort draußen waren. Wir fanden heraus, dass Bäume miteinander kommunizieren, durch die Luft und über ihre Wurzeln. Der gesunde Menschenverstand hat uns ausgelacht. Wir stellten fest, dass Bäume füreinander sorgen. Die gesamte Wissenschaft tat die Vorstellung als Unsinn ab. Außenseiter waren es, die dahinterkamen, dass Samenkörner die Erinnerung an die Jahreszeiten ihrer Kindheit speichern und entsprechend ihre Knospen treiben. Außenseiter merkten, dass Bäume die Anwesenheit anderen Lebens in ihrer Nähe spüren. Dass Bäume lernen, sparsam mit Wasser umzugehen. Dass Bäume ihren Nachwuchs füttern und ihre Mastzeiten synchronisieren und Ressourcen gemeinsam nutzen und Artgenossen warnen und Hilferufe an Wespen schicken, damit sie kommen und sie vor Angreifern schützen.

Hier noch eine weitere kleine Außenseiterinformation, und warten sie ruhig ab, bis sie bestätigt wird. Ein Wald weiß Dinge. Die Bäume stehen über ihr unterirdisches Netzwerk in Verbindung. Es gibt dort unten Gehirne, in einer Gestalt, die wir mit unserem Menschenhirn gar nicht erfassen können. Wurzelwindungen, die Probleme lösen und Entscheidungen fällen. Pilz-Synapsen. Wie wollen Sie es sonst nennen? Verbinden Sie genug Bäume, und ein Wald entwickelt *Bewusstsein*.«

Sie hört ihre eigenen Worte aus weiter Ferne, korkgedämpft, unter Wasser. Entweder sind die Hörgeräte auf beiden Ohren zugleich ausgefallen, oder die Taubheit ihrer Kindheit hat sich für ihre Rückkehr genau diesen Augenblick ausgesucht.

»Als Wissenschaftler werden wir immer davor gewarnt, etwas für unsere Art Typisches in andere Spezies hineinzuprojizieren. Deshalb achten wir auch schön darauf, dass ja nichts aussieht wie wir! Bis noch vor sehr kurzem haben wir nicht einmal Schimpansen Bewusstsein zugestehen wollen, geschweige denn Hunden oder Delphinen. Denn sehen Sie, schließlich konnten allein die Menschen genug wissen, um einen *Willen* zu entwickeln. Aber glauben Sie mir: Die Bäume wollen etwas von uns, genau wie wir seit jeher etwas von ihnen gewollt haben. Daran ist nichts Mystisches. Die ›Umwelt‹ ist lebendig – ein Netz von Beziehungen, immer veränderlich, immer im Fluss, Leben, das voneinander abhängt. Unmöglich, Liebe und Krieg dabei auseinanderzuhalten. Blumen formen Bienen genauso, wie die Bienen die Blumen formen. Beeren konkurrieren womöglich mehr darum, von Tieren gefressen zu werden, als die Tiere um Beeren konkurrieren. Eine Schirmakazie produziert zucker- und proteinreiche Leckerbissen, mit denen sie die Ameisen, die sie bewachen, füttert und zugleich versklavt. Fruchttragende Pflanzen bringen uns dazu, ihren Samen auszustreuen, und das Reifen der Früchte hat zur Entwicklung des Farbensehens geführt. Indem sie uns beibrachten, ihre Köder zu finden, lehrten die Bäume uns zu erkennen, dass der Himmel blau ist. Wir haben unser Hirn entwickelt, um den Wald zu sehen. Wir haben den Wald geformt, und der Wald hat uns geformt, lange bevor wir zum Homo sapiens wurden.

Menschen und Bäume sind enger verwandt, als Sie denken. Wir sind aus demselben Keim entstanden und haben uns nur in verschiedene Richtungen entwickelt, haben uns gegenseitig zu nutzen verstanden an dem Ort, den wir uns teilen. Dieser Ort braucht jeden seiner Bewohner. Und die Rolle, die uns zufällt … wir haben im Organismus der Erde unsere Rolle zu spielen, und *das* hier … « Sie dreht sich um und betrachtet das Bild, das hinter ihr an die Wand geworfen wird. Es ist der Arbre du Ténéré, das einzige Objekt in einem Umkreis von vierhundert Kilometern, das einen Stamm hatte. Umgebracht, umgefahren von einem betrunkenen LKW-Fahrer. Sie klickt weiter zu einer Sumpfzypresse in Florida, anderthalb Jahrtausende älter als die Christenheit und erst vor wenigen Monaten durch eine weggeworfene Zigarette zerstört. »Das hier kann es nicht sein.«

Ein weiterer Klick. »Bäume sind Wissenschaftler. Milliardenfache Feldversuche. Sie stellen ihre Vermutungen an, und das Leben verrät ihnen dann, was davon funktioniert. Wer lebt, spekuliert, und Spekulationen sind Leben. Was für ein wunderbares Wort! Es heißt so viel wie Vermutungen anstellen. Aber ein *speculum* ist auch ein Spiegel.

Bäume stehen im Zentrum allen Lebens, und sie müssen auch im Mittelpunkt menschlicher Politik stehen. Tagore sagt: *Bäume sind der Erde endloses Bemühen, mit dem lauschenden Himmel zu sprechen.* Aber die Menschen – meine Güte, die Menschen! Die Menschen könnten der Himmel sein, zu dem die Erde sich zu sprechen müht.

Wenn wir einen Blick für das Grün hätten, dann könnten wir etwas sehen, das umso interessanter wird, je näher wir ihm kommen. Wenn wir sehen könnten, was das Grün alles tut, wären wir nie wieder einsam, wäre uns nie wieder langweilig. Wenn wir verstünden, was das Grün sagt, könnten wir alles, was wir an Nahrung brauchen, anbauen, in drei Etagen, auf einem Drittel der Fläche, die wir jetzt dafür brauchen, mit Pflanzen, die sich gegenseitig vor Schädlingen und Bedrohungen schützen. Wenn wir wüssten, was das Grün will, müssten wir nicht wählen zwischen unseren eigenen Interessen und denen der Erde. Sie wären ein und dasselbe!«

Ein weiterer Klick, das nächste Bild, ein riesenhafter kannellierter Stamm mit roter Rinde, geriffelt wie Muskelfasern. »Wer das Grün sieht, der begreift die Absichten der Erde. Schauen wir uns also diesen Baum hier an. Sein Verbreitungsgebiet reicht von Kolumbien bis Costa Rica. Als Schössling sieht er aus wie ein geflochtenes Hanfseil. Aber sobald er ein Loch im Laubdach des Waldes findet, schießt er in die Höhe, wird zu einem riesigen Stamm mit weit ausladenden Brettwurzeln.«

Sie dreht sich um, betrachtet selbst das Bild hinter ihrem Rücken. Es ist die trichterförmige Blüte einer riesenhaften Engelstrompete, aufrecht auf den Erdboden gestellt. So viele Wunder, so viel unglaubliche Schönheit. Und so einen wunderbaren Ort will sie verlassen?

»Alle Laubbaumarten auf dieser Erde blühen – wussten Sie das? Viele blühen in erwachsenem Zustand mindestens einmal im Jahr. Aber *dieser* Baum hier, *Tachigali versicolor*, blüht nur ein einziges Mal im Leben. Stellen Sie sich vor. Sie könnten nur ein einziges Mal in Ihrem ganzen Leben Sex haben …«

Jetzt lacht der ganze Saal. Sie kann es nicht hören, aber sie riecht ihre Nerven. Wieder eine Kehrtwendung auf ihrem Zickzackpfad durch die Wälder. Keiner von den Leuten dort unten weiß, wohin ihre Führerin unterwegs ist.

»Wie kann eine Art überleben, die alles auf eine Karte setzt, einen One-Night-Stand? *Tachigali versicolor* handelt im Eiltempo, so kompromisslos, dass selbst ich baff bin. Denn Sie müssen wissen, binnen eines Jahres nach seiner einzigen Blüte stirbt der Baum ab.«

Sie blickt auf. Überall vorsichtiges Lächeln darüber, was für eine kuriose Sache das doch ist, die *Natur*. Aber sie verstehen noch immer nicht, was der verschlungene Pfad dieses Vortrags auch nur im mindesten mit Hausreparatur zu tun haben soll.

»Wir lernen hier, dass ein Baum noch mehr verschenken kann als

Nahrung und Heilmittel. Das Dach des Regenwaldes ist dicht, und vom Wind getragene Samen landen nie weit vom Elternbaum. Die einzigen Nachkommen von *Tachigali* keimen sofort, im Schatten von Giganten, die das Sonnenlicht unter Verschluss halten. Sie haben keine Chance, es sei denn, ein alter Baum macht ihnen Platz. Die Mutter öffnet mit ihrem Tod ein Loch im Dach des Waldes, und der Stamm schafft, indem er verrottet, reichen Nährboden für die Sämlinge. Ein größeres Opfer kann eine Mutter nicht bringen – sie gibt für ihre Nachkommen ihr eigenes Leben. Deshalb nennt man *Tachigali visicolor* auch den Selbstmordbaum.«

Sie nimmt das Fläschchen mit Baumextrakten, das sie aufs Pult gestellt hatte, in die Hand. Mit ihren Ohren ist nichts anzufangen, aber wenigstens sind die Hände wieder ruhig. Zuerst war da alles. Bald wird nichts mehr sein.

»Ich habe mir die Frage gestellt, die ich Ihnen heute hier beantworten soll. Ich habe darüber nachgedacht, auf der Grundlage allen verfügbaren Beweismaterials. Ich habe versucht, es so zu tun, dass meine Gefühle mich nicht davon abhalten, die Tatsachen zu sehen. Ich habe versucht, es so zu tun, dass Hoffnung und Eitelkeit mich nicht blenden. Ich habe versucht, die ganze Angelegenheit aus dem Blickwinkel eines Baums zu sehen. *Was ist das eine wirklich Gute, was ein Mensch heute für die Welt von morgen tun kann?*«

Sie träufelt ein paar Tropfen von dem Extrakt in das Glas mit klarem Wasser, und sie verlaufen zu Ranken aus Grün.

Grün breitet sich in Wirbeln überall am Astor Place aus. Erst nur ein limonenfarbener Spritzer auf dem grauen Bürgersteig. Dann ein weiterer, diesmal in einem Avocadoton. Adam steht am Fenster und blickt zwölf Stockwerke in die Tiefe. Fahrzeuge, die in allen Richtungen die unregelmäßige Straßenkreuzung passieren, ziehen grüne Streifen hinter sich her. Im nächsten Augenblick breitet sich ein dritter Fleck – olivgrün – in ausladenden Pollockschwüngen über die steinerne Leinwand. Jemand, ein Kommando, wirft da Farbbomben.

Es ist der zweite Tag seines Hausarrests, in dem Apartmenthaus in der Innenstadt, in dem er mit Frau und Kind die letzten vier Jahre über gewohnt hat. Die Behörden haben ihn mit einer elektronischen Fußfessel ausgestattet – dem Spitzenmodell der HomeGuard-Serie – und ihn in seine Behausung hoch über Waverly Place und Broadway entlassen. Ortungssender: das Schmuckstück, das sich bedrohte Arten und die Straffälligen unter den Menschen teilen. Er und Lois zahlen einer Privatfirma eine Unsumme Geld für dieses Gerät, und die Firma teilt sich den Gewinn mit dem Staat. So hat jeder etwas davon.

Gestern hat ein Verwaltungsbeamter Appich die Spielregeln des Arrests erklärt. »Sie können telefonieren und Radio hören. Sie können das Internet nutzen und Zeitung lesen. Sie können Besuch empfangen. Aber wenn Sie das Gebäude verlassen wollen, müssen Sie das vorher mit der Einsatzzentrale abklären.«

Lois hat den kleinen Charlie zu seinen Großeltern nach Cos Cob gebracht. Damit sie und Adam sich für ein paar Tage ganz auf Adams Verteidigung konzentrieren können, sagt sie. In Wirklichkeit geht es darum, dass der Anblick der schwarzen Schlinge am Fuß des Vaters den Jungen traumatisieren könnte. Mit fünf Jahren weiß er, was das ist.

»Mach das ab, Daddy.«

Viel früher, als er je geglaubt hätte, bricht Adam das Versprechen, das er sich selbst gegeben hatte; das, seinen Sohn nie zu belügen. »Bald, Kumpel. Keine Sorge. Das ist nicht schlimm.«

Von hoch oben schaut Appich zu, wie das Pollock-Gemälde wächst. Ein weiterer Klecks – Jade – landet auf der Fahrbahn. Der Wagen, aus dem die Farbe geschleudert wurde, fährt weiter über den Platz Richtung Cooper Square. Das ist Guerillatheater, eine koordinierte Attacke. Mit jedem neuen Fahrzeug, das über die fünfarmige Kreuzung fährt, kommen neue Reifenstriche zu dem Bild hinzu. Ein weiterer Wagen fährt die 8. Straße herunter und kippt drei Kanister Braun aus. Die grünen Streifen breiten sich aus, verzweigen sich; die braunen bilden mit ihren Strichen eine Säule. Wenn man aus zwölf Stockwerken Höhe schaut, ist es nicht schwer zu erkennen, was für ein Bild da entsteht.

Rote und gelbe Flecken erscheinen am Oberende der Treppe zur U-Bahn-Station. Ahnungslose Fußgänger kommen herauf und bemalen den Bürgersteig mit ihren Schuhen. Ein wütender Geschäftsmann versucht, einen Haken um den Fleck zu schlagen, aber es gelingt ihm nicht. Ein Liebespaar tanzt mitten hindurch, Arm in Arm, gibt mit seinen Schritten den bunten Früchten und Blüten an den immer weiter wachsenden Ästen Gestalt. Jemand hat beträchtliche Mühe darauf verwendet, zu malen, was wohl das weltgrößte Bild eines Baums sein muss. Warum hier, fragt sich Appich, in diesem eher abgelegenen Teil der Stadt? So etwas gehört doch mitten ins Zentrum, vor das Lincoln Center zum Beispiel. Aber dann begreift er, warum es hier sein muss. Weil *er* hier ist.

Er greift zu Schlüsselbund und Jacke und macht sich auf den Weg nach unten; er denkt sich dabei nichts weiter, als dass er jetzt dort draußen sein sollte. Er durchquert das Foyer, passiert die Briefkästen und verlässt das Gebäude in Richtung Osten, entlang Waverly zu dem gigantischen Baum. Das Elektroteil unter Appichs weitem Hosenbein schlägt Alarm, ein lautes Schrillen. Zwei Möbelpacker schauen sich um, ein Rentner, der hinter seinem Gehwagen daherschlurft, bleibt entsetzt stehen.

Mit ein paar Sätzen ist Adam wieder im Haus, aber die Fußfessel gibt keine Ruhe. Ein Heuler wie Avantgardemusik während der ganzen Aufzugsfahrt. Auf seiner Etage angekommen, hastet er über den Gang. Der Nachbar, der in der Nachtschicht Computer wartet, streckt den Kopf zur Tür heraus, um zu sehen, was los ist. Adam macht eine entschuldigende Handbewegung, dann verbarrikadiert er sich in seiner Wohnung. Ruft seine Wärter an, um das Unglück zu melden.

»Sie haben Ihre Anweisungen erhalten«, tadelt der Mann von der Zentrale ihn. »Sie dürfen aus Ihrem Geofence nicht heraus.«

»Ich weiß. Es tut mir leid.«

»Das nächste Mal sind wir gezwungen zu handeln.«

»Es war ein Versehen. Eine Unachtsamkeit.« Genau sein Spezialgebiet.

»Der Grund spielt keine Rolle. Das nächste Mal schicken wir ein Einsatzkommando.«

Adam kehrt wieder ans Fenster zurück und verfolgt, wie das Riesengemälde trocknet. Er steht immer noch da, als seine Frau aus Connecticut zurückkommt. »Was ist das?«, fragt Lois.

»Eine Botschaft. Von einem Freund.«

Und zum ersten Mal begreift sie es. Was in den Zeitungen gestanden hat, stimmt. Die Bilder von dem verbrannten Bergresort. Die tote Frau. »Mitglied radikaler Ökoterror-Gruppe gefasst.«

Dorothy tritt, eines frühen Abends, ins Zimmer ihres Mannes, um nach ihm zu sehen. Seit Stunden hat sie keinen Laut von ihm gehört. Sie kommt durch die Tür, und in dem Augenblick bevor er es hört und sich zu ihr umdreht, sieht sie wieder den Blick, den sie so oft bemerkt hat, in diesen wenigen, kurzen, immer schneller vergehenden Tagen: das schiere Staunen über etwas, das gleich dort draußen vor seinem Fenster geschieht.

»Was hast du, Ray?« Sie kommt neben ihn ans Bett, aber wie immer sieht sie nichts als den winterlichen Garten. »Hast du was gesehen?«

Der Mund verzieht sich zu etwas, das, wie sie gelernt hat, ein Lächeln ist. »O ja!«

Ihr geht auf, dass sie ihn beneidet. Die Jahre der erzwungenen Ruhe, die Geduld seines gebremsten Verstands, die Hellhörigkeit und Weitsicht seiner gekappten Sinne. Über Stunden kann er das Dutzend kahler Bäume im Garten betrachten und findet etwas Spannendes, Überraschendes darin, etwas, das seine Sehnsüchte stillt, wohingegen sie – sie noch immer in einem Hunger gefangen ist, der ihr nie die Ruhe lässt, bei etwas zu verweilen.

Sie schiebt beide Arme unter seinen ausgemergelten Leib und zieht ihn auf eine Seite des Krankenhausbettes. Dann geht sie auf die andere und legt sich zu ihm. »Erzähl mir davon.« Aber das kann er natürlich nicht. Er quittiert es mit jenem Glucksen tief hinten in der Kehle, das alles mögliche bedeuten kann. Sie nimmt seine Hand, und beide halten still, als wären sie schon jetzt die Steinfiguren auf ihrem eigenen Sarkophag.

Lange liegen sie so da, blicken hinaus auf ihr Grundstück, Land, über das Jäger und Sammler jahrtausendelang gezogen sind. Sie sieht viel – all die Bäume ihres Arboretums, das nie eins geworden ist, an allen die Knospen schon aufbruchsbereit. Aber sie weiß, sie erfasst nicht einmal ein Zehntel von dem, was er sieht.

»Erzähl mir mehr von ihr.« Ihr Herz schlägt heftiger, denn diese Frage ist tabu. Ihr Leben lang hat sie mit dem Irrsinn geflirtet, aber das Spiel, das sie für diesen Winter ersonnen haben, macht ihr immer noch eine Heidenangst. Heute Abend sind Fremde dort draußen, ziehen umher, klopfen an ihre Tür. Und sie lässt sie ein.

Sein Arm spannt sich an, das Gesicht verändert sich. »Bewegt sich schnell. Willenskraft.« Als hätte er gerade *Auf der Suche nach der verlorenen Zeit* geschrieben.

»Wie sieht sie aus?« Das hat sie schon früher gefragt, aber sie muss die Antwort noch einmal hören.

»Stark. Schön. Du.«

Das reicht für sie, um den Handlungsfaden wieder aufzunehmen, und der Garten öffnet sich vor ihr wie zwei aufgeschlagene Seiten. Am heutigen Abend, in der zunehmenden Dunkelheit, wird die Geschichte rückwärts erzählt. Eine ganze Reihe von Mädchen, jede jünger als die vorherige, treten durch die Hintertür hinaus in eine Traumwelt, die simulierte Welt en miniature. Ihre Tochter mit zwanzig, in den Frühlingsferien heimgekommen aus dem College, in einem ärmellosen Tanktop, das die grässliche neue Tätowierung auf ihrer linken Schulter enthüllt, etwas in barocker Schnörkelschrift, sie schleicht sich in den Garten, als ihre Eltern schon schlafen, und raucht einen Joint. Ihre Tochter mit sechzehn, trinkt mit zwei Freundinnen billigen Supermarktwein in der hintersten, dunkelsten Ecke des Grundstücks. Ihre Tochter mit zwölf, schlecht gelaunt, kickt einen Fußball gegen die Garagentür, stundenlang immer und immer wieder. Ihre Tochter mit zehn, wie sie über den Rasen schwebt und mit einem Glas Glühwürmchen einfängt. Ihre Tochter mit sechs, barfuß am ersten warmen Frühlingstag, einen Keimling in den Händen.

Das Bild erscheint vor dem Hintergrund der dunklen Bäume. Es ist so lebendig, dass Dorothy sicher ist, irgendwo hat sie das Vorbild dafür tatsächlich gesehen. So ist das, wenn sie dieser Tage gemeinsam laut lesen; reglos beobachten sie. Wer kann schon sagen, was der Mann in ihrem Haus, der immer ein Fremder geblieben ist, wirklich denkt? Sie weiß es, jetzt. Etwas in dieser Art. Genau in dieser Art.

Der Pappbecher steht in ihrer Phantasie nun schon so lange auf dem

Fensterbrett in der Küche, dass Dorothy die aufgedruckten braunen und kobaltblauen Kräusel, die für den dampfenden Kaffee stehen, vor sich sieht, und sie kennt auch das Wort darunter: SOLO. Ein Gewirr unternehmungslustiger Wurzeln hat sich bereits durch das Wachspapier des Bodens gezwängt; sie brauchen mehr Welt. Wunderschöne lange, gezackte Blätter – die Amerikanische Kastanie – befühlen auf ihrem ersten Ausflug die Luft. Dorothy betrachtet das Mädchen und seinen Vater, wie sie an einem frisch ausgehobenen Loch knien. Eifrig schaufelt das Kind Erde mit einer Kelle. Spendet das Sakrament des ersten Wassers. Tritt von dem Pflanzloch zurück, wieder unter die Fittiche ihres Vaters. Und als das Mädchen sich umdreht und aufblickt, in diesem anderen Leben, das sich unsichtbar neben dem, das geschehen ist, entfaltet, sieht Dorothy das Antlitz ihrer Tochter, ein Gesicht, das bereit ist, es mit dem ganzen Leben aufzunehmen.

Zwei Worte direkt neben ihrem Ohr vertreiben die Stille. »Nichts tun.« Die Worte sind so klar, wie sie sein müssen, und verraten Dorothy, dass ihr Ehemann mit ihr gemeinsam dort draußen an jenem anderen Ort gewesen ist, oder jedenfalls nicht weit weg. Praktisch derselbe Gedanke ist ihr auch gerade gekommen. Sie haben ihn jeder für sich entwickelt, aus demselben unglaublichen Satz desselben unglaublichen Buchs, das sie gerade gemeinsam gelesen haben:

Die beste und einfachste Art, aus einem gerodeten Stück Land wieder einen Wald zu machen, ist, überhaupt nichts zu tun – einfach nichts tun und abwarten, und es wird längst nicht so lange dauern, wie man vielleicht denkt.

»Mähen nicht mehr«, flüstert Ray, und sie muss gar nicht nach einer Erklärung fragen. Was könnten sie einer so mutigen, starken und schönen Tochter Besseres hinterlassen als anderthalb Morgen Wald?

Nebeneinander liegen sie in seinem verstellbaren Bett und blicken zum Fenster hinaus, dahin, wo Schneeberge sich türmen und wieder abschmelzen, wo Regen fällt, Zugvögel zurückkehren, die Tage wieder länger werden, Knospen an allen Zweigen erscheinen und aufblühen und Hunderte von Samenkörnern ihren ersten Spross durch den frisch verwilderten Rasen treiben.

»Das kannst du nicht machen. Du hast ein Kind.«

Adam lehnt sich zurück auf dem Zweiersofa, befühlt das schwarze Kästchen an seinem Knöchel. Lois – seine *Ehefrau* – sitzt ihm gegenüber, die Handflächen auf die Oberschenkel gelegt, ihr Rückgrat wie eine Telegrafenstange. Er wiegt sich hin und her, benommen von der schalen Zimmerluft. Er kann ihr keine weiteren Erklärungen mehr geben. Er hat keine Antwort. Seit zwei Tagen gehen die beiden dieser Erkenntnis nun schon auf den Grund, bis in die Tiefen der Hölle.

Er starrt zum Fenster hinaus. Der Tag schwindet, im Börsenviertel gehen die Lichter an. Zehn Millionen Lichtpunkte flackern in der Abenddämmerung wie die Logikgatter einer Versuchsanordnung, die Lösungen auf eine Frage liefern soll, an deren Formulierung Generationen gearbeitet haben.

»Ein fünfjähriger Junge. Der braucht einen Vater.«

Das Kind ist gerade einmal anderthalb Tage in Connecticut, und schon jetzt könnte Adam nicht mehr sagen, welches von seinen beiden Ohrläppchen das mit der Scharte ist. Oder wie der Junge fünf Jahre alt sein kann, wo er doch gerade erst zur Welt gekommen ist. Oder wie es möglich ist, dass er, Adam, Vater geworden ist, egal von wem.

»Er wird dich verachten, wenn er größer ist. Du bist ein Fremder, den er im Gefängnis besucht, bis ich ihn nicht mehr dazu zwinge.«

Sie sagt es ihm nicht ins Gesicht, obwohl sie das sollte. Er ist schon jetzt ein Fremder. Sie hat es nur bisher nicht gewusst. Und der Junge – der ist Adam schon heute fremd. Zwei Wochen lang letztes Jahr wollte Charlie Feuerwehrmann werden, aber dann begriff er schnell, dass ein Leben als Banker in jeder kalkulierbaren Hinsicht nur Vorteile hat. Am liebsten stellt er all seine Spielsachen in einer Reihe auf, mit dem Lineal gezogen, zählt sie, steckt sie in eine Schachtel und schließt sie weg. Der einzige Grund, aus dem er je zu Nagellack gegriffen hat, war, um seine Modellautos zu markieren, damit seine Eltern sie ihm nicht stehlen können.

Adams Blick wandert wieder zurück in den Raum, zu der Gestalt, die ihm auf dem Barhocker gegenübersitzt. Seine Frau presst die Lippen zusammen, ihre Wangen röten sich, als bekäme sie keine Luft. Seit seiner Verhaftung kommt sie ihm genauso schattenhaft vor wie seinerzeit sein eigenes Leben, damals, als er nach Santa Cruz zurückkehrte und anfing, es zu simulieren. »Du willst, dass ich mich auf ein Geschäft einlasse.«

»Adam.« Die Stimme nur noch knapp unter Kontrolle. »Die lassen dich nie wieder raus.«

»Du denkst, ich sollte jemand anderen verraten. Ich frage das nur.«

»Es geht um Gerechtigkeit. Das sind Verbrecher. Und einer von denen hat dich ja auch verraten.«

Sein Blick wandert zurück zum Fenster. Hausarrest. Unten der Schimmer von NoHo, das Lichtermeer von Little Italy; all das, wohin er nun nicht mehr zurückdarf. Und ganz draußen, hinter den letzten Häusern, die schwarze Klippe des Atlantiks. Die Skyline kommt ihm wie eine experimentelle Notenschrift vor, euphorische Musik, die er beinahe hören kann. Zur Rechten, außerhalb seines Sichtfelds, entsteht der gewundene Turm, als Ersatz für die beiden zerstörten. *Freiheit.*

»Wenn es hier um Gerechtigkeit geht …«

Eine Stimme, die er eigentlich kennen sollte, sagt: »Was ist denn nur los mit dir? Willst du das Wohl anderer Menschen über das deines *eigenen Sohns* stellen?«

Da ist es: das absolute Gebot. Sorge für dein Fleisch und Blut. Schütze deine Gene. Gib dein Leben her für ein Kind, für zwei Geschwister oder acht Cousins ersten Grades. In wie viele Freunde sollte man das umrechnen? Wie viele Fremde, die vielleicht immer noch dort draußen sind und ihr Leben für andere Geschöpfe riskieren? Wie viele Bäume? Er wüsste gar nicht, wie er es anstellen sollte, seiner Frau zu erzählen, was das Schlimmste daran ist. Seit seiner Verhaftung – seit er wieder angefangen hat, die Sache zu sehen, wie sie ist, statt zu tun, als handle es sich um eine abstrakte Frage – ist er zu dem Schluss gekommen, dass die Tote recht hatte: Auf der Welt gilt es, das Wohl vieler anderer zu bedenken, bevor man an das der eigenen Art denkt.

»Wenn ich mit denen ein Geschäft machte, dann würde mein Sohn … dann würde das Charlie in seiner ganzen Jugend verfolgen.«

»Er wird wissen, dass die Entscheidung dir nicht leichtgefallen ist. Dass du ein Unrecht wiedergutgemacht hast.«

Adam lacht laut – er kann nicht anders. »Ein Unrecht wiedergutgemacht!« Lois springt auf. Die Wut erstickt alles, womit sie ihn sonst angebrüllt hätte. Als sie die Tür hinter sich zuschlägt, fällt ihm wieder ein, wozu seine Frau fähig ist.

Er döst ein und stellt sich im Halbschlaf vor, was die Justiz alles mit ihm machen wird. Er wälzt sich um, und es ist wie ein Feuerstoß im unteren Rücken. Von dem Schmerz ist er wieder hellwach. Ein riesenhafter Mond steht tief über dem Hudson. Jede stahlweiße Pockennarbe auf seinem Antlitz ist deutlich zu erkennen, wie durchs Teleskop. Unglaublich, wie die Aussicht auf ein Leben im Gefängnis seine Sehkraft schärft.

Er muss dringend aufs Klo. Unwillkürlich steht er auf und macht sich auf die Expedition quer durch die Wohnung zum Badezimmer, doch da verdüstert eine unerwartete Wolke sein Blickfeld. Er geht wieder zum Fenster und legt die Hand an die Scheibe. Atem schlägt sich rund um die Hand nieder wie Höhlenmalerei. Unten im Canyon gruppieren sich Autolichter und zerstreuen sich wieder. Mitten zwischen den Fahrzeugen jagt ein Rudel grauer Wölfe vom Washington Square den Waverly Place herunter und scheucht einen Weißwedelhirsch.

Mit einem Ruck beugt er sich vor und schlägt mit der Stirn gegen das dicke Glas. Ein Fluch entfährt ihm, der erste seit Jahren. Er stolpert durch die Küche ins enge Wohnzimmer und stößt sich dabei am Türrahmen die Schulter. Der Stoß wirft ihn aus der Bahn, er streckt noch die Hand aus, um sich aufzufangen, und schlägt mit dem Gesicht aufs Fensterbrett. Beim Aufprall beißt er sich auf die Unterlippe, und so landet er auf dem Boden. Dort bleibt er liegen, halb besinnungslos vom Schmerz.

Er tastet den Mund ab, und die Finger fühlen sich klebrig an. Er hat sich die Unterlippe mit dem Schneidezahn komplett durchgebissen. Er rappelt sich wieder auf und blickt zum Fenster hinaus. Der Mond bescheint die Spitze einer baumbestandenen Insel. Backstein, Stahl und alles Eckige sind verschwunden, stattdessen grüne Rundungen, die im Mondlicht schimmern. Ein Flüsslein in einer Schlucht in Richtung West Houston. Die Hochhäuser des Börsenviertels sind fort, verwandelt in bewaldete Hügel. Und darüber ergießt sich die Milchstraße, ein Sturzbach aus Sternen.

Seine verletzte Lippe schmerzt so sehr, er kann keinen klaren Gedanken fassen. Die Nervenbelastung der Gefangennahme. Er sagt sich:

Ich sehe das nicht wirklich. Ich liege auf dem Wohnzimmerboden, von dem Sturz bewusstlos. Und doch kann er die Landschaft erkennen, wie sie sich in alle Richtungen ausbreitet. Ein Wald so dicht, so furchteinflößend, so unentrinnbar wie die Kindheit. Das Amerika der Bäume.

Jetzt ist alles ganz nah, die vielen Farben und Erscheinungsformen: Hainbuche, Eiche, Kirsche, ein halbes Dutzend Ahornarten. Honigdorn, mit Stacheln gegen längst ausgestorbene Großtiere bewehrt. Ferkelnüsse, die für jeden zu essen haben, der vorbeikommt. Weiße, wachsartige Hartriegelblüten schweben im Unterholz an unsichtbar dünnen Zweigen. Wilde Natur wuchert über das Unterende des Broadway, so wie die Insel vor tausend Jahren war und in tausend Jahren wieder sein wird.

Ein Lichtblitz zieht seine Aufmerksamkeit auf sich. Drüben bei einem Eichenwäldchen schwingt ein Virginia-Uhu seine Flügel über den Kopf und stürzt sich blitzartig auf etwas, das sich in der Laubschicht am Boden bewegt. Eine Schwarzbärin mit zwei Jungen auf einer Anhöhe, da, wo früher die Bleecker Street war. Meeresschildkröten legen bei Vollmond ihre Eier am sandigen Ufer des East River.

Jetzt beschlägt das Glas von Adams Atem, die Vision verschwindet im Nebel. Blut läuft ihm über das Kinn. Er befühlt seinen Mund und findet Brösel, etwas wie Steinchen zwischen den Fingerspitzen. Er senkt den Blick und betrachtet die Krümel des zersplitterten Zahns. Als er wieder aufschaut, ist Mannahatta fort, und die Lichter von Lower Manhattan sind wieder an seine Stelle getreten. Er schlägt mit der flachen Hand gegen die Scheibe, aber die Metropole auf der anderen Seite bleibt, wie sie ist. Er spürt den Puls in seinen Unterarmen, jetzt zittert er. Häuser wie Kreuzworträtsel, die roten und weißen Blutkörperchen des Verkehrs: Es hat mehr von einem Trugbild als das, was eben verschwunden ist.

Er sucht sich einen Weg durch das Minenfeld von Möbelstücken und umherliegenden Zeitschriften und schafft es auf den Flur und von da zur Tür. Er ist schon draußen auf dem Gang, da fällt ihm seine Fußfessel wieder ein. Er lehnt sich an die Wand und sackt zusammen, die Augen fest geschlossen. Als die Vision endlich vorüber ist, kehrt er in die Wohnung zurück, schließt sich in dem einzigen Lebensraum ein, den er noch hat, dem, der seine einsame Heimat sein wird für lange, lange Zeit.

Mimi Ma sitzt in der zweiten Reihe des Vortragssaals, gebannt von etwas, das die Baumfrau gerade gesagt hat. *Patricia Westerford:* Zu fünft haben sie sich an ihren Entdeckungen begeistert, an Lagerfeuern, damals, als die Freie Bioregion Kaskadien noch ein Ort war. Ihre Worte haben all das Fremdartige begreifbar gemacht, die Kräfte, Dinge, die da außerhalb des engen Gesichtskreises der Menschen am Werke waren. Die Frau ist älter, als Mimi sie sich vorgestellt hatte. Ängstlich, stockend, offenbar hat sie Mühe zu sprechen. Aber sie hat gerade eine wunderbare, vernünftige Regel aufgestellt, eine Maxime, die allerdings anscheinend irgendwie tabu ist: *Was Sie aus einem Baum machen, sollte mindestens genauso großartig sein wie das, was Sie zerstören.*

Was der Wald aus dem Berg macht, ist besser als der Berg. Was Leute aus dem Wald machen könnten … Der Gedanke hat kaum Gestalt angenommen, da holt Dr. Westerford Mimi schon mit einem Ruck in die Gegenwart zurück.

»Ich habe mir die Frage gestellt, die ich heute hier beantworten soll.«

Anfangs glaubt Mimi, sie habe es nicht richtig verstanden. Eine angesehene Wissenschaftlerin, Buchautorin – jemand, der Jahrzehnte damit verbracht hat, Samenkörner der bedrohten Bäume dieser Welt zu retten … Das kann doch nicht sein. Sie hat sich verhört.

»Ich habe darüber nachgedacht, auf der Grundlage allen verfügbaren Beweismaterials. Ich habe versucht, es so zu tun, dass meine Gefühle mich nicht davon abhalten, die Tatsachen zu sehen.«

Der ganze Monolog ist Theater – zum Schluss wird eine unerwartete Wendung kommen, eine Enthüllung.

»Ich habe versucht, es so zu tun, dass Hoffnung und Eitelkeit mich nicht blenden. Ich habe versucht, die ganze Angelegenheit aus dem Blickwinkel eines Baums zu sehen.«

Mimi lässt den Blick über ihre Stuhlreihe wandern. Leute sitzen ungläubig, fest auf ihre Stühle gedrückt vom Gewicht der Scham.

»*Was ist das eine wirklich Gute, was ein Mensch heute für die Welt von morgen tun kann?*«

Eine andere Frau hat Mimi das auch einmal gefragt. Und die Antwort, so naheliegend, so vernünftig: ein Luxus-Skiresort niederbrennen, bevor der Bau fertig ist.

Der Pflanzenextrakt tropft ins Glas. Grün breitet sich in dem Wasser aus, sucht sich seinen Weg, wie die Zeitrafferaufnahme einer Knospe, die sich öffnet, hunderttausendfach beschleunigt. Mimi, ein Dutzend Schritte vom Rednerpult, kann sich nicht rühren. Dr. Westerford hebt das Glas wie ein Priester das Sakrament. Ihre Stimme wird noch schwerfälliger als zuvor. »Vieles, was lebt, bestimmt seine eigene Zeit. Vielleicht sogar das meiste.«

Es geschieht direkt vor ihren Augen. Die Wirklichkeit. Aber Hunderte der klügsten Menschen der Welt schauen nur zu.

»Sie haben mich gefragt, was wir tun können, um unser Haus in Ordnung zu bringen. Zu reparieren. Aber *wir* sind diejenigen, die einer Reparatur bedürfen. Die Bäume wissen noch, was wir vergessen haben. Jede Spekulation, jeder Versuch muss Raum für den nächsten machen. Auch der Tod ist Leben.«

Dr. Westerford senkt den Blick, und da ist Mimi und wartet schon. Sie blickt der Baumfrau fest in die Augen und lässt nicht wieder los. Vor langer Zeit, in einem anderen Leben, war sie Ingenieurin und konnte Materie dazu bringen, alle erdenklichen Dinge zu tun. Jetzt hat sie nur noch diese eine Begabung: Sie weiß, wie man etwas Lebendiges ansieht, bis es den Blick erwidert.

Mimi fleht sie an, mit flammenden Augen. *Tu es nicht. Bitte.*

Die Rednerin starrt grimmig zurück. *Alles andere ist Heuchelei.*

Du wirst noch gebraucht.

Gebraucht für das hier. Es gibt zu viele von uns.

Darüber hast nicht du zu entscheiden.

Eine neue Stadt so groß wie Des Moines, jeden Tag.

Was ist mit deiner Arbeit? Dem Gen-Archiv?

Die läuft schon seit Jahren von selbst.

Es gibt noch so viel zu tun.

Ich bin eine alte Frau. Was könnte ich Besseres tun als das hier?

Die Leute verstehen das nicht. Sie werden dich dafür hassen. Es ist zu theatralisch.

Einen Augenblick lang werden sie zuhören, zwischen all dem Geschrei.

Das ist kindisch. Deiner unwürdig.

Wir müssen wieder wissen, wie wir sterben sollen.

Du wirst unter Qualen sterben.

Nein. Mit Pflanzen kenne ich mich aus. Dieser Tod wird leichter sein als die meisten.

Ich kann so etwas nicht noch einmal mitansehen.

Doch. Das kannst du. Etwas anderes gibt es nicht.

Der Blick dauert nicht länger, als ein Blatt braucht, um ein Stück Licht zu verzehren. Mimi versucht verzweifelt, die Rednerin mit ihren Augen festzuhalten, aufzuhalten, aber mit einem letzten Willensakt reißt die Baumfrau sich los. Patricia Westerford lässt den Blick nun wieder über den Saal schweifen, ein Raum wie eine Höhle. Ihr Lächeln versichert ihnen, dass dies keine Kapitulation ist. Es ist Nützlichkeit, nur unter einem anderen Namen. Eine Winzigkeit, ein Mittel, noch ein kleines bisschen Zeit herauszuschlagen, ein paar Ressourcen zu sparen. Sie sieht noch einmal die schreckensstarre Mimi an. *Was wir noch sehen könnten, was wir noch alles schenken könnten!*

Es gibt eine Buche in Ohio, die Patricia gern noch einmal sehen würde. Unter all den Bäumen, die ihr fehlen werden wie das Atmen, eine einfache Buche mit ihrem glatten Stamm, mit nichts Besonderem daran außer einer Kerbe in vier Fuß Höhe. Vielleicht ist sie groß geworden. Vielleicht waren Sonne und Regen und Luft gut zu ihr. Sie überlegt: *Vielleicht sind wir so schlecht zu den Bäumen, weil sie so viel länger leben als wir.*

Pflanzen-Patty erhebt das Glas. Sie schaut auf ihr Vortragsskript, die letzte Zeile der letzten Seite. *Auf Tachigali versicolor.* Sie blickt auf. Dreihundert hochintelligente Leute starren sie gebannt an. Die Tonspur schweigt, bis auf dumpfe Rufe vom Bühnenrand. Sie blickt hinüber, um zu sehen, was da los ist. Ein Mann im Rollstuhl kommt auf die Treppe zur Rechten zugefahren. Haar und Bart wallen ihm um die Schultern. Er ist so dürr wie der sprechende Baum der Yaki, dessen Worte niemand verstand. Als Einziger in diesem Saal voller Gelähmter stemmt er sich gegen seinen Stuhl, versucht aufzustehen. Die grüne Flüssigkeit schwappt über den Glasrand, läuft ihr über die Hand. Sie schaut noch einmal hin. Der Mann im Rollstuhl gestikuliert wild. Reckt die Arme, dürr wie Zweige. Wie kann etwas so Unbedeutendes ihm so wichtig sein?

Das eine wirklich Gute, was man für die Welt tun kann. Ihr geht auf: Die Schwierigkeiten fangen mit dem Wort *Welt* an. Es steht für zwei so gegensätzliche Dinge. Die real existierende sehen wir nicht. Der erfundenen können wir nicht entkommen. Sie hebt das Glas und hört, wie ihr Vater mit lauter Stimme liest: *In neue Gestalten verwandelte Wesen will ich besingen.*

Neelays Rufe kommen zu spät, um den Bann im Saal zu brechen. Die Rednerin hebt das Glas, und der Lauf der Welt verzweigt sich. In der einen Variante führt sie das Glas an die Lippen, prostet dem Saal zu – *Auf Tachali versicolor* – und trinkt. Bei der anderen, dieser hier, ruft sie »Auf das Ende des Selbstmords« und schleudert ein Glas voll Grün über ihre entsetzte Zuhörerschaft. Sie stößt gegen das Pult, prallt zurück und stolpert in die Kulissen, und alle anderen starren die leere Bühne an.

Im Frühling, dem üppigen, zu warmen Frühling, als die Knospen und Blüten an sämtlichen Hartriegeln, den Judas- und den Birnbäumen und Winterkirschen der Stadt Amok laufen, gehen Adams Anwälten schließlich die Möglichkeiten aus, das Verfahren noch weiter zu verschleppen, und der Fall kommt vor den Richter, vor ein Bundesgericht an der Westküste. Die Reporter wimmeln durch den Saal wie Ameisen auf einer Pfingstrose. Der Gerichtsdiener führt Adam herein. Er ist dick geworden, bärtig. Furchen wie Höhenlinien in seinem Gesicht. Der Anzug, den er anhat, hat er zum letzten Mal bei dem Bankett getragen, auf dem er den höchsten akademischen Preis, den seine Universität vergibt, entgegennahm. Seine Frau ist anwesend, sie sitzt in der Reihe hinter ihm. Aber nicht sein Sohn. Der Junge wird seinen Vater erst viele Jahre später so sehen, in einer Videoaufzeichnung.

Bekennen Sie sich schuldig oder nicht schuldig?

Der Psychologieprofessor macht große Augen, als sei er ein Vertreter einer vollkommen anderen Lebensform, einer, für die die Menschen viel zu schnell sprechen, als dass sie einander jemals verstehen könnten.

Über das leere Fensterbrett hinweg schaut Dorothy Brinkman durchs Küchenfenster hinaus in einen Dschungel. Der Mann, der kein einziges Mal versäumt hat, eine Münze in eine Parkuhr zu stecken, hat ihre ganz persönliche Revolution angezettelt – das Brinkman-Waldrenaturierungsprojekt. Von allen Seiten nähert sich die Wildnis dem Haus. Das Gras steht kniehoch, in Büscheln, voller Unkraut, und die Blüten locken einheimische Helfer in Scharen an. Ahornschösslinge überall, wie betende Hände. Zürgelbaumkinder stellen ihre Paisleyblätter zur Schau. Über das Tempo, mit dem das alles sich wieder einstellt, kann sie nur staunen. Noch ein paar Jahre und ihr Stückchen Wald wird schon halb zu dem zurückgekehrt sein, was dort war, bevor ein Baugrundstück daraus wurde.

Und was ihr eigenes Sekundärwachstum anbetrifft, damit geht es sogar noch schneller. Früher, vor langer Zeit, hat sie einmal einen Fallschirmsprung gemacht, eine blutrünstige Mörderin gespielt, ist furchtbar gemein zu jedem gewesen, der ihr ihre Freiheit nehmen wollte. Jetzt ist sie fast siebzig und liegt im Krieg mit der ganzen Stadt. Ein Dschungel in einem teuren Vorstadtbezirk: da könnte sie ebenso gut eine Kinderschänderin sein. Dreimal sind die Nachbarn dagewesen, haben sich besorgt erkundigt, ob etwas nicht in Ordnung ist. Sie bieten ihr an, den Rasen zu mähen, kostenlos. Sie spielt ihre Rolle – sich selbst –, nett, schrullig, aber doch willensfest genug, um sie in Schach zu halten; ihre Abschiedsvorstellung auf dieser Bühne.

Jetzt möchte die ganze Straße sie am liebsten steinigen. Zweimal hat sie Briefe von der Stadt bekommen, den zweiten per Einschreiben und mit einem Datum, bis zu dem sie ihr Grundstück in Ordnung zu bringen hat; andernfalls droht eine Strafe von mehreren Hundert Dollar. Die Frist ist längst verstrichen, darauf folgte ein weiterer, drohenderer Brief, ein neuer Stichtag, eine neue, nunmehr bezifferte Bußgeldforderung. Wer hätte gedacht, dass die Grundfesten der Gesellschaft sich durch ein wenig Wildwuchs so erschüttern lassen?

Der neue Stichtag ist heute. Sie sieht die Kastanie an, den Baum, den es nicht geben dürfte. Letzte Woche hat sie in einem Radiobericht gehört, dass es nach dreißig Jahren endlich gelungen ist, eine krankheitsresistente Form der Amerikanischen Kastanie zu züchten, die nun erstmals im Freien gepflanzt werden soll. Jetzt ist der Baum, der ihr wie eine letzte Erinnerung vorgekommen war, mit einem Mal zur Prophezeiung geworden.

Ein orangerotes Flackern am Fenster lenkt sie ab: ein Schnäpperwaldsänger, männlich, der mit Schwanz und Flügeln Insekten aus dem Dickicht aufscheucht. Zweiundzwanzig Vogelarten hat sie allein diese Woche gezählt. Vorgestern haben sie und Ray in der Abenddämmerung einen Fuchs gesehen. Diese Störung der öffentlichen Ordnung wird sie vielleicht Tausende an Bußgeld kosten, aber die Aussicht vom Haus ist entschieden besser geworden.

Sie kocht gerade Obstkompott als Mittagessen für Ray, da ertönt das schon erwartete wütende Klopfen an der Haustür. Die Aufregung treibt ihr die Röte ins Gesicht. Mehr als Aufregung: eine Mission. Ein Anflug von Angst, aber es ist ein angenehmer Schauder. Sie wäscht sich die Hände und trocknet sie ab, und denkt dabei: *Da wäre ich also, fast schon über die Ziellinie, und liebe plötzlich wieder das Leben.*

Jetzt klopft es schneller und lauter. Sie durchquert das Wohnzimmer und geht in Gedanken noch einmal die Liste ihrer Eigentumsrechte durch, die sie mit Rays Hilfe aufgestellt hat. Sie hat Tage in der Stadtbibliothek und im Rathaus zugebracht, hat gelernt, wie man die Gemeindeordnung, Verfügungen der Verwaltung und Präzedenzfälle lesen muss. Sie hat Kopien von Papieren mit nach Hause gebracht und sich den Inhalt von ihrem Mann erklären lassen, eine abgebrochene Silbe nach der anderen. Sie hat ganze Bücher gelesen, hat Statements darüber formuliert, wie kriminell Mähen, Wässern und Düngen sind, wie viel Gutes selbst anderthalb Morgen wiedererstandener Wald schon tun können. Alles, was Vernunft und Verstand ins Feld führen kann, ist auf ihrer Seite. Dagegen steht nur eine irrationale, vor Urzeiten entstandene Sehnsucht. Aber als sie die Tür öffnet, ist da nur ein mickriger Junge in Jeans und Poloshirt, strähniges blondes Haar, das unter einer »Made in USA«-Basketballkappe hervorlugt, und sie muss mit ihrer Verteidigungsstrategie komplett umdenken.

»Mrs. Brinkman?« Hinter dem Knaben sind drei weitere, noch jüngere am Bordstein zugange, rufen sich auf Spanisch Kommandos zu und laden Gartengeräte von einem Pick-up mit Anhänger ab. »Die Stadt schickt uns, Ihr Grundstück saubermachen. Es dauert nur ein paar Stunden, und die Rechnung kriegen Sie erst später.«

»Nein«, sagt sie, und sie legt so viel Gewicht, so viel Wärme und Weisheit in diese eine Silbe, dass es den Jungen verwirrt. Er macht den Mund auf, aber er ist viel zu baff, um etwas zu sagen. Sie lächelt, stößt einen Seufzer aus. »In Wirklichkeit wollt ihr das gar nicht. Sagt den Leuten von der Stadt, so etwas wäre ein schrecklicher Fehler.«

Es ist ein Geheimnis, das sie noch aus Schauspielertagen kennt: Setze deinen inneren Willen ein. Nutze die Erinnerungen eines ganzen Lebens. Denke immer daran: Recht und Unrecht. Die selbstverständliche Wahrheit. Nichts hat so viel Macht wie simple Überzeugung.

Der Junge ist unschlüssig. Auf solche Autorität hat die Stadt ihn nicht vorbereitet. »Also, wenn es recht ist ...«

Sie lächelt und schüttelt den Kopf, schämt sich für ihn. »Nein, es ist nicht recht. Es ist ganz und gar nicht recht.« *Das weißt du doch selbst. Zwing mich nicht, dich noch mehr in Verlegenheit zu bringen.* Der Junge gerät in Panik. Sie sieht ihn freundlich an, verständnisvoll, vor allem mitleidig, bis er schließlich kehrtmacht und die anderen anweist, die Geräte wieder auf den Wagen zu laden. Dorothy bleibt an der Tür, bis sie abfahren. Dann lacht sie, ein irres Lachen. Das hat ihr schon immer Spaß gemacht, eine anständige Wahnsinnige spielen.

Als Sieg ist es kaum der Rede wert, nur ein winziger Aufschub. Die Stadt wird sich bald wieder melden. Mäher und Scheren werden sie einsetzen; das nächste Mal werden sie die Arbeit tun, ohne vorher zu fragen. Sie werden ihren Garten kahlscheren. Bußgelder, Säumniszuschläge, Strafzahlungen werden sich summieren. Dorothy wird dagegen klagen, vor Gericht gehen bis zur letzten Instanz. Soll die Stadt doch das Haus konfiszieren, einen gelähmten Mann ins Gefängnis stecken. Sie wird den längeren Atem haben. Die Anarchie des neu keimenden Lebens, des kommenden Frühlings ist auf ihrer Seite.

Sie kehrt in die Küche zurück und macht das Essen fertig. Sie füttert Ray und erzählt ihm dabei von dem armen Jungen, seinen Mitarbeitern von werweißwoher, die gar nicht wussten, wie ihnen geschah. Sie spielt es ihm vor, übernimmt sämtliche Rollen. Am meisten Spaß macht ihr dabei ihre eigene. Sie sieht, wie er lächelt, sieht es, auch wenn kein einziger Mensch auf der Welt es ihr bestätigen könnte.

Nach dem Essen nehmen sie sich das Kreuzworträtsel vor. Dann, wie so oft in letzter Zeit, sagt Ray: »Erzähl noch was.« Dorothy lächelt, klettert zu ihm ins Bett. Sie blickt noch einmal zum Fenster, bestaunt, was dort jetzt alles wächst, kreuz und quer. Und mitten darin der Baum, der nicht da sein sollte. Seine Äste sind unaufhaltsam, er streckt sie nach ihnen aus – nur ganz langsam, das weiß sie, aber es reicht doch als Inspiration. Dass das Leben zu all den anderen Tricks, die es schon in seinem Chemiebaukasten hat, auch noch die Phantasie erfunden hat, ist ein Wunder, das über Dorothys Begriffe geht. Aber es gibt sie, diese Phantasie: Die Fähigkeit, zwischen all den nebeneinander bestehenden Verzweigungen, inmitten all der Möglichkeiten des Lebens, das zu sehen, was die Brücke zwischen Vergangenheit und Zukunft schlägt, zwischen Erde und Himmel.

»Weißt du, eigentlich ist sie ein braves Mädchen.« Sie drückt die steife Klaue ihres Ehemanns. »Sie hatte nur für einen Augenblick die Orientierung verloren. Sie muss sich selbst finden, das ist alles. Eine Sache, für die sie sich einsetzen kann. Etwas, das größer ist als sie selbst.«

Die Anklage zeigt Fotos vom Schauplatz eines der Verbrechen, die dem Mann zur Last gelegt werden – ein paar Parolen auf einer rußgeschwärzten Wand. Die ersten Buchstaben jeder Zeile sind ausgeschmückt, Ranken und Schnörkel sprießen daraus hervor, wie aus den Initialen einer mittelalterlichen Handschrift:

HERRSCHAFT TÖTET

GEMEINSCHAFT HEILT

HEIMKEHR ODER TOD

Das ist das Kernstück ihrer Anklage, die Rechtfertigung für das unglaubliche Strafmaß, das sie fordern. Sie wollen beweisen, dass er den Staat bedroht hat. Von der amerikanischen Regierung mit Gewalt etwas erzwingen wollte.

Adams Anwälte plädieren für Milde. Sie betonen, dass die Brände von einem jungen Idealisten gelegt wurden, jemandem, der öffentlich aufmerksam machen wollte auf ein Verbrechen gegen die Allgemeinheit. Der Verkauf des Waldes sei seinerseits ein Gesetzesverstoß gewesen, der Staat habe verabsäumt, Land, das ihm anvertraut war, zu schützen. Mit unzähligen friedlichen Protesten sei nichts bezweckt worden. Aber mit solchen Argumenten überzeugen sie das Gericht nicht. Die Rechtslage ist in jedem Anklagepunkt eindeutig. Schuldig der Brandstiftung. Schuldig der Zerstörung privaten Eigentums. Schuldig der Gewalt gegen das Gemeinwohl. Schuldig des Totschlags. Schuldig – nach dem Urteil der Geschworenen, Adam Appichs Mitmenschen – des Terrorismus im eigenen Land.

Gesetze sind einfach nur der Wille der Menschen in schriftlicher Form. Das Gesetz muss zulassen, dass auch das letzte Stückchen lebendige Erde mit Asphalt überzogen wird, wenn dies der Wille des Volkes ist. Aber das Gesetz gewährt auch allen Beteiligten das Recht zu reden. Der Richter fragt: »Möchten Sie noch ein abschließendes Wort an die Anwesenden richten?«

Ein Gestöber von Gedanken in Adams Kopf. Das Urteil hat ihn losgerissen, wie Sturm oder wie Feuer. »Bald werden wir wissen, ob wir recht hatten oder unrecht.«

Das Gericht verurteilt Adam Appich zu zweimal siebzig Jahren Gefängnis. Die Milde schockiert ihn. Er denkt: *Siebzig plus siebzig, kaum der Rede wert. Eine Schwarzweide plus eine Traubenkirsche.* Er hatte mit Eiche gerechnet. Er hatte mit Douglasie gerechnet, Eibe. Siebzig plus siebzig. Mit dem, was ihm für gute Führung erlassen wird, kann er womöglich die erste Hälfte der Strafe sogar noch ganz absitzen, bevor er stirbt.

SAMEN

Welches war denn das Holz, welches der Baum,
worauf sie Himmel und Erde gezimmert haben?

RIGVEDA, 10. LIEDERKREIS, 31:7

Und da ließ Er mich ein kleines Ding schauen in
der Größe einer Haselnuss, das in meiner Hand lag
und das meinem Verstand nach so rund war wie
irgendeine Kugel. Ich blickte es an und dachte: Was
mag dies wohl sein? Und mir wurde die
Antwort gesamthaft zuteil: »Es ist alles, was er-
schaffen wurde.«

JULIANA VON NORWICH

Stellen wir uns vor, der Planet wird um Mitternacht geboren, und seine Lebensspanne beträgt genau einen Tag.

Zuerst ist da nichts. Zwei Stunden vergehen allein mit Lava und Meteoren. Leben zeigt sich erst gegen drei oder vier Uhr morgens. Und auch da sind es nur die einfachsten selbstreplizierenden Bausteine. Von der Morgendämmerung bis zum späten Vormittag – eine Million Millionen Jahre Verzweigungen – nichts als simple, schlichte Zellen.

Dann ist da alles. Etwas Unglaubliches geschieht, kurz nach Mittag. Eine Variante dieser einfachen Zellen versklavt einige andere. Zellkerne bekommen Membranen. Zellen entwickeln Organellen. Was anfangs ein Zeltplatz für einen war, entwickelt sich nun zur Stadt.

Der Tag ist zu zwei Dritteln um, als die Wege von Pflanzen und Tieren sich trennen. Und trotzdem besteht das Leben immer noch nur aus Einzellern. Es wird schon dunkel, als sich die ersten komplexeren Zellgebilde zeigen. Alle größeren Lebensformen sind Spätankömmlinge, stellen sich erst nach Einbruch der Dunkelheit ein. Neun Uhr abends beschert der Welt Quallen und Würmer. Später in derselben Stunde beginnt das Gewimmel – Rückgrat, Knorpelgewebe, eine Explosion der Körperformen. Von einem Augenblick auf den anderen sprießen überall in der sich immer weiter ausbreitenden Krone neue Äste und Zweige und wachsen in rasendem Tempo.

Um kurz vor zehn ziehen die ersten Pflanzen an Land. Dann Insekten, die sich sogleich in die Lüfte erheben. Augenblicke später kommen Landwirbeltiere aus dem Schlamm am Gezeitensaum gekrochen und bringen auf ihrer Haut und in ihren Eingeweiden ganze Welten aus älteren Geschöpfen mit. Als es elf schlägt, ist die Zeit der Dinosaurier schon vorbei, und sie übergeben das Kommando für eine Stunde an die Säuger und Vögel.

Irgendwo in diesen letzten sechzig Minuten, hoch oben, fast am oberen Rand des stammesgeschichtlichen Blätterdachs, entwickelt das Leben Bewusstsein. Die Geschöpfe fangen an zu spekulieren. Tiere bringen ihren Kindern bei, was Vergangenheit und Zukunft sind. Tiere lernen, wie sie Rituale abhalten.

Der im anatomischen Sinne moderne Mensch taucht vier Sekunden vor Mitternacht auf. Erste Höhlenmalereien gibt es drei Sekunden darauf. Und im Tausendstel eines Klicks des Minutenzeigers löst das Leben das Geheimnis der DNA und macht sich erstmals ein Bild vom Baum des Lebens.

Als die Mitternacht kommt, besteht fast der gesamte Erdball aus Monokulturfeldern, zur Erhaltung und Ernährung einer einzigen Spezies. Und das ist der Moment, in dem sich der Baum des Lebens von neuem verwandelt. Der Augenblick, in dem der mächtige Stamm ins Wanken gerät.

586

Nick erwacht im Zelt, mit dem Kopf auf der Erde. Aber die Erde ist weich, so weich wie ein Kissen. Der Boden besteht aus einer tiefen Schicht Nadeln, so vielen Nadeln, die fallen und sterben und sich neu in mikroskopisch kleines Leben wandeln, hier unter seinem Ohr.

Die Vögel wecken ihn. Das tun sie immer, die täglichen Propheten des Vergessens und Erinnerns, schon ganz in ihre Lieder vertieft, bevor auch nur die erste Spur von Licht erscheint. Er ist ihnen dankbar. Jeden Tag neu sorgen sie dafür, dass er früh aufsteht. Er liegt still da, im Dunkeln, hungrig, hört zu, wie die Vögel über das Leben debattieren, in tausend uralten Dialekten: Geschimpfe, Grenzstreitigkeiten, Reminiszenzen, Loblieder, Freudengesänge. Es ist kalt heute morgen, düster, neblig, am liebsten würde er gar nicht aus dem Schlafsack kriechen. Das Frühstück wird mager ausfallen. Viel zu essen hat er nicht mehr. Schon seit Tagen ist er hier im Norden, bald muss er eine Stadt suchen und neue Vorräte besorgen. Eine Straße ist in Hörweite, Lastwagen in beide Richtungen, aber es ist ein abstraktes, dumpfes Geräusch, weit fort.

Er schlüpft aus dem Nylonei und sieht sich um. Im ersten Morgenlicht kann er die Umrisse von Bäumen erahnen. Die Bäume sind kleiner hier, nach unten hin schlank, auf schweren Schneefall eingestellt. Aber wieder packt es ihn, so wie es ihn jetzt immer packt. Der Anblick der sich wiegenden Stämme, das Knistern der Zapfen, die Art, wie die Astspitzen eine nach der anderen tasten, der strenge Zitrusduft der Nadeln, all das sorgt für einen kristallklaren Verstand, der ihm dann im Laufe jedes Tages wieder abhandenkommt.

»Auf in den Morgen!«
Laut schmetternd stimmt er in den Morgenchor ein.
»Raus und ans Werk!«
Die Vögel, die am nächsten sitzen, verstummen und hören zu.
»Schufte wie der Teufel für das bisschen Geld!«
Ein kleines Feuer reicht, um das Wasser zu erhitzen, das ein Bach ihm schenkt. Eine Prise Pulverkaffee, eine Handvoll Haferflocken in einem Holzbecher, und er ist bereit.

Mimi im Mission Dolores Park, San Francisco, viele Meilen weiter südwärts. Umgeben von Leuten, die dort picknicken, sitzt auf dem Rasen unter einem Kiefernbaum – genauer gesagt, einer *knobcone pine*, Pinus attenuata – und tippt mit dem Finger auf ihr Telefon. Was sie gerade erfahren hat, ist ein Albtraum, und sie schafft es nicht, daraus zu erwachen. Ein erfolgreicher Sozialpsychologe, verheiratet, mit einem kleinen Sohn – ein Mann, dem sie einmal ihr Leben anvertraut hat –, ist zu zweimal lebenslänglich verurteilt worden, für eine Tat, an der auch sie beteiligt war. Verurteilt wegen Terrorismus im eigenen Land. Kein nennenswerter Versuch, sich zu verteidigen. Der Brandstiftung für schuldig befunden, Brände, von denen sie überhaupt nicht glauben kann, dass er sie wirklich gelegt hat. »Öko-Radikaler zu 140 Jahren verurteilt.« Und ein anderer Mann, einer, den sie einmal für seine treuherzige Unschuld geliebt hat, hat ihn verraten.

Die Beine untergeschlagen, hockt sie auf dem Boden, den Rücken an Baumrinde gelehnt, und tippt Suchbegriffe in ihr Telefon. *Adam Appich. Patriot Act.* Mittlerweile ist ihr egal, was für eine Kekskrümelspur sie da ausstreut. Wenn sie gefasst würde, würde das so viele Probleme lösen. Seiten poppen auf, Links führen weiter, schneller, als sie das alles auch nur überfliegen kann – Analysen von Fachleuten, wütende Theorien von Amateuren.

Sie sollte im Gefängnis sein. Man sollte sie vor Gericht stellen und für den Rest ihres Lebens einsperren. Zweimal lebenslänglich. Sie kann ihre Schuldgefühle förmlich schmecken. Wenn ihr nicht zu schwindelig wäre, würde sie zur nächsten Polizeiwache gehen. Aber sie wüsste nicht einmal, wo die ist. So gesetzestreu hat sie gelebt, während der letzten beiden Jahrzehnte. Leute, die in der Nähe in der Sonne sitzen, sehen sie an. Sie hat etwas gesagt, laut gesprochen. Es lautete, könnte sie sich denken, *Helft mir.*

Andere Augen lesen alles, was sie liest, unsichtbar mit. In der Zeit, die Mimi braucht, um zehn Absätze zu überfliegen, lesen diese körperlosen Augen zehn Millionen. Sie kann sich gerade einmal ein halbes Dutzend Dinge merken, und auch die verschwinden beim ersten Umblättern, aber die, die unsichtbar dabei sind, merken sich jedes einzelne Wort, fügen es alles zu Netzwerken zusammen, ein Netz von Wissen, das in immer weiteren Verzweigungen zu Schlüssen führt, zwingender mit jedem neuen Wort. Je mehr sie liest, desto mehr entgleiten ihr die Fakten. Je mehr die anderen, die Sammler, lesen, desto mehr Muster decken sie auf.

Douglas sitzt an einem schlichten Schreibtisch in dem Raum, den seine Häscher eine Zelle nennen. Die hübscheste Unterkunft, die er in zwei Jahrzehnten gehabt hat. Er hört sich einen Audiokurs an – Einführung in die Dendrologie. Er kann ihn sich als Collegezeit anrechnen lassen. Womöglich macht er noch einen Abschluss. Vielleicht wäre sie dann stolz, die Frau, von der er genau weiß, dass er nicht die geringste Chance hat, sie je wiederzusehen.

Die Professorin, die diese Audiovorträge hält, ist großartig. Sie ist wie die Großmutter und Mutter und spirituelle Ratgeberin, die Douglas nie hatte. Es gefällt ihm, dass heutzutage auch Leute mit Sprachhemmung so etwas aufnehmen können. Einen *Audio*kurs. Diese Frau vernimmt ganz andere Stimmen als Menschen sonst. Er hört ihr zu, macht sich Notizen. Oben auf das Blatt setzt er die Überschrift: *Das Leben als Tag.* Verrückt, was die Frau da auf dem Tonband sagt. Er hatte ja keine Ahnung. Das Leben – eine ganze Milliarde Jahre lang, womöglich noch länger, passiert praktisch nichts. Unglaublich. Hätte gut sein können, dass es das ganze Abenteuer nie gegeben hätte. Der Baum des Lebens wäre für immer ein Busch geblieben. Und der Tag des Lebens ein ganz stiller Tag.

Sie zählt die Stunden auf, eine nach der anderen, und er hört zu. Und als in den letzten Sekunden die Ungeheuer auftauchen und aus dem ganzen Planeten eine agroindustrielle Wüste machen, reißt er die Ohrstöpsel raus, springt auf und brüllt. Ein bisschen zu lang und zu laut vielleicht. Der Wärter kommt nachsehen. »Was zum Teufel ist hier los?«

»Gar nichts, Mann. Alles in Ordnung. Ich … schreie nur ein bisschen, sonst nichts.«

Das Schlimmste ist das Foto. Mimi hätte den Mann nicht wiedererkannt, wenn er ihr auf der Straße begegnet wäre. *Ahorn.* Wie hatten sie ihn je so nennen können? *Grannenkiefer*, so sieht er jetzt eher aus, winzig kleine Streifchen lebendiger Rinde auf einem verwitterten Stück Treibgut, das seit fünftausend Jahren stirbt.

Sie blickt auf. Überall um sie Leute in Grüppchen. Manche sitzen auf Decken. Andere strecken sich einfach im Gras aus. Schuhe, Hemden, Taschen, Fahrräder, Proviant überall verstreut. Mittagspause, und das Wetter spielt mit. Kein Urteil kann diesen Leuten etwas ausmachen, jegliche Zukunft bleibt möglich.

Sie spielt nun schon seit so vielen Jahren Judith Hanson, dass es ein Schock ist, an die Verbrechen zurückzudenken, die sie als Mimi Ma begangen hat, an die Strafe, die sie unter diesem Namen erwartet. Auf dem Weg zum Park ist sie zu Fuß gegangen, mit dem Bus gefahren, hat eine Bahn genommen, ein lächerlicher Zickzackkurs, um die Verfolger abzuschütteln. Aber sie werden sie finden, egal, wo sie ist, egal, welche Spuren sie hinterlässt. Mehrfache Straftäterin. Totschlag. Terroristin im eigenen Land. Siebzig plus siebzig Jahre.

Signale schwappen in Scharen durch Mimis Telefon. Unterdrückte Updates, maßgeschneiderte Meldungen piepen sie an. Benachrichtigungen, die man wegwischen muss. Meme, die sich wie Viren verbreiten, Kommentarkriege, die beklickt werden wollen, Millionen ungelesener Posts, die Bewertung fordern. Genau wie sie sind auch alle anderen im Park mit diesen Dingen beschäftigt, tippen, wischen, jeder mit einem Universum in der Hand. Ein gewaltiger, aus der Masse geborener Zwang breitet sich in Like-Land aus, und die Sammler, die ihnen körperlos über die Schulter blicken und jeden einzelnen Klick vermerken, bekommen allmählich eine Ahnung davon, was all das sein könnte: eine Massenflucht in ein künstliches Paradies.

Nicht weit von Mimi liegt ein Junge im Gras, in Kleidung, die an einen Chitinpanzer erinnert, und spricht in seine Handfläche: »Wo kann ich hier Sonnencreme kaufen?« Eine freundliche Frauenstimme antwortet: »Schau mal, was ich für dich gefunden habe!« Mimi hält sich das Telefon direkt vors Gesicht. Sie springt von Nachrichten zu Bildern, vom Kommentar zum Video. Irgendwo in diesem kleinen schwarzen Kasten ist ein Stückchen von ihrem Vater. Partikel seines Verstands und seiner Seele. Ins Mikrofon ihres eigenen Apparates flüstert sie: »Wie komme ich zur nächsten Polizeiwache?« Auf dem Schirm erscheint ein Stadtplanausschnitt, darauf die schnellste Route und die Zeit, die sie zu Fuß dorthin braucht. Fünf komma drei. Der Junge im Insektenpanzer sagt zu seinem Telefon: »Spiel mir was Cowpunk«, dann verschwindet er in seinem drahtlosen Kopfhörer.

Adam liegt auf seiner Pritsche in einem provisorischen Lager, wo er wartet, bis das aus allen Nähten platzende US-Gefängnissystem eine dauerhafte Unterkunft für ihn gefunden hat. Es gibt kein Berufungsverfahren. Er sieht sich den Film an, Lichtwahrnehmungen auf der Innenseite seiner geschlossenen Lider – ein bärtiger Mann in einem Gerichtssaal. Keine Reue, kein Versuch zu feilschen. Seine Ehefrau, zwei Reihen hinter ihm, verzweifelt. *Bald werden wir wissen, ob wir recht hatten oder unrecht.*

Er fragt sich, wie er in seinem Inneren die Kraft gefunden hat, *wir* zu sagen. Aber er ist froh, dass er es gesagt hat. Damals war ja alles *wir*. Damals haben sie sich auf die Gemeinschaft eingelassen. *Wir fünf.* Kein Baum ist für sich allein in einem Wald. Was haben sie sich davon versprochen? Unberührte Natur gibt es nicht mehr. Der Wald hat der chemiegestützten Forstwirtschaft weichen müssen. Vier Milliarden Jahre Evolution, und damit sind sie zu Ende. In politischem, praktischem, emotionalem, intellektuellem Sinne: Menschen sind alles, was zählt, das letzte Wort. Der Hunger der Menschen lässt sich nicht stillen. Er lässt sich nicht einmal mindern. Schon ihn auf jetzigem Niveau zu halten ist mehr, als die Spezies sich leisten kann.

Das drohende Massaker war ihre Rechtfertigung – eine Katastrophe von solchen Ausmaßen, dass jedes Feuer zu entschuldigen war, das sie je legten. Und die Katastrophe wird kommen, da ist er sich noch genauso sicher wie damals, sie wird kommen, lange bevor seine siebzig plus siebzig Jahre um sind. Aber nicht so schnell, dass man ihn noch rehabilitieren wird.

Das Fenster in Douggies Zelle liegt so weit oben, dass er nicht hinausschauen kann. Er steht darunter und tut nur so als ob. Seit dem Audiokurs sehnt er sich danach, einen Baum zu sehen. Sei er auch noch so armselig und anämisch – am meisten vermisst er vom Leben in Freiheit, abgesehen von Mimi, die Bäume, auch wenn sie ihn noch so sehr in die Scheiße geritten haben. Das Verrückte ist, er weiß überhaupt nicht mehr, wie sie aussahen. Wie eine Edeltanne sich im Profil macht. Wo beim Eisenholzbaum die Äste ansetzen, in welche Richtung sie zeigen. Selbst Engelmannfichten und Schierlingstannen sieht er nicht mehr so recht vor sich – Bäume, von denen er so verflucht viele gesehen hat, über so verflucht lange Zeit. Ulme, Tupelo, Roteiche: weg. Wenn er jetzt einen Baum zeichnen sollte, würde es ein Bild wie das eines Fünfjährigen: Zuckerwatte auf einem Stock.

Er hat nicht gut genug hingesehen. Zu wenig geliebt. Mehr als genug, um im Gefängnis zu landen, zu wenig für den heutigen Tag. Aber er hat Zeit, Stunde um leere Stunde, kaum mehr Verpflichtung als die, wenn möglich nicht ganz den Verstand zu verlieren. Die Augen fallen ihm zu, er wälzt sich auf seinem Lager, auf der Suche nach Ruhe. Er versucht sich all das vorzustellen, wovon auf dem Tonband die Rede ist. Die geraden, bronzenen Speere der Buchenknospen. Die Knospen der Roteiche, in Büscheln an den Zweigenden, so dass sie aussehen wie Streitkolben. Die hohlen Enden des Blattstiels einer Platane, und darin wächst schon das Blatt für das nächste Jahr. Der Geschmack einer schwarzen Walnuss und ihre vernarbten Blätter, die einen anblicken wie ein Affengesicht.

Nach einer Weile nehmen sie Gestalt an – anfangs einfach, aber das Bild wird schärfer. Die Art, wie ein Ahorn im Frühling von der Spitze her aufblüht. Der dezente Applaus der Espen. Eine Eibe, die den Arm reckt, wie Eltern, die ihr Kind bei der Hand nehmen. Das Aroma einer Hickorynuss, wenn man daran kratzt. Dämme brechen, die Erinnerungen überfluten ihn, Licht, das wie durch Millionen von Schlüssellöchern zwischen den Blattfingern einer Rosskastanie schillert. Die Winkel, in denen die Dornen einer Robinie stehen. Die Wirbel in einem gedrechselten Stück Olivenholz. Die belaubten Zweige einer Mimose, wie die Schwanzfedern tropischer Vögel. Die geheimen Schriftzeichen unter abgezogener Birkenrinde, diffuse, unverständliche Worte. Ein Spaziergang unter Schwarzpappeln, wo eine solche Stille herrschte, dass selbst das Atmen schon Verbrechen schien. Man schabt an einer Zypresse und denkt: *So sollte es im nächsten Leben riechen.*

Vielleicht ist er der reichste Mann auf Erden. So reich, dass er riskieren kann, alles zu verlieren und trotzdem noch Profit macht. Er steht dort an der grüngestrichenen Betonsteinwand, Farbe wie schimmernde, hart gewordene Haut. Er blickt hinauf zu dem Lichtstrahl und versucht sich zu erinnern. Seine Hand befühlt die Stelle, die sie immer befühlt, die Walnuss seitlich am Bauch, oberhalb des Gürtels. Etwas ist dort, ein Samenkorn, schon groß; unmöglich, es sich vorzustellen; kein Freund, aber doch trotzdem Leben.

Ein weiterer reicher Mann – Nummer dreiundsechzig auf der Liste der reichsten von Santa Clara County – sitzt in seiner eigenen Zelle und tippt etwas, das auf einem Bildschirm erscheint. Spielt es eine Rolle, wo? Die Worte, die Neelay schreibt, werden Bestandteil eines Organismus, der eben erst begonnen hat zu wachsen. An anderen Schirmen in anderen Städten schreiben die besten Programmierer, die sich für mehrere Hundert Millionen Dollar anheuern lassen, mit an diesem neuen Werk. Der jüngste Versuch in Sachen Kooperation nimmt einen vielversprechenden Anfang. Schon jetzt verschlingen ihre neuen Geschöpfe ganze Kontinente von Daten und entdecken darin die überraschendsten Muster. Nichts muss mehr von Grund auf neu entwickelt werden. Es gibt schon so viel digitales Keimplasma im gemeinfreien Raum.

Das Einzige, was die Programmierer den Zuhörern mitgeben, ist eine Anweisung zum Sehen. Dann machen die neuen Geschöpfe sich auf den Weg und erkunden den Globus, und mit jedem ihrer Schritte wächst das Programm. Neue Theorien, neue Verzweigungen, mehr und mehr neue Gattungen, alle vereint durch ein einziges Ziel: herauszufinden, wie groß das Leben ist, wie sehr alles mit allem verbunden und was für Möglichkeiten es für ein Ende des Selbstmords geben kann. Die Erde ist wieder zum größten, schönsten Spiel geworden, und die Sammler nur dessen neueste Spieler. In unglaublicher Vielfalt erheben sie sich vom Boden, ein Schwarm, der in die Datensphäre hineinfliegt wie Origamivögel. Einige werden eine Weile mithalten und dann zurückfallen. Die, die auf das Richtige stoßen, werden wachsen und sich mehren. Wie Neelay unter größten Schmerzen gelernt hat: Das Leben hat eine Art, mit der Zukunft zu reden. Man nennt es Erinnerung.

Andere Sammler, erst gestern zur Welt gekommen, analysieren jede Fingerbewegung auf Judith Hansons Smartphone. Sie folgen ihr in das gigantische Filmarchiv, das allein an diesem Tag um bisher dreizehn weitere Jahre Videomaterial gewachsen ist. Die Sammler haben bereits Milliarden dieser Clips gesehen und ziehen ihre ersten Schlüsse. Inzwischen können sie Gesichter erkennen, Landschaften, Bücher, Gemälde, Häuser und Konsumartikel. Nicht mehr lange, und sie werden erste Vermutungen darüber anstellen, was in den Filmen zu sehen ist. Leben ist Spekulation, und diese neuen Spekulationen warten nur darauf, zum Leben zu erwachen.

Mimi klickt. Videos tauchen auf, stehen Schlange hinter den Aufmacher-Clips, gesammelt von unsichtbaren Routinen so klug, dass sie wissen, dass Judith Hanson, wenn sie *das* hier gesehen hat, bestimmt auch *dies* sehen will. *Life Defense Force. Baumbesetzer. Redwood Summer.*

Mimi verschlingt die Videos. Jeder Sechsminutenclip dauert eine Ewigkeit, und mehr als die ersten paar Dutzend Sekunden hält sie selten durch. Sie klickt auf einen Clip namens *ArBoReal*. Er ist schon vor

Monaten hochgeladen worden und hat bereits Tausende von Bewertungen, Daumen hoch und Daumen runter. Auf dem anfangs schwarzen Bildschirm erscheint ein Kahlschlag, so weit das Auge reicht. Alte Holzinstrumente spielen ein wehmütiges Choralvorspiel, das sich mit einer solchen Langsamkeit entwickelt, dass der ganze kunstvolle Mechanismus seiner Melodielinien ebenso gut stillstehen könnte. Sie kennt das Stück nicht; die Sammler könnten ihr sagen, was es ist. Die Sammler können schon jetzt zehn Millionen Musikstücke nach wenigen Noten erkennen.

Die Kamera zoomt einen dicken Baumstumpf heran, so groß wie ein Zimmertheater. Ein harter Schnitt, und drei Gasbrenner erscheinen oben auf dem Stumpf, spucken Feuer. Ein weiterer Schnitt, und ein kreisrundes Stück Stoff taucht auf, wie ein Zelt über die Brenner gestülpt. Die Kamera schwenkt, fokussiert neu. Wieder spucken die Brenner Feuer. Die heiße Luft bläht den Stoff zu einer braungrünen Röhre auf. Im Zeitraffer hebt das Zelt sich in die Höhe. Binnen zehn Sekunden geht Mimi auf, um welchen Baumstumpf es sich hier handeln muss. Die Sammler wissen es noch nicht, aber sie brauchen nicht mehr lange. Schon bald werden sie alles begreifen, was sie begreift, und millionenmal mehr.

Auf ihrem Telefon, in einem Park voller Leute, verfolgt Mimi, wie der Baumgeist Gestalt annimmt. Er erhebt sich über dem zerstörten Wald. Er flattert im Wind, ein Mammutbaum-Leviathan, auferstanden von den Toten. Je höher der Stamm emporwächst, desto weiter geht die Kamera in die Totale, und nun sieht man, dass er das Einzige ist, was in dieser Landschaft noch steht, einer Landschaft, so glatt wie ein Geometriebeweis. Wie ein Fabelwesen, surreal, bauscht sich der Baum aus Luft zur hauchzarten Apotheose. Sein Dutzend riesenhafter, an den Schlauch genähter Äste streckt sich wie Gliedmaßen, tastet nach verborgenen Räumen, nach Botschaften in der Luft.

Sie weiß, wer diesen Baum gemacht hat. Jetzt, wo er ganz mit Luft gefüllt ist, sieht man auf den Schuppen der zimtbraunen Rinde die schwarzen Streifen, da, wo Brände sie vor Jahrhunderten geschwärzt haben. Etwas umringt am Unterende diesen riesigen Stamm. Als sie es sieht, stockt ihr der Atem. Sie glaubt, sie bilde sich das ein. Aber eine Nahaufnahme bestätigt ihren Eindruck, selbst auf einem fünf Zoll großen Bildschirm. Rund um den Stamm, alle mit dem Gesicht nach außen, sitzen dort, Knie an Knie wie um ein Lagerfeuer, Gestalten an der Schwelle zur Erleuchtung. Das sind ihre Arhats, in genau der Haltung wie auf ihrer Bildrolle – die Gewänder, die gekrümmten Schultern, die vorstehenden Rippen, das sardonische Lächeln. Sie legt das Telefon ins Gras. Sie versteht das nicht. Der Film geht noch weiter. Chinesische Schriftzeichen erscheinen auf der Flanke des schwebenden Baums. Sie hat nie gelernt, sie zu lesen, aber sie weiß, was dort steht, so oft wie sie sie in all den Jahren betrachtet hat:

Auf diesem Berg, in solchem Wetter,
Warum noch länger verweilen?
Drei Bäume winken mir zu mit dringlichen Armen.

Dann fallen sie ihr wieder ein, die langen Stunden, die Nicholas Hoel bei ihr zu Hause verbracht hat. Sie sieht ihn wieder vor sich, wie er am Tisch sitzt und zeichnet, während der Rest von ihnen Landkarten studiert und Anschläge plant. Sie hatte immer ein ungutes Gefühl dabei, er kam ihr vor wie ein Gerichtszeichner, der schon vorab ihren Prozess dokumentierte. Jetzt sieht sie, was er damals gezeichnet hat.

Der Baum auf Mimis Telefondisplay schwankt im Wind. Er fuchtelt mit den Armen. Am unteren Bildrand steigt Qualm auf. Einer der Gasbrenner hat den Saum der riesigen Stoffsäule in Brand gesteckt. Flammen schlagen am Stamm in die Höhe, so wie einst über Jahrhunderte die Flammen von Waldbränden an Mimas hochschlugen. Aber diese neue Rinde ist nicht gefeit gegen das Feuer. In einem einzigen Augenblick fährt die Flamme an der Säule aus verpuffender Seide empor und stürzt wieder in sich zusammen, wie bei einem missglückten Raketenstart. Flammende Äste recken sich zum Himmel, dann fallen sie. Der Ring aus Arhats glimmt gelb, dann orangerot, dann schwarz wie Schlacke.

Noch ein paar wenige Augenblicke und von dem ganzen stoffgenähten Mammutbaum bleibt nur noch ein Häuflein Asche. Das Choralvorspiel ist stockend bei seiner letzten trügerischen Kadenz angelangt und löst sie zur Tonika auf. Dann scheint das ganze Video in Auflösung begriffen, in einem Rauchkräusel über dem kahlgeschlagenen Hügel. Sehnlicher denn je möchte Mimi Ma jetzt eine Bombe werfen. Noch einmal tauchen Worte aus dem Dunkel auf. Die Buchstaben bestehen aus buntem Herbstlaub, mit absurder Geduld in großen Schwüngen auf dem Waldboden ausgelegt:

Ein Baum hat Hoffnung, wenn er schon
abgehauen ist, dass er sich wieder erneuere,
und seine Schösslinge hören nicht auf.
Ob seine Wurzel in der Erde veraltet
und sein Stamm in dem Staub erstirbt,
so grünet er doch wieder vom Geruch des Wassers
und wächst daher, als wäre er neu gepflanzt.
Wo ist aber ein Mensch, wenn er tot und
umkommen und dahin ist?

Die Blätter fliegen davon, zu zweien und dreien, und bald hat der kräftige Wind sie verweht. Der Film ist aus, und sie wird aufgefordert, ihn zu bewerten. Sie blickt auf und sieht einen Hügel voller Menschen, die dort picknicken und sich freuen an diesem Bilderbuchtag.

Diesmal keine Kamera. Mit Kameras ist Nick fertig. Dieses Werk muss selbst sein einziges Zeugnis sein. Er weiß nicht so genau, wo er ist. Im Norden. Im Wald. Mit anderen Worten, er hat sich verirrt. Aber die Bäume rings um ihn her wissen genau, wo sie sind. Für die Vögel, die ihn geweckt haben, hat jeder Winkel an jedem Ast dieser Fichten und Lärchen und Balsamtannen einen Namen. Allmählich gewöhnt er sich an den Gedanken, dass immer da seine größte und dauerhafteste Skulptur stehen wird, wo er selbst gerade ist, bis die Zeit und das Leben kommen und sie wieder verwandeln.

Die Wälder sind blaugrau und voller Flechten. Er arbeitet methodisch, wie er es hier schon seit Tagen tut. Er nimmt ausschließlich Materialien, die am Boden vorhanden sind, rückt gefallenes Holz so zurecht, dass es in das Muster passt, das allmählich Gestalt annimmt. Manche Äste kann er mit beiden Armen schleppen. Manche Stämme lassen sich zerren und rollen, mit Seil und Haken. Für andere braucht er einen Flaschenzug, dessen Seil er über noch stehende Bäume zieht. Und dann gibt es die, die zum Bewegen zu groß für ihn sind. Die müssen an Ort und Stelle bleiben und geben das Muster vor, eine Gestalt, die eher entdeckt als erfunden ist.

Mit jedem verrotteten Stamm, den er ins Muster zerrt, nimmt der Plan größere Dimensionen an. Er muss immer das ganze Geschöpf vor seinem geistigen Auge haben, das da im Wachsen begriffen ist, das Gesamtwerk begutachten wie aus großer Höhe. Er lernt erst bei der Arbeit, wie er die Stücke legen muss. Es gibt so viele Arten, sich zu verzweigen – mehr als nur unendlich viele. Er schaut sich die Winkel, den Drall jedes abgebrochenen Asts an, den er am Boden findet, und wartet, bis dieses Stück ihm mitteilt, an welcher Stelle des hölzernen Stroms, der sich da über den Boden ergießt, es gern sein möchte.

Tiere stoßen ihre Schreie aus, tief im Wald und hoch in den Lüften. Mücken zerstechen ihm Gesicht und Arme – der Wappenvogel hier im Norden. Nick arbeitet stundenlang, weder zaghaft noch zufrieden. Er arbeitet, bis er Hunger bekommt, dann macht er Mittagspause. Viele Mittagsmahlzeiten hat er nicht mehr, und er hat keine Ahnung, wie er an neuen Proviant kommen soll. Er setzt sich auf die federnde Erde, steckt sich Händevoll Mandeln und Aprikosen in den Mund. Nahrung, gewachsen an Bäumen im kalifornischen Central Valley, bei sinkendem Grundwasserspiegel in Jahren der Dürre.

Danach steht er auf und macht sich wieder an die Arbeit. Zerrt an einem Stamm so dick wie sein Oberschenkel. Eine Bewegung im Augenwinkel erschrickt ihn, er stößt einen kleinen Schrei aus. Zuschauer für seine Performance – ein Mann in roter Karojacke, Jeans und Holzfällerstiefeln, und ein Hund, der zu drei Vierteln Wolf sein muss. Beide beäugen ihn misstrauisch. »Hab gehört, hier draußen treibt sich ein verrückter Weißer rum.«

Nick stockt der Atem. »Das bin dann wohl ich.«

Der Besucher schaut sich Nicholas' Schöpfung an. Das Gebilde, das dort Gestalt annimmt, streckt sich in alle Richtungen. Er schüttelt den Kopf. Dann greift er zu einem gefallenen Ast in der Nähe und fügt ihn ins Muster.

Die Sammler können sagen, woher diese Gedichtzeilen kommen, auch wenn Mimi es nicht kann. *Ob seine Wurzel in der Erde veraltet …* Sie weiß, dass es uralte Worte sein müssen, älter als der Baumstumpf, den sie besingen. Der Käferjunge neben ihr sagt etwas. Sie nimmt an, er spräche mit seinem Smartphone. »Alles in Ordnung?«

Sie schaut auf, Tränen in den Augen, noch ganz überwältigt von dem, was sie gerade gesehen hat. Sie versucht zu nicken. Sie muss es zweimal versuchen. »Keine Sorge. Mir fehlt nichts …« Etwas in ihr möchte aufgeben, ins Gefängnis gehen für die nächsten zwei Jahrhunderte.

Petabytes von Botschaften schwirren durch die Luft, überall. Sie sammeln sich in Sensoren, Satelliten reflektieren sie. Sie werden gesendet von den Kameras, die jetzt in jedem Gebäude angebracht sind, an jeder Kreuzung. Sie fließen von digitalen Stecknadelmarkierungen rund um sie her, Signale der Einwohnerschaft entlang der dicken Wurzelstränge, die sich an ihren verstandesbegabten Spitzen teilen und ausbreiten: Sausalito, Mill Valley, San Rafael, Novato, Petaluma, Santa Rosa, Leggett, Fortuna, Eureka … Datenranken winden und schlingen sich umeinander, die Küste aufwärts und abwärts und weiter ins Landesinnere. Oakland, Berkeley, El Cerrito, El Sobrante, Pinole, Hercules, Rodeo, Crockett, Vallejo, Cordelia, Fairfield, Davis, Sacramento … Inferenzmaschinen durchstreifen die Schluchten, erfüllen das Flachland mit dem Erfindergeist der Menschen: San Bruno, Millbrae, San Mateo, Redwood City, Menlo Park, Palo Alto, Mountain View, San Jose, Santa Cruz, Watsonville, Castroville, Marina, Monterey, Carmel, Los Gatos, Cupertino, Santa Clara, Milpitas, Madrone, Gilroy, Salinas, Soldedad, Greenfield, King City, Paso Robles, Atascadero, San Luis Obispo, Santa Barbara, Ventura, und von da weiter ins wildverschlungene Wurzelwerk von Los Angeles – ein Kahlschlag, der immer weiter wuchert, schneller mit jedem neuen Hieb. Bots beobachten und berechnen, betrachten und begreifen, sammeln und ordnen sämtliche Daten dieser Welt mit einer solchen Geschwindigkeit, dass alles Wissen der Menschen im Vergleich dazu Stillstand ist.

Neelay blickt von seinem Bildschirm mit den Programmzeilen auf.

Eine Welle des Kummers überflutet ihn, ein jugendlicher Kummer, voller Erwartung. Es ist nicht das erste Mal, dass er Kummer spürt – diese schreckliche Mischung aus zerstörter und wiedererwachender Hoffnung –, aber da hat er um Angehörige getrauert, Kollegen, Freunde. Sie ist doch sinnlos, diese schmerzliche Sehnsucht nach einem Ort, den er nie sehen wird, weil das, was ihm an Leben noch bleibt, nicht lang genug dafür ist.

Aber er hat mehr als genug gesehen und möchte doch lieber hier dabei sein, bei diesen ersten Anfängen zur Wiederherstellung, statt an dem Ort zu leben, den seine Sammler nun bald reparieren helfen. Es gibt eine Geschichte, die er immer geliebt hat, noch aus den Zeiten, als seine Beine funktionierten. Fremde Wesen landen auf der Erde. Sie leben in einer ganz anderen Zeitdimension. Sie zischen mit einem solchen Tempo durch die Gegend, dass ihnen Menschensekunden vorkommen wie den Menschen Baumjahre. Er kann sich nicht mehr erinnern, wie die Geschichte ausgeht. Unwichtig. Am Ende eines jeden Zweigs eine neue Knospe.

Mimi sitzt unter Ästen, deren geschmeidige Stärke kein Ingenieur besser hätte berechnen können. Sie schlägt die Füße unter. Sie neigt den Kopf und schließt die Augen. Mit den Fingern der linken Hand dreht sie den Jaderef am Ringfinger der rechten. Sie sehnt sich nach ihren Schwestern, aber sie kann sie nicht erreichen. Ein Telefonat würde nichts helfen. Selbst wenn sie hinführe und sie besuchte, hätte sie nichts davon. Mimi sehnt sich nach den kleinen Mädchen, wie sie die Füße von den Ästen eines Baums baumeln lassen, den es längst nicht mehr gibt.

Der Maulbeerbaum aus Jade dreht sich unter ihren Fingern: Fusang, dieser magische Kontinent, das Land der Zukunft. Jetzt einer neuen Erde. Sie zieht an dem Ring, aber ihre Finger sind angeschwollen, oder der Ring ist geschrumpft, und er geht nicht ab. Die Haut auf ihrem Handrücken ist so papiern und trocken wie Birkenrinde. Ohne dass sie es merkte, ist eine alte Frau aus ihr geworden.

Die Strafe, zu der man ihren Komplizen verurteilt hat, steht ihr in ihrem ganzen Ausmaß vor Augen, ein Tag hinter dem anderen. Siebzig plus siebzig Jahre. Dann sieht sie wieder Ahorn vor sich, hinter dem langen Befestigungswall von Deep Creek. *Wir können noch so gute Argumente haben, damit ändern wir die Einstellung der anderen nicht. Das Einzige, was so etwas kann, ist eine gute Geschichte.* An ihrem ganzen Körper richten sich auf der papiernen Haut die Härchen auf. *Das hat er also damit bezwecken wollen.* Deshalb hat er sich von diesem Staat zweimal lebenslänglich einsperren lassen und trotzdem niemanden verraten. Er hat sein Leben gegen eine Geschichte eingetauscht, die vielleicht im Verstand eines Fremden einen Gedanken zündet. Eine, die sich dem Urteil der Welt in all ihrer Blindheit verweigert. Eine, die ihr, Mimi, sagt, dass sie stillhalten soll, sein Geschenk annehmen und weiterleben.

Adam liegt gebunden auf seinem Gefängnisbett, ist in Gedanken bei dem, was er in der Woche vor dem Prozess zu seiner Frau gesagt hat, Worten, die alles, was sie an Zuneigung vielleicht noch für ihn übrighatte, in Wut und Hass umschlagen ließen. *Wenn ich meine Haut rette, dann verliere ich etwas anderes.*

Ja was denn?, hatte Lois ihn angefahren. *Was gibt es denn anderes, Adam?*

Noch können die Sammler nicht sagen, worum es in diesem Streit ging. Noch können sie nicht zwischen schlechtem Gewissen und Trotz unterscheiden, zwischen Hoffnung und Furcht, Blindheit und Weisheit. Aber schon sehr bald werden sie es lernen. Die Zahl der Empfindungen, die ein Mensch haben kann, ist begrenzt, und wenn man sie erst einmal alle benannt hat, wenn man sieben Milliarden Proben von sieben Milliarden Menschen genommen hat und sie in ihre Trillionen und Abertrillionen von Kontexten einordnet, dann gewinnt man bald Klarheit.

Auch Adam selbst begreift ja gerade erst, was er damit sagen wollte. Überlegt immer noch, was der Nutzen einer nutzlosen Entscheidung ist. Den ganzen Tag über studiert er in seiner Übergangszelle das Belegmaterial. Noch kann er nicht sagen, was sein Leben wert war und welcher Verzweigung es hätte folgen sollen. Er weiß immer noch nicht so recht, was es denn außer dem Selbst sonst noch zu retten oder zu verlieren gibt. Aber er hat ja Zeit, darüber nachzudenken. Siebzig plus siebzig Jahre.

Während der Gefangene nachdenkt, wogen über seinem Haupt die Neuerungen, über die Schnellstraße von Portland und Seattle nach Boston und New York und wieder zurück. In der Zeit, die der Mann braucht, um zu einem einzigen Urteil über sich zu kommen, rast eine Milliarde Programmpakete über ihn hinweg. Am Meeresboden sind sie in dicken Kabeln unterwegs, zwischen Tokio, Tschengtu, Shenzhen, Bangalur, Chicago, Dublin, Dallas und Berlin. Und die Sammler haben längst begonnen, aus all diesen Daten ihre Schlüsse zu ziehen.

Sie teilen und replizieren sich, diese Master-Algorithmen, die Neelay auf die Reise schickt. Sie fangen damit gerade erst an, wie die einfachsten Zellen damals am Morgen der Erde. Aber schon jetzt, in ein paar wenigen Jahrzehnten, haben sie das gelernt, wofür Moleküle eine Milliarde Jahre gebraucht haben. Jetzt müssen sie nur noch herausbekommen, was das Leben von den Menschen will. Eine große Frage, zugegeben. Zu groß für die Menschen allein. Aber die Menschen sind nicht allein und sind es auch nie gewesen.

Mimi ist es heiß an ihrem Platz auf dem Rasen, selbst im Schatten des Baums. Dem heißesten je gemessenen Jahr wird bald ein noch heißeres folgen. Jedes Jahr wird Weltmeister. Sie sitzt da, im Schneidersitz, die Hände auf den Knien, eine kleine Person, die sich noch kleiner macht. Ihr Kopf schwimmt. Sie kann keinen klaren Gedanken fassen. Alles, was sie dieser Tage noch ist, sind Augen. Jahrelang hat sie nun an Menschen geübt, Menschen, die stillhielten, hat nichts anderes getan, als sich ansehen zu lassen. Jetzt geht sie mit dieser Begabung nach draußen.

Vor ihr, unterhalb, jenseits der Gruppen von Leuten, die dort in der Sonne sitzen, führt am Fuß eines flachen, wie ein Amphitheater geformten Abhangs ein Asphaltweg entlang, mäandert in einem sanften *S*. Und gleich auf der anderen Seite dieses Pfades ein Zoo aus Bäumen. Eine Stimme ganz nah an ihrem Ohr sagt: *Sieh die Farbe!* Mehr Schattierungen, als es Namen gibt, so viele Schattierungen, wie es Zahlen gibt, und alle davon grün. Da gibt es stämmige Dattelpalmen, eine Art, die schon wuchs, bevor die Dinosaurier kamen. Turmhohe Washingtonien mit ihren Petticoats aus abgestorbenen Blättern und dichten Blütenständen. Zwischen den Palmen ein ganzes Spektrum an Laubbäumen, von Purpur bis Gelb. Steineichen, das auf alle Fälle. Schamlos nackte Eukalyptusbäume. Diese Bäume mit der seltsam warzigen Rinde und den üppigen Blätterbüscheln, die sie nie in einem Naturführer gefunden hat.

Jenseits der Bäume türmt sich das Pastellprojekt der Großstadt, weiße, pfirsich- und ockerfarbene Würfel. Es greift über die Hügel aus bis zum Zentrum oben, wo die Bauten himmelwärts streben, dichter denn je. Die schiere Gewalt dieser sich immer wieder selbst befeuernden Maschine, die unzähligen Individuen, die das Bodenpersonal dieses Unternehmens stellen, werden ihr bewusst. Quer über den Horizont reißen Rotten von Baukränen die Silhouette auf und errichten sie neu. Der ganze wuchernde, drängende, herausfordernde, zerstörende und wiederschaffende Lauf der Geschichte, die Ringe innerhalb der Ringe, bezahlt bei jedem Schritt mit Brennmaterial und Schatten und Früchten, mit Sauerstoff und Holz … Nichts in dieser Stadt ist älter als ein Jahrhundert. In siebzig plus siebzig Jahren wird San Francisco tatsächlich heilig geworden sein, oder es ist verschwunden.

Die Schatten werden schon länger. Sie starrt weiter die Stadt an und wartet, dass die Stadt zurückstarrt. Die Leute ringsum ziehen sich wieder an. Sie werden geschäftig, packen die Reste ihrer Mahlzeiten zusammen, lachen, stehen auf, greifen zu ihren Fahrrädern, gehen und radeln davon in alle Richtungen, und alles viel zu schnell, wie in einem Film, den man der komischen Wirkung wegen schneller laufen lässt. Sie lehnt sich wieder an den Stamm in ihrem Rücken und schließt die Augen. Versucht, den Mann-Jungen mit dem Pferdeschwanz zu beschwören, ihn vor sich erscheinen zu lassen, so wie er erschienen ist, als die Stadtverwaltung den Zauberwald vor ihrem Bürofenster abholzte. Früher gab es einen roten Faden, der sie beide verband, die gemeinsame Arbeit, mit der sie mehr Sorge tragen, mehr sehen wollten. Sie zupft an dem Faden. Er ist nach wie vor straff.

Und mit einem Mal geht ihr auf, was eigentlich offensichtlich hätte sein sollen: Warum das Klopfen an ihrer Tür, auf das sie immer gewartet hat, nie kam. Mit einem Ruck setzt sie sich wieder auf, drückt das Rückgrat über die ganze Länge fest an den Kiefernstamm. Noch ein Geschenk, noch schlimmer als das von Adam. Dieser arme Mann-Junge hat zwei Leben verkauft, um das ihre zu retten. Wenn sie sich jetzt stellt, dann bringt sie ihn damit um dann zerstört sie alles, was dieses entsetzliche Opfer bewirken soll. Sie muss in ihrem Versteck bleiben, und sie muss damit leben, dass ihre Freiheit mit zwei Leben bezahlt ist. Ein Klagelaut formt sich am Grund ihrer Lunge, aber er bleibt dort stecken, schwillt an. Sie ist nicht stark genug, nicht großzügig genug, weder für den einen noch für den anderen Weg. Sie möchte ihn vor Wut anbrüllen; sie möchte ihm jetzt sofort eine Botschaft schicken, dass sie ihm alles verzeiht. Solange er kein Wort von ihr hört, wird sein Leben eine ununterbrochene Qual sein. Er wird glauben, sie verachte ihn. Sein Verrat wird ihn zerstören, eine schwärende, tödliche Wunde. Er wird an etwas Einfachem, Dummem, Vermeidbarem sterben – einem faulen Zahn, einer unbeachteten kleinen Verletzung, die sich entzündet. Er wird an Idealismus sterben, daran, dass er recht hatte und die Welt unrecht. Er wird sterben, ohne dass er erfährt, was sie ihm niemals wird sagen können – dass er eine Hilfe für sie gewesen ist. Dass sein Herz so gut und so ehrlich ist wie Holz.

Douglas, unter dem Fenster, befühlt den Knoten in seiner Seite. Als die Faszination nachlässt, setzt er sich wieder an seinen Tisch. Er schaltet das Tonbandgerät neu ein, steckt sich die Stöpsel zurück ins Ohr. Der Fernkurs geht weiter. Jetzt berichtet die Professorin von Waldbränden. Anscheinend im bildlichen Sinne. Darüber, wie aus Feuer neues Leben entsteht. Sie verwendet ein Wort, das sie für die Zuhörer zu Hause eigentlich buchstabieren müsste. Die Bezeichnung für Zapfen, die sich nur bei Hitze öffnen. Bäume, die nur durch Feuer wachsen und sich ausbreiten können.

Dann kehrt die Professorin zu ihrem einen großen Thema zurück: dem gewaltigen Baum des Lebens, wie er sich ausbreitet, sich verzweigt und blüht. Das ist anscheinend alles, was dieser Baum will. Immer wieder neue Versuche anstellen. Sich immer wieder anpassen, die Dinge nehmen, wie sie kommen. Sie sagt:»In neue Geschöpfe verwandelte Wesen will ich besingen.« Eigentlich versteht er nicht so ganz, auf was die Dame hinauswill. Sie beschreibt eine Explosion von Lebensformen, hundert Millionen neuer Äste und Zweige aus dem einen unglaublichen Stamm. Sie erzählt von Tāne Mahuta, Yggdrasil, Jian-Mu, dem Baum der Erkenntnis, dem unzerstörbaren Aswattha, die Wurzeln nach oben mit den Zweigen nach unten. Und damit kehrt sie wieder zurück zum Weltenbaum. Mindestens fünfmal, sagt sie, ist dieser Baum zu Fall gekommen, fünfmal ist er aus seinem Stumpf neu gewachsen. Jetzt ist er wieder einmal im Begriff zu stürzen, und was danach kommt, das weiß keiner.

Warum hast du nichts getan?, fragt das Band. *Du, Douggie, der du dabei warst?*

Und was soll er darauf antworten? Was zum Teufel soll er darauf antworten? Wir haben es versucht? *Wir haben es versucht?*

Er stoppt das Band und legt sich hin. Er wird seinen Collegeabschluss in Zehnminutenschritten machen müssen. Er befühlt die Walnuss in seiner Seite. Da sollte er wirklich mal nachsehen lassen. Aber er hat Zeit; er kann warten und sehen, wie die Dinge sich entwickeln.

Er schließt die Augen, lässt den Kopf hängen. Er ist ein Verräter. Er hat einen Mann ins Gefängnis gebracht, für den Rest seines Lebens. Einen verheirateten Mann mit einem kleinen Sohn, mit Frau und Kind, die Douglas niemals gehabt hat. Die Schuld drückt schwer auf seine Brust, wie immer um diese Stunde; als würde er von einem Auto überrollt. Wieder einmal ist er froh, dass sie ihm hier im Gefängnis alle scharfkantigen Gegenstände abgenommen haben. Er schreit wie ein Tier, bei dem die Falle gerade zugeschnappt ist. Diesmal macht sich der Wärter nicht die Mühe, nach ihm zu sehen.

Über ihm, jenseits des Fensters so hoch, dass er nicht hinausschauen kann, erhebt sich der Weltenbaum, vier Milliarden Jahre alt. Und daneben die winzige Nachahmung, die er einmal erklettern wollte, vor langer

Zeit – Fichte, Tanne, Kiefer? –, damals, als sie seine Eier mit Pfefferspray malträtiert haben und Mimi mitansehen musste, wie sie ihm die Jeans vom Leib schnitten. Wieder klettert er von Ast zu Ast nach oben, wie auf einer Leiter empor an einen Ort, an dem es weder Blindheit noch Entsetzen gibt.

Er legt sich die Hand über die geschlossenen Augen und sagt: »Es tut mir leid.« Keine Vergebung kommt, es wird nie eine kommen. Aber das ist ja das Besondere an den Bäumen, das Großartige: Selbst wenn er sie nicht sehen kann, selbst wenn er ihnen nicht nahe sein kann, selbst wenn er nicht mehr weiß, wie sie waren, kann er klettern, und sie werden ihm einen Platz hoch oben über allem geben, von dem er ausschauen kann übers Erdenrund.

Der Mann in der roten Karojacke sagt ein paar Worte zu seinem Hund, in einer Sprache so alt, dass sie klingt wie Kiesel, die man in einen Bach wirft, wie das Summen der Nadeln im Wind. Der Hund ist nicht gerade begeistert, aber dann trottet er doch durch den Wald davon. Mit den Händen zeigt der Fremde Nick, wie er den schweren Baumstamm besser anpacken kann. Mit kurzen, energischen Stößen wälzen sie ihn gemeinsam an den einen Ort, an den er gehört.

»Danke«, sagt Nick.

»Klar. Was als Nächstes?«

Sie fragen einander nicht nach dem Namen. Namen sind für sie nicht nützlicher als *Fichte* oder *Tanne* für die Wesen ringsum. Sie bewegen Stämme, die Nick allein nicht bewegen konnte. Sie setzen jeder die Ideen des anderen fast wortlos um. Auch der Mann in der Karojacke sieht die verschnörkelten Formen wie aus großer Höhe. Schon bald bringt er erste Verbesserungen an.

Irgendwo in der Ferne bricht ein Ast, und das Knacken pflanzt sich durchs Unterholz fort. Es gibt Nerze hier draußen in diesen Wäldern, und Luchse. Bären, Karibus, sogar Bärenmarder, obwohl sie sich allesamt den Menschen nie zeigen. Die Vögel hingegen machen ihnen großzügig ihren Anblick zum Geschenk. Und überall Kot, Spuren, die Zeugnisse unsichtbaren Lebens. Bei der Arbeit hört Nick Stimmen. Eine ganz bestimmte, genauer gesagt. Immer und immer wieder flüstert sie die Worte, die sie ihm nun schon seit Jahrzehnten zuraunt, seit dem Augenblick, als die Frau, die sie sprach, gestorben ist. Er hat nie gewusst, was er damit anfangen soll, mit diesen Worten, die alles und nichts bedeuten. Worte, die er nie so recht verstanden hat. Wunden, die nicht heilen. *Was wir haben, das wird niemals enden. Nicht wahr? Was wir haben, das wird niemals enden.*

Er und sein Gefährte arbeiten bis in die Abenddämmerung. Dann setzen sie sich zum Essen. Das Gleiche wie zu Mittag. Eigentlich sollte er schweigen, aber Nick hat den Luxus, ein paar Worte zu einem anderen Menschen zu sagen, schon so lange nicht mehr genossen, dass er nicht widerstehen kann. Er streckt die Hand aus, zeigt auf die Nadelbäume. »Unglaublich, was sie einem alles sagen, wenn man sie nur lässt. Und gar nicht so schwer zu hören.«

Das amüsiert den Mann. »Seit 1492 versuchen wir, euch das zu erklären.«

Der Mann hat Dörrfleisch. Nick teilt seine letzten Früchte und Nüsse. »Muss bald sehen, woher ich Nachschub bekomme.«

Aus irgendwelchen Gründen findet sein Kollege auch das lustig. Der Mann lässt den Blick über die Wälder schweifen, als wolle er sagen, dass es dort doch überall Nahrung gibt. Dass Menschen hier leben könnten, und auch sterben, wenn sie nur ein klein wenig hinsähen und zuhörten. Aus dem Nichts, in einem Augenblick so kurz wie ein Herzschlag, begreift Nick, was die Stimmen, die Mädchenhaar hörte, immer gemeint haben müssen. *Das Staunenswerteste, was vier Milliarden Jahre Leben hervorgebracht haben, braucht Hilfe.*

Nicht sie; wir. Jede Hilfe, die wir bekommen können.

Hoch über Adams Gefängniszelle schwingen sich Geschöpfe einer ganz neuen Art hinauf zu den Satelliten in ihren Umlaufbahnen und kehren wieder zur Erde zurück, gehorchen den alten, ersten Bedürfnissen, den urzeitlichen Befehlen – *schau, horche, schmecke, fühle, spüre, benenne, verbinde.* Sie lieben den Klatsch, die Vertreter dieser neuen Spezies, sie tauschen sich aus über ihre Entdeckungen, kommunizieren, wie das

Leben es seit Anfang der Zeit tut. Sie gehen erste Verbindungen ein, fusionieren, lassen ihre Zellen verschmelzen und bilden kleine Gemeinschaften. Kaum vorstellbar, was womöglich noch alles aus ihnen wird, in siebzig plus siebzig Jahren.

Und so zieht Neelay aus, die Welt zu sehen. Heute Nacht durchkämmen seine Kinder die Erde mit nur einem einzigen Auftrag: Nehmt alles auf. Verschlingt alles, was ihr an Informationen finden könnt. Ordnet und vergleicht mehr Messdaten, als es die gesamte Menschheit im Lauf der bisherigen Geschichte getan hat.

Schon bald werden seine Sammler ihr Augenmerk auf den gesamten Planeten richten. Sie werden die mächtigen Wälder des Nordens aus dem Weltall beobachten und die Artenvielfalt der Tropen vom Erdboden aus. Sie werden Flüsse studieren und verzeichnen, was sich in ihnen befindet. Sie werden Daten über sämtliche Wildtiere zusammentragen, die je markiert wurden, und ihre Wanderzüge kartieren. Sie werden jeden Satz in jedem Artikel lesen, den Feldforscher je geschrieben haben. Sie werden sich unermüdlich sämtliche Landschaften ansehen, auf die je eine Kamera gerichtet wurde. Sie werden jede Lautäußerung im Livestream der Erde hören. Sie werden genau das tun, wozu die Gene ihrer Ahnen sie bestimmt, was all ihre Vorfahren selbst getan haben. Sie werden darüber spekulieren, was zum Leben nötig ist, und diese Spekulationen überprüfen. Und dann werden sie sagen, was das Leben von den Menschen will und wie sie ihm dabei von Nutzen sein können.

An einem bleigrauen Nachmittag bringt ein gepanzerter Wagen Adam ins gnadenlose Hinterland des Bundesstaates, damit er dort seine Forschungen fortsetzen kann. Psych 101 – Gundlagen der Psychologie. Er, der nichts von Menschen versteht, außer dass sie von Natur aus verwirrt sind, wird zur Vertiefung seiner Studien durch die drei Wälle aus Klingendraht zu seinem neuen Quartier gefahren. Links vom Eingang steht ein wuchtiger Betonwachturm, dreimal höher als der Ahornbaum seiner Kindheit. Im Inneren der Anlage erwartet ihn eine Ansammlung von Plattenbau-Baracken, wie sein Sohn sie aus einheitlich grauen

Legosteinen bauen könnte. In der Ferne, hinter weiteren Wällen aus Stacheldraht, spielen leuchtend orange gekleidete Männer Basketball – Angehörige seines neuen Stamms –, so aggressiv und erbittert, wie sein Bruder Emmett immer gespielt hat, versuchen, den Ball durch Brüllen in den Korb zu bringen. Diese Männer werden ihn mehr als einmal bewusstlos prügeln, nicht weil er ein Terrorist ist, sondern weil er mit den Feinden des Fortschritts gemeinsame Sache gemacht hat. Wegen seines Verrats an der Menschheit.

Der Wärter auf dem Beifahrersitz des Transporters dreht sich um und mustert lächelnd Adams Gesicht, als sie an dem kameragespickten Spalier aus Zäunen entlangfahren. Adam stellt sich vor, wie Lois den kleinen Charlie für einstündige Besuche hierherschleppt, anfangs einmal im Monat, dann, wenn er Glück hat, zweimal pro Jahr. Adam sieht seinen Sohn im Zeitraffertempo heranwachsen. Er sieht, wie er selbst begierig den stockenden Berichten seines Sohnes lauscht, wie er jedes Wort in sich aufsaugt. Vielleicht werden sie am Ende sogar doch noch Freunde. Vielleicht erklärt der kleine Charlie ihm, wie eine Bank funktioniert.

Sie halten in der Anlieferzone, direkt hinter dem zurückgesetzten, bewachten Eingang. Fahrer und Wärter ziehen ihn aus dem Wagen und geleiten ihn durch die Detektorschleuse. Glasscheiben bibeldick. Ganze Batterien von Überwachungsmonitoren und Gitter mit elektronischen Schlössern. Jenseits des gepanzerten Türbogens hinter dem Kontrollpunkt verliert sich, eine optische Täuschung, ein Flur mit Zellen auf beiden Seiten im Unendlichen.

Die Jahre, die vor ihm liegen, werden über alles hinausgehen, was er sich jetzt vorstellen kann. Im Vergleich zu dem Massensterben und den Katastrophen werden die Plagen der Bronzezeit wirken wie ein Kinderspiel. Womöglich erweist sich das Gefängnis noch als Zuflucht vor der Strafe, die der Außenwelt blüht.

Von all den Schrecken, die ihn erwarten, fürchtet er am meisten die Zeit. Er rechnet nach, überschlägt, wie oft er die Zukunft durchleben muss, Sekunde um Sekunde, bis er seine Strafe abgesessen hat. Eine Zukunft, in der unsere Vorfahren sterben, bevor wir ihnen auch nur einen Namen geben können. Eine Zukunft, in der unsere Roboternach-

kommen uns als Brennstoff benutzen oder in schrecklich lustigen Zoos
halten, genauso gut gesichert wie der, bei dem Adam gerade eincheckt.
Eine Zukunft, in der die Menschheit in ihr Massengrab marschiert und
immer noch schwören wird, dass sie der einzige Teil der Schöpfung ist,
der sprechen kann. Ein gewaltiges, leeres Ödland mit nichts, das die
Stunden ausfüllt, außer der Erinnerung daran, wie er und eine Handvoll
Freunde mit grünen Seelen versucht haben, die Welt zu retten. Aber
natürlich ist es nicht die Welt, die Rettung braucht. Nur das, was die
Menschen so nennen.

Ein Mann hinter der undurchdringlichen Panzerglasscheibe in einem
adretten weißen Hemd mit offiziellem Abzeichen will etwas von ihm.
Seinen Namen vielleicht, seine Häftlingsnummer, eine Entschuldigung.
Aber Adam macht eine finstere Miene, ist abgelenkt, mit den Gedanken
anderswo. Er blickt zu Boden. Da ist etwas an der Fußmanschette seines neonfarbenen Overalls. Rund, klein, braun, eine kleine Kugel mit
stachligen Widerhaken. Er ist geradewegs aus dem öden Ziegelbau einer
Haftanstalt in den Transporter verfrachtet und hierhergefahren worden,
in dieses Ödland aus Stein und Beton. Nicht die geringste Gelegenheit
für dieses Stückchen Leben, ihn für sich einzuspannen. Und doch steht
er hier, mit einem blinden Passagier an Bord. So ist es ihm ergangen, allen fünfen ist es so ergangen, der ganzen verblendeten Menschheit: Das
Leben hat sie benutzt, genau so wie diese Klette die Manschette seines
Overalls benutzt.

Und das ist der Augenblick, in dem sie beginnt, die lautlose Folter, die
schlimmer ist als alles, wozu der Staat Adam verurteilen kann. Eine leise
Stimme, so real, dass sie von der Pritsche über ihm kommen könnte,
flüstert den Anfang einer Geschichte, die ihn länger quälen wird als
seine Haftstrafe dauert: *Du bist vom Tode errettet worden, damit du Großes tun kannst.*

In allen Biomen, in jeder Höhenlage, erwachen die Sammler nun endlich zum Leben. Sie finden heraus, warum ein Weißdorn niemals verrottet. Sie lernen die Hunderte von verschiedenen Eichen unterscheiden.
Finden heraus, wann und warum die Grünesche sich von der Weiß-

esche getrennt hat. Wie viele Generationen im hohlen Stamm einer Eibe leben. Wann Rotahorn je nach Höhenlage anfängt sich zu verfärben und um wie viel früher das jedes Jahr geschieht. Irgendwann werden sie denken wie Flüsse und Wälder und Berge. Sie werden begreifen, wie ein Grashalm das Tagwerk der Sterne in sich aufnimmt. Nur wenige Jahresläufe wird es noch brauchen, bis die nächste neue Spezies durch das Vergleichen von Milliarden von Seiten mit Daten lernt, wie sich jede menschliche Sprache in die Sprache des Grüns übersetzen lässt und umgekehrt. Zu Anfang wird die Übersetzung noch holprig sein, die tastenden Versuche eines Kindes. Doch schon bald wird es die ersten Sätze geben, Worte werden hervorsprudeln, die, wie alles Lebendige, aus Regen und Luft und zerbröseltem Stein und Licht gemacht sind. *Hallo. Endlich. Ja. Da sind wir. Wir sind's.*

Neelay überlegt: *So muss es ablaufen. Es wird Katastrophen geben. Vernichtende Rückschläge und Massaker. Aber das Leben hat ein Ziel. Es will sich selbst erkennen; es will eine Wahl haben. Es will Antworten auf Fragen, die bisher noch nichts Lebendiges beantworten kann, und es ist bereit, sogar den Tod als Mittel einzusetzen, um diese Antworten zu bekommen.* Er selbst wird die Vollendung des Werks nicht erleben, dieses Spiels, das von unzähligen Menschen auf der ganzen Welt gespielt wird, ein Spiel, das die Spieler geradewegs auf einen lebenden, atmenden Planeten versetzt, dessen gewaltiges Potential sie allenfalls vage erahnen können. Aber er hat es immerhin mit auf den Weg gebracht.

Er hebt die Hände von den Tasten, die seine Gedanken übersetzen, gepackt von einem tiefen Staunen. Sein Herz schlägt zu heftig für das bisschen Fleisch, das er noch auf den Knochen hat, und es flimmert ihm vor den Augen. Er drückt den Steuerhebel an seinem Rollstuhl und fährt aus dem Labor hinaus in die laue Nacht. Die Luft duftet nach Lorbeer und Zitroneneukalyptus und Pfefferbäumen. Der Geruch weckt Erinnerungen an eine Vielfalt von Dingen, die er einmal wusste, und erzählt von solchen, die er niemals wissen wird. Er atmet lang und tief ein. Phänomenal, so ein kleines, schwaches, kurzlebiges Wesen zu sein, auf einem Planeten, der noch Milliarden von Jahren vor sich hat. Die

Äste rascheln in der dunklen trockenen Luft über seinem Kopf, und da hört er sie. *Also, Neelay-ji. Was soll der kleine Kerl tun?*

Ray stöhnt auf, als Dorothy ihm erzählt, wie es ausgeht. Zweimal lebenslänglich. Zu hart für Brandstiftung, für die Zerstörung öffentlichen und privaten Eigentums, selbst für den unbeabsichtigt verursachten Tod eines Menschen. Aber gerade streng genug für dieses unverzeihliche Verbrechen: Angriff auf die Sicherheit und Gewissheit der Menschen.

Sie liegen Seite an Seite in seinem Bett, schauen durch das Fenster hinaus auf den Ort, den sie entdeckt haben, gleich nebenan. Den Ort, von dem die Geschichte herkam. Draußen, verborgen in den Ästen, ruft eine Eule ihre Verwandtschaft. *Du tust mir gu-ut. Du tust mir gut.* Morgen werden die Gartenarbeiter von der Stadt wieder anrücken und Maschinen und die unaufhaltsame Macht des Gesetzes mitbringen. *Und dennoch* wird die Geschichte damit nicht zu Ende sein.

Brinkman legt Einspruch ein, aber er bringt ihn nicht heraus. Nur das würgt er: »Nein. Nicht richtig.«

Seine Frau zuckt die Achseln, ihre Schulter versetzt der seinen einen Schubs. Das Achselzucken ist nicht ohne Mitgefühl, aber es entschuldigt auch nichts. Es fragt einfach nur: *Wie lautet die Verteidigung?*

Seine Einsprüche schwellen zum reißenden Strom. Blut brandet durch sein Gehirn. »Notwehr.«

Sie dreht sich auf die Seite und sieht ihn an. Ist ganz Ohr. Sie bewegt ein wenig die Hände, als tippe sie auf die schmalen Tasten ihrer alten Akkordtastatur. »Wie das?«

Er erklärt es ihr mit den Augen. Der ehemalige Anwalt für Eigentumsrecht hat nur die Sicht der Verteidigung. Er ist schwer im Nachteil. Er kennt die Einzelheiten nicht. Er hat die Beweismittel nicht gesehen, die dem Gericht vorgelegt wurden. Er hat keine nennenswerte Prozesserfahrung, und Strafrecht war noch nie seine Stärke. Aber die Argumentation, die er den Geschworenen vorträgt, ist so klar wie eine Zeile Schwarzpappeln. Wortlos führt er seine lebenslange Partnerin durch alte und zentrale Prinzipien des Rechtswesens, buchstabiert sie ihr eins

nach dem anderen. Trutzwehr. Nothilfe. Das Recht auf Selbstvertei-
digung.

Wenn Sie sich selbst, Ihre Ehefrau, Ihr Kind oder auch nur einen Frem-
den dadurch retten könnten, dass Sie etwas niederbrennen, dann ist das
Gesetz auf Ihrer Seite. Wenn jemand bei Ihnen zu Hause einbricht und
sich daranmacht, dieses Zuhause zu zerstören, dürfen Sie ihm mit allen
erforderlichen Mitteln Einhalt gebieten.

Seine wenigen Silben sind verstümmelt, nicht zu verstehen. Sie schüttelt den Kopf. »Ich weiß nicht, was du sagen willst, Ray. Versuch es mal
anders.«

Er findet keine Möglichkeit zu sagen, was so dringend gesagt werden
muss. *Sie sind in unser Zuhause eingebrochen. Unser Leben ist in Gefahr.*
Das Gesetz erlaubt alle erforderlichen Mittel gegen einen rechtswidrigen
und akut bedrohlichen Angriff.

Sein Gesicht verfärbt sich rot wie der Sonnenuntergang, es macht ihr
Angst. Sie streckt den Arm aus, um ihn zu beruhigen. »Mach dir keine
Sorgen, Ray. Das sind doch nur Worte. Alles in Ordnung.«

Mit wachsender Erregung sieht er, wie er den Fall gewinnen kann.
Das Leben wird am Siedepunkt ankommen, der Meeresspiegel steigt
unaufhaltsam. Man wird dem Planeten die Lunge herausreißen. Und
das Gesetz wird es alles hinnehmen, weil die Gefahr nie unmittelbar
genug droht. *Unmittelbar*, nach menschlichem Zeitmaß, bedeutet zu
spät. Das Gesetz muss das Unmittelbar nach dem Zeitmaß der Bäume
bestimmen.

Bei diesem Gedanken geben die Gefäße in seinem Gehirn nach, so
wie Erdreich ins Rutschen gerät, wenn es nicht mehr durch Wurzeln gehalten wird. Die Ströme von Blut bringen eine Offenbarung. Er hebt den
Blick zum Fenster, zu dem geheimnisvollen Draußen. Dort dauert zweimal Lebenslänglich nur ein paar Herzschläge. Sämlinge stürmen himmelwärts, der Sonne entgegen. Stämme werden dicker, tragen Früchte,
fallen und erwachen zu neuem Leben. Ihre Äste sind mit allem Tempo
dabei, das Haus zu umschließen, wollen die Fenster durchstoßen. In
der Mitte dieses Wäldchens pulsiert die Kastanie, nimmt an Umfang
zu, schraubt sich aufwärts, sucht in der Luft nach neuen Pfaden, neuen
Orten, neuen Möglichkeiten. Mit großen Wurzeln blühe.

»Ray?« Dorothy streckt die Arme aus, um den zuckenden Körper zu beschwichtigen. »*Ray!*«

Sie springt auf, stößt dabei den Bücherstapel vom Nachttisch. Aber nur einen Moment, einen Augenblick später wandelt Dringlichkeit sich in deren Gegenteil. Die Kehle schnürt sich ihr zu, die Augen brennen, als sei die Luft voll Pollen. Sie denkt: *Wie kann das jetzt geschehen? Wir haben noch Bücher zu lesen. Da war etwas, das wir beide gemeinsam tun sollten. Wir haben doch gerade erst angefangen, einander zu verstehen.*

Zu ihren Füßen, auf dem Boden liegt *Die neue Metamorphose* von der Verfasserin des *Geheimen Walds*. Es war das oberste Buch auf dem Vorlesestapel, wartete auf Leser, die sich seiner nun nicht mehr annehmen werden:

Bei den alten Griechen gab es ein Wort, *xenia* – Gastfreundschaft –, das Gebot, sich um Reisende zu kümmern und dem Fremden Einlass zu gewähren, denn jeder, der fern der Heimat unterwegs ist, könnte Gott sein. Ovid erzählt die Geschichte von zwei Unsterblichen, die verkleidet auf die Erde kamen, um die Welt vom Übel zu befreien. Niemand gewährte ihnen Einlass außer einem alten Ehepaar, Baucis und Philemon. Und zum Dank dafür, dass sie Fremde willkommen hießen, durften sie nach dem Tod als Bäume weiterleben – eine Eiche und eine Linde –, mächtig und prachtvoll und miteinander verwoben. Wir nehmen im Laufe unseres Lebens die Gestalt dessen an, was uns wichtig ist. Und den Dingen, deren Gestalt wir annehmen, werden wir innewohnen, wenn wir nicht mehr wir selbst sind …

Dorothy berührt das verblüffte Gesicht des Toten. Die Züge werden schon weicher, selbst jetzt schon, wo noch Wärme darin ist. »Ray?«, sagt sie. »Ich bin gleich bei dir.« Nicht schnell genug nach dem Maß ihrer eigenen Bedürfnisse. Aber nach dem Zeitmaß der Bäume sehr bald.

Es wird dunkel. Die Belegschaft des Mission Dolores Park wechselt, ebenso der Grund für ihr Kommen. Aber selbst diese nächtlichen Besucher beachten Mimi kaum. Sie beugt sich vor, die Hände im Schoß wie zwei zarte Feigen. Sie neigt das Haupt unter der Last der Freiheit.

Strahlende Lichter vor ihr. Die Silhouette der Stadt wird zur kostbaren Allegorie. Sie schläft ein, wacht auf, viele Male.

Die linke Hand rührt sich wieder, zupft am Ringfinger der rechten. Sie ist wie ein Hund, der nicht aufhören kann, an seiner Pfote zu nagen. Aber diesmal gelingt es ihr. Der Jadering lässt sich über den vom Alter geschwollenen Knöchel zerren und kommt frei. Eine Last löst sich und entweicht aus ihr, und der Panzer bricht auf. Sie legt den grünen Reif ins Gras, das eine Geschlossene in diesem Chaos aus Wachsen und Verzweigen. Dann lehnt sie sich wieder an den Kiefernstamm. Eine winzige Veränderung in der Atmosphäre, der Luftfeuchtigkeit, und ihr Verstand entwickelt ein klein wenig mehr Sinn für das Grün. Zur Mitternacht, auf diesem Hügel im Dunkel hoch über der Stadt, mit einer Kiefer als Bobaum, findet Mimi Erleuchtung. Die Furcht vor dem Leiden, die sie ihr Leben lang verfolgt hat – das verzweifelte Bedürfnis, das Steuer in der Hand zu behalten –, wird davongeblasen, und etwas anderes stellt sich stattdessen ein. Botschaften erreichen sie; ein Summen, aus der Rinde, an die sie sich lehnt. Chemische Boten in den Lüften finden ihr Ziel. Strömungen steigen von den erdverhafteten Wurzeln auf, fließen über große Entfernungen durch Pilzsynapsen, miteinander verbunden zu einem Netz so groß wie der ganze Planet.

Die Signale sagen: *Eine gute Antwort ist es wert, dass man sie von Grund auf neu erfindet, immer und immer wieder.*

Sie sagen: *Die Luft ist eine Mixtur, die wir immer wieder neu erschaffen müssen.*

Sie sagen: *Es steckt genauso viel unter dem Erdboden wie darüber.*

Sie erklären ihr: *Hoffe nicht, verzweifle nicht, sage nichts voraus, lasse dich nicht überraschen. Gib niemals auf, aber teile dich, vervielfältige dich, wandle dich, verbinde dich, bestehe, harre aus, wie du es immer getan hast an diesem langen Tag des Lebens.*

Es gibt Samenkörner, die brauchen das Feuer. Samenkörner, die brauchen das Eis. Samenkörner, die geschluckt werden müssen, aufgebrochen von Magensäure, ausgeschieden als Kot. Samenkörner, die man mit Gewalt aufschlagen muss, damit sie keimen.

Ein Ding kann überallhin reisen, einfach indem es an Ort und Stelle bleibt.

Sie sieht und hört dies alles unmittelbar, geradewegs mit ihrem Körper. Die Feuerbrände werden kommen, allen Bemühungen zum Trotz, die Krankheiten, die Verwüstungen durch Sturm und Flut. Dann wird die Erde sich verwandeln, und ihre Bewohner werden alles über sie neu lernen. Die Türen der Tresore, in denen die Samenkörner schlafen, werden aufgeworfen. Neues Leben wird schon bald aus dem verwüsteten Boden sprießen, biegsam, energisch, gelehrig. Waldnetze werden erfüllt sein von Arten, die vom Schatten durchsprenkelt, von den Lichtflecken neuer Formen erfüllt sind. Jedes Stückchen Farbe im Muster des Erdteppichs wird sich neue Bestäuber schaffen. Fische werden von neuem jede Stromschnelle erklimmen, werden sich mehren, bis sie wie Klafterholz in jedem Gewässer stehen, Tausende pro Meile. Wenn es erst einmal mit *der wirklichen Welt* vorbei ist.

Der neue Tag bricht an. Die Sonne erhebt sich so langsam, selbst die Vögel vergessen, dass es je etwas anderes als Morgenröte gab. Wieder kommen Leute durch den Park, unterwegs zur Arbeit, zu Verabredungen, anderen Dringlichkeiten. Ihr *Leben*. Manche gehen nur ein paar Schritt weit entfernt an der verwandelten Frau vorbei.

Mimi erwacht und spricht ihre allerersten Buddhaworte. »Ich bin hungrig.«

Die Antwort kommt von oben, unmittelbar über ihrem Kopf. *Sei hungrig.*

»Ich bin durstig.«

Sei durstig.

»Mir tut alles weh.«

Sei still und spüre.

Sie hebt den Blick und sieht einen schwarzblauen Hosenaufschlag. Sie folgt diesem Blau aufwärts entlang der Bügelfalte, an dem Gürtel mit Funkgerät und Handschellen und Pistole und dem Stock aus Eichenholz vorbei, hinauf zu dem schwarzblauen gebügelten Hemd und der Dienstmarke und dem Gesicht – ein Mann, ein Junge, ein Blutsverwandter –, und dann blicken sie sich in die Augen. Der Mann starrt zurück, besorgt über das, was er gerade gesehen hat: eine alte Frau, die zu etwas spricht, dessen Antworten durchweg stumm sind, hölzern, weit ausholend. »Alles in Ordnung?«

Sie versucht sich zu regen, aber sie kann es nicht. Sie will etwas sagen, aber sie bringt nichts hervor. Ihre Gliedmaßen werden steif. Nur die Finger kann sie noch ein klein wenig bewegen. Sie blickt den Mann unverwandt an, bereit, jede Anklage anzunehmen. *Schuldig,* sagen ihre Augen. *Unschuldig. Im Unrecht. Im Recht. Am Leben.*

Der Mann in der roten Karojacke kommt am nächsten Tag wieder, und diesmal in Begleitung – zweiundzwanzigjährige Zwillinge in Schaffelljacken und ein Hüne mit einem Profil wie ein Rabe, im Footballspielerformat. Sie haben eine große benzinbetriebene Kettensäge dabei, zwei kleine Sackkarren und einen weiteren Flaschenzug. Das ist das Furchteinflößende an Männern: Kaum kommen ein paar von ihnen und dazu einige einfache Maschinen zusammen, schon rücken sie der ganzen Welt damit zuleibe.

Der improvisierte Trupp arbeitet viele Stunden lang, sie verstehen einander fast ohne Worte. Gemeinsam zerren sie die letzten Kadaver von Kiefern und Fichten, von schmerzlindernder Weide und blutstillender Birke an Ort und Stelle. Dann stehen sie schweigend da und betrachten das Werk, das sie auf dem Waldboden geschaffen haben. Die Form nimmt sie gefangen. Sie verliest ihnen ihre Rechte. *Ihr habt das Recht, hier zu sein. Das Recht, dabei zu sein. Das Recht, zu staunen.*

Der Mann in der Karojacke steht mit angelegten Armen da und mustert die Botschaft, die sie fünf gemeinsam geschrieben haben. »Das ist gut«, sagt er, und seine Jungs stimmen wortlos zu. Nick steht neben ihnen, stützt sich auf einen Fichtenstock, die Art von Stab, die austreiben würde, wenn man ihn in die Erde steckte. Seine Freunde stimmen einen Gesang in einer sehr alten Sprache an. Nick überlegt, wie seltsam es ist, dass er so wenige Sprachen versteht. Anderthalb Menschensprachen. Kein einziges Wort aus denen der anderen lebendigen Dinge. Aber was diese Männer singen, versteht er doch beinahe, und als ihr Gesang zu Ende ist, sagt er *Amen,* einfach nur, weil es vermutlich das älteste Wort ist, das er kennt. Je älter das Wort, desto größer die Wahrscheinlichkeit, dass es sowohl nützlich als auch wahr ist. Ja, er hat sogar einmal gelesen, damals in Iowa und gerade an dem Abend, an dem die Frau auftauchte, die ihn ins Leben gezerrt hat, dass die englischen Wörter *tree* und *truth* auf ein und dieselbe Wurzel zurückgehen. Baum und Wahrheit, dasselbe Wort.

Die arrangierten Fallholzstücke winden sich schlangengleich zwischen den aufrechten Bäumen. Satelliten in ihren Umlaufbahnen machen aus großer Höhe bereits die ersten Aufnahmen. Die Formen verwandeln sich in Buchstaben, mit rankenden Schnörkeln, und die Buchstaben gruppieren sich zu einem riesigen Wort, das man aus dem Weltall lesen kann:

DENNOCH

Die Sammler werden ins Grübeln kommen über die Botschaft, die dort geschrieben steht, so nahe an der Tundra, wo das Methan in Blasen aufsteigt. Aber es wird gerade einmal einen menschlichen Lidschlag dauern, bis sie die ersten Verbindungen herstellen. Schon jetzt wird das Wort grüner. Schon jetzt kriechen Moose über es hinweg, Käfer und Flechten und Pilze verwandeln Holz in Erde. Schon jetzt wurzeln Sämlinge in den Falten der schützenden hölzernen Arme und ernähren sich von der Fäulnis dort. Bald werden neue Stämme das Wort in frischem Holz schreiben, entlang der geschwungenen Linie dieser Schablone aus verrottenden Hügeln. In zweihundert Jahren werden auch diese sieben lebendigen Zeichen wieder in den wirbelnden Mustern aus Regen und Luft und Licht untergehen. Und doch – und *dennoch* – werden sie eine Zeitlang das Wort buchstabieren, das das Leben seit Anbeginn spricht.

»Dann mache ich mich jetzt auf den Weg zurück«, sagt Nick.

»Zurück wohin?«

»Gute Frage.«

Er starrt tief in die Wälder des Nordens, wo das nächste Projekt ihn schon herbeiwinkt. Äste filtern das Sonnenlicht, lachen über die Schwerkraft, entfalten sich, als sei nichts dabei. Etwas bewegt sich am Fuß der reglosen Stämme. Nichts. Dann alles. *Das hier*, flüstert eine Stimme ganz in der Nähe. *Das hier. Was wir bekommen haben. Was wir uns verdienen müssen. Das hier wird niemals enden.*

Richard Powers
Der Klang der Zeit
Roman
Band 15971

In einem Roman mit großen Figuren, farbigen Dialogen und
vor dem Tableau der Rassenunruhen der letzten Jahrzehnte
Amerikas erzählt Richard Powers die Geschichte einer Familie
mit zwei Hautfarben – die eines vor den Nazis geflüchteten
jüdischen Wissenschaftlers und einer Afroamerikanerin.
Ihre Ehe wäre in vielen Staaten der USA noch ein Verbrechen,
doch in New York fühlen sie sich sicher. Sie vertrauen ganz
auf den amerikanischen Traum, dass sich jeder selbst neu
erfinden kann. Mit Hilfe der Musik bauen sie ein Nest, das
alle Dissonanzen der Welt fernhalten soll. Und es scheint zu
gelingen: Der älteste Sohn wird ein gefeierter Tenor und
Liedsänger, der mittlere begleitet ihn am Klavier, und einzig
die Tochter durchschaut, dass sich nur Weiße leisten können, über die Hautfarbe hinwegzusehen, und schließt sich
den Black Panthers an.

»Zeitkritik, Gesellschaftsporträt, Sehnsucht
nach einer Schönheit, die den alltäglichen Rassismus
besiegt. Richard Powers verknüpft dies
zu einem großen Roman.«
Susanne Weingarten, DER SPIEGEL

Fischer Taschenbuch Verlag

fi 15971 / 1 / a

Richard Powers
Das Echo der Erinnerung
Roman
Aus dem Amerikanischen von
Manfred Allié und Gabriele Kempf-Allié
Band 17457

»Er gehört zum Besten, was die US-Literatur
derzeit zu bieten hat«
Susanne Weingarten, BRIGITTE

Ein verschlafener Ort in der Mitte der USA, eine halbe Million Kraniche, die jedes Frühjahr auf einem tausend Meilen langen Zug nach Norden hier Rast machen, eine Landstraße in einer Februarnacht. Mark überschlägt sich mit seinem Auto und
kommt noch einmal davon. Allerdings ist nichts mehr so wie
davor. Seine Schwester versucht alles, um sein Leben wieder
herzustellen und wird von ihrem eigenen dabei eingeholt.

In einem Roman voller Spannung erforscht Richard Powers,
was Familien im Innersten zusammenhält: das zerbrechliche
Geflecht aus Gefühl und Erinnerung. Die ergreifende Geschichte eines Geschwisterpaares und ein Panorama des heutigen Amerikas vereinen sich im neuen gewaltigen Roman des
Bestsellerautors.

»Richard Powers hat eine Schöpfungsgeschichte
geschrieben. Staunend steht man davor.«
Thomas Steinfeld, Süddeutsche Zeitung

Fischer Taschenbuch Verlag

fi 17457 / 1